**01**

新的曙光。丹尼斯·希利和罗伊·詹金斯身着军装出席1945年的工党大会。

◀ 02

**02**

薇奥莱特开车载着自己的丈夫艾德礼。艾德礼听取了建议，跳入车中，向白金汉宫驶去，以便赶在密谋者推举赫伯特·莫里森之前被任命为首相。

PICTURE POST

Vol. 6 No. 11.

March 16, 1940

UNOFFICIAL ECONOMIC ADVISER TO GREAT BRITAIN: John Maynard Keynes in His Study in Bloomsbury
It was he who foresaw the evil results of Versailles while that treaty was still under construction—and resigned an important job to make them known. To-day, at the age of 56, he has produced a plan for financing the war and avoiding its most disastrous economic consequences.

# MR. KEYNES
## HAS A PLAN

To carry on a war successfully we must spend over £2,000 millions a year. How are we to pay! How are we to avoid inflation! In this article Kingsley Martin, Editor of "The New Statesman and Nation," writes of the man who has given an answer to those questions, describes the answer which he gives.

WHEN "The Economic Consequences of the Peace," by John Maynard Keynes, was published in 1919 it caused a prodigious sensation. Here was an important member of the British delegation at Versailles, who had resigned his post in order to tell the truth about the Treaty. The sensation was due at least in touch to the book's literary quality as to its expert substance. Those who knew nothing of economics could appreciate, if only from quotations in the press, Mr. Keynes's brilliant picture of M. Clemenceau, Mr. Lloyd George and President Wilson at Versailles. It successfully put over the point that the American President had kept his Puritanical conscience clear by insisting on verbal consistency with the Fourteen Points, while allow-ing cunning men to find ways of getting round them. It convinced us all that, whatever the other merits or evils of the Treaty, its real vice was its failure to treat Europe as an economic whole and to reconstruct it for the benefit of the common people. It was a treaty of strategy and national greediness—with the League of Nations thrown in to make it look pretty.

▲ 03

## 03

凯恩斯或许是英国最聪明的人，他在绝望地挣扎着试图令自己的国家免于破产之后去世了。然而，他未能与美国人达成足够优厚的协议，无法让英国避免战后那令人不快的紧缩政策。

## 04

这些紧缩政策中的一项就是面包配给制，这导致了 1946 年的特拉法尔加广场示威。

▲ 04

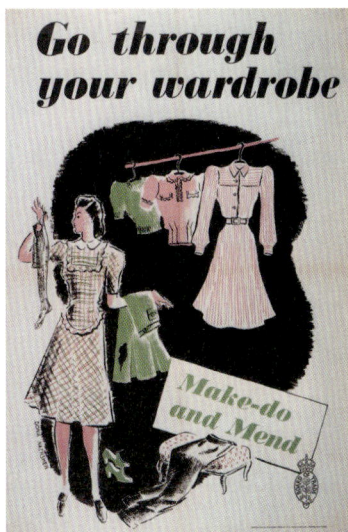

05 ▶

## 05

英国妇女在着装问题上总是被吓唬，她们就快要发动起义了。

▲ 06

## 06

■■■■

这些通常由德国和意大利战俘建造的临时性
预制住房是应对巨大住房缺口的答案。有些
此类住房一直沿用到 20 世纪 70 年代。

## 07

■■■■

塞西尔·比顿在《温夫人的扇子》这出戏中
摆造型。尽管工党取得了胜利，但旧秩序还
是很快便重整旗鼓了。

▲ 07

## 08

工人阶级的英雄：琼·利特尔伍德是英国戏剧界最激进的人物之一。

08 ▶

▲ 09

▼ 10

## 09
■■■

不过就表现"新耶路撒冷"的精神与困境而言,利特尔伍德的影响力远不及拍出了《通往皮姆利科的护照》等影片的伊灵制片厂。

## 10
■■■

对 1945 年大选失利深感失望的丘吉尔,转而到写作、演说、绘画以及狩猎中寻求安慰。图为一张丘吉尔在 74 岁生日之前 4 天狩猎的照片。

## 11
■■■

1951 年,丘吉尔将再度归来,宣告新伊丽莎白时代的开始。

## 12

旧工党最伟大的先知？贝万正在用威尔士语高谈阔论，似乎并未意识到一名小男孩正在有样学样。

▲ 13                                                          14 ▶

**13**
▬▬

1954 年安格尔西的一所新学校。就连保守党都在推动综合教育。

**14**
▬▬

1951 年"英国节"上的云霄塔。人们表示,它就和整个国家一样,悬在空中,看不到有任何东西支撑着它。

◀ 15

**15**
▬▬

简单的快乐。1957 年,一对新婚夫妇在布赖顿附近比利·巴特林开的酒店里度蜜月。

▲ 16

17 ▼

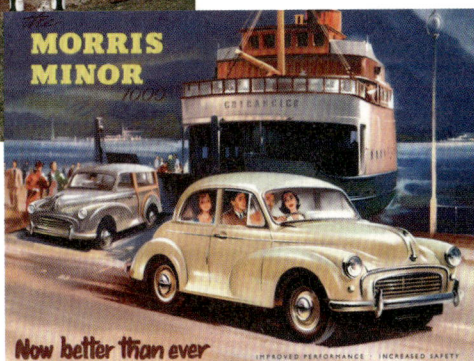

▲ 18

**16** 在保守党执政年间，人们曾梦想英国拥有一个高科技的未来。图为 1952 年，距离议会不远处，规划中的伦敦直升飞机场以及客用直升机。

**17** 然而，"伟大的汽车经济"正在兴起。1964 年伦敦这座奇西克立交桥才是未来真正的模样。

**18** 来自土耳其的移民亚历克·伊西戈尼斯是战后英国汽车制造业的设计天才。他设计的首款大获成功的车型是 1948 年的莫里斯小轿车，被公司老板斥责为"那个该死的外国佬设计的该死的水煮蛋"。

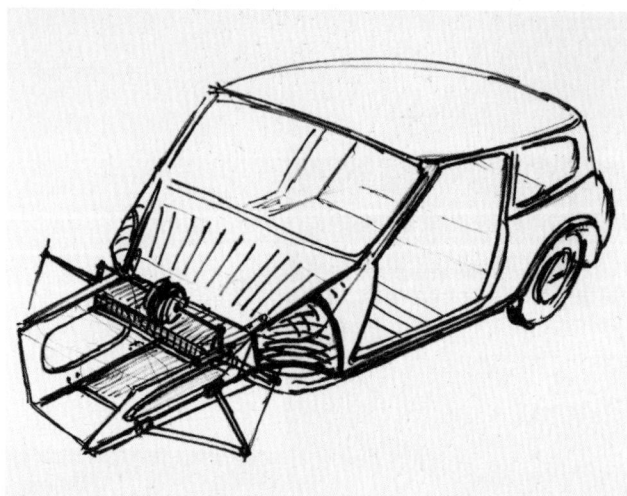

▲ 19

**19**
随着大规模汽车市场的形成，伊西戈尼斯设计出了一款甚至更为激进的车型，即日后的迷你牌轿车。

**20**
后来这张"未来小轿车"的设计草图与如今满城都是的小轿车惊人地相似。

**21**
冷战。1960 年林肯郡，演习中的皇家空军飞行员冲向自己的火神式核轰炸机。火神式轰炸机是英国的首道攻击线，但在苏联的防御改善之后，它很快就过时了。

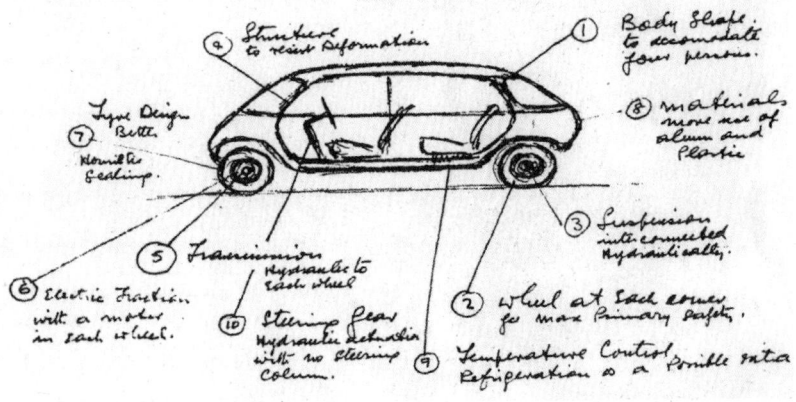

Design Concept for the Small
Car of the 'Future.

4 — Structure to resist Deformation
1 — Body Shape to accommodate four persons.
7 — Tyre Design Better. Normille Scaling.
8 — Materials more use of alum and Plastic
5 — Transmission Hydraulic to each wheel.
6 — Electric Traction with a motor in each wheel.
10 — Steering Gear Hydraulic actuation with no steering Column.
3 — Suspension interconnected Hydraulically.
2 — Wheel at each corner for max Primary Safety.
9 — Temperature Control Refrigeration as a Possible extra

▲ 22

23 ▶

**22**

1958 年，反核游行已经被动员起来。核裁军运动的标志正在成为史上最具辨识度的符号。

**23**

工人阶级开始发出自己的声音。希拉·德莱尼创作于 1958 年的《蜜糖的滋味》是一部以索尔福德为背景的具有突破性的戏剧，作者时年只有 19 岁。

**▲ 24**

**24** 衣冠楚楚，声名扫地。人脉深厚的苏联间谍金·菲尔比（左）
和因苏伊士事件令英国陷入分裂的艾登（右）懂得如何强颜
欢笑。

▲ 25

**25** 　　20 世纪 60 年代最大丑闻的核心人物斯蒂芬·沃德一点
也不感到烦恼。他左手边是克丽丝廷·基勒。

**26** 如果现实令人失望，那就编织出一个不一样的世界吧。1962 年，邦德的塑造者伊恩·弗莱明在牌桌上。

**27** 谜一样的人物：手持烟斗陷入沉思的哈罗德·威尔逊，摄于 1963 年。

28 ▲

**28**

乐观主义者：竞选过程中兴高采烈的爱德华·希思，摄于 1966 年。

**29**

英国酷吗？ 1966 年，演员戴维·亨明斯身处"摇摆的伦敦"街头。

▲ 30

▼ 31

▲ 32

**30**
▬▬

长裤的皱褶让奇想乐团不甚自在。

**31**
▬▬

自由主义时刻。潇洒的利奥·阿布斯是引领改革的工党后座议员中的一位。他推动的是男性同性恋行为的合法化。

**32**
▬▬

1971 年，地下杂志《Oz》的编辑因出版淫秽内容遭到了惩处。该案件的核心角色是一只性欲旺盛的鲁珀特熊。皮鞭的含义不明。

▲ 33

◀ 34

35 ▶

33 暴力成为主题。在 1972 年"血腥星期天"的游行中,13 名民权活动家遭到杀害后,伦敦德里及德里的天主教示威者。

34 几个月之后,英国又在老贝利街外遭遇了左翼恐怖分子——"愤怒旅"。

35 当国家失败之时:一名男孩站在自己的学校大门外,这所学校在 1972 年的矿工罢工期间因为缺乏燃料而关闭了。

▲ 38

**36** 薪酬极低的矿工羞辱了希思和保守党。

**37** "这是豆子，笨蛋。"在 1975 年关于英国是否加入欧洲共同市场的公投中，支持与反对的双方争论的要点都更多地集中于食物的价格，而不是让渡主权在宪政上的影响。

**38** 具有和大多数首相同等影响力的两名男子。反对移民的伊诺克·鲍威尔（左）和英国经济风暴期间的财政大臣丹尼斯·希利（右），后者正在以典型的方式与对手争论。

▲ 39

**39** 1979 年"不满的冬天"，伦敦街头垃圾堆积如山。

除了野蛮国家，整个世界都被书统治着。

司母戊工作室
诚挚出品

[英] 安德鲁·玛尔（Andrew Marr）_ 著　　李岩_译

# 现代英国史 <sup>上</sup><sup>册</sup>

## A History of Modern Britain

人民东方出版传媒

东方出版社

**图书在版编目（CIP）数据**

现代英国史 / (英) 安德鲁·玛尔著；李岩译. --

北京：东方出版社，2020.2

书名原文：A History of Modern Britain

ISBN 978-7-5207-1172-2

Ⅰ.① 现… Ⅱ.① 安… ② 李… Ⅲ.① 英国—现代史

Ⅳ.① K561.5

中国版本图书馆CIP数据核字(2019)第187092号

A History of Modern Britain

Copyright © Andrew Marr 2007, 2008, 2009, 2017

First published 2007 by Macmillan an imprint of Pan Macmillan, a division of Macmillan Publishers International Limited

版权合同登记号：01-2018-5653


**现代英国史**

（XIANDAI YINGGUOSHI）

------------------------------------------------------------

作　　者：［英］安德鲁·玛尔

译　　者：李　岩

策　　划：姚　恋

责任编辑：王若菡

装帧设计：李　一

出　　版：东方出版社

发　　行：人民东方出版传媒有限公司

地　　址：北京市朝阳区西坝河北里 51 号

邮　　编：100028

印　　刷：三河市金泰源印务有限公司

版　　次：2020年 2 月第 1 版

印　　次：2020年 2 月第 1 次印刷

开　　本：640 毫米 ×950 毫米　1/16

印　　张：50.25

字　　数：623 千字

书　　号：ISBN 978-7-5207-1172-2

定　　价：128.00 元

发行电话：（010）85924663　85924644　85924641

------------------------------------------------------------

版权所有，违者必究

如有印装质量问题，我社负责调换，请拨打电话：（010）85924725

# A History of
## Modern Britain

## 平装版序 ①

　　自从 2007 年本书以精装版的形式出版以来，一年过去了。发生了多少变化？本书的判断站得住脚吗？贯穿本书的主题是政治被消费所挫败。汹涌而至的消费经济时而令人兴奋，时而纯属浪费；时而解放了我们，时而束缚了我们。曾经历过配给制、排长队和物资短缺那段灰暗岁月的人们，没有谁能够傲慢地对消费的大行其道不屑一顾。但同样，也没有人能够对我们空虚地痴迷于"买一件扔一件"的行为感到心安理得。在大多数工业已经消失殆尽之后，消费经济使得英国容纳了更多人口，变得更加清洁与富裕，但同时也更容易遭受外部震荡的冲击。消费主义令我们丧失了认识世界的其他途径，例如真正的政治远见、有组织的宗教，以及振奋人心的民族认同感。

　　2007 年的最大变化是，国民情绪变得愈发阴郁了。造成这种变化的原因不仅仅在于全球变暖，更在于人们意识到，好时光终归有尽头。托尼·布莱尔（Tony Blair）和戈登·布朗（Gordon Brown）执政期间长达 10 年的繁荣是建立在来自中国的廉价进口商品、以房价上涨作为担保

① 本书于 2007 年首次发行精装版，内容共五部分；2008 年发行平装版；2017 年再版时又新增了第六部分。——编者注

的高额借贷，以及来自东欧的廉价熟练劳动力基础上的。这些因素都无法永久地维持下去。正如本书所表明的，英国近来的繁荣要部分归功于那些如今已经几乎被我们遗忘的政治家。在这 10 年中，新工党享受着低通胀的强劲增长带来的政治果实。但在此之后，许多人已经意识到了，我们即将步入缓冲区。

不过，这只是近来的想法。2007 年年初，房价依然在强势上涨，股市正位于 6 年来的高点，经济学家和反对党就政府借贷过度和私人债务问题提出了警告，但并没有太多人在意。在伦敦金融城内，大银行依然在收获巨额利润。出现了被称为"私募股权投资者"和"对冲基金经理"的神秘人物，但除了知道这些人的业务想必非常高明和复杂之外，很少有人真的明白他们的业务究竟是什么。银行发放给经理的红利极为丰厚。而对大多数人而言，衣服和小商品的价格低得简直难以置信。此时，建立在私人部门和公共部门的高额债务基础上的西方经济提供了足够的现金，以便这场狂欢能够继续下去。然而，由无数借贷、下注和猜测构成的这一堆错综复杂、变动不居的乱麻，以及现代全球金融独具的那种经过冷凝过滤、高达 80 度的醇厚乐观情绪，很快就要遭受现实的沉重一击。如果说"现实的一击"（reality check）是一则丑陋的美式短语，那么，比起在 2007 年进入"女王英语"词汇库的另一则美式短语，它恐怕就是小巫见大巫了。不良贷款的术语叫作"次贷"（subprime），这指的是发放给不具备适当抵押物、往往无力偿付的普通美国人的按揭贷款，或其他类型的高额贷款。早在 2007 年 2 月，过度借贷这种赤裸裸的银行贪婪行为就引发了人们对于华尔街的忧虑。自从 1929 年的大萧条之后，我们便知道了，通过银行体系，全球经济体系会非常迅速地将问题从一个国家传递到另一个国家。我们往往认为如今的世界交易体系已经变得更加稳定，然而，当下的另一项进展却是：不良贷款被捆绑起来，就如同赌场里的一大堆塑料筹码一样，在各个银行间被贩卖了太多次，以至于没人知道谁遇到了麻烦，也没人知道麻烦究竟有多少亿美元之巨。在美林证券、摩根士丹利和花旗集团等美国大型金融机构，曾经的奇才们开始丢掉工作了。

与此同时，英国首相也丢掉了工作。几乎直到离开唐宁街的那天，布莱尔还一直在制订战略计划，就仿佛他还在期待有朝一日能够在伊拉克战争这件事上翻案，或是真的相信如果能够将自己的纲领塞进内阁议事日程里，就能保住自己在国内政策方面的遗产。2007年6月，他终于还是离开了。他对下议院说："无论是友是敌，我祝所有人好运。就这样了，结束。"与人们普遍预测的不同，布朗接任之后并未进行清洗和控诉。他承诺会采取不同的领导方式，会更加重视内阁，会更加包容，听取具有警界、军界和商界工作经验的局外人，以及自由民主党人的建议。一开始，这些做法都很受欢迎。在布朗治下，工党的民调成绩迅速提高，许多保守党人感到垂头丧气：也许布朗不会像他们预测的那样，成为工党的灾难。保守党新任党魁戴维·卡梅伦（David Cameron）受到了抨击，被指责为分量不足：在整个国家受够了布莱尔的时候，他却自诩为"布莱尔的继承人"。关于撤换他的窃窃私语声已经开始出现。同样开始出现的，还有关于撤换时任自由民主党党魁孟席斯·坎贝尔（Menzies Campbell）的窃窃私语声。他之所以受到抨击，不仅是因为他的确过于年老，更是因为他表现得过于年老。格拉斯哥与伦敦的恐怖袭击、在夏季肆虐的洪水、口蹄疫疫情的爆发——这一系列危机令布朗看上去如同一位传统、果断的领袖。他的地位得到了进一步巩固。

然而到了2007年秋天，一切都开始变得对布朗不利了。最为不祥的征兆是：据披露，一家位于英格兰东北部的风险性建房互助协会不得不向英格兰银行寻求紧急支持。这家名为"北岩"（Northern Rock）的建房互助协会是英国第五大按揭发放机构，它遭遇的问题直接源自当年早些时候在美国爆发的"次贷"危机。西方的银行体系正在土崩瓦解，各家银行都不清楚其他银行背负了多么沉重的不良贷款负担，于是不再为彼此提供贷款，润滑剂的功能开始失效。由于激进地发放了过多贷款，北岩成了首个遇到麻烦的机构。北岩银行的高管辞职了，但在此之前，世人已经见证了英国各地民众在银行前排起长队，希望能取回存款的景象。

这是英国140年来首次发生银行挤兑。为了维护银行体系的稳定，新任财政大臣阿利斯泰尔·达林（Alistair Darling）承诺要保障储户存在北岩银行的所有资金，不过他并未提及别的银行。为发挥一定的润滑作用，英格兰银行为银行体系注入了资金。寻找一个愿意接手北岩银行且不由纳税人承担所有损失的私人买家的任务开始了。同时开始的，还有寻找应为此事负责之人的任务。是北岩银行的高管，美国的银行，还是对麻烦的最初迹象应对迟缓的英格兰银行？受到最多关注的，还是首相：正是他在担任财政大臣期间，建立起了新的银行监管制度。最终，这家建房互助协会不得不被国有化——就仿佛又回到了20世纪70年代一般。

"北岩危机"爆发之时，要求布朗提前进行大选的压力也越来越大，直到在伯恩茅斯举行的工党大会上达到了顶点。有些与布朗关系密切的内阁大臣相信，如果在2007年10月解散议会，便可以充分利用他在夏天取得的成就，从而大胜保守党。然而，布朗却犹豫了。接下来的一周，保守党在布莱克浦召开了大会。他们的心情是阴郁的，甚至公开谈论再一次将党魁赶下台。随后，影子财政大臣乔治·奥斯本（George Osborne）发表了一次演说，承诺要废除对价值低于100万英镑的房产征收的遗产税，以及对购买价值低于25万英镑房产的首次购房者征收的印花税；取而代之的，是向在英国生活和工作但并未纳税的外国人征收的新税种。随后，卡梅伦在演讲中确认了这一政策。这是一次精妙的政治反击，民调结果随即逆转。假设在2007年9月，布朗的地位真的如民调结果显示以及本书作者认为的那样稳固，那么奥斯本的演讲将作为近来党派大会上最重大的时刻之一被载入政治史册。这次演讲说服了布朗不要举行大选。党派大会很少对现实世界产生影响，这一次是个例外。

布朗在接受 BBC 采访时宣布了不举行大选的决定，他还不断否认是民调结果促成了这一决定，却给人留下了缺乏决心和勇气的印象。此后接踵而至的笨拙的政治反制措施和一系列重大失败，更是令他雪上加霜。这些令人心力交瘁的事件大同小异：又一起工党的筹资丑闻；令人难堪地丢失了更多数据，尤其是 2 500 万儿童福利津贴申请者和领取者以及 60 万有志加入海军或海军陆战队者的个人信息。一时间，主动权转到了保守党一边。如今，他们在税收和移民问题上回归了更加传统的立场，而且在民调结果上的表现好到了足可以畅想在下一次大选中取得大胜的程度。一旦确定了短期之内不会举行大选，自由民主党党魁就几乎被置于不得不辞职的境地。接过这一职位的是又一位年轻、上镜的领导人：尼克·克莱格（Nick Clegg）。接下来是议会埋头苦干的 18 个月，主题包括：新的欧洲条约、公民自由、青少年暴力犯罪以及工资水平。这些都是常规政治议题，至少在 20 世纪 70 年代和 80 年代的大多数时候，情况就是这样。人们早已厌倦了布莱尔，认为他那套适用于电视的技巧和见解不够真诚；很快，他们似乎又得出结论，觉得一度因严肃和谨慎而受到欢迎的布朗要更加糟糕。于是，布朗便埋下头去，决心通过辛勤工作和提出更多动议来挽回颓势。

但许多英国人压根没有注意到这一点。报纸在全神贯注地报道一位名叫马德琳·麦卡恩（Madeleine McCann）的小女孩于葡萄牙度假期间从假日公寓里失踪一案，以及对戴安娜王妃死因的调查。尽管有关经济衰退即将来袭的证据已经越来越多地显现，但沉迷于购物和饮酒的"快感经济"仍然在向前猛冲。

房价增速先是变缓，随后变得愈发吃力，最终开始下跌；关于银行业其他问题的传言不时闪现；股市经历了数次大幅动荡，包括自"9·11"恐怖袭击以来的最大单日跌幅。多数人只有当钱包、工作和安全感受到切实影响时，才会认真地考虑政治问题。于是，显而易见的问题就是：从1945年直到今日，英国社会生活的主题就是消费主义的胜利；但如今，这一胜势是否即将告终？经济周期波动本身似乎并不足以导致某个国家的转型。英国和美国很可能面临衰退，而且照现代标准来看，将遭遇数年非常艰辛的时光。但这更像是重归20世纪70年代、80年代或是90年代的艰辛时光，而不是"二战"之后或"撒切尔革命"那样的大幅转向。又一代人会从中学到：没有什么会永远上涨，对于经济问题不存在一劳永逸的解决方案；而且，我们也许太过自鸣得意了，才会将过去几代政客和经济学家贬斥为无知之人。

对于我们的消费经济而言，更加重要的是"碳成瘾"会导致何种后果。有些著名科学家开始挑战"为了拯救地球，务必节衣缩食"这一观念；从核能和离岸风能，到电动汽车和在太空中安装反射太阳光的镜子，对于技术性解决方案，人们又重燃热情。这样的乐观情绪是急需的，因为围绕着全球变暖的争论导致的重要后果之一便是，人们感到非常沮丧，根本不愿谈论这一话题。我们畏缩了，因为这一话题太艰巨、太可怕了。许多人对于希特勒的崛起，或是60年代发生核浩劫的可能性，也曾怀有同一种心态。有些人会说："你不能只是对此置之不理。"但是，人们是会这样做的。如果没有希望，如果不能清楚地意识到在挣扎之外，还有蓝天和有价值的生活，那么大多数人都会背过身去，试着不去考虑这一问题。迄今为止，所有主流政党就全球变暖这一问题所传递的信息都是"好坏参半的"（这是客气的用词）。某天，他们会谈论在屋顶上安装风力发电机，或是通过征收新税种来强化循环利用；某天，他们又主张大幅扩建机场,使得我们能够更加频繁地飞行,或是承诺廉价的海外度假仍将被视作一项人权。到头来,成了科学家、工程师和投资者在引领政客,而不是反过来。身为一名政治观察者,我无法假装在过去一年里,政治事务处于最佳状态。可是,难道未来的挑战艰巨到了让我们曾经应对过的困难都相形见绌的程度吗?绝非如此。现代英国史告诉我们,我们曾身处九死一生的险境,但也曾取得了不起的成就——甚至比购物和担心房价更加了不起呢!这让我们没有借口感到悲观。尽管有推销之嫌,我还是想说:不要对未来感到惊恐不安,平静下来,阅读本书吧。

安德鲁·玛尔

2008 年

**目录**
**A**
**History**
**of**
**Modern**
**Britain**

# 第三部分

## 现代化之路
# 1964—1979 / 293

1964—1979 年是现代英国兴起又失败的 15 年。"现代"不仅仅指的是英国的外观和形态，更意味着对计划与管理的信念。这是属于务实者的时代，他们将废除一切陈旧过时的事物。英国自身也不再是小型的独立贸易商，而是加入了当时可供选择的最大集团——欧洲经济共同体。

# A History of
# Modern Britain

## 序 幕

————

    这场戏开始于 1940 年 5 月 28 日午后。在下议院老会议厅的首相办公室内，战时内阁正在召开会议。演员只有几位，其中包括 18 天之前刚成为民族领袖的温斯顿·丘吉尔。大多数建制 [①] 中人和许多保守党人都认为丘吉尔是个荒唐、狡诈的醉汉，喜好狂热的演说和愚蠢的帽子。私底下，他们将丘吉尔称为"无赖的大象"，甚至是"土匪"。对于他在不到三周之前成为国王的第一大臣一事，不少人并不热心，这其中也包括了国王本人。在工党圈子里，丘吉尔被普遍视作工人阶级的敌人：数年前，这个脸色粉红的纨绔子弟曾命令军队镇压罢工者。如今，丘吉尔刚刚命令驻扎在加来的英国部队在毫无撤退希望的情况下作战，努力保护滞留在敦刻尔克海滩上的 20 万人，以期拯救他们。他承认这一"战死沙场"的命令让自己感到"难受"。他还试图通过物物交换的方式，从美国人那里获得急需的驱逐舰。截至此时，美国人并未提供帮助。每小时都有数千名英国军人穿越海峡，撤回本土，此时依然有救援大部分军队的希望。然而，德国的入侵已是近在眼前，没有重型武器就毫无抵

————

[①] 建制（Establishment）一词在本书及近来的许多政治评论文章中都经常出现，指的是在一国或某组织内握有权力与威势的团体或精英，其构成具有封闭性。——译者注

御的可能。不久之前，还有人要求丘吉尔批准将政府、王室以及英格兰银行的黄金撤往加拿大的计划。但和国王及王后一样，他拒绝考虑这一方案。

与他同桌的两位人物日后会被与绥靖政策联系在一起。其中一位是前首相内维尔·张伯伦（Neville Chamberlain）。在德国与希特勒就"我们这个时代的和平"展开的谈判一度使他成为民族英雄，然而不久之后，希特勒又使他成了"民族蠢人"。他的健康状况正每况愈下。另一位则是来自保守党的外交大臣哈利法克斯（Halifax）伯爵，此前对德国的访问曾令他认为希特勒"十分真诚"，戈林（Hermann Goering）则"很有吸引力"，是个兼具"好学生、电影明星、大地主、政党管理者、查茨沃思庄园猎场主管"等特征的人物。哈利法克斯伯爵更受王室青睐，身形瘦长、好挖苦人、笃信宗教且保守的他，也曾是成为首相的热门人选。在上议院中，他成了这段黑暗岁月里不受欢迎的那一类保守党人，很快就会被打发去华盛顿担任驻美大使。在这个代表了民族团结的政府中，除自由党党魁阿奇博尔德·辛克莱（Archibald Sinclair）外，还有两名工党成员。克莱门特·艾德礼（Clement Attlee）几乎是出于偶然才成了工党党魁，在全国范围内并不知名。在 1940 年，如果有谁认为这位干练、爱国但略显沉闷的人物有朝一日将成为受人怀念的伟大首相，那么这种想法未免太过不同寻常了。另一位工党成员是阿瑟·格林伍德（Arthur Greenwood），在近来艾德礼抱恙期间，代替他主事的便是这名前教师。如今，很少有人还记得格林伍德的名字。他在"二战"之前备受爱戴，但在担任大臣时却表现不佳。他与酗酒这一恶习搏斗了一生，但每一次胜出的都是酒瓶。不过，时势曾成就过许多二流人物，此时刚好轮到了格林伍德。

战时内阁面临着一个简单的问题：在希特勒的大军摧枯拉朽地席

卷了比利时、荷兰及法国之后，应该向他求和吗？哈利法克斯和张伯伦都赞成这么做。他们声称意大利独裁者墨索里尼可以成为中间人，还讨论了为求得他的斡旋应行何种贿赂：作为阻止德国入侵不列颠诸岛的酬劳，意大利人可以拿走直布罗陀、马耳他、苏伊士、肯尼亚和乌干达。价码就是这些。英国将接受希特勒作为欧洲领主的地位，但也将得以保留自己的舰队以及包括印度在内的剩余帝国。丘吉尔尚未拒绝基于任何价码的任何协议，但他深刻地意识到，如果关于求和的讨论被泄露出去，将对国民的士气造成毁灭性打击。丘吉尔还相信，柏林提出的任何价码都将包括把皇家海军移交给德国，并在伦敦扶植一个亲纳粹的傀儡政府。身为半个美国人的他相信，即使英国遭到了入侵，美国最终也将加入战斗。就这样，在恐惧、疑虑和微弱希望的围绕下，"决断时刻"到来了。

如果与会的都是保守党政客，丘吉尔将在投票中落于下风。然而，艾德礼和格林伍德都坚定地支持继续战斗，拒绝求和或是投降。于是丘吉尔以微弱的优势赢得了投票。受此鼓舞，他的情绪又高涨起来。他立刻召集了全体阁员，以纯正的丘吉尔式英语向他们表示："我确信，如果我考虑过求和或是投降，哪怕只有一瞬，你们中的每一位都会挺身而出，将我推翻。如果我们这座岛屿的漫长历史终将结束，那么也要等到我们中的每一位都倒在自己的血泊中，再结束。"或者说，至少他后来记录下的言论就是这样。大臣们欢呼雀跃，拍打着这位老人的后背。后来丘吉尔表示，如果他试图投降的话，会被拖出办公室：每位大臣及其家人都做好了"立刻"战死的准备。

我们已经知道，这样的说法其实夸张了。相当多的英国政客都已准备好与德国妥协。美国驻英大使私底下已经告知华盛顿方面，英国将会投降。回过头来看，投降似乎是不可能的，是无法想象的；但在当时，投降是很有可能的，并且经过了严肃的讨论。这一刻，英国正处于崩溃边缘；也正是在这一刻，她的现代史开始了。一切都始于这一天的这一决定。首先是战争：从不列颠战役，到珍珠港事件，直至德国和日本的最终战败。接下来，世界变得截然不同：出于复杂的原因，曾经是世界上最大帝国的大英帝国落幕了，美国则崛起为自由世界的统治者。这些原因大概都可以追溯至丘吉尔、艾德礼和格林伍德在 5 月的那一天做出的艰难决定。这一决定塑造了当代英国，塑造了她的长处与弱点——这正是本书探讨的主题。许多始料不及和出乎意料的事情随之发生。无论是丘吉尔还是艾德礼，都没有造就自己理想中的英国；然而，他们却在无意中塑造了我们。

对英国而言，"二战"是一段笼罩一切、造成了巨大打击的经历，以至于人们愿意将战后与战前的英国分隔开来，就仿佛一把巨大的利刃将英国历史一斩两断一般。在某些显而易见的方面，的确如此。战争从物质上和工业上都改变了英国，摧毁了城市中心；通过刺激外来移民和向外移民，它最终还改变了这里的人口构成；它改变了英国的政治气氛和我们对待政府的态度；随着战后生育率的激增，它甚至还改变了代际关系。不过在其他方面，战后的英国只不过是 20 世纪 30 年代英国的延续。在"二战"结束后直到丘吉尔败选下台的这段时间里，1945 年的议会与 1935 年被选出的议会是同一个，来自过去那个时代的下议院被冻结、保存下来。对王室的服从与尊重、对白种人优越性的信念、认为英国制造业仍然是世界最佳的自负心态，也都历经危险的岁月，完好无损地幸存下来。

英国认为自己仍然处于昔日帝国的鼎盛时期，依然是海上霸主。尽管我们通常总是把大英帝国与维多利亚时代联系在一起，但这个自称的首个"世界性国家"直到 30 年代中期还在继续扩张。"二战"爆发时，与伦敦相连的有 200 多个殖民地、自治领和属地，总面积超过 1 100 万平方英里①。从太平洋部落到因纽特人，从古老的非洲部落到伟大的莫卧儿帝国的断壁残垣，从澳大利亚的农民到南非的淘金者，都被大英帝国囊括在内。它的疆界从苏格兰高地直至南极，从魁北克的法语村落直至中东的清真寺。一个人口不足 5 000 万的相对较小的国家取得了如此庞大的领土，看上去就如同一件全球性的荒唐事，一个人类历史上的大玩笑。

这些领土中，只有相对较少的几块有助于英国经济的繁荣，但帝国依然被认为是不列颠强权，即独立于正在崛起的美国的全球金融与贸易体系的精髓之所在。"日不落帝国"并非诗意的描述，而是事实。40 年代和 50 年代的英国依然沉浸在帝国情结中。学校会展示那些著名的"帝国红溅洒到各处"的地图，会讲授克莱武（Robert Clive）在印度的战役以及传教士在非洲的成就，儿童百科全书里满是关于印度次大陆棉纺织工业或是马来亚极具价值的橡胶树的信息，中产阶级的书架上则挤满了吉卜林（Rudyard Kipling）、毛姆（W. Somerset Maugham）、亨蒂（G. A. Henty）和劳伦斯（T. E. Lawrence）的作品。帝国无处不在：既在家里，也在家外，还在街名和雕像中。从印度的小摆件到象脚形状的伞架，从孟买金酒到帝国皮革公司香皂，从来自喜马拉雅山脚下的杜鹃花束，到"tiffin"（简餐）和"bungalow"（小平房）等词汇，再到所有退休的驻印度公务员以及伦敦周边各郡行政人员早餐时食用鱼蛋烩饭的习惯，无不体现着帝国风味。许多大公司以此命名：帝国化学工业、本土与殖民地百货商店、大英帝国航空、帝国橡胶公司。直到 1958 年，人们还一直在庆祝"帝国日"。更重要的是，从不列颠诸岛

---

① 1 平方英里约合 2.59 平方千米。——编者注

到非洲、加拿大、澳大利亚和新西兰的移民浪潮仍在继续。直到 60 年代，每 5 名移居国外者中就有一名是从英国去往英联邦国家的；1946—1972 年，去往澳大利亚一国的英国人数量就超过了 100 万。阴雨天时，许多人都会待在家中观看王室成员访问新西兰或其他属地的新闻短片。

时光再倒转 20 年，就如同大英帝国一样，皇家海军似乎也正处于鼎盛时期，是一支主宰世界的力量。"一战"结束时，皇家海军拥有多达 61 艘战列舰，比美国和法国的战舰数量之和还要多；此外它还拥有 120 艘巡洋舰和 466 艘驱逐舰。[1] 这支令人望而生畏的舰队以及众多海军基地和供煤港都由组织精良的海军部在伦敦加以掌控，若没有这些，是不可能捍卫整个帝国的。

海军之于英国人的意义，就如同大道和军团之于罗马人的意义一样：这一轻薄但坚硬的网络将诸多截然不同的土地与人民联系在了一起。进入 20 世纪时，全世界已有四分之一处于英国统治之下，从未有哪个国家曾主宰如此众多的土地与人民。促成该成就的，是英国与海洋之间长达数百年之久的爱恋，以及维多利亚时代对蒸汽动力及科学应用的热情。到了 20 世纪，这些曾令英国变得伟大的特质开始衰退了。如今我们已经很难再回忆起，尽管处于衰退中，但在 20 世纪上半叶，海军仍然令英国人感到着迷：歌舞剧院舞台上演出的海上民谣，马里亚特（Frederick Marryat）和福里斯特（C. S. Forester）创作的童书，盛大的海上阅兵，印在香烟卡片上的"无畏舰"，以及蓝金两色的宫廷制服，莫不如此。在几乎每所学校，德雷克（Francis Drake）和罗利（Walter Raleigh）、库克（James Cook）和纳尔逊（Horatio Nelson），都是无数堂历史课上的主人公。身为英国人，就意味着一看到英国海军旗便感

---

[1] 见 Correlli Barnett, *The Collapse of British Power*, Eyre Methuen, 1972。

到激动。

　　早在"二战"开始前很久，战后的许多趋势便已出现。要想理解战后英国，我们就必须俯瞰较早时候的那个有些陌生的国度，方式之一便是跟随那些决心探索两次大战期间祖国状况的杰出作家的脚步。对于此类新闻报道而言，"一战"之后是一段大好时光。作为"一战"余波的一部分，这些作品使得人们重新审视这场战争的意义。自从博斯韦尔（James Boswell）和约翰逊（Samuel Johnson）在 18 世纪牵起小马、坐上颠簸的马车拜访苏格兰，以及伟大的激进报人科贝特（William Cobbett）在 19 世纪 20 年代开始"乡间骑行"、探访萧条的英格兰乡村以来，环绕英国的旅行还从未如此受欢迎过。20 世纪 20 年代和 30 年代是公路旅行的黄金时代。此前，多数道路都是由古道缠绕而成，既狭窄又崎岖，既陈旧又颠簸。如今则新修了主干道，两旁敞亮的"路边旅馆"和酒店等待着游客的到来。尽管照现代标准来看，乡间道路既空旷，又无警力监管，但还是为那些有财力驱车旅行的人提供了略带危险的乐趣。对于没有财力驱车旅行的人而言，大客车（我们现在将其称为"巴士"）和敞篷旅游车的兴起也使得英国乡间和海边首度成了可以抵达的旅行目的地。

　　有些旅行者试图寻找一片失落的净土，例如莫顿（H. V. Morton）。他于 1927 年驾驶着一辆莫里斯牌"牛鼻车"开始了"找寻英格兰"的旅程。但他出发得有些迟了。现实中的英国进入高度工业化和城市化的状态已达近一个世纪之久。莫顿对这一点心知肚明，但他仍想捍卫自己，声称："我们所拥有的一切都源于英格兰的乡间与村落。"他的这种态度代表着一种古老的英式写作传统，可以追溯至哈代（Thomas Hardy）、吉卜林和切斯特顿（G. K. Chesterton），直至英格兰国王詹姆士一世时期的诗人。真正的英格兰是青翠、偏僻、野性、古老、具有当地特色和独特智慧的。也许，他既出发得迟了，又出发得正及时，因为此时城市居民尚未占领乡间，终结那些可以追溯至中世纪的传统。他的旅程是重要的，因为这代表着许多人直到战后相当长一段时期还一直怀有的对英国的某种理想。他的书极受欢迎，在以超级市场和高速公路为代表的当代经济于 20 世纪 70 年代和 80 年代彻底摧毁英国的后工业化乡村之前，捕捉到了它的神韵。

从远处山坡上遗留着的旧式承梁，到在古老教堂所在地用茶的女士，莫顿在各处都发现了自己心向往之的古雅之趣。他在康沃尔郡赫尔斯顿市发现了戴着高顶礼帽蹦蹦跳跳的"五月花舞者"，在诺福克郡发现了碎石机；他找到了英格兰最后一所济贫院，甚至还找到了最后一位用盎格鲁-撒克逊技法制作木碗的手艺人。他的书中有幽灵、鹅卵石、洞穴、车道、古罗马废墟、供应红木色泽啤酒的古代酒吧，以及正常人难以一口气消化的其他奇闻逸事。莫顿成长于伯明翰，并在这里成为一名成功的记者，但他在书中对"这个怪物"不屑一提；他也只是远远地瞥了曼彻斯特一眼，称其为"天空中一缕不祥的灰烟"。和科贝特一样，只有在为衰落中的、遭人无视的农业社会发声时，他才会变得愤怒起来。

不应低估青翠的英格兰在国民想象中的地位。沃德豪斯（P. G. Wodehouse）创作的滑稽小说和阿加莎·克里斯蒂（Agatha Christie）创作的烧脑的侦探小说都将背景设定为这些永恒的村庄；这些村庄的居民则是古老的家族、牧师，以及受过良好教育的老姑娘，她们的爱人死在了战壕里。《笨拙》杂志（*Punch*）的漫画描绘了英格兰的板球场、教堂大厅以及挤满了农民的车道和马厩，这幅景象虽然受到了以旅游车为代表的现代世界的侵扰，但风韵犹存。"二战"伊始，劳工部曾将一群艺术家派往乡间，其中多为出于良知拒服兵役者，他们赶在纳粹轰炸机和住宅开发商将一切摧毁之前，画下了旧日英格兰的谷仓、乡间教堂和乡村小屋。这些画面就像是对莫顿旅程的视觉呈现。

然而，英国农业以及英国乡间成了全球性经济的最初牺牲品，陷入了从 19 世纪 70 年代直至 20 世纪 40 年代的漫长衰退期，只有在"一战"期间，农产品价格才有所提升。北美大草原被开发，轮船、铁路和冷藏技术使得谷物和肉类的运输变得容易，带刺铁丝网的运用使得加拿大和新西兰农场的范围得以扩张——这些因素都沉重地打击了英国的农业生产商。从维多利亚时代中期，到希特勒发动战争，五分之二的可耕地被荒废，数百万农业工人永远离开了乡间，直到 20 世纪 30 年代中期，通过施加关税和推行节省人工的技术，这一状况才略有改善。山地大多被废弃，任由杂草丛生。只有在封锁大西洋的非常时期，这些荒地以及被废弃的可耕地才再度被投入生产。在两次世界大战期间，约有 7% 的乡村小屋被拆毁，更多的乡村小屋则被改造成了酒店、旅社、庇护所和学校。现实同莫顿曾惬意地沉浸于其中的那幅模糊的怀旧景象相去甚远，但当这个民族的未来遭到德国威胁时，白厅认为值得记录下来的正是这幅模糊的景象。

数年之后，另一位成功且高产的记者兼作家也踏上了旅程。普里斯特利（J. B. Priestley）成长于布拉德福德，之后移居南方。这个爱国热情高涨、面色阴郁、爱抽烟斗的大个子曾抱怨称，他最畅销的小说使得人们以为他是个"友好但迟钝的傻瓜"，炮制一些"仿效狄更斯的空洞作品"。尽管被学术界及更加装腔作势的作家嘲笑和漠视，但普里斯特利关于英格兰的作品深刻地影响了人们理解自己祖国的方式。他谈论起政治来总是喋喋不休；而当他于 1933 年开始"英格兰之旅"时，英国几乎四分之一的劳动力都处于失业的状态，在某些地区，几乎所有人都没有工作。普里斯特利希望令英国南部的中产阶级正视本国另一部分人的现实处境。乘坐着大巴和有轨电车，他旅途的重点在于伍尔弗汉普顿、圣海伦斯、博尔顿、利物浦、盖茨黑德、贾罗和肖顿等地。他寻访了这些地方的贫民窟和凋零的造船厂，毫无生气的工厂和陷入绝望的采矿村庄。他发现了许多荒地。工业衰退得如此严重，甚至让他怀疑19世纪的工业革命是否有价值。

普里斯特利虽然并非工业领域的专家，但他目光敏锐。他描述道，布莱克本技术学院里"那些来自东方，勤奋、微笑的年轻男生，渴望学到兰开夏能够教给他们的关于棉纺织工序的一切知识"。普里斯特利说，他们没有漏掉任何东西，而是向着老师微笑，然后登船回国，消失在了大海里。"不久之后，由于我们生活在一个相互依赖的奇妙世界里，兰开夏与东方的大笔贸易也消失在了大海中。这些学生大多来自日本。"

在斯塔福德郡特伦特河畔斯托克市的陶器厂里，普里斯特利发现工匠还在重复那些曾流行于维多利亚时代的款式。更令人震惊的是，他们还在使用踩踏板和车床等乔赛亚·韦奇伍德（Josiah Wedgwood）于1763年引进的工具。英国的每个城镇都有着不同的外观，散发着不同的气味，讲述着不同的词汇，呈现出不同的形态，发出不同的噪声，因为它们在制造不同的物品。莱斯特制造靴、袜以及打字机，诺丁汉制造蕾丝（这里的女工也因不遵从严格的性道德观而出名），布拉德福德制造毛织品且深受德国犹太人影响，考文垂制造汽车，谢菲尔德制造刀具，邓迪制造黄麻布，等等。1933年的英国仍然富有多样性和层次感，但工业的衰退，加之消费主义与广播的兴起，很快就将把这些特质冲刷殆尽。普里斯特利明白这个道理。他已经观察到了资本总在找寻更加廉价的劳动力，这一过程加之全球化，终将使得他所熟知的那个英国彻底消失。

普里斯特利启发了其他作家，其中最著名的要数乔治·奥威尔（George Orwell）。三年之后，他徒步踏上了通往威根码头（这一码头实际上并不存在）的那段著名旅程。此外，跟随普里斯特利的脚步深入破败之地的还包括摄影师和早期的纪录片导演。然而在"二战"之前，英国老工业区的严峻态势仅仅短暂地引发了人们的关注。对英国经济仍然至关重要的煤炭业，是由许许多多投资不足的独立公司构成的。按照美国或德国标准来看，这些公司所使用的技术简直落伍得可笑。英国矿工还在使用铁镐，在几乎一片漆黑和令人窒息的闷热环境中仅仅身着普通长裤，挣取着微薄的工资，工作几乎毫无保障。回过头来看，在20世纪30年代似乎并不存在发生真正变革的可能性和希望，当时的情况就是如此。不过，表明正在发生灾难性衰退的证据却越来越多。投资与创新曾经是英国重工业的核心动力，如今却不再如此了。"一战"之前，全世界三分之二的船只都属于英国；如今，这些船只是由一支工会组织程度极高、容易闹罢工的工人队伍在室外手工打造的，这种造船工艺与爱德华时代对抗德军的那些英国战舰的制造方式几乎毫无二致。当其他国家经历变革时，英国仍在故步自封。短期之内，保护主义、廉价贷款和重整军备能够助一臂之力。但从日本的竞争到投资的不足，这些英国在20世纪70年代将面临的工业问题，早在德国入侵波兰之前便已然存在了。

普里斯特利绝望地意识到，电影将取代歌舞剧院的演出；他同时还预言，这个国家的各个地方都将变得几乎一样。他指出，一旦身处影院，你便无法分清自己是身在美国的艾奥瓦城，还是英国的普雷斯顿。还不仅仅是电影。在英格兰各地如雨后春笋般出现的美式酒吧里，年轻人正在尝试鸡尾酒，英式老歌被美式蓝调音乐取代。"这是由主干道、支线公路和加油站构成的英格兰……这是由大型电影院、舞厅和咖啡馆，由附带小车库的小平房，由鸡尾酒酒吧，由连锁零售商店，由大客车，由无线电报构成的英格兰。"相对而言，这些廉价且清一色的连锁商店，这些新兴产业，是没有阶级差异的：制造电子产品、合成纤维、轻工产品及飞机的工厂在伦敦和英格兰中部地区散布开来。斯劳镇成了正在成形中的具有城郊风格、以轻工业为主、有些单调乏味的全新国度的代名词，也成了贝奇曼（John Betjeman）最愤怒的一首诗的主题："来吧，亲爱的炸弹，落在斯劳镇上吧／如今，它已不适于人类居住了。"贝奇曼厌恶的是什么呢？"那些配有空调的、敞亮的餐厅／罐装水果、罐装肉、罐装牛奶、罐装豆／罐装心灵、罐装呼吸……"诚然，贝奇曼是个自认为优越的怀旧派，但就连自称民主主义者和社会主义者的普里斯特利也觉得新英国有些过于廉价了："有太多肤浅的效仿……其千篇一律令人沮丧。这种生活中有太多元素是在生硬地照搬外部世界。新英格兰缺少性格、热情、兴致、特色、风味、活力和独创性。"普里斯特利将其称为"第三个英格兰"。与此前相比，这一具有全球性文化特征的英格兰与今日英格兰的相似程度要大得多。

许多相同的趋势在威尔士、北爱尔兰和苏格兰也清晰可见，但程度较轻，因为这些地区不像英格兰南部那样拥有快速发展的新兴产业，而且更加受困于破败且停滞的维多利亚式工业。威尔士南部有着古老的煤田和钢铁工业；与英国的其他地方一样，两次世界大战之间的衰退也使得这里深受打击，但其战斗精神远胜英格兰的大多数地区。从克莱德的造船厂，到邓迪那突然陷入沉寂的磨坊，苏格兰的衰退同样明显。苏格兰诗人埃德温·缪尔（Edwin Muir）在《苏格兰之旅》（*Scottish Journey*）中愤慨地刻画了工业小镇卡思卡特，该镇如今事实上已经成为格拉斯哥的一部分。他发现了"一幅败坏的景象"："所有生灵似乎都遭到了毒害和遏制，这幅景象会让人不由自主地产生邪恶的念头。这里似乎将沦为谋杀与强奸之地。"他路过被遗弃的矿井，沿着漆黑的矿渣路，"人们会看到发育不良的男孩光着身子，在散发着各种酸臭味的肮脏水池中洗澡"。与普里斯特利及奥威尔一样，缪尔也认为解决方案是社会主义。他还像普里斯特利那样，注意到在爱丁堡等较富裕的城市，电影和广播影响了当地居民，令其变得美国化。在这个"乘大巴出行、接受电影教育"的商业化年代，周遭环境，比如这个城镇、那种工业，对人们行为的影响力减弱了。他认为："无论是大是小，位于苏格兰还是英格兰，所有城镇的居民都越来越仅仅听命于远方的行动。"这一非凡的洞见确切地描述了战后英国将经历的转变。

正如 30 年代的旅行者所展现的，"二战"前的英国正在迅速改变。50 年代英国的外观是由半独立式住宅构成的长条"缎带"从老城区向外延伸，这奠定于斯坦利·鲍德温（Stanley Baldwin）的年代。但早在美国大兵到来之前，美国音乐和美国电影就已经进入了英国。30 年代建筑与设计的轻快及明亮将被重新发掘和拾起，并一直延续至 50 年代。在英国，"青少年"也许还未成为一个有着共同称谓的群体（尽管"二战"前的美国已经开始使用这一词语），不过，有钱购买唱片和衣服、日益独立于父母的十来岁的孩子已经成为英国城市中的一种现象。连锁店在售卖更鲜艳的服装。电视机已经上市，并开始在伦敦中产阶级中流行开来。这个国家的质地正在发生变化。英国已经成了一个质量稍差、多样性变弱的国家，多了一分美国性，少了一分英国性。这将成为将来故事的一大主题。

处于帝国鼎盛时期的英国，至少就本土事务而言，秉持的是"小政府"这一观念。只有邪恶的德国人和滑稽的意大利人才会制订计划。尽管作家们提出了呼吁，但 30 年代的大多数人都不认为政府能够促使事态好转。曾有那么多理智、聪明的英国人对墨索里尼和希特勒满怀热情，这一事实很容易令人们感到惊愕和困惑。但这种态度不能仅仅归咎于怯懦和种族主义。原因还包括，人们不耐烦地渴望政府能够真正发挥作用：

终结失业，修建新的道路，发展现代工业，以及让火车准点运行。社会主义者约翰·斯特雷奇（John Strachey）、保守党人丘吉尔、法西斯分子奥斯瓦尔德·莫斯利（Oswald Mosley），以及老牌自由党人劳合·乔治（David Lloyd George）——这些政治观点差别巨大的人物，都曾在某个时刻觉得独裁统治至少是可取的。战争使得这些错误的态度令人难堪，于是它们很快便被遗忘了。战争带来的根本改变在于政治气氛：民主制成了时尚。

但战争的作用还不止于此，它还使得英国人相信，本国政府是可以重塑这个民族的。和大多数以胜利告终的战争一样，"二战"也提升了国家机构的声誉。如果政府能够向欧洲派出一支军队，击败组织最精良、最令人恐惧的现代军事机器，那么还有什么是它做不到的呢？浪费、缺乏计划、普遍缺乏专业性——英国人难道真的无法做到更好？在敦刻尔克的混乱几乎以灾难收场、士兵们直到最后时刻才侥幸逃脱后，BBC于 1940 年 6 月 5 日播出了一系列著名广播中的第一部，普里斯特利在广播中呼吁结束这种业余行为："我感觉，没有什么比此事更具有典型的英国性了，无论是开头还是结尾，是其愚蠢的一面还是宏伟的一面。悲哀的是，我们此前也犯过类似的错误。现在，我们必须下定决心，永远、永远不要再犯这样的错误。"是时候"用不同的方式思考问题了"。英国的胜利在国内促成的最重大变化，就是这种"在未来以不同的方式行事"的决心。正如我们将看到的，人们在最恶劣的条件下实现了这一目标，并取得了最出人意料的效果。

不过，这并不意味着我们就不再作战了。"二战"之后，世界依然充满了战争。从希腊和塞浦路斯，到朝鲜半岛和马来亚；从肯尼亚到福克兰群岛（阿根廷称马尔维纳斯群岛——编注）；从爱尔兰到伊拉克——英国总是在某处作战。共产主义成了世界上最紧要的敌人，但为了避免核灾难的危险，战争很少直接涉及共产主义国家的军队，而是将敌对的民族主义势力作为打击对象。这些非洲、亚洲或阿拉伯解放军的领袖先是受到敬仰，但随后总是令人沮丧地沦为独裁者。许多殖民地战争尽管极为血腥，但已经几乎从英国人的共同记忆中消失了。

如今，英国希望自视为一支维护和平的力量，一支配备了武装的救援队伍，一群佩戴着机关枪的社工，而不是昔日的好战之徒。然而，尽管武装力量的规模萎缩了，但战斗仍在继续。有些"战后时代"的战争尽管规模不大，但涉及巨大的政治利益，引发了激烈的争论。这些战争，有的提升了英国的声誉，有的则毁坏了它。英国在苏伊士战争中的伤亡人数仅为 21 人，这场战争却成了战后的转折点，证明英国已经变得十分虚弱，退居从属地位。如果不是重新征服了福克兰群岛，那么撒切尔时代可能只会维持短短几年时间。第二次伊拉克战争造成了英国的分裂，并葬送了布莱尔的声誉。不过，英国的现代军事史是自相矛盾的。我们之所以缩减军事行为，是因为战争年代看上去总像是即将结束。但实际上我们仍在作战。我们将兵力撤回，宣布要享受和平红利，但随后又会再度出击。尽管有此类举动，尽管于 1963 年废除了征兵制度，但与体量和经济实力均类似的国家相比，英国的国防支出仍要高得多，只有法国能够与我们匹敌。结果，本可以投入教育、扶植工业或是兴建更现代化基础设施的资金，被用在了航空母舰、核潜艇和驻扎在德国的坦克兵团上。这样做的目的是维持英国的世界性大国地位。英国固然仍是一个世界性大国，但无论是在冷战期间，还是在几乎每一场实际战斗中，她都处于美国的阴影之下。

在整个战后年代，英国一直维持着一架隐藏在公众视线之外的"内部国家安全机器"。政府通信总部位于切尔滕纳姆，在单调的砖石建筑内，这个不为人知的活跃机构凭借电子技术监听着一切。小说家、导演和阴谋论者常常过分痴迷于军情五处和军情六处，这些作品成了延续至今的对英国本身的隐喻。50年代末、60年代初是精良的007系列，虽不复杂，但满怀骄傲；随后，是勒卡雷（John le Carré）笔下肮脏、粗野、满是背叛情节的故事；再往后，是政治正确、不含不恰当内容的电视剧《军情五处》（Spooks）。但在虚构作品背后，自冷战以来，这一秘密国家机器一直保持着隐蔽的状态，直到最近才稍稍露出了一丝庐山真面目。议员、BBC工作人员、公务员、法官及政治积极分子都受到了监控，针对其中许多人还撰写了报告并记录在案。凭借于17世纪获得的君主般的权威，首相一直将相关决策和情报置于内阁和议会的掌控之外，其中包括发展核武器的最初决定，以及极为复杂、详细的修建为遭受核打击而准备的掩体与隧道网络的计划。从首批"原子间谍"及首次奥尔德马斯顿反核游行，到第二次伊拉克战争及"伊拉克档案"事件中情报部门扮演的角色，安全机构都不可避免地引发了公众的担忧和不信任。

人们较少谈论的是，战后时代的战争还有助于保持许多英国人的爱国情绪及对军事事务的兴趣，他们是那些远离传媒界的所谓"沉默的大多数"。战争使得更多人与武装力量产生了关联。几乎有200万男性要服兵役。预备役部队以及学校中的各种军事训练营将军队的影响力进一步传播到了兵营或海军船坞之外。漂白过的腰带、点303型步枪、空中表演，以及在天空中呼啸而过的三V轰炸机及闪电式战斗机，使得"二战"的氛围又延续了数十年时间。战后英国生活的基调和结构受到战争影响的程度，也许比我们愿意承认的还要深。

历史要么是关照当下的道德论证，要么是毫无意义的事实的单纯累积。"二战"刚结束那段时间的英国史，便是一段富有吸引力的、能够令人获益良多的道德故事。尽管困难重重，那仍然是一段乐观、充满活力的岁月。分别位于政治光谱两端的政客都相信，英国将在新世界中占据至关重要的地位，成为一支行善的伟大力量。复员士兵及上百万平民都决心弥补失去的时间，过上更幸福的生活。当时，爱国主义并不狭隘，"社会"这种东西依然存在，① 没有人会对"公共利益"嗤之以鼻。工党承诺要带领人们建设"新耶路撒冷"，尽管没有人完全明白这一奇妙之城会是什么样子，但显然医疗、教育和住房方面的新政策是必不可少的。英国电影也充满了活力与雄心。设计师和建筑师将"二战"期间在欧洲构想出的方案带到了英国，建设出了一个更加敞亮、通风、多姿多彩的国度。在科学与技术领域，英国同样取得了将在和平时期大展宏图的杰出成就。

人们普遍为胜利感到骄傲，这是理所应当的。这种心态尚未遭到核对抗前景引发的恐惧情绪的破坏。尽管依然受困于饥饿及糟糕的居住环境，但至少人们终于安全了。他们感到悲痛，但又满怀希望。婴儿潮正在全速到来。40 年代末的英国有许多会令当代人感到吃惊乃至厌恶之处。会让当代人皱紧眉头的，不仅仅是破碎的城市和严格的配给制，还有势利的态度以及不经意间流露出的种族主义，甚至还包括广为存在的反犹主义——尽管当时关于集中营的骇人证据已经浮出水面。但总体而言，这还是一个满怀希望的国度。就历史而言，没有什么品质比希望更令人振奋了。

关于战后史意义的大辩论大致是在左右两派之间展开的。彼得·亨尼西（Peter Hennessy）等中左派历史学家通常对这一时期的领导人感到钦佩，对他们竭力摆脱困境的努力感同身受。以科雷利·巴尼特（Corelli Barnett）为首的历史学家则强调这段时期的失败及错失的机

① 撒切尔有句名言："不存在'社会'这种东西。"——译者注

遇，直到撒切尔于 1979 年上台才扭转了局势。其他人则在这些立场之间挣扎。那么，我的观点是什么呢？我们这些脾气暴躁的人民，老是因那些糟糕统治者的欺骗和愚蠢而动怒，但事实上，小点儿声说，我们经历了相当不错的 60 年。英国在 20 世纪 70 年代遭遇了危机，经历了全民性的精神崩溃，但此后又实现了复苏。40 年代和 50 年代的英国是个遭受了战争破坏且没有效率的国家，即将被法国、德国和日本这些之前的战败国超越。但更加完整的故事、更加广阔的图景是，英国未经历革命，便成功地从勉力维持自身强权地位的缺乏效率的帝国主义制造商，转变成了更加富裕的社会民主主义国家。

英国的确以最快的速度完成了转型。工党和保守党政府都适时地甩掉了帝国这一包袱。但这意味着在其他大洲有无数人死去：穆斯林和印度教徒陷入了种族清洗的血泊，许多非洲人沦为屠杀与独裁统治的受害者，阿拉伯人、塞浦路斯人和远东地区的许多民族遭遇了内战与饥荒。与此同时，英国则重新专注于冷战中的次要伙伴这一新角色，与欧洲靠近，但决不融入欧洲，与美国人说着相同的语言，却表达着不尽相同的意思。

我们从来都是一个处于边缘位置的国家。我们曾先后位于战败的边缘、破产的边缘、核毁灭的边缘，以及美利坚帝国的边缘，最后却发现自己来到了现代状态的最前沿，成了一个后工业、多种族的岛国，拥挤、善于创新、富裕。撒切尔上台之前，英国并非正一路向着深渊坠落。对这段相对而言成功的时期的叙述，没有谁比美国历史学家乔治·伯恩斯坦（George Bernstein）做得更好了。他那本讲述 1945 年后英国的著作名为《衰落的迷思》（*The Myth of Decline*）。在谈及 70 年代危机之前的岁月时，他表示："根据就业率、令人们免于贫困的社会保障、生活水平的提高等指标来衡量，英国在增进人民福祉方面的表现是卓越的。"①而且，这样的成就还是在恶劣的经济条件下取得的。

用错误的结论来扭曲真实的历史是危险的。如果有人认为70年代的崩溃是战后英国经历的最重大事件，与之相比，此前及此后的一切都相形见绌，那么40年代、50年代和60年代的故事就不可避免地会变得阴暗，原本平淡无奇的事件也会显得像是不祥的预警。所有那些正确的事情，那充实的30年间所有成功的人生，风尚与技术领域的成就，健康状况的改善，低通胀的岁月，变鼓了的钱包，假期，繁荣的商业……每当提起这些成果，人们总是会微妙地加上一句："是的，然而……想想接下来发生了什么吧。"可是，这是一种奇怪的思维方式。以个人生活作为类比，这就如同不顾一生中的起起落落，仅仅根据中年时生的一场重病或是婚姻的失败，来定义整个人生的价值。

那么，这就意味着我们应该为领导人喝彩吗？当然不是。在现代的大多数时候，政治为英国做出的贡献并不如对议会民主制感到自鸣得意的我们所以为的那么多。那些人是好人，行为正派，但并不是出色的领袖。领导我们的左派和右派都不明白这个国家正走在哪个方向上。亨尼西是对的：政治阶层是有才智的，并且面临着艰难的选择。一旦危险不再，人们很容易就会忽视这一点。但巴尼特也是对的：如果我们的领导人更加清醒，敢于道出严峻的事实，或是敢于将选民当作成年人来对待，那么我们本可以拥有一个更美好的国度。的确，工党没能建成"新耶路撒冷"；的确，50年代和60年代初的保守党政府未能重塑英国强权，未能实现他们梦想中的"新伊丽莎白时代"。威尔逊（Harold Wilson）和希思（Edward Heath）执政时期本应进行现代化，使英国重整旗鼓、焕然一新；但当两人下台时，工会已难以驾驭，希望之光也熄

---

① George L. Bernstein, *The Myth of Decline: The Rise of Britain Since 1945,* Pimlico, 2004.

灭了。梅杰（John Major）上台时承诺要令英国感到轻松自在，下台时却留下了一个不自在的国度，尤其是对梅杰感到不自在。即使在伊拉克战争之前，布莱尔的新工党也从来不像他承诺的那样时尚和有效率，更绝非纯洁无瑕。所有这些失败都是其自身的原因造成的。

只有两个例外，分别是 1945 年的工党政府和撒切尔的前两届任期。前者虽然未能实现理想中的社会转型，但建立起了福利国家体系；后者则针锋相对地直面了英国的危机。二者都为后人树立了榜样。但即使这两个反例也并非完美无缺。战后，工党在短短几年内便后继乏力，不再受民众欢迎；而撒切尔所设想的那个由储蓄者和强有力的家庭构成的重获道德感、辛勤工作的国家，完全不是在以寻欢作乐、分裂、拜金、宽松信贷及爆炸头为特征的 80 年代实际存在的那个国家。随之而来的便是政治精英的失败。我常常觉得，那些在上千幅漫画和上千部新闻短片中出现的熟悉面孔，那些政界的鼎鼎大名，就如同齿环破损的飞轮一般，虽然仍在嗡嗡地旋转，却无力让日常生活这架复杂的巨型机器运转起来。

如果情况只是这样，那真是令人感到沮丧。幸好并非如此。开放的市场，受过良好教育的忙碌的人们，相对而言廉洁且守法的民族传统，以及享受 20 世纪生活里的新技术与新体验的乐观心态——这些都使得英国带给人的总体感受要比单看政治史时好得多。近几十年来，信仰与意识形态衰退了，被消费主义与名人文化所取代，这也许稍稍有损我们的威严。不过，现代英国在科学、文化和金融方面取得的巨大进步曾经令世界获益，也将继续如此。人类在 21 世纪初面对的谜题包括全球变暖、意识的难解之谜，以及老龄化的西方社会如何才能适应维持自身运转所必需的移民新文化。英国人在提供解答方面曾举足轻重：互联网的发展、当代音乐及电视节目的创作，都证明了这一点。通过新的方式，我们成了一座世界性的岛屿。在本书涵盖的时间段，占据支配地位的感受是"加速"。我们的生活节奏更快了；我们看、听、沟通、改变、旅游得更频繁了；我们经历了物质上的丰裕，但或许也感受到了哲学或宗教上的空虚——这与此前的时代截然不同。

如果通过科学或是魔法，一小群生活在1945年的英国人能够进行时间旅行，穿越到60多年后，他们会如何看待我们呢？他们会轻推彼此，努力忍着不要笑出声来。他们会对不同的肤色感到震惊。拥挤的道路、花哨的商店、没有烟雾的空气都会令他们吃惊。我们的体型会令他们惊叹：不只因为高，还因为胖得丢人。新一代英国人洁净的头发、新潮的服饰和青春的面庞会令他们赞叹不已。但严重的浪费也会令他们感到惊骇和厌恶：从赞比亚或秘鲁等国涌入的食物，原封不动地又被扔到了家门外和超市外；设计精美但被匆匆废弃的音乐播放器、电视机、冰箱、衣服、家具已堆积成山。墙上那些丑陋、扭曲的涂鸦以及无处不在的塑料与彩纸垃圾，也会令他们感到惊愕。我们不去教堂，我们对性无比开放，我们视离婚为家常便饭，我们居住在温暖舒适的住宅里——这些都会令他们感到惊奇。然后，他们会讨论一切所见所闻，但所用的语气又会使我们反过头来嘲笑他们：要么是正经得令人无法忍受，要么是带有滑稽的地方口音。然而，这些怪人正是过去的我们，他们就是我们。40年代那些留着板寸的流浪儿，成了如今的领取养老金的人。1947年时那些心怀帝国信念或是社会主义信仰的不耐烦的瘦削年轻人，如今仍然生活在我们身边，要么坐着轮椅，要么隐居在护理院中。通过他们的人生、他们做出的抉择，时光流逝到了当下。因此，倘若他们能够注视着我们问道："这些怪人是谁？"我们可以这样回答："我们正是你们，正是你们选择成为的样子。"

第一部分

# 饥 饿 与 自 豪

# 1945—1950

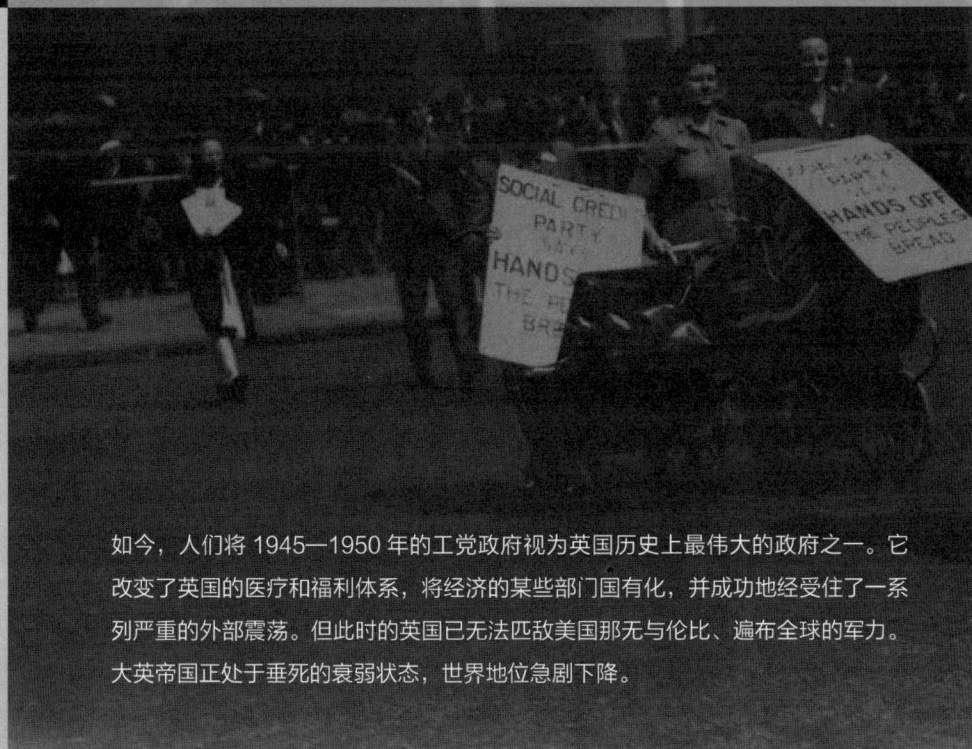

如今，人们将1945—1950年的工党政府视为英国历史上最伟大的政府之一。它改变了英国的医疗和福利体系，将经济的某些部门国有化，并成功地经受住了一系列严重的外部震荡。但此时的英国已无法匹敌美国那无与伦比、遍布全球的军力。大英帝国正处于垂死的衰弱状态，世界地位急剧下降。

# 艾德礼意外上任

━━

许多人发现，在睡梦中，我们内心深处的恐惧与希望会被唤醒，准备在醒来的那一刻给予我们一击。丘吉尔就记录下了这样的经历。当他在 1945 年 7 月 26 日早晨醒来，以为自己与保守党输掉了大选后，"几乎感受到了肉体上的剧烈刺痛"。由于要将在世界各地战场上投下的选票运送回国，本次大选结果经过了长时间的延迟后才揭晓。很少有人曾想到这位战时领袖可能败选，多数工党领导人也都认为他将再度当选。伦敦金融城里那些貌似消息灵通的专家、熟悉内情的工会领袖、自信十足的媒体、向华盛顿和莫斯科发回最新情报的外交观察家，也都是这么想的。丘吉尔正处于个人成就的巅峰时刻：当他在白金汉宫著名的阳台上现身，向人群挥手致意时，他的光芒甚至盖过了国王及王室。英国历史上从来没有哪次军事胜利像"二战"这样，如此紧密地与一位文职领导人联系在一起。无论是两位伟大的威廉·皮特（William Pitt, William Pitt the Younger），还是名望鼎盛时的迪斯雷利（Benjamin Disraeli），又或者是劳合·乔治，都无法与丘吉尔在广播时代的个人魅力相媲美。的确如此，1945 年的大选是最不同寻常的一次。这次大选所终结的议会始于 20 世纪 30 年代中期，9 年 6 个月 20 天的时间使它成为英国历史上任期最长的一届议会，其成员是一些不习惯于粗野的党派冲突的老人。丘吉尔希望这届议会能维持更长时间，至少延续到日本战败。丘吉尔从不是狭隘的党派中人，而是倾向于结成联盟，但工党坚持要举行大选。此时，没人知道接下来会怎样了：由于选民已四散各处，因此投票过程不可能是精准无误的；新选民登记以配给供应本的记录为依据，同样并不准确。由于文书方面的错误，有些选民发现自己无法投票——这其中就包括了首相本人。

留心倾听的人能够发现，将要发生的这一切早有预兆。战争期间，一种崇高的宗教社会主义在英国国内流行开来。当大屠杀仍在海外令人痛苦地继续时，决心建设一个更符合基督教价值国度的近乎乌托邦般的理想便扎下了根。早在 1940 年，伟大的战时坎特伯雷大主教威廉·坦普尔（William Temple）便呼吁"消灭财富的极度不平等"。他手下的教士理事会及"主张共同所有权部"部长甚至更进一步，宣称私有制是"与神授正义相悖的"。在军队里，军队时事总局引领了有关战后英国的强制讨论，由左倾教育家威廉斯（W. E. Williams）进行组织。倾向于保守党的军官抱怨在军中流传的小册子基调不妥，称威廉斯"使得部队沉浸于煽动性的文字"。一名将军当着士兵的面焚烧了 1 万本"可恶的小册子"，警告称这是"严重的叛国行为"。[1] 直到今天还有许多保守党人相信，正是在部队中偷偷传播开来的社会主义宣传导致了他们在 1945 年大选中失利。但事实上数字根本对不上：当时的最低投票年龄是 21 岁，这就将许多具有可塑性的士兵排除在外了；此外，不管怎样，军队总票数仅为不到 200 万，而选民总数则为 3 300 万。

---

[1] William Harrington & Peter Young, *The 1945 Revolution*, Davis-Poynter, 1978.

在平民中间也发生着变化。"即将迎来崭新时代"的强烈感受体现在一系列议员去世（共有 22 名议员战死沙场，除一人外均是保守党人）引发的补选中：保守党候选人纷纷落败。在埃塞克斯郡的莫尔登选区，以独立候选人身份参选的左翼记者汤姆·德赖伯格（Tom Driberg）胜出。游记作家普里斯特利及理查德·阿克兰（Richard Acland）准男爵发起了"共同富裕"运动，1943 年，来自这一忠实的社会主义运动的候选人在英格兰各地大爆冷门。4 月，曾参加不列颠战役的飞行员约翰·洛弗西德（John Loverseed）赢得了柴郡的一个议席；休·劳森中尉（Lt Hugh Lawson）赢得了约克郡谷地斯基普顿选区的议席。最令人震惊的是，1945 年 4 月，欧内斯特·米林顿（Ernest Millington）这位战前的和平主义者与社会主义者、战时加入皇家空军并转而专注于轰炸德国的空军中校，在切姆斯福德这个保守党重地战胜了保守党候选人，赢下了该选区。代表"共同富裕"参选、受到当地牧师支持的米林顿开展了非常具有攻击性的竞选活动，他在集市中心树起的竞选横幅便反映了这种基调："这是一场基督与丘吉尔之间的战斗。"在 1945 年，空气中已经有了一丝奥利弗·克伦威尔（Oliver Cromwell）[1] 的气息。

一个炎热的午后，在布莱克浦召开的工党大会揭开了竞选的序幕。这次会议依然受到许多年轻与会代表的铭记。丹尼斯·希利（Denis Healey）就是其中的一员。刚从意大利战场返回、仍身着军装与贝雷帽的他，热烈地宣扬着社会主义革命。他对大厅里的听众说道，整个欧洲的上等阶层都是"自私、堕落、放荡和腐朽的"，赢得了一片喝彩。负责在布莱奇利园破译德军密码的罗伊·詹金斯（Roy Jenkins）也参加了这次大会，他是一名短小、精悍、瘦削的士兵。与会的甚至还有一位

---

[1] 克伦威尔是英格兰内战中议会派的领袖，推翻并处死了英王查理一世。——译者注

信奉社会主义的海军少将。文字精良、设计简洁的工党宣言将发放到近200万人手中，辅以强有力的海报、1 200万张传单，以及为数众多的志愿者。宣言中最受人欢迎的段落并不令人感到意外。这些段落的基础是一幅以建设更加公正、更有计划的国家为目标的蓝图。早在"二战"结束前，联合政府便已拟定了这份蓝图。全国性报纸中只有一小部分支持工党。除了《每日镜报》（*Daily Mirror*）及其子报《每日先驱报》（*Daily Herald*），其他发行量大的报纸都支持保守党；两大左翼高端报纸《曼彻斯特卫报》（*Manchester Guardian*）和《新闻纪事报》（*News Chronicle*）支持的都是毫无希望的自由党。在不同的地区，工党会议将面对截然不同的观众。艾德礼乘坐着标准牌小汽车来回奔波，每天都要铿锵有力地发表大约8篇简明扼要的演说，每篇为时20分钟。他认为自己受到了热烈欢迎。有些城镇的竞选活动似乎十分安静，另外一些城镇的竞选活动则吸引了大批专心致志的观众前来倾听和辩论。詹金斯回忆道："在伯明翰的暮色中，无数张面孔仰视着我们，交织着疲惫、希望和疑虑的神情。这是一片由疲倦但充满希望的面孔组成的海洋——这是我能想到的描述这一场景的最佳句子。"[1]

与此同时，丘吉尔的竞选活动却十分糟糕。他的竞选主题是：工党正在谋划一场用心险恶的社会主义阴谋。他在揭开竞选序幕的广播中错误地判断了形势，尽管措辞如战时演讲一样华丽，但基调完全是错误的。他表示，任何社会主义体制的建立，都必须以某种形式的政治警察，即英国自己的"盖世太保"为基础。与之相反，他所为之欢呼雀跃的是一幅田园牧歌般的景象："让我们确保那些将迎接勇士归来的乡间家园能取得一定程度的实实在在的繁荣，足以抵御不幸……"然而，早在布

---

[1] Norman Howard, *A New Dawn*, Politico's, 2005.

尔战争结束后，这样的愿景就已经过时了。艾德礼以彬彬有礼的反讽作为回应。"盖世太保"的说法实在是无礼和过分，工党党魁的回复则令人顿时释然：丘吉尔的这番言论无疑是想表明，在伟大战时领袖和区区政党党魁这两种角色之间，存在着多么巨大的差距；此外，这番攻击可能是报业巨头比弗布鲁克（Beaverbrook）男爵给丘吉尔出的主意。但事实上，这完全是丘吉尔自己的主意。对此，丘吉尔的妻子克莱门蒂娜（Clementine Churchill）曾严肃地警告过他，保守党党鞭的建议则是"我不认为这是个有利于胜选的主意"。保守党又发起了第二波攻击，称艾德礼只不过是极端分子的头面人物。保守党候选人称工党主席哈罗德·拉斯基（Harold Laski）一心只想发动革命。拉斯基的确发表过激进言论，在工党党内属于左翼；但他的父亲为丘吉尔拉过票，不久前还提议设立一项公共基金，以表达全国人民对丘吉尔的感激之情。对此首相表示，对他而言，为生活在泰晤士河南岸的伦敦儿童修建一所公园，才是更好的纪念碑，因为"匈人给他们带来了深重的苦难"。[1] 但此事再无下文。

　　丘吉尔将竞选大本营设在伦敦的克拉里奇酒店，动用私人列车和车队周游全国、发表演说。大多数时候，他都获得了十分热烈的欢迎，但在沃尔瑟姆斯托举行的最后一场竞选集会上，他却惊愕不已地发现自己听到了不少人的嘘声。这可不是那个传说中充满敬意的不列颠民族啊！尽管出现了这些警报信号，丘吉尔大败于艾德礼的结果还是震惊了世界。在大选结果揭晓之前，两人正一同在德国波茨坦与斯大林及杜鲁门商讨战后欧洲的未来：波兰的边界应位于何处？战败的德国应受到多么严厉的惩罚？希腊应归谁掌控？返回伦敦迎接大选结果时，丘吉尔甚至

---

① Norman Howard, *A New Dawn*, Politico's, 2005.

都未考虑向苏联统治者或美国新任总统说声再见，也没有好好地打包自己的行李。他觉得自己还会回来。

此时，艾德礼比之前稍稍乐观一些，他认为选举结果会很接近。至少在这一点上，他错了。1935年，保守党赢得了585个议席；到了1945年，他们只赢下了213个。工党赢得的票数首度超过了保守党，这兑换成了393个议席，以及146个议席的多数优势。当艾德礼独自一人返回波茨坦时，斯大林的得力助手莫洛托夫（Vyacheslav Molotov）简直不敢相信。他怀着疑心盘问工党党魁为何事先不知道大选结果。民主制的这种散漫性在东方是不能被容忍的。留在家中的丘吉尔深感震惊，愤愤不已。妻子试图安慰他，表示祸兮福之所倚；他却嘟囔称，至少在目前，福还隔得老远呢。但很快他就在黑暗中发现了一丝光明。丘吉尔相信，对英国人民而言，未来几年将是一场严峻的考验，那么让工党去应对即将出现的失望情绪，岂不是更好？终于，这位老人重新拾起了在竞选过程中消失得无影无踪的大度精神，斥责了一名幕僚："这就是民主，这就是我们为之战斗的东西。"

工党又是为什么战斗的呢？来自该党的新议员分别乘火车、轿车和大巴抵达了伦敦，这是群形形色色的人物。他们大多没有议会经验，在临时会议室（有着悠久历史的那间会议室被德国空军炸毁了）里刺耳地演唱《红旗之歌》一事很快就证明了这一点。这些人中间有费边派知识分子，战时叛逆人士，工会成员，如微胖、留着胡子的哈罗德·威尔逊那样的公务员，士兵与教师，谨慎的温和派，以及至少9名秘密共产党员——英国共产党是这样认为的。他们全都坚守着由赫伯特·莫里森（Herbert Morrison）和年轻的理想主义者迈克尔·扬（Michael Young，日后他将创立消费者协会）撰写的宣言。宣言呼吁建设一个"自由、民主、高效、进步、富有公共精神的大不列颠社会主义联合体"。

宣言中含有一长串理念，但在考虑到眼下的困难时，又如同（私底下的）丘吉尔在"二战"期间那样实事求是："战后世界的困难与压力对我们的安全与进步构成的威胁，就如同 1940 年时德国人构成的威胁一样实实在在——虽然没有那么严重。我们需要将敦刻尔克的精神和抵抗德国闪电战的精神再维持上数年时间。"在接下来的几年里，这一斗犬般的语气很快就会令人变得烦躁。

有些工党新议员觉得自己的使命在于颠覆英国的阶级基础，有些则认为自己的任务只是推动一系列艰难的内政改革。当他们首次相互介绍、交流竞选活动中的故事时，还有一群数量可观的少数派觉得应该趁着还有时间，撵走说起话来中规中矩的艾德礼，选出一个更像样的领袖。莫里森这位受欢迎的大臣组织了伦敦抵抗闪电战的防务工作，他向艾德礼提出了警告，表示自己将挑战他的党魁地位。在威斯敏斯特中央大厅的走廊和卫生间里，密谋者渐渐聚集起了力量。与此同时，艾德礼、莫里森、魁梧的工会领袖欧内斯特·贝文（Ernest Bevin）和工党书记在数百米之外的工党总部运输大楼召开了会议。莫里森忽然要打电话给另一名支持者，此时贝文将身子探了过来，咆哮着向艾德礼提出了他这一生中的最佳建议："克莱门特，你赶紧去王宫啊！"艾德礼照办了。他到帕丁顿同妻子维奥莉特（Violet Attlee）及家人打了个招呼，跳进自己的小车里，驶向了白金汉宫。国王是个坚定的保守主义者，事态的发展令他大吃一惊，但他仍然恰如其分地将对大英帝国的掌控权交给了艾德礼。半英里之外的莫里森和其他密谋者低估了艾德礼。许多人都低估了艾德礼。接下来，他将成为现代英国史上真正改变了这个民族的两位首相之一。

# 英国破产了

如今，人们将1945—1950年的工党政府视为英国历史上最伟大的政府之一。有些荣耀的确是理所应当。正如我们将看到的，它改变了英国的医疗和福利体系，将经济的某些部门国有化，并成功地经受住了一系列严重的外部震荡。然而，如果它的目标原本是建立一个具有不同价值观、由不同的人掌控的不列颠社会主义联合体，也就是说发动一场社会革命，那么工党失败了。艾德礼政府的工作并未导致英国的阶级体系发生重大改变。许多左翼人士以为，基于"左派可以与左派对话"这一可疑的原则，工党政府与莫斯科的关系会好起来。但与他们的热情期待相反，英国与华盛顿方面的联系依旧紧密。工党本希望保持英国的自由与独立，在大西洋对岸的"资本主义庞然大物"与占领了半个欧洲的"共产主义庞然大物"之间独自前行。但在艾德礼治下，英国变得依赖于美国了。英国无法匹敌美国那无与伦比、遍布全球的军力，其象征正是英国参与研制但并不被允许分享的原子弹。大英帝国正处于垂死的衰弱状态，这意味着其世界地位将急剧下降。艾德礼认识到这一点的时间比多数同事都早得多。

英国惊讶地注视着一个披着19世纪那宏伟而陈旧的帝国主义外衣的新世界。美国人正忙于建立自己的商业帝国，进入因对手战败或筋疲力尽而清空的一个个市场。苏联也正忙于扩张自己的政治帝国，偶尔还会发动更具戏剧性的对抗。这两大新兴帝国截然不同。美利坚帝国身着便装，高谈自由与平等。如果不考虑其在亚洲发动的战争，以及对南美那些残暴政权的支持，这些言辞倒并非全是空话，但上述"特例"所占据的地理规模未免也太大了。与此同时，莫斯科方面正在以历史与工人阶级之名行事，并始终提防着中国向第三世界的领袖地位发起挑战。与这些新兴帝国相比，一位性格温和、有着过时的浮夸风格的国王，几艘战舰，再加上为数不多的几位穿着宽松短裤的殖民地总督，看上去实在是无足轻重。

从 1945 年至今，英国面临的困境是易于表述却无法解决的。如果你是一名次要伙伴，在防务体系、情报收集以及各种条约等诸多方面都与世界上最强大的军事巨人捆绑在了一起，又怎么可能保持独立与尊严呢？有时候，英国的确能对华盛顿方面产生影响，尤其是美国与工党政府就创立北大西洋公约组织展开的会谈，或是海湾战争期间撒切尔敦促老布什不要动摇的言辞。但在其他时候，英国对美国的依赖令人难堪，严重的例如苏伊士危机的惨败，轻微的例如美国拒绝与英国分享关于伊拉克的情报评估，尽管原始情报是英方特工收集并传达给美国的。一方面，美国是多国联盟的领袖；另一方面，美国也有着自己的国家利益，与盟国的利益可能产生冲突。于是，摩擦在所难免，反美情绪不时地在外交部内和白厅里发作。不过，反美情绪只是英国建制的"秘密罪行"。在公开场合，历任外交大臣和外交官员都一再保证英国要"发挥超出自身分量的作用"，强调丘吉尔所尊崇的"特殊关系"的重要性。在实践中，这意味着与五角大楼及中央情报局分享情报，使两国的核战略紧密关联，允许美国在英国领土上部署大规模军事基地，将英军基地租借给美国，以及向美国总统做出更接近于受薪顾问而非独立盟友的姿态。

之所以这样，是因为还有另一个理由迫使英国变得依赖于美国：这个国家已经破产了。艾德礼几乎没有时间思考此事。在新政府组建仅仅两周之后，英国在军事和经济上的虚弱便暴露无遗。1945 年 8 月 14 日，广岛遭受原子弹轰炸 8 天之后、长崎遭受原子弹轰炸 5 天之后，日本投降了。一周后，美国总统杜鲁门越过大西洋，在一张纸上匆匆签下了自己的名字，就此终止了战时与英国及其他国家达成的《租借法案》。签订于 1941 年的《租借法案》使得美国政府可以向同德国及日本作战的国家借出、卖出、租出或送出这些国家认为自己需要的任何物资。英国是最大的受惠国，其 500 亿美元的战争总开销中有超过 300 亿来源于此。英国对这一巨型救援管道的依赖不仅仅体现在战斗方面，约五分之一的食物也来自美国。当美国突然切断这条管道，并为尚在使用中的一切呈上一笔账单时，英国无疑遭受了沉重一击。杜鲁门只是在严格地遵照美国法律行事，没有向盟国发出警告便终止了《租借法案》，似乎也并未意识到这样做的后果。

艾德礼的新政府立刻受到了影响。英国仅存的美元不足以喂养整个国家，也没有任何可能迅速挣得资金。经济已然破碎，出口仅为战前的约五分之一，非军事进口则高达 1938 年的 5 倍。用一位历史学家的话来说就是，此时英国已经衰落成了"在美国麾下战斗的卫星国，其性命仰赖于美国的补助"。此外，全面战争还摧毁了令英国在此前 100 年得以兴旺、强盛的经济基础。"二战"期间美国在慷慨解囊，但英国在这场共同斗争中所耗费的能量要大得多。英国的战斗目标在于阻止德国获胜，而倘若德国获胜，美国的全球影响力也将受到威胁。研究战时经济的官方历史学家在战后的黑暗岁月里写下的话，充分地流露出了这种情绪："在这场据说是以同盟国'同舟共济'精神为指导的战争中，英国做出了格外巨大的牺牲，以至于国民经济的存续都受到了威胁。"[1]

杜鲁门在回忆录中表示，签署终结《租借法案》的文件令他得到了教训："我一定得知道自己签署的文件究竟是关于什么的。"然而，此举在英国引发的经济危机却在许多方面都有利于美国的利益。当时，欢

---

[1] W. K. Hancock & M. M. Gowing, *The British War Economy*, HMSO, 1949.

庆胜利的场景还留在人们的脑海里，英国电影业正源源不断地拍摄爱国主义影片。在许多人看来，对未来感到悲观未免太过反常，近乎道德上的叛国。毕竟，借用工党 1945 年的竞选宣言来说，这是一个"其科学家和技术人才发明了雷达、喷气动力，发现了青霉素，建造了桑葚号可移动人工港"的国度，是一个其帝国的大部分都幸存下来了的国度，是一个占领着德国与意大利领土的国度，是一个其领导人与新兴超级大国领袖并立、似乎将要塑造世界的国度。

但历史学家巴尼特对时局做出了一针见血的总结："二战"之后，英国人"有着战胜者的心态，但所处的物质环境更接近于战败者"。[1] 在白厅内占据上风的正是这种想法：毕竟，他们对数据一清二楚。1945 年 8 月，经济学家凯恩斯（John Maynard Keynes）告诉艾德礼："国家几乎破产了，根本不存在能够让人们心怀希望的经济基础。"

艾德礼立刻派凯恩斯这位世界上最著名的经济学家前往华盛顿寻求帮助。接下来发生的事情在英国现代史中的地位，与未来数十年将要进行的几场小型战争同样重要。凯恩斯也许并非出任"乞丐"这一角色的适当人选。他对自己的说服力太过乐观了，甚至到了惊人自负的程度，这一特征在布卢姆斯伯里知识分子圈内可不是无人知晓的。启程时，他向艾德礼保证，自信能够从美国人那里要到一份 60 亿美元的免费厚礼，这一金额占到了美联储剩余资金的大部分。但抵达华盛顿之后，他立即遭遇了保守银行家的坚定拒绝。民意也不站在他这一边：60% 的人都反对为英国提供贷款，更别提免费送礼了。凯恩斯用机智、富有道德感、偶带嘲讽意味的论据作为回应，他的话虽然令人为之目眩，但也惹恼了美国的谈判者。一位美国银行家反驳称："他太有才华了，以至于无法

---

[1] 以上引语均来自 Correlli Barnett, *The Lost Victory*, Macmillan, 1995。

说服我们美国人……有多少人信任他？有多少人会接受他的推销之词？一个都没有。"凯恩斯乘坐运兵船前来，途经加拿大，在途中便生了病。他的对手是：来自得克萨斯州的棉织品生产商、高瘦且笨拙的威廉·克莱顿（William Clayton），以及前职业篮球运动员、律师弗雷德·文森（Fred Vinson）。整整 4 个月时间里，居住在华盛顿酒店、由英国驻美大使哈利法克斯伯爵提供支援的凯恩斯，一直在讨价还价，试图智取。凯恩斯的传记作者在提及这场马拉松般的辩论时写道："肯塔基州的律师和布卢姆斯伯里的知识分子就如同粉笔和奶酪：完全无法相提并论……辩论起来，文森和克莱顿根本不是凯恩斯的对手，但他们总是占据着上风。当脑力对上权力，就是这种情况。"[1]

伦敦对于能够从美国那里得到些什么，有着完全不切实际的预期。艾德礼内阁拒绝了美国此前提出的报价，徒劳地坚持要求获得更优厚的待遇。在这个炎热的秋天，心脏有恙的凯恩斯要靠冰袋和异戊巴比妥胶囊才能度日，他早先的自信与热情已经消散，被束缚得动弹不得。他称自己的心情"绝对如身处地狱一般"。问题的核心在于，美国人既不相信大英帝国的财政状况真的如此糟糕，对此也并不太在乎。华盛顿的权势人物也许对刚刚结束的这场共同斗争还怀有感情，但一旦涉及将要建立的新帝国和新世界，就一点也不感情用事了。博弈的双方并不对等。每当英国人拒绝美国的报价，下一份报价总是会变得更糟。愤怒的凯恩斯在给母亲的信中写道："他们对我们并没有恶意，但他们的心胸如此狭窄，眼界如此局促，知识如此不足，固执如此难以克服，法律方面的繁文缛节如此令人恼怒。但愿我再也不必在手里的牌如此之少的情况下

① Robert Skidelsky, *John Maynard Keynes. Volume 3: Fighting for Britain,* Macmillan, 2000.

说服别人了……我快要耗尽身体的储备了。"[1]

此次谈判是导致凯恩斯于次年上半年去世的重要因素。最终，他所希望的 60 亿美元馈赠或无息贷款缩水成了一笔为期 50 年、金额为 37.5 亿美元、利率为 2% 的贷款。此外，美国人还要求，在贷款生效后的一年之内，英镑必须可与美元自由兑换，从而拆掉了伦敦的这堵传统防护墙。再加上伦敦方面对华盛顿方面主宰的国际金融新体系表示赞同，英国已被牢牢地置于美国的经济掌控之下。到了 20 世纪 40 年代末、50 年代初，美国还将稳步进军世界各地的前英国市场。对于英国而言，就如同敦刻尔克和新加坡的陷落一样，这是又一个残酷的决断时刻。这笔贷款直到 2006 年，布莱尔已经入主唐宁街 10 号许久，才最终偿清。英国战后史的某些内容就此敲定。在新的金融体系下，未来金融危机的发生是不可避免的。在艾德礼、艾登（Anthony Eden）、麦克米伦（Harold Macmillan）和卡拉汉（James Callaghan）统治期间，它们也的确如期而至。考虑到英国经济的弱势，每一次经济危机都意味着新一轮的"抛售英镑"：全世界都在出售英镑，尤其是美国，由此导致通货膨胀、投资锐减。但英国既未充分意识到此次危机的严重性，也未意识到其导致的不可避免的长期后果。此时，英国政府本可诚恳地告诉人们，本国的实际处境究竟多么糟糕。

然而，尽管凯恩斯在华盛顿遭到粗暴对待，稍后英国提出的核合作主张同样遭到粗暴拒绝，艾德礼及其阁员却将对英国实际弱势地位的忧虑隐藏了起来。经历了战火洗礼且深感自豪的他们，装出了一副乐观的神情。新任财政大臣休·多尔顿（Hugh Dalton）表示自己对美国提出的贷款方案评价"甚高"，并且命令议员也对此表示"欢迎"。通常最

---

[1] Robert Skidelsky, *John Maynard Keynes. Volume 3: Fighting for Britain,* Macmillan, 2000.

为亲美的英国报刊《经济学人》则反驳称："我们不会被强迫着表示自己喜欢这一方案。我们当下的需求直接源自这一事实：我们开战更早，作战时间最久，战斗得最激烈。"然而，经历了过去数年间的一系列灾难性事件之后，议员们已经没有能量表示愤怒或是展开辩论了。

　　一项行动立刻展开。战争结束数月后，皇家海军那独特的声响发生了变化。从朴次茅斯到克莱德，枪炮和涡轮的轰鸣声被巨大的叮当声、锤打声和火苗发出的嗞嗞声取代，伴随着重击和火花，一艘艘大型船只被摧毁了。到了 1946 年，当苏联人开始建造一支比"伟大的卫国战争"期间规模更大的水上及潜艇舰队时，英国人已经从海军名录上画去了 840 艘战舰的名字，另外 727 艘战舰的建造工作也戛然而止。[①] 当新任海军元帅弗雷泽（Fraser）男爵于 1948 年上任时，总计有 10 艘战列舰、20 艘巡洋舰、37 艘航空母舰、60 艘驱逐舰和 80 艘小型护卫舰报废，这一比例十分惊人。弗雷泽曾在太平洋海域与美国海军共事，还在一次日本神风突击队的自杀式袭击中幸存下来。他明白海军现代化的必要性，却不得不接手一支士气低落、目瞪口呆的皇家海军。有着历史教科书一般名字的战列舰——纳尔逊号、罗德尼号、勇士号，都被拆毁了。新战列舰和航空母舰的名字就如同一份有关帝国复兴的喜气洋洋的简介，承载着于 60 年代将英国的权势投射到世界各地的使命，例如雄狮号、马耳他号、新西兰号、雄鹰号、直布罗陀号、非洲号，它们的建造也被突然终止了。英国的最后一艘战列舰前卫号在克莱德建造完毕。没有赶上"二战"的她幸存下来，载着国王和未来的伊丽莎白女王前往南非，完成了一次不太成功的激励英联邦之旅。随后，她成为一艘教练舰，直

----

① 见 Desmond Wettern, *The Decline of British Sea Power*, Jane's, 1982。

到被拖走和报废。①90 艘战舰被拖入海中，用作射击的标靶，直到解体、沉没。另有上百艘战舰被送往拆船厂，被辛苦地拆解成一堆堆破铜烂铁。

还有一些战舰被卖给了此前并无海军的小国。美国海军已经证明，航空母舰是现代全球战争中必不可少的一部分，但英国只负担得起少数几艘规模较小的航母。于是，英国把一艘航母免费租借给了法国，直到对方有能力支付费用；还有一艘租借给荷兰，另两艘被以半价移交给了澳大利亚。有着糟糕名字的可怖号航母最终也未能建造完成，这个庞然大物静静地停靠在格拉斯哥不远处的盖尔湖里。有些较小的船只被划为"后备舰队"，先用网包裹起来，再进行喷塑和电解，防止船底生锈。令人担忧的是，海鸥热衷于吃掉喷上的塑料；此外，这一措施也无法避免保护膜内部的战时劣质钢材生锈。②这些船只曾保护过为苏联继续战斗提供支援的船队，曾护送过载有食物和燃料的船队穿越大西洋，曾在敦刻尔克拯救过英国军队，曾亲临太平洋战场，其名字可以追溯至纳尔逊时代的海军，其船长出身于英格兰西部诸郡的家族，这些家族为海军服役的时间同样可以追溯至纳尔逊时期。然而所有这些船只几乎都迅速消失了，很少有人还记得它们。英国仿佛展开了一项规模巨大的粉碎行动，静悄悄地谋杀了自己的海军。没有人注意到，也没有人在意。"二战"即将结束时，共有 88 万人在皇家海军服役；两年之后，近 70 万人已经离开。

海军将领展开了反击。"如果想保住国际地位，就必须保住海军力量。"海军部说道。海军规划部副主任戈弗雷·弗伦奇（Godfrey

---

① Vice Admiral Sir Louis le Bailly, *From Fisher to the Falklands,* Institute of Marine Engineers, 1991; and Eric J. Grove, *Vanguard to Trident: BritishNaval Policy since World War 2,* The Bodley Head, 1987.

② Dan Van der Vat, *Standard of Power,* Hutchinson, 2000.

French)使用了极为过时的论据表示抗议，他声称为维持大英帝国的"一流强国地位"，拥有配备了战列舰和航母的两支大规模舰队是至关重要的。他表示，需要用战列舰来制约苏联舰队，未来还可用于制约法国人（这一说法更加古怪了）。但工党政府不为所动。艾德礼强有力地指出，在公海上，英美不再是对手了，也不可能再维持庞大的舰队。财政大臣多尔顿下令将电工和木工从造船厂调离，转而投入住房建设项目。到了1948年，国防部在报告中表示，需要尽快裁减军队人数，即使这意味着"一定程度的混乱和缺乏流动性"。议会里的海军老兵惊恐地发现，"本土舰队"只剩下了一艘巡洋舰和寥寥几艘小型船只。

海军部接到的报告显示，"船员表现出了有些奇怪的冷漠态度"，偶尔会"公然抗命"。当然，一段时间过后，海军便适应了这一弱化了许多的角色，尤其是在核威慑力量被安置在潜艇上而非皇家空军的机场里之后。不过，随着海军部被并入国防部，其长达336年的历史还是终结了。1964年3月31日，女王省下了一笔薪水：她成了自己的海军大臣。海军部的历史学家竭尽所能地表达出了这一机构的悲痛之情：

> 没有哪个政府部门像海军部这样，存活了如此长时间，经历了如此多的起伏与沧桑。在许多伟大的政府部门刚刚诞生时，海军部便已经很古老了……君主与王朝、政治家与大臣来来往往，战争与革命的浪潮不断冲刷，海军部时常因此发生改变，但从未消失。它经历了这一切，并幸存下来；它进行过抗争，坚守自己的本色；它被搁置一旁，渐渐变得陌生，直至最后时刻。[1]

---

① N. A. M. Rodger, *The Admiralty*, Terence Dalton, 1979.

自从不列颠成为一个单一国家以来，海军就一直占据着英国身份的核心位置。上述举动是无情清算该机构过程中的最后一击。

皇家海军的军事技术落后，且无力维系整个帝国。她的时代已经告终。人们无从知晓，若不是美国终止《租借法案》引发严重经济危机，情况会是如何。两年之后，工党政府不将时局严峻程度告知全国人民的做法显得更加可取了。此时，华盛顿方面终于意识到苏式共产主义有可能扩张至破产且士气低落的西欧国家，于是通过马歇尔计划向西欧提供了慷慨的援助。英国获得了最大的份额，眼下的危机得到了缓解。马歇尔计划帮助整个欧洲重新振作了起来。如今，它依然被铭记为华盛顿方面"最不卑鄙的举动"。

关于英国经济能够通过出口重回正轨的乐观情绪又回来了。国民有着强有力的动力，以牺牲国内消费为代价来促进出口。由于许多工业化国家遭到严重破坏，战后世界急需各种商品。因此，就连为过时的英国轿车和不合身的英国服装寻找出口市场，也并不是一件难事。然而，政客依旧改不了"谈及现状时不说实话"这个令人难堪的习惯。历任英国首相都认为国家的弱点就如同个人缺陷，是可以掩藏起来的。


# 新任政府里的杰出人物们

凯恩斯谈成的协议为工党争取到了时间，但艾德礼政府并未做好准备。在 1945 年的伦敦，没人具备在和平时期接管并重组经济的经验。大臣们一致认为，应通过中央计划的方式使得经济更具效率，但英国政府的结构注定了"高效"是个遥不可及的梦想。白厅里有一大堆功能重叠的委员会，导致决策过程缓慢，最终的选择敷衍了事。据统计，艾德礼政府仅仅雇用了 10 位完全够格的经济学家——要知道该政府曾许下过"依靠专家治国"的诺言。人们常常指出，工党需要应对的问题格外艰巨。的确如此：住房被摧毁，经济陈旧过时；印度独立必须迅速完成；巴勒斯坦与希腊危机四伏；复员军人人数众多；欧陆面临饥馑的危险；需要建立某种新的世界秩序；而且就在此时，冷战的最初迹象也开始出现。然而，尽管"新耶路撒冷"的设计师和雄辩家的确是些杰出的人物，但他们的最终失败也要归咎于无法就究竟希望做些什么达成一致。

1945 年掌管着英国的那些人物构成之复杂，就如同任何民主制政府一般。首先是艾德礼本人：他是典型的城郊地区的"普特先生式人物"①，说起话来过于言简意赅，会把身边的所有人都逼疯。许多广为流传的丘吉尔式侮辱言辞针对的正是他："一辆空出租车在下议院门口停了下来，艾德礼走了出来。"（后来丘吉尔否认曾说过这句话。）还有："一个谦逊的小个子，有太多理由应当感到谦逊。"然而，如果说帝国之梦和宏大的家族历史塑造了丘吉尔，那么艾德礼同样是爱德华时代的产物，只不过经历了一条不一样的道路：乐善好施和穷街陋巷，而不是骑士般的使命感和乡间别墅。他的父亲是一名持有自由党开明观点的勤劳律师。他在充满了祷告与诗歌的环境中长大。从赫特福德镇周边简陋的公学黑利伯里学院毕业后，他研读了法律。在被请求向位于伦敦东部的贫穷、满是煤烟的斯特普尼地区的黑利伯里儿童俱乐部提供帮助之后，他留了下来，并加入了独立工党。他从不善于演说，而是负责杂务和组织工作：为孩子切面包，帮助女性参政论者，散发传单，在游行

---

① 查尔斯·普特（Charles Pooter）是喜剧小说《小人物日记》（*The Diary of a Nobody*）中的主人公。——译者注

时扛旗。"一战"中的英勇表现使他成了"艾德礼少校",并再度投身伦敦政界,先后当选为斯特普尼市长和议员。1935 年,他成为工党党魁,但这几乎纯属偶然。4 年前的大选惨败,使得工党的潜在党魁人选所剩无几,几乎只有他一位——也就是说,这只是权宜之计。

但是,他将成为英国政治史上最成功的"权宜之计"。他并非知识分子,却是一位出色的主导者,能够将各项事务统筹起来。他令人感到放心,是位十足的英国绅士,热衷于《泰晤士报》的填字游戏和板球,和丘吉尔一样对自己曾就读的公学怀有深厚感情。"二战"之前,在他的领导下,工党的立场变得温和,并远离了和平主义。战争期间,他容忍着丘吉尔自负的长篇大论,静静地领导着文职部门。战后,在一群高声咆哮的自负人物中间,他成了警觉的领班。他从不是一位魅力非凡的人物。一位赞赏艾德礼的历史学家评价道:"他的存在感就如同一只仓鼠。"[1] 但他的吸引力也正在于此。面对声称他过于温和的指控,他平静地坚称,刺激就业、公平分配资源和制订经济规划等实用措施,就如同任何革命者希望的那样激进、具有社会主义色彩。不过,经济学是他的弱项。而且,当内阁就遭遇困难的钢铁行业国有化项目等实际问题展开争论时,他往往选择抽身而出,任由阁员挣扎而不提供支持。对于英国军事义务的过度扩张,以及住房建设的重要性,他的分析颇具洞见。但他对于国内变革的分析相当薄弱,尤其是国有化的目的究竟何在。

有时候,当阁员需要鼓励时,他并不会为他们打气。事实上,他的贬损之词十分出名。有一位不幸的大臣被艾德礼召见后得知自己被免职了,深感震惊的他问道,自己究竟做错了什么。艾德礼抬起头来,点上烟斗,说道:"不够称职。"在 1951 年竞选活动开始时,记者采访了

---

[1] Peter Hennessy, *The Prime Minister*, Allen Lane, 2000.

艾德礼。他仅仅表示自己希望取胜，并且马上就要参加一场委员会会议。访问是这样收场的："访问者：关于即将到来的选举，您还有什么要说的吗？艾德礼：没有。"[1] 这则对话十分典型，还有上百个类似的例子。尽管如此，艾德礼还是成了一位伟大的人物。与其说人们因为热爱他才原谅了他的局限，不如说人们热爱的正是他的局限。他对君主制有着坚定的信念。此外，即使他对阶级体系有所疑虑，也很少表达出来。他在去职很久之后写下了一首动人的打油诗，充分表明了他在政治上的保守立场。尽管他完全是晕头转向、欺诈舞弊、妄自尊大、炫耀卖弄等词汇的对立面，但也乐于偶尔夸赞自己几句：

> 少有人将他视作领军人物
>
> 许多人自认更加机智
>
> 但他当上了首相
>
> 得到了名誉勋位和功绩勋章
>
> 还成了伯爵和嘉德骑士

这首打油诗的动人之处当然在于，同样的字句完全可以出自一位敌对的讽刺家之手。艾德礼就是这样一位奇特的人物，既是个激进分子，又有着家长作风。若生在格莱斯顿（William Ewart Gladstone）的年代，他完全可以成为一位出色的自由党改革派。不过，对于半个世纪之后的战后年代而言，他也可谓生逢其时。战争岁月能增添某些人的荣耀；同样，和平年代也会发掘适合自己的人物。艾德礼正是和平年代的领军人物。那么，其他人又是什么样的呢？

---

[1] 这段引语很常见，可参见 Peter Hennessy, *The Prime Minister,* Allen Lane, 2000。

有些人反叛了自己的阶级。斯塔福德·克里普斯（Stafford Cripps）是一位非常虔诚的素食主义者、杰出的律师，有时还是马克思主义者。他为人固执，且在政治上极为幼稚。此外令人不安的是，他总是坚信自己是在奉上帝的旨意行事。直到托尼·本（Tony Benn）步入鼎盛时期之前，他一直是最具争议的上层阶级社会主义者。在 20 世纪 30 年代，克里普斯对魅力非凡的英国共产党领袖哈里·波利特（Harry Pollitt）着了迷。据一位同事表示，克里普斯在 1931 年开始变得狂热；之后，受到亲保守党媒体攻击的刺激，"再加上渴望获得自己阵营里一小撮疯子的欢呼，他变得越来越狂热了"。[1] 他主张通过紧急权力来应对即将到来的"资产阶级专政"，还在重整军备是否意味着背叛工人阶级这一问题上摇摆不定。1939 年，他因主张与英国共产党结成人民阵线而被逐出了工党。但一年之后，还是这位克里普斯，却以丘吉尔特使的身份访问了莫斯科，拜会了真正的共产党人。他被召入战时内阁，负责飞机制造；随后的任务是就终结英国在印度的统治进行谈判。到了 1947 年年末，他又成了财政大臣，在这一岗位上展现出不凡的勇气、爱国精神和决心。发生在他身上的变化就如同自然史中的任何变化一样奇特。在战争期间，身为前反叛分子的他甚至并非工党党员，但无框眼镜、洗冷水浴的习惯和教条主义观点早已使他声名在外。他也遭到了丘吉尔的奚落，例如这句尖刻的评论："若非上帝保佑，上帝都无法幸免。"[2] 更加粗俗的段子是：丘吉尔正在如厕，一名官员紧张地敲了敲门，称时任掌玺大臣的克里普斯坚持立刻就要见他；据说丘吉尔回复道："请告诉斯塔福德爵士，我正在上厕所；我一次只能应付一坨屎。"[3] 也许，

---

[1] Hugh Dalton, *The Fateful Years,* Muller, 1957.
[2] "若非上帝保佑，我将无法幸免"是一句英谚，丘吉尔对这句话进行了戏仿。——译者注
[3] 戈登·布朗向本书作者讲述了这则故事，还把那间红木卫生间指给我看。

有关克里普斯正在密谋取代他的传闻影响了丘吉尔的心情，当时战况正处于低潮。后来，克里普斯还当面提出艾德礼同样应该辞去首相一职，不过他很快就被对方收买了。

然后便是大嗓门、喜欢哈哈大笑的休·多尔顿。他可以令我们回想起 20 世纪中叶英国的政治阶层是个多么狭小、相互交织的圈子。多尔顿的父亲是温莎城堡的牧师，据说为人十分凶狠，甚至惊吓到了维多利亚女王。多尔顿还曾教导过英国国王兼印度皇帝乔治五世。乔治五世之子乔治六世厌恶多尔顿，请求艾德礼不要任命他为外交大臣。考虑到多尔顿的极端反德情绪，这一决定也许为国家造了福。不过，国王之所以厌恶多尔顿，纯粹是因为视他为叛徒，是个背叛了自身阶级与君主制的伊顿公学毕业生。多尔顿起初加入的是保守党，后来才加入工党，部分原因是为了反抗父亲。他的性欲受到了压抑，容易感到抑郁。他爱慕的对象之一是诗人鲁珀特·布鲁克（Rupert Brooke）。他在晚年曾经表示："我爱工党运动，以及参与其中的优秀年轻男子。"不过，多尔顿最热爱的还要数阴谋诡计。担任财政大臣期间，在提交至关重要的 1947 年预算案的路上，他停下了脚步，向记者透露了某些要点，从而使得《星报》（Star）这家伦敦报纸获得了独家新闻。多尔顿的不审慎之举（高声耳语已经成了他的习惯）立刻迫使他辞职，他再也没有从此次打击中真正恢复过来。不过，在泄露预算案之前，他经历了一段艰难而不安的时光：他刚与白金汉宫方面进行了不愉快的对抗性谈话，主题是王室年俸应该划给菲利普与伊丽莎白这对新婚夫妇多少钱。《星报》的那位与多尔顿熟识的记者，也许只不过恰好是他当天见到的第一张友好的面孔吧。

安安静静、轻视知识分子的艾德礼，基督徒、前马克思主义者克里普斯，稀里糊涂的多尔顿——这些人看上去可不像具有建设新英国的清晰思路的样子。但在他们身边，还有许多有着更多一线工作经验的杰出人物。除艾德礼之外，新政府中最重要的人物莫过于身形壮硕的贝文，他是英国工会运动培养出的最具影响力的人物。昵称为"厄尼"的贝文出生于萨默塞特郡，在 8 岁那年成了孤儿。之后他成为一名工人，并成长为码头工人的组织者，于 1921 年组建了新的运输与普通工人工会。在 1926 年总罢工期间，他是一名极具影响力的人物。贝文一直负责工会的运作，直到 1940 年被召入丘吉尔内阁；为此，内阁还匆忙地在旺兹沃思为他专门创建了一个议席。作为两次大战期间最具影响力的工会领袖，贝文却是一名热诚的反共主义者和爱国者，他相信运输与普通工人工会里的"我的男孩们"是全英国最优秀的。在战时政府中，他几乎拥有将工人派往工厂、矿井或田间的专断权力。如果说全面战争就意味着聚集起一国的所有人力物力用以抗敌，那么贝文就是这场战争的总指挥。当时有一家报纸称他是"糟糕的调解者、出色的怀恨者，受到所有人的尊敬"。即使对斯大林，他也能表现得足够粗鲁。令人捧腹的是，斯大林曾发牢骚称"贝文先生可不是位绅士"。

在战后政府中，贝文几乎与艾德礼分享着统治权，两人彼此喜欢，乃至挚爱对方。艾德礼表示"这是我政治生涯中最深厚的一段情谊"，贝文则在机敏地又一次挫败了推翻首相的密谋后开怀大笑，表示"我爱这个小个子"。内阁会议后，二人还会待在一起，指引政府前进的方向。贝文从来不信任知识分子，尤其是社会主义知识分子。据说，在 1945 年庆祝胜利的活动后，他邂逅了《新政治家》杂志（New Statesman）的著名编辑金斯利·马丁（Kingsley Martin），他的问候语是："你好，阴郁先生！我想，再过大约三周，你就要往我们所有人背后捅刀子了。"贝文去世时，艾德礼时代恰巧也即将落幕，这样的损失不仅仅具有象征意义。他也许是唯一能阻止工党因朝鲜战争和军费开支引发的争论而分崩离析的人物，但当时他已重病在身，爱莫能助。

贝文在外交大臣任上取得了巨大成就，但也充满争议。北约于1949年成立，凭借美国的军事力量为满目疮痍的欧洲民主制国家提供了抵御斯大林的屏障。考虑到美国对苏联扩张愈发感到恐惧，这样的结果是终归会发生的，但其时机、条约的具体形式以及基本原则，在很大程度上要归功于贝文。1948年，他便开始在私下里呼吁签订一项"大西洋互助条约"，其意图很明显："以巩固西方，抵御苏联渗透；与此同时，促使苏联政府尊重西方，打消其企图，确保长期和平。"[1] 果真如此。回过头看，这一切似乎都是必然的，但当时贝文格外明确地意识到了苏联的威胁，并经受住了来自苏联及其英国国内盟友的猛烈抨击。当下议院首次就北约进行投票时，有超过100名工党议员弃权；就在贝文首度提出动议的一年前，克里普斯还曾向官员表示："我们必须时刻做好与美国分手、与苏联交友的准备。"

贝文不太乐意人们回忆起他在导致以色列建国的激烈辩论与斗争中扮演的角色。最不公正的是，他依旧被污蔑为"反犹分子"。事实上，在"二战"期间他曾被认为是犹太复国主义的支持者，直到英国在中东的立场暴露出无法解决的矛盾。英国既负责委任统治巴勒斯坦地区，又与周边阿拉伯国家有着广泛联系。英国军官掌控着约旦阿拉伯军团，这支军队对犹太移民深感愤怒。但与此同时，英国官员还掌管着"犹太民族的家园"。英国当局决心将犹太人定居点的数量限定在巴勒斯坦阿拉伯人能够接受的程度，这无疑导致逃亡而来的犹太难民遭到了非常粗暴的对待。最糟糕的一则事例是：1947年，满载难民的船只出逃号试图让4 500人上岸，却被迫掉头离开，大多数人最后又被送入了汉堡的一处集中营。英国的这一行为受到了全世界的唾弃。随后，犹太复国主义

---

[1] Alan Bullock, *Ernest Bevin, Foreign Secretary,* Oxford U. P., 1985.

恐怖组织伊尔贡（Irgun）绑架并谋杀了两名英国士兵，还利用士兵的尸体设下陷阱。美国希望犹太移民的规模更大，向贝文施加了巨大压力。贝文本能地感到有限度的"两国制"才是解决方案，这一想法在今天看来尤为合理。驻扎在巴勒斯坦地区的英国部队装备不良，完全无法应对犹太人团体发动的游击与恐怖行动。在40年代末的时局之下，贝文发现自己陷入了无法摆脱的困境。值得注意的是，阿拉伯人对贝文的斥责如同犹太人一样激烈，这倒是达成了某种惨淡的平衡。

从建立北约，到镇压希腊共产党人的起义，促使贝文做出一系列决定的关键因素在于，他相信对于建设公平的社会而言，自由是必不可少的。他相信需要通过福利体系让人民免于饥饿，需要为加入工会的工人实现充分就业，而要实现这一点，就需要将某些经济部门改造为公有制。由于战时曾大权在握，他十分相信国家机器能够发挥巨大作用。他曾经向美国记者表示，自己相信公有制与自由是可以共存的："我并不认为这两者是不相容的……因为人类的发展与进步完全仰仗于思考、言论、运用理性以及允许底层跃升至顶层的权利。"[1] 这个大块头是位绝妙的人物。当然，他也有缺点：和许多人一样，以顺滑的官僚体系和宫廷招待为标志的昔日英国也轻而易举地让他着了迷。

总体而言，1945年政府中的另外几位杰出人物并不具有这一缺点。安奈林·贝万（Aneurin Bevan）是一名狂热、叛逆的激进分子，尤其他还是个威尔士人。自从法国大革命的拥护者查尔斯·詹姆斯·福克斯（Charles James Fox）以来，英国公众还从未见识过像贝万这样潇洒且容易引发分歧的大臣。和贝文一样，贝万也曾是一名工会领袖。出生于威尔士南部特里迪格一个矿工家庭的他，同样是自学成才，在工人图书

---

[1]　Alan Bullock, *Ernest Bevin, Foreign Secretary*, Oxford U. P., 1985.

馆和伦敦的学院里狼吞虎咽般阅读惊险小说和马克思的著作。和贝文一样，在1926年总罢工期间，他也是一名杰出的组织者。不过，这两位名字相近的大臣的类似之处也就到此为止了。数年之后，贝万进入了议会，很快便成为那个时代仅有的几位真正伟大的雄辩家之一，是罕见的能与丘吉尔匹敌的人物。（贝万对丘吉尔的评价是："他受困于青春期遭受的恐慌。"）与艾德礼、克里普斯、贝文及多尔顿不同，贝万并不是战时联合政府的一员，而且在很多问题上都像是孤身一人的反对派。部分出于这一原因，他对保守党的态度要比多数同事激烈得多，也更加坚定地认为工党必须建立一个全新的世界。他的目标是实现几乎整个经济的国有化，将其置于公共控制之下。

　　贝万是工党中草根派的代言人，这些人期待用真正的社会主义来接管英国。他不相信资本主义与"民主"能够达成妥协："下议院是一场精致的阴谋，目标是防止外部世界观点的真正碰撞在议会高墙之内产生共鸣。它被置于特权阶层与民众不满导致的压力之间，以便吸收社会震荡。"① 与其他大多数重要人物不同，至少在理论上，贝万对现存秩序构成了威胁。尽管任职之后，与愤怒咆哮的公众形象相比，他的实际表现要圆滑与机智得多。对他心怀偏见之人，往往一与他见面就会被折服。和贝文一样，他也证明了工会成员能够成功地领导国家。与贝文不同的是，他理想中的英国远远不仅限于更高的薪酬和免费的眼镜。他最终将被艰难的选择与妥协摧毁，当缩减开支势在必行时选择辞职，并因核武器问题与自己的天然支持者相疏远。穿着得体、言辞诙谐、说起话来咝咝作响、涉猎广泛、喜好挖苦、富有诗意、时常令人不安——这就是贝万，他代表着1945年大选后上等阶层最为畏惧的一切品质。

---

① Aneurin Bevan, *In Place of Fear*, Heinemann, 1952.

塑造战后英国的最后一位伟大的工党人物，是彼得·曼德尔森（Peter Mandelson）的外祖父赫伯特·莫里森。莫里森的父亲是伦敦东区的一名警察。他是此处提及的第三位与工党党内"贵族"相对的工人阶级男孩。和戈登·布朗一样，他也有一只眼睛失明，而且也是个阅读狂。他的第一份工作是在商店里称量茶叶和糖。投身政界后，他在伦敦党组织内不断升迁，终于成为首届工党政府里的一名大臣，负责整合首都的交通系统。如果不是在 1931 年丢掉了议席，他有可能取代艾德礼，成为工党党魁，从而在日后成为首相。这一失利令他抱憾终生。接下来，他成了伦敦市议会的首位工党领袖，以及代表公务员、小商贩、教师、店主等新兴阶层的最知名人物——这些阶层将成为工党成功的关键。这也意味着，他是位温和派，温和到 30 年代末，当时还很年轻的保守党议员哈罗德·麦克米伦建议他领导一个新的"中间党"。但所有这些，再加上他作为组织者和协调者的漫长生涯，并未使他受到党内浪漫分子的爱戴。此外，他也不是个能令人感到激动的人物。他与自己不常提及的安静的夫人一道，在郊区过着安静的生活，开着一辆小车四处转悠。迈克尔·富特（Michael Foot）曾称他是"生活在郊区的软心肠版本的斯大林"。在政府中，莫里森负责数量惊人的立法工作，单是第一年就有 70 项法案。不过，他并不擅长制订经济计划，而且过于在意媒体对自己的评价：和报纸编辑会面时，他总是带着一大摞剪报，抱怨个不停。和他的外孙一样，莫里森也是个糟糕的阴谋家，就仿佛一个一开始说悄悄话就会被老师发现并拎到全班面前的男孩。但是，他很受欢迎，对自己的选民充满热情，而且深受工党党员仰慕。如果莫里森真的当上了首相，他也许会干得不错。

# 首先是爱国者

正是这 6 个人为战后英国定下了前进的方向。这是个混乱的团队：既感情用事，又富有爱国精神；既反动，又革命；既温和，又激进。把他们对彼此的牢骚收集起来，都可以编出一本小书了。他们都怀有社会主义信念，但很难就其细节达成一致：是否真的需要推行大规模国有化？公学应如何改革？配给制到底是好还是坏？他们身后的行动者，是一群同样分裂的社会主义知识分子、务实的中产阶级（他们认为制订计划是重要的）、工会成员（他们认为是时候令工人获得应有的份额了），以及少数忠诚的马克思主义者。再在他们身后的旁观者，则是数百万投票给工党的选民，他们只是希望过上更好的生活，这意味着福利、国有化、战时指令经济及此前数年"公平分享"制度的巩固与扩充。工党将把战争年代的经验应用于和平年代。经历了此后那么多次失望再回过头看，我们很难重拾 20 世纪 40 年代中期曾普遍存在的满怀希望的感觉，也很难回想起人们对于英国的自豪感曾经多么坦率与热烈。

这届工党政府首先是爱国者，其次才是社会主义者。这一基调是艾德礼定下的。历史学家彼得·亨尼西认为："在所有首相中，他无疑是最深藏不露，甚至可能是最根深蒂固乃至狭隘的英式人物。"根基在于工会及其会员的贝文，在这一点上也不遑多让。他十分了解英国政治史和历任政府，美国前国务卿迪恩·艾奇逊（Dean Acheson）回忆道：

他提到这些人物时，就如同谈起了自己十分尊敬的长者。听他说话，会令人强烈地感到英国历史的延续性和完整性……他曾对我说："昨天晚上我读了一些索尔兹伯里（Salisbury）侯爵的文章。你知道吗，很有道理。"他还经常提及"巴麦尊（Palmerston）子爵"，有时语带感伤……提到乔治三世时他十分友善。当端上雪利酒后，他会扭身望向这位国王的画像，说道："为他干杯吧。要不是他那么蠢，你们也不会如此强大并且来拯救我们了……"[1]

　　和多尔顿一样，贝文也憎恨德国人，看不起俄国人，而且坚定地认为英国应当在战后世界发挥主要作用——尽管他并非帝国主义者。与人们对社会主义者的期待不同，战后的这群英国统治者对大英帝国的执念要深得多。尽管艾德礼对是否需要在中东地区维持一支大规模武装心存怀疑，但他的政府认为这种做法是必要的，可以保护通往亚洲的海路和英国开采并依赖的油田。英国在巴格达和德黑兰的活动从未停歇，此外还掌控着直布罗陀、马耳他、塞浦路斯以及位于红海咽喉要道的亚丁港这一仅次于纽约的世界第二繁忙港口。在40年代和50年代，英国义务兵及职业军人在世界各地的兵营里汗流浃背，却并无太大意义，反而耗费了财政部的大笔资金。当他们终于返乡后，留下的却是一片片不稳定、不幸福的土地，边境线就如同撕裂的伤口。

　　对于印度独立问题，政府成员一致同意此事没有退路。除此之外，工党大臣们对加拿大、澳大利亚和新西兰倍感亲切，还认为大多数非洲殖民地远不足以自治。他们对欧洲一体化心存疑虑，尤其是因为这可能有损英国掌握自己政治命运的自由。后来，一如既往言简意赅的艾德礼提到了自己对于西欧一体化的看法："什么所谓的六国共同市场。我太了解这些国家了。不久之前我国刚刚花费了许多金钱与生命，将其中的

---

[1] Dean Acheson, *Sketches from Life* (1961), quoted in Alan Bullock, *Ernest Bevin, Foreign Secretary*, Oxford U. P., 1985.

四国从另外两国的攻势下解救出来。"莫里森则宣称，英国新的社会主义政府"是那个快活的古老帝国的朋友；我们将坚守它"。

许多人都持有同样的观点。左派梦想着一种独特的不列颠社会主义，它将转而成为其他国家的灯塔。这一幻想雄心勃勃，几乎具有帝国主义色彩。如今，这种想法听起来已十分奇怪，但在当时却感染了伟大的作家（如奥威尔）、杰出的记者（如年轻时的富特），以及许多工党的理想主义马前卒。从艾德礼到《论坛》杂志（Tribune）的激进分子，几乎整个工党都认为，大英帝国最终应当转变成各个民主国家的自由联合体；但他们同样认为，这一联合体能够成为性质截然不同的另一种不列颠强权的基础。英镑区国家的总人口多达10亿人，白厅据此认为这一区域与美国的势力范围大致相当。人们在讨论建设新的英联邦航线体系，结成一张未来的社会民主主义全球网络。在幻想小说家迈克尔·穆考克（Michael Moorcock）的作品中还能找到这一失落梦想的痕迹，他设想了由巨型飞船舰队联结起来的自由主义、反种族主义的英联邦。

问题在于，政府战后日程的社会主义色彩究竟能有多浓重。1940年后，工党的许多地方机构都希望以阶级斗争为目标的生机勃勃的党内政治能得以保留。甚至在德国军队已经抵达诺曼底海岸时，哈利法克斯分部还全体一致地向工党大会提交了一份动议，呼吁与德国议和，因为与"这一个或其他任何资本主义政府"的军事胜利相比，议和"对工人"造成的伤害要小一些。[①] 民族危机的到来使得这种情绪消失殆尽，但关于战后局势的鲜活争论依旧存在。属于中间派的压力团体"政治与经济规划"组织愉快地表示："战时状况已经促使我们相信，不仅富人没有过度消费，而且其他人的需求也得到了满足……新措施改善了工人的住

---

① 关于这份材料及后续段落相关材料，参见 Paul Addison, *The Road to 1945*, Jonathan Cape, 1975。

房、福利及交通状况……普遍失业的局面结束了。"1940 年，在关于英国作战目标的辩论中，向来低调的艾德礼抱怨称，德国人"在为非常确切的目标进行一场革命战争"，而英国却在进行一场保守的战争："我们必须提出积极的、革命的目标，承认旧秩序已经崩溃，请求人民为了新秩序而战斗。"上台之后，他大幅修正了这一观点。不过在 1940 年，他并非持有这一观点的唯一人物：进行全面战争所必需的强大政府，在战后能够成为发动和平时期革命的工具。正如《新政治家》杂志所言："在战争期间我们无法实现社会主义，但可以实现一系列的政府控制措施，在战后通过这些措施来实现社会主义目标。"

对于工党而言，一方面鼓舞古老的民族团结一致、对抗希特勒，一方面理性地构建未来社会，这二者之间并无冲突，而是同一件事。奥威尔在写作于 1941 年的一篇著名文章中提到，在英格兰这个大家庭中，管事的是错误的成员："除非我们战败，否则这场战争将抹去现存的大多数阶级特权。每一天，希望现状延续下去的人都在减少。"不过，英国不会变得如同俄国或德国那样："股票交易所将被拆掉，犁地的马匹将让位于拖拉机，乡间别墅将被改造成儿童假日营地，伊顿公学与哈罗公学之间的板球比赛会被人遗忘，但英格兰仍将是英格兰，这个不朽的家伙……"[1] 与大多数人相比，奥威尔的文字更加优美、更有说服力。不过，股票交易所、两所公学之间的比赛以及乡间别墅显然幸存下来了。但他对于第三条道路的梦想是许多工党支持者共同怀有的，即以英国议会传统以及主张克制与公平竞争的民族本能为基础，建设不同于苏联及其他地方的新型社会主义。

---

[1] George Orwell, 'England Your England', from *Inside the Whale and OtherEssays*, Victor Gollancz, 1940; repr. Penguin, 1962.

自 18 世纪以来，经历维多利亚时代自由主义的洗礼，直到 20 世纪 30 年代，认为英国几乎不受制于人、全凭自我调节、其人民不受干涉地过着自己的生活这种想法，成了政府中许多政客的本能。但来到 1945 年，在有着身份证、配给供应本、各种管制以及高额税收的英国，这种想法似乎已经消散了。此时，大政府是民心所向，人们希望它能深度介入并改善民众的生活。但奇特之处在于，短短几年之内，艾德礼那"和平年代的革命"同样失去了动力。在经济及实体风暴打击下，乐观情绪耗尽了。尽管艾德礼的多数遗产都幸存了数十年时间，但这远远算不上工党社会主义者曾梦寐以求的社会转型。

## 秘密研制核武器

1941 年 12 月 11 日，在位于马来亚和越南之间的暹罗湾海面上，一架日本鱼雷轰炸机从无云的天空中飞过。在壹岐春记（Haruki Iki）上尉的驾驶下，它向水面冲去。然而，它投下的不是炸弹，而是花圈，这花圈随即漂浮在一片油渍和残骸中。在血腥的远东战场上，这样的事件再也不会发生了。日军通过这束花圈罕见地向近 1 000 名死去的英国海员表示了敬意。在日军鱼雷精准且致命的打击下，"永不沉没"的新型威尔士亲王号与更陈旧一些的反击号这两艘战舰在不到两小时内便沉入海底，船上的海员不是被炸死，就是溺水身亡。这场失利令英国感到震惊，令丘吉尔陷入绝望。用海军历史学家的话来说就是，这两艘战舰"象征着自乔治·安森（George Anson）和库克船长的时代以来，英国在太平洋海域的支配地位"。[1] 很快，新加坡也告陷落，"二战"中这一最惨痛的失利，给予了大英帝国心理上的致命一击。不过，壹岐春记的侠义行为致敬的对象不仅仅是沉没的战舰、整个英国皇家海军，乃至日本人仰慕已久但日渐式微的大英帝国；他还是在向一位来自阿伯丁郡的贵族、森皮尔领地继承人威廉·弗朗西斯·福布斯（William Francis Forbes）表达敬意。

森皮尔属于这一类英国人：在此地已被遗忘，在彼处却被人铭记。"一战"期间，他是皇家飞行队的一名先驱飞行员，还曾因独自驾机飞往澳大利亚而名噪一时。当两艘战舰沉没时，他正在海军航空队效力。森皮尔的家庭属于英国建制的一员，父亲曾是乔治五世的幕僚；他本人则一直活到了1965年，享有空军老兵的荣耀。那么，日本人为何要为他献上花圈？稍加审视就会发现，森皮尔在战后被授予的荣誉竟然是日本旭日章。事实上，日本空军之所以能用鱼雷摧毁马来亚乃至珍珠港的战舰，部分原因正应归功（或者说归咎）于森皮尔。20世纪20年代，他被派往日本，帮助打造日本空军，向他们传授最新的鱼雷轰炸技术，并为设计航母提供建议。另一位英国工程师热情地帮忙设计了日后令人望而生畏的三菱零式舰上战斗机。日本飞行员的决心令森皮尔十分赞叹，时任日本首相则对他表示了感谢，称他的工作"几乎可谓是划时代的"。到了1942年，这一点已确定无疑。当森皮尔训练日本友人时，两国之间也签有友好条约。近来披露的证据表明，此后森皮尔成了日本人的间谍。他并非唯一一个案，将关键技术从英国传给外国的情况也并不罕见。在过去的一个世纪里，英国总是率先在军事或工业方面取得突破，随后这些成就便落入敌人或对手手中，得到进一步发展，发挥出更大的

---

[1] Arthur Herman, *To Rule the Waves,* Hodder, 2004.

作用。两艘战舰的沉没本应引发更加深刻的反思。

在 20 世纪初，皇家海军遥遥领先于德国、美国和法国，率先研制出了配有制导鱼雷的潜艇（虽然有一位海军上将表示反对，认为它"阴险、不光彩、不英式"）。推动此事的是第二海务大臣杰克·费希尔（Jack Fisher），他是一名才华横溢、不知疲倦、令人畏惧的人物，盛传他有一半亚洲血统。然而，是德国人（先是在帝国时期，后来在希特勒统治下）将这一进展推到极致，研发出了 U 型潜艇，两次世界大战中的海上围困几乎迫使英国投降。同样，在 1915 年生产出第一部可操作坦克的也是英国工程师和"福斯特"这家英国公司。坦克原名"路上战舰"（landship），但为保密起见，林肯市的工人被告知，它们其实是应用于沙漠地带的"移动水箱"（mobile watertank），简称"箱子"（tank），也就是"坦克"。然而 20 年后，又是德国人凭借坦克发起了新型战争，此时英国的坦克却已经过时。正如森皮尔的事例表明的，英国在鱼雷战机方面同样曾处于领先地位。在 40 年代中期，英国的喷气式发动机技术也十分先进。然而一次又一次，外国人证明了自己更善于将这些新技术发扬光大。

最突出的例子要数原子弹。如今我们知道，希特勒手下的科学家曾努力研发这一末日武器，早在 1944 年就希望进行核试验。在整个 30 年代，来自意大利、法国和匈牙利的科学家都在竭力解决物理学问题。1939 年，爱因斯坦在写给罗斯福总统的一封私人信件中痛苦万分地警告称，"一种极其强大的全新炸弹"已被载入史册。一年之后，两位流亡科学家在伯明翰大学实验室里的工作就不太为人熟知了。奥托·弗里施（Otto Frisch）和鲁道夫·派尔斯（Rudolf Peierls）正在考察用铀235 制造核武器会产生何种效果。他们取得了理论突破，并于 1940 年匆匆写就了一份备忘录，发给英国政府。这份鲜为人知的文稿堪称 20

世纪最重要的文件之一。就如同其他政府可能的回应一样，英国政府设立了一个由科学家和军事顾问组成的委员会，得出的结论是："制造铀炸弹的方案是可行的，并且有可能决定战争的胜负。"这样的判断足够敏锐。多亏了希特勒对犹太人的迫害，使得英国在核技术方面超越了德国。但当时正值闪电战的高潮，德国入侵的威胁实实在在。英国的经济已经不堪重负。建立核工业、将数学转变为金属的艰巨努力，是英国的技术与经济实力负担不起的。于是，关于核弹的消息被转交给了美国人。在新墨西哥州的沙漠里，他们即将实现飞跃，新世界秩序也将随之到来。

"二战"之后，一时间英国似乎将置身核竞赛之外：对艾德礼政府来说，这实在太昂贵、太困难了，重要阁员也都反对加入这场竞争。如果外交大臣贝文不是一位易怒的爱国者，那么英国也许会保持无核国家的身份。但在受到美国国务卿居高临下的对待之后，贝文告诉各位同事，他不希望英国外交大臣再受到这种待遇。他表示，此事关乎国家地位："我们必须拥有这个玩意儿，不管耗资多少。我们必须把该死的米字旗插在它上面。"[1] 这是一场令人不安的斗争，比人们承认的还要艰巨。战争期间，丘吉尔私下里曾与罗斯福达成一项协议，两国在使用核武器前都会征求对方的许可；两国将分享信息；只有华盛顿方面表示同意，英国才会发展民用核能。1946 年的《麦克马洪法案》意味着美国人实际上撕毁了这一协定，该法案禁止美国与别国分享与核相关的信息与技术。"二战"结束后，当艾德礼试图重启与美国的核合作时，白宫无视了他的来信，美方那份丘吉尔–罗斯福协定的副本也果不其然地遗失了。在犹太难民于伯明翰率先取得突破的几年之后，英国便远远地落在了美国身后，无法接触到其成果。

---

[1] 见 Peter Hennessy, *Never Again: Britain 1945–1951*, Jonathan Cape, 1992。

甚至连在野的丘吉尔也不知道研发首颗原子弹的决定。他日后向下议院表示："直到我重新上台才意识到，'社会主义政府'不仅仅以研究为名制造了原子弹，还耗费数百万英镑建造了常规生产原子弹所必需的重要设备。"尽管在战后数月，英国政府便在私底下对苏联威胁做出了评估，但内阁委员会文件明确无误地表明了这一奇特的事实：从一开始，苏联威胁就不是支持英国研发原子弹的主要理由；理由全部与美国有关。起初在贝文时代，这关系到国家地位和斗犬般的老派自尊心。随后，这关乎全球战略：英国需要用这一砝码来影响美国政策。

　　面对战后遭到挫败的海军部的申诉，官员们坦率地承认："从物质上来看，英国已经不再是一流强国了。在人口与物质财富方面，美国和苏联都远远超过了我们。两国还拥有大量储备资源。加拿大、印度和中国迟早也会超过我们，这只是三个例子。"然而官员们还指出，更加强大的氢弹正在改变世界军事格局："如果我们拥有此类武器，美国就会重视我们的意见，否则就不会。这也会影响到我们在其他国家心目中的地位，例如德国。埃及等较弱小的潜在敌人会认为，我们如果被逼急了，便可能对它们使用核武器。"最后，官员们冷冰冰地总结道："这意味着巨大的优势……"①

　　从很早开始，白厅向大臣们提交的情报报告便提出，战争的危险在于，在苏联建立起具有适当核报复能力的核武器系统之前，美国便先发制人地对其进行打击。由于英国部队驻扎在德国这一易受攻击的前线位置，因此英国很可能被猝不及防地卷入这场新的大战。英国决策者认为，如果英国成为一支独立的核力量，那么说服美国按兵不动或许会变得容

---

① CAB 134/1315 PR (56)3, 1 June 1956, reproduced in *British Documents onthe End of Empire*, ed. David Goldsworthy, HMSO, 1994.

易一些。1947 年夏天，在坎布里亚郡海岸处的一个小地方温德斯凯尔，建造生产钚的工厂这一机密工作开始了。在曾于洛斯阿拉莫斯工作过的英国科学家威廉·彭尼（William Penney）指导下，核弹的设计工作也开始了。数年之后，伯克郡的小村庄奥尔德马斯顿将被选作英国核武器计划的所在地。这里有着 12 世纪的教堂、砖制工人小屋以及古罗马的防务设施；随着一座空军基地的关闭，这个村子原本期待能迎来更加宁静的时光的。而将更多的钱用于国防和国家地位，当然意味着用于建设"新耶路撒冷"的钱变少了。

## 饥饿的寒冬

1947 年的冬天因其令人几乎无法忍受的灰暗景象，载入了史册和人们的记忆。在整整三个月时间里，英国看上去就如同中世纪的弗拉芒绘画一样阴郁。问题不仅仅在于几乎一切商品都陷入了短缺，餐桌上只剩下以土豆和面包为主的所谓"农民食谱"，甚至就连面包也得定量供应，土豆也快耗尽了；问题也不仅仅在于庞大的国家官僚机器仍在干涉日常生活的方方面面，从暖气能开多长时间，到人们能欣赏哪些戏剧，再到人们是否能出国。问题不在于此前的和平年代从未有过的 2.5 万项规章与命令，制定这些规章与命令的政府尽管反共，仍敦促人们向苏式共产主义取得的"巨大"工业成就学习；[1] 不在于被摧毁的家园；甚至

① Labour Party, *Fair Shares of Scarce Consumer Goods*, London 1946, quoted in Ina Zweiniger-Bargielowska, *Austerity in Britain*, Oxford U. P., 2000.

不在于战争导致的牺牲：参与"二战"的士兵数量远少于"一战"，死亡人数也少得多（"二战"阵亡人数为 25.6 万人，"一战"则为近 100 万；此外，还有 6 万英国平民在"二战"空袭中遇难），"二战"的最终胜利依旧令全国人民深感宽慰与自豪。不，问题不在于这些。引发 1947年危机的，是令英国人不满的因素中最无趣的一项：天气。

1 月底，以苏联红军都无法媲美的效率，一股巨大的寒潮从西伯利亚扑面而来，令全英国都笼罩在厚厚的积雪之中。这阵严寒几乎令已筋疲力尽的英国民众俯首称臣。当时，英国仍然靠烧煤取暖，但矿井中的煤堆已经冻结，无法移动。卷扬装置无法开动。积雪阻塞了道路，铁路也因此停运。随着煤炭储备迅速耗尽，发电厂也一个接一个地关闭了。灯光熄灭了。男人们扒开积雪，艰难地前行数里，试图找到食物，带给家人及邻居。在毫无遮挡的公路上，被困住的车辆丝毫动弹不得。由于电力短缺，英格兰南部和中部的工厂只能停工；一周之内，200 万人变得无所事事。艾德礼暂停了电视这项并不常见的中产阶级消遣。更糟糕的是，每个上午有三个小时、下午有两个小时禁止使用电炉。[1] 无论在哪里，人们都在哆嗦，把自己裹在毯子里，烤着几乎冒不出烟的炉火或是定量配给的电炉。生活在伦敦周边的通勤族完全无法抵达首都，苏格兰与全国其他地区失去了联系。情况还在进一步恶化。接下来，人们迎来了 300 年来最寒冷的 2 月。又有 50 万人不得不停止工作。来自斯劳镇的年轻职员玛吉·乔伊·布伦特（Maggie Joy Blunt）记录下了自家的状况。洗脸池里的水冻成了冰，她望向冰蓝色的天空，心想："我穿着厚厚的毛背心、橡胶紧身内衣、羊毛裤、长袜、厚厚的长袖毛衣、宽

---

[1] 见 Susan Cooper, 'Snoek Piquante', in *Age of Austerity 1945–1951*, ed. Michael Sissons & Philip French, Hodder & Stoughton, 1963。

松的长裤、夹克、两双毛线袜，还围着围巾——这样才能感到舒服。"①晴天实在太罕见了，以至于当短暂放晴时，一名男子急忙拍下了这一令人宽慰的景象，并将照片发给了媒体。商店里的蔬菜卖光了。在牛津大学的学生宿舍里，未来的小说家金斯利·阿米斯（Kingsley Amis）向未来的诗人菲利普·拉金（Philip Larkin）咆哮道："老天啊！实在是冷死了！"

进入 3 月，在短暂回暖之后，人们又迎来了恐怖的暴风雪，积雪已达 30 英尺②高。五先令硬币大小的雪花令人们议论纷纷。连东盎格利亚海岸附近都出现了浮冰。300 条干道陷于瘫痪。此后，人们又经历了记忆中最糟糕的洪水的考验，城镇之间的联系被切断，英格兰大片低洼地带被淹没，农田里的庄稼被冲毁。山上的羊群慢慢死去，尸体堆积成山，焚烧后散发出的恶臭烟雾笼罩了威尔士的农村，成为日后口蹄疫与疯牛病疫情的预演。总之，这是英国最接近于亲身体验西伯利亚寒冬的一次经历，唯独少了结实的靴子、皮毛大衣和伏特加等俄国人的御寒之物。气象风暴过后，迎接英国的是一场政治风暴：凯恩斯协定之后，"抛售英镑"已成定局，此外还爆发了国际收支危机。在人们对空空如也的商店深感绝望，只能从田间挖出冻结的蔬菜的同时，财政部也终于耗尽了美元，无法从海外购得援助。正是在这一刻，1945 年时许多人怀有的乐观情绪开始烟消云散。

夏天终归还是会到来。这一年的夏天十分舒适。阳光普照，罗德板球场上演着精彩的比赛，英国人都热得汗流浃背。然而经济上，多尔顿的悲惨之年还在继续。凯恩斯谈成的协议条款坚决要求英镑对美元变得

---

① Simon Garfield (ed.), *Our Hidden Lives,* Ebury Press, 2004.
② 1 英尺约合 0.305 米。——编者注

可自由兑换，不可避免的后果随即发生。全世界都急于将英镑兑换成美钞，资本外流过于严重，兑换被匆匆叫停。英国经济实在是太弱了，欧陆的各国财政部也觉察到了这一信息。如果英国的家庭主妇得知公务员奥托·克拉克（Otto Clarke），即日后"新工党"政府大臣查尔斯·克拉克（Charles Clarke）之父，在英镑危机期间起草了一份秘密计划，她们肯定会更加焦虑。由于英国已经没有从美国购买食物所需的美元，克拉克便开始着手准备"饥荒时期的粮食计划"，包括让孩子停学，帮助种田。① 这一计划并未付诸实施，但战争时期都未曾实行的面包配给制，如今却实行了。英国没有足够的现金从美国补给小麦，但英国大臣们却要保证世界上归他们负责的其他区域不发生饥荒，例如印度和战败的德国。

他们所采取的在国内实行面包配给制的措施极其不受欢迎，令人们久久不能忘怀。英镑危机，加之1949年的贬值这一必然随之发生的羞辱，为丘吉尔的保守党提供了将艾德礼赶下台所需的弹药。保守党将在竞选宣言中提醒选民注意："在1945年社会主义者承诺，制订经济计划和实行国有化等措施将使英国人民成为掌控本国经济命运的主人。这种说法再虚假不过了。事实证明，每一次预测都过于乐观，每一次危机都令他们猝不及防。燃油危机造成的损失高达2亿英镑，兑换危机也同样损失惨重。"

来年，政府试图通过举办伦敦奥运会来振奋民心。开支并不过分，安保状况良好，奥运会充分表明了这座在战争蹂躏下满目疮痍的城市的决心。比赛期间，运动员就住在战时的军营和医院里。开幕式上，原本准备的米字旗被弄丢了。尽管英国代表团在奖牌榜上的表现十分平庸，

---

① 见 Peter Hennessy, *Whitehall*, Secker & Warburg, 1989。

但主办奥运会本身便足以表明：英国站起来了。尽管仍很虚弱，但这个国家依然组织有序。

# 日不落帝国的落日

1947年，对帝国深厚的怀旧之情也遭受了打击。英国国王失去了"皇帝"头衔。战前许久，印度这一帝国皇冠上的明珠便开始迈向独立。甘地睿智地意识到，与武装斗争相比，非暴力运动能够令英国统治难以为继，从而更有助于将其逐出印度。在两次世界大战期间，这一策略收获了极佳的效果。尽管丘吉尔等人试图搅黄20世纪30年代和40年代达成的所有协议，但伦敦当局还是被拖上了谈判桌。战争延缓了印度独立的脚步，但表明了一点：如果英国足够明智，选择体面地离开，那么印度次大陆人民将表现出充分的善意。"二战"期间，共有200万印度人站在英国一方战斗，或是直接加入英军。在北非抗击意大利人以及在伊拉克击败亲德政权的战斗中，他们的贡献尤为突出。甘地本人对英国有着深厚的感情，伦敦遭受德军空袭令他十分难过。当时身陷囹圄的尼赫鲁（Jawaharlal Nehru）也随身携带着一张母校哈罗公学的照片。

然而，英国不断拖延和弱化赋予印度更多自主权的计划，令许多印度人感到懊恼。未被关进监狱的领导人在战争时期组织了一场大规模抗议，在抗议中，警察局被焚，英国居民遭到殴打，电报线路被切断，还有一条铁路被炸毁。一时间，英国对印度的掌控已是命悬一线。不过，英国报纸并未报道真实情况。与之相比，苏巴斯·钱德拉·博斯（Subhas Chandra Bose）建立的印度国民军也许不那么危险，但更加令人惊叹。

日本为这支反英军队提供了支持与武装。日军安排印度人看守英国战俘，这样的羞辱是为了宣传日本的说辞，即这本质上是一场亚洲人反抗西方殖民者的战争。日本战败后，当亲日印度人返乡时，英方希望将其当作叛国者处决，但甘地的国大党却将其视为英雄。

艾德礼政府一上台，立刻就撤离印度展开了会谈。自从工党成立以来，反帝国主义便一直是该党意识形态的一部分；不过，此时支持印度独立同样是出于别的动机：首先是对印度在大英帝国最危难之际伸出援手表示感激，其次是害怕一再拖延会导致大规模乃至无法控制的抗议。艾德礼希望印度独立后保持统一，穆斯林与印度教徒共同构成一个庞大的国家，通过贸易与军事协定同英国保持联系。他尤其相信，在苏联正着眼于南方、中国正被革命洪流席卷的背景下，这样的印度将成为亚洲的一大反共堡垒。

艾德礼的愿望得到了满足，但并非全部。克里普斯率领工党代表团于战后首度访问了印度，但就终结英国对印统治展开谈判的并非社会主义政客。开启这项任务的是布尔战争和"一战"老兵、陆军元帅韦弗尔（Archibald Wavell）。在北非沙漠里成功地抗击意大利人和不那么成功地抗击隆美尔（Erwin Rommel）之前，他曾在沙皇俄国军队里服役。在日军取得最具决定性的进展之前，韦弗尔被任命为驻印军队总司令；随后他接手了印度总督一职，并释放了在押的国大党领袖。然而，这位热爱诗歌、略感悲观的战士未能调和印度教徒与穆斯林之间的矛盾。宗派主义暴徒开始互相攻击，成为即将肆虐于印度次大陆的群体暴力的预兆。1946 年年初，印度皇家海军发动了一次大型哗变，驻守在孟买、加尔各答、马德拉斯等地的船只有四分之一都升起了国大党旗帜。哗变遭到了镇压，数百人遇难，但骚乱已扩散至印度皇家空军及警察等部门。英国的统治终于动摇了。韦弗尔的最后计划是不达成任何政治协定便撤离印度，将白种人全部撤出，将权力转交给地方政府。但伦敦认为这一计划很可能引发内战，很不光彩。

艾德礼将处理印度事务的任务转交给了蒙巴顿伯爵（Louis Mountbatten），他在担任盟军东南亚战区最高总司令期间收复了缅甸。这一任命十分精明。蒙巴顿是王室成员，他那身为海军军官的外甥、希腊王子菲利普即将与年轻的公主伊丽莎白成婚。因此，他不会受到英国国内帝国主义者的抨击。风度翩翩、自命不凡的蒙巴顿也如艾德礼一样，决心迅速与穆斯林及印度教领袖，也就是穆斯林联盟的真纳（Mohammed Ali Jinnah）和国大党的尼赫鲁达成协议。英国人向来不喜欢真纳这位难以打交道的人物，而且此时他的生命已所剩不多。但尼赫鲁却是一名很好的谈判伙伴，他与蒙巴顿的妻子埃德温娜（Edwina Mountbatten）之间的亲密关系尽人皆知。此时，印度次大陆的分治已不可避免：穆斯林不会接受印度教徒的统治，但在印度的多数地方，占据数量优势的都是印度教徒或锡克教徒。于是，英属印度被划分成了穆斯林为主的巴基斯坦（这是一个新造的词语，融合了旁遮普、阿富汗尼亚、克什米尔、信德和俾路支等五大省份的名字），以及印度教徒为主的印度。分界线由英国律师拉德克利夫（Cyril Radcliffe）划定，直到权力移交之时一直处于保密状态。

出乎许多人的意料，蒙巴顿宣布印度将于 1947 年 8 月 15 日独立，这比计划的时间早了 10 个月。丘吉尔大为震惊，他的前外交大臣、好友艾登不得不令他远离下议院的会议厅。收听完议会声明后，伊诺克·鲍威尔（Enoch Powell）深受打击，在游荡了整整一夜之后双手抱头，蹲坐在家门口。毫无疑问，还有数百万英国人同样感到自己熟知的那个世界正在土崩瓦解。英国如此迅速地撤离，也许是政治形势所迫，但造成的后果却极其严重。据统计，在穆斯林与印度教徒跨越国境的逃亡过程中，共有 100 万人死去，其中多数是妇女和儿童。在旁遮普省，锡克教徒起身反抗穆斯林，穆斯林则将印度教徒驱逐出境。就如同共产主义崩溃之后的南斯拉夫一样，人们发现，昔日的中央权威只不过暂时冻结了由来已久的宗教与种族敌意；危机时刻，这些敌意便死灰复燃。约 5.5 万名英国平民回到了国内，英属印度军队仓促地分裂成了两支。蒙巴顿希望印巴两国继续结成紧密的军事联盟，甚至指定卡拉奇为英国向苏联发动核袭击的基地。但是，印巴两国无法达成军事协议。最终，孟加拉国宣布独立，巴基斯坦也分裂并深陷于频繁的政变与独裁统治之中。如今，印度与巴基斯坦两国用核武器针锋相对，并在克什米尔边境处布下重兵。

人们常常以为，与撕裂了战后法国的阿尔及利亚战争或是令人绝望的越南战争相比，英国的去殖民化过程相当顺利。但这样的结论未免太过自鸣得意。印度的死亡人数如此惊人，比在伊拉克战争这一噩梦中死去的人数还多得多，谁应该为此负责？战后英国的虚弱状态或许决定了，它无法维持一个独立且统一的印度，但真纳的穆斯林联盟和尼赫鲁的国大党在战前便已接近于达成一项成熟的协议了。如果不是丘吉尔等人在 30 年代一心阻挠印度独立，伪善地支持印度境内各个半独立的土邦，那么随后的残杀或许也是可以避免的。果真如此，"二战"的经过都会变得截然不同。如今，同样说着英语、正在崛起为民主制超级大国的印度，被人们视为大英帝国昔日领地中较为成功的典范。印度的独立令许多人遭受创伤，也令更多人感到宽慰。

对于解散大英帝国的非洲部分，工党大臣们就没这么热心了。官员们在发给艾德礼政府的报告中表示，这些殖民地也许要花上好几代人的时间，才能做好独立的准备。工党副党魁莫里森也赞同这一观点。他表示，给予非洲殖民地自由，就如同"给予 10 岁的孩子一把大门钥匙、一个银行账户和一把猎枪"。艾德礼本人曾考虑仿效英属印度军队,建立一支英属非洲军队,以便将英国的兵力投射到全世界。殖民地部将非洲视作英国新国际地位的核心之所在,英国可以从非洲汲取经济与军事力量。在50年代初,殖民地部本身也在扩张,甚至希望能搬入议会广场对面面积更大的新总部(丘吉尔曾向该部许下了这一诺言)。人们已经制定了通过在坦噶尼喀种花生为英国提供廉价食物油的宏大计划,不过这一计划很快便令人难堪地以失败告终。一时间,似乎英属印度将被以碎片化的形式,移植到非洲身上。

## 白种人的国度

回到1947年的英国本土,那些刚刚开始适应后帝国时代的人,情况又如何?当时的英国人烟更稀少,人们肤色更白。战后英国的人口数量比现在要少1 000万。20世纪30年代生育率的下降导致政府相当担忧全国人口会再度收缩。威廉·贝弗里奇(William Beveridge)在1942年那份为现代福利国家奠基的著名报告中提出,需要稍稍加快生育速度:"按照目前的生育率,不列颠种族将无以为继。"对贝弗里奇这一代人而言,"不列颠种族"指的是不列颠诸岛的白种本土居民。在"二战"之前,英国居民中约95%都出生于这里,剩下5%出生于海外的人口也大多为白种英格兰人或苏格兰人,其父母产子时恰巧在印度、非洲或中东等地为帝国效力。当时在英国也有黑人和亚洲人,但人数非常少。30年代,印度社群的人数最多只有8 000人——有趣的是,这些人中多达十分之一都是医生。大城市中很少有印度餐馆及杂货店。存在着一小群西印度群岛人，虽无具体统计，但人数充其量不过几千，大多是学生。黑人船员、混血水手及华人居住在利物浦、加的夫、布里斯托尔和伦敦的码头区域，不过他们的人数也不多。

战争期间，来自加勒比海的男性开始抵达英国，在军队中服役。皇家空军中分别有一个牙买加中队和一个特立尼达中队，英国陆军中则有一个西印度群岛团。其他人则前往工厂、乡间和雷达站工作。然而，一旦战争结束，多数人又被直接派遣回家，常住非白人人口数仍仅为 3 万左右。战争期间，给英国公众留下最深印象的是 13 万美国黑人士兵。尽管政府担心人们无法与有色人种士兵结下"兄弟般的情谊"，但这些士兵普遍受到了欢迎与礼遇。怀有美式种族成见的美国白人士兵经常会受到嘲讽和驳斥。[1] 战争结束后，加拿大对大英帝国内部的自由迁徙不足感到担忧；作为回应，《英国国籍法》于 1948 年通过。这部公众几乎没有注意到的法律使得情况发生了剧变。该法律宣布，英国国王的所有臣民都享有英国公民身份。由此，全世界有 8 亿人获得了入境英国的权利。此后的数十年间，移民被施加了越来越多的限制。回过头来看，这部法律显得颇有些不可思议，不过在当时，这样的规定并未引发争议，原因很简单：人们普遍认为，英国国王的非洲与亚洲臣民既无意愿也无手段，长途跋涉前往拥挤且不舒适的英国生活。当时，旅行依然既昂贵又缓慢；既然如此，他们怎么可能希望前来呢？直到 50 年代，在伦敦定居的黑人或亚洲人仍十分稀少，以至于常常被当作当地的名人；官方甚至认为没有必要统计他们的人数。[2]

还存在其他移民社群。长期以来，从马莎百货公司到罗斯柴尔德家

---

[1] 此信息大部分来自 Robert Winder, *Bloody Foreigners,* Abacus, 2004。
[2] 见 Juliet Cheetham, in *Trends in British Society since 1900,* ed. A. H. Halsey, Macmillan, 1972。

族的银行，犹太人在零售、餐饮和银行等行业一直有着举足轻重的影响力。在"二战"开始前的 5 年时间里，又有 6 万多名犹太人从德国和东欧来到英国，其中许多人具有杰出的才能。在他们的推动下，40 年代英国的科学、音乐和知识界均面目一新。当希特勒于 1933 年上台后，英国内阁决定"努力为本国吸引那些被逐出德国的知名犹太人，以及在科学、医学、音乐与艺术等领域有着卓越成就的犹太人"。贝弗里奇帮助成立了"援助学者委员会"这一组织来救助犹太难民。以公众捐款为资金，该组织共帮助 2 600 名知识分子逃离纳粹魔掌，其中有 20 多人在日后赢得了诺贝尔奖，54 人当选英国皇家学会会员，10 人因学术成就封爵。[1] 纳粹党卫队在为 1940 年入侵英国制订计划时，估计英国的犹太人数量超过 30 万，且极具影响力。

此外还有爱尔兰人。经过一个世纪的持续移民，他们已经成为英国社会中的一个重要群体，大多数都来自爱尔兰岛南部。尽管政府设限，但战争期间移民过程仍在继续：爱尔兰人来到英国，填补军队动员造成的劳动力短缺。爱尔兰冷酷地保持中立，并且在战争结束时对希特勒之死表达同情，这使得爱尔兰人在英国非常不受欢迎。就如通常的情况一样，人们对爱尔兰人一向怀有的偏见延续下来，并仍将保持很长一段时间。不过，这些情绪对移民并未构成影响。在 40 年代和 50 年代，每年都有 3 万 ~6 万爱尔兰人涌入英国。每当内阁委员会将注意力转向移民问题，爱尔兰人总是被排除在辩论内容之外，因为他们事实上已被视作本地人。另外一些生活在英国的群体则更具异域风情。在"二战"结束时，共有 12 万逃离了纳粹和苏联的波兰人生活在英国，其中许多人都在英国军队中服役，尤其是皇家空军。这些人大多都选择留在英国。到

---

[1] Jean Medawar & David Pyke, *Hitler's Gift*, Richard Cohen Books, 2000.

了 1948 年年底，在负责安置工作的政府官员的热情帮助下，6.5 万名波兰人在煤矿和工厂里找到了工作。类似的经历也发生在捷克人和其他族群身上。当然，这些人也都是白种人。

然而，认为 40 年代的英国在种族问题上十分开明，却是错误的。尽管在战争结束后，集中营的恐怖立刻广为人知，但反犹情绪依旧存在。认为"他们"不老老实实排队，或是通过其他手段弄到定量配给的稀缺商品的想法，在当时的日记与信件中屡见不鲜。在 1947 年犹太人向驻巴勒斯坦的英国军人发动恐怖袭击后，多个英国城市都发生了反犹骚乱：商店遭到袭击，甚至有犹太会堂遭到焚烧，就如同纳粹在 30 年代的所作所为一样。更普遍而言，工会很快就对抢走英国人工作的外来者表现出了强烈的敌意，无论他们是欧洲犹太人、爱尔兰人、波兰人、捷克人还是马耳他人。政府也丝毫不感到难堪地不自觉地谈起"不列颠种族"的核心地位。[①] 今日这个多语言、多姿多彩的英国，那些售卖甘薯的蔬果商，那姜黄和焚香的味道，超过九成人认为肤色深浅与"够不够英国"无关的态度，无疑会令从战后年代穿越而来的访客无比吃惊。因为除了犹太人和来去匆匆的美国士兵外，1945 年英国的人口构成，与中世纪晚期相比并没有什么区别。

---

① 例如就性传播疾病的危害向人们提出警告的广告。

# 工人阶级与中产阶级

▬▬▬▬▬

爱国与自豪之情强化了"身为同一个民族、同一个种族，有着共同的历史与命运"的感觉。然而，在 20 世纪 40 年代的英国，阶级分化依然十分严重。据估计，多达 60% 的英国人属于传统工人阶级，即工厂工人、农业工人、筑路工、铆工、矿工、渔夫、仆人、洗衣女工、各行各业的体力劳动者，以及依靠他们生活的亲属。工人每周以现金的形式获得工资，支票簿则是富裕的象征。人们并不经常迁徙，除战争时期外，多数人一辈子都会待在家乡的村镇里。不过，在 30 年代也出现了一定规模的移民现象，例如从苏格兰和威尔士的工业区移居至伦敦周边各郡。居住的地点，说话的风格，都会令人产生强烈的阶级分化感，这也将决定人们享受的是何种娱乐。战争稍稍缓解了阶级差异，并埋下了文化革命的种子。在军队中，背景差异极大的男男女女都挤在一起。在后方战线上，中产阶级女性来到工厂做工，在公学就读的男孩下到矿井里，许多工人阶级女性第一次体验到了家务琐事以外的世界。在军队和工厂里，工人阶级或下等中产阶级男性得以对那些谈吐文雅的纨绔子弟发号施令。年长、自大的上等阶级军官成了人们取笑的对象和正在逝去的昔日英国的象征。

劳动力短缺加之对出口的重视，使得工资水平在战后迅速提升。工会既有力又自信，尤其是在工党政府废除了那些自 1926 年总罢工以来一直阻碍工会活动的法律之后。在战后的第三年，工会获得的支持达到了顶峰。在符合加入工会条件的人当中，工会成员的比重超过了 45%，总人数达到了 880 万。同一时期在其他欧洲国家，工会极具政治性，分别带有共产主义、社会主义或罗马天主教色彩。在英国情况并非如此。

英国共产党未能进入议会，遂把大部分精力和资金都用于在工会内部争取支持，并且开始在关键职位的选举中取胜。不过总体而言，英国工会运动主要关注的仍然是其成员的待遇等较狭隘的议题。但这并不意味着英国工会就是静悄悄的。在战争期间，由于许多最资深的工会代表及组织者或是担任了政府职务，或是加入了战斗，新一代更加年轻、更加性急的工会代表便接管了许多工作场所，他们常常只有十几二十岁。此后数十年间工会那些伟大斗争的种子，就是在40年代种下并萌芽的。

煤炭、钢铁和重工业构成了老派工人阶级的核心。此后数十年，随着这些行业陷入挣扎与衰落，工人阶级的处境也愈发艰难。但在战争刚刚结束时，这些迹象还不明显。克莱德、贝尔法斯特以及泰恩河畔的造船厂十分繁忙，煤田正在被全力开采，伦敦仍然是一座工业城市，西米德兰兹地区的汽车制造业和轻工业即将迎来史无前例的繁荣。这里还是个砖房遍地的国度。直到20年后，许多英国城市的传统工人阶级住宅区才会被高层公寓或庞杂无序的市政住房取代。第一代工人阶级大学生此时仍在上中小学，他们就读的学校比父母的更加干净、宽敞，还能享用刚设立的国民医疗服务体系所提供的口腔保健和免费眼镜。不过，工人阶级的生活大体上仍与30年代十分相似，没有电视、轿车、海外度假、设施齐全的厨房、外国食品，服务业也尚未对多数人的生活造成冲击。政客认为多数人都愿意保持原样，继续从事战前的工作。大臣们认为未来的工业将与过去一样，只是规模更大，拥有更多船只、煤矿、轿车、工厂。《租赁法案》与计划指令便是他们所使用的工具。

从战争年代的变革中获益最多的是中产阶级这一迅速增长的少数群体。官僚体系愈发臃肿，并将继续扩大。工党倡导的福利国家需要数十万个新的白领岗位，来管理全国的保险、教育及医疗服务。尽管大英帝国正在失去殖民地，但就连殖民地部也在迅速扩张。一位名叫帕金森

（C. Northcote Parkinson）的殖民地部官员从中吸取灵感，提出了以自己名字命名的"帕金森法则"：工作量会不断增加，直到填满用于完成此项工作的全部时间。关于社会流动性的研究极为粗糙，无法让人信赖，例如1949年进行的一项大型研究。不过这些研究表明，工人阶级子女通常会从事与父辈相同的工作，但中产阶级子女有着更多样的选择。工党也许想优先帮助工人阶级，但教育改革的结果却是让更多中产阶级子女接受了良好的文法学校教育。越来越多的孩子在学校里一直待到15岁，往后还将待到18岁。

因此，人们能够觉察到，过去那种阶级分化正在缓和，文化生活比过去稍稍民主一些了。能上大学的人也越来越多，到了1950年，已经增加了3万人。伯明翰与威尔士、英格兰西南诸郡，以及利物浦等地的口音将向过去那种体面的中产阶级语言发起挑战。广播文化的盛行将使得文学与音乐走进千家万户，无论是在城郊还是在白金汉宫，人们都在倾听汤米·汉德利（Tommy Handley）的幽默以及喜剧节目《绕着霍恩》（*Round the Horne*）。丘吉尔曾亲口告诉哈罗公学的男生，"二战"的一大作用便在于缩小阶级差距。他早在1940年便说出的这番话，听上去几乎如同出自日后的新工党政客之口一般："迄今为止仅为少数人享有的优势与特权，应该被更多人分享。"

# 不变的旧秩序

然而事实并未如此。统治阶级依旧是统治阶级。尽管1945年内阁的人员构成不同于过去，但20世纪40年代和50年代统治英国的基本上仍然是那些在公学和"牛剑"便已相识的小圈子的成员。对有志于在伦敦金融城、公务员系统或是军队高层谋求发展的人而言，接受公学教育仍然是关键之所在。在伊顿、哈罗、温切斯特等公学就读的人只占总人口的约5%，却构成了政治领导层的多数，包括战后工党内阁中的多位人物。这一时期议会里的交谈满是诸如"谁是威克姆公学毕业生，谁又是伊顿公学毕业生"等圈内人才明白的笑话。有那么一刹那，这些公学似乎无法在战争中幸存下来：许多寄宿学校都深陷财政危机，面临破产、关闭的危险。丘吉尔的母校哈罗公学就是如此，此外还包括莫尔伯勒学院和兰辛学院，它们都在挣扎求生。此外，人们还认为30年代领导层的失败乃至战争初期的败势，都要部分归咎于公学。当保守党大臣拉布·巴特勒（R. A. Butler）在战时接过教育改革的任务后，他曾考虑废除所有公学，将之纳入单一的公立学校体系。果真如此的话，战后英国将变得截然不同。然而在丘吉尔的威慑下，巴特勒还是让步了。缩水版的改革计划要求伊顿等公学承担招收工人阶级和中产阶级子弟的义务，他们的学费由地方当局支付。但就连这一计划也很快宣告失败。公学依然屹立不倒。对母校有着深厚感情的艾德礼也无意将其废除。文法学校则被视为令聪慧的工人阶级或中产阶级子弟进入"牛剑"等大学就读的一条通道，以便他们能够辅佐统治集团。某位公务员曾表示，官方看法是孩子可以分成三类："这有点类似于柏拉图的分类法：孩子分为金、银、铁这三类。"①

对于旧统治秩序而言，问题在于：社会主义政府的上台，仅仅是一段不受欢迎的短暂插曲，因而可以忍耐下去；还是一场平静但势不可当的革命的开端？对许多地主而言，战后的极高税率不啻为最后一击。

① 引文见 Nicholas Timmins, *The Five Giants*, HarperCollins, 1995。

诺尔庄园和斯托黑德庄园等大型乡间别墅不得不被移交给英国国家名胜古迹信托。有些人认为这相当于革命者没收财产的行为，尽管事实上远非如此。传统就这样被国有化了，没有留下一句"谢谢"。1947年，《乡村生活》周刊（*Country Life*）悲愤地抗议称，贵族世家背负着英国文明这一责任："如今被冠以'特权阶级'的这群人的职责之一便在于此。然而现在的潮流是，在抢走他们为英格兰做出的贡献时，连一句'谢谢'也不说。真是连基本的礼貌也不具备。"伊夫林·沃（Evelyn Waugh）并非纨绔子弟，而是个攀龙附凤之徒，他安坐在位于格洛斯特郡斯廷奇库姆村的精致豪宅里，苦苦思索着这一困境。1946年11月，他考虑离开英国，逃往爱尔兰——"二战"结束后，许多更加富有的人的确离开了英国，不过他们的目的地通常是澳大利亚、非洲或美洲。为什么要走呢？伊夫林·沃自问道。"毫无疑问，英国已经不再是一支强权，正在丢失自己的属地（指殖民地）。认为懒惰、嫉妒的无产阶级是应该受到优待的种族，这种主张肯定会导致贫困愈发严重……这一次，砍杀将自上而下进行，最后只有无产阶级和官僚体系能够幸存下来。"

可是一天之后，他又改变了主意。"待在斯廷奇库姆，我有什么好担心的呢？我有一座精美的别墅，装修正合我意；有足够的仆人；地窖里有红酒。村民对我既尊重又友好，邻居不会打扰我，孩子们上着我中意的学校。除了税收和配给制，政府的干涉可以忽略不计。"然而，他有种感觉，世界的确在发生变化。他感到很讶异：为什么自己无法感到自在？为什么自己闻到了"流离失所者营地的恶臭"？[1] 许多其他人也有着同样的感受。在工党赢得1945年大选后，诺埃尔·科沃德（Noël Coward）立刻表示："我总是感觉战后的英国会令人极为不适，现在

---

[1] 引文见 Nicholas Timmins, *The Five Giants*, HarperCollins, 1995。

这一点几乎已是板上钉钉了。"① 令人"不寒而栗"的变革迹象会落到实处，尽管这一过程十分缓慢，而且与艾德礼或贝万没有太大关系。英国那带有中古气息、仿佛是永恒的阶级体系常常成为小说家的主题，但在实践中它的基础其实是大英帝国及其遍布全球的威势，而这两点都即将不复存在。"生活在坦布里奇韦尔斯镇的不悦者"这一短语立刻成了从马来亚或罗得西亚归国人士的代名词。哀怨与遭到遗弃的心态将笼罩英国右翼政治长达数十年时间。

与此同时，"二战"结束后，校际英式橄榄球赛、牛津剑桥赛艇对抗赛、亨利划船赛、阿斯科特赛马大会等古老的社会活动迅速恢复，并且比此前更受欢迎。富家子弟会通过"青年保守党人舞会"物色伴侣。最著名的演员避开了税务部门的注意，继续过着奢华的生活。伦敦夜总会区生意依旧兴隆，几乎与 20 年代没什么两样。首都那些仍在营业的宏伟酒店，如萨沃伊酒店和春藤宫酒店，很快又挤满了贵族、剧院经理、流亡的外国王室成员，以及来访的美国电影明星。当时上等阶级在日记中经常这么抱怨：一股"庸常"行为的浪潮正在兴起，高雅品位正在消亡，美国人和犹太人带来了不幸的影响。

在艾德礼治下，英国依然是一个充满了私人俱乐部与小圈子、古老或看似古老的特权、礼仪与等级秩序的国度。在工作场所，类似于战前的那种关系再度形成，雇主组织在白厅里重新建立起了威势和影响力，至少有一段时间是这样。在新近被国有化的行业里，处于管理岗位的依然是同一群人，同一种"我们与他们"之别轻而易举地重新确立起来。在伦敦金融城内，德高望重、声名显赫的投资银行家被人们奉为神灵。

---

① Graham Payn & Sheridan Morley (eds), *The Noël Coward Diaries*, Weidenfeld & Nicolson, 1982.

即使在闪电战后伦敦的一片废墟里，人们依然能够看到硬领、礼帽和中世纪行业公会的制服。年轻的银行家和会计对前辈唯命是从。私人司机开着劳斯莱斯轿车，如一阵风一样将报界老板们送到报社，门卫则会向他们敬礼。《泰晤士报》上很快就登满了推荐侍女及其他类别仆人的广告。面向胸怀大志的演员和播音员，教人说"国王英语"的课程出现了。关于如何才能得体地倒茶、提及如厕一事以及布置餐桌，人们争执不休。医师们涌入病房，紧随他们的是一群心怀敬畏乃至恐惧的实习医生。在牛津大学，正式晚宴与全套学位服都是强制要求，终身教授仍在四方形院子里蹒跚踱步，仿佛自爱德华时代以来并未发生多少改变。出于某种不明的原因，这些都被视作英国，至少是英格兰的精髓之所在。

## "咬牙切齿者"乔治和盛大的王室婚礼

这些精髓中还包括欧洲最后一个宏大的王室。从西伯利亚到柏林，从雅典到爱丁堡，都曾处于由前德意志诸侯开创的庞大家族统治之下。但如今，英国王室成了这一家族仅存的残余。在爱德华八世逊位危机对全民心理造成创伤之后，乔治六世重新树立了亲民的家族形象，这个家族如今已经改名为"温莎"。私下里，国王总是表达激烈的右翼观点，对社会主义大臣的公告大发雷霆，"咬牙切齿"。但在公开场合，他却如同一名羞怯的族长，因在闪电战期间白金汉宫直接遇袭时，虽口齿结巴却坚忍不拔的表现而广受爱戴。有迹象表明，王室也在谨慎地推行现代化，让伊丽莎白公主在广播中发表爱国主义讲话，后来又加入本土辅助服务部队，身着军装拍照，甚至在欧战胜利日那天匿名混入了庆祝人群中。但实际上直到 20 世纪 50 年代，国王与王后的宫廷本质上还是爱德华式的。每年 3 月，来自贵族或富裕家庭的十来岁少女都要头戴三根鸵鸟羽毛，接受王后的检阅。随后，"社交季节"便开始了。在 4 个月的时间里，她们会参加一轮又一轮舞会和晚宴，以期找到合适的结婚对象。这些初登社交场的女子常常会被送往瑞士的"精修学校"，学习如何得体地行走、说法语，以及按照传统方式操持家务。皇家检阅这一仪式可以追溯至 1780 年，最终将于 1958 年被伊丽莎白女王终结：菲利普亲王认为这"太愚蠢可笑了"，玛格丽特公主则抱怨称"我们必须终结此事，伦敦的每个骚货都想参加呢"。整个活动被转移到附近的一家酒店，以一种古怪的英式风格进行。女孩们仍然要行屈膝礼，但对象不再是君主，而是一个 6 英尺高的生日蛋糕。①

　　一开始人们并不清楚，"二战"之后的英国君主制是否还能取得成功。王室主要成员很受欢迎，工党大臣们也十分谨慎，从不在公开场合提及共和主义，在他们的私人日记里也几乎见不到蛛丝马迹。不过，许多工党议员都急切提出依照斯堪的纳维亚国家的方式，精简君主制，减少开销，令其跟上时代的步伐。人们围绕手头吃紧的纳税人应向王室提供多少资金这一问题，展开了多次艰苦的谈判，但温莎家族通过一系列热情的举动，振奋了疲惫不堪、了无生气的臣民，从而一如既往地笑到了最后。未来女王伊丽莎白与时任上尉菲利普·蒙巴顿于 1947 年成婚。这场婚礼的意图在于令公众见识一场奇观。过去的王室婚礼并未如此筹备，这场婚礼的华丽与多彩是英国在过去 10 年间从未见过的，令人怀旧地回想起了奢华的岁月。从赛马到香烟盒，各种礼物都被公开展示；准备了许多大蛋糕；诺曼·哈特内尔（Norman Hartnell）设计的婚纱

---

① 见 Gyles Brandreth, *Charles and Camilla*, Century, 2005。

以紧致的象牙丝作为材料，"下摆点缀着茉莉、菝葜、丁香和玫瑰"，还镶嵌有珍珠和水晶。

　　婚礼之前，人们围绕爱国主义展开了有趣的争论：有人对丝绸出自一种中国昆虫的体内表示不满，还有人过度热情地强调菲利普本质上绝对是个英国人。公众被告知，蒙巴顿伯爵的外甥"所受的教养完全是英式的"，但事实上他是一位流亡的希腊王子，是希腊东正教教会的一员，还有许多德国亲戚。最终，菲利普仍在世的三个姐妹都未受到邀请（她们三人都嫁给了德国人）。菲利普苦笑着准备接受这一切。不过，据称他曾惹恼过国王：[1]当他在巴尔莫勒尔宫拜见国王时，身着苏格兰短裙的菲利普选择向国王行屈膝礼。[2]尽管全世界的电影院，包括被战争摧毁的柏林，都在放映记录这场婚礼的新闻短片，但这场婚礼依然是一次广播事件，而非电视事件。此次婚礼是英国在灰暗岁月里的宣传与庆祝之举，其奢华做派和乐观情绪传递出了这样的信息：尽管遭受了沉重打击，但昔日的英国又回来了。婚礼及之后的加冕仪式都提醒欧洲各王室注意到，他们之中只有寥寥几位在战后世界依然保有统治地位。流亡王室成员身着满是灰尘的礼服，头戴略显肮脏的冠冕，就足以证明这一点。女王的妹妹玛格丽特公主评论道："在欧洲各地的小小阁楼里忍饥挨饿的那些人，突然之间又重新出现了。"

---

① Ben Pimlott, *The Queen,* HarperCollins, 1996.
② 屈膝礼是女士的礼节。——译者注

# 40 年代英国人的生活用品

历史关注的往往是战争、政治，以及教育、就业等反映出的人们的生活状况。官方历史并未涉及的，是我们的实际生活；这些生活的标志不是公众事件，而是出生、相爱、疾病、死亡、友谊与巧合。这些正是小说、电影、诗歌所表现的个人历史。不过，还有某些东西未被提及。我们的生活中总是充满了各种物品：房间、座椅、盘子、窗帘、面条、碗、电视，此外还有办公室、购物中心，以及堆满标志牌、广告和轿车的道路。所有这些都是变动不居的，决定着我们所处世界的色彩与形态。那些较为渺小的个人历史就发生在这样的环境里。在消费社会中，不断变化的品牌与广告会令我们突然回想起童年或是某个时刻：我们通过新的地毯品牌，或是某种饮料广告的曲调，来区分生活的不同阶段。

在20世纪40年代，品牌数量要少得多，"物品"也十分稀缺。家具、杯子、盘子、灯具、窗帘、毛巾、自行车、收音机，无不缺货。你能叫出这些物品的名字，却难以得到。战前的著名品牌，无论是肥皂、厨具、服饰还是轿车，都在绝望地提醒人们，自己将尽快归来。对于战前的英国这一失落的世界，对于那些熟悉的设计与风味，人们自然而然地心生怀旧之情。10年前流行的艺术装饰风格又被重新应用于制造业；老派式样的锅和壶被刷上了明亮的新漆，再度出售；商店里为数不多的真空吸尘器和烤面包机有着结实、笨重、堪称我行我素的丑陋外形。不过，相反的趋势也很明显，即把一个更有生气、更洁净、更理性、更开放的新英国作为目标。这股趋势的推动力部分来自政界。大臣们希望将贫民窟转变为通风良好的公共住宅区及学校，充分表现出这个国家不那么守旧、杂乱的一面。工党对于公共领域和制订规划怀有信念，这意味着笔直的道路与宏大的空间。在那个年代，公共住房的增长速度远远超过了私人住宅。而当财富增长后，品位也会随之提高。

"二战"结束后，技术变革加之木材等传统材料的短缺，促使建筑师和设计师用砖与水泥、钢框窗户和平面屋顶来表达此类政治观念。在前飞机制造厂里匆匆搭建的预制住宅也许只是权宜之计，但其简约性无疑是与当时的氛围相一致的。这即将成为英国版的减价的现代主义建筑，用战前在欧洲大陆兴起的钢筋混凝土打造而成，由逃亡的、通常是左翼的建筑师引入英国。但是，这些公寓与住宅的内部会是什么样子呢？当时一位重要的设计师罗宾·雷（Robin Ray）注意到，工业设计委员会成立于1944年，但其影响力一直延续到50年代初，原因部分在于税收激励："我们有些幼稚地认为，现代城镇规划以及对建筑和产品的开明设计能转变我们所处的环境，提升人们的生活质量。在社会主义政府的帮助下，许多领域都取得了进步。"[1]

许许多多外形新颖的家具、纺织品、陶器和地毯由此诞生，它们装点了外形新颖的住宅。战后并没有多少过剩物资，但计划用于制造战机与登陆艇，或是为部队提供补给的物资尚有剩余。于是，原本用于生产轰炸机炮塔的有机玻璃，被用于生产桌面乃至女鞋。皇家空军制服所用材料被染成绿色或棕色，用于生产沙发与扶手椅的罩子。剩余的大量铝材被充分利用于生产轻型桌椅。胶合板材、钢筋和乳胶流行开来。经历了单调乏味的战争年代，人们渴望鲜艳的色彩。于是，设计师们用原色创作出了抽象、富于想象力、具有立体主义风格的图案。

关于外形更优美的锅、杯子、灯具和餐具的广告，首度出现在

---

[1]  Richard Chamberlain, et al (eds) *Austerity to Affluence, British Art and Design, 1945–1962,* Merrell Holberton, 1997.

**082**　　　　现代英国史 A History of Modern Britain

1946年维多利亚与艾伯特博物馆举办的名为"英国能做到"的展览上（战争期间，该馆的藏品已被清空）。尽管不满的民众立刻将此次展览戏称为"英国买不起"，但展出的设计品影响深远，对于斯堪的纳维亚人尤其如此，他们回国后立即开始生产有着类似设计的物品。接下来的10年间，英国大量进口了此类商品。这种"墙内开花墙外香"的故事还将一再重演，只不过主角换成了更为人熟知的摄像机、摩托车和飞机。当工党时代步入尾声时，1951年的"英国节"展览上再度展出了新型设计。此类设计使得拮据的生活看起来新潮、纤细、干脆且乐观。如今，人们一提起它们，就会回想起那个年代，就如同一提起熔岩灯或沙包，就会回想起70年代一样。如今有些设计看上去已相当冷僻，或许从未流行过；但有些设计——从俯瞰里士满公园的罗汉普顿公寓，到著名的贾森式折叠椅，就如同特伦斯·康兰（Terence Conran）等年轻的设计师一样，有着持久的生命力。

# 40年代英国人的衣与食

观察了足够多的20世纪40年代中期英国人的照片或影像后，你很可能注意到，在外表上，他们与我们有着显著差异：身材笨重，衣服满是皱褶，面容疲惫，牙齿糟糕。从微笑时会露出缝隙大开、参差不齐牙齿的工人阶级女性，到龇着牙假笑的拥有大片土地的政客，当时的人们并不会像现代人这样打理自己的形象。出于实用考虑，几乎所有男性都留着"马桶盖式"发型。很少有女性打扮得像模像样。"二战"期间，美军在来到英国后受到了这样的警告：英国女孩有点邋遢，"手上和头发上经常都是油"。对女性的建议是，如果弄不到洗发水，那么就用干毛巾擦头发，或是用沸水的蒸汽熏头发。数百万人不常洗澡，只是用温水擦拭身体。坦白说，按照我们的苛刻标准，40 年代许多英国人的体味都有些刺鼻。同样，很少有人使用化妆品。从烹调用脂肪和鞋油，到煤烟和婴儿爽身粉，女性用尽了一切东西来装点自己的容貌，但在许多老年人看来，购买化妆品仍然是有些不雅的行为。① 还有些人忍受着斜视、半盲之苦，或是不得不佩戴丑陋的厚框眼镜，而且这些眼镜并不是免费的。龅着牙、斜视、不洁净——40 年代的我们距离当代那些体味芳香、衣着得体，有时甚至通过整形手术来改善外形的自恋者相去甚远。与当下的同龄人相比，当时的人更显老，只有儿童是例外：身着短裤、童装和扣带鞋的他们显得更加幼小。

在以煤炭为燃料的城市里，空气更加污浊。关乎体面的悠久传统意味着人们比现在更经常地身着大衣、手持雨伞。在伦敦金融城上班的人、足球场看台上的观众，以及购物的女性，几乎全都戴着帽子。照片清楚地提醒着我们，就连相当富裕的人所穿的衣服也满是皱褶。造成这一切的原因不仅是战争。当时，便捷的干洗技术尚未出现，洗衣机也尚未普及。在一个劳动力的绝大多数都由男性构成的国度，男人的服装能够再明确不过地表明其阶级及职业：多数人都身着沉重的夹克、厚毛裤和皮靴；中产阶级身穿带有活领的三件套装，按照今天的标准，它们同样很沉重。多数人都不会穿专门的休闲服，而只是套上一件旧衬衫，或是用呢子外套换掉西装外套。一件衣服必须穿很长时间，因此不可避免地会打上补丁，或是更频繁地进行缝补。战争期间，平民身着的服装大多都是所谓的"实用装"，有着专门的标签，为了节省布料还进行了特殊设

---

① 见 Maureen Waller, *London 1945,* John Murray, 2004。

计：口袋、扣子和针脚的数量都减少了，男裤的外卷边这一潮流款式遭到了禁止。直到 50 年代，在英国的每条街道上仍能看到此类"实用设计"。较为富有的人们还保有战前的精良服装，但对于工人阶级而言，1941 年开始实行的服装配给制意味着他们很难穿得暖和、体面。

由于配给制限制的是衣服的数量，而非质量，因此穷人遭受的打击更加严重。政府通过各种方式鼓励人们修补或改制旧衣物，出于好心建议人们加固"腋下部位"，或是拆掉旧毛衣重新织成其他东西。但这些做法并未使人们的心情好转。女性正面临着替换抽了丝的丝袜或内衣这一几乎无法完成的任务，对她们而言，战时时尚，如军装风格的帽子或平顶女帽，配以短裙及所谓"照男士风格剪裁的"男性化夹克，是方方正正、毫无吸引力的。主流色彩是沉闷的灰色、深蓝色及深棕色。女性脚上穿着鞋底很厚、绑得结结实实的"楔状鞋"，或是绑得很紧的黑色皮鞋，这些鞋都经历过不知多少次修补。怀孕的女性会被鼓励将普通服装改制成孕妇服，这也体现了"修修补补、将就着用"的社会风气。母亲们抱怨称，孩子总是长得太快，配给券很快就不够用了。在那个年代，裤腿常常过短，遮不住脚踝；夹克很少扣得起来；毛衣总是太小，满是斑点的手腕从过短的袖口伸出。战后年代的英国人并非不知道如何才能显得精神：美国电影中的偶像总是穿戴得干净利落，报纸上那些最富有、最奢华的英国人——从艾登到国王，也总是穿着精美的服装。但是，普通英国人没钱让自己显得精神。有些男人为自己没有体面的衣服感到羞耻，甚至拒绝到派对上去喝一杯。当没有丝袜可穿，只能用茶渍"画"出丝袜的样子时，女性也会躲开灯火通明的饭店。

在帽子和雨伞之下、大衣和西装之内，40 年代的英国人比现在还要精瘦许多。事实上，战时配给制改善了工人阶级的健康状况，增强了他们的体质。在此之前，他们的伙食十分糟糕。到了 1945 年，儿童明显长得更高了。公平且有效地分配食物与衣服，是战时政府在国内政策方面取得的一大成就。这项任务的复杂性和困难程度，不亚于在全世界范围内调动军队，建造人工港，并进军欧陆。尽管"一战"结束时的某些经验可供借鉴，但整个工程仍可谓几乎从零起步：排队与配给供应本取代了市场；无论是山间的农场，北方的工业区，还是伦敦周边各郡的村庄，所有家庭都会获得同等分量的蛋白质与淀粉。如果战时民调数据可信的话，那么在最初几年这一政策甚至颇受欢迎。政府共发放了约4 400万份浅黄色、绿色或蓝色的配给供应本，在全国各地都设立了地方办事处，还组建了1 400个食品管理委员会。每人都必须在当地的一位店主处登记，店主会从新成立的粮食部那里获得配给食物，包括肉、火腿、糖、黄油、人造黄油等。一个家庭中在外地工作的人越多，下馆子吃饭的机会也就越多——不过，这依旧是朴素的、经过严格控制的。校餐变得丰盛了许多，孩子们能够分到免费的橙汁与鳕鱼肝油。在城市的各处都开设了工作食堂和"不列颠餐厅"，供应简单、有限但颇具营养的食物。当罐装食物、水果干及其他额外食品有货时，人们还可以通过"积分制"来获取，这一制度被证明是战时配给制的杰出成就之一。

当然，对于社会主义者而言，这并非仅仅是形势所迫之举，还表明了在建设更加公正的国家方面，人们能够取得何种成就。然而，如果工党真的认为配给制能够为和平时期提供一些正面经验的话，就大错特错了。因为配给制固然公正，却单调、乏味、费时且令人恼怒。爱吃牛肉的英国人可无法永远忍受每周只能分得比 iPod 稍大一些的一块牛肉。战争期间，人们为了满足胃口，不得不尝试各种稀奇古怪的混合物：以杏仁为扁豆调味，权作杏仁蛋白糖；将防风草根捣碎，当作香蕉；用土豆、苹果和奶酪烹成"素鹅"；用胡萝卜制作果酱。富人，尤其是生活在伦敦或是拥有乡间房产的富人，能够在一定程度上避开配给制。例如伦敦的布德尔俱乐部成员就能够通过狩猎不断获得定量配给以外的物资：鹿肉、兔肉、鲑鱼、山鹬和松鸡。不过有一次，他们未能卖掉一只吃完之后仍剩许多的填塞烤河狸。[1] 对大多数人而言，战争时期那段枯燥、乏味岁月的最典型代表就是配给制。令人无法忍受的是，战争结束后，配给制仍然延续了很长一段时间，一直严格执行到 40 年代末，肉类的配给则一直持续到 1954 年才结束。尽管穷人的饮食有所改善，但多数人都觉得自己受到了亏待。对这一看法，许多医生都表示赞同。在 1947 年的严寒之后不久，《英国医学学报》（*British Medical Press*）刊载了富兰克林·比克内尔（Franklin Bicknell）的一篇翔实文章。文章指出，人们每日实际摄入的食物比女性所需少 400 卡路里，比男性所需少 900 卡路里："换句话说，英国所有人都受困于长期的慢性营养不良。"[2] 工党政客愤怒地驳斥了这一结论，强调免费果汁、鳕鱼肝油和牛奶令儿童受益匪浅。然而，人们大多站在比克内尔一边。

## 40 年代英国人的精神生活

那么，20 世纪 40 年代英国人的内心深处是否也与今日有着本质不同呢？尽管虔诚程度不及此前，但当时的英国仍是个笃信宗教的社会。在填写调查问卷时，人们几乎都将自己称为基督徒，但集体礼拜和对《圣经》的了解都在减少。从 1935 年到战争结束的这 10 年，是英格兰圣公

---

① 见 Paul Addison, *Now the War is Over,* BBC/Cape, 1985。
② Ina Zweiniger-Bargielowska, *Austerity in Britain,* Oxford U. P., 2000.

会成员数量下降最为迅速的一段时期，领圣餐者人数减少了 50 万，仅剩不足 300 万（到 1970 年，领圣餐者人数还将减少 50 万；1990 年则将再减少超过 100 万）。也许是由于波兰人、爱尔兰人及其他欧洲国家移民的涌入，罗马天主教信徒的数量在战后有所上升。长老会及其他小型教会的成员数量同样有所下降。尽管早在 1889 年，在萨里郡的沃金市就建起了英国第一座清真寺，但穆斯林或印度教徒的数量一直很少。在英格兰与苏格兰边界以北，直到 1921 年才彻底独立的苏格兰教会要比英格兰的诸教会更受欢迎，其增长势头一直延续到 60 年代初。在尚不存在苏格兰议会的当时，苏格兰教会全体大会上进行的辩论不仅具有权威性，报纸对其的关注程度也是今日无法想象的。苏格兰人更加虔诚，天主教同样颇具影响力，但这也有着阴暗的一面：奥兰治联盟游行持续存在，不同教派之间促狭的偏见以及相互疑惧之情几乎与北爱尔兰不相上下。在游客看来，这些元素使得英国显而易见像是一个基督教国度：国家庆典与王室庆典，知名且常常引发争议的主教，宗教广播机构以及遍布城郊和乡村的尖顶与塔楼。在婚姻、丧葬以及圣诞节与复活节等特殊场合，教徒会聚集在尖顶之下。参加过童子军的男孩与女孩数量比现在更多，学校晨会时还会进行祷告，主日学校十分繁忙，军队会进行主日游行。

从考文垂座堂的重建 [ 其挂毯由格雷厄姆·萨瑟兰（Graham Sutherland）设计 ]，到本杰明·布里滕（Benjamin Britten）在战时创作的合唱作品《圣诞颂歌》（*A Ceremony of Carols*）的广为流传，战后英国许多最动人的文化时刻都有着宗教主题。英国最受人爱戴的严肃画家或许是斯坦利·斯潘塞（Stanley Spencer），基于对《圣经》事件的独特理解，他于 40 年代和 50 年代创作了一系列作品：耶稣复活，耶稣召唤使徒，耶稣被钉上十字架。约翰·派珀（John Piper）因以中世纪教堂为主题的水彩画和蚀刻版画而闻名，贝奇曼所赞颂的则是较晚的维多利亚时期的教堂。战后英国的大诗人、生于美国的艾略特（T. S. Eliot）是一名坦诚的圣公信徒。他的最后一部杰作《四部四重奏》（*Four Quartets*）弥漫着英格兰的宗教气氛；在诗剧《大教堂谋杀案》（*Murder in the Cathedral*）中，他则刻画了英格兰宗教史上的一个标志性时刻。他于1948年赢得了诺贝尔文学奖。战争期间，凭借着《魔鬼书简》（*Screwtape Letters*），刘易斯（C. S. Lewis）成了一位闻名全国的基督教播音员；后来他还为孩子们创作了《纳尼亚传奇》（*The Chronicles of Narnia*）这一宗教寓言，该系列的第一部《狮子、女巫与衣橱》（*The Lion, the Witch and the Wardrobe*）出版于1950年。可以这么说：这一时期存在着一种英国圣公会的情结，这种独特的英式基督教时而阴郁，时而有活力，拥有自己的艺术形式与思想流派。它的分量并不重，或许还有些自卑，但与今日不同的是，它也是生气勃勃、喜好辩论的。当然，这只不过是一场范围有限的精英运动。此时，当想起伤风败俗之事时，人们已经会选择翻阅周日小报所刊登的那些不雅秘闻，而不是聆听布道。

与今日相比，40年代的英国人是否道德水平更高，或者更加守法呢？这个问题十分难以回答，因为习俗与诱惑都已截然不同。表面来看，当时的英国社会无疑更加审慎、正经、遵守规则。离婚正变得越来越常见，但仍然会令人难堪，甚至令人感到羞耻。30年代初，平均每年提交的离婚申请为4 800例。在战争期间，这一数字上升到了1.6万。到了1951年，随着相关法律的放宽，这一数字已经超过了3.8万。在40年代和50年代，对于包括最高阶级在内的所有阶级而言，离婚仍会令人深感耻辱。甚至直到1955年，当玛格丽特公主想要嫁给空军上校彼得·汤森（Peter Townsend）时，保守党内阁大臣索尔兹伯里侯爵仍警告称，如果英国圣公会的原则遭到公然违反，他就不得不从政府中辞职。因为彼得·汤森是一桩离婚案件中无责任的一方，而离异男女在宫廷里是不受欢迎的。同性恋是非法的，遭到了大力迫害。多数人几乎不知道色情书刊为何物，只有少数几家书店出售"小黄书"，人们仍然认为只有外国人才能读到"淫秽小说"。

可以追溯至沃波尔（Robert Walpole）那个年代的戏剧审查，执行得十分严格。剧作家必须将剧本提交给位于圣詹姆斯宫的宫务大臣办公室，该机构会删掉不当的双关语或是粗话。约翰·奥斯本（John Osborne）还保有一份 1957 年 3 月关于他的戏剧《艺人》（*The Entertainer*）的信件，其中共含有 16 处改动，例如："第 6 页，改掉'粪球'一词；第 9 页，改掉'娘娘腔'一词；'今夜，教堂的古老钟声不会响起，因为牧师拿走了钟铃，和荡妇混在了一起'，改成'牧师犯了错'。"然而有种种迹象表明，尽管存在着审查与法律，但当时的英国人就和现在一样对性感到痴迷——或许从来如此吧。私人信件与日记中充斥着与粪便相关的词语，这与公开场合的审慎形成了鲜明对照。"二战"这段岁月中断了家庭生活，使得情侣关系破碎，导致了不少隐秘的通奸行为，还催生了许多同性恋行为：成千上万欲求不满的年轻人在黑夜的城市里肆意放纵。如果当代英国人能够穿越回那个年代，在曼彻斯特市中心周围、伯明翰的埃奇巴斯顿地区、爱丁堡的利斯大街等红灯区公然招揽生意的大批妓女一定会令他们大吃一惊。在伦敦，所谓"海德公园女子军"和"皮卡迪利突击队"等妓女团伙从好色的士兵处赚得一笔小钱时，几乎不会受到警察的打扰。

伦敦的街头犯罪格外猖獗。据一位研究首都的历史学家所言，到了 1945 年："整个国家都枪支泛滥。美国大兵以 25 英镑一支的价格非法出售手枪，英国军人也从海外带回了许多枪支。"在战争期间，尽管伦敦人口数量减少了约 200 万，但人均严重犯罪数量却翻了一番。[①] 战争刚刚结束的那几年，问题尤为严重，部分原因正在于庞大的黑市、配有武器的敲诈勒索者，以及包括约 1.9 万名美国士兵在内的大量逃兵，他们之中有数千人躲藏了起来。在战争结束后，由于对复员的速度过慢感到沮丧，逃兵的数量增加了。在当时的影像中，轰炸过后的家园和城市里的荒地不时呈现出几乎无法无天的样子，受到黑帮团伙的主宰。回忆录也确认了这一点：由于缺乏父母管教，或是由于城市在重获生机的过程中管理仍显薄弱，许多儿童和青少年或多或少都有些"野蛮生长"的意味。

　　然而，要想正确地认识那个时代，需要注意的是，除了配给制和官方的无能所催生的叛逆心理外，英国人总体而言还是遵纪守法的。几乎所有数据都表明，在这个充斥着廉价枪支、人们对物资短缺普遍心怀怨气、黑市猖獗、存在许多隐匿逃兵的国度，严重犯罪率不久便下降了。枪支泛滥并未导致枪击案频发，克罗伊登[②] 也并未沦为芝加哥。伦敦的持枪犯罪数量从 1947 年的 46 起这一高点，下降到了 1954 年的仅仅 4 起。从 1948 年到 1950 年，被判处徒刑者的人数减少了 3 000 人，谋杀率也下降了。[③] 事实上，在战后 5 年间，人均严重犯罪数量下降了近 5%。研究英国犯罪状况的一名历史学家总结道："也许最安宁的一年是 1951 年。战后，不良行为数量曾短暂地增多。但在这一年，犯罪率很低，尤其是暴力犯罪率。"[④] 所有统计数据都具有欺骗性，也有人认为这一年的犯罪率达到了峰值。不过，普遍结论依旧能够成立：人们尊敬警察，并且很少遭遇严重犯罪。伦敦那些敲诈勒索的暴徒或目无法纪

① Maureen Waller, *London 1945,* John Murray, 2004.
② 克罗伊登是伦敦地区的一个市政。——译者注
③ 见 Juliet Cheetham, in *Trends in British Society since 1900,* ed. A. H. Halsey, Macmillan, 1972 中引自奈杰尔·沃克（Nigel Walker）的内容。
④ Peter Hitchens, *A Brief History of Crime,* Atlantic Books, 2003.

的青年所引发的恐慌往往仅局限于文献中，外国观察家则认为英国社会的有序、平静和守法等特征是全欧洲乃至全世界都罕见的。对于今日英国的自我想象而言，这样的看法至关重要，因为评论者和政客往往将战后岁月描述为人们安享和平与秩序的伊甸园一般的年代，与警察荷枪实弹、贩毒团伙肆虐的世界大不相同。

那么，英国人为何会如此行为得体、遵守法纪呢？

有人认为，最显而易见的原因在于当时的刑罚更加严厉。的确，从1946 年到绞刑被停止使用的 1964 年（正式废除是在两年之后），约有200 名谋杀犯被处决。鞭刑等其他酷刑也执行得越来越少，到了 50 年代已很少出现。保守党内政大臣巴特勒于 1962 年最后一次批准了鞭刑。不过，这样的刑罚在马恩岛仍然存在，在苏格兰虽极为少见，但并未彻底消失。然而，在绞刑被废除之前很久，暴力犯罪率已经再度上升了。因此，刑罚严厉绝非人们遵纪守法的唯一原因。另外一个显而易见的因素是，犯罪者往往是年轻男性，但当时许多年轻男性都在军队中服役，这不仅减少了在街头晃荡的年轻男性数量，还让他们变得遵守纪律，学会了服从和发布命令。整整两代男孩都在曾当过兵的父亲教导下，养成了剪短头发、擦亮皮鞋的习惯。此外，当时也没有那么多犯罪的机会。与青少年人手一部昂贵的智能手机、城市的每条街道都停满了轿车的社会相比，人们食不果腹、家徒四壁的社会自然较少受困于街头犯罪。最后，虽无法量化但不可低估的因素是当时的时代精神。战争击碎了所有人的安全感，受到影响的不仅仅是服役的士兵，还包括受到轰炸的人、被撤离的人，以及丧失亲友的人；冷战更是进一步使得人们深感生命脆弱无比。在这样的环境下，人们纷纷将注意力转移到了家庭上，渴望获得安全感、秩序与确定性，这一点并不意外。如果说在更广阔的世界中难以实现心愿，那么至少在街道和邻里，这一目标还是力所能及的。

这些人心怀爱国热情与希望，他们的命运正掌握在艾德礼及其阁员手中。我们已经回顾了英国所面临的困境以及新政府那略显混乱的希望。我们也知道，建设"新耶路撒冷"和"社会主义联合体"的梦想从未实现，有些历史学家因此认为1945年的这届政府错失了良机。现在，就让我们回顾一下这届政府的实际作为吧。

## 工党政府的遗产

战后工党政府的事迹如下：创建了国民医疗服务体系；设立了"从摇篮到坟墓"的福利支出与国家保险制度；先后将英格兰银行、占当时英国能源需求90%的煤炭行业以及钢铁行业国有化；撤离印度；复员了大部分陆海空三军；将军备工厂投入和平年代的建设；新建造房屋，尽管数量还远远不够；对学校体系进行了合理化重组，将离校年龄提高到15岁；让人们能填饱肚子，虽然吃得并不好；开始在朝鲜半岛作战；开始研制原子弹。工党政府是在遭遇最严峻财政危机的背景下完成上述事迹的，当时公务员已经开始制订现金耗尽后的应急配给计划。与此同时，这届政府还履行了对因战争或作物减产而陷入饥馑的他国人民的义务。这届政府对人们高谈阔论，要求大家多工作、少享受。在行将下台之际，它也竭尽所能地试图取悦民众，举办了"英国节"展览。所有这些综合起来，便构成了英国和平年代中某个国家机构真正按照自己意愿行事的最动人例证。

显然，如果没有"二战"，也就不会有我们所铭记的"艾德礼政府"。战争使得某些重大的社会改革计划已是势在必行。无论战胜还是战败，战争都使得民主制国家受到了剧烈震动。战后，共产主义在法国和意大利的影响力大幅上升，但在英国并未如此。然而，从大主教到报纸编辑，许多人都对"美丽新世界"怀抱着憧憬。要是战后政府对人们的憧憬不以为意的话，英国的政治体制会遭受什么样的打击呢？回归20世纪30年代是不可能的。在经历了战前那段由私人主导的混乱与投资不足的岁月后，无论身处政治光谱的哪一端，几乎所有人都认为中央规划至关重要。倘若战后上台的是丘吉尔的保守党，他们也会完成工党完成了的许多事迹，只不过速度慢一些、程度轻一些。当这位老人于1951年重新掌权后，他承诺要继续大力推进住房等领域的政策。正如一位研究福利国家的历史学家所言："为了轰炸机群能够起飞，这个国家用水泥覆盖了东盎格利亚的大片土地；为了发动史上最大规模的进军，这个国家在南部海岸建满了尼森式铁皮屋。这样的国家怎么能对本国公民表示，自己无法建立国民医疗服务体系，无法为人民提供住房，无法为教育投资？"[1]战后重塑英国的种种努力并非必然，而是许多次斗争与个人抉择的结果。但某些静悄悄的革命，国家机构的某些夺权之举以及政治意愿的扩张，却是注定会发生的。

## 国民保险制度确立

如果说有谁能够超越党派政治，理应在改革者的万神殿中占据一席之地，那么这个人一定是形容枯槁、头发花白、语出惊人、友好、严厉、

---

[1] Nicholas Timmins, *The Five Giants,* HarperCollins, 1995.

坚决、令人无法与之打交道的威廉·贝弗里奇。和艾德礼一样，他也离开了富裕的上层阶级圈子，成为伦敦东区的一名社工。在"一战"之前，他先后担任过记者与公务员，成了社会主义知识分子的朋友。他曾与年轻时的丘吉尔在自由党政府中共过事，是 1916 年配给制的设计师之一，后来成了一名自由党议员。他对白厅了如指掌，却离开了政坛，转投学术界。哈罗德·威尔逊年轻时曾为他打杂，这段生活很艰辛：这位工作狂每天早上 6 点起床，洗完冷水澡后便整日钻研冷冰冰的数据、写作，以及下指示。当战争再度爆发，贝弗里奇相信如果没有了他，政府就无法正常运转，于是便缠住丘吉尔不放，要求获得一个职位。十分讨厌贝弗里奇的贝文终于让他住了口，提出让他审查一片混乱的针对残疾工人的保障计划。贝弗里奇对此深感失望：这份工作既不吸引人，也不足以直接影响战局。据说，当得知这一消息之后，贝弗里奇愤怒和沮丧地流下了眼泪。然而，他还是接下了这份工作，并且很快便意识到，倘若不同时顾及老人、居家女性和儿童的困境，就不可能建立起一个条理清晰的福利制度，因为工人并非孤立、自足的，他们有家人，而且也会变老。贝弗里奇接下来的任务便是设计一个将所有人都包含在内的福利制度，与此同时依旧激励人们去工作，这一制度将包括家庭津贴和国民医疗服务体系。但如果英国再度陷入普遍失业的境地，那么一切都将无济于事。因此，国家必须有效地管理经济，使得人人都有工作。给予贝弗里奇有限的职权，让他随便干干，就如同给予达·芬奇画纸，让他随手涂鸦以打发时间一样。

之前我们曾指出，20 世纪 40 年代中期的英格兰已经洋溢着克伦威尔的精神。贝弗里奇的助手、即将成为他妻子的杰茜·梅尔（Jessy Mair）也敦促他使用克伦威尔式的语言。很快，他便开始周游各地，向所有愿意听他讲话的人表示，自己决心斩杀 5 个巨人：匮乏（指贫困）、疾病、无知、邋遢和懒惰。贝弗里奇对日后被称为"舆论导向"的行为十分着迷。凭借著名播音员这一身份，加之在媒体界的人脉，他会提前透露一些尚在准备中、用千禧年式语言写就的宏大报告的信息。幸运的是，时机也对他有利：经历了战争中最为黯淡的岁月后，英国的命运即将迎来转折。不可避免的是，许多人对改革措施感到紧张不安，或是充满敌意。许多著名的工业家抗议称，英国之所以抗击德国，是为了将盖世太保拒于国门之外，而不是为了耗费巨资建设福利国家。保守党财政大臣金斯利·伍德（Kingsley Wood）尖锐地向丘吉尔表示，贝弗里奇的计划过于昂贵，是英国负担不起的。白厅官员也对贝弗里奇的自大和自我吹嘘感到愤愤不平。不过，时局有利于贝弗里奇。民众的期望如此之高，对于30年代的记忆如此刻骨铭心，从而使得这位白发苍苍的"巨人杀手"势不可当。

贝弗里奇的报告十分翔实，满是数据，比本书篇幅还长，未配有任何图片，形容词也寥寥无几。然而，在报告出版那天，人们在伦敦排起了长队，只为一览究竟。从来没有哪份政府报告如此抢手，此后也很少有报告能与之匹敌：一个月之内就卖出了10万册，最终销量达60万册。这份报告被分发给了英国部队，被美国人抢购一空，还被兰开斯特轰炸机当作宣传品投向了德军占领下的欧洲："看啊，这就是民主社会向自己的人民许下的承诺。"战争结束后，人们在希特勒藏身的掩体里发现了对贝弗里奇报告的细致分析，其懊恼的结论是："几乎在所有方面，都比当前的德国社保体系更加优越。"[1]贝弗里奇并没有意识到自己的报告在这些意料之外的地方产生了影响，他依然在发表演说，撰写专栏，进行广播，所到之处座无虚席。数月之后，丘吉尔谨慎地承认，

---

① 所有这些均参见蒂明斯（Timmins）对贝弗里奇报告的精彩叙述。

贝弗里奇报告不仅仅没有分散人们对于战争的注意力，反而极大地鼓舞了士气。丘吉尔在首次广播中关注的是国内问题，他同意在医疗、福利、住房与教育等"诸多领域推行国有制和国营企业"；指出英国不能允许"一群懒人在我们中间混日子"，无论他们是贵族还是酒鬼；他还用精彩的丘吉尔式转折宣布："对任何社会而言，最好的投资莫过于用牛奶哺育婴儿。"

任何报告和白皮书问世后必然会经历一阵忙乱：缩水、讨价还价、立法、组织——在此之后，新的国民保险制度终于于1948年问世了。这是一项非凡的成就，其体现出的精力与速度令当代政府都相形见绌。政府需要设立一个新的办公室，负责2 500万份供款记录外加600万份关于已婚女性的记录。这一办公室不仅规模庞大，而且必须快速建成。英国政府动用了战俘在纽卡斯尔建造这一办公室；与此同时，还征用了位于盖茨黑德的一家螺旋桨工厂，以管理家庭津贴。此前分属6个政府部门的任务被融入了一个新的部门。转岗后的职员超过半数仍像战时那样，待在遥远的布莱克浦的400家酒店与寄宿住宅里，凭借着打字机与自来水笔办公。表格打印完毕，档案收集完毕，新团队组建完毕。完成所有这些工作的是工党大臣吉姆·格里菲斯（Jim Griffiths）。不接受"不行"这一答复的他，希望在全国设立1 000所装修得体、人手得力的国民保险地方办公室。在被拒绝了上百次之后，他终于得偿所愿。从此以后，英国变成了一处与过去相比有着细微差异、稍稍安全了一些的居所。诚然，新福利制度提供的援助比贝弗里奇希望的要少得多，尤其是已婚女性仍然被当作他人的从属；在接下来的50年里，关于福利制度也依然存在许多争议。但是，从贝弗里奇在办公室里（当初之所以把他打发到这里，是为了让他不再惹麻烦）写下的最初几句粗略的笔记，到用一场福利制度革命扫除已存在了数世纪之久的复杂、偏颇、不公的规则与习俗，仅仅花了 6 年时间。

## 打响国民医疗服务体系之战

在贝弗里奇看来，他那宏大愿景的关键在于国民医疗服务体系。但该体系的创立经历了更多波折。英国起初有一套由慈善医院构成的体系，这些自筹资金的医院规模、效率和清洁程度都相差极大。后来又出现了市立医院，它们大多由原先的劳动救济所发展而来。伦敦、伯明翰、诺丁汉等发达城市的市立医院是高效、现代的，通常会为穷人专门保留床位；其他城市的市立医院则十分邋遢。慈善医院的资金来源有投资、馈赠、慈善活动、付款，以及许多杂乱无章的保险项目。如今，我们认为病房被关闭以及医院濒临倒闭边缘是国民医疗服务体系染上的疾病，但战前的医疗体系更加不稳定，也同样面临因资金不足而关闭病房的问题。当"二战"结束时，英国医院大多被纳入了统一的国民紧急医疗服务体系之中。问题在于，接下来应该怎么办：应该将其国有化，还是允许其回归此前的状态？家庭医生面临着同样的问题。全科医生的收入来源是向私人收取费用，不过，经由某种医疗保险项目，他们大多也会接收贫穷的病人。不在家中或医院里坐诊时，他们常常会前往市立医院工作，但由于并非专科医生，当面对困难局面时他们就会束手无策。此外，保险体系将许多老人、家庭主妇和儿童排除在外，除非身处巨大的疼痛或重大的危险之中，他们压根就不会去看医生。牙科与眼科的情况也与之类似：付不起钱的人根本无法获得这些服务。正是在这样的背景下，工党决心建立西方民主国家首个在需要使用时免费的医疗服务体系。

简单扼要是一项强有力的武器。贝万做出的最重大决定就是，将所有医院纳入一个统一的国有体系之中，无论是慈善医院，还是地方议会运营的医院。各个地区将分别设立委员会，但所有委员会都归位于伦敦的卫生部主管。贝万的这一想法极为自信：有史以来第一次，一位政客要承担一国所有医院（少数私立医院除外）的最终责任。市政权力的捍卫者莫里森反对这一国有化方案，但贝万并未理睬他的意见。

住院医生则是更加危险的敌人。战后的工党政府即将迎来最重要、最艰难的战役。在倾向于保守党的英国医学会领导下，医生们只要拒绝为国民医疗服务体系工作，就可以令这一计划戛然而止。他们对自己在新体系中的地位感到担忧：他们会沦为国家公职人员吗？此外，他们还对贝万心存疑虑。在这一点上，他们的理由的确很充分。贝万希望将医生也国有化：国家成为所有医生的雇主，为所有医生支付薪水，不允许医生向私人收取费用。果真如此，这将意味着政府与受到上百万人信任、负责医治和照料上百万人的男男女女开战。然而，狂热的社会主义者贝万，其实也是一名具有外交手腕的现实主义者。他首先开始争取顶层医生，也就是会诊医师的支持，承诺内科医生和外科医生能够继续从付费病床和私人业务中获取丰厚的收入——贝万后来承认，他"往医生们的嘴里塞满了金子"。接下来，他就 5 万名全科医生的薪酬做出了让步，承诺他们可以继续根据问诊人数领取薪酬、多劳多得，而不是拿固定工资。但这还不够。在一项对医生进行的调查中，拒绝参与国民医疗服务体系者与愿意参加者的人数之比达到了 9:1。随着国民医疗服务体系正式启动的日期渐渐临近，僵持不下的政治局势变得愈发紧张。贝万一方面继续做出让步，一方面抨击医生的领导层是"一小撮在政治上中了毒的家伙"，试图破坏议会的意志。旧英国那些独立的专业人士，还有他们的小圈子、地位和报酬，会接受新英国国家机构的掌控吗？当然，他们接受了。进一步的让步与威胁令他们改变了立场。归根结底，议会多数派支持的是贝万，而不是医生。不过，这仍然是一场漫长而激烈的恶战。

当国民医疗服务体系于 1948 年 7 月 5 日启动时，潮水般的人群涌向了诊所、医院和药房。15 个月后，贝万宣布将免费提供 525 万副眼镜；此外，1.87 亿份处方也将免费。这时，850 万人已经接受了免费的牙科治疗。抱怨成本过高和过于浪费的声音几乎立刻出现：从外敷用药到假发，对所有东西的需求都在激增。有许多关于浪费与滥用的传闻与逸事——当然，浪费的确存在。

此外，新组建的官僚机器庞大又笨重。而且，对变革程度的强调也许是有些言过其实：在国民医疗服务体系启动之前，多数人已经能够获得平价医疗服务了，虽然当时的医疗服务并不系统，而且工人阶级的女性尤其难以得到治疗。然而，国民医疗服务体系最重要的贡献在于，它使得人们免于恐惧。此前，数百万患有疝气、癌症、牙痛、溃疡和其他各种疾病的底层民众不想因为支付不起治疗费用而感到担忧和受到羞辱，于是宁愿干脆不接受治疗，默默忍受病痛。许多资料动人地记录了在国民医疗服务体系启动的最初岁月里，许许多多身体不适的穷人是如何涌向医院和候诊室寻求治疗的，他们第一次感到自己不是乞丐，而是享有权利的公民。如果一定要指出英国人在战时做出的牺牲换来了哪项国内成就，那么就一定是免费使用的医疗服务。从此以后，我们一直紧紧地抓住这一体系不放手，没有哪个主流政党胆敢提议将它夺走。

# 推进国有化

工党的其他国有化举动并未取得类似的成果。首先是英格兰银行的国有化，此举听上去十分重大，但几乎未产生实际影响：掌权的还是同一拨人，执行的还是同一套政策。对天然气和电力行业的国有化并未引发太大波澜，这些行业早已部分归地方当局所有，部分归小型私企所有。自1908年以来，也就是说几乎自从成立以来，工党就主张将铁路系统国有化。在"二战"之前许久，铁路系统便经历了合理化重组，被划分为四大公司：伦敦和东北部铁路公司、大西部铁路公司、南部铁路公司、伦敦米德兰和苏格兰铁路公司。到了20世纪40年代中期，铁路系统内几乎已不存在真正的竞争，多年来一直需要通过定期拨款来救助这些苦苦挣扎的公司。当然，"合理化"与"国有化"之间不仅仅是两字之差，但既然自战争伊始，政府便开始直接掌控铁路，那么进行这两个字的改动也就算不得一件难事。

然而，改革之后的交通系统无法令人感到高兴。工党的世界观纯粹是"肥胖车道长"①式的，希望将从货车到轮船、从火车到驳船的一切交通工具都置于同一个机构的统一掌控之下。新成立的英国铁路公司仅仅是一个庞大帝国的一部分，这一帝国还包括：伦敦地铁、在工业革命期间便在英格兰各地穿梭的运河、上千家公路货运公司麾下满是灰尘的卡车、主要港口，甚至还包括旅行社与酒店。所有这些都归英国交通委员会主管。这意味着铁路系统这一英国的国家荣耀被降低到了附属位

---

① "肥胖车道长"是《铁路》系列丛书（*The Railway Series*）中掌管铁路系统的人物。——译者注

置，需要向新上任的铁路主管及地区经理负责，这些人则管理着本国的63.2万名铁路职工、2万辆蒸汽机车，以及4 000多辆电力通勤列车。此外，铁路系统还保有维多利亚时代遗留下来的破旧不堪、晃晃悠悠、点着煤气灯的车厢，以及用来在调车场拉动车辆的7 000匹马。[1] 战后的铁路系统要强于高速公路尚未问世时的公路系统，但其状况依然十分糟糕；而且，由于经济危机和钢铁短缺，铁路系统无法吸引新投资。未上漆的桥梁和漏水的隧道已使用了近一个世纪之久，信号系统运转不灵，列车破旧不堪，铁道已经生锈破损，电气设施不足，车厢阴冷、令人不适。这些固然不是国有化导致的过失，但如果没有新投资，那么国有化同样也无法解决上述问题。唯一从铁路国有化中获益良多的是原铁路公司的股东，他们获得的补偿之丰厚出乎自己的意料。

在40年代，煤炭和钢铁行业所触动的情绪甚至还要多于交通业。煤炭占到了英国能源总量的90%，其烟雾和气味笼罩着每一个城镇。当煤炭行业未能完成指标，或是因天气恶劣而停止运营时，工厂就不得不停工，人们也只能挨冻。在工党的历史上，煤炭也曾发挥重要作用。开启和结束1926年总罢工的都是矿工，"麻木不仁的煤矿主"则是工党议员最为鄙视的群体。煤炭是炙热、火红的。年轻时雄心勃勃的哈罗德·威尔逊曾试图通过撰写一本关于如何实现煤炭行业现代化的书来留下自己的印记。普里斯特利和奥威尔等社会主义作家也通过描述矿工的糟糕处境，来提醒读者注意英国社会中的问题。因此，对于工党议员来说，将煤炭行业国有化既是促使他们投身政坛的原因之一，也是一次甜蜜的复仇。执行这项任务的是政府里更加年长、意识形态色彩更加浓重的一名成员。曼尼·欣韦尔（Manny Shinwell）的父亲是一名裁缝，他

---

[1] 见 Christian Wolmar, *On the Wrong Line*, Aurum Press, 2005。

出生于伦敦东区，后来移居格拉斯哥，并成为"红色克莱德河畔运动"的重要一员。他擅长发表激情澎湃的演说，有着丰富的议会经验，但当接手将煤炭与电力行业国有化的任务后，他发现几乎没有任何计划与蓝图可供自己借鉴，竭尽全力能够找到的也只不过是一本用威尔士语写成的工党宣传册。

欣韦尔按时于 1947 年 1 月 1 日完成了这项任务，但这一时机是灾难性的。我们此前已经提到，这时的严寒天气使得煤炭无法被运达，发电厂已经难以维持运转。你很难将暴风雪归咎于社会主义，但与粮食大臣约翰·斯特雷奇（John Strachey）一样，承诺供电不会中断的欣韦尔也遭到了妖魔化。"欣韦尔让你挨冻，斯特雷奇让你挨饿。"报纸这样写道。长期来看，更加重要的是缺乏这样的计划：在促使这些行业现代化的同时，保障英国正常运转、免受饥寒困扰。许多为家族长期拥有、仍在维多利亚时代的条件下开采的煤矿，完全应当被关闭；在另外一些地方则需要发掘新矿，因为 1947 年英国所开采的煤炭总量要远少于"二战"之前。所有煤矿都急需现代化的切割与卷扬装置。此外，还需要改善煤矿经理与矿工之间的关系，结束这段充满互不信任情绪与罢工行为的历史。矿工获得了新合同以及每周 5 天工作制，但在国有化完成后的数月之内，首次大规模罢工便蔓延开来。在国有化完成那天，大多数矿场外都张贴了标语，自豪地宣布，如今这些矿场由国家煤炭局"代表人民"管理，另外一些标语则用"矿工"替代了"人民"。渐渐地，地方管理者（他们大多是国有化时代以前的煤矿经理）与矿工之间的关系有所改善；渐渐地，煤炭业获得了新投资，状况最糟糕的矿井被关闭。但认为将某个行业公有化就能改善其状况的幼稚想法很早便破灭了，关键还在于管理者的素质。历史学家巴尼特毫不客气地指责道："白厅所挑选的是符合自己口味的管理者，不会找麻烦的附和之徒，而不是意志坚定、个性突出、具有创新精神的领袖。"①这种说法并非没有道理。国家煤炭局主席是煤炭行业营销人士、63 岁的海因德利（Hyndley）子爵，掌管天然气行业的是一名伊顿公学毕业生，掌管交通业的则是来自战时交通部的西里尔·赫科姆（Cyril Hurcomb），"此人的企业家经验和对工程学的了解都是零"。代表人民接管重大行业具有重要的政治象征意义，但正如政客们每隔几年便会意识到的，谈论变革与实实在在地推动变革是截然不同的两件事情。

1948—1949 年，围绕钢铁行业的争论拉开了国有化最后一场重大战役的序幕，但此时民意已经发生了转变。与煤炭和铁路不同，钢铁行业有着极佳的盈利潜力，也有着良好的劳资关系。工党实现了钢铁行业的国有化，但政府的紧张举措表明，他们意识到了态势的转变。工党试着给自己打气，宣称"钢铁之战是对政治民主制的最高测试，将引发整个世界的关注"，但实际上内阁感到焦虑不已。他们之所以继续推行这一计划，只是因为感到如果不这样做的话，他们会被抨击为失去了勇气。在下议院辩论时，工党那些活力十足的年轻后座议员反叛了。钢铁行业的老板们组织有序、精力充沛；工党处境艰难，保守党则似乎已重振士气。②过于激动的克里普斯对下议院表示："如果我们无法通过合法途径将钢铁行业国有化，就必须诉诸暴力手段。"他们实现了国有化的目标，但并未能改造这一行业。钢铁行业和煤炭、铁路一样急需新投资：新工厂、新炼焦炉、新熔炼炉。然而，国有化再一次未能解决这一问题。短短数年之后，这一行业又回归了私有制。

国有化促进了英国的现代化，但这种现代化是薄弱、脆弱、资金不

---

① Correlli Barnett, *The Lost Victory,* Macmillan, 1995.

② Godfey Hodgson, 'The Steel Debates' in *Age of Austerity 1945–1951,* ed. Michael Sissons & Philip French, Hodder & Stoughton, 1963.

足的，远不是其规划者设想中的第二次工业革命。大约 40 年后，撒切尔的重大胜利部分内容就在于逆转这一进程，实现私有化。在灾难性的罢工之后，煤炭行业几乎彻底消失了。英国铁路公司掌管下的铁路系统成了全国性的笑话，但在经历了拙劣的私有化之后则变得更加糟糕。由国家进行规划这一观念也将变得不再时兴。

# 占屋者与预制住房

此类报道最先见诸报端是在 1946 年 7 月。突然之间，大约 48 个家庭再也不愿忍受没有体面居所的境地，涌入了位于斯肯索普的废弃军营。随后，这样的事情再度发生：米德尔斯伯勒的 30 个家庭搬入了一处营地；索尔兹伯里的无家可归者住进了 30 间营房；在距离纽卡斯尔不远处的锡厄姆港，8 名矿工及家人把名字写在了无人居住的营房门上，摊开了铺盖。此后，在唐卡斯特也发生了占屋行为：在白金汉郡风景如画的查尔芬特-圣贾尔斯，1 000 个家庭自称为"韦克公园庄园委员会"，占据了一座军事基地。他们选举格拉斯普尔（Glasspool）先生为委员会主席。格拉斯普尔以伊灵喜剧电影般的风格宣布："团结起来，我们能够成功。如果地方当局试图把我们赶出去，他们可得费点劲了。"到了 8 月，占屋行为愈演愈烈，蔓延到了阿什顿、贾罗、利物浦、位于阿伯丁郡的弗雷泽堡，以及威尔士古镇兰特威特梅杰。在巴斯，人们占据了皇家空军的一座小型飞机场。在拉姆斯盖特，矿工家庭占据了数个火炮掩体。在加的夫，许多家庭涌入了无人居住的护士宿舍。一名伦敦公交车售票员携家人占领了位于贝克斯利希思镇的一所空荡荡的育婴房。

约 500 人占据了伦敦德里外围的数个营地。谢菲尔德的一座防空炮台也被人占据。这些行为大多是和平的，但占屋者态度很坚定。赫里福德城外的塔普斯利-布里克沃克斯军营是关押德国囚犯的场所，据《泰晤士报》报道，在这里："一名英国下士拒绝让占屋者进入，但他寡不敌众，大门还是被冲开了，大约 20 名男性和数名女性进入了营地。他们发现了 10 座空置的营房，并立即搬了进去。"6 对夫妇搬入了位于克罗伊登的皇家炮兵营地。在斯劳镇的一座足球场内建有 32 间空置的尼森式铁皮屋，占屋者趁着守卫不注意，钻过篱笆溜了进去。在伯明翰，人们则占据了数间公寓。

据估计，到了初秋，共有 4.5 万人非法占据了空置的营房、公寓或其他庇护所。然而直到此时，这场蔓延开来的反叛才登上了报纸头条。

在 9 月 8 日这个潮湿周日的午后，约 1 000 人在伦敦的肯辛顿高街聚集起来，他们大多是带着子女（包括婴儿）的年轻夫妇，许多人还拿着行李箱。堆满了铺盖的出租车和满载家具的货车也加入了他们的队伍。这场精心策划的行动是由来自斯特普尼的塔比·罗森（Tubby Rosen）和英国共产党伦敦地区书记特德·布拉姆利（Ted Bramley）等人组织的，他们选定了首都的一些空置住宅。一名《泰晤士报》记者报道称："这些没地方住的人耐心地站在雨中，并派出了侦察分队查看附近的住房……他们在雨中的路灯旁进行磋商，似乎建立起了精巧的信息交流体系。"全城各地的住宅都被适时地占据了：伊尔切斯特（Ilchester）伯爵的伦敦故居，位于摄政公园内的修道院旅社，白金汉宫拐角不远处的一所建筑，玛丽勒本区韦茅斯大街上的公寓，上菲利莫尔花园，以及位于更加偏远的伊灵区和皮姆利科区的住宅。

当局起初的反应极具英国特质。女性志愿服务队为他们送上了热饮；警察非但没有试图将他们驱离，反而从肯辛顿营房带来了茶和咖啡。

媒体对他们表示同情，多数公众的态度似乎同样如此。随着占屋行动的展开，围观群众也聚集起来，组成链条，通过窗户将食物和饮品传递给占屋者。有些街道上的警察还会亲自将食物装进包裹里，带给占屋者。人们还为这些家庭募集了毯子、现金、食物、巧克力和香烟。伦敦大学的学生举着"人人都有家，优先于富人享奢华"等标语拥向街头。有些被占据的住宅很快便堆满了食物，吃都吃不完。然而，随着这场反叛继续下去，官方态度开始变得强硬起来。一些被占住宅的电力供应被切断；地方当局受到了警告，不得帮助占屋者；骑警被派来驱散充满同情心的围观群众。白金汉宫路上的占屋者向国王写信表示抗议。占屋者的代表团来到唐宁街 10 号，但只见到了首相的管家。他们被告知，艾德礼太忙了，没有时间接见他们。内阁做出的决定是，这场反叛必须被平息。负责住房事务的贝万宣布，这场对峙事关捍卫社会正义，率领政府对"有组织的目无法纪行为"做出了回应。英国共产党领袖波利特则反击称："如果政府想激发报复措施，他们会如愿的。工人阶级做好了战斗的准备。"最终，这场反叛失败了，英国共产党退缩了。起到一锤定音作用的似乎是这一威胁：占屋者将失去分得市政住房的资格。

　　"二战"之后，最为重大的问题就是住房。直到 20 世纪 50 年代初，这一问题依然是政府工作的重中之重。德军空袭摧毁了 50 万所房屋，或是使其无法居住，还有 300 万所房屋受损严重。总而言之，英国总共的 1 250 万所房屋中，有四分之一都受到了不同程度的损坏。伦敦就是最为典型的例子。伊灵制片厂摄制的喜剧片《呼声》（*Hue and Cry*）和《通往皮姆利科的护照》（*Passport to Pimlico*）等战后时期的电影，生动地展现了首都那损毁的街道、遍地的断壁残垣，以及无人管教的流浪儿童。这一问题不仅限于伦敦，而是全国性的。南安普敦的大量建筑都在战争中沦为废墟，以至于官员表示，居民都觉得这座城市完蛋了，

"精神已经崩溃"。一夜之间，考文垂便失去了三分之一的住房。仅仅两晚过后，造船重镇克莱德班克的 1.2 万所住房便仅剩 7 所仍完好无损。[1] 伯明翰有 1.2 万所住房被完全毁坏，另有 2.5 万所严重受损。根据政府估算，到了复员将士纷纷结婚或是返家时，英国急需新建 75 万所住房。按照常规手段，这个缺乏钢铁、木材和熟练工人的国度远远不足以完成这一指标。更加糟糕的是，尽管对贫民窟进行了清理，但格拉斯哥、曼彻斯特、利物浦和纽卡斯尔等大城市依然藏有条件极为恶劣的贫民窟，这些地方满是漆黑的污垢，缺乏像样的卫生设施，有些甚至连天然气和电力都没有。

问题还不仅限于砖头与水泥。战争迫使妻子与丈夫分离，令孩子失去了父母，震动了整个国家的家庭结构。约有 3 800 万平民共 6 000 万次改变了住址。战争压力迫使许多婚姻破碎。然而，人们渴望回归温暖、安定的家庭生活。1947 年共举行了超过 40 万场婚礼，有 88.1 万名婴儿诞生——将要在未来数十年间重塑英国社会的"婴儿潮"便始于此时。

在战争结束后的 5 年间，婚姻与生育使得与战前年代相比，英国多出了 100 万儿童。住房数量远远不够，因此数十万人不得不与姻亲生活在一起，被剥夺了隐私，受困于跨代的纠纷。与日后相比，此时人们无疑更习惯于紧密的集体生活。战争时期的排队经历使得街道文化得以在一定程度上复苏：许多女性站在一起达好几个小时之久，一点一点慢慢向前挪动，在等待抢购物品的过程中分享牢骚。电影院和舞厅里也挤满了希望逃避阴冷、乏味的家庭生活的人。在没有电视和中央供暖、照明严重不足时，人们更愿意待在一起。这是一段最不私密的时光。战时对

---

[1] 见 Peter Hennessy, *Never Again,* Jonathan Cape, 1992; and Nicholas Timmins, *The Five Giants,* HarperCollins, 1995。

劳动力的征用、撤离以及调动，使得许多人都曾借宿在不熟悉的环境里。因此，分享洗手间、在狭小的厨房里摩肩接踵，这些 40 年代末许多新家庭必须忍受的不便倒也并不令人吃惊；和量少、质劣的食物以及丑陋、破旧的衣服一样，这也只不过令人们感到失望。还有人认为，关于岳母的笑话之所以直到 70 年代还在英国综艺节目和电视喜剧中大为流行，根源就在于战后这段局促的家庭生活经历。考虑到这样的背景，公众会支持占屋者，也就不那么令人吃惊了。那么，大臣们能做些什么呢？

最惊人的回应是由工厂生产的即时住房，即"预制住房"。这些住房能用上几年时间，有一些甚至直到 60 年后依然能够使用。1945—1949 年，根据"临时住房计划"，共建造了 156 623 间预制住房，虽然远少于需求的数量，但还是令人感到欣喜。这样的住房可远不只是小木屋那么简单。1944 年在泰特美术馆和爱丁堡展出的波特尔式平房这一预制住房的原型，带有炉具、水槽、冰箱、浴盆、锅炉，以及定制橱柜。与传统的砖制连栋房屋相比，其 550 英镑的定价要稍高一些，但消耗的材料却要少得多，其重量还不足两吨，砖制住房则重达 125 吨。[①] 预制住房通常是在匆匆转为民用的飞机制造厂里建造完成的（布里斯托尔飞机公司就制造了许多），然后再与装有少量螺丝钉、管道及其他配件的袋子一道装上货车。当运抵已清理完毕的场所后，再把这些已经喷好漆的预制住房从货车里卸下，在水泥基座上组装起来。完成这项工作的通常是德国或意大利战俘。数天之内，人们就可以入住了。13 种不同的设计各具特色，例如阿康型、斯普纳型和凤凰型；有的窗户较大，有的带有门廊，有的带有拱顶，有的看上去十分质朴。不过，它们都是全天候、温暖和明亮的。兔子窝或是铁盒会令有些人感到不满，但预制住房

---

① 有关预制住房的全面叙述，见 Greg Stevenson, *Palaces for the People,* Batsford, 2003。

仍深受大部分人欢迎。未来的工党党魁尼尔·金诺克（Neil Kinnock）在1947—1961年就生活在阿康5号预制住房里，他还记得配备的定制冰箱和浴室令旁人十分艳羡："朋友和家人纷纷前来欣赏这些奇观。这就如同生活在宇宙飞船里一样。"预制住房在全国大大小小的城市都普及开来，人们认为这些住房比普通市政住房更加出色。直到70年代，由预制住房构成的社区依旧欣欣向荣。

## 从肮脏的水泥桩到富人的尖塔

20世纪50年代到60年代末兴起的高楼潮所留下的巨大灰色残余遍及大多数英国都市。新事物从未如此之快就变得黯淡，革命乐观情绪很少遭到如此迅速、可悲的挫败。与其他革命类似，这场革命同样发源于欧洲大陆，并在现代主义建筑的先知发声后隔了一代人之久才传入英国。密斯·凡德罗（Ludwig Mies van der Rohe）、勒·柯布西耶（Le Corbusier）、奥古斯特·佩雷（Auguste Perret）和瓦尔特·格罗皮乌斯（Walter Gropius）是20年代和30年代的理想主义者，他们梦想一个由明亮、高大、被玻璃覆盖的建筑构成的新世界将为人类带来自由。他们的理念不仅限于建筑，还包括通过水泥和预制钢结构实现社会革命，为在工业化时期阴暗、肮脏、杂乱的街道上生活和工作的欧洲民众带去洁净与日光。当纳粹上台后，许多理想主义者纷纷逃亡，主要是前往美国。在那里，他们的高楼所光耀的并非社会主义，而是大获全胜的美国资本主义。不过，也有些理想主义者来到了英国。贝特霍尔德·卢别特金（Berthold Lubetkin）为伦敦设计了美丽的白色现代主义建筑，包括早期的多层水泥公寓、一所著名的医疗站，以及伦敦动物园里的企鹅馆与大猩猩馆。另一方面，艾尔诺·戈德芬格（Ernő Goldfinger）则设计了圈养人类的高楼，并成功地冒犯到了伊恩·弗莱明（Ian Fleming），使得自己的名字被安到了 007 小说中一个反派的头上。[①]

对于英国这样一个建筑风格徘徊在古典主义与复古主义之间、将"仿"这个字作为前缀也并无贬义的国度而言，换作其他时候，来自德国、俄国、法国和瑞士的先锋艺术家也许无法留下太深的烙印。但自"二战"结束直到 70 年代，老旧的工人阶级住房数量不足、质量低下，使得速度和便捷成了优先考虑的因素。在 50 年代中期，光是苏格兰就有 40 万所住房不带有室内卫生间。格拉斯哥贫民窟的状况过于恶劣，甚至被罗马天主教会谴责为不人道。英格兰中部及北部地区的各个工业重镇状况同样糟糕。一名又一名政客承诺要以更快的速度新建住房。最终，英国建造的国家补贴住房所占比重高于几乎任何具有可比性的国家，事实上甚至超过了东欧的多数共产主义国家。理想主义建筑师带来的是规模与速度，他们希望迅速地在天空中打造出一条条巨型街道。英国各个城市的领导人热情地接受了这些外国人的梦想。在 50 年代末和 60 年代，这样一张照片被不断重复（事实上这是在不同时间、不同地点拍摄的许多张照片，但内容都是一样的）：西装革履的权势人物热切地俯视或指点着纸质的微缩建筑模型。

在这些富有远见的建筑师以及许多崇拜他们、雄心勃勃、具有现代思维的英国建筑师的设想中，高楼将于阳光明媚的春日，在绿树环绕之下，矗立在起伏的田野上。但英国的市政领导人往往不愿意将居民转移

---

① 即"金手指"。——译者注

至空间更大的全新定居点。他们的理由是，人们希望待在自己的社群里。此外，市政领导人也想保住自己的税收基础和选票。于是，高楼往往会在城镇中央的荒地上或是刚刚被铲平的维多利亚时代排屋旧址上拔地而起。从 1958 年开始，在 5 层之上每多盖一层，地方市政厅就能从中央政府处获得一笔补贴。这笔"贿赂"的目的显然在于将楼盖得更高，而不是盖到城镇之外。高楼只占新建住房总量的一小部分，不过，这仍然令工人阶级家庭获益良多：这里有定制厨房、地暖，以及像样的浴室，孩子也能获得足够空间，再也不必和父母睡在一起了。但更加雄心勃勃也更加精致的高层公寓很少建成。原因在于缺少资金、时间仓促，而且地方当局腐败，使得本地公司匆匆建成的建筑更受青睐。

英国不同的地区与郡县曾一度拥有独特的建筑传统。格拉斯哥是红色砂岩公寓，伦敦是华丽的深红色砖制公寓，曼彻斯特则是背靠背式排屋。如今，在同一种现代美学影响下，看上去一模一样的高楼在各地出现了，这常常是从建筑公司处采购而来的成品。建筑师谢泼德·菲德勒（Sheppard Fidler）与伯明翰地区的工党领导人"小恺撒"哈里·沃顿（Harry Watton）在前去视察布赖恩特建筑公司建造的一座典型的高层公寓时，度过了微醺的一天。他的回忆颇具时代气息："要前往公寓，就得穿过一座大帐篷，里面都是威士忌、白兰地，等等。于是，人们到了公寓后，总是会觉得房子盖得好极了……当我们正要离开时，沃顿突然说道：'好的！我们要 5 座公寓。'就仿佛他买的是糖果似的！'我们要买 5 座……然后把它们安到某地'——一个他记得的场所……"[1]沃顿是一名右倾、反移民、支持绞刑的工党领导人，并非市长，而是伯

---

① 引自 Miles Glendinning & Stefan Muthesius, *Tower Block*, Paul Mellon Centre/Yale University Press, 1994。

明翰某个重要委员会的主席。他并不腐败，但独断且自以为是。全国各地都有沃顿这样的人物。有些人是腐败的，例如纽卡斯尔的史密斯（T. Dan Smith），他与波尔森（John Poulson）的大型建筑集团有着密切关联。其他人则并不腐败，例如清教徒一般的社会主义者、格拉斯哥的贝利·戴维·吉布森（Bailie David Gibson）。吉布森的一名同事回忆称他是个令人害怕的人物："他是个脸色苍白、严肃、强有力的理想主义者，极为狂热、真诚……就我们所知，他只在乎一件事情：如何尽可能多地建造住房，如何尽可能多地让亲爱的工人阶级同胞过上体面的生活。"①

　　预制建筑热潮中最惊人的事例发生在英格兰北部及苏格兰。在争议人物斯图尔特（Bailie J. L. Stewart）的主导下，邓迪郊外拔地而起的新住房数量按人均计算冠绝欧洲，其中包括了克鲁登斯公司建造的惠特菲尔德住宅区这一巨大的六边形噩梦。在吉布森的主导下，格拉斯哥以惊人的速度建起了全欧洲最高的共计31层的"红路"公寓。随着时间的流逝，人们也吸取了经验，建造了更加分散、多样和精美的混凝土开发项目。纽卡斯尔那扭来扭去的巨大"拜克墙"住宅区就是一个晚期的例子，就仿佛罗马皇帝哈德良（Hadrian）化身成了住宅开发商一般。不过在各个地方，这些粗壮的楼房大多是一模一样的。是西汉姆，还是基德明斯特？是布莱克本，还是爱丁堡？谁又能分清呢。而且，相同的问题很快便在各地都显现了出来。本地社群被打散，改为垂直分布后，很难再重新凝聚起来。在设计师的水彩笔下，门厅和电梯显得那么雅致，但在现实生活中它们却遭到了年轻人和无聊者的蓄意破坏。人们意识到石棉有多么危险时为时已晚。凝露这一令人厌恶的问题也暴露出来。墙

---

① 引自 Miles Glendinning & Stefan Muthesius, *Tower Block*, Paul Mellon Centre/Yale University Press, 1994。

壁过薄，无法保护隐私。商店则离得太远。

　　起初，许多地方的公寓都很受人欢迎，居住状况也相当不错，人们对自己的新家颇感自豪。导致这些住房状况渐渐恶化的原因，既有人类的行为，也有水泥的质量。一家醉酒打斗，就足以让许多楼层遭殃；两到三家惹事，公寓就会遭到破坏。市政厅只想着塞入尽可能多的房客，却不考虑过多儿童住在高层会导致许多问题。如果人们想把问题归咎于柯布西耶或凡德罗，那么同样也不应该放过这些管理者。的确，有些匆匆建成的预制公寓存在着危险的隐患。1968 年 5 月，伦敦东部用混凝土板材建成的罗南角大楼部分坍塌，导致 4 人遇难。此后，再没有人在此类事故中丧生。指责此类建筑从根本上就是不安全的，就如同当初一窝蜂地在各地建造它们一样，是不理智的行为。正如人们将 40 年代和 50 年代的流氓行为归咎于当时泥泞的砖制贫民窟一样，人们也将 60 年代和 70 年代的蓄意破坏行为归咎于此时呈垂直状的新式贫民窟——尽管有些建筑早在完工和开放前就遭到破坏了。或许，这些建筑投下的灰暗阴影的确会起到败坏社会风气的作用吧。也只有极为天真、戴着无框眼镜的现代主义者，才会热爱这些枯燥乏味、千篇一律的楼群。

　　人们开始厌恶高楼，就连建筑师也同样如此。进入 70 年代，除了阿伯丁等少数几个管理有序的城市外，小型住宅项目在各地都变得流行起来。高层公寓开始遭受爆破的命运。为了改善景观，罗切斯特炸毁了全镇的高楼。稍后，伯明翰也承诺要这么做。甚至连格拉斯哥的"红路"公寓是否应被拆除的问题也曾被讨论过。在其他地方，例如伦敦的旺兹沃思，人们用亮色板材对高楼进行了重新覆盖，并增加了更多装饰元素。在 60 年代曾是高楼支持者的左翼市政厅，此时转而支持农舍风格的住宅。市政住房被允许出售后，最热门地段的高楼开始被其新主人整修一新。许多此类住房被卖给了住房协会，其他的则用于安置寻求避难者、瘾君子以及最贫困的人。英国曾见证过多次建房热潮，其中最著名的要数工业革命期间砖制排屋的大肆扩张，以及两次世界大战期间在郊外兴起的带状住宅区。但它们都不像高层公寓革命这样，如此迅速、丑陋地改变了英国的外观。混凝土丛林成了英国在现代生活方面最遭人鄙视和排斥的一次尝试。

　　值得指出的是，如今依然有房客惬意地生活在高楼里。即使是那些满是涂鸦的高层公寓，如果配备了暖气、热水和电梯，也要比此前那种漏风、鼠灾泛滥、没有室内卫生间、只有小型煤暖气的排屋更适于人居住。高层建筑另外一项小小的功绩在于，如果伯明翰、格拉斯哥、曼彻斯特和伦敦当初没有建造那么多高楼，那么这些城市周边的乡间风光甚至会遭到更加严重的破坏，毕竟，新住房总得盖在某处。人们曾经认为，高层公寓的优点之一就在于它避免了"杂乱无序的扩张"，而这种都铎时代遗留下来的破旧、丑陋的景象正是30年代的人们尤其厌恶的。在有些地方，杂乱无序的扩张行为的确停止了。与从前相比，我们似乎变得更加明智。设计师依然像往常一样热衷于高密度，但如今会更加人性化地规划街道、广场和低层住宅。总体而言，80年代初的混凝土热潮解决了英国的住房短缺问题：光是高层公寓就新增了44万所住房。然而，移民问题和家庭的解体催生了新一轮住房危机。于是，摩天大楼再度流行起来。但此时的高楼已不同于往日。从曼彻斯特新建的47层比瑟姆塔（其楼层突出在外的设计令人直冒冷汗），到计划中有着碎片外形的66层伦敦桥中心，都是供都市富人享用的时髦宫殿，而不是贫民窟。它们与沃顿买下的那些现成高楼的距离，就如同超级模特的嗑药癖好与监狱中泛滥的海洛因的距离一样遥远。建筑问题固然重要，但更加重要的还是阶级问题。

# 对梭鱼说"不"

工党关于英国的理念在 20 世纪 40 年代开始成形：这将是一个纪律严明的朴素国度，由全心奉献的公务员在伦敦统筹调度，受其指挥的公民则是庄重而克制的。洁净、理性、官僚制、公正——这相当于圆颅党人的理念，只不过去除了强制的赞美诗与军事独裁统治。对于工党而言不幸的是，现实中的英国远非如此。这里曾经是并且依然是一个混乱得多的宣扬自我享乐和个人主义的国度，工党的道德观看重的则是克制与公平分享。大臣们鄙视消费主义，认为这是美式的人格缺陷。然而，消费主义浪潮很快就将迸发出前所未见的力量。人们对免费眼镜及更加慷慨的保险计划感到满意，也喜欢预制住房，并且坦然接受了印度与巴基斯坦独立的事实。但是，他们厌恶购物时遇到的限制、短缺和排长队等问题，也不愿意在事隔七八年之后还要聆听有关敦刻尔克的教诲。于是，英国人便做出了和往常一样的行为：反叛。英国人反叛时不像法国人那样暴力，投掷鹅卵石、发表狂热的宣言，而是安静但顽固的。我们已经提到，住房短缺曾激发他们的反叛；他们还拒绝穿上那些被命令穿着的衣服；同样，他们也会拒绝食用那些推销给他们的食物。

日记和信件表明，当时的英国人对食物十分着迷。人们普遍认为，一旦战争结束，食物就会变得如同战前一样种类丰富、美味可口。然而，食物配额反而被削减了，这令人们大失所望。结果就是，衣冠楚楚的黑市商贩这一活跃在战争年代的形象再度走红。BBC 日后拍摄了以军队中虚构的一个排为背景的喜剧片《老爸上战场》（*Dad's Army*），其中詹姆斯·贝克（James Beck）便饰演了一位名叫乔·沃克（Joe Walker）的黑市商贩（贝克本人的生活比其扮演的角色更加不羁，他最终死于酒精中毒，年仅 44 岁）。这名精力充沛的反派人物身着双排纽扣套装，留着一字胡，却有着一颗善良的心。他总是通过偷偷地塞给那些正面人物一瓶非法的威士忌、一盒香烟，或是为其妻子准备的一双丝袜，来揭穿他们道貌岸然的表象。沃克是在以打游击的方式从事服务业。他是个罪犯，但人人都要依靠他。战争结束后，那些街角处或是咖啡馆里的黑市商贩纷纷从阴影地带走出，成了工党统治下日常生活中受到认可的一部分。

1949 年公映了两部由伊灵制片厂拍摄的大受欢迎的喜剧片，讨论的主题均是人们将法律掌握在自己手中后所引发的道德困惑。在《通往皮姆利科的护照》中，一枚突然引爆的炸弹使得周边居民发现，在法律上自己并非英国公民，而是勃艮第公国的公民。作为勃艮第人，他们不必像伦敦人那样忍受配给制和其他限制。然而，他们对重获自由的庆祝刚刚结束，就被一群黑市商贩淹没了。这些相互推搡、彼此威胁的商贩使得法律与秩序濒临崩溃——这些人代表着被压抑的贪婪与狂热的消费主义，社会主义者向来担心这股暗涌一直存在，事实也的确如此。英国政府决定用带刺铁丝网将这块区域围困起来，但勃艮第人毫不屈服——这是在用喜剧的方式戏仿 1940 年英国的顽强姿态。伦敦人民站到了这些勃艮第人一边，为其送去食物，避免他们投降——显然，这是再现了18 个月前占屋反叛行动中的真实场景。最后，就如同莎士比亚喜剧一样，紧张局势平息了。反叛者与当局达成了友好协定，重新接受配给制，回归了虽然有些令人沮丧，但公平有序的英国。

几个月之后上映的《荒岛酒池》（*Whisky Galore!*）提出了相反的论点。这部影片讲述的是一艘满载威士忌的货船（别有意味地命名为政客号）在外赫布里底群岛中一个名叫托迪的小岛旁搁浅后发生的故事。影片内容是虚构的，改编自一部喜剧小说，但取材于战争期间的真实事件：现实中搁浅的船只名叫内阁大臣号。和英国其他地方一样，这些岛民也对威士忌感到饥渴，并且喜欢投机。在影片中，岛民偷走了大量本应运往北美的威士忌，将其隐藏起来，并挫败了英格兰国民军指挥官瓦格特（Waggett）上校所代表的当局。瓦格特上校这一角色由巴齐尔·雷德福（Basil Radford）饰演，是《老爸上战场》中阿瑟·洛（Arthur Lowe）的前身。奉行清规戒律的英国国家机构败给了团结、坚决的岛民，后者跳起了舞蹈，庆祝自己获得解放。与皮姆利科不同的是，托迪岛岛民对美好事物的渴望最终取得了胜利。但在现实生活中，收税官试图收回威士忌的英勇努力造成了岛民的分裂，导致有些岛民被判处盗窃罪，并引发了各个家庭之间长达多年的不和。然而，人们记住的是虚构，却遗忘了真相。

勃艮第人重新拿起配给供应本，托迪岛岛民则挫败了当局、保住了偷来的威士忌——二者之间的张力正是以下这种政治张力在电影中的体现：一边是工党政府主张的战时控制措施，另一边则是支持自由市场的保守党懊恼的敌对情绪。最终，几乎与工党在 1950—1951 年下台同步，控制措施被部分解除，配给制终结，第一波消费热潮兴起了。与此同时，在这个大体上遵纪守法的国度，许多微小罪行却出人意料地受到了容忍。不仅仅是黑市商贩，还包括打破规则来帮助老顾客的店主，在工作时小偷小摸的那些人，或是在酒吧里为妻子额外多买一双丝袜的普通人。如果不是艰辛的时局以及粗鲁的官僚所迫，此类罪行也不会发生。10 年之后，回顾那段时光的一位小说家准确地刻画了当时的氛围：

未能严格遵照杀猪规定的农民，被施加了可笑的刑罚。一次，他们使用的是获得批准的场地，雇佣了获得授权的屠夫，但屠宰的时间不得不比规定日期提前了一天。还有一次，屠夫和屠宰时间都合乎规定，但屠宰地点却出了错。从来没有哪个官僚机构对当时情绪的理解如此大错特错：人们实际上心情低落，怨气满腹……于是，几乎所有人都在后厨或是商店后面蹑手蹑脚地小偷小摸。[1]

人们还以其他方式进行反叛。1945 年，为反对店主的粗鲁举止和耗时的排队行为，一位神职人员的妻子创建了英国家庭主妇联盟。在该组织的推动下，倒霉的粮食大臣本·史密斯（Ben Smith）因停止供应鸡蛋粉的决定丢掉了工作。政府向消费者兜售的其他食物则令人作呕。马匹被宰杀后，以"肉排"的名称出售；他们还从南非进口了大块包装和罐装的鲸鱼肉，称其"就像牛排一样，营养丰富，美味可口"。鲸鱼肉仅仅短暂地流行了一阵。日后活跃在电视节目中的科学家马格努斯·派克（Magnus Pyke）解释称，尽管第一口会让对鲸鱼肉垂涎者感到十分美味，"但随后，浓烈的鳕鱼肝油味就盖过了肉排味"。[2] 此外，被大肆推销的还有一种凶猛的热带鱼类：据说能像蛇一样发出咝咝声、像狗一样吠叫的梭鱼。

年轻时的芭芭拉·卡斯尔（Barbara Castle）在此时尚未改用夫姓，仍姓贝茨（Betts）。她为粮食部渔业局工作的场景，构成了战时英国的一幅古怪景象。[3] 卡斯尔正住在伦敦卡尔顿酒店里，这里的巨大浴缸中养满了用于观察的鱼类。简单来说就是，卡斯尔与梭鱼生活在一起。她所撰写的关于梭鱼生活习性的报告一定非常正面，因为从 1947 年 10 月起，政府就开始从南非采购上百万罐梭鱼了。由于蛋白质供应不足，再

① David Hughes, 'The Spivs' in *Age of Austerity 1945–1951,* ed. Michael Sissons & Philip French, Hodder & Stoughton, 1963.

② 引自 Paul Addison, *Now the War is Over,* BBC/Cape, 1985。

③ Anne Perkins, *Red Queen,* Macmillan, 2003.

加上南非愿意接受英镑而不是稀缺的美元，于是大臣们便试图说服英国公众，这种肉质呈粉末状、寡然无味的鱼类，无论是加入沙拉、馅饼、三明治里，还是与大葱、醋汁、糖浆一道做成"梭鱼开胃菜"，都是十分可口的。但是，全国人民表示恕难从命，毫不买账，狠狠地嘲讽了这种说法。在报纸上和议会里，梭鱼都成了一大笑料。最终，政府撤下了这道食物，将其作为几乎一文不值的猫粮处理掉了。[1]

后来，保守党散发了绘有一匹马、一条鲸鱼和一头驯鹿的小册子，表示这就是"在社会主义者统治下，让你挑花了眼的食物"。在全世界多数地方都在忍饥挨饿的那几年，工党努力让英国人填饱了肚子。然而，从40年代遍及全英国的黑市，到英国家庭主妇联盟的行动（一位名叫玛格丽特·撒切尔的保守党女大学生牢记着该组织的言论），再到自发抵制梭鱼之举，公众的一系列行为表明，他们实在是受够了配给制。从1948年开始，无论是否公平，一旦条件许可，工党和保守党政客便开始相继解除限制，恢复食品市场，美国援助也再度涌入。在精神上，具有些许无政府主义气质的托迪岛岛民战胜了皮姆利科的良民。

# 诱人的女裙

花了相当长一段时间，英国的服饰才变得靓丽起来。直到20世纪60年代，孩子们依然穿着40年代那种宽松的灰色短裤与开了线的手工

---

[1] Susan Cooper, 'Snoek Piquante' in *Age of Austerity 1945–1951,* ed. Michael Sissons & Philip French, Hodder & Stoughton, 1963.

针织衫；男性在社交场合依然身着笨重的灰色西装，外出时还是会穿胶布雨衣、戴上帽子；女性则身着家居服，头戴发罩。不过，40年代也见证了一场著名的革命，它表明了单调、沉闷的生活曾令女性感到多么沮丧。在巴黎，一名年轻设计师创造的新型高档时装催生了这场革命。这名设计师深爱着自己童年时的法国，那是一个仍处在19世纪末至"一战"爆发前这段"美好时光"的国度，裙角飞扬，雅致奢华。设计师的名字叫克里斯汀·迪奥（Christian Dior），他引领的革命被称为"新风貌"。一位出席了1947年揭幕展的英国女士表示，她平生第一次听到了"衬裙发出的声音"，并且意识到，战争总算真正结束了。[1]

迪奥的革命回归了刻意不实用的波浪状裙装，《时尚芭莎》杂志的描述是："纤细的上身渐渐收紧，直至紧束的腰部；再往下，裙摆像花朵一样尽情绽放，形成了一个又一个圆圈……"带有华丽皱褶的衬垫胸衣及长裙，如同焰火一般照亮了"处于灰暗状态……疲惫、垂头丧气、压抑、不满"的英国女性。这是对政府倡导的朴素文化的直接挑战，并立即引发了实实在在的政治斗争。英国创意设计师公会抱怨物料不足，而且不应向法国人的不负责任行为让步。工党议员迅速投入了反对不必要的奢华的斗争。身材高大、令人畏惧的贝茜·布拉多克（Bessie Braddock）谴责"新风貌"是"无所事事者心血来潮的可笑产物"。议员梅布尔·赖达尔奇（Mabel Ridealgh）则表示这些服饰是硬塞给女性的，并且信誓旦旦地表示家庭主妇将不会买账。她还表示，衬垫等设计是为了显得"过于性感"，因而是有害的："新风貌"使得女性沦为笼中鸟，剥夺了她们刚刚获得的自由。

---

[1] Pearson Phillips in *Age of Austerity 1945–1951*, ed. Michael Sissons & Philip French, Hodder & Stoughton, 1963.

然而，包括年轻的公主等王室成员在内的女性都对此类政治言论充耳不闻，竭尽所能地通过改装、购买或是借用等方式，让自己呈现出迪奥式风貌。露丝·亚当（Ruth Adam）在"二战"期间曾就职于情报部，后来成为一名小说家。她认为，被命令前往工厂工作、不服从就会被投入监狱的那一代女孩，并不认为工作令自己获得了解放：

> 对这些女孩而言，教诲她们要身穿利于生产的"合理"服装的工党议员，就和那些在她们进行晚安亲吻时将其逐出大门、赶回营地的女性官员，以及冲她们大吼"你们在洗手间里待太久了，俄国人还等着飞机零件呢"的女工头一样恶劣。现在，她们不必再聆听那套关于努力工作与自由的说教了，而可以考虑怎样打扮得更加富有女性魅力。[1]

虽然受到了抑制，但人们仍然渴望中产阶级记忆中那更加美好、更加多彩的战前生活。任何在当时超过 20 岁的人，都应当对 30 年代中期的消费主义保有鲜活的记忆。在那个男男女女还身着勉强合身、千篇一律的复员军人制服，离开部队时会分得帽子、领带与鞋子的世界里，服饰正是代表着繁荣迟迟不至的强有力符号。

---

[1] Ruth Adam, *A Woman's Place, 1910–1975*, Persephone Books, 2000.

# 膝盖选美大赛以及其他乐子

在家里和室外，20 世纪 40 年代的英国人都有哪些娱乐项目呢？他们肯定不看电视：1947 年只有不足 0.2% 的成年人拥有这种家电，到了 1950 年这一比例也仅仅上升到了 4%。他们也不会在假期出国旅游：当时人们的假期更短，能花费的钱也更少。在"二战"爆发前不久通过的《带薪休假法案》使得拥有带薪假期的人数大大增加了，但假期通常仍仅为两周，而不是一个月。1947 年，乘飞机出游尚未普及，人们能够花费的钱也极为有限，此时只有 3% 的人出国度假，大多都是富人，出行范围最远也只不过抵达地中海或法国北部。人们也不会驾车游览英国乡间，因为汽油配额有限。不过，当年的确有超过半数英国人以某种形式度过假。许多人乘火车前往海边的某个维多利亚时代的传统度假胜地，这些地方很快就将挤满消费者。其他人选择以骑自行车或露营的方式度假——按照现代标准，公路上几乎是空空如也。更多人则会乘坐游览车或火车，前往由比利·巴特林（Billy Butlin）这样的休闲行业先驱开办的新式假日营地。

出生于南非的巴特林来自一个破碎的家庭。他母亲家以在游乐场拉客为生。母亲卖姜饼的小摊摆遍了英格兰西南诸郡，也让巴特林首次体验到了游乐场的生活。他曾多次辍学，在加拿大短暂地以卖艺为生，在"一战"时参军，随后于 20 年代开设了一个投环套物的摊位。时间一年年过去，他在游乐场里的生意也越做越大，包括鬼屋、绕塔滑梯、投环套物摊以及旋转木马。他的重大突破在于取得了在欧洲销售新式碰碰车的许可证。此后，他注意到许多家庭在海边的女老板住宿处玩得很不开心，便于 1936 年在林肯郡的斯凯格内斯开设了首个假日营地。

之前也有过各种假日营地，常常服务于某个特定公司的员工。但巴特林的斯凯格内斯营地更加雄心勃勃。这里有游泳池、剧院、电影院、种种娱乐设施，以及最重要的日间托儿所——这样家长就不必看管孩子，可以尽情度假了。两年之后，他又在克拉克顿开设了第二个假日营地。战争期间，他将营地移交给了军方，并继续为其建造营地。战争结束后，重新收回设施的巴特林，已经成为 5 个大型假日营地的主人。这位强悍的小个子在战前开拓游乐与展览生意时，总是在胸前的口袋里藏着一把锋利的剃刀；他还曾向朋友吹嘘称，自己的目标就是"金钱、权力和女人"。巴特林敏锐地意识到了战后筋疲力尽的人们需要什么，于是为他们提供了色彩、乐趣、温暖的小屋、出人意料美味的食物，以及几乎永不停歇的娱乐活动，从跳舞到著名的"膝盖选美"与"奶奶选美"比赛。

"二战"结束后仅仅过了两年，巴特林就成了百万富翁；在经历了多次财务危机后，他获封骑士，还在假日营地里接待过女王。他的目标人群既包括较富有的工人，也包括中产阶级。意大利歌剧、莎翁剧都曾在巴特林的营地上演，广播明星、政客、古怪的大主教和体育明星，也都曾受邀来到这里。在 40 年代和 50 年代这段鼎盛时期，假日营地并不显得"低端、俗气"；事实上对于很多人而言，它们相当昂贵。在经历了所有人挤在一起的战争岁月后，假日营地提供的从早到晚的娱乐活动以及持续不断的欢快气氛，十分受人欢迎。1948 年，巴特林试图通过开设加勒比营地来打入美国市场，但这次时机不佳的尝试令他损失惨重。于 60 年代兴起的海外旅游热潮终于使得他和竞争对手的假日营地都风光不再。然而，对于数百万英国人而言，假日营地依旧是暑假的代名词。而且，倘若廉价飞机旅行成为油价飙升或全球变暖威胁的牺牲品，那么国内的假日营地或许还能迎来第二春。

除了每年的假日，传统的观赏性运动项目也在战后迅速回归。"二战"期间，足球遭受了沉重打击，这不仅仅是因为许多球员被征召入伍，球场上只剩下了老将，还因为英格兰足球联赛被暂停了，国家也被分为南北两个部分。而根据新规则，英格兰足球联赛的球员穿上了印有号码的球衣，周薪最高可达 12 英镑；比赛将一直进行下去，直到分出胜负。1946 年，这一规则导致唐卡斯特流浪者队和斯托克波特郡队大战了 203 分钟，直至夜幕降临也未能取得一粒进球；当时的球场里可没有照明设施。——很快，各支强队就要在座无虚席的球场里重新开始比赛了。

　　斯托克的一名理发师兼拳击手之子斯坦利·马修斯（Stanley Matthews）在"二战"之前便已是足坛传奇。战后，他又披上了布莱克浦队的战袍，其球技令观众惊叹不已。1953 年，约 1 000 万人收看了首度进行电视转播的英格兰足总杯决赛。参加这场比赛时，马修斯已是 38 岁高龄。1948—1949 赛季的上座人数总计超过 4 000 万。人们普遍认为，英国足球是世界上最出色的。这一信念在前一年的 5 月似乎得到了确认。当时，英国队与"世界其他地区队"踢了一场比赛。对方的队名虽不准确，但很有气势；其球员来自丹麦、瑞典、法国、意大利、瑞士、捷克、比利时、荷兰和爱尔兰。最后英国队以 6:1 的比分大获全胜。不过不久之后，人们对英国足球的错觉就将烟消云散。尽管如此，从其他方面来看，这依然是英国足球的黄金时期。诚然，看台是露天的，散发着难闻的气味；观众未受到保护；战后的伟大球星也尚未出道。但相对而言，此时的足球尚未被腐化，依然是一项当地居民支持当地球队的运动，而且球场上的动作也并不粗野。例如，在漫长的职业生涯中，马修斯从未被罚出场外，也从未受到过裁判警告。

　　当时的另一位著名球星是阿森纳队的丹尼斯·康普顿（Denis

Compton）。不过，他在板球场上的名声要更为响亮。战后，板球这项运动再度变得极为流行。1947年，约300万人观看了英格兰对南非的板球测试赛，康普顿在当时以及随后数年的杰出表现激发了英国人的骄傲与热情。板球评论家内维尔·卡达斯（Neville Cardus）认为他代表了战后理智、健康的形象："在康普顿出场的每一局中，可不存在配给制。"[1]无论是在足球场还是板球场上，许多球员都是战前年代的明星。在战争期间，他们或是担任了军队里的体能训练指导员，或是通过其他方式保持自己的竞技状态。随着来自约克郡的击球手莱恩·赫顿（Len Hutton）在椭圆体育场再度上演传奇，板球也空前绝后地被提升到了民族象征的高度——即使在博瑟姆（Ian Botham）的鼎盛时期，或是英格兰赢得骨灰杯的2005年夏天，板球都再未获得如此崇高的地位。和足球的情况一样，战后的板球明星也不能指望赚大钱。建筑工人之子赫顿的成名之战是率领伦敦公立学校板球队击败了公学板球队，后来他于1952年成为首位身为职业球员的英格兰板球队队长；药房店员之子、衣冠不整的康普顿则通过为百利牌发蜡做广告，才赚取了第一笔不菲的收入。

使用战前研发的电子兔的跑狗赛事，是工人阶级下注的主要对象。这项运动于1926年在曼彻斯特的贝勒维体育场兴起，随即迅速传遍全国。不同于跑马比赛之处在于，生活在工业城镇的上百万人在离家不远处便可观看这项赛事，许多最著名的赛狗都出生且受训于狭小的后院或是当地的公园。跑狗比赛的赛道还被用于举办高速摩托车竞速赛，这种使用500毫升引擎、无刹车的摩托车比赛于20年代从澳大利亚传入英国，并在战后得以大幅扩张。有些古怪的是，自行车竞速赛同样迎来了

---

[1] 引自 Paul Addison, *Now the War is Over*, BBC/Cape, 1985。

大幅扩张。英国各地的成年男子与男孩疯狂地踩着脚踏板，绕着弹坑，沿着草地或砖地上绘出的赛道骑行。考文垂、伯明翰、伦敦等城市展开了"测试赛"，1950年甚至举行了一场英格兰对荷兰的国际比赛。最终，这些赛道在重建潮中被拆除，自行车热也渐渐退去了。

　　不过，在当时占据重要地位的还是那些更加传统的消遣活动。英国人曾经并依旧痴迷于园艺。许多英国男性打发闲暇时光的方式，不是去酒吧喝一杯，而是待在一间小屋里慢条斯理地劳作。战后，观看足球和板球比赛的人数迅速增长，但几乎人人都在看电影。要想了解电影的流行程度，只需要注意这一点：与今天相比，1947年的英国人口数量少得多，每部电影的平均观影人次却是现在的10倍。在战后的鼎盛时期，全国共有4 600家电影院，除了放映新片，还以两场连映的方式放映其他影片。英国电影业远不只有伊灵制片厂一枝独秀，而是不断地产出战时冒险片、历史片、改编自狄更斯作品的影片以及爱情片。但无论何时，英国电影都不足以抵抗好莱坞的权势与魅力。


# 战后时期的戏剧舞台

　　"二战"之后，你不会认为戏剧这一古老的民族荣耀还能保持举足轻重的地位。尽管在战争期间，电视节目被暂停播出（一部迪士尼动画片刚播到一半就被突然掐断了），到了1946年才向伦敦的少数观众恢复播出，但显然仍会对戏剧构成严峻的挑战。1950年，英国只有35万份收视执照，但技术与需求明显不止于此。首部电视情景喜剧《平赖特的进展》（*Pinwright's Progress*）早在 1946 年 11 月便已问世。BBC 的首部电视剧显得剧情生硬、光线昏暗，但仍然很受欢迎。此外我们已经提到，在战争期间，观影人数迅速上升，英国电影业也曾兴盛一时。对于大牌明星而言，要想挣大钱，就得拍电影；如果可能的话，最好去好莱坞拍电影。更加雪上加霜的是，战前和战争期间，英国戏剧界并未创作出新的杰作，只能凭借历史遗产苦苦挣扎，用震撼人心的莎翁剧、音乐剧回顾演出，以及其他轻快节目来振奋人心。面对战争期间及战后的重大社会问题及道德问题，戏剧界并未像电影界那样展现出活力与创造力。回顾历史，人们将戏剧界的所有失败都归咎于一名替罪羊。他名叫休·博蒙特（Hugh Beaumont），朋友和敌人则称呼他为"宾基"（Binkie）。

博蒙特于 1908 年出生于加的夫。他创办的坦南特公司不停地演出歌舞剧和流行剧目。在 20 世纪 50 年代和 60 年代的戏剧革命之后，他被斥责为老式戏剧所有糟糕之处的化身，是主宰伦敦西区的阴柔的老派沙皇，依靠脸谱化的风俗喜剧、奢华的布景，以及大牌明星来取悦观众。人们还常常指责他掌控着一个包括约翰·吉尔古德（John Gielgud）等友人在内的"同性恋团伙"。然而，这些批评大多并不公正。博蒙特并不怯懦，他常常愿意冒险，例如于 1949 年推出了由田纳西·威廉斯（Tennessee Williams）创作、费雯丽主演的争议杰作《欲望号街车》（*A Streetcar Named Desire*）。公共道德委员会谴责此剧"彻彻底底地有伤风化……孩子和仆人竟然被允许在剧院里看到这样的作品，真是令人感到羞耻"。当公众对美式"污秽物"及对性的迷恋表示强烈抗议之后，艺术委员会突然撤回了对该剧的支持，王室观看本剧的计划也被取消了。通过《俄克拉荷马》（*Oklahoma!*）、《西区故事》（*West Side Story*）、《窈窕淑女》（*My Fair Lady*）等制作精良、不惜工本的作品，以及拉蒂根（Terence Rattigan）创作的《温斯洛男孩》（*The Winslow Boy*）等扣人心弦的剧作，博蒙特使得伦敦及周边各郡的中产阶级得以逃离令人沮丧的日常生活和政治局势。在相当长的一段时间内，他为剧院和资助人赚了一大笔钱。他就相当于 20 世纪末凭借歌舞剧大获成功的安德鲁·劳埃德·韦伯（Andrew Lloyd Webber）：或许受到知识精英的厌恶，但使得伦敦西区的剧场生意兴隆。此外，他也绝非粗俗之人：伟大的吉尔古德是与他合作最密切的演员，他还出品了许多盛名依旧的莎翁剧。

博蒙特身边有许多才华横溢的人物，其中不少都是同性恋者，这些人崇尚奢华与睿智，但在当时，这个国度似乎两者都不具备。曾与博蒙特合作过的最著名的剧作家是出生于 1911 年的拉蒂根，他的外交官父亲在与一位罗马尼亚公主发生婚外情后遭到了英国外交部的辞退。"二战"爆发前，拉蒂根便已凭借《法文课》（*French Without Tears*）一剧成名。不过，他最著名、最出色的剧作完成于 40 年代和 50 年代，例如尖锐而辛辣地刻画中产阶级生活的《布朗宁版本》（*The Browning Version*）、《蔚蓝深海》（*The Deep Blue Sea*）和《鸳鸯谱》（*Separate Tables*）。受限于时代，同性恋只是隐藏的主题，但他剧作中令人感到不快的上等阶级礼节却成了易受人攻击的对象。1953 年，他在一篇声名不佳的序言中的辩解似乎坐实了人们对他的批评。他指出，当写作时，自己脑中总有一个名叫"埃德娜姨妈"的形象；对他而言，"埃德娜姨妈"十分重要，她是一位"和蔼、值得尊敬的中产阶级中年未婚女士，有钱也有闲"。和博蒙特一样，突然之间，拉蒂根也变得不再受欢迎：很快，雄心勃勃的剧作家便不再愿意取悦"埃德娜姨妈"，而是狠狠地奚落她了。

博蒙特的其他重要合作者还包括出生于 1904 年的摄影师与设计师

塞西尔·比顿（Cecil Beaton）。比顿因在 20 年代创作了"生机勃勃的青年"系列摄影而成名。他的职业生涯就如同王室肖像摄影师一样漫长，直到 60 年代和 70 年代还在为摇滚明星乃至朋克明星拍照。他的舞台设计充分体现了博蒙特所钟爱的那种具有异国情调的巧妙风格，令战后愁眉苦脸的公众大为惊叹。他的电影设计则将赢得数座奥斯卡奖。另一位更加年长的明星是出生于 1893 年的艾弗·诺韦洛（Ivor Novello）。"二战"结束 6 年之后，他因心脏病去世。"二战"期间，他曾因违规使用汽油配给券而被短暂地关进斯克拉布斯监狱，这段经历令他深受打击。诺韦洛曾经谱写了"一战"时的爱国歌曲《让祖国之火继续燃烧》（*Keep the Home Fires Burning*），以及一系列音乐剧，最后两部作品分别是 1949 年的《国王狂想曲》（*King's Rhapsody*）和 1951 年的《盖伊这个名字》（*Gay's the Word*）。极其英俊的诺韦洛谨慎地向大批女性乐迷隐瞒了自己的同性恋性向；出席他葬礼的男女人数之比达到了 1:50。

不过，在这群同性恋明星中最著名的还要属诺埃尔·科沃德。"二战"结束时，科沃德 46 岁。如今，人们已经认可他是一名"大师"。《乱世春秋》（*Cavalcade*）和《私密生活》（*Private Lives*）等热门作品令他成了世界上收入最高的作家之一。尽管在 20 年代他刻意把自己塑造成一位滥用药物的颓废花花公子，几乎开创了英式坎普风，[①]并曾短暂地被知识阶层接纳，但他逐渐变得越来越靠近主流。他的爱国热情并非意在讽刺。他对大英帝国的衰落感到无比沮丧，在战争时期拍摄的电影旨在振奋士气。1942 年的影片《与祖国同在》（*In Which We Serve*）讲述的是蒙巴顿伯爵指挥凯利号驱逐舰的故事。这部影片与《天

---

① "坎普"（camp）是一种夸张、做作、戏剧化、带有女性气息、具有反讽性的装扮风格。——译者注

伦之乐》（*This Happy Breed*）一道巩固了他作为"在世的最伟大英国人"的地位。尽管在战后那段日子里的创作不太成功，但他的影响力一直保持到了50年代和60年代。科沃德表明，英国人可以在轻快、机智、不循规蹈矩的同时，依然保有爱国热情。他使得英国国民性格变得更加丰富。出于这一原因，再加上他的惊人才智，即使当他厌恶的"厨槽现实主义"（kitchen sink realism）风格主宰了舞台之后，他的影响力依然存在。

尽管40年代和50年代见证了新戏剧风格的兴起，我们仍应该牢记这一点：那些出生于维多利亚时代或是爱德华时代、带有一丝奥斯卡·王尔德（Oscar Wilde）气息的人物，同样为这段岁月增添了光彩。诺韦洛、博蒙特、科沃德、比顿和拉蒂根都是主流的中产阶级同性恋艺人，都极具才华和爱国热情。自我标榜为"愤怒青年"的新一代戏剧界人士将把贝克特（Samuel Beckett）和布莱希特（Bertolt Brecht）等天才的作品引入英国剧场，并将上述人物排挤到一边，但这并不意味着他们不曾辉煌过。博蒙特时代选择用机智和感伤来面对阴暗的未来和苦恼的问题。在戏剧界之外，南希·米特福德（Nancy Mitford）大受欢迎的小说、电视上乔伊丝·格伦费尔（Joyce Grenfell）俏皮的表演，也都重复了这样的基调。

另一位主宰着战后英国戏剧舞台的人物是莎士比亚。自从伊丽莎白一世的时代以来，还很少上演数量如此之多的莎翁剧，收获如此激动的好评。战后时代的观众认为，劳伦斯·奥利弗（Laurence Olivier）、拉尔夫·理查森（Ralph Richardson）和吉尔古德等演员足以与任何时代最杰出的莎翁剧演员媲美。这种观点很可能是对的。位于伦敦南岸的老维克剧院被认为是国家剧院的雏形，这里正上演着一系列莎翁剧。彼得·霍尔（Peter Hall）在回顾50年代初时说道："21岁时，我已经看过了所有莎翁剧，有些剧还看了许多遍。如今人们不可能做到这一点。"[1]
当时人们曾提及，在伦敦西区发生了"吟游诗人堵塞"的状况。经历了
洋溢着战时爱国热情的奥利弗版《亨利五世》（Henry V）电影的洗礼，
再加上优秀的新剧作严重不足，如此多的导演和演员都将目光投向英国
最伟大的作家以及其他经典作品，或许也是不可避免的了。受过教育、
对文化感到饥渴的公众对此毫无怨言。莎士比亚对人性的探究无比深
刻；欣赏完奥利弗演出的观众就如同被掏空、榨干一般。当时经常演出
的伟大剧作还包括契诃夫和古希腊悲剧作家的作品，它们也能起到相同
的效果。

　　然而，问题依旧存在：难道舞台上就不能表现更加当代、更具政
治性的主题吗？在某种意义上，询问戏剧是否依旧重要是毫无意义的。
只要它能够使人们领悟到关于自身处境的独到见解，甚至只要它能够让
人们感到快乐，就完全足够了。然而，在其他时候、其他地方，戏剧有
着更宏大的志向，渴望发挥社会及政治作用。尽管受制于审查，它仍然
震动了十月革命之前的俄国，在魏玛德国和战后巴黎都曾发挥至关重要
的作用，在美国人经受了歇斯底里的反共情绪以及世界上首个大众消费
社会对道德的冲击之后，还将在美国再度发挥举足轻重的作用。那么，
英国戏剧为何不能同样如此呢？一位研究戏剧的历史学家在反思 50 年
代初时指出："伦敦的舞台对于当代事件完全无动于衷。朝鲜战争引发
的耗资巨大的重整军备计划，由此给这个依旧虚弱的国家造成的通胀压
力，配给制下各种商品的短缺，福利国家造成的巨大冲击，英国首枚原
子弹的研制成功……所有这些事件在伦敦西区的舞台上都没有得到任何

---

[1] Interview, *The Stage*, 2005.

展现。"[1] 任何关心戏剧的人都希望,机缘巧合之下,演员、剧本和观众能够协力促使转变发生。毕竟,此时还是前电视时代,英国戏剧依然有机会发挥比给人带去愉悦与刺激更加重要的作用。

此时,戏剧界最顽强、最勇敢的改革尝试来自一位出生在伦敦东区的圈外人士。那个时代真正的文化英雄之一琼·利特尔伍德(Joan Littlewood)逃离了皇家戏剧艺术学院,在外省开始了清贫的职业生涯。她深受来自索尔福德、有着共产主义倾向的演员吉米·米勒(Jimmie Miller)影响。米勒后来改名为尤安·麦科尔(Ewan MacColl),并引领了民谣的复兴。30 年代,利特尔伍德、米勒及其创建的"行动剧团",创作了受德国影响的左翼戏剧及宣传戏剧,收到了莫斯科的邀请,还遭到 BBC 的封杀。战后,他们重组为"戏剧工场"。"工场"这个词后来被用滥了,中学、大学、商界里每一次平淡无奇的集会都被冠以这一名字,但当时这还是个新词。他们在肯德尔、威根、布莱克浦、纽卡斯尔等地巡回演出,还是最先在新创立的爱丁堡国际艺术节的"外围"演出的艺术家。他们的作品与博蒙特出品的大都市里的华丽演出形成了极为鲜明的对比。戏剧工场的首部杰作是由米勒创作的《铀 235》(Uranium 235),热情、风趣地讲述了研制核弹的故事,在那个主张拥核的工党政府受到普遍支持的年代,传递出了强烈的反核讯息。

戏剧工场的政治剧巅峰是 1963 年的《多可爱的战争》(Oh, What a Lovely War!),除此之外,他们还演出伊丽莎白一世时期和英格兰国王詹姆士一世时期几乎已被人遗忘的古典剧作,以及新创作的戏剧。例如,爱尔兰共和主义者、嗜酒如命的布伦丹·贝汉(Brendan Behan)那被啤酒浸湿、错别字连篇的手稿就被利特尔伍德认为是天才之作。利

---

[1] Dominic Shellard, *British Theatre Since the War*, Yale U. P., 1999.

特尔伍德出品的每一出戏剧都摒弃了伦敦西区夸张、做作的导演与表演风格。演职人员几乎只能勉强度日，即使在位于伦敦东区斯特拉特福的破旧的皇家剧院稍稍安定下来之后，他们还是不得不自制布景和服装。剧评人开始前来欣赏他们的表演，在巴黎和东欧的演出也收获了如潮好评。与利特尔伍德合作的演员包括理查德·哈里斯（Richard Harris）、罗伊·金尼尔（Roy Kinnear）和芭芭拉·温莎（Barbara Windsor）。然而，保守的艺术委员会拒绝向他们拨发资金，他们还时常受到政治审查的困扰。19岁的索尔福德人希拉·德莱尼（Shelagh Delaney）创作于1958年、以一个功能失调家庭的惊人故事为主题的《蜜糖的滋味》（A Taste of Honey）和莱昂内尔·巴特（Lionel Bart）创作于一年之后的伦敦东区歌舞剧《他们曾经不是这样》（Fings Ain't Wot They Used T'Be）等热门作品被伦敦西区买走，令戏剧工场赚取了一些收入。在斯特拉特福，利特尔伍德和长期爱人格里·拉弗尔斯（Gerry Raffles）要为支付账单和吸引媒体关注以保障未来而辛苦奔波。有一个著名的事例：当几乎醉得不省人事的贝汉接受BBC主持人马尔科姆·马格里奇（Malcolm Muggeridge）采访时，利特尔伍德不得不蹲在地上，扶住贝汉的双腿，避免他摔倒。利特尔伍德不断发表长篇大论和批判之词，发起活动，劝诱观众；但最终，高工资的诱惑和资金不足的压力使得太多演职人员选择了离开，摧毁了戏剧工场。

然而，在提及"愤怒青年"在戏剧界发起的更加著名的反叛之前，完全应该先讲述利特尔伍德的故事。"愤怒青年"的反叛始于约翰·奥斯本创作于1956年的戏剧《愤怒的回顾》（Look Back in Anger）。"愤怒青年"这一称谓源自皇家宫廷剧院新闻官成功的公关噱头。这些人其实并未组成一个戏剧团体。历史学家注意到了当时报纸的热议，这些热议暗示，在"愤怒青年"出现前，除了克里斯托弗·弗赖（Christopher

Fry）创作的蹩脚诗剧，以及博蒙特出品、由一群暴躁的同性恋者出演的热闹的中产阶级戏剧之外，战后的英国戏剧界并未创作出新鲜的剧作。尽管奥斯本本人后来发表的激烈反同言论令这种说法更加流行，但事实绝非如此。《星期日泰晤士报》的哈罗德·霍布森（Harold Hobson）和《观察家报》的肯尼思·泰南（Kenneth Tynan）这两位伟大剧评人的活力促成了英国戏剧新时代的到来。早在奥斯本之前，他们便对戏剧工场产生了浓厚的兴趣，并对其作品给予了热情洋溢的评论。利特尔伍德面临的问题在于：当时英国建制依然极其保守，且冷战情绪正日益高涨，而她的剧团显得过于左倾了。相较之下，"愤怒青年"的愤怒指向并不太清晰。他们没有纲领，没有海外仰慕者，也没有意识形态，这倒是令人感到宽慰。如果戏剧工场出现于 10 年之后的 60 年代中期，那么或许能够从已转而倾向自由左派的艺术委员会和 BBC 处获得更多财政支持。当然，果真这样的话，戏剧工场也就算不上是先驱了。

多数人会将戏剧界的故事等同于演员的故事，他们那熟悉的面庞和多彩的回忆录为平淡的生活增添了乐趣。其他人，尤其是学术界人士，会将戏剧等同于一连串作家和剧作，如拉蒂根、阿诺德·韦斯克（Arnold Wesker）、汤姆·斯托帕德（Tom Stoppard）、戴维·黑尔（David Hare）、霍华德·布伦顿（Howard Brenton），就仿佛戏剧本质上就是某种写在纸上的东西，是文学中的一个任性的分支。当然，这些想法都是对的：没有杰出的表演，没有出色的文字，也就无所谓戏剧。然而，一国戏剧的真正推动力往往来自制作人和剧场商人：塑造各种机构、发掘剧本、劝诱剧团的正是这些人。因此，如果说利特尔伍德发掘了贝汉，并维持着戏剧工场的运营，那么发掘了奥斯本并创办了皇家宫廷剧院英格兰舞台公司的乔治·德温（George Devine）就是这一时代的另一名文化英雄。曾是一名演员的他，对战前的法式实验戏剧技巧愈发着迷。

"二战"期间，他在远东战场服役。到了50年代，德温已经成了一名经验丰富的导演。在老维克剧院，他负责激进的演员训练与剧目制作计划，内容包括莎翁剧、歌剧和新剧作。不过，他觉得这还不够：正值"我们周围发生着剧烈的社会与政治变革之时"，当代剧作却严重不足。与利特尔伍德的不同之处在于，德温已是文化圈内人士，而且不具有共产主义倾向，尽管他仰慕德国的马克思主义剧作家布莱希特。德温吸引了伦敦许多最优秀的年轻演员，如琼·普洛赖特（Joan Plowright）和阿兰·贝茨（Alan Bates）。贝克特是他的密友。不过，他最伟大的成就是发掘了一份出自一位不太知名的年轻演员的手稿。

在1955年8月12日这个炎热的下午，奥斯本正在停泊于泰晤士河畔哈默史密斯区不远处的陈旧的莱茵号驳船上漫步，他就居住在这座廉价的水上住宅里。怀着对时局深深的厌恶之情，仅仅花费19天时间，奥斯本便完成了《愤怒的回顾》的剧本，并将轻薄的打印稿寄给了他能找到地址的所有文学经纪人和剧院经理，但所有人都立刻表示拒绝。奥斯本陷入了绝望。他原本就只能到外省那些鲜为人知的小剧院里演出，并且已是身无分文。身为素食主义者的他，与（水上）室友一道，不得不从河堤上采摘荨麻作为食物。忽然，传来了一阵吱吱作响的船桨声：肥胖的德温乘坐一艘小船前来，已是汗流浃背。奥斯本把他拽到了甲板上。德温喜欢这个剧本，现在他要反复盘问奥斯本了。德温对同性恋者怀有偏见，并且偏爱工人阶级演员；就这两方面而言，奥斯本的答复均令他感到满意。如今，几乎所有人都认为《愤怒的回顾》是一部经典作品，或许算得上是20世纪下半叶英国最重要的一部剧作。在此，我们想要讨论的不是剧情，而是主人公吉米·波特（Jimmy Porter）在妻子和好友面前争吵和咆哮时流露出的激烈、讽刺的苦涩情绪。这是一个感到愤慨和幻灭的年轻人发出的声音，在英国发生的一切都令他无比沮丧。后来，这一声音还将回荡在上百首苦涩的摇滚歌曲里，以及无数部体现年轻人焦虑之情的小说和电影里。然而，此前人们在戏剧舞台上从未听到过这样的声音。当皇家宫廷剧院终于将《愤怒的回顾》作为该季第三部戏推出之后，反响并不热烈，剧评也不友善。博蒙特曾前往观看，但在幕间休息时便离开了。观众起初也反应冷淡。剧院的酒吧女招待对奥斯本的母亲说道："他们不喜欢这出戏，是吧，亲爱的？他们一点也不喜欢。没关系，过不了多久就轮到佩姬·阿什克罗夫特（Peggy Ashcroft）演出了。他们会喜欢那出戏的。不过，他们不喜欢现在这出，一点也不。"①

戏剧史中充满了各种传说。没有哪份报纸的戏剧评论像泰南于1956 年 5 月 13 日发表在《观察家报》上的《愤怒的回顾》评论文章那样被人深深铭记。人们普遍认为，这篇评论以一己之力扭转了这部戏剧的命运。这无疑是一篇热情洋溢的文章，称奥斯本的作品为小小的奇迹，展现出了泰南本不指望能够在英国舞台上看到的品质。尽管认为这部戏剧可能只会受到少数人欢迎，但他继续说道："然而，关键在于'少数人'的数量究竟有多少。我的估计是：673.3 万人，也就是这个国家中年龄在 20~30 岁之间者的人数。来自其他年龄组的'逃亡者'无疑会使这一数字进一步壮大……我怀疑，自己可能无法爱上不愿观看《愤怒的回顾》的人。"这篇坦诚、直率的评论的确掀起了波澜。不过，其他报纸同样注意到了本剧。《金融时报》认为它"有吸引力、令人心痛，有时令人震惊……具有非凡的重要性"；《每日快报》（Daily Express）则认为它"热烈、愤怒、激动、不羁，甚至有些疯狂，但它年轻、年轻、年轻……"。此外，直到在电视上播出（10 月 BBC 播出了片段，11 月

① John Osborne, *Almost a Gentleman*, Faber & Faber, 1991.

新成立的独立电视台播放了全剧），本剧才真正收获成功。

　　与此同时，如果说德温与奥斯本在船上的相会揭开了变革的大幕，那么，随后还会有更为精彩的事件发生。尽管故事的细节并无定论，但主旨却是确定无疑的。奥利弗观看了《愤怒的回顾》，和许多人一样，他也不喜欢这部"太过吵闹"的作品。但美国剧作家阿瑟·米勒（Arthur Miller）此时也在伦敦，因为他的女友玛丽莲·梦露正在与奥利弗合演一部三流电影。奥斯本剧作的题目激发了米勒的兴趣，他说服奥利弗带自己前去观看，结果觉得该剧十分精彩。随后，德温询问他们是否有意向见见年轻的作者，于是他们一同去了酒吧。尽管奥斯本表示下面提到的这句话是后来奥利弗对德温说的，但米勒的说法却是这样："在我右手边几厘米的地方，我无意中听到了一些难以置信的话。奥利弗向面色苍白的奥斯本问道：'你愿意为我写些什么吗？'——当时这个年轻人头发也没梳，乱成一团，脸上的表情就像是 20 分钟前刚睡醒一样。

　　奥利弗那亲切的语调简直能够说服你花上 2 万美元去买一辆没有轮子的轿车。"[1] 奥斯本为奥利弗准备的角色是《艺人》中的阿奇·赖斯（Archie Rice），一名过气、下流的歌舞艺人。在这部剧中，奥斯本狠狠地戳穿了哈罗德·麦克米伦治下英国的幻象。奥斯本很快便指出，早在奥利弗提议之前，他就已经开始研究正在衰落的歌舞表演业。尽管如此，奥利弗的请求依旧令人感到惊诧。当时，奥利弗是英国演艺界的"太阳王"。尽管他本人的婚姻正在崩塌，但他和费雯丽仍然是舞台和银幕上的"王者夫妇"，环游世界示爱，出演最重要的角色，而且无比富有。他请求一位在伦敦外围剧院工作的年轻剧作家给自己提供一个角色，就如同蒙巴顿伯爵卷起袖子，希望成为赫尔城内破旧的拖网渔船上的普通

---

[1] Arthur Miller, quoted in Terry Coleman, *Olivier: The Authorised Biography,* Bloomsbury, 2005.

138　　　　　　现代英国史 A History of Modern Britain

水手一样。

　　然而，这可谓是奥利弗职业生涯中最明智的举动之一。这一刻，以宏大的莎翁剧、王室资助的演出和壮观的伦敦西区为代表的旧式戏剧界，臣服、让位给了更加粗糙的新英国，其象征意味就如同扔掉佩剑、带扣和翎羽，改穿宽松的便衣，改说讽刺的言语。奥利弗是战后英国戏剧界最重要的人物。在30年代，他出演了许多浪漫冒险作品，还曾与许多好莱坞女明星合作。"二战"期间出演的舞台剧令他大获成功，他回忆道，成功的滋味"如同海藻或是牡蛎"。骑士头衔、出演的影片，以及与费雯丽的婚姻，使得他成了一名国际巨星。40年代末为他举办的一场好莱坞派对的宾客名单就足以证明这一点：格劳乔·马克斯（Groucho Marx）、埃罗尔·弗林（Errol Flynn）、金杰·罗杰斯（Ginger Rogers）、罗纳德·科尔曼（Ronald Coleman）、路易斯·迈耶（Louis B. Mayer）、汉弗莱·鲍嘉（Humphrey Bogart）、玛丽莲·梦露以及劳伦·巴考尔（Lauren Bacall）全部前来捧场。

　　后来，他又成为英国国家剧院的推动者；如今，英国国家剧院最重要的大堂之一，以及表彰杰出演员的年度奖项，都是以他的名字命名的。事实上，将他比作现代君主，仍稍稍低估了巅峰时期的奥利弗。那么，既然明知道奥斯本向他提供的角色必然迥异于爱情片男主角或是受尽折磨的王子这类公众期待他出演的形象，他为何还要提出这一请求呢？部分原因在于他对常规角色已心生厌倦，部分原因在于费雯丽的情绪越来越不稳定，使得他备受折磨，已下定决心要结束这段婚姻。在经历了几段感情之后，他最终与德温主持的皇家宫廷剧院的女演员普洛赖特成婚。实际上，他既没有放弃出演莎翁剧（几年后他又精彩地演绎了奥赛罗），也没有拒绝好莱坞。但出演《艺人》以及与普洛赖特结婚，为他开辟了新的方向。因此，上述问题的答案应该是：奥利弗凭此能够重塑自己的形象，成为一位现代人物，而不再是身着遮阴袋和紧身装的中世纪主人公。

英国戏剧也走过了类似的轨迹。在强势依旧的电影和新兴的电视夹击之下，戏剧依然保持住了自己的重要地位。尽管战后物资仍然严重不足，但博蒙特时代的英国戏剧却是奢华、多彩和浅薄的；随着大众消费热潮的到来，英国戏剧反而变得更加阴暗、躁动。这并非巧合。在这两个阶段，舞台与现实都构成了鲜明反差。奥斯本笔下的吉米·波特哀叹道，1956 年时"英勇的事业"已经所剩无几；而在冷战刚刚开始、军队尚在复员的 1946 年，这种情绪则是不合时宜的。与之类似，战后上映的《俄克拉荷马》曾令伦敦深感温暖，但 10 年之后，此类幼稚的歌颂生活之作便无法再打动这座已变得更加富裕的城市了。到那时，剧院不得不努力争取那些在别处可以收获更多观众、赚取更多金钱的作家与演员。《愤怒的回顾》《蜜糖的滋味》《艺人》《多可爱的战争》都将被搬上银幕。许多优秀的演员、导演和制作人都将投奔位于莱姆格罗夫、伊灵和特丁顿的"虚拟剧院"：这些宛如飞机库的摄影棚里没有观众席，却布满了照明设备与话筒。

伦敦西区和外省的大剧院仍将为希望见到著名演员本人以及愿意尝试新剧作的中产阶级提供娱乐。在新剧作家当中，哈罗德·品特（Harold Pinter）被普遍认为是最伟大的一位。1958 年，他的《生日派对》（*The Birthday Party*）一剧开演后便陷入了困境，直到一篇高度赞扬的评论文章出现，才免遭被人遗忘的命运。从停顿以及单调的布景，到对于日常语言及政治背景的复杂运用，他的这些著名手法为人们提供了观察和倾听英国的独特方式。他追随的是早先被称为荒诞派的剧作家，尤其是贝克特——1955 年，年轻的彼得·霍尔在艺术剧院执导了《等待戈多》（*Waiting for Godot*）英文版的首映。但正如贝克特身上的法国–爱尔兰特质一样，品特也具有浓厚的英国特质。60 年代和 70 年代英国戏剧界诞生的那些才华横溢的人物，从乔·奥顿（Joe Orton）等讽刺作家、斯托帕德这样的魔术师，到阿兰·艾克伯恩（Alan Ayckbourn）这样目的仅在于提供娱乐的作家，再到韦斯克、约翰·阿登（John Arden）、爱德华·邦德（Edward Bond）、黑尔等伟大的政治剧作家，这些人的出现表明，戏剧并未被电视扼杀。他们让伦敦人以及任何没有远离大型剧院的英国人感到愉悦、受到挑战、被迫思考周遭的世界，为其提供了不逊于任何国家的才智与愤怒之情。在 21 世纪，好莱坞明星会定期踏上前往伦敦剧院的朝圣之旅，来此演出或是执导戏剧。与此同时，新的优秀作品仍在源源不断地产生。尽管局势不利，但戏剧依然是英国的一大荣耀。

## 惨烈的朝鲜战场

1946 年 3 月，被赶下权力宝座的丘吉尔在美国密苏里州富尔顿发表了著名的"铁幕"演说。危机一个接着一个。斯大林曾经希望说服西方不要建立独立的、有着自己货币的联邦德国，但未能成功。在艾德礼和贝文的鼓舞下，美国发起了一场大规模空运，为遭到围困的西柏林提供补给。到封锁解除时，飞机共 27 万次飞往西柏林，送去了燃料、食物和衣服。这次既惊人又危险的救援行动大获成功。与此同时，苏联与铁托（Josip Broz Tito）领导下叛逆的南斯拉夫开战的可能性越来越大：斯大林曾计划暗杀不服从自己的铁托。美国在东盎格利亚部署了核轰炸机，苏联如今也拥有了核弹。在这样的背景下，危险一刻也不曾消退，令人心力交瘁。除此之外，英国在 1950 年再度陷入了战争，这一次是与美国及其他许多国家一道。

　　除了军事史学家以外，没有多少人还记得朝鲜战争，但这的确是一场危险的全球性冲突，英国在其中发挥了虽属辅助但很重要的作用。这是英国军队第一次也是唯一一次直接与一个共产主义大国的军队作战。这场战争既漫长又血腥。由职业军人和年轻的应征新兵构成的英国及英联邦军队，共有超过 1 000 人阵亡，3 000 人受伤。联合国军的伤亡总数约为 14.2 万人。这些数字已经够糟糕了，但情况原本可能变得更加糟糕。刚刚从战后日本事实上的独裁者这一职务上卸任的美军司令麦克阿瑟执意要与中国打一场全面战争，连美国总统都认为他是个疯子。在冰冷、陡峭的山地里，在稻田中，一支以农民为主的军队令美军头痛不已。于是，美军考虑用原子弹在中朝之间炸出一片辐射隔离带。美国总统杜鲁门无意批准麦克阿瑟动用原子弹的计划，但不久之后的 1953 年，其继任者艾森豪威尔的确考虑过直接对中国进行核打击。

　　在发给艾德礼政府的一份备忘录中，英军总参谋长用雅致、委婉的语言表示："从军事角度来看……在朝鲜投下原子弹的主意是不妥的。这一行为导致的后果将波及全世界，并且可能造成极大危害。此外，这还有可能引发一场全球性战争。"[1]工党议员希望核武器仅限于联合国使用（这一想法有些古怪），艾德礼也前往华盛顿，确认杜鲁门无意令世界陷入核战争。倘若中国军队在战场上取得了更大的胜利，那么引发核冲突的可能性也会更大。尽管人们往往（正确地）认为，1962 年的古巴导弹危机是世界最为接近核战争的时刻；但更早之前，在中国和朝鲜，的确曾存在爆发核战争的可能。

---

① 引自 Max Hastings, *The Korean War*, Michael Joseph, 1987。

当朝鲜军队于 1950 年 6 月 25 日越过边界南下后，英国政府相信，迫于形势，需要派出部队和战舰帮助美军以及摇摇欲坠的李承晚政权。无论是政府还是下议院对此都没有什么异议。与越南战争不同，朝鲜战争是一场在新设计的联合国蓝白两色旗帜下发动的各方一致同意的战争。朝鲜和中国军队共有 50 万人，到了战争结束时，在朝鲜战场上作战的中国士兵数量达到了 300 万。后来中国向盟友表示，共有 40 万人在战场上牺牲。联合国军中有澳大利亚人、加拿大人、比利时人、法国人、荷兰人、泰国人、埃塞俄比亚人、希腊人、土耳其人、哥伦比亚人，等等。无论来自哪里，大多数人都憎恨自己如今所处的国度。在前线，冬天冷得刺骨，其他时候则蚊虫肆虐。人类粪便被用作肥料，虽说这种做法在农村并不罕见，但这股刺鼻的气味却永远留在了许多老兵的脑海里。

英国军队在重大战役中表现英勇，但他们却发现，在过去 5 年间，自己与美国人之间的文化分歧变得更大了。最著名的事例是 1951 年 4 月，"光荣的格洛斯特战士"在临津江之战中的英勇表现。当时，与北爱尔兰人、加拿大人和比利时人一道，格洛斯特郡团第 1 营的士兵突然发现，自己要独力抵挡中国军队发动的第五次战役。这支部队兵力远远不足，缺少重炮或空中支援，很快还被中方先头部队切断了后路。在这种情况下，旅长汤姆·布罗迪（Tom Brodie）请求美军给予帮助，表示英军的处境"有些不妙"。美军指挥官并未意识到这其实是"灾难性"的委婉说法，于是仅仅轻快地告诉布罗迪先按兵不动。第一场战役结束后，850 名格洛斯特战士中，只有 169 人还能应答点名。共有 63 人战死，约 200 人重伤，其他人则被俘；中方也有多达 1 万人战死。经历了 4 天绝望的抵抗，格洛斯特的战士们实在无法继续坚持下去。当中方再度吹响冲锋号后，英军鼓乐队队长被要求吹响他能记起的所有号声，作为回应。于是，激励士兵战斗的不仅仅有"起床号"，还包括"违纪号"和"军官着装用餐号"。当弹药终于用尽，格洛斯特战士只得向中方投掷加工奶酪罐头，徒劳地指望他们会误以为这是手榴弹。然而这一黑色喜剧式的绝望举动，在重要关头真的拖住了中方进军的脚步。一位研究朝鲜战争的历史学家总结称，在临津江之战中："世界上最具政治性的军队和最不具政治性的军队相遇了，前者在山地和稻田里推进数英里的尝试，遭到了后者的疯狂抵抗……在整条战线上，中方的第五次战役都失败了。此后，中方再未发动全面战役，因为这毫无成功的可能。"[①]

"黑卫士兵团"以及两年之后的威灵顿公爵团也都有着英勇的表现。威灵顿公爵团的士兵四分之三都是年轻的应征新兵，周薪仅为 1.62 英镑。在一座被称为"钩子"的山岭处，他们抵挡住了中国军队的冲击。尽管未满 18 岁禁止踏上朝鲜战场，但还是有很多人谎报年龄参加了战斗。英军表示，在朝鲜战场上，薪酬最低的两支军队，一支是中国人民志愿军，一支就是他们自己。当然，在战争期间制订战略的是美国军官和政客。杜鲁门终于解除了麦克阿瑟的职务，这或许是美国上层在战争中采取的最重要、最有远见的举动。到 1953 年 7 月《朝鲜停战协定》签署之时，返乡的英国军队，包括备受煎熬、营养不良的战俘，却发现公众对他们十分冷淡。中方曾试图对英军战俘进行思想改造，但只对两人产生了效果：一人是间谍，后来他暴露了身份；另外一人是苏格兰士兵，他或许是回想起了 20 世纪 50 年代初苏格兰的社会氛围，才选择留在了红色中国。尽管有些中方政治工作者能够说流利的英文，但双方之间的交流却寥寥无几：浓重的英格兰东北、西南及苏格兰口音似乎令他们完全无能为力。

---

① Max Hastings, *The Korean War,* Michael Joseph, 1987.

朝鲜战争与伊拉克战争有一些可比之处。前者有联合国授权；二者都是英国辅助、美国主导的战争。与伊拉克战争的情况一样，半个世纪之前的公众同样认为英国的地区盟友既不吸引人，也不民主。李承晚政权一样专横，且更加残暴，还极为忘恩负义。与伊拉克战争的情况一样，英国记者也在努力传播关于这场战争的真相，促使人们清醒。才华横溢、声名卓著的左翼记者詹姆斯·卡梅伦（James Cameron），因为揭露了韩国政治犯的悲惨处境，丢掉了在当时很流行的《图画邮报》（*Picture Post*）的工作。他后来写道："他们只是一具具骨架。他们只是有着人皮的木偶，肌腱是他们的牵线。他们的面孔呈现出恐怖的、近乎透明的灰色。他们就像狗一样，畏畏缩缩。"[1] 与伊拉克战争的情况一样，英国也挣扎着运用自己仅有的影响力。艾德礼飞往华盛顿，试图说服杜鲁门不要使用原子弹，就如同布莱尔飞往华盛顿，试图说服小布什努力争取联合国的支持一样。与伊拉克战争的情况一样，英国军队在艰巨的条件下表现英勇，回国之后却发现人们对此并不感兴趣。

东德领导人曾吹嘘称，朝鲜战争之后，西德将成为下一个武力解放的目标。斯大林当然希望将西德、西班牙及意大利都纳入自己的势力范围，并与幕僚讨论过向美国太平洋舰队发动袭击的问题。1950 年 10 月，他向毛泽东表示，第三次世界大战不一定可以避免："如果战争不可避免，那么就立刻开打，而不是等到几年之后。"[2] 在西德，约 8 万名英国士兵驻扎在条件舒适的前纳粹党卫队与德国空军兵营里，德国人为第三帝国的战士配备了双层玻璃窗、中央供暖、运动设施以及电影院。这些士兵为苏联红军突然来袭做好了准备。[3] 和朝鲜战场一样，他们中也

---

① James Cameron, *Point of Departure,* Arthur Barker, 1967; repr. Granta Books, 2006.
② 见 Jung Chang & Jon Halliday, *Mao: The Unknown Story,* Jonathan Cape, 2005。
③ Tom Hickman, *The Call-Up: A History of National Service,* Headline, 2004.

有许多是应征新兵。英军的许多坦克早已陈旧过时，例如制造于 1939 年的瓦伦丁式坦克以及破旧的丘吉尔式坦克。苏联战机从上方掠过，试图考验西欧防线；白厅却认为，一旦袭击发生，北约凭借常规部队只能抵抗几天时间。这就如同 1940 年的故事再度上演，但存在着一处重大区别：要想避免遭受苏联的闪电战攻势，西方必须尽早发动核打击。随着军备竞赛愈演愈烈，政客和评论人士将对其技术细节越发着迷。

此后由美国主导、英国和法国紧紧跟随的大规模重整军备，对英国造成了沉重打击。作为联合国和北约的创始成员，英国自认为仍是全球大国，仍要承担全球责任，并为此付出了巨大代价。朝鲜战争本身并未导致财政吃紧，官方历史学家表示："这场战争的总花费与同一时期英国为北约重整军备的开销相比只是九牛一毛。"[1] 然而，这毕竟意味着工党政府需要匆忙地将用于国民医疗服务体系的资源转移到军装和战机的生产上；而且在劳动力短缺的当时，每年却有约 30 万男性不得不离开就业市场。意想不到的后果还在于，英国迫切需要西德制造的机械，这使得西德迅速恢复了元气。很快，陈旧过时、管理不善的英国工业在其他领域也将遭遇由西德发起的严峻挑战。然而，重整军备在英国国内导致的最严重后果，恐怕还在于它重创了当时人们的士气，或者说是精神。冷战塑造了战后的欧洲；在英国，冷战则迅速扼杀了曾短暂兴起的关于美好未来的乐观情绪。

---

[1] Anthony Farrar-Hockley, *The British Part in the Korean War,* HMSO, 1990.

# "新耶路撒冷"终成空

在 1950 年的大选中，工党赢得了 1 330 万张选票，退步幅度要小于选民数量更多的 1997 年。然而，其在下议院中的多数优势仅仅剩下了 5 席。莫里森辛辣地反思称，英国人民想狠狠地踢工党一脚，但还不想把工党踢下台："但我觉得他们踢得太用力了。"相对年长的几位工党领袖健康状况不佳，由此也能感受到该党正在走下坡路。1947 年的危机期间，血栓差点要了莫里森的命，他服用的新药物导致肾脏大出血。在他住院期间，教育大臣埃伦·威尔金森（Ellen Wilkinson）死于巴比妥酸盐摄入过量（她仰慕莫里森，有可能还是其情人）。尽管工党成功地将离校年龄提高到了 15 岁，并启动了雄心勃勃的学校建设项目，但艾德礼政府的教育政策仍比较失败。人手极其不足，具备资格的教师人数太少，从学校家具到现代教科书无不短缺，资金也严重不足。身材娇小、一头红发的威尔金森在战前曾参加贾罗镇游行，在党内深受爱戴，但变革的速度之慢令她越来越感到抑郁。1947 年 1 月 25 日，在前文曾描述过的那个严冬，她坚持要前往伦敦南部一座荒凉的露天建筑，出席一所戏剧学院的落成仪式。威尔金森病倒了，并且似乎弄乱了自己的药物，但其他人则相信她是由于对感情和事业感到失望而选择了自杀。验尸官的记录为"肺气肿导致的心脏衰竭，以及急性支气管炎和巴比妥酸盐中毒"。[1]

威尔金森是大臣们艰辛生活最初的受害者，但远不是唯一的一位。

---

[1] Betty Vernon, *Ellen Wilkinson*, Croom Helm, 1987.

在朝鲜危机的紧要关头，艾德礼因出血性溃疡不得不入院治疗；过度的劳累和放纵终于压垮了贝文，他于当年4月去世；自从1949年以来，克里普斯的身体状况就非常糟糕，脊柱里的一处结核脓肿带来的剧烈疼痛令他痛苦不已，最终在1952年前往瑞士的定期求医之行中去世。有人表示，到了20世纪40年代末："大臣们开始像年老的村妇那样在私下里互相谈论健康状况。艾德礼向多尔顿透露，他对于身体虚弱的贝文和莫里森都无比担忧。生命显然已经快要结束的贝文则'为艾德礼感到担心'。'他不再理智了……'贝文说道。整个内阁都处于这样的状态。"[1]按照现代标准来看，工党内阁并不算特别年长，重要阁员大多是五六十岁，但那个年代的政客往往大量饮酒、抽烟，还承受着巨大的压力。多数大臣每天都一直工作到深夜，还要在下议院里与更加年轻的议员辩论。旅行时，他们乘坐的也是未增压的慢速飞机。他们往往就近度假，假期还经常被内阁危机会议打断。在战后那段岁月里，糟糕的健康状况和水平低下的手术不仅困扰着工党政客，也困扰着保守党政客。休·盖茨克尔（Hugh Gaitskell）、艾登和麦克米伦都深受健康状况不佳之苦。只有丘吉尔是个例外：尽管嗜好雪茄和白兰地、作息极不规律，但他一直活到了高龄。看来，长寿的秘诀在于享有国际盛名，以及当自己说的话很乏味时，他人仍乐于聚精会神地倾听。

除了疾病和失望，工党领导层还开始四分五裂。回过头来看，导致贝万及其助手哈罗德·威尔逊（"贝万的小狗"）离开政府的争吵十分愚蠢。与黑暗的1947年相比，经济已然好转：尽管仍缺少美元，但马歇尔计划提供的慷慨援助缓解了危机；据估计，到1949年，国民

---

[1] B. L. Donoughue & G. L. Jones, *Herbert Morrison, Portrait of a Politician*, Weidenfeld & Nicolson, 1973.

收入已增长了十分之一。针对民众对限制和短缺的不满情绪，威尔逊于1948年宣布要"焚烧掉诸多控制措施"。看来，工党大臣们有可能顺应民意，接受英国人希望开销而非排长队的事实。工党向来分裂为坚守意识形态的社会主义者与更具实用主义色彩者这两个阵营，但在历经艰难险阻之后，当这一届政府任期即将结束时，并没有爆发争吵的必要。

引发争执的还是那个老问题：资金应该优先用于英国的海外义务，尤其是资助北约及其在德国边境抗衡苏联的庞大军队，还是优先用于保护在国内取得的社会进步？作为保持大国地位的代价，美国要求英国耗费巨资重整军备；伦敦方面接受了这一要求。为此，新任财政大臣盖茨克尔提议向牙科和眼科治疗征收费用，以此来募集资金。国防支出将从1948年占国民收入的7%，上升至4年后占国民收入的10.5%。对于一个经济仍然脆弱的国家而言，这一比重十分惊人。就金额来说，无论是相对于建造坦克与飞机的成本而言，还是相对于国民医疗服务体系的预算而言，新提议征收的费用都是微不足道的。然而，一时的热血和发酵已久的敌对关系却使得这一问题升级成了事关社会主义原则的斗争。盖茨克尔想要奠定自己作为财政大臣的权威，贝万则希望保护国民医疗服务体系这一突破性成就。在半个世纪后的今天再回过头来看，两人的立场都不够明智。英国不可能维持昔日的大国地位；但在其他国家都将马歇尔计划的援助资金用于重建工业实力时，同样也不可能将这笔意外之财的大部分都用于福利支出。议会里的言辞变得越来越激烈，艾德礼也不再能够掌控全局。最终，贝万及其朋友选择了辞职，工党的这道伤疤将永远无法愈合。支持贝万的人愤怒地结成了小团体，他们的对手则用更加激烈的言语予以回击。

就这样，6年之前刚刚取得压倒性胜利的工党，似乎已经丧失了继续前进的意愿。当时的一位记者将其描述为"一只受了伤、舔舐着伤口的年迈动物"，其他人则认为下议院的争论表明"政府遭受了严重的内部大出血，随时可能因失血过多而毙命"。[1]事后诸葛地看，战后由工党执政的这段时光与随后的岁月几乎是断裂的。战争消耗了这个国家的太多能量，残存的一些精力完全被用于挣扎求生。此时的英国工业陈旧，欠了美国一大笔债，并且对于没有享受到战后红利愈发感到不满。也许，这并不是建设社会主义"新耶路撒冷"的好时机。强制推行现代化的努力大多迅速以失败告终；将工厂迁至不发达地区的命令并未产生长期收益；公司被鼓励不惜一切代价出口商品，却无法改善自己的设备和应对激烈的市场竞争；将在战后成为常态的通货膨胀也于此时显现，从1949—1950年的3%上升到了1951—1952年的9%。

英国对美国的严重依赖屡屡遭到政客的低估。例如在1947年，英镑危机使得节约美元成了当务之急，威尔逊遂决定向好莱坞电影征收进口税。于是，美国开始抵制英国市场，此举对于这个当时十分沉迷于电影的国度造成了沉重打击。工党试图用国产爱国主义影片来填补空白，而且英国的确有着出色的导演、拍出了优秀的影片，但此时人们已形成了这种观念：只有来自太平洋沿岸的舶来品才是魅力非凡的。一旦关税和抵制双双解除，美国影片的浪潮迅速淹没了英国国产片，于是政府不得不再次施加关税。另一个例子则是"大英空中帝国"这一迷梦，其内容是印有爱国主义标志的新式大型商业客机群在各大洋上来回穿梭。这同样是狂妄心态导致的昂贵教训。布拉巴宗 I 型及都铎 IV 型等大型飞机根本无法与美国的洛克希德型飞机相匹敌。50 年代末发生的空难延缓了英国最好的飞机彗星型喷气机的发展，这在商业上是致命的。看起

---

① 这些话来自《曼彻斯特卫报》（*Manchester Guardian*）的迈克尔·弗雷恩（Michael Frayn）与弗朗西斯·博伊德（Francis Boyd）。

来，还是坚决地采取灵活、顺势而为的方式，更有利于英国在国际竞争中取得成功。

不过，最能够将各种矛盾、希望与混乱、旧式国家指令与即将到来的消费社会都"一网打尽"的，还要数著名的 1951 年"英国节"展览。直到今天，上百万人仍能回忆起此次展览的标志性形象：巨大的、现代主义风格的"探索穹顶"展览馆，就如同一个能够飞行的茶杯，降落在泰晤士河南岸、议会大厦的对面；还有云霄塔这一巨大的铝制矛状物体，就如同一枚得了厌食症的火箭，似乎是悬浮在空中的（人们表示，和当时的英国经济一样，看不到有任何东西支撑着它）。"二战"期间，人们时常提及举办"英国节"的想法，但真正将其付诸实践的却是《新闻纪事报》这份持有自由派观点的左翼报纸的一名编辑。在许多方面，杰拉尔德·巴里（Gerald Barry）都和被他所吸引的那些工党大臣很相似：品格高尚、出身于神职人员家庭、激进、接受的教育使其具有上层气质。他希望这次节庆不仅仅能为人民带去享受，还能够"表达一种我们信奉的生活方式"。政府欣赏这一想法，设立了一个同样品格高尚的委员会来推进这一计划，其成员包括数名高级公务员、一名建筑师、一名古生物学家以及一名剧院经理。

记者迈克尔·弗雷恩（Michael Frayn）在关于此次"英国节"的一篇著名文章中表示："设计此次展览的是一群'草食动物'（指战后英国建制中的左倾人士），即签署请愿书的那些人以及 BBC 的骨干。他们对于自己的特权地位感到内疚，尽管通常不会因此停止吃草。"后来，人们将这些人称为"闲话阶级"。[1] 对这群"草食动物"而言，幸

---

[1] Michael Frayn, 'Festival' in *Age of Austerity 1945–1951*, ed. Michael Sissons & Philip French, Hodder & Stoughton, 1963.

运的是，莫里森很快便接过了负责这场盛会的政治责任。无论莫里森有什么样的缺点，他都绝不是自以为优越之徒，并且充分理解人们渴望充满乐趣和色彩的生活。正如莫里森日后所言，他希望人们能有机会"拍拍彼此的后背，互相鼓励"。他的外孙曼德尔森于 90 年代末负责"千年穹顶"计划时，显然忘记了这一教诲。

最终，有 850 万人来到泰晤士河畔参观"英国节"展览，另有 800 万人前往位于巴特西的相关游乐场。在全国各地，还有无数民众参加当地的活动：从乡间的古装游行，到乘船环游海港，再到科尔切斯特的篮网球（netball）比赛。"英国节"表明了通过规划与冒险，能够以及无法取得哪些成就。在"英国节"举办期间，一片杂草丛生、泥泞不堪、几乎被废弃的沼泽一般的荒地被改造成了宏大的全国性展览场所。这一计划的方方面面都在白厅里经历了无休止的争论：从采用哪种建筑材料，到举办场所应该位于伦敦何处，再到展览的具体内容是什么。最终，大量展出的是英国最出色的设计方案与工业品、表现历史与科学的静态造型，以及美妙的现代艺术。广场周围环绕着许多通风良好的场馆，铺设了一条构思奇妙的铁路模型，退休金部还希望适度地展示一下假肢。以《旗帜晚报》（*Evening Standard*）为首的右翼报纸嘲讽称，这整件事不过是在浪费时间，是"莫里森的愚行"。美国人也写信表示反对，理由之一是此事不符合英国气质，而且游客"希望英格兰保持原样，虽然带有战争创伤，但仍是美丽的"。在施工的最后阶段，大雨倾盆而至，此外罢工也使得工程一度中断。就如同英国飞机遭遇的失败一样，问题不在于缺乏雄心，而在于缺乏将其变为现实的能力。

尽管如此，"英国节"展览仍然顺利完成了。这一刻，人们感受到了兴奋的爱国热情。由国家机构主导的这一计划尽管遭到了许多人的嘲笑，但的确令全国民众激动不已。保守党议员渐渐改变了立场；多数报纸虽不情愿，但也只能如此。抽象雕塑、古典音乐、新潮设计等高雅艺术成功地（虽说是短暂地）与流行文化结合起来，出售薯片与豌豆的咖啡馆、各种游乐设施、焰火表演以及格蕾西·菲尔茨（Gracie Fields）在歌厅里的演出，就是最好的例证。最终，民调显示大多数民众都支持"英国节"。官方头衔为枢密院议长（Lord President）、被嘲笑难逃失败命运的莫里森，此时被媒体亲切地称为"节庆长官"（Lord Festival）。这是一次惊险的胜利，从人们阴沉的脸庞上挤出了一丝笑意。或许，在英国那灰暗、泥泞的土地上，工党 1945 年许下的品德高尚且具有爱国热情、不同于粗鄙的美式消费主义的"社会主义联合体"之梦，终究是可以实现的？

"英国节"展览最终成了很长一段时间内工党向这个国家的告别演出。弗雷恩后来将其比作在暴风雨过后出现、预示着晴好天气的一道彩虹："它标志着饥饿的 40 年代的结束，以及更加轻松的下一个 10 年的开始……也许可以将其比作一场愉快的生日派对，但派对的主人却即将离世。"如果说"派对的主人"指的是某种英式社会主义的愿景，那么这一具有黑色幽默意味的比喻可谓一语中的。工党使得英国稍稍更加文明了，无疑还使得英国更加公正了，但并未促成一场革命。到了工党于 1964 年重新掌权时，英国所经历的更像是一场"美国节"。

# 第二部分

# 巨 变 将 启

# 1951—1964

在这段时间里，统治英国的依然是各种小圈子与小集团，而不是富有远见的个人，更不是人民群众。对于小圈子政治而言，战后的经济增长是个好消息，但小圈子主导的英国最终还是失败了。而在政治与经济之外，一个新的国度正在破土而出：色彩更加鲜艳、更加时尚、雄性气质较少。

# 过渡时代

在有些人看来，从艾德礼政府下台，到工党在自以为是、妙语连珠的威尔逊领导下重新掌权，英国经历了一段金光闪闪、面目一新的时期，另一些人则认为这是保守党的糟糕统治下灰暗、随波逐流、"被浪费掉的 13 年"。无论如何，这段时期的英国的确是一个截然不同的国度，当时的许多景象如今都消失了。你或许会钻进奥斯汀弧形车，驶向米德兰银行；途中停靠在一家莱昂斯快餐点，读读《新闻纪事报》或《图画邮报》，抽上一根绞盘牌香烟，期待着在周末乘坐电车前去观看摩托车竞速赛。当时也可以想象一种不一样的英式生活方式。翻阅一下那个时期的报纸和杂志，就能发现我们的未来本可能多么不同。当时那种笨重的、显得有些纯真的纯英式轿车如今已显得十分陌生。位于布拉德福德市艾德尔区的乔伊特汽车公司在为它们旗下的标枪牌和木星牌轿车刊登广告；或者，你还可以"开上沃尔斯利轿车，当个有钱人"。尚没有迹象表明，当汽车的黄金时代来临后，英国那肆意发展的独立汽车产业将被彻底摧毁，"在公路上行驶的自由"也将被一大堆复杂的管制措施、处罚规定和文件取代。当时还没有高速公路，也没有出城限速；将来的直升飞机场还只停留在草图阶段。

当时人们的外观也不一样。很少有男生不戴帽子、不穿短裤。如果他们被发现打破了窗户或是撒了谎，很可能会被父亲一本正经地用手杖敲打一番。年轻的女孩穿着自家做的衬衫，而且从未听说过"性交"这件事——人们是真心这样希望的。似乎所有女性都是家庭主妇，她们身着紧身胸衣、戴着帽子，几乎从不穿裤装。对男性而言，柔顺的一字胡被认为对女性极有吸引力，衣领与上衣是分开出售的，法兰绒衣物上总是留有烟斗的气味。

最为重要的是，此时的英国依然是一个军事化的国度，仍然沉浸在对"二战"的记忆里，将军是著名的公众人物，新型喷气式轰炸机则激发了骄傲之情。到了 20 世纪 60 年代，嬉皮士出于反讽意图才会身着军装，但此时军装在街上却十分常见。兵役制度于 1947 年设立，取代了战时的征兵制，并于两年后正式生效，一直沿用至 1963 年。超过 200 万青年男性应征入伍，多数加入了陆军。这一制度使得各个阶级的年轻人在脆弱的年纪聚集到了一起，接受严格的纪律约束以及一定程度的实用教育，并使他们长期处于物资匮乏的状态，有时还要面对真正的危险。十来岁的青少年被命令进行操练，剪短头发，穿上沉重的靴子，无休止地擦拭、折叠及漂白整套服装。到了一定时候，其中有些士兵会在远东、巴勒斯坦、埃或非洲为英国而战；大多数人则会在英国或德国的庞大兵营里待上一到两年，无聊到几乎要发疯。有些士兵失去了生命。据估计，在实行兵役制度期间，共有 395 名应征新兵在海外的 50 余次战斗中牺牲。据说，还有几十人死于在威尔特郡的波顿当进行的秘密化学武器实验，其他人则在英国核试验中被当作实验对象，还有一些人干脆选择了自杀。战后英国的整整一代男性都经历了兵役制度的洗礼，由此，兵役制度也为这个时代定下了基调。当时文化中反权威的愤怒与讽刺元素，许多都与兵役制度有着直接或间接的关系。同样与兵役制度密不可分的，还包括上百万家庭中擦拭衣物、穿着得体、服从权威的习惯。总体而言，或许正是这项制度使得40年代的氛围比人们的预期多保持了十来年时间。

在德国、法国、苏联或日本等国，40年代的创伤与破坏依然随处可见。在英国，最后一批战犯已被遣返回国，轰炸后的废墟已被填平，盖起了平淡无奇的功能性建筑，但人们仍在逐步吸取"二战"的教训。在当时还是孩子的那代人记忆里，50年代自然是一切正常的：我们当时是那样生活的，似乎也就意味着我们从来都是那样生活的。女主内，做果酱、织衣服；男主外，规律地上几小时班。然而，对于这种宁静的家庭生活的向往，正是1939—1945年那段痛苦、不安的岁月以及其后对核战争的持续恐惧所引发的反应。在当时，这样的感受是新鲜的：能安安静静地待在家中，真是一种解放。在中产阶级的记忆中，"二战"之前则是一段有序的岁月。丘吉尔于1951年重新上台，更加加深了这种印象，即英国还能重建如今已成为模糊记忆的那种战前等级秩序。当这段时期于1963年结束时，英国还有近25万从事"家政服务"的人（即女仆、杂务主管、仆从）以及超过600名全职管家。此外，还有31名公爵、38名侯爵，以及区区204名伯爵为英国增添荣耀。[1]许多私人公司给人的感觉就像军队一样，一群绅士是居于上层的"军官"，其下则是一群中层"军士"。在工作场所之外，公众处于自信的官僚机器、会诊医师与令人畏惧的女舍监、主教与公园管理员、公车售票员与骑着自行车的警察监督之下，按照当代标准来衡量，他们的权威几乎是毫不受限的。绞刑、对年轻违法者的体罚、对堕胎和男性同性恋行为的严厉法

---

[1] 这些数据来自 Anthony Sampson, *Anatomy of Britain Today*, Hodder & Stoughton, 1965。

律——这些控制手段常常引发人们的低声抱怨和违抗，但在 50 年代初还很少受到挑战。整个国家大体上秩序井然。人们仍然是顺从的公民与臣民，尚未成为挑剔的消费者。爱国主义被公开、大声、自然而然地宣扬着。很快，这种现象就将变得难以想象。

在 50 年代中期，英国仍是一个世界性大国，既现代，又与世界各地有着紧密联系。在石油、烟草、航运和金融等行业，英国大公司都是全球领导者。尽管"英联邦"这一名字已经流传开来，但大英帝国尚未彻底远去。广播与周刊仍然在大量播报王室出访和具有异域风情的代表团来访的新闻。澳大利亚、新西兰和南非被推荐为度假和移民的目的地，这些阳光灿烂、富饶且空旷的地方就如同英国的加利福尼亚，构成了新的边疆。商业邮轮在南安普敦的港口静待出发，旗帜在船上飘动。这绝非一个不受外来影响的国度，来自意大利或斯堪的纳维亚的影响就如同来自美国的影响一样强有力，例如咖啡吧、丹麦式设计、踏板式摩托车，以及某种被作为"意式威尔士干酪"推销的食物（后来被称为"比萨"）。美国文化的恐怖实力正在逐步显现，但在数年之内，英国能够强大、自信且不受美国文化影响的前景似乎不仅仅是可能的，更是大有希望的。毕竟人均而言，英国依然是世界上第二富裕的大国。

在公开场合，矗立着一道国民信心的阵线。在 1953 年的女王加冕典礼后，虽然略有些难为情，仍有不少人开始谈论新伊丽莎白时代的到来，伟大的作曲家、艺术家和科学家将服务于这个重获新生的国度。即使回过头来看，这种说法也不能算全错。英国的确涌现出了许多世界级的音乐人才，例如拉尔夫·沃恩·威廉斯（Ralph Vaughan Williams）、本杰明·布里滕和迈克尔·蒂皮特（Michael Tippett）。奥登（W. H. Auden）和艾略特则是那个时代的伟大诗人。此外，至少在许多人看来，雕塑家亨利·穆尔（Henry Moore）和画家格雷厄姆·萨瑟兰也是世界级的人物。丘吉尔在 50 年代初还担任首相，也许真的过于年长了，但他无疑是那个时代的少数几位伟人之一。这位年迈巨人的著作从各家出版社涌出，使得他所讲述的历史在公众心中打下了深深的烙印。与 50 年代的另一位明星作家威廉·戈尔丁（William Golding）一样，丘吉尔也是诺贝尔文学奖得主。在流行文化领域，电视在稳步兴起，这首先将英国上等阶级的传统世界观带进了千家万户。这是电视上播放《安迪·潘迪》（*Andy Pandy*）与园艺小窍门的时代，是格伦费尔和科沃德的时代；同时，这还是创下在 4 分钟内跑完一英里①这一记录的罗杰·班尼斯特（Roger Bannister）的时代，是征服珠穆朗玛峰的时代，是在帆船与足球比赛中凯旋的时代——可见甚至在冒险和体育等领域，英国都有着出色的表现。在赢得了诺贝尔物理学奖和生理学奖的英国科学界，科学家向美国外流的问题尚未出现。

事后诸葛地看，社会变革的迹象在当时已是无处不在：不满的青少年刚开始成为受到讨论的社会话题；马耳他、意大利以及本土犯罪团伙正在兴起；第一批加勒比移民正睁大了眼睛、满怀希望地前来。人们还常常感到厌倦和沮丧。英国工人阶级变得更加富裕了，但仍然居住在条件恶劣的老房子里，除了少数幸运的精英外无法接受高等教育，只能从事劳累、乏味的工作。这层盖子最终将被揭开。不过，具有英国特色依然是一件令人自豪的事，就连小流氓都是土生土长的："无赖青年"身着的昂贵的奇装异服，那些天鹅绒领子、长夹克以及浮夸的马甲，也是在效仿爱德华时代的英式着装。

---

① 1 英里约合 1.609 千米。——编者注

# 鲍尔肯的影像英国

在这一时期体现着最为乐观的英国精神的所有人当中，最佳范例是一名来自伯明翰、成长于激进分子和女性参政论者圈子的犹太冒险家之子：迈克尔·鲍尔肯（Michael Balcon）。作为伊灵制片厂的大脑，我们此前已经提及了他出品的电影。他是那段岁月的极佳阐释者，就塑造英国人对于 20 世纪中期的记忆而言，鲍尔肯仅次于丘吉尔。在美国已经主宰了世界文化的当时，他下定决心要让英国保持自己的特色。他所畅想的英国家庭集艾德礼的高尚品格与即将到来的保守党执政岁月里的焦躁精神于一身。要是我们面临着核毁灭的前景，那么鲍尔肯出品的某部伊灵喜剧片或许会被年轻的 BBC 电视部门选为播放的最后一部艺术作品。[①] 他是值得我们花一些篇幅加以讨论的，因为他的成功与失败都有助于我们了解那个时代暗藏的不确定性和矛盾。鲍尔肯的电影中封存着 20 世纪 40 年代末、50 年代初的英国精神中最辛辣的元素，在今天看来依然会令我们和当年一样感到新鲜。

伊灵制片厂依然存在。鲍尔肯一眼就能认出那白色的功能性办公室和飞机库一般的摄影棚。如今，这里依旧忙碌，还在拍摄电影。在马路对面的那家酒吧，鲍尔肯手下的作家和制片人常常饮酒、吸烟、梦想、奋斗，就连那里也没发生太大变化。不过，与 1931 年制片厂刚刚在此成立时相比，伊灵已经从伦敦西区一个典型而乏味的城郊地区，转变成了如今种族多元的时尚地带。面对美国电影的强势，这座制片厂肩负着成为英国电

---

① 有关鲍尔肯，参见 Matthew Sweet, *Shepperton Babylon*, Faber & Faber, 2005; Michael Balcon, *A Lifetime of Films*, Hutchinson, 1969; and Charles Barr, *Ealing Studios*, Cameron & Hollis, 1998。

影一座小型堡垒的使命。的确，与肆意张扬、光鲜亮丽、妄自尊大的好莱坞相比，伊灵制片厂构成了极具戏剧性的反差。从外观来看，人们很容易以为这是一所乡下学校。在某些方面，的确可以这样认为。20世纪30年代，伊灵制片厂在歌舞表演这种19世纪的文化形态与新生的电影之间搭起了一座桥梁，推出了由兰开夏歌舞明星乔治·丰比（George Formby）和格蕾西·菲尔茨主演的大受欢迎的喜剧片。鲍尔肯此前曾在盖恩斯伯勒电影公司和英国高蒙电影公司等许多制片厂工作过，奋力抵抗着无比强大的好莱坞，直到自己也加入其中。但在好莱坞的经历并不成功，他与路易斯·迈耶发生了激烈的争吵，迈耶咆哮着表示要毁掉鲍尔肯，"即使这要耗费100万美元"。据说鲍尔肯的回复是，不必这么多钱就足以令他满意了。他欣然离开了好莱坞，成为伊灵制片厂的掌门人。从英勇的战争年代，到建设"新耶路撒冷"的岁月，直到艾登当选为首相的1955年，他一直待在这一岗位上。没有任何政客能够享有这样的延续性，而他对待英国电影就如同政客对待英国一样充满了热情。

在某些方面，那个时代的伊灵制片厂就如同微缩版的英国。它也有着专断而古怪的领袖。在战时状况下，它也形成了充满活力、具有社会主义性质的爱国热情——尽管丘吉尔对于有些战时影片心存疑虑，并且半心半意地试图禁放几部他所认为的失败主义影片。1945年，鲍尔肯和同事们都把选票投给了工党，他们自称这是一场"温和的革命"，但战后严格的规则与管制很快就令他们心生敌意。和英国一样，伊灵的资金也严重不足，并且靠着"将就凑合"、就地取材的拍片方式取得了成功。伊灵同样有着来自许多地区的移民，其员工也有着多样的政治观点：殖民地居民、白俄移民、半共产主义者以及富有战斗精神的工会成员，然而他们都需要展现出绝对忠诚，并且愿意为微薄的薪水而工作。伊灵的许多决定是在一张巨大的圆桌上，经由自由且坦率的交流后做出的，内阁的情况也正是如此。会议之后，大家总是到对面的酒吧来一场酣畅的豪饮。如果说伊灵制片厂持有某种意识形态，那这种意识形态也是模糊的，只关乎公平、正派、小人物的价值，以及不畏强权——无论对象是巴伐利亚恶霸还是官僚机器。

在伊灵制片厂的电影里，小商店店主和渔夫的机智胜过了白厅官员和收税官，小男孩和老妇人的机智胜过了犯罪团伙。电影还明确无误地传递出了一则尖锐的讯息：许许多多英雄都是工人阶级，许许多多恶棍都是上等阶级。不过，在文化上和道德上，这些电影也是保守派。在战时的惊悚片、心理剧情片、冒险片和著名的喜剧片中，伊灵几乎完全回避了性与暴力等元素。当 60 年代末英式恐怖电影和"以性为卖点"的电影流行开来后，鲍尔肯挖苦地反思称："如果说我负责的那些影片中性元素不足，那么也并未造成什么损失，因为现在的这些电影早就把损失都给补齐了……生活中远不止有性和暴力，比方说，还有爱……"在鲍尔肯的英国，"爱"尚未成为"做爱"的委婉说法。正如《相见恨晚》（Brief Encounter）这部并非由伊灵制片厂拍摄的影片带给人们的感受一样，战后的英式理想似乎是"沏一杯茶，而非做爱"。这些电影是含蓄的、是"此时无声胜有声"的，或者用小说家福斯特（E. M. Forster）的话来说，是关于"行动迅速、感受迟缓"的英式神经系统的，它们能够很好地令我们意识到当时的英国与今日相比是多么不同。伊灵与好莱坞截然不同，有意识地希望为人们提供另外一种认识世界的方式。鲍尔肯曾表示有必要将"真正的英国人"展现在世人面前，希望通过电影，让美国人、法国人和俄国人看到一个"身为推进社会改革、战胜社会不公、捍卫公民自由的领袖的英国"。这一愿景是崇高的；但和英国一样，伊灵也太过弱小、资金太过不足、太过依赖于临时拼凑的方式，因而无法实现自己的抱负。在 40 年代末、50 年代初创造力的惊人爆发之后，伊灵又倒退回去，拍摄愚蠢、沾沾自喜的浪漫作品，而世界的其他地方则在继续前进。

## 狭小的房间，私密的政治圈

丘吉尔重新上台时已年近 77 岁，这一年纪在当时比现在更显老迈。他向私人秘书感叹道，英国从未有过如此年长的首相。那名博学的公务员则回复称：其实不然，格莱斯顿比丘吉尔还要年长。19 世纪的那位"伟大老男人"比 20 世纪的这位"伟大老男孩"在首相职位上待的时间更长，也许是因为前者既没有领导英国经历一场世界大战，也没有尽情享用白兰地与雪茄吧。和格莱斯顿一样，丘吉尔步入 80 岁之后仍在担任首相。在艾德礼执政期间，保守党对组织和政策进行了大幅重组；日后再遭遇选举失败时，该党再也无力或无意这样做了。保守党果断地转而支持福利国家这一共识，采取前所未有的中间派立场，并充分利用了配给制年代的严峻氛围以及不时发生的荒诞事迹。在许下"稳定执政数年"这一并不激动人心的诺言之后，丘吉尔组建了一个由亲信和密友、不太情愿的将军和商人组成的政府，其中最出色的人物是战时盟友艾登、麦克米伦，以及教育改革者巴特勒。

至少就保守党而言，20 世纪 50 年代的政治与今日的差别之大，令人难以想象。当时也有喧闹的竞选办公室，也有梦想成为大臣的雄心勃勃的年轻研究员，也暗藏着残酷的权力斗争。但当时党员数量更多，后座议员更具独立精神，地位更高，也更加懒散。最重要的是，政府高层是一个社交小圈子，在不受镜头、话筒和公开日志关照的地方运转着。

丘吉尔本人花在比齐克纸牌游戏和乘坐缓慢的跨洋邮轮出行上的时间之多令人不安；他还和日后的艾登及麦克米伦一样，总是会在内阁里引发激烈的争执、退席和辞职威胁，导致实实在在的讨论难以进行。丘吉尔及财政大臣巴特勒谋划出一项拯救英镑的复杂策略后，又向大臣们下发了一份"不同意就走人"的最后通牒，招致他们的愤怒抗议。斯大林去世后，还在大西洋上航行的丘吉尔立刻提议与苏联人举行一场峰会，这一决定同样令内阁大为光火，并最终迫使他改变了主意。内阁会议上，艾登愤怒地对丘吉尔再一次在退休问题上食言提出抗议，其他大臣则抱怨称自己对承诺退休这样重要的事情毫不知情。没有哪位大臣对时局有着清醒的认识，尽管如此，艾登政府还是谋划出了处理苏伊士危机的政策。麦克米伦的统治之术则在于挑起大臣之间的内斗，娴熟地避免在内阁展开任何开诚布公的讨论。

这一时期许多重要的政治事件就如同舞台剧一样，都是在只容纳寥寥几位密友的狭小房间里发生的。和莎翁剧一样，这一时期也有群众参与的场景：反对艾登的集会，首度奥尔德马斯顿游行，种族骚乱，以及工会准备下一次罢工的大型集会。但就日常的权力运作而言，这些都只不过是背景音。相较之下，这样一幅场景要更为常见：在丘吉尔首相生涯的末期，麦克米伦前去拜访他，这位老人正摆出经典的唐宁街 10 号造型，坐在床上，脑袋上停着一只绿色虎皮鹦鹉："他的床前挂着一个鸟笼（鹦鹉已经从里面出来了），手里攥着一支雪茄，手边摆着一杯威士忌和一杯苏打水，这杯水后来被鹦鹉抿了好几口。波特尔小姐坐在床边，丘吉尔正在下达指示。"[1]

18 个月后，唐宁街 10 号内舒适的私人晚餐突然被打断了，艾登

---

[1] *The Macmillan Diaries: The Cabinet Years 1950–1957*, Macmillan, 2000.

收到了关于苏伊士运河被国有化的消息：他的一位客人、伊拉克首相努里·赛义德（Nuri al-Said）向他表示务必迅速给予纳赛尔（Gamal Abdel Nasser）沉重一击。（后来，这位客人成了艾登失败政策的牺牲品，他的肠子被巴格达暴徒挖出，并被绑在汽车后保险杠上拖着游街。）再往后发生的是这一著名场景：说话结结巴巴的索尔兹伯里侯爵成了决定谁会成为艾登继任者的关键人物，他私下里挨个询问大臣们："是巴特勒，还是麦克米伦？"党鞭长爱德华·希思需要告诉巴特勒这个消息：尽管所有报纸都预测他将成为新任首相，但它们全都错了——巴特勒输给了麦克米伦。希思与巴特勒的对话仍是发生在一所俯视着骑兵卫队阅兵场、光线宛如舞台一般的房间里："我一进屋，他的脸上就浮现出了熟悉的迷人微笑……我没有办法减轻对他的打击。我说道：'抱歉，拉布。首相是哈罗德。'他完全惊呆了。"[1] 随后，麦克米伦的首个举动便是邀请希思共进晚餐，改组政府。当时唐宁街是完全向公众开放的，他们得挤过一大堆记者。希思被一名记者绊了一下，跌跌撞撞地上了车，冲过白厅，直达麦克米伦常常光顾的绅士俱乐部"赛马公会"。酒吧处坐着的另一名俱乐部会员正在阅读公布了新首相人选的晚报。他抬起头来，礼貌地问候麦克米伦近来在狩猎场上是否有所收获。麦克米伦叹了口气，表示并无收获。这名会员表示真遗憾。麦克米伦和希思走向餐厅，准备享用牡蛎和牛排。此时，这名会员礼貌地拉长语调说道："哦，顺便说一句，恭喜你！"[2]

　　许久之后，麦克米伦终于决定退休。疼痛难忍、排尿困难的他误以为自己得了癌症。下列场景还是发生在狭小的房间里：麦克米伦坐在病

---

[1] Edward Heath, *The Course of My Life*, Hodder & Stoughton, 1998.
[2] 同上。

床上，身穿浅蓝色睡裤、丝质衬衫和开襟毛衣（不过头上并没有鹦鹉），把自己的决定告知了女王；稍后，他建议女王任命亚历克·道格拉斯－休姆（Alec Douglas-Home）接替自己。关于这一时期保守党高层人物如何把持政治事务的类似事例还有十来件。当然，从威尔逊内阁里的一群偏执狂，到 1994 年布莱尔和布朗在位于伦敦伊斯灵顿区的格拉尼塔饭店里达成的秘密协议，工党同样有着许多小集团和密谋，但这些都比不上丘吉尔和麦克米伦时代那些紧密的小圈子。他们不是在下议院或是圣詹姆斯区的绅士俱乐部（麦克米伦是 5 家绅士俱乐部的会员）里一起用餐，就是一同狩猎松鸡，或是在法国南部的别墅里聚会。人们有时会认为，塞满了亲朋好友的丘吉尔政府只是个例外，但在麦克米伦那全部由男性组成的内阁里，16 名阁员中仅有 2 名不曾就读于著名公学，占据最大比重的则是伊顿公学毕业生；更为惊人的是，就任首相的数月之内，麦克米伦政府的总计 85 名大臣中，就有 35 人和他有着姻亲关系，其中包括 7 名阁员。[1]

也有一些局外人，如伊诺克·鲍威尔、希思，以及日后的撒切尔。前准尉副官和工程承包商、推动修建了英国首批高速公路的厄尼·马普尔斯（Ernie Marples）是政府中另一名靠自我奋斗取得成功的人物，来自利物浦的雷吉·贝文斯（Reggie Bevins）同样如此。这些人大多有着难堪和不安的感觉，在 50 年代保守党内的等级次序中不属于上层。保守党政府的社会构成加剧了其弱点，最终导致了其权威的崩塌。这个由内部通婚的显贵组成的小圈子，传统上一直主导着英国的统治秩序，因此他们的本能便是倾向于低估危机。他们的座右铭似乎是：不在仆人、孩子和选民面前谈论政务。由于各项事务都状态不佳，这种态度终于彻

---

① 见 Dominic Sandbrook, *Never Had It So Good*, Little, Brown, 2005。

底葬送了他们的权威。在"讽刺浪潮"兴起之时，纨绔子弟定下的规则是不具有信誉的，他们默不做声的权力斗争终将被公众察觉，由此催生了"建制"和"魔力圈子"等政治流行语。性丑闻和间谍丑闻终于使人们相信，旧秩序已经腐朽。正如在 90 年代，新工党与媒体合力尽情嘲讽约翰·梅杰（John Major）政府一样，威尔逊与旧工党也和《私家侦探》双周刊（*Private Eye*）及剧作家们一道，迅速打发掉了最后一届由显贵组成的政府。

## 丘吉尔的谢幕演出

当丘吉尔于 1951 年重新上台时，前文所述的这些情况都还远未发生。旧秩序重新确立的速度似乎要比 6 年前那场惨败所预示的迅速许多，而且这一旧秩序还是年老的秩序。丘吉尔无疑是当时在世的最伟大英国人，但他也要与时间对抗。最后一次出任首相的两年之后，他在唐宁街向来访的意大利人发表演说，向来沉迷于历史的他演讲的题目是英格兰地区的古罗马军团。在此之后，他遭受了一次严重的中风。被匆忙抬上床的丘吉尔恢复得很快，第二天便主持了一场内阁会议，不过并未说太多话。然而，随后他的健康状况迅速恶化，医生以为他可能会去世。结果，他的左手丧失了功能，只能发出含糊不清的声音，而且无法站立。他被匆忙送回位于查特韦尔的家中。经过两个月时间，他终于康复了。在许多方面，这都是一段惊人的经历。首先，丘吉尔非凡的意志力和耐力将他从死亡边缘挽救回来，数月之后他便可以在保守党大会上发表重要讲话，并全情投入下议院的辩论了。更加惊人的是，英国人当时并不知道发生了什么。曾有过模糊的传言，但除了核心圈子之外，所有人都不知道首相糟糕的健康状况。最终，数年之后，还是丘吉尔自己在议会里披露了这一秘密，不过到了这时此事已经不太重要了。

在这次中风前后，其他大臣发现这头年迈的雄狮常常惹恼他人。在事先敲定的演讲以及对话中，他仍然有着精彩的表现，但他常常喋喋不休地说起自己过往的伟大经历。在其他内阁成员的回忆录中，对他的描述是"衰老""成了过去""糊涂了"；他们记录下了对他的爱意与恨意。有时候，丘吉尔还会让私人秘书代他起草演说；有时候，他一句话刚说到一半，就忘了要说些什么；有时候，甚至连杜鲁门这样的外国领导人都会对他的长篇大论感到厌倦。最为愤怒、受挫和沮丧的人则是艾登：已经等待了10年、在保守党高层待了半辈子的他觉得是时候轮到自己来掌权了。但首相总是难以放弃权力。丘吉尔总是向艾登许诺，自己到了某一天就将引退，却一再将期限延迟。他还会改组内阁，让艾登挑选不适合自己的职位，与他争吵，点燃他的希望，然后再度将其击碎。

如果这两人不是英国最有权势的人物，如果这一过程不是那么残酷，那么他们之间的关系简直可以称得上有趣。丘吉尔愈发怀疑艾登是否能成为一名优秀的首相，告诫他与美国人保持良好关系的重要性，对他提出的建议报以恶狠狠的斥责，还向朋友抱怨称自己不认为"安东尼能够胜任"。一旦诸事不顺，丘吉尔就会一如既往地开起玩笑。在得知一名大臣的父亲去世的消息后，面对又一个前来催促他退休的代表团，丘吉尔用暗指那位逝者的双关语回复道："还很年轻呢，才90岁。"[1] 正如艾德礼政府末期的情况一样，高龄和病痛也成了这段保守党执政岁月的

---

[1] D. R. Thorpe, *Eden: The Life and Times of Anthony Eden, First Earl of Avon, 1897–1977*, Chatto & Windus, 2003.

主题。艾登常常受困于胆管疾病,糟糕的手术使得这一问题更加雪上加霜。当他在 20 世纪 50 年代中期终于获得最高职务时,身体已不堪重负。麦克米伦后来曾表示,艾登就如同一匹为赢得 1938 年的德比赛马大会而受训的马,但直到 1955 年才被放出马棚,踏上赛道。那么,丘吉尔为何要坚持这么长时间?毫无疑问,部分原因在于他就是无法放手。但除此之外,还有一个更加崇高的原因:这位老人还有着未竟的事业。

主宰丘吉尔一生的是战争。他出身于一个军事大家族,是听着战争故事、在满是战利品的环境中长大的。随后,他前往苏丹为大英帝国而战,又以战争记者的身份亲身经历了布尔战争,在这场战争中被俘,随后又得以逃脱。“一战”期间,他在海军大臣任上的表现颇具争议;随后他又参了军,成为一名驻扎在法国的上校。“一战”结束后,担任战争大臣的丘吉尔试图通过支持反对列宁的白俄军队来扼杀布尔什维克革命,但并未成功。他最伟大的时光是作为英国的战时领袖抗击法西斯。从社会主义者(他们对丘吉尔派坦克镇压工会罢工者的行为依旧怀恨在心)到英格兰本土主义者,许多批评者都斥责他是一名天生的战争贩子。因此,他的最后一次奋斗竟是为了阻止一场战争,而且还是一场核战争,这就显得十分有趣了。无论是由于年长带来的智慧,还是由于独一无二的全球性政治家这一身份带来的虚荣心,温斯顿·斯潘塞·丘吉尔都成了世界上最重要的和平主义者之一。他的演讲中回荡着对潜在灾难的沉重警告。早在 1950 年大选时,他就在爱丁堡的一次演讲中首先提出了“峰会”这一说法,呼吁与苏联进行领导人层面的对话。氢弹的问世使得世界更加恐慌,丘吉尔尤其担心美国在朝鲜战争中会用原子弹打击中国,就如中国人一样担心。

他正在挣扎着应对一个全新的世界。他认识到了核威胁,但思考这一问题的方式却仍是十分传统的。1951 年重新上台后,他立刻焦急地要求获得下列信息：苏联伞兵多么轻易就能占领伦敦战略要地？不同类型的突然核袭击会导致多么惨重的伤亡？最重要的是，他认为既然存在着原子弹这一威胁，那么最好英国自己也能够构成尽可能大的威胁。1951 年 12 月，他下令英国进行首次核试验。在毗邻澳大利亚的蒙特贝洛群岛，逃脱了被拆毁或被封存命运的战时护卫舰普利姆号被英国引爆的首枚核弹化作了灰烬。随后在 1954 年，他稍显犹豫地批准了研制氢弹的计划，称其为"为了坐上贵宾席而付出的代价"。他向内阁表示："如果美国想要发动一场先发制人的战争，那么我们将不能指望保持中立……必须避免任何会削弱我们对美国政策影响力的行为。"[①] 只有当英国自己也成为核玩家时，才可能发出约束美国的声音："必须面对这一事实：除非我们拥有热核武器，否则我们在国际事务中就会失去影响力和声望。"但对于丘吉尔而言，这只不过是绝望的预防性举动。他真正的目标在于令资本主义西方与马克思主义东方达成新的协定。

我们已经提到，伦敦方面与华盛顿方面在核问题上并未达成一致，美国突然不再与英国分享核秘密了。此外在 50 年代初，英国受到了更加紧迫的威胁。苏联轰炸机尚无法直抵美国，因此，美军驻英基地以及皇家空军基地就成了苏联核打击的首个目标，对于伤亡人数的可怕预估在白厅内流传着。但对于美国人而言，核战争仍然只是一件发生在国外的遥远的事情。丘吉尔将斯大林的去世视作天赐良机，可以借此与莫斯科方面建立更加友好的关系。尽管他仍和以前一样，是一名激烈的反共分子，但他担心此时的美国总统、"二战"时的战友艾森豪威尔的反苏立场太过固执。丘吉尔直白地认为"艾克"过于愚蠢，无法意识到核武器绝不仅仅是一项最新的军事技术。两人的认知的确存在巨大差距。艾

---

① 引自 Peter Hennessy, *The Secret State*, Penguin, 2002。

森豪威尔相信核武器只不过是普通武器的延伸，很快也会被视作一项常规武器。他和国务卿杜勒斯（John Foster Dulles）反过头来担心老糊涂了的丘吉尔变成绥靖主义者，而丘吉尔总是更喜欢用"缓和"或"协定"等词来描述东西方关系。他一而再地试图向艾森豪威尔说明举行超级大国峰会的好处，并提出愿意孤身前往莫斯科扫清障碍（当时美国人压根不会设想踏上苏联的土地）。杜勒斯强烈反对这一建议，丘吉尔则愤怒地称他为"那个杂种"。最后，艾森豪威尔终于敷衍着答应了，表示丘吉尔可以就中立地点的会谈与苏联人接触。但丘吉尔过于仓促地发出了邀请，从而陷入了激烈的内阁争吵之中，只得眼睁睁地看着自己的愿望化为泡影。当时，他是唯一一位真心希望促成和平的大国领导人，其他人都忙于研制下一代核武器，考虑起问题来就像是将军，而不是政治家。在东西方关系真正缓和之前 20 年，丘吉尔就已开始主张此事。也许他之所以这样做，是有些自私地希望能够再取得一项成就；但对于一位 80 岁的老人而言，这样的愿景已足够了不起。

丘吉尔关于国际事务的其他动议就没有这么令人赞赏了。他正在输掉维系大英帝国的战斗。尽管用带有神秘色彩的散文赞颂了年轻的女王和即将到来的伊丽莎白时代，但对于这一点他其实是心知肚明。如果说与苏联及其盟友的对抗才是真正的冲突，那么英国在后帝国时代承担的其他义务又有何用？试图维持对巴勒斯坦地区的控制（在这里，绝望的难民一心要定居下来，犹太恐怖分子则在杀害英国士兵）又有何用？在希腊扮演左右为难的角色，试图保卫不得民心的君主制，对抗共产主义起义，又有何用？不久之后，试图坚守住埃及和伊朗的尝试也会激发同样的问题。在美国引爆了首枚氢弹，使得核军备竞赛愈演愈烈之后，高层官员写给内阁委员会的一份引人入胜的备忘录揭示了白厅私下里的想法。对于总体形势，内阁文件显得十分坦率："显然，自从'二战'结束后，我们尝试了太多事情，结果就是，我们几乎无法摆脱经济危机的威胁。"

在与欧洲相关的问题上，丘吉尔向来乐于提出令人吃惊的建议。在1940年那段最黑暗的岁月里，他曾提议将英法公民权合二为一。"二战"结束后，他并不反对令西欧在政治上实现完全统一的想法，不过他认为大英帝国将不会成为其正式成员。重新上台后，他面临的最紧迫问题之一便是，是否让英国加入建设统一西欧的初步行动。1950年，步履蹒跚的工党政府未经太多思索便对此表示反对。法国外交部长罗贝尔·舒曼（Robert Schuman）宣布，本国将与联邦德国分享煤炭及钢铁相关事务的主权，这使得两大宿敌通过工业行动团结起来，向英国发出了最后通牒。当时艾德礼不在国内，贝文则重病在身，毫不夸张地自称已是"半死之人"，匆忙回复的责任就落在了莫里森身上。他当天外出看戏了，官员们在伦敦科文特花园的春藤宫酒店找到了他。在一间摆满了椅子的密室里，他们将日后发展成欧盟的这一计划解释给莫里森听。[1] 莫里森思考了片刻，摇了摇头："这个计划不好，我们不参加。达勒姆的矿工是不会接受的。"在许多旁观的保守党人看来，这是一次灾难性的错误决定。麦克米伦当时正在斯特拉斯堡，待在贝文离开后空出的酒店客房里。他也认为这一决定是灾难性的。后来他向自己选区的民众表示，"对于英国而言，这是黑色的一周"，社会主义者孤立在欧洲之外的做法可能令英国"付出灾难性的代价"。[2] 因此，人们普遍预期保守党上台后会扭转这一政策。

支持这样做的理由已经很充分了：大英帝国正在瓦解，与美国的关

[1] Hugo Young, *This Blessed Plot*, Macmillan, 1998.
[2] 见 Alistair Horne, *Macmillan*, vol. 1, Macmillan, 1988。

系已经因原子弹、巴勒斯坦及希腊问题受到了损害。保守党人决定另寻伙伴，加入新生的欧洲俱乐部，但丘吉尔并无此意向。他嘲讽了共建欧洲防务的提议，令麦克米伦及其他较年轻的保守党人深感绝望。丘吉尔对深度介入欧洲事务不感兴趣。这名最后的大英帝国支持者关于"那些说着英语的人民"的言辞，要比由意大利、法国和比利时组成反共联盟的提议更加真诚。在他心目中占据着核心地位的是华盛顿，而绝非巴黎，就更不必提布鲁塞尔了。他希望的是举行关于氢弹问题的峰会，在世界舞台上发挥作用，而不是与遭受战争和入侵的严重破坏的那些"乡下"国家达成地区性协议。艾登当时任职的外交部同样反对与欧洲人牵连在一起，这种态度并不出人意料，因为和外交部的宏大使馆及遍布世界的辐射范围相比，近在咫尺的钢铁与煤炭协议显得不值一提。不过，丘吉尔对于欧洲事务的决策方式还是令人们感到了担忧。这些事务从未经内阁严肃讨论，丘吉尔只是耸了耸肩就做出了决定；结果从未公布，也从未经各方探讨；而且，这一决定同样可能是在春藤宫酒店里诞生的。也许与促成核和平的努力一样，就欧洲事务而言，决定性的时刻也尚未到来。不过，丘吉尔的最后一届政府无疑会让人产生这样的感觉：原以为高潮将至，结果却平淡无奇。外部世界正在发生变化，新一代领导人即将脱颖而出；而英国似乎被这次动人但多余的谢幕演出分散了过多的注意力。

# 罢工与货币：英国佬一切安好

20 世纪 50 年代的保守党坚守艾德礼共识，导致潜在的经济问题愈发严重，因为这一点他们受到了报界格外严厉的指责。此事说来话长。丘吉尔在 1951 年竞选时承诺要捍卫新生的福利国家，并且以向往的语气支持在和平时期如战时那样组建联合政府的想法（这一话题在 1945年首度出现）。他对规模较小的自由党十分热心，表示愿意引入某种形式的比例选举制，以此来帮助自由党。不过这一愿望很快就被保守党高层否决了。丘吉尔激烈地反对发动阶级斗争的想法，特意任命愿意息事宁人的温和律师沃尔特·蒙克顿（Walter Monckton）来处理工会和劳工相关事务。不过有那么一瞬，英国也许会体验一把撒切尔式的动荡，提前 30 年经历那场革命。在丘吉尔任内的 1952 年，年轻的财政大臣巴特勒提议让英镑脱离布雷顿森林会议确立的固定汇率体系。这项计划被称为"ROBOT"，其细节极为复杂，因为英国对其他许多将英镑作为储备货币的国家负有诸多义务。但该计划的实质十分简单：英镑将部分实现自由浮动，换句话说就是将针对美元大幅贬值，由此为苦苦挣扎的出口部门提供极大的一次性激励。这样一来，政府将无力维持昔日的那些义务，无力负担规模庞大的海外防务，也无力支撑新生的福利国家，宏大的住房建造计划将中止，失业率起初也将上升。但另一方面，储备金的流失以及周期性的国际收支危机终将成为过去时，而英国将像战后的联邦德国那样，获得从头开始的良机。进口将减少，出口将增多，英镑在世界上将重获自由，貌似体面但实际不断衰落的命运或许也能得以避免。这一计划不啻一场支持自由市场的全国性政变，此事和其他几件事都令美国人深感恼怒。历史学家亨尼西将其与绝望的苏伊士战争相提并论："ROBOT 是那些疲惫不堪但十分聪明的人想出的绝望而冒险的应对之策。他们已经耗尽了谨慎之情和其他主意。"[1]

在当时从未向外界披露的这一计划，在政府内部引发了一场罕见的围绕着高尚原则问题的争论，最终遭到了外交大臣艾登和对其国内影响愈发感到不安的丘吉尔的否决。一位更有决心、更具激情、力主变革的首相或许可以促成这一计划，但对于一位凭借"维持共识"的平淡主张赢得大选的老人而言，这样的要求未免太高了。在未来数年之内，至少就政府高层而言，ROBOT 是仅有的体现了激进思路的政策主张。毕竟在多数时间内，这届政府可谓是在用"自动驾驶模式"应对国内问题。在日后的批评者看来，其最重大的过失在于未能制约势力愈发强大的工会。工会成员数量创下了历史新高；工会领袖往往是工人阶级男性，他们在十几岁便辍学，开始挖煤、开货车或是驾驶货船，之后成为专职的工会组织者。50 年代的工会领袖们依旧保有对 1926 年总罢工的记忆。工党废除了反工会的立法，给予罢工行动强有力的保护，这在一定程度上减轻了工人对那段大萧条时期的怨恨之情。

阿瑟·迪金（Arthur Deakin）、萨姆·沃森（Sam Watson）和比尔·卡伦（Bill Carron）等全国性工会领导人往往富有爱国精神，并且在社会问题上观念保守，支持核弹与北约，在工党内部冲突中反对党内左翼。他们都善于与保守党内走中间路线的大臣打交道，其天主教倾向比共产主义倾向更加明显。不过，他们手中最大的王牌还是经济。极高的就业率、物资短缺的顾客提出的高需求，以及相对较高的企业利润率，意味着对熟练劳动力的需求几乎是无法满足的。公司很容易消化掉慷慨的工资协议导致的成本上升。如果计算因罢工而损失的工作日数量，英国在

---

[1] Peter Hennessy, *Having It So Good*, Allen Lane, 2006.

50 年代的表现并不算糟，要好于许多增速更快的经济体。财政大臣巴特勒坦承自己并没有工资政策，依靠的只是"沃尔特（蒙克顿）与工会领袖的友谊"。有一次，面对公交司机的圣诞罢工威胁，蒙克顿和丘吉尔认为这一行为太过令人不安，于是便与他们达成协议，阻止了罢工。之后，首相在深夜里致电巴特勒，转达了这个好消息。财政大臣紧张地问，是基于何种条件达成了协议？丘吉尔回复道："他们提出的条件呀，老兄！我们可不希望你一直睡不着觉。"[①]

为何要与工会作对呢？这可是一项极其困难而恐怖的任务呀。在这样一个国家统制主义经济体中，大臣们与强有力的公共部门工会之间的关系超乎寻常地亲近。按照日后的标准来看，此时被国家雇佣的产业工人人数是惊人的，单是交通、采矿和电力等行业就多达 170 万人。从铁路工人到发电厂工人，从公交车司机到矿工再到工程人员，蒙克顿及其继任者一而再再而三地选择用金钱拉拢他们。大臣们非常清楚自己在做些什么。例如，时任财政大臣的麦克米伦就在 1955 年 6 月的日记中反思称，一场铁路工人罢工的解决方案对经济"十分有害"。他自我安慰道，工人获得的收益比此前可能获得的更多，这"可能起到通货紧缩的效果，有助于终止过去一两年内开始出现的工资与价格的波动"。到了 1958 年，面对类似的交通业罢工，已成为首相的麦克米伦决心不再屈服——若是丘吉尔主政，他会打一通电话便与罢工者达成协议。但麦克米伦也没有认真地对待这一问题，而且，此时的工会已经变得更加难以对付了。

经过了数十年的合并与地区性协议，工会已经成为肆意扩张的庞然大物，与工厂或行业组织不再有太大关系。某个工厂内就可能有着一大

---

① R. A. Butler, *The Art of the Possible*, quoted in Peter Hennessy, *Having It So Good*, Allen Lane, 2006.

堆相互竞争、彼此猜疑的工会。结果就是，更加年轻、更富有战斗精神的工会代表的权力变得越来越大，他们能够为身边人争取到比全国性协议更加丰厚的待遇。"二战"期间，这些人填补了老一辈工会领袖留下的空缺。到了 50 年代中期，英国已经有了上万名工会代表。有人沮丧地指出，此时工会代表的数量比士兵还要多。与全国性纠纷相比，"野猫"罢工 [1] 更为常见，并导致了更加严重的破坏与不确定性。与此同时，随着老一辈渐渐逝去，更加左倾的工会领导人地位逐渐上升。来自诺丁汉郡的前矿工与卡车司机弗兰克·卡曾斯（Frank Cousins）就是一个典型的例子。在丘吉尔主政时，他还在负责公路运输部门；到了苏伊士危机那年，他已经成为运输与普通工人工会的领袖，在工会选举中获得了超过 50 万张选票。1958 年时麦克米伦的对手正是他。他还令后来的历任保守党政府都头痛不已，领导了汽车行业和公交部门等领域的罢工，直到 1964 年被威尔逊召入工党内阁。他一度是英国最为声名卓著或者说声名狼藉的工会兄弟。而英国还有着许许多多个卡曾斯。

如果说在这段保守党岁月的晴空之上，罢工是一朵位于边缘地带的小小乌云，那么通货膨胀就是另外一朵。通胀问题在 50 年代一直存在，随着时间的流逝变得愈发严重，但尚未构成危机。尽管许多老年人都是依靠年金和储蓄生活的，但这一问题还是开始影响到了不少中产阶级家庭的生活。这一问题很容易描述，但很难解决，尤其是在 ROBOT 这一激进方案遭到拒绝之后。英国正在竭尽全力地出口商品，但对于进口产品的胃口也是永不知足的。此时的英国既没有足够的海外投资，也无法通过物美价廉的产品挣得足够多的收入，让人民过得起他们自认为应得的生活。在其他时候，"隐形收入"（即来自银行、保险和航运等行业

---

[1] "野猫"罢工指的是不经工会组织与领导的自发性罢工。——译者注

的收入，英国的这些行业居于世界领先地位）足以轻而易举地补上。在50 年代和 60 年代，英国本也可以做到这一点，但在这段和平时期里，用于海外防务的开支实在过于巨大了。实际上，驻扎在莱茵河畔的英国军队耗费的巨额支出，就相当于让更加虚弱的英国经济为增长更快的联邦德国提供补贴。

完全可以预料的是，国际收支缺口导致英镑经常处于压力之下。英镑会周期性地贬值，使得当权政客的声誉受损。尽管人们普遍认为，50 年代保守党统治下的美好时光应该归功于 1949 年工党主导的贬值。英镑区不仅仅包括加拿大以外的多数英联邦国家，还包括多数斯堪的纳维亚国家，以及葡萄牙等传统贸易伙伴。由于英镑区被视为维持英国权势的工具，捍卫英镑价值也就成了事关民族尊严的敏感政治问题。这也是这段保守党岁月里遭到搁置的又一个问题：是捍卫英镑以及英国的自我形象，还是任由它贬值以帮助出口商？"先停后走"这一经济政策的意思是：首先突然收紧财政政策，然后猛按加速键，以期迎来一段新的增长期，随后又猛地踩下刹车，应对通胀高企这一问题。关于英镑贬值的争论总会定期出现，直到布雷顿森林体系于 1971 年崩溃。对那个年代的政客而言，应对这一问题就好比试图拼好多出一块部件的拼图。

# 同性恋与国家安全

━━━

　　1954 年 3 月 24 日黄昏，温切斯特城堡外。这座中世纪建筑的宏伟大厅中悬挂着著名的仿制版亚瑟王圆桌，这张桌子建造于 14 世纪，在亨利八世时重新绘制了图案。此时，大厅中已是空空荡荡。作为一间审判室，它已经完成了这一天的使命。有罪判决已经做出，刑期也早已确定，但因犯们仍被关押在城堡地下粉刷成白色的小屋里，一辆劳斯莱斯老爷车等待着将他们送往监狱。刚刚结束的这场审判占据全英国各大报纸的头条已长达数日时间，人们一度担心罪犯现身时会引发一场小型骚乱。这些罪犯包括：一名叫作爱德华·约翰·巴林顿·道格拉斯-斯科特-蒙塔古（Edward John Barrington Douglas-Scott-Montagu）的年轻贵族，他又被称作"比尤利男爵蒙塔古"，一名叫作彼得·怀尔德布拉德（Peter Wildeblood）的《每日邮报》记者，以及一名叫作迈克尔·皮特-里弗斯（Michael Pitt-Rivers）少校的彬彬有礼的农夫。蒙塔古被处以 12 个月徒刑，其他两人则被判处入狱 18 个月。他们的罪名是图谋引诱两名皇家空军男子进行下流行为——换句话说，他们是同性恋者。

　　20 世纪 50 年代，在媒体和一小群政客的煽动下，英国对同性恋者展开了大清洗。报纸上充斥着并不真实的色情故事：在香槟刺激下的放荡狂欢，男童子军成员的堕落行为，最为恶劣的则是男性与社会地位低于自己的同性混在一起。因此或许真的有理由担心，当这三人走出温切斯特城堡后，会遭到当地那些品行端正的公民的愤怒攻击。的确发生了此类场景，然而，无论是叫喊声和嘘声，还是挥舞的雨伞和拳头，针对的都是载有控方证人的车辆。当蒙塔古、怀尔德布拉德和皮特-里弗斯终于出现在那些期待已久的女士面前时，气氛立刻变得截然不同了。正如怀尔德布拉德日后写下的："过了一会儿，我才意识到她们不是在谩骂，而是在鼓励我们。她们试图轻拍我们的后背，告诉我们'保持微笑'。当车门关上后，她们继续隔着窗户对我们说话，向我们竖起大拇指，并鼓起了掌。"[1] 许久之后，当怀尔德布拉德终于获释，他发现同事和邻居同样支持自己。英国人常常这样，出乎人们的意料。

男同性恋行为长期以来都是非法的，但只要发生在私下场合、不大张旗鼓、不涉及未成年人，通常就很少受到控告。我们曾经提及，"二战"期间同性恋行为增多了。但在战争结束后，官方的立场发生了巨大转变。在"二战"爆发前的一年里，共有320起"极其下流的行为"（同性恋行为的代名词）遭到起诉。1952年，这一数字增加到了1 626起。对于鸡奸未遂和猥亵行为的起诉从822起增加到了超过3 000起。尽管数量仍不算多，但恐惧的情绪已蔓延开来。总体而言，从1938年到1955年，向警方报告的同性恋行为数量增长了8.5倍。导致这一局面的是少数几人。镇压始于莫里森，但最严酷的岁月是保守党执政的50年代。领导这场清洗的是丘吉尔的内政大臣、曾在纽伦堡审判中审问纳粹头目的戴维·马克斯韦尔·法伊夫（David Maxwell Fyfe）；他的助手则是检察长西奥博尔德·马修（Theobald Mathew）和伦敦警察局局长约翰·诺特-鲍尔（John Nott-Bower）。前者常前往法庭观看"坏蛋们"被判刑的场景，后者则决心撕掉伦敦"污秽之处"的外衣。新闻界也支持他们，刊登了一系列关于"扭捏作态的娘娘腔"这一隐秘世界的文章，或是告诉有胆量的读者"如何辨识出同性恋"。陆军里的同性恋行为尤其需要根除，忧心忡忡的白厅则对传说中皇家空军内的女同性恋阴谋展开了调查。女同性恋行为本身并不构成犯罪，据说这是因为维多利亚女王不相

---

[1] Peter Wildeblood, *Against the Law*, Weidenfeld & Nicolson, 1955.

信这种行为真的存在——但若发生在军队里，它就是一种罪行。

攻击同性恋者有助于增加报纸销量，也迎合了许多政客和神职人员的偏见，但其背后的动机还不止于此。50 年代初还是对共产主义、颠覆和间谍活动的恐惧情绪最为严重的一段时期。这并非毫无理由。原子弹间谍克劳斯·富克斯（Klaus Fuchs）于 1950 年暴露了身份，但此时他已对英国情报界造成了极大伤害。1951 年，两名著名的克格勃间谍盖伊·伯吉斯（Guy Burgess）和唐纳德·麦克莱恩（Donald Maclean）叛逃至苏联。尽管他们的故事直到 1955 年才公之于众，但迫于美国的压力，英国政府需要表现出打击颠覆网络的强硬态度。英国国内并未就此展开正式讨论，但友好的海外记者得知了这一情况。1953 年 10 月，《悉尼每日电讯报》（Sydney Daily Telegraph）报道称，"在美国强烈建议英国清除重要政府部门的同性恋者，将其当作无可救药的安全风险后"，苏格兰场司令官科尔（E. A. Cole）在华盛顿花了三个月时间向美国联邦调查局学习。随着诺特-鲍尔就任警察局局长，"该计划扩大为打击所有恶行的战争"。由此，对于道德和国家安全的担忧便交织在了一起。逻辑是这样的：同性恋者不得不过着双重生活，他们容易受到讹诈，加入了神秘的圈子，且道德感薄弱，因此，同性恋者必然是安全风险。伯吉斯和安东尼·布伦特（Anthony Blunt）的确有着秘密的性生活、习惯于欺骗、感到自己属于某个隐秘且重要的圈子、能够自如地切换成间谍的生活方式。此外，关于讹诈的论据也并不滑稽。在蒙塔古一案的数年之后，在海军部任职的同性恋书记员约翰·瓦萨尔（John Vassall）暴露了自己的间谍身份，他曾在莫斯科的一次同性恋性爱派对上被克格勃拍下照片。瓦萨尔是个消费狂，过着远高于收入水平的生活，但不曾有人提出这一显而易见的问题：他的钱来自何处？随后，关于存在一个大型同性恋者与叛国者网络的猜疑再度浮现，这一次大臣也牵连其中。

上述逻辑的漏洞在于，同性恋者之所以容易受到讹诈、不得不过着秘密的生活，原因正在于当时的法律执行得如此严格和咄咄逼人。有些人足够自信，方才得以幸存下来，例如工党议员汤姆·德赖伯格——他在下议院的洗手间中与数量惊人的政客及议会职员交过欢，类似的还有麦克米伦的同事、其妻子的情人布思比（Boothby）男爵。但其他人就没有这么幸运了：保守党议员伊恩·哈维（Ian Harvey）因在海德公园里与一名士兵有不当行为而被定罪；演员吉尔古德则于1953年在伦敦切尔西区被捕。戏剧界有着非常庞大且半公开的同性恋圈子，例如，1946年亚历克·吉尼斯（Alec Guinness）曾因纠缠他人遭到罚款，但通过报告假名赫伯特·波基特（Herbert Pocket）躲过了媒体的注意。科沃德与博蒙特等当时的名流几乎毫不隐瞒自己的性取向。但诉讼的浪潮却使得那些有权有势的戏剧界名流和政界要人以外的普通人感到了恐惧。

蒙塔古成了华盛顿方面提议采取的警察行动的牺牲品。身为著名贵族的他有着强大的关系网。他曾作为掷弹兵卫队的一员在巴勒斯坦地区服役，经历了最为严重的犹太恐怖袭击；他还曾与国王、王后及未来的伊丽莎白女王共进过一顿非正式晚餐。投身广告界后，他帮助来自英格兰北部的牧师马库斯·莫里斯（Marcus Morris）推出了爱国主义漫画杂志《雄鹰》（*Eagle*）。蒙塔古后来表示："莫里斯有着与神职人员身份不符的性趣味：他喜欢歌舞女演员。"后来，这名贵族还因在比尤利创建了国家汽车博物馆、帮助创建了英格兰遗产委员会以及结了两次婚而名声大噪。他在伊顿公学就读期间便怀疑自己是双性恋，在掷弹兵卫队服役时确认了这一点。在伦敦的一场派对上，一名年轻的海军水手的脱衣舞表演令贵族军官们愉悦不已，此人就是日后享誉全国的爵士乐音乐家乔治·梅利（George Melly）。然而在被捕后，蒙塔古坚称自己对两名童子军男孩并没有做出不当的举动。被宣判无罪后，他又卷入了怀尔德布拉德一案。控方动用了各种手段：伪造蒙塔古的护照记录，试图借此推翻他的不在场证明；非法窃听电话；未经授权便进入并搜查了私人住宅；向另两名涉及此案的皇家空军男子施加巨大压力，令其揭发那三位"社会地位更高者"，以避免自己被判处漫长的徒刑。控方证人日后也承认，自己的证言经过了精心编排。

面对指控，怀尔德布拉德做出了不寻常的回应。他坦然承认自己是同性恋者（用当时的语言来说，是一名"性欲倒置者"），并且有权利受到尊重。他拒绝道歉。他的这番话虽比不上当代的同性恋解放话语，但依旧透彻、有尊严："就如同有义眼或兔唇等缺陷一样，这种状况不会令我感到自豪；但也正如身为色盲和左撇子一样，这种状况也不会令我感到羞耻。"他还指出，蒙塔古曾在掷弹兵卫队为国效力；蒙塔古的表亲、同样受到指控的皮特-里弗斯在"二战"中也有着英勇表现；而他自己尽管是个糟糕的飞行员，但后来也以气象学家的身份在非洲为皇家空军效力。除了性取向以外，他们三人与其他出身上层中产阶级家庭、属于英国建制一部分、饱含爱国热情的人没有任何不同，其观点与那些毕业于剑桥大学的间谍有着天壤之别。此外，由于同性恋者在社会各个阶层都存在，英国建制中自然也有同性恋成员。1954年，针对关于同性恋行为的法律问题，保守党政府成立了一个著名的委员会。委员会主席是曾担任公学校长和大学副校长的沃尔芬登（Wolfenden）男爵，成员还包括数名保守党政客、一名女童子军高层人士、一名法官等人。后来，沃尔芬登发现自己的儿子也是同性恋者，便写信要求儿子别给自己找麻烦，并且"少化点妆"。然而，该委员会倾听了怀尔德布拉德等同性恋者的证词。在内政部里进行了为期三年的秘密听证后，委员会于1957年建议修改法律，将年满 21 岁的成年人私下进行的同性恋行为合法化。

此时，国民的心态似乎已发生了转变。人们感到蒙塔古等人遭受的待遇是不公正和下作的。对政府干涉行为的不满曾是导致艾德礼政府下台的原因之一，如今这种不满之情开始蔓延至私人事务领域。获释后，怀尔德布拉德发现住在伊斯灵顿区的工人阶级邻居对他表现出令人高兴的友好。从韦克菲尔德监狱获释后（富克斯也被关押在这里），蒙塔古同样受到了人们的欢迎。但并非所有地方都是如此。蒙塔古回忆道，在伦敦西区的米拉贝尔高级饭店享用午餐时："临近的一到两桌顾客表示了不满。气氛令人不快。有人大声发表评论，故意让你听见，就为了伤害你。"未来的反对党领袖盖茨克尔同样在此用餐，这时他挺身而出了。"他完全清楚当时的局面是怎样的。过了一小会儿，他放下餐巾，穿过房间，走到我们的桌旁。'很高兴再次见到你。'他向我伸出了手。我心怀惊讶与感激之情地握住了他的手。这一举动平息了周遭的敌意。"[1]无论是在当时，还是在今天，对同性恋者的敌意依旧存在；但 50 年代后半段公众对此类事件的反应，为 60 年代形成的所谓"放任型社会"（permissive society）奠定了基础。不过，议会暂时还不会对此表示同意。在关于改革同性恋行为相关法律的首次议会辩论中，内政大臣马克斯韦尔·法伊夫表示，他不认为国民会接受这样的变革。要是曾经历过米拉贝尔饭店里或是温切斯特城堡外的场景，他也许会意识到，自己已经落伍了。

---

[1] Lord Montagu of Beaulieu, *Wheels Within Wheels: An Unconventional Life*, Weidenfeld & Nicolson, 2000.

# 逃往莫斯科的汤姆和盖伊

　　莫斯科在英国的间谍网络之所以能隐藏起来，依靠的不是同性恋倾向，而是与上等阶层的关系网。我们在此不会详述剑桥间谍案的完整经过。此事的前因后果源自 20 世纪 30 年代，反法西斯人士选择了不同的效忠对象。这一故事早已为人熟知：一群叛逆的公学毕业生开始相信，要想抗击贫穷与希特勒，就需要效忠于斯大林政权；随后在"二战"爆发前和战争期间，他们渗透进了英国的情报部门和外交部门。这些人分别是外交官、海军军官、圣公会牧师和内阁部长之子，他们都成长于最正统、最具爱国精神的环境中，成年之后依然保有典型的英国特质。盖伊·伯吉斯就是其中的一员。他与唐纳德·麦克莱恩叛逃苏联的过程极具戏剧性：在距离丘吉尔的乡间别墅不远处的家中，麦克莱恩怀有身孕的妻子刚刚特意烹制了火腿作为晚餐，此时伯吉斯光临了，拉着麦克莱恩飞驰到了南安普敦，连夜乘船驶向法国的圣马洛港。几年之后，工党议员、记者汤姆·德赖伯格拜访了他。德赖伯格在莫斯科的一家酒店外找到了伯吉斯，"高加索的阳光晒黑了他那张快活的娃娃脸"。伯吉斯向他解释说，自己的工作包括说服苏联人翻译和出版福斯特的小说。回到公寓里，他用钢琴演奏起了伊顿公学的赛艇歌曲，并且骄傲地展示了仍缝有"伊顿高街的汤姆·布朗裁缝铺缝制"字样的西装。[1] 叛逃至莫斯科的这些人将在那里死去，略有遗憾但毫无悔意。另外两名叛国者安东尼·布伦特（他后来成为女王藏画保护官）和经济学家约翰·凯恩克罗斯（John Cairncross）则在私底下表示了忏悔，未被曝光、未受惩罚

---

[1]　Tom Driberg, *Guy Burgess*, Weidenfeld & Nicolson, 1956.

地度过了大半辈子。

那么，这些人真的很重要吗？是的。这些叛国者加快了苏联研制核武器的步伐，将大量情报交给了斯大林的秘密警察，需要为死于克格勃之手的数十位英国及其他西方国家特工负直接责任。此外，金·菲尔比（Kim Philby）还挫败了美国在阿尔巴尼亚煽动起义的企图。以下元素使得他们的故事特别富有"魅力"：他们曾是战前剑桥大学那些上等阶级社团的成员；他们还是理想主义者，在英国建制的许多成员并不反纳粹时，他们就已经这样做了。无数电影和书籍对他们进行了浪漫的刻画，有些就出自这几名间谍之手。然而，他们的间谍活动导致了卑劣、危险的后果。更何况他们并不是最成功的间谍，科学家阿兰·纳恩·梅（Alan Nunn May）以及富克斯等不那么"有魅力"的人物其实更加重要。此外，造成了最大危害的也许要数在荷兰出生的乔治·布莱克（George Blake）。他在 20 岁时逃离了被纳粹占领的荷兰，随后加入皇家海军，被军情六处录用，又在朝鲜战争中被北方军队俘虏。他后来表示，美国对朝鲜村庄的轰炸令自己深受触动，于是把 400 名身处德国、受英国控制的特工的名字交给了苏联。结果可想而知。有些人认为他被洗了脑。后来布莱克遭到逮捕，并于 1961 年被判处 42 年徒刑，这至今仍是英国法院所判处过的最长刑期。显然，布莱克并非衣冠楚楚、关系网强大的伊顿公学毕业生，也没有朋友给他通风报信。

英国的间谍问题背后有何玄机呢？"二战"之后，其他西方国家也都发生过间谍丑闻，尤其是美国和联邦德国，但没有哪个国家像英国一样，对苏联特工的行动如此感兴趣。部分原因无疑在于阶级与性。不过，这背后还潜藏着另一个动机：英国人的反美情绪。菲尔比始终声称自己是个爱国者，只不过觉得祖国选错了盟友。伊诺克·鲍威尔曾与菲尔比同时就读于剑桥大学的同一所学院，不过他们两人从未相识。数年之后，鲍威尔也得出了同一个结论。这种反美情绪成了把右翼爱国者和左翼爱国者团结起来的共同原因。华盛顿方面经常就情报界的疏忽和存在叛国者的可能向伦敦方面提出警告。但即使从苏联叛逃而来的人向军情五处描述了麦克莱恩和菲尔比的特征，情报部门仍懒懒散散地对此置之不理。如果并不存在更多、更高级别的叛国者（菲尔比与上层有着密切联系），那么安全部门的荒唐失误就只能归咎于不屑一顾、自鸣得意的心态。

当伯吉斯和麦克莱恩这两名叛国者被发现后，许多人都主张不要大动干戈，因为这会激怒英国十分仰仗的美国情报部门。政客们不得不就这些叛逃行为，以及还存在更多未被发现的间谍的怀疑做出解释，虽然解释得很失败。时任外交大臣的麦克米伦于 1955 年驳斥了认为菲尔比是苏联间谍，并曾在 4 年前给伯吉斯和麦克莱恩通风报信的说法——当然，事实上他的确是间谍，也的确曾通风报信。此后，越来越多的间谍被揭发出来。当瓦萨尔被捕后，军情五处的罗杰·霍利斯（Roger Hollis）激动地告诉了麦克米伦这个消息，但麦克米伦反而表现得垂头丧气。霍利斯觉察到了这一点，麦克米伦回复道："是的，我一点也不高兴。如果我的猎场看守射杀了一只狐狸，他不会把它悬挂在'猎狐大师'会客厅的大门上，而是会悄悄地把它埋了。"此时已经升任首相的麦克米伦哀叹道，难免会有一场大型公开审判，安全部门将受到指责，而且"下议院会展开辩论，政府也可能倒台"："你干嘛非要'抓住'他啊！"不过，对骚扰媒体更感兴趣的麦克米伦还是斩获了两件战利品：他以报道瓦萨尔案件的两名记者拒绝供出信息来源为由，短暂地将其监禁。难怪人们会怀疑建制中有同道之人为间谍打掩护，避免他们的肮脏勾当公之于众呢。

# 公众为何发笑

如果在"二战"结束后询问某人，英式幽默的典型代表是什么，答案很可能是《笨拙》杂志那些斯文、精细的漫画家，他们用交叉线绘制出的世界既包括威斯敏斯特和伦敦周围各郡，也包括更加偏远的苏格兰高地，但对两者之间的地带所涉甚少。还有些人可能会提到海滨地区粗俗的明信片，过于肥大、悬垂在外的女性胸衣，以及讽刺德国皇帝的"小威利"系列漫画。此外，还有报纸上刊登的蹩脚的连环漫画，超现实主义广播剧《又是那个人》（*It's That Man Again*），精力旺盛的喜剧二人组弗兰德斯与斯旺（Flanders and Swann），以及乔治·丰比主演的温暖、乐观的伊灵喜剧片。或许，20世纪30年代末至40年代中期的世界已经足够冷酷，就没有必要再发出冷酷的笑声了。

英国曾经拥有的娱乐形式中，最重要的是歌舞演出。即使到了50年代，回顾性的歌舞演出依然时常举行，在歌曲之中加上一两句轻巧的讽刺之词。维多利亚时代和爱德华时代是歌舞演出的黄金时期，当时上百位著名的双簧演员、歌手、喜剧演员、滑稽剧演员、小丑和杂技演员的表演，被记录下来的寥寥无几；然而在半个世纪的时间里，大众娱乐的主要形式就是这些。只有技艺精湛、身体强壮、水平稳定、能歌善舞还会说笑的艺术家才能驾驭这种早期的"综艺演出"。从当代的圣诞哑剧和夏日海滨演出中，我们还能一睹这种文化的风采，但与它曾经带给人们的无尽快乐相比已相去甚远。战后，随着BBC的"轻松节目"将歌舞演出搬上电视，以及50年代电视界开始将最后一代在海滨及外省的小型剧场里成长起来的艺人纳入自己麾下，让他们在摄影机前歌唱、跳舞、逗乐，趋势已不可逆转。布鲁斯·福赛思（Bruce Forsyth）、吉米·塔巴克（Jimmy Tarbuck）、肯·多德（Ken Dodd）、埃里克·莫克姆（Eric Morecambe）、厄尼·怀斯（Ernie Wise）等人及其竞争对手，是源源不断地从古老的歌舞剧场走出来的歌舞喜剧全才中的最后一批。在某种程度上，歌舞演出之于20世纪英式风味与特色的重要性并不亚于摇滚乐，只不过其公关实力要远逊于后者。

暗地里，新的喜剧形式正跌跌撞撞地朝着话筒、摄像机和脚灯走去。人们只用围绕这一个问题便足以写就一部杰出的历史：什么令人发笑？此时，一系列广播剧和电视剧及其流行语、横向思维方式、越来越粗俗的笑话，都成了英国人生活中的重要部分。新型英式喜剧更加尖锐的基调主要有两大来源。首先是许多人在"二战"期间及战后荒诞的从军经历，其次是在私立寄宿学校里的荒诞经历——这一点在稍后的讽刺热潮中体现得尤为明显。没有哪个民主国家在世界大战期间动员起了如此众多的人民，也没有哪个国家将如此大批的精英子弟送往有着古怪规则的寄宿学校。这两大无可争辩的事实催生了许多乐趣：拉长的古怪面孔，奇怪的鼻音，以及足以让正常人发疯的没有意义的词汇。私立学校在50年代塑造出了这个世界上最为雄辩和好斗的一群人。英国文化中最有活力的一大特质可谓"流行的超现实主义"。这种超现实主义并非实验电影导演或实验画家的作品，而是出自马克斯·沃尔（Max Wall）、《愚公秀》（*The Goon Show*）和日后的巨蟒剧团（Monty Python）之手。

"愚公"这一名字来自《大力水手》漫画，该剧的创始人则是斯派克·米利根（Spike Milligan）。在"二战"的最初阶段，米利根与驻扎在贝克斯希尔的炮兵同伴一道，通过玩幼稚的游戏来打发时间。米利根出身于工人阶级家庭，其身世带有大英帝国的烙印。其父是爱尔兰人，青年时代曾是一名歌舞演员，当时与他一同演出的还有一个后来去往海外的男孩，名叫查理·卓别林。后来，斯派克的父亲像他的爷爷一样加入了英国陆军；于是，斯派克便在印度出生了，并在印度和缅甸长大成人。经历了这段"黄金岁月"之后，斯派克的父亲在"二战"前的裁军潮中丢掉了在军队的工作，不得不举家返回英国，定居于伦敦南部的卡特福德区。受教育程度不高的斯派克当了一段时间店员，后来因偷店里的香烟而被解雇。他自学了小号，还涉足政治，加入了青年共产主义联盟，据称还与奥斯瓦尔德·莫斯利的黑衫军有过往来。他日后回忆道，1939 年他收到了一个信封，里面含有"措辞巧妙的参加'二战'的邀请函"。[①] 服役经历令米利根感到无聊和恐惧，但也塑造了他。

上万名士兵都感到，需要用更加尖刻的幽默来讽刺对死亡的恐惧、愚蠢的规章与军官，以及无能的战争机器。斯派克被作为通信兵派往北非，在那里，他经受了炮火的洗礼，失去了战友，负了伤，还总是通过开玩笑和发明游戏来打发时间。当战事北移至意大利后，他发现还有另一名炮兵参加了军队里的综艺慰问演出，此人便是来自斯旺西的旅行推销员之子哈里·塞科姆（Harry Secombe）。和斯派克一样，塞科姆在战前也曾当过店员。两人很快就开始合作，成为军队中松散的喜剧演员与音乐家协会的成员，其他人还包括迪克·埃默里（Dick Emery）、本尼·希尔（Benny Hill）、弗朗基·豪尔德（Frankie Howerd）和汤米·库珀（Tommy Cooper）。返乡之后，这些人将令全国为之捧腹。与此同时，在印度，具有一半犹太血统的青年模仿演员彼得·塞勒斯（Peter Sellers）正忙于扮演锡克军官和皇家空军指挥官。四人组的最后一员则是毕业于伊顿公学的情报部门官员兼演员迈克尔·本廷（Michael Bentine）。这 4 人创作出了 50 年代英式超现实主义喜剧中最具影响力，也是史上最重要的戏剧之一。他们几乎都有歌舞演出背景：塞勒斯的母

---

① Spike Milligan, *Adolf Hitler: My Part in his Downfall*, Michael Joseph, 1971; Penguin, 1973.

亲和外祖母曾是歌舞演员，塞科姆的家庭也浸淫于歌舞文化。然而，服役经历又为他们注入了新的元素。

《愚公秀》虽不涉及政党政治，甚至不涉及通常意义上的政治，但仍极具颠覆性。斯派克·米利根称其为"反官僚的……其出发点就是某人冲着权威一通胡扯"。[①] 在提及《愚公秀》中一位典型的反派角色时，米利根表示："这使得人们有机会敲打那些我的父亲以及孩提时的我必须称呼为'先生'的人。上校们以及格里特派普-锡恩（Grytpype-Thynne）那类说起话来像是受过良好教育的家伙，才是真正该死的恶棍。他们骗娶老妇，配着枪四处晃悠，实际上却是懦夫。"他的一位制片人彼得·伊顿（Peter Eton）后来表示："我们试图破坏现存秩序。我们反对英联邦，反对大英帝国，反对官僚，反对军队。"米利根、塞科姆、本廷和塞勒斯从军队复员后，回到了40年代那个实行配给制、被官僚主宰的英国。因此一点也不令人吃惊的是，其幽默针对的对象是不假思索的爱国情绪以及笨拙草率的官僚行径。尽管《愚公秀》于1951年开播时BBC感到十分紧张，但这部剧正是人们希望和需要的。较为年长的听众觉得本剧令人不安和困惑，但上百万人很快就开始模仿剧中愚蠢的声音、惊人的双关语，以及没有意义的词汇。工人阶级的身份依旧令米利根容易动怒，他也依旧热心于政治事务，私下里支持核裁军运动。他的喜剧就是为了让人感到刺痛，但《愚公秀》的刺痛里又带有几分温暖：若非如此，爱丁堡公爵和威尔士亲王也很难成为《愚公秀》的狂热剧迷。

---

① 1957年的一次采访，引自 Humphrey Carpenter, *Spike Milligan*, Hodder & Stoughton, 2003。下文中的引语同样出自此书。

# 苏伊士大败局

作为步履蹒跚、令人沮丧的丘吉尔最后一届政府中的"王储",安东尼·艾登有多受人欢迎?从 1955 年大选中(此时丘吉尔终于退休了)他所获得的礼遇就可见一斑。多数时候他都乘坐自己的轿车出行,声称"假如没有武装警卫陪伴我便无法环游祖国,那么我宁愿退出政坛"。而当他乘坐火车出行时,在经停的每一站都会有捧着一大束鲜花的女性涌到列车窗前。这个男人曾抗击希特勒,优雅地等候丘吉尔退休,并且缔造了战后世界的和平。大选之后不久,艾登便邀请苏联新任领导人赫鲁晓夫访问英国。此次出访十分顺利,尽管有一名译员醉得不省人事,在介绍爱好狩猎的保守党政客兰布顿(Lambton)子爵时,称呼其为"一名'射杀'贵族"。赫鲁晓夫庄重、同情地握了握兰布顿的手,还以为对方被判处了死刑,即将遭到"射杀"。本质上,艾登极具爱国热情,他认为英国与英联邦国家的联系要比深度介入欧洲事务更加重要。他的弱点包括与生俱来的火爆脾气,以及蔑视阿拉伯人的种族主义态度。不过在大多数人看来,1956 年时的艾登几乎算得上是完美的首相人选。

人们常常认为苏伊士危机是一段误判频发的短暂时期,其源头令人费解,后果则难以辨识。但这种看法是对危机的低估。苏伊士危机是英国殖民史的产物。它起初仅仅是一场个人恩怨,是老派英式政客与战后新兴的阿拉伯民族主义领袖之间的对决。在此有必要对艾登及其代表的那些 20 世纪 50 年代中期的英国特质加以详细阐述。在一生中的大多数时候,艾登都是一位光彩照人、富有魅力的人物,受到政界持各种观点人士的仰慕,还是一位全球性的斡旋者和政治家。艾登出身于一个有些古怪的地主家庭,被同僚称作"一半血统来自疯狂的准男爵、一半血统来自美丽的女人"。苏伊士危机期间，华盛顿方面将他视作英式自命不凡态度的典型代表。但事实上，他的先祖之一马里兰准男爵曾是乔治·华盛顿的密友，并且是美国《独立宣言》的支持者；他的另一位先祖则曾写下受到马克思热情赞誉的研究穷人状况的先驱之作。艾登的母亲很多情，因此他并不完全确认自己的生父是谁——最有可能的人选还是疯狂、挥霍无度、富有艺术天赋的威廉·艾登（William Eden）。这名准男爵就像是讽刺小说里的人物：老是把烤羊排扔出窗外；骑马打猎时会不顾即将驶来的火车，跃过拦路栅飞奔向前。他的脾气非常暴躁，常常破口大骂，以至于在他负责当地的治安法庭期间，达勒姆的矿工会专程赶来倾听他骂脏话。[1]

后来，满身都是不安定基因的漂亮男孩安东尼·艾登进入伊顿公学就读。在"一战"中他表现英勇，但他的哥哥却在战壕中死去，深爱的弟弟则在16岁生日后不久在海战中阵亡。有着自由派思想的艾登从1923年开始成为保守党议员，此后升任外交国务大臣，在30年代与希特勒（他们发现彼此曾在"一战"的战壕里为敌，并画出了当时各自身处的位置）、墨索里尼和斯大林（艾登认为他是一名东方式暴君）进行过面对面的谈判。就任外相后，他帮助构建了"二战"前的联盟体系以及国际联盟的各项协定；随后，为了抗议对纳粹德国的绥靖政策，他于1938年突然辞职，1940年又重新担任外相一职，辅佐丘吉尔，直到1945年。这位杰出的语言学家文化素养很高，深爱现代艺术，有过许多情人，更是一名真诚的外交官，在50年代中期与全世界的多数领导人都很熟悉。他于1954年在日内瓦安排了一场重要的会议，试图为刚

---

[1] D. R. Thorpe, *Eden: The Life and Times of Anthony Eden, First Earl of Avon,1897–1977*, Chatto & Windus, 2003.

刚陷入冷战的世界保住和平。当时这场峰会被视为避免第三次世界大战爆发的最后希望。

纳赛尔的情况又如何呢？如果说艾登是某种英国特质的典型代表，那么纳赛尔就是未来数十年间人们即将习以为常的那类反殖民主义的专制统治者的最初样板。他魅力非凡、爱国、残酷、投机。从青少年时期起，将英国人逐出埃及就是纳赛尔为之奋斗的事业，这一点也不令人感到意外。尽管名义上仍是有着自己国王的独立国家，但实际上直到"二战"结束前，埃及都被视为英国的附属国。这里曾是抗击隆美尔非洲军团的核心战场，也是英国赖以统治中东地区的中轴。英国的运转有赖于伊拉克和伊朗的油田；英国进口品的四分之一以及欧洲石油的三分之二都要经过苏伊士运河；飞往印度和澳大利亚的飞机要在这里的机场加油——以上因素使得埃及成了中枢，就如同是英国部署在地中海地区的一支海军。多数英国家庭都有着曾在埃及服役的成员。此外，许多英国人不经意间还会流露出对"埃及佬"的蔑视之情。早些年间，当埃及人表现得不顺从时，丘吉尔曾大声叫嚷道：如果他们不注意点儿的话，"我们就要放犹太人过去，把他们挤到阴沟里去"。

"二战"之前，埃及被迫签署的一项条约明确地将其置于英国掌控之下。作为对这一耻辱的纪念，艾登的头像甚至被印上了埃及的邮票。"二战"期间的一起风波清晰地揭示了埃及与英国的关系。1942年，隆美尔的坦克正步步逼近，丘吉尔怒斥开罗成了"匈族间谍"的老巢；英国驻埃及大使则向埃及国王法鲁克（Farouk）表示，其首相的反德态度不够强烈，应当被撤换掉。国王激发了仅存的一丝自尊心，对此表示拒绝，坚持认为这样的要求未免太过分了，违反了1937年签订的条约。英国大使随即召集了装甲汽车、几辆坦克以及若干士兵，将法鲁克国王的王宫包围起来。大使步入王宫，命令国王在一封卑躬屈膝的逊位信上签字，表示将"为了我们及后代而放弃埃及王位"。此时，国王的决心崩溃了，他可悲地问道，是否还能给予自己最后一次机会。他获得了这次慷慨的机会，并解除了首相的职务。生活还得继续，战争还得继续，但埃及人不会忘记此事。在南方的苏丹，纳赛尔中尉这名年轻的军官义愤填膺地在写给朋友的信件中斥责了向英国人投降和屈服的举动。他写道："如果埃及人愿意牺牲自己的生命来做出还击，那么殖民主义势力就将像娼妓一样落荒而逃。"

邮政工人之子纳赛尔很快就将成为激进军官发起的"自由军官运动"的核心人物，就如何驱逐英国势力、建设一个更具社会主义性质而非伊斯兰性质的新型阿拉伯国家展开讨论。此时以及后来在纳赛尔统治之下，极端主义者（有朝一日，他们的思想将对基地组织产生影响）受到了压制乃至被处决。纳赛尔是个残酷、安静但坚决的人物，他天生就善于吸引追随者。"自由军官运动"于 1952 年 7 月终于推翻了法鲁克国王；此后仅仅花了两年时间，年轻的纳赛尔便废黜了临时统治者，亲自掌控了国家。对他而言，这一时机十分有利。"二战"结束后，阿拉伯民族主义的兴起使得英国的统治变得十分艰难。英国的石油利益开始遭到挑战，阿拉伯民众会向来访的英国大臣投掷石块。受到民众欢迎、怀有独立见解的伊朗总理摩萨台（Mohammed Mossadeq）于 1951 年将盎格鲁-伊朗石油公司国有化，此举令丘吉尔深感愤怒。两年之后，美国中央情报局策划了一场政变，推翻了摩萨台。这场行动的策划者是美国总统老罗斯福之孙、有着光荣名字的克米特·罗斯福（Kermit Roosevelt）。但纳赛尔将在埃及重演摩萨台的举动。在伊拉克，英国扶植的国王及首相还在勉力维持局势，他们在日后都将被暴徒杀害。在约旦，从 1939 年起便掌管阿拉伯军团的英国军人约翰·格拉布（John Glubb，他被称作"格拉布帕夏"）于 1956 年 3 月被年轻的国王侯赛因解除了职务。如今，这名阿拉伯人希望由阿拉伯人来掌控自己的军队。尽管现在看起来这只是一桩小事，但当时人们却认为，这意味着在中东地区兴起的高傲的阿拉伯主义情绪打了伦敦方面一记耳光。艾登将此事归咎于纳赛尔，他向一位较低级别的大臣说道："干吗扯一些孤立和隔离纳赛尔的废话？你难道不明白吗？我希望纳赛尔被干掉！"[①]

旧的殖民势力和新兴的阿拉伯民族主义注定将于埃及爆发冲突。为了保护自己的利益，英国在苏伊士运河处设立了一座军事基地。与其说这是一片兵营，不如说是一个小型国家。该军事基地的面积相当于威尔士，其广阔的边界既昂贵又难以防卫，艾德礼在战后一度考虑将其关闭并撤出埃及。基地的存续仰赖于补给以及同周边村镇的贸易，但到了法鲁克国王统治的末期，它已经遭到了埃及民族主义者的抵制。一起意外会引发更多的意外，紧张局势不断升级：英国军人在值勤时间之外遭到了射杀；英军进行血腥的报复，屠杀了藏身于一所建筑中、装备糟糕的阿拉伯警察；接下来，开罗民众放火焚烧了外国人开办的俱乐部、酒店、商店和酒吧。英国陷入了一场游击战。

在经历了又一次反抗之后，伦敦终于开始就撤出埃及进行谈判——毕竟附近还有其他军事基地，例如在塞浦路斯（这里的民族主义者同样发动了游击战）和约旦。时任外交大臣的艾登认为撤出埃及已是势在必行，并向同事们指出，"我们自己已严重地违反了条约"，驻扎在埃及的军队数量高达规定的 8 倍。起初，一切都进行得十分文明，纳赛尔甚至曾短暂地与艾登会面，尽管他并不乐意让这位英国领导人用一口流利的阿拉伯语向自己说教。后来他抱怨说，宏大的英国使馆使得英国人"显得如同王子一般，埃及人看上去则像是乞丐"，艾登则像对待微不足道

---

① Brian Lapping, *End of Empire*, Granada, 1985.

的低级官员那样对待自己。双方达成的协议规定，英国将保有对苏伊士运河的权利。但纳赛尔很快就将出尔反尔。

此时纳赛尔构成的威胁有多严重呢？他具有主导阿拉伯世界意见的非凡能力，还希望成为不结盟运动的发言人。在整个中东地区播出节目的开罗广播电台可谓那个年代的半岛电视台，尽管独立性要远逊于后者。当危机爆发后，英国政客及报纸曾多次将纳赛尔比作墨索里尼和希特勒，将他刻画为苏联的傀儡，以及危及中东地区的阿拉伯主义幽灵。毫无疑问，他的确是个独裁者。但他也可以称得上是位社会主义者，胸怀将祖国建设得更加健康、强大、教育水平更高的宏伟计划。他还希望从也门、叙利亚、苏丹和约旦开始，将自己的权势扩张至整个阿拉伯世界。和萨达姆一样，他也对敌人使用了毒气，阿拉伯世界的其他统治者也对他心怀警惕，他也把摧毁当时新生的以色列国作为自己的信念。

然而，倘若华盛顿方面不犯下灾难性错误的话，纳赛尔这位麻烦人物的影响力依然会仅限于中东地区。纳赛尔雄心勃勃地希望建造阿斯旺大坝，自40年代中期以来，他便惦记着这一或许能够改造埃及经济的庞大工程。宽达3英里的大坝将创造出一个300英里长的巨大湖泊，将埃及的发电能力提高8倍之多，并使得肥沃土地的面积增加三分之一。这绝不仅仅是一项土木工程项目，纳赛尔表示它将"比最雄伟的金字塔还要大17倍"。在数世纪的殖民主义屈辱之后，阿斯旺大坝将成为一位新法老带领埃及走进新时代的标志。但问题在于，埃及的资源远远不足以建造这样一座大坝。关于贷款的讨论已经进行了多年，1956年，纳赛尔已有充分的理由相信，美国（以及紧随其后的英国）会在支票上签字。但在谈判过程中，埃及大使感到自己被下达了最后通牒，愤慨的他随即暗示，如果美国提出的条件不够好，那么埃及还可以向苏联和中国寻求帮助。美国国务卿杜勒斯当即终止了谈判。纳赛尔勃然大怒。为了表达愤怒之情，并找到可靠的新收入来源，他立刻采取了报复行动：在一场大型集会上发出行动暗号，触发事变，占领了苏伊士运河。

如果说阿斯旺大坝不仅仅是一座大坝，那么苏伊士运河也不仅仅是一条运河。这是一条极佳的液态高速公路，是全球贸易至关重要的动脉，经由地中海，将欧洲与印度、澳大利亚、新西兰和远东联系起来。在尚不存在大规模空运的年代里，仅有的另外一条道路是绕过好望角，但这条路遥远、缓慢且昂贵。多年之前，艾登曾将苏伊士运河比作大英帝国的颈静脉；到了 50 年代中期，英国进出口总量的四分之一都要经过这条运河。依赖苏伊士运河的不仅有英国。欧洲石油的四分之三来自中东，其中半数需要经过苏伊士运河。此外，全世界货运总量的六分之一要通过这里，每天的过往船只达到 50 多艘，它们都需要支付通行费。鉴于其重要的国际地位，加之它是由一名法国工程师设计、使用英国与法国资金建造的，自 1888 年以来这条运河便被当作国际设施而非埃及设施来管理。负责运营这条运河的是一家公司，其 44% 的股份归英国政府所有，这要归功于迪斯累利那极富维多利亚鼎盛时期企业家精神的倡议。不难理解为何埃及人会将这条贯穿本国的国际殖民主义象征视为一种侵犯。在杜勒斯拒绝了贷款请求的几天之后，纳赛尔便动用武力占领了苏伊士运河。他的计划是用苏伊士运河的通行费为阿斯旺大坝筹措资金。全世界都对占领苏伊士运河的行为是否合法展开了激烈辩论，但在英国政府看来，纳赛尔的行为就是盗窃，显然违反了国际条约。更糟糕的是，可不能让埃及人自己来从事管理运河这么复杂的事务啊！甚至还要更糟糕的是，如果放任这样厚颜无耻、虚张声势的行为，其他阿拉伯激进分子势必会受到激励，那么整个中东地区都将面临威胁。

既然纳赛尔的举动是被华盛顿方面激发的，既然他的报复行为伤害的是美国的两大盟友英国与法国，那么当然有理由期待艾森豪威尔将坚定地支持打击纳赛尔的行动。然而，局势要更加复杂得多。一方面，美国正在积极地执行将老牌殖民势力逐出中东、自己取而代之的政策。美国自己可以生产石油，但总是为未来而担心，并且清醒地意识到，当时全世界探明的石油储备中有三分之二都位于中东地区。为此，美国与沙特阿拉伯及伊朗达成了特殊协议。除了经济利益之外，激烈、虔诚的反殖民主义也是一大因素，这一点在杜勒斯身上体现得尤为明显。这名狡诈、伪善的人物心怀美国国父们的那种热情，憎恨英帝国主义。此外，杜勒斯与艾登也互相憎恨。华盛顿方面还对苏联深感担忧，后者对待具有自由化倾向的匈牙利政府的态度令人不安。除此之外，巴拿马运河也是个棘手的问题，美国掌控这条运河的方式与英法掌控苏伊士运河的方式十分相似。艾森豪威尔和杜勒斯不希望在中东达成对航道实行国际共管的协定，担心这会波及巴拿马运河。最后，在 1956 年，艾森豪威尔正处于争取连任的紧要关头，他的竞选要点正是和平与繁荣。英法这两大盟国不合时宜的张牙舞爪之举自然会令他大为光火。出于上述原因，在与纳赛尔的这场冲突中，美国并未成为英国的朋友，反而成了敌人。

但伦敦方面尚未意识到这一点，艾登的强硬措辞仍大受欢迎，保守党也咆哮着表示支持，由盖茨克尔领导的工党这一反对党甚至显得更加好斗，与后来迈克尔·富特领导下的工党在福克兰群岛之战初期的表现如出一辙。除了《曼彻斯特卫报》与《观察家报》等少数例外，报界、评论员和漫画家也都毫无异议，一致要求惩罚埃及人。民意调查这门新技术以及涌向唐宁街的表示支持的来信无不表明，民众也赞同政府的立场：务必清除纳赛尔。然而，对于政治而言，时机就意味着一切。随后数月，在美国施压之下展开的外交斡旋令艾登与极为反感纳赛尔的时任财政大臣麦克米伦失去了主动权。各方召开了多次国际会议。妥协方案建议，苏伊士运河将正式归属埃及，但依赖于这条运河的其他国家也将以新的形式参与管理。各方还在联合国进行了密集的谈判。英国不停地暗示自己仍有可能发动战争，但艾森豪威尔和杜勒斯坚持要通过和平手段解决这一危机。他们表示美国不会试图"通过开枪来夺回"运河，并且提起了殖民主义这一问题。这激励了纳赛尔，他断然拒绝了局外人士提出的一切动议。莫斯科方面也受到美国态度的激励，向英国和法国发起了外交攻势。尽管在这场风波期间，苏联对匈牙利的镇压曾引发另外一场危机，但在苏伊士问题上，美国与苏联一直肩并肩地反对英国。

这些动向愈发像是不祥之兆。随后，以色列出人意料地提供了解决问题的捷径。半个世纪之前的以色列就如同今天一样依赖美国，然而该国政府认为华盛顿方面并未充分意识到纳赛尔及其泛阿拉伯主义对自己的存亡构成了威胁。埃及从苏东集团处获得了大量武器，包括最新款的喷气式战斗机和轰炸机；纳赛尔的反以色列话语令人毛骨悚然，叙利亚和约旦也愈发频繁地响应他的言论。苏伊士危机令以色列获得了打击这一劲敌的天赐良机，当他们出兵后，甚至还获得了西方的空中支援。于是，英国、法国和以色列终于开始策划阴谋，清除纳赛尔。起初，时任财政大臣的麦克米伦建议由以色列从一侧对埃及发动进攻，已退休的丘吉尔对此十分感兴趣。刚刚得知这一主意时，艾登表示拒绝，认为这太过古怪。但随着国际谈判拖拖拉拉，无法取得成果，英国政府在国内开始丧失势头和支持，此时密谋的想法便再度浮出水面。

由于艾登坚持对于重大的内阁讨论不做记录，我们并不知道所有细节。他甚至坚持要求撕毁或焚烧与那一时期相关的私人日记，包括麦克米伦的日记。但我们知道的是，以色列接触了法国，重新启动了计划。以色列的边境正遭到游击队的骚扰，法国则正在阿尔及利亚进行一场残酷的殖民战争，他们均认为纳赛尔对自己在北非和运河的利益都构成了威胁。法国的"二战"英雄莫里斯·沙勒（Maurice Challe）将军制定了具体的计划：首先由以色列向埃及发起进攻，随后英法要求达成停火；当停火协议遭到埃及拒绝后，英法再通过"警察行动"进行干涉。关于阴谋的讨论就这么开始了。具体细节是在巴黎郊外塞夫尔河畔一座租来的朴素别墅里敲定的，这里曾是"二战"期间法国抵抗运动的藏身之处。艾登的外交大臣塞尔温·劳埃德（Selwyn Lloyd）也并不情愿地出席了会议，他离开伦敦时身着一件破旧的雨衣，试图将自己伪装起来，但并未奏效。

劳埃德会见了法国外长、以色列总理戴维·本-古里安（David Ben-Gurion）、以色列总参谋长摩西·达扬（Moshe Dayan）以及在以色列国防部工作的希蒙·佩雷斯（Shimon Peres）。这不是一场轻松的会议。英国与以色列的另一个敌人约旦有着秘密国防协定；此外，以色列恐怖分子杀害英国士兵的事件也血迹未干。就以色列而言，他们十分不信任英国。在英国于一年前拒绝加入欧洲共同市场后，法国也对其心存疑虑。最后，这场会议的机密性加剧了与会各方的互不信任，尤其因为艾登坚持要求不留下任何文字记录。最终在以色列的坚持下，协议草案还是被写成了文字，英方的一名谈判代表也签了字。在当地的鱼肉和红酒助力之下，这项协议终于在塞夫尔河畔的别墅里达成了。与会者庄严宣誓终生不得透露细节。他们的确有理由这么做。协议确认来自阿尔及利亚的法国伞兵和来自马耳他与塞浦路斯的一支入侵部队将发起进攻，名义上是为了将以色列和埃及军队分隔开来，实际目的是夺回苏伊士运河。然而，这一协定完全是非法的，因此务必将各位大使、其他大臣、军情六处的主管、下议院乃至白宫全都蒙在鼓里——至少这一点还是极为成功的。尽管巴黎方面向美国中央情报局泄了密，但等到艾森豪威尔意识到发生了什么时，已为时过晚。

与此同时，英国的民意也发生了变化。工党和泛左翼开始热衷于反殖民主义、国际法治和新生国家的权利等问题。联合国、北约以及《欧洲人权公约》仍方兴未艾。当美国更加明确地表示反对采取军事行动后，有些议员和评论员也开始重新考虑。就像日后的撒切尔和布莱尔一样，艾登也抱怨左翼知识分子在挑起事端、反对自己，而"BBC故作中立、呈现正反两面的做法令他感到恼火"。虽然并未发生导致BBC主席和总裁辞职的"赫顿调查报告"那样富有戏剧性的事件，但此次冲突要更加严重：艾登威胁要将BBC置于政府直接掌控之下。根据在BBC流传的说法，部队进入了斯特兰德街上的一所建筑，只等一声令下便将接管位于布什大楼的BBC国际频道总部；与此同时，BBC向技术人员分发了锤子，用来在必要时摧毁自己的设备，以免落入艾登及政府手中。有些大臣开始对这样的胡作非为感到不安。外交国务大臣安东尼·纳丁（Anthony Nutting）辞职以示抗议，但并未像在伊拉克战争前辞职的罗宾·库克（Robin Cook）那样引发关注。和半个世纪之后的伊拉克战争一样，当反对派真正组织起来之后，民众便纷纷走上街头表示抗议，私底下的不安演变成了公开的愤怒。

大批民众涌上街头，向政府的战争决定发起挑战，这在英国现代史上还是头一次。在反对苏伊士战争的示威后，还会发生反越战的大型示威以及反对伊拉克战争的游行，不过在50年代，此类事件还从未发生过。苏伊士危机将英国一分为二，造成了许多家庭和友人的分裂，还引发了首相与建制机构及其元老人物的激烈冲突。据说，蒙巴顿伯爵曾向年轻的女王提出警告，表示她的政府"表现得如同疯子一样"；一位前王室幕僚则相信，女王同样认为自己的首相发疯了。[1]苏伊士危机使得这一

---

① Ben Pimlott, *The Queen*, HarperCollins, 1996.

代具有政治意识的青年更加蔑视政客，更愿意嘲笑他们，对他们不屑一顾。或许无论如何，政治都会失去当代英国人的尊重，但1956年冬天的这一系列事件无疑加速了这一进程。

就连军队也受到了影响。苏伊士战争的动员令在全英国引发了大量逃避兵役和拒不服从的行为。约2万名预备役士兵受到征召，但许多人都拒绝入伍，有些人还在文件上胡乱地写下"胡扯"等粗话。在南安普敦，皇家陆军工兵向一名将军投掷了石块；在肯特，预备役士兵也做出了类似的举动："他们几乎全都拒绝擦拭靴子、熨烫军装，乃至值勤。大部分时间他们都在辱骂职业军人是一群白痴。军队对此无能为力……"[1]类似的情形不仅限于肯特。在马耳他的格伦迪村那条环境恶劣的简易跑道周围，掷弹兵卫队"几杯三军合作社提供的浓茶下肚，穿过了营地……直达军官居住的建筑"。当地的条件及政治局势都令他们感到愤怒，然而指挥官用哗变会导致的严重后果作为威慑，严厉地训斥了他们。不久之后，皇家陆军炮兵第37重高射炮兵团的预备役士兵重复了这一举动，穿越马耳他兵营进行示威，叫喊声盖过了该团准尉副官的声音。[2]这些无疑都只是小插曲，原因很大程度上在于预备役士兵无所事事，并且对突然被派遣到灰尘漫天、环境恶劣的军营里感到不满，但报纸头条那些关于士兵哗变与游行抗议的报道还是对军队造成了冲击。

当然，苏伊士危机与伊拉克战争的最大区别在于，美国在1956年不希望发动战争，在2003年则坚决要求开战。苦恼的信件和通话记录向我们揭示了一则相互误解的故事。在艾登看来，美国一方面避免向纳赛尔施加任何实实在在的压力，一方面又滔滔不绝地大谈国际法。他自

---

① 见 Tom Hickman, *The Call-Up: A History of National Service*, Headline, 2004。
② 感谢来自克赖斯特彻奇的里克·理查兹（Rick Richards）和来自纽伯里市巴勒克莱尔村的琼·韦伯（Jean Webber）向作者提供这些信息。

认为曾给出足够多次明显的暗示,白宫理应意识到他及法国总理已经做好了动武的准备。有很多次,艾森豪威尔团队都造成了这样的印象:他们承认武力手段也许是必要的。杜勒斯也曾提及要让纳赛尔"吐出"战利品。因此,尽管不能向美国透露与以色列达成的危险且非法的协定,或是把军事细节告知对方,但英国相信美国能够领会自己的意图。然而这种想法是错误的。在艾森豪威尔看来,老牌盟友让他在最糟糕的时机陷入了麻烦之中:此时正值美国大选,而且苏联刚派出 4 000 辆坦克,残忍地镇压了匈牙利起义。正如未能预计到取消阿斯旺大坝贷款会造成什么样的后果一样,艾森豪威尔和杜勒斯既未能领会那些暗示,也并未留意中央情报局特工从巴黎和伦敦传回的忧心忡忡的报告。50 年代中期的美国尚是个稚嫩的超级大国,仍有些手足无措。这一次,它遭到了双方的愚弄。

于是,在 1956 年 11 月 5 日的清晨,英国和法国伞兵开始在塞得港降落。从马耳他出发,经过 9 天的航行,一支庞大的英国舰队也载着坦克与火炮抵达埃及。南下夺取苏伊士运河的行动开始了。截至此时,英国和法国仅有 32 名突击队员阵亡,埃及的死亡人数则是 2 000。就军事而言,一切都进展顺利;但就政治而言,情况就截然不同了。入侵开始后,艾森豪威尔和杜勒斯暴跳如雷。据白宫记者表示,椭圆形办公室里的气氛之阴郁是一个世纪以来从未有过的。杜勒斯严肃地将英法的举动与苏联在布达佩斯的行为相提并论。不幸的是,就在艾森豪威尔怒发冲冠的同时,纳赛尔已破釜沉舟。凭借着多达 47 艘装满水泥的船只,他做了一件艾登千方百计想要阻止的事情:封锁运河。在联合国,美国和苏联空前绝后地达成了一致,共同要求制止这场入侵。要求实现停火的提案以 64 票对 5 票的压倒多数获得通过。全世界都群情激愤,苏联威胁要派遣 5 万名志愿军前往中东;刚刚独立 8 年的印度也站到了苏联一边。终于，当英军已经夺取了塞得港，并踏上通往开罗的一片坦途时，突然收到了停下脚步的命令。伦敦方面下令立刻停火，并迅速撤离。其原因并不在于伦敦周边各郡普通士兵的怒火，也不在于女王本人的意见，更不在于莫斯科方面的严词谴责，而在于美国以堪比当年那场独立战争的方式羞辱了英国。

法国准备继续进军，因为他们对自己的国家利益了然于胸，并且对美国的怒火置若罔闻。但英国的处境截然不同，根本原因在于财力、石油与勇气。此时，全世界再度开始抛售英镑，美国财政部则大笔买入，以便无情地进一步向英国施压。燃料即将耗尽，英国加油站一度要求驾车者出示棕色的配给券，就仿佛回到了"二战"期间一样。英国需要美国提供紧急石油供应，但美国要求用美元支付；英国没有足够的美元，于是不得不再度寻求贷款。麦克米伦向华盛顿方面和国际货币基金组织寻求帮助，美国财政部长乔治·汉弗莱（George Humphrey）却让英国新任驻美大使哈罗德·卡恰（Harold Caccia）传话给他："除非你们撤出苏伊士，否则别想从美国政府这里拿走一分钱。你们就像强盗一样破门而入，所以，滚出去吧！当且仅当你们这样做了，才会得到帮助！"

截至此时，埃及空军已被摧毁。在塞得港登陆的英国军队有 13 500 人，法国军队有 8 500 人，他们正在南下，向着运河进军。相当尴尬的是，由阿里埃勒·沙龙（Ariel Sharon，他后来在以色列总理任上的表现颇具争议）率领的以色列军队早就抵达了目的地，并停下了脚步，因此压根就没有任何人需要被"分隔开来"。但此时开弓已无回头箭。上至白金汉宫，下至营房，英国都陷入了分裂；艾登的身体和心理都撑不住了；在很多人看来，就连北约也走到了崩溃边缘。艾森豪威尔直接致电艾登，残酷地勒令他宣布停火；此后，艾登给法国总理居伊·摩勒（Guy

Mollet）打了电话。摩勒请求艾登坚持住。法方资料显示，艾登回复道：
"我已经走投无路了。我没法坚持下去。所有人都抛弃了我。我的忠诚
伙伴纳丁辞去了外交国务大臣的职务。就连保守党意见都不一致，让我
没法依靠。坎特伯雷大主教、圣公会、石油商人，所有人都反对我！英
联邦威胁要解体……我可不能成为王室的掘墓人啊。还有，我希望你能
理解，能真的理解，艾森豪威尔给我打了电话。我不能不顾美国独自行
事啊。英国历史上还从未这样过……不，这是不可能的。"[①]

对于英国而言，随后的停火和撤离是一场灾难。纳赛尔变得更加强
大，艾登的政治生命则因此终结。不过在此之前，他还要就英国、法国、
以色列在塞夫尔河畔达成的秘密协定向下议院撒谎。他说道："关于事
先是否知情这一问题，我想相当坦率地向下议院表示：我事先并不知道
以色列会进攻埃及。"这番话可以与6周之前在塞夫尔河畔达成的协定
的法文版本作一比较，这份文件开篇就十分明确地表示："以色列军队
将于1956年10月23日晚对埃及发动进攻……"最终，苏伊士运河再
度开放，各方也就赔偿方案达成了一致，不过石油安全这一问题将变得
更加重要。英国懊悔不已，道德威望也荡然无存，沦为受到华盛顿方面
呵斥的下属。

苏伊士危机对美国的影响同样值得一提。艾森豪威尔和杜勒斯的决
策实际上是愤怒情绪的产物，却假装是受到崇高的基督教原则驱使。两
人处理此次危机的方式鼓舞了阿拉伯民族主义者，在接下来的数十年时
间里，他们将不停地给美国制造麻烦。在是否知道英国已做好动武准备
这一问题上，艾森豪威尔误导了公众。他公开表示自己之所以厌恶入侵

---

① Jean-Raymond Tourneaux, *Secrets d'Etat*, Paris, 1960, quoted in Herman Finer, *Dulles over Suez*, Heinemann, 1964.

行为，是因为美国不赞成通过武力来解决国际争端；这与他此前考虑在朝鲜半岛使用核武器的想法大相径庭。苏联人留心到了这一点，此后无疑变得更加咄咄逼人了。苏伊士危机还使得法国与美国疏远，并与联邦德国组成了延续至今的"德法轴心"。中东政治发生了剧变。英国在这一地区再也不具有独立的权势与影响力。中东从此进入了以支持以色列和与沙特王室结为石油联盟为基础的美国时代，此后争端将层出不穷。据时任美国副总统的尼克松表示，许久之后，艾森豪威尔对于苏伊士危机的态度发生了转变，认为打压英国的决定是自己最重大的外交失策。身患癌症的杜勒斯在病危之际也向所住医院的院长表示，他认为自己对苏伊士危机的处理是错误的。他于 1959 年在这家医院去世。

苏伊士危机还导致了另外一些较难预测的结果。埃及占领苏伊士运河所引发的石油价格震荡推动了迷你汽车的问世。甚至克莱德赛德和泰恩赛德的造船厂也因此迅速衰落：它们建造的小型油轮很快便被国外大船厂建造的超级油轮取代，这些超级油轮绕过好望角航行的花费并不比小型油轮穿越苏伊士运河昂贵。如果人们早几年便意识到这一点，那么艾登或许就不会发动战争，他或许就会作为一名优秀的首相被我们铭记。但木已成舟，在"苏伊士"这三个字代表的那一时刻，英国明白了自己在世界上究竟处于怎样的位置。

# 麦克米伦与鲍威尔

麦克米伦就任首相意味着英国迅速地承认了美国的权势。难道还有别的可能吗？伊诺克·鲍威尔这位与麦克米伦如此相似又如此不同的人物认为，答案是肯定的。然而作为政客，狡诈的麦克米伦要更加出色。"第一个加入，第一个退出"这句挖苦之词就是对他的犀利、准确的刻画。他甚至比艾登更加敌视纳赛尔，但也正是身为财政大臣的他充分意识到了抛售英镑造成的影响，并引领了政治上的撤退。令人不安的是，在苏伊士危机最严重时，麦克米伦私下与美国驻英大使进行了多次会谈，标榜自己是艾登的副手，还提出了可能被保守党后座议员接受的停火及撤离方案。

"二战"期间，麦克米伦与艾森豪威尔便已相识。尽管伦敦方面的权力交接是以典型的保守党方式，即通过在内阁里达成秘密协定完成的，因此不能说美国用一名顺从的大西洋主义者取代了艾登，但继任者无疑能够令美国满意。麦克米伦立刻试图将苏伊士危机抛到脑后；而且令法国格外厌恶的是，他立刻请求华盛顿方面在核武器研发上施以援手。贝文认为英国能够独立研制出核武器的信念曾一度受到推崇，但这段时间仅仅维持了五六年：从英国核弹（将由远程喷气式轰炸机投下）具备军事效用的时刻开始，到麦克米伦于 1958 年意识到英国的轰炸及导弹技术过于落伍，不足以对苏联构成威慑为止。

挤入成员数极少的拥核国家俱乐部并非摆在麦克米伦面前的唯一道路，但要想达成假装自己在全球舞台上依旧神气十足这一目的，核武器倒显得像是一条相对廉价的捷径。只要一有机会，麦克米伦就会虚张声势：他下令于 1957 年 5 月在圣诞岛进行英国的首次氢弹试验，但这一混合型炸弹并非真正的氢弹，其目的只是让美国人高估英国的核水平。次年，英美两国科学家在华盛顿进行了一次至关重要的对决。英国的奥尔德马斯顿团队令爱德华·特勒（Edward Teller）领衔的洛斯阿拉莫斯团队相信，英国的核武器理论水平也非常高。特勒承认，物理法则在大西洋两岸似乎同样适用。此外，1940—1945年那种合作又短暂地恢复了。当然，经过了苏伊士危机，任何认为英美两国是平等合作伙伴的想法显然都只是幻觉。也许和法国一样，英国也可以离开由美国主导的北约司令部，重新自行研发核武器、制订核战略，全心全意地加入新欧洲。这样的选择将是昂贵的，并且会改变战后世界格局。纵使艰难、没有吸引力，苏伊士危机之后的英国的确有可能踏上一条截然不同的道路。但麦克米伦对此从未加以考虑。

艰难的道路符合另一名政客的口味，麦克米伦对此人几乎感到厌恶。1962年的一天早晨，时任外交大臣休姆伯爵[①]走进唐宁街10号的内阁会议室时，发现首相正在静静地挪动桌上的名牌。他询问内阁秘书：发生了什么？难道有谁去世了？内阁秘书回复道，不，都是鲍威尔的缘故："首相再也受不了伊诺克坐在他正对面，用指责的眼神直勾勾地盯着自己了。"于是，可怜的鲍威尔就被安排到了麦克米伦视线之外的左边角落里。[②] 这则逸事算得上是那个时代的象征。避免不愉快的眼神接触正是执政这门艺术的一部分，而且在这一点上，政府在多数时候都做得相当成功。然而驱使着鲍威尔这位杰出的浪漫主义者的却是冰冷、严肃的逻辑，从不断扩张的国家机构对经济造成的影响，到大英帝国瓦解带来的后果，再到移民对传统英国特质产生的影响——面前的这些抉择

---

① 即后来的首相亚历克·道格拉斯-休姆。——译者注
② 引自 Robert Shepherd, *Enoch Powell*, Hutchinson, 1996。

令他备受煎熬。随着时间的流逝，他对于这些问题的答案也会发生改变，其中有些答案将摧毁他的政治生涯，但他从未违背自己那焦虑万分的良心。相比之下，麦克米伦也十分清楚摆在面前的艰难抉择。他的日记中满是不祥的预感，私下里也写出了清醒、明智的文章。他大力推动去殖民化进程，努力试图令英国加入欧洲经济共同体。但当面对最具风险的问题，例如是否应该遏制工会权力和削减公共开支时，他似乎更在意保住自己的职位，并安抚人们一切都会顺利。他是名优秀的演员、出色的艺人。他将鲍威尔远远地推出了视线之外，再也不考虑他的意见。

尽管对彼此都没有好感，但麦克米伦和鲍威尔还是有几点重要的共同之处。他们都曾当过兵，都为自己没有在对德作战时牺牲心怀几分愧疚。在"一战"中麦克米伦表现得格外英勇；虽然屡屡受伤，他还是活了下来，但他永远无法忘记的是，许许多多战友和他麾下的战士都失去了生命。他走起路来脚步拖沓，在他当上首相之后这一点经常受人嘲讽，被认为是贵族做派，但实际上这是德军弹片造成的创伤所致。年轻许多的鲍威尔在"二战"期间是英国陆军第 8 军团的一名情报官员，许久之后，他用典型的鲍威尔式语气说道："我宁愿在战争中战死。"在两人心中，战争的阴影都挥之不去。麦克米伦的婚姻和猎杀野鸡的爱好，以及鲍威尔的完美措辞和猎狐爱好，常常令人们忘记了，两人其实都出身于不那么显赫的家庭。麦克米伦的家族曾是苏格兰的小农场主，后来投身图书业，因此他才得以在优越的条件下成长。鲍威尔的父亲则是伯明翰的一名校长，他凭借着才智和勤劳脱颖而出。两人都博览群书，尤其精通古典文化，还具有语言天赋。不过麦克米伦不像鲍威尔那样出色，并且更加偏爱英语小说和政治人物传记。他们都相信英国有着独特的使命。

两人的不和源自个性和代际差异。麦克米伦是一位具有维多利亚时代特质的品格高尚的改革者，他成长于马车时代，见证过老女王登基60周年庆典的盛况。作为年轻的保守党人，大萧条时期的惊人贫困（尤其是在他所处的斯托克顿选区）震动了他的良心。在20世纪30年代，他的政治观点十分激进乃至极端。他聘用了莫斯利创建的新党的前书记，此人也是一名前马克思主义者。他还主张制订广泛的经济计划，包括废除股票交易所，并将工会置于经济决策的核心位置。他的这些立场与50年后的托尼·本极为相似。若不是"二战"爆发，他很有可能会离开保守党。战后，他依然是个麻烦制造者，建议将保守党更名为"新民主党"。然而，当他1951年重新进入政府时，原本激进的意识形态已经变得温和，并且还带有家长作风。他既厌恶左翼分子，又厌恶右翼分子。麦克米伦和丘吉尔一样，母亲也是美国人，他也同样希望证明，在美国主导的世界里，英国依然能够扮演虽蹒跚但睿智的"长辈"角色："如果将美国比作罗马，那么英国就是希腊。"

比麦克米伦年轻18岁的鲍威尔同样是个浪漫主义者，但他的成长经历是由在大学里学习、在驻印军队中服役及感受大英帝国的最后岁月构成的。与丘吉尔或麦克米伦不同的是，他十分憎恨美国，在1944—1945年他曾严肃地认为，下一场世界大战对阵的双方将一边是欧洲及苏联，另一边则是美国。英国相当于希腊，而美国相当于罗马？倘若鲍威尔不是一位杰出的罗马文化专家，他恐怕更愿意将罗马付之一炬！麦克米伦的思路是含糊不清的、家长式的；鲍威尔却有着令人恼火的思维习惯：先从原则出发，然后遵从自己的逻辑，直到得出（常常是令人不快的）结论。对于他而言，主权、独立和种族可不只是模糊的抽象概念。他不信赖机智和作秀等方式；不过和他的朋友、工党中的鲍威尔式人物迈克尔·富特一样，他也比自己承认的更善于作秀及利用个人魅力。鲍威尔在相对较晚的时候才喜欢上狩猎。但与麦克米伦相比，他骑起马来要更加疯狂。朋友们都知道，他总是不明智地试图跃过那些高度过高且前方坡度未知的栅栏，结果就是摔倒在地。麦克米伦则极为擅长安坐于马鞍之上，并也将统治英国长达数年时间。鲍威尔未曾统治过英国，但对于英国而言，他的愤怒情绪就和麦克米伦安抚众人时的慈爱神情一样重要。尽管这两人对彼此都视而不见，他们的争执却激发了这段长达13年的保守党执政时期的活力。麦克米伦握有权力，但不具有理念；多数时候鲍威尔都没有权力，但他具有理念。

## 一个养鸡农夫的理念

理念是重要的。正因为理念重要，这位伊顿公学毕业生、信仰基督教的科学家、前皇家空军战斗机飞行员、养鸡农民、不成功的乌龟养殖者安东尼·费希尔（Antony Fisher）的故事才举足轻重。自1945年起，在社会主义和计划经济的鼎盛时期，费希尔却是一名引人注目、态度坚定的个人主义者和反社会主义者。在20世纪40年代和50年代，这样的观点令他被视作一名怪人。这个国家曾经是自由主义经济学的大本营，因其人民对大政府的不信任而闻名；这里曾是一个没有身份证、没有扰民的中央政府的国度。然而到了这时，就连自由党都成了战后共识的坚定支持者——毕竟，这可是贝弗里奇与凯恩斯所属的党派啊。反对这一共识者人数不多，但仍然存在。流亡的维也纳经济学家哈耶克（Friedrich von Hayek）来自世界主义思潮的核心地带，社会主义、共产主义、弗洛伊德学说和法西斯主义在那里展开竞争，他却出人意料地成了这些反对战后共识者的精神导师。身为令人畏惧的哲学家维特根斯坦的表亲，哈耶克将使得英国人重新皈依经济自由主义这一昔日的信条。

哈耶克于 1931 年来到伦敦教授经济学，并与另一名经济学家莱昂内尔·罗宾斯（Lionel Robbins）建立起了密切的关系（发掘园艺农夫之子罗宾斯的正是英国福利国家的缔造者贝弗里奇）。在伦敦政治经济学院，哈耶克和罗宾斯结成了一对至关重要的搭档，这份具有颠覆性的友情最终促成了英国知识氛围的转变。哈耶克出版于 1944 年的《通往奴役之路》（*The Road to Serfdom*）是这个时代最具影响力的书籍之一。这本火力全开的抨击社会主义之作遭到了许多人的蔑视，却受到了奥威尔和凯恩斯本人（带有保留意见）的仰慕。不过，一本书还算不上一场运动。从 1947 年起，自由主义经济学家就开始定期在瑞士会面；但对于英国而言，费希尔这位如今已几乎被彻底遗忘的人物的登场才宣告了重要时刻的到来。目睹兄弟在不列颠之战中牺牲对他造成了创伤；战后他来到萨塞克斯郡，过上了农夫的生活。这名坚定的个人主义者对哈耶克的书着了迷，并在战后设法与他心目中的英雄见了面。哈耶克劝费希尔不要从政，转而通过组建某种机构或组织，抗击国家机构的不良影响，争取赢得理念之战。费希尔将这一劝诫牢记在心。对他来说幸运的是，正是国家机构的介入帮助他传播了这些理念。1952 年，他饲养的牛群染上了口蹄疫，不得不被屠宰。费希尔利用这笔补偿金访问了美国。[1]

在美国，他不光接触到了最新的自由市场思想，还访问了康奈尔大学那巨大的"肉用仔鸡"实验养鸡场：同一座屋檐下共喂养着 1.5 万只小鸡。费希尔认为，这正是缺少肉食的英国需要的。进口这种对于新型工厂式农场至关重要的敦实的美式家禽是违法的，于是，（反对政府管制的）费希尔只得将 24 只白洛克鸡的受精鸡蛋涂上一层银箔，伪装成"复

---

[1] 见 Gerald Frost, *Antony Fisher, Champion of Liberty*, Profile Books, 2002。

活节彩蛋",放在手提行李箱里带回了英国。回到萨塞克斯郡后,他建造了带有煤气供暖设备和用来运送饲料的吊轨的小屋。很快,24只小鸡就变成了2 400只,后来又变成了2.4万只。过了短短数年时间,费希尔一家已经在喂养多达125万只鸡,并创办了巴克斯蒂德鸡肉公司。费希尔已非常富有,成为欧洲最成功的家禽农夫。在英国各地,价格并不昂贵的烤鸡成了周日午餐的常规食品,这都要归功于费希尔。他用鸡肉带来的财富为经济问题研究所提供资金,该研究所无疑是英国现代史上最具影响力的智库。这所由费希尔和古怪的前伞兵、自由党人奥利弗·斯梅德利(Oliver Smedley)创办的机构旨在与费边社的社会主义影响对抗。[1]很快,拉尔夫·哈里斯(Ralph Harris)和阿瑟·塞尔登(Arthur Seldon)也将加入。哈耶克的想法被证明是对的:更重要的是播下理念的种子,而不是追求常规政治生涯。

经济问题研究所首次对英国政治产生影响是在1957—1958年冬,当时通货膨胀率已超过4%,协议工资增长率达到了两位数。与当时的多次政治危机一样,这一次危机也发生于非常私密的环境中。问题在于是否应该缩减政府开支及银行信贷,由此来抑制经济中的货币总量。麦克米伦担忧冲突和失业远甚于价格上涨。财政大臣彼得·桑尼克罗夫特(Peter Thorneycroft)却持有不同意见,坚持认为应该通过增加储蓄来挤压通货膨胀,并拯救英镑。麦克米伦的敌人认为他是个毫无原则的懦夫。的确,麦克米伦不顾一切地希望保住首相职位,但他也有着另外的动机。受到凯恩斯思想影响的他认为,极为痛苦的开支削减或许并不是必要的,而且经济增速已经开始放缓了。尽管麦克米伦常常会犹豫、讨价还价、折中让步,但他的这一决定还是十分明智的。此外,他身边那

---

① Richard Cockett, *Thinking the Unthinkable*, HarperCollins, 1994.

些负责军队、医院和福利的大臣也需要大笔开销，他们坚决反对削减开支。麦克米伦担心和他们对立会导致他们辞职。

然而，最终辞职的却是持不同意见的桑尼克罗夫特及两位财政部的低级别大臣：富有、喜好挖苦、讲究逻辑乃至不顾人情、几近失明的奈杰尔·伯奇（Nigel Birch），以及鲍威尔。他们之所以坚持认为控制货币供应量至关重要，并非纯粹出于技术性理由，还因为他们对社团主义（corporatism）及大政府心存疑虑，这种立场与新创立的经济问题研究所提出的更具理论性的经济主张十分接近。罗宾斯为这三位大臣提供了建议（然而其他更愿意寻求共识的官员对他则不以为然），费希尔等人则将这几位财政部的反叛者视为英雄。经济问题研究所提供了思想弹药，通过鲍威尔与年轻一代保守党人建立起联系，并将他们纳入了自己帐下。鲍威尔已经接触过哈耶克的思想。在三位大臣辞职前的数月，他们曾拜访过彼此并进行了交谈，结果得出了相同的结论：政府开支过高，必须加以严格限制。与上级和同事们的直觉相悖，他们提出了一系列缩减开支的计划，包括学校午餐涨价 50%，冻结工资增长，停止为二胎发放家庭津贴。这将波及 500 万家庭，包括上百万中产阶级母亲，而她们的支持恰恰是保守党急需的。

他们故意提出如此强硬、富有挑衅意味的计划，内阁里的争斗如期而至。如果说在 70 年代的政治大败局之前，大臣们曾经揪住通货膨胀这一问题，反对过白厅与工会达成的共识的话，那就是这一刻了。日复一日，双方争执不下：提出妥协，部分接受，再度拒绝。大家的脾气都越来越急躁。在唐宁街 10 号，财政部团队鱼贯而入，又结伴走出。周五举行了一场内阁特别会议，然后在周日又举行了另一场。尽管被恼火的同事指责为采取"希特勒式策略"，但桑尼克罗夫特无意改变立场。麦克米伦虽然焦急地想要离开，踏上环游英联邦国家之旅，但他也无意削减开支。于是三位大臣辞职了。后来，桑尼克罗夫特在撒切尔执政时期成为保守党主席，受困于视力进一步下降的伯奇再未回归政坛，鲍威尔则还将经历更多危机。麦克米伦看似漫不经心、实则用词讲究地将整件事称为"一场局部的小风波"。他任命了新的财政部团队，随即如期出游。这次危机的处理显得雅致、轻巧、尽在掌握，短期内并未造成任何影响。新任财政大臣削减了部分开支。事实上，经济已经开始下行，这表明桑尼克罗夫特开出的药方的确会导致令人不快的后果。

然而，这仍然是一个转折点，是远离支持自由市场者的理念，步入计划经济的最后阶段，而这一切将以灾难收场。最终，它又将催生经济问题研究所的终极胜利，也就是费希尔从美国带回的种子瓜熟蒂落的一刻：撒切尔主义。但在此之前，英国于1959年经历了又一次大选前的经济繁荣。一个旨在提升英国经济表现的新点子开始流行起来，这就是法国人所使用的中央计划。到了1961年，政府试图通过"冻结工资"来遏制通货膨胀，随后又建立了国家经济发展委员会这一大型论坛，令工业家、公务员和工会成员汇聚一堂，讨论如何才能生产更多产品。为了缓解失业问题，雷吉·莫德林（Reggie Maudling）几乎是用下命令的方式，要求汽车制造商在苏格兰、默西赛德郡和威尔士建新工厂。次年，政府定下了4%的经济增长目标。到了1964年大选的准备阶段，英国已迎来了一位新首相，此时已升任财政大臣的莫德林提出了一份极为慷慨的预算——日后，工党指责这样的做法引发了严重的经济危机。从工资和收入目标，到全国性计划与地区性指令，工党为摆脱经济衰退而尝试的所有武器，都已经被麦克米伦及其继任者道格拉斯-休姆用过了。这些手段都无法取得成功。费希尔知道原因何在。

# 赖以立足的工业优势

最佳答案显然在于，让英国工业以合适的价格、可靠地生产出世界其他地区需要的更多物品。这是不可能完成的任务吗？在 20 世纪 50 年代，英国仍有许多成功的大公司。1906 年合并而成的石油巨头荷兰皇家壳牌公司，此时已成为一家总部设在伦敦的巨型国际性企业。消费品集团联合利华同样是荷兰与英国的合资企业，这家创建于 1928 年的公司业务范围从洗衣粉到香肠，从牙膏到冷冻食品，应有尽有，并且还引入了市场调研、定向营销等最新的商业原则，其经理都经过良好的培训。钢铁行业被再度私有化，威尔士钢铁公司在其位于"永不休息的钢铁之城"南威尔士塔尔伯特港的工厂里雇用了 2 万名员工，拥有世界上最现代的研磨系统。其他私营钢铁公司（例如康塞特钢铁公司）同样在全速运转，能够与欧洲的对手相抗衡。此外还有创建于 20 年代的化工集团帝国化学工业公司，它的许多产品几乎处于垄断地位，该公司雇用了 6 000 名研究人员，在 50 年代末用于研发的开支比英国所有大学的总和还要高。电气行业则有费伦蒂公司以及生产发动机、电灯泡、冰箱和洗衣机等多种产品的联合电气工业公司。此外，还有依旧成功的劳斯莱斯、维克斯等工程公司和格斯特-基恩-内特尔福德等紧锣密鼓运转着的金属公司。

这些集团并没有过上安逸的日子，也不缺乏竞争。50 年代开始出现残酷无情的"公司劫掠行为"，即大亨们接管、拆分并重组那些虚弱、管理不善的公司。人们经常提及要学习最先进的美式管理技巧。美国的大型广告公司已经开始在伦敦扩张，并且对英国人的思维产生了影响。人们还热切地从意大利、丹麦及法国等地寻求更加出色的设计方案。记者安东尼·桑普森在《剖析英国》（*Anatomy of Britain*）一书中生动地描绘了这样一幅画面：一名新兴地产大亨通过拆分老牌公司在内城区的资产并推出新的开发项目而发了一大笔财——他将这个新项目称为"卡纳莱托式城市风景画"，也就是英国欣欣向荣的全新天际线。

来自伯明翰的成功人士杰克·科顿（Jack Cotton）居住在多切斯特饭店的套房里，环绕着他的是土地测量员、地图以及雷诺阿（Pierre-Auguste Renoir）的画作。这名志得意满的大亨"59 岁，个子不高、面色红润、黑发柔顺、目光敏锐，上衣口袋里塞着尖头纸巾，打着蝶形领结……他把自己的座驾称为'JC 一号'和'JC 二号'"。此外，还有格拉斯哥布商之子休·弗雷泽（Hugh Fraser），他打造了遍布全国的百货商店及其他生意网络。1948 年，他令弗雷泽百货公司上市，并创办了在 50 年代盛极一时的私营公司苏格兰及环球投资信托。1957 年，他收购了伦敦的约翰·巴克集团，两年之后又收购了哈罗德百货公司。除了弗雷泽，另一名局外人、出生于意大利但定居在苏格兰阿洛厄的查尔斯·福特（Charles Forte）也静静地将不太起眼的路边连锁咖啡店打造成了酒店与餐饮业巨头。1971 年，他将"小厨师"路边连锁饭店纳入了自己的集团；1978 年，他又掌控了"快乐食客"路边连锁饭店，这家饭店尽管算不上多美味，但还是让好几代英国旅客填饱了肚子。身着呢子套装、在旷野中狩猎松鸡的伊顿公学毕业生或许是人们更加熟悉的形象，但上述这些商人同样也是 50 年代历史的一部分。就连在政府里，人们都能听到现代化的轰隆声响。精力过于旺盛的保守党大臣厄尼·马普尔斯是一名白手起家的商人，也是麦克米伦内阁中罕见的有着工人阶级背景的新富。他像科顿那样活力满满，忙于重塑英国那古老的交通系统，例如，于 1958 年在伦敦的格罗夫纳广场设立了首批停车计时器。他任命密友理查德·比钦（Richard Beeching）对铁路网络进行了削减，转而将资金用于新建公路与交通管理系统。在保守党执政的这 13 年间，英国的汽车拥有量翻了两番，达到了 800 万辆，另有相当大一部分贸易从铁路运输转为公路运输。

日后，英国的汽车业将成为工业失败的终极象征，但此时该行业仍势头强劲。"二战"之前，有一大堆小型公司展开激烈竞争，此时其数量已大大精简。1952 年，莫里斯和奥斯汀这两大竞争对手合并组成了英国汽车公司。赫伯特·奥斯汀（Herbert Austin）于 1906 年创办的公司总部设在伯明翰的朗布里奇地区，其奥斯汀七型轿车在两次世界大战期间统治了英国市场。这是非富裕阶层大量购买的首款英国轿车，质量上佳，连德国宝马公司和日本日产公司都经特别许可生产了该款轿车。截至"二战"爆发前，其销量已近 30 万辆。1948 年，报纸和杂志上登满了奥斯汀新款轿车公主号和弧线号的广告，萨默塞特号和德文号也即将问世。纳菲尔德子爵威廉·莫里斯（William Morris）的汽车公司总部位于牛津，他是现代英国一位伟大的工业先驱，在"一战"爆发前造出了自己的第一辆汽车，直到与奥斯汀合并时依旧表现强劲，并在合并后成为英国汽车公司的总裁。"二战"之前，莫里斯八型和莫里斯十型轿车便赢得了忠实的拥趸。"二战"之后，正是这家位于牛津的公司生产出了英国汽车大众化时代的首款伟大车型：亚历克·伊西戈尼斯（Alec Issigonis）于 1948 年设计的莫里斯小型轿车。它成了英国首款销量超过 100 万辆的轿车，直到 1971 年仍在生产。但纳菲尔德子爵并没有立刻喜欢上这款车，而是称其为"那个该死的外国佬设计的该死的水煮蛋"。

# 迷你型轿车发家史

伊西戈尼斯值得我们离题片刻，专门为他写上一小节。他不仅仅设计了莫里斯小型轿车，还在 1959 年设计出了迷你型轿车——这一年，处于声誉最高峰的麦克米伦宣布举行大选，并取得了大胜。这是麦克米伦时代最接近于时髦的产品，不过麦克米伦本人当然从未购买过如此小号、如此庸俗的物件。伊西戈尼斯堪称英国汽车史上一位颇具影响力的人物，也堪称唯一一位出名的工业设计师。他的父亲是一名生活在土耳其、拥有英国公民身份的希腊工程师，母亲是一名德国啤酒酿造师。他的童年是在父亲的船舶工程设计现场度过的，目睹了设计草图变为机器的全过程。

伊西戈尼斯是证明移民为这个国度带来益处的绝佳例子。他是一名战争难民："一战"和约瓜分了奥斯曼土耳其帝国，并将伊西戈尼斯的家乡士麦那划给了希腊。后来，土耳其人夺回了这一港口，许多外国人则不得不逃离。伊西戈尼斯的父亲在避难途中去世，他和母亲于 1922 年抵达伦敦，当时几乎身无分文。他在伦敦学习了工程学和工业制图，此后先后前往亨伯汽车公司和莫里斯公司工作。这名非正统的设计师厌恶团队工作和数学，声称后者是所有真正具有创造力的人士之敌。他的设计知识部分来自亲手为自己制造跑车的经历——战前他就曾驾驶着这辆跑车驰骋。后来，他还对车载收音机、安全带和舒适座椅等创新大加嘲讽。

莫里斯小型轿车的设计与结构都很激进，它是最接近于希特勒时代大众甲壳虫轿车的英国车型。伊西戈尼斯于苏伊士危机刚刚结束时受到委托设计迷你型轿车，当时石油短缺，促使人们关注廉价、经济的车型。

英国人对进口自意大利和德国的廉价泡泡型轿车十分着迷，这种微型轿车很快也将在英国布赖顿的一家工厂投产。英国汽车公司要求伊西戈尼斯设计出某种能够与泡泡车匹敌的车型，而且必须是正儿八经的汽车，不能是假装成汽车模样的摩托车。伊西戈尼斯不仅设计出了拥有不错外观的车型，还通过掉转发动机、将其置于车轮上方的方式，用更小的空间装下了更多的乘客。他的设计非常激进，需要一套全新的工具才能制造出来。伊西戈尼斯同样设计了这些工具。迷你型轿车将成为"英国酷"的标志，我们乐于认为这款轻快、肆意的小车最能代表民族性格中无阶级差异的一面。然而，关于迷你型轿车的真实故事并非如此令英国工业增光添彩。早期的迷你型轿车做工粗糙，发生了许多机械故障，而且配饰糟糕。更重要的是，它的漏水问题非常严重，人们不禁调侃称每辆车都应免费附赠一双惠灵顿长筒靴，一名记者甚至表示自己在车门储物格里养了好几条金鱼。伊西戈尼斯脾气暴躁，不能容忍设计与生产部门资历较浅的同事，由此获得了"阿拉戈尼斯"和"伊西戈涅特"的绰号。[①]他此前曾表示要打造一款"属于清洁女工"的轿车，但作为迷你型轿车初始目标的低收入家庭对其非常规的外形、娇小的尺寸和缺乏配饰的设计并不感冒。

事实上，迷你型轿车一时间似乎将沦为巨大的灾难。即使客气地说，这款车背后的经济学也是令人费解的。基本款售价为 350 英镑，比其他竞争对手便宜许多："凯旋使者"售价 495 英镑，福特"安格利亚"售价 380 英镑，就连英国汽车公司自己的莫里斯小型轿车售价都达到了416 英镑。但迷你型轿车的研发费用十分高昂，还需要专门工具才能生

---

① 这里是在拿伊西戈尼斯的名字做文字游戏。前者为 Arragonis，与 arrogance 一词谐音，意为"傲慢戈尼斯"；后者为 Issigonyet，与 is he gone yet 谐音，意为"他咋还没滚"。——译者注

产。这怎么可能呢？福特公司拆卸了一辆迷你型轿车以估算其成本，结果发现其生产成本要高于售价。[①]这样做看上去不可能有任何利润：为了迅速压倒竞争对手，英国汽车公司无视研发成本，赔本销售这款轿车。据该公司人士表示，此后他们还在继续赔本销售该车，为时长达数年。最终，英国汽车公司一共售出了超过500万辆迷你型轿车。然而，其命运的逆转要归功于如今我们称为"明星代言"的现象，甚至可以说应归功于公关宣传。伊西戈尼斯恰巧认识玛格丽特公主的新婚丈夫、摄影师斯诺登（Snowdon）伯爵，并向这对魅力夫妇赠送了一辆迷你型轿车作为生日礼物。他们驾驶这款车绕着伦敦呼啸的画面被适时地拍摄下来。此后女王也尝试了一把。很快，史蒂夫·麦奎因（Steve McQueen）、崔姬（Twiggy）、披头士及米克·贾格尔（Mick Jagger）的女友玛丽安娜·费思富尔（Marianne Faithfull）也都驾驶了这款轿车。这幅景象与英国汽车公司及伊西戈尼斯面向工人阶级提供廉价、朴实轿车的最初构想已是背道而驰；心态保守的人士则发现自己的轿车被当成了代表桀骜青春的时髦标志。当然归根结底，无论何种方式，只要能奏效，就是好的。然而，机械故障、缺乏良好的团队协作以及没有商业头脑的定价策略都表明，迷你型轿车的故事从一开始就有着更加黯淡的一面。伊西戈尼斯的传记作者总结道："迷你型轿车远不是颤颤巍巍的英国汽车公司在商业上的一大成功，而是其棺材上的第一颗钉子。"

对商界而言，伊西戈尼斯过于幼稚，但在某一方面他却有着先见之明。他厌恶合并。奥斯汀与莫里斯合并之后，两家敌对公司的高层缠斗不休，令公司内部痛苦不堪。不过，后果并未立刻显现出来。50年代，英国汽车公司对汽车进行了合理化改造，减少了发动机的数量，并继续

---

① Gillian Bardsley, *Issigonis: the Official Biography*, Icon Books, 2005.

让奥斯汀与莫里斯昔日的经销商感到满意。经济的快速增长和对于平价汽车不知满足的胃口，使得英国汽车业表现上佳。诚然，存在着来自美国的竞争，不过这种竞争早已有之：自从 1928 年收购了沃克斯霍尔汽车公司以来，通用汽车就成了英国汽车业的一支强大势力；福特公司甚至在更早的时候就选择了英国作为自己在欧洲的基地。到了 60 年代，在英国公路上还经常能看到进口自德国和法国的汽车。

并没有太多表明英国汽车业危机将至的迹象。别的厂商正在推销耐用的成功车型，从优美的"捷豹"，到华贵的罗孚 8 型和罗孚 50 型。伊西戈尼斯并非那个时代唯一拥有自由精神的汽车设计师。时速高达 152 英里的罗孚轿车就朝着商用喷气动力汽车迈出了一大步。然而，尽管在这个汽车公司能够轻易卖掉每一辆汽车的时代，经理们用慷慨的工资协议收买了工会，但罢工行为还是发生得越来越频繁。英国汽车公司就在 1958 年经历了一次格外严重的罢工。此外，在政客的怂恿下，汽车公司在管理方面做出了许多奇怪的决定。大臣们试图促进英格兰北部及苏格兰破败地区的就业，便说服英国汽车公司在那里建起了庞杂、昂贵且无法妥善管理的工厂网络。但是，在汽车热潮刚刚兴起的那几年，普通观察者很难察觉到这些迹象。

# 进入高速公路时代

在对高速公路着迷这件事上，英国要慢人一步。在 20 世纪 30 年代，国内曾掀起过公路建设的热潮，但直到 1936 年，政府才承担起了建设大型公路网络的责任。三年之后战争爆发，所有工程都停止了。但美国广袤的高速公路网络激励了英国工程师。此外，希特勒德国那崭新的高速公路也十分出名。鉴于英国狭窄、缓慢、拥堵不堪的公路上塞满了军用车辆，内阁便于 1941 年设立了一个委员会，考虑将"高速公路"作为战后建设中至关重要的一部分。负责这一委员会的是兼具才华与决心的道路工程师弗雷德里克·库克（Frederick Cook）；委员会其他成员还包括艾德礼、贝文，以及 BBC 首任总裁里斯（Reith）男爵。战时交通大臣莱瑟斯（Leathers）子爵适时地宣布英国接受了这样的想法："高速公路将只用于快速交通"；他还警告称，不应像"某些不恰当地将欧陆情境应用于英国的狂热分子"建议的那样，发展过大规模的高速公路。换句话说就是，不应像纳粹那样痴迷于速度。该委员会的成果是 1949 年的《专用公路法》。等到资金充足之时，该法案终于转变成了一条条高速公路，划分并改变了这个国度。

理论上，高速公路只是两大可能选项之一。世界上的首个工业化国家还有着密集的铁路网络。在 50 年代末，英国铁路公司拥有 17 800 英里铁轨，连接着所有城市和大多数小镇；还有超过 7 000 个车站、100 万辆货车，以及数量惊人的铁路职工——1961 年时为 47.5 万人。然而，铁路系统的亏损同样惊人，急需大笔投资。随着汽车成为中产阶级家庭梦寐以求之物，如此庞大的铁路网络也许的确需要有所精简。然而，和蔼可亲、留着胡子的帝国化学工业公司前经理理查德·比钦却站了出来，将其砸得粉碎。比钦在当时深受人们敬仰，被视为雷厉风行的新英国活生生的象征。在 60 年代初，"像比钦那样行事"成了冷酷地提升管理效率的褒义代名词。在英国铁路公司主席任上，他实施了一项关闭 2 361 个车站、封闭 5 000 英里铁轨的"改造计划"，而这还只是开始。这是英国商业史上最剧烈的清盘之一，堪比 10 年之后汽车行业的崩溃，或是克莱德河畔造船业的终结。

从那时起，关于比钦削减铁路之举带有政治动机的传言就不绝于耳。谋划此事的是一个秘密委员会，其成员包括工业家，却不包括铁路部门人士。在遭到削减的几年之前，两家铁路工会发起了一次激烈且有效的罢工。这使得保守党大臣们意识到，如果一国是通过火车连接起来的，那么就可能因罢工而陷入瘫痪；但如果一国是由货车和轿车主导的，想做到这一点就十分困难了。保守党已将公路交通去国有化，令 2.4 万辆货车重归私营货运公司手中。从鱼类到土豆，从报纸到发动机部件，似乎所有物品的运输方式都从铁路变成了公路。这就是"现代"一词的意思。更何况，授权比钦削减铁路直到其扭亏为盈，而不顾及更广泛的社会与经济利益的这位大臣，在这一问题上绝非中立。

马普尔斯是一位精力旺盛且生性快活的曼彻斯特技工之子。他曾赢得一份前往文法学校就读的奖学金，此后又从事过矿工、邮差、会计和厨师等工作，直到在"二战"时参军。年轻时他曾是一名工党积极分子，复员后却成了热忱的保守党人。当选议员后，他成为 1951—1964 年政府中少有的几位真正主张现代化的人士之一。直到 50 年代末之前，人们在打电话时还必须先呼叫总机，报上要拨出的号码，等待接线员接通。正是他引入了自动拨号装置，或曰"主干"，使得电话更加普及。他还发行了有奖债券，尽管这种东西被威尔逊斥为"一种卑鄙的彩票"，却还是立刻流行开来。马普尔斯对新事物的热衷最突出地体现在公路上。

他周游世界寻找可用于未来交通系统的实例，先后引进了双黄线、停车计时器和交通环岛。他还创建了自己的土木工程公司（该公司立刻中标，得以在伦敦西部建造哈默史密斯立交桥）以及许多其他事业。然而，马普尔斯并不喜欢铁路。当被质疑其名下的高速公路建设公司是否构成利益冲突时，他的反应只不过是将股份转移给了妻子。就这样，英国终于步入了高速公路时代。

那段时光就是这样。首条高速公路，即 8 英里长的普雷斯顿旁道，于 1958 年 12 月 5 日开放。此前的 20 年间，英国从未修建过大型公路。英国工程师从法国人那里对预应力混凝土有所了解，但关于高速公路的设计，还有许多需要向美国同行请教之处。这项工程的负责人是来自塔尔马克建筑公司的约翰·考克斯（John Cox），"二战"期间，他因修建速成简易跑道而闻名。对他而言，这项工程相当于一场大型试验。完工 46 天之后，受霜冻影响，普雷斯顿旁道不得不封闭。尽管日后其中央隔离带也被改建为道路，以应对 50 年代末不曾预想到的交通拥堵，但这条公路还是过于狭窄了；此外，公路上那些相当漂亮的桥梁设计寿命为 120 年，却在 30 年后就因道路改建不得不拆毁，被新建桥梁取代。尽管如此，这条公路还是取得了成功，其经验对于次年投入使用的英国首条长途公路、将伦敦与约克郡连接起来的长达 67 英里的 M1 公路第一段而言至关重要。这段公路仅耗时 19 个月便建造完成，每个方向都有三车道，还带有如今已显乏味但当时仍很新奇的第一批公路服务区。马普尔斯于 1959 年 11 月 2 日宣布，由蓝色野猪饭店运营的沃特福德谷地服务区开张；6 个月后，纽波特帕格内尔服务区也开始营业。

自此之后，英国和过去不再一样了。从那时起，高速公路的建设飞速展开。M60 公路和 M6 公路的数段于 1960—1963 年建造完成，A1(M) 公路一期于 1961 年完工，M5 公路则于次年完工。苏格兰的首条高速公路、从格拉斯哥城外经过的 M8 公路于 1967 年完工。70 年代初，高速公路仍在急剧扩张：M4 公路从伦敦延伸至布里斯托尔，M40 公路抵达了牛津与伯明翰，利物浦、利兹、曼彻斯特和谢菲尔德等城市都已相互连接。1973 年，在贝尔法斯特城外出现了首条双向各有 5 车道的公路。直到环伦敦的 M25 公路于 1985 年完工，建设速度才开始放缓。到了 21 世纪初，高速公路的建设几乎已完全停止。此时，公路网已从 8 英里扩张到了 2 200 英里，作为辅助的 A 级道路网络还要更加庞大。

这一高速公路网络被称为自罗马人离开之后，英国首个中央规划的道路系统。罗马人也会对这一网络的模式感到熟悉：以伦敦为核心，辐射状的道路向四周发散，只有偏远的西南各郡、威尔士乡间和苏格兰北部未被覆盖。可能会令罗马人感到意外的是，并无高速公路横穿东盎格利亚地区，英格兰北部及中部地区也在大兴土木；但这种状况是工业革命造成的。为了避开城镇和山岭，今日的高速公路曲折蜿蜒，这在罗马军团看来是不可接受的；不过，最为笔直的一段高速公路，即 A1(M) 公路靠近斯蒂尔顿的 7 英里路段，正是沿着罗马大道修建而成的。这一网络十分合理，利用率很高，沿途治安严格，带来了大笔税收，并滋养了一大片英格兰乡村地区。

直到 1985—2001 年，交通项目（主要是公路）又占据了面积相当于诺丁汉三倍的零散土地。如果说利用率就等同于成功，那么战后没有几项政治决策能够像设计及打造撒切尔所谓的"伟大的汽车经济"这样受人欢迎。1950 年，在英国的公路上行驶着 230 万辆轿车与货车，到了 20 世纪 50 年代末，这一数字已经翻了一番，60 年代初更是增加到原先的三倍之多；1970 年，这一数字达到了 1 200 万辆，到了 20 世纪末更是高达 2 400 多万辆，在半个世纪之内增加了 9 倍多。这还并非故事的全部。

此外，人们开车更加频繁，路途更远，耗时也更久了。在 20 世纪的最后 15 年，开车旅行次数增长了近 30%。政府年复一年地宣传更加健康的生活方式，提高燃油税，征收拥堵费，且全球变暖引发了普遍忧虑。尽管如此，英国人用于开车的时间仍在不断增加，用于步行、骑自行车或是乘坐公交的时间却越来越少。

在马尔普斯那个年代，人们相信公路的增多还会导致因交通事故而死伤的人数大幅上升。这一灰暗的预言被确切地证明是错误的。从 50 年代的塔夫蒂俱乐部到绿十字守则，这一系列宣传交通安全的运动的确起到了效果；但交通事故数量降低的真正原因还在于，自视热爱自由的英国人愿意大幅限制自己在公路上的自由。从 30 年代首次设立的基本速度限制，到今日无孔不入的远程金属摄像头，英国形成了一种比其他发达国家导致更少伤亡的驾驶文化。如果要指定一位对此做出杰出贡献的英雄人物，那么一定是芭芭拉·卡斯尔。1965 年威尔逊提名她担任交通大臣时，50 多岁仍魅力非凡的她并不开车。原本希望担任内政大臣的她颇感失望。但她极为雄心勃勃且熟谙媒体，迅速在这一岗位上取得了成功。当她上任时，英国每年约有 8 000 人死于交通事故。当时的数据显示，照此趋势，到 2000 年，交通事故遇难者的总人数将达到 50 万之多。

通过《道路安全法》，卡斯尔引入了酒精探测器来打击酒驾，确立了每小时 70 英里的速度限制，还强制规定所有新车必须配备安全带。此前已经有了一份相关法案，但卡斯尔将其变得更加强硬，拒绝仅仅随机进行酒精检测，并将处罚措施定为自动吊销驾照一年。卡斯尔引发了一场风暴。F1 赛车手斯特林·莫斯（Stirling Moss）抨击她是"伪善的社会主义者"；有人在来信中写道"你毁了我们的飙车比赛，所以滚蛋吧，你这个邪恶的老婆子"，或是祝她"圣诞倒霉，一整年都不开心。这就是公众的看法，你这头恶毒的老母牛"。[1]她那向来坚忍的丈夫特德（Ted Castle）倒是开车，他遭到了记者们的追踪，渴望在他超速时将他抓个现行；此外在公共场合，特德也不得不只饮用通宁水。然而，在实行酒精检测的第一年，交通事故导致的死亡人数便减少了 1 200 人。卡斯尔在自传中写道，此后不久她和伦敦的一名救护车司机见了面，对方表示，在实行酒精检测之前："我们的夜班工作有着固定的规律：酒吧一关张，交通事故数量就增多，我们总是忙个不停。如今，我们可以打上一晚上的纸牌了。"安全带拯救了上千人的容貌和生命，但也曾被视为对自由的侵犯和对有着丰满胸部女性的恶意侵犯，同样遭到了激烈的反对。但安全带的确有助于减少交通事故导致的死亡人数。在 20 世纪末，行驶在道路上的汽车数量已是卡斯尔就任交通大臣时的三倍，但每年死于交通事故的人数却还不到当时的一半。与大多数情况类似的国家相比，英国的道路虽然拥挤，但很安全。

## 从领先到落后

在普通观察者看来，英国工业界有许多令人振奋之事。煤炭行业虽然经历了国有化，但也总算实现了合理化和现代化。在这段时间里，约有 20 万个矿工工作岗位消失了，超级矿坑通过更新、更安全的技术被开发出来。另一方面，英国的第一批核电站已在全国各地投产。1956

---

① 见 Barbara Castle, *Fighting All the Way*, Macmillan, 1993; and Anne Perkins, *Red Queen*, Macmillan, 2003。

年与国家电网相连后，考尔德豪尔核电站成了世界上首个提供商业用电的核电站，其马格诺克斯气体冷却反应堆采用了英国技术。随后，又有10座类似的核电站接踵而至。和汽车业一样，在这方面英国技术也居于世界领先地位，较鲜为人知的例子还包括工业玻璃、化工产品、喷气式发动机，更不必提刚刚起步的海上天然气行业了。在另一个截然不同的领域，拥有366艘船只的铁行轮船公司是当时世界上最大的航运公司，几乎主宰着海洋商业运输业。总之，当时英国的经济状况并不像人们回想时误以为的那么差。不过在20世纪50年代，外国竞争者正静静地审视英国市场及其自鸣得意的工业巨头，准备发起进攻。

摩托车制造业的故事可谓其他行业的缩影。在50年代的最初几年，美国的哈雷摩托车公司（不成功地）向华盛顿方面抱怨称，自己受到了更廉价、更优质的英国产凯旋牌摩托车的不公平竞争——美国影星马龙·白兰度（Marlon Brando）在1954年的《飞车党》（*The Wild One*）一片中就骑着这个牌子的摩托车。另一家美国制造商印第安摩托车公司选择放弃，转而进口英国皇家恩菲尔德公司的产品。摇滚歌星和好莱坞明星也纷纷骑上了英国制造的摩托车。在美国共有300多家凯旋摩托车公司和伯明翰轻武器公司产品的经销商。然而，日本雅马哈公司于1955年开始生产首批摩托车，使用战时飞机制造装备的铃木公司也紧随其后。到了50年代末，当英国摩托车销量正值历史巅峰之时，本田公司首度参加了马恩岛旅行者杯摩托车赛。英国摩托车公司的高管于1960年访问了日本，对三大竞争对手的生产规模感到惊骇不已：日本的摩托车年产量超过了50万辆，英国的最高年产量则仅为14万辆。两年之后，日本产摩托车开始在欧洲重大赛事中夺魁，一家名叫川崎的新厂商也加入了竞争。后来，英国的电器和照相机等产品制造业还将重蹈摩托车制造业的覆辙。在这一时期，联邦德国在世界贸易中所占份额的增长速度几乎为英国的4倍，日本的增长速度更是令英国难以望其项背，而在对商品感到饥渴的世界各国市场，美国都占据着领先位置。

问题不在于英国的劳动者不够勤奋，或是企业进取心不够——在这个阶段，问题甚至不在于通货膨胀或咄咄逼人的工会。问题在于英国的产业结构。一方面，各实业公司处于大型国有集团的阴影之下，导致对于人们生活越来越重要的消费品行业的资本和人才不断流失。如前所述，帝国化学工业公司已经足够庞大了，但英国电力公司在三年间耗费的资本就足以创建一个新的帝国化学工业公司。[1]另一方面，小公司的数量实在太多，且效率低下，缺乏先进的管理、产品设计或市场营销。50年代中期，在英国的近30万家公司中，上市公司的数量只占百分之一，绝大多数都是资本不足的传统私营企业。在经济史学家基思·米德尔马斯（Keith Middlemas）看来，主导英国商业生态的是"一大群勉强求生的小公司，它们依赖于受到庇护的国内市场，无力或无意改革经营方式、提高生产力"。[2]

那么，这一全国性的失败与这个国家的统治者是否直接相关呢？工业家和企业家并非保守党"魔力圈子"的成员，社会地位也并不太高。麦克米伦和艾登对于阶级都持有伪贵族般的感性态度。"一战"时服役的经历加之两次世界大战期间对于失业的担忧，使得他们倾向于仰慕工人阶级，但又与之保持遥远的距离，并鄙视伯纳德·多克尔（Bernard Docker）等向上流动的企业家那种"庸俗"的言辞与举止。他们二人自己过着优越的上流生活，居住在建于自家土地上的住宅里，接受文学与艺术的熏陶。白手起家者也向往这种生活方式：迈克尔·赫塞尔廷

---

① 见 Dominic Sandbrook, *Never Had It So Good*, Little, Brown, 2005。
② Keith Middlemas, *Power, Competition and the State*, vol. 1, Macmillan, 1986.

（Michael Heseltine）在开始廉租房生意之初还曾在黄油中掺入人造黄油，飞黄腾达后已拥有一所宏大的乡间宅邸和一座植物园。在 50 年代的统治阶级眼中，商人、工程师和工厂管理者都粗俗得不能再粗俗。外交、从事乡间运动与经营农场、艺术、高层政治乃至新闻行业都能令他们感兴趣，但工业实在是令人厌烦。如前所述，这种态度并未阻止大型公司蓬勃发展，也未导致个体企业家（他们常常是在阶级壁垒面前不为所动的移民）逡巡不前；但如此一来，与德国及美国相比，在英国较少有出色的学生愿意为摩托车公司或制药巨头工作，就不足为奇了。50 年代，外国人虽然尚未以怜悯的语气谈起"英国病"，却已经开始将其称为"停滞的社会"了。但并没有人因此而警醒。

## 失败的反抗运动

有一群人，既十分反感保守党的"魔力圈子"，也同样反感工业家和企业家。其支持者身着深蓝色或米色粗呢大衣（这种带搭扣的粗糙棉质大衣诞生于维多利亚时代，但真正流行起来还是在"二战"期间的大西洋及北冰洋护航队中）、高领套头衫、宽松的粗花呢夹克，以及厚实的鞋子。后来，他们还将留起浓密的大胡子。他们通过外形宣告了自己与雅致或美国影响是截然对立的，他们钟爱的音乐也与已经开始渗入青少年生活的噪音爵士乐及摇滚乐完全不同。对于大多数热衷于政治的左翼人士而言，在全国各地烟雾缭绕、酒香浓郁的酒吧里奏响的民谣才是时代之声。

民谣于 20 世纪 50 年代在英国各地都流行起来，虽然不久之后流行音乐的异军突起便令其淹没在了人们的记忆里。民谣在苏格兰尤其具有影响力,当地农场工人和矿工的歌唱传统,加之诗人罗伯特·伯恩斯(Robert Burns)的崇高声望,都为这种"人民的音乐"流传开来奠定了基础。因遭受的战争创伤较少,爱丁堡已于40年代末战胜巴斯,被选作一项新的年度国际艺术节的举办地,该艺术节专注于传统的高雅艺术,例如歌剧、古典戏剧、芭蕾以及各项美术。到了1950年,那些身为苏格兰文学复兴运动中坚的诗人与歌手对苏格兰被排除在这一艺术节之外感到愈发愤慨,于是便在次年创办了替代性的、属于人民的艺术节。工会、英国共产党、左翼市议员等纷纷支持这一计划。这一艺术节随即促进了战后苏格兰民间文化的繁荣。人们就英国文化遭到美国文化吞噬的危险发表演说,举办盖尔音乐会并与这些音乐家相聚,此外还有电影、合唱,以及专门创作的剧目。然而仅仅过了三年,在冷战正酣之际,工会叫停了爱丁堡人民艺术节,理由是这是一场共产主义阴谋——它的确有些共产主义色彩,但实在算不上是"阴谋"。

在苏格兰之外,民谣运动在英格兰北部、中部地区以及西南诸郡最为活跃。全国各地都有民谣俱乐部,据估计,1957年其数量达到了约1 500个。不过,那些自称独立于美国音乐的声明未免显得防御心理过重了,因为此时美国也正经历着自己的民谣复兴,与左翼政治也有着密切的联系,并且同样轻蔑地在愈发强大的商业音乐面前保持"真诚"的姿态。民谣运动最著名的领袖吉米·米勒出生在索尔福德一个热爱音乐、充满战斗精神的苏格兰社会主义者家庭。他在30年代从事过许多工作,之后与左翼女演员琼·利特尔伍德结婚,并一同创办了多个激进的实验戏剧项目。当两人分手之后,米勒与美国民谣歌手佩姬·西格(Peggy Seeger)相爱,写下了自己最著名的歌曲《当我第一次见到你》(*The First Time Ever I Saw Your Face*)。成为民谣复兴运动的核心人物后,这名忠诚的马克思主义者将自己的名字改成了尤安·麦科尔。他的歌曲《肮脏的老城》（*Dirty Old Town*）后来经伦敦的爱尔兰乐队波格斯（The Pogues）翻唱而走红。民谣运动的其他重要成员还包括：曾是一名士兵的诗人哈米什·亨德森（Hamish Henderson），他遍访西部高地和诸多岛屿，收集传统歌谣与传说；以及工党议员诺曼·巴肯（Norman Buchan）。这一运动充满了才华、能量和乐观情绪。一时间，英国似乎将形成一种与来自北美的新型刺耳噪音截然不同的音乐。

民谣依旧只受到少数人的热爱。比利·康诺利（Billy Connolly）等明星也尝试过这种音乐，但在凯尔特文化以外的地区，这场运动从一开始就注定了失败的命运。这种充满了怀旧情绪与文雅幽默感、在几乎没有扩音效果的乐器上演奏的音乐，是很难符合都市消费主义的口味的。此时，商业动力在于为年轻、反复无常、对祖父母一代的斗争已不再感兴趣的听众录制并销售短小而快节奏的歌曲。这样一场毫不时髦、以乱蓬蓬的头发为标志、过于严肃的文化运动，是很难战胜为青少年市场精心定制的音乐风格及其歌曲的。出于同样的原因，同一时期兴起的当代爵士乐热潮也渐渐消散了。这种音乐不仅令英格兰中产阶级青年激动不已，而且在依然蔑视黑人文化的英国，还显得颇具反叛性。但小型俱乐部里的现场演出及其歌曲实在过于漫长和复杂，无法令所有人都乐在其中，终于在简单、迅速的音乐面前败下阵来。在"真"对"酷"的战斗中，当决定胜负的是年轻的都市消费者时，结果不难预测。最终，尽管既优美又富有活力，50 年代英国的民谣复兴运动仍只不过再一次证明，在即将到来的美国时代面前，本土的反叛是多么无能为力。

遭遇同样命运的还有许多民谣与爵士乐爱好者珍视的政治事业：核裁军运动。其领军人物之一、受大众欢迎的历史学家泰勒（A. J. P. Taylor）日后反思道，同其反对的建制内政客一样，核裁军运动也高估了英国在世界上的地位："我们以为英国还是个大国，其行为能够对其他国家产生影响。讽刺的是，我们倒成了英国的最后一批帝国主义者。"[1]这场运动一度震动了英国政坛。在所有对地球上的生命可能瞬间灭绝感到忧虑的人看来，这远不只是常规政治议题，更是一项道德运动。它开始于一场要求终结核试验的运动，因为核试验会导致核辐射扩散，引发了巨大的担忧。普里斯特利等流行作家以及年迈的数学家、哲学家罗素（Bertrand Russell）都撰写了颇具影响力的文章，表示彻底谴责这种足以毁灭世界的武器是一种道德义务。《新政治家》杂志请求赫鲁晓夫进行核裁军，并且意外地收到了莫斯科方面的回复——虽然并无作用。工党左翼几乎全都是诚挚的核武器反对者，受到莫斯科方面资助的英国共产党自然也持有这一立场。最终，这些人士与贵格派教徒、和平主义者及部分记者走到了一起，于1958年1月15日在圣保罗大教堂神父约翰·柯林斯（John Collins）的家中建立了一个新组织（柯林斯的住所叫作"阿门院"，这个名字真是恰如其分）。一个月以后，超过5 000人出席了在威斯敏斯特举行的首次会议，有些人在会后继续前往唐宁街抗议，并因此遭到逮捕。

尽管在整个冷战期间，核裁军运动都未能说服任何英国主流政党放弃核武器，也未能阻止美国继续在英国领土上部署核武器（就更不必提逆转这一过程了），却成功地造成了工党的分裂，并激发了上百万人对这一问题的关注。作为一个松散的左翼组织，核裁军运动的行为完全是现代的，而且熟谙媒体。其基于信号标的标志由职业艺术家杰拉尔德·霍托姆（Gerald Holtom）于1958年设计，成为与可口可乐一样广为人知的符号。突然之间，那些粗呢外衣和黑色套衫上都印上了这一标志。奥尔

---

[1] 引自 Dominic Sandbrook, *Never Had It So Good*, Little, Brown, 2005。

德马斯顿游行起初是从特拉法尔加广场到核武器基地,之后掉转了方向,游行的规模从来不大,但吸引了媒体的大量报道。这场运动中更具战斗精神的组织"百人委员会"通过非暴力的方式进行抵抗,成功地使得警方逮捕了已89岁高龄的罗素,从而起到了巨大的宣传作用。然而,正如泰勒所述,这是一场由知识分子发起、为知识分子服务的运动。另一名历史学家反思,这是一场典型的"由受过教育、生活富足、心怀不满的人士发起的反政治的运动,植根于树木繁茂的中产阶级郊区,而不是贫民窟或市政住房区"。[1] 其参与者在其他问题上往往同样持有自由派立场,并且鄙视刻板、有组织的常规政治,尤其鄙视工党政治。到了50年代末,激进分子发现工党已完全不符合自己的口味了。那么,原因何在呢?

# 工党的分裂

保守党在野时往往会冥思苦想,努力改造自己,以期夺回权力(1997年后的六七年时间是个例外)。工党下台后,则往往会经过一番思索,然后分崩离析。20世纪50年代和70年代都是如此,80年代那一次则格外严重。本质上,每一次分裂都源于工党左翼与右翼的争斗,尽管该党具有利他主义性质,这样的争斗往往还是与个人恩怨息息相关,且格外残酷。工党不像保守党那样有着大家族、校友网络或是社交小圈子,但也有许多帮派。在大部分时间里,艾德礼都能够令这些社会主义帮派相安无事;不过当英国于朝鲜战争爆发后重整军备时,他逐渐失去了掌

---

① 引自 Dominic Sandbrook, *Never Had It So Good*, Little, Brown, 2005。

控力。从此以后，帮派战争就成了常态。一方面，总有真诚相信这个国家能够实现纯正社会主义的左翼分子。这些浪漫主义者通常热爱英格兰及苏格兰的革命社会主义，或是热爱马克思主义，又或是同时热爱二者。他们属于"要是这样就好了"一派：要是左翼能主导工会就好了，就可以迫使工党执行真正的社会主义政策；要是可以赶走高层那伙人就好了；要是我们可以迫使工党议员按照其选区党组织的意志行事就好了；要是我们可以夺下全国执行委员会，或是会议安排委员会，或是随便哪个委员会就好了；要是我们能胜选就好了，就可以将最大的 200 家公司国有化，然后一切都将永远改变。

对于他们的事业而言不幸的是，这一派中很少有人来自工人阶级家庭。迈克尔·富特就读的是收费的寄宿学校，他出身于康沃尔清教徒及不从国教者家庭，并沉浸在书海当中。他的父亲曾是一名事务律师及自由党议员，为他留下了 5.2 万册藏书，其中包括 240 本圣经，这足以表明其家庭氛围。迪克·克罗斯曼（Dick Crossman）的日记将在日后揭开威尔逊时代的诸多秘密。他的父亲是一名富有的律师，本人则曾是在牛津大学任教的学者。税务稽查员之女卡斯尔的家庭社会地位较低，但她就读的依然是布拉德福德文法学校和牛津大学。伊恩·米卡多（Ian Mikardo）是个例外，他出身于贫穷的波兰移民家庭，并曾被当作犹太教拉比培养，他父亲的英语水平太过糟糕，以至于他一度以为自己生活在纽约，而非伦敦。当然，最重大的例外的确出身于工人阶级。"要是这样就好了"一派的首位领袖是曾当过矿工、在大臣任上创立了国民医疗服务体系的贝万，后来他发表了"医疗重于枪炮"的辞职演说。在 50 年代中期，他已过了政治生涯的巅峰期。尽管他在野时仍发表了一些精彩的演说，并且足够强硬，还因核武器这一问题与最亲密的支持者决裂，但他的许多行为仍然显得过于任性和自负了。提到宿敌盖茨克尔时，他怒斥"此人什么都不是，什么都不是"，还表示"他是个知识分子，我是个矿工"。卡斯尔从未与贝万建立起轻松的私人关系，她曾提到，某次开会时自己坐在贝万旁边："我不安地发现，他最喜欢信手涂写的竟然是自己的名字。"[①]就如同政坛的迪伦·托马斯（Dylan Thomas）一般，贝万的才华与挥霍才华的能力同样惊人。如前所述，在大臣任上，他曾是一名杰出的改革者。职责越重大，他也就越伟大。然而一旦在野，他便不再能充分施展个人魅力了，其自负心态也更加有害。于是，他变得渺小起来。

无论走到哪里，他似乎都随身携带着一群听众，令他自我感觉良好，并衬托出他的智慧——尽管其中许多人也很睿智。迷人的魅力令贝万成为左派的焦点人物，他的反美情绪变得愈发像是不经思索的自然反应，并且教条地坚持国有化与中央计划。贝万和工党领导层的其他人一样不信任苏联。他对莫斯科并不抱幻想，尤其是在经历了一场下议院的愤怒晚宴之后。晚宴上，赫鲁晓夫警告工党务必与苏联结盟，"因为如果不从的话，苏联就会把他们拍死，就像对待一只肮脏的蟑螂一样"。[②]尽管在 1955 年的工党党魁选举中被盖茨克尔轻松击败，但在这段时期，贝万的支持者一直是工党党内一支令人生畏的势力。1952 年，共有 57 名工党议员对一项关于保守党国防开支的议案投了弃权票，贝万支持者的规模由此可见一斑。工党里的"坚持向左"这一团体成了"贝万派分子"；当他们坚决表明自己的独立性时，表现得简直就如同仰慕贝万的信徒一般。这个小圈子有着自己的报纸《论坛报》，还有着自己的社交场所：下议院里，克罗斯曼在伦敦的家中，一所乡间宅邸，位于牛津郡

---

① 引自 Anne Perkins, *Red Queen*, Macmillan, 2003。
② 来自克罗斯曼的叙述，引自 Philip Williams, *Hugh Gaitskell*, Jonathan Cape, 1979。

的巴斯科特公园，以及位于伦敦索霍区的多家饭店。他们自视为喧闹、遵守原则的浪漫主义者，反对正在接管工党的上等阶级叛徒。他们很快就不可避免地被称为"党内之党"。

随着疑心越来越重，贝万在私下和公开场合都抨击了盖茨克尔。在比弗布鲁克男爵这样不应指望也不值得信任的右翼报业巨头的支持下，贝万及其支持者真的开始让工党其他领导人感到害怕了。盖茨克尔在一场格外不愉快的会议上表示，是时候阻止"一小撮失意记者实行暴民统治"的企图了。一方面，工党半心半意地试图驱逐贝万；另一方面，其追随者也半心半意地考虑创建一个新的社会主义政党。最终，贝万又回归了一线，先后担任影子外交大臣和副党魁，直到 1960 年因喉癌去世。他对新英国的判断并不准确。1959 年，他在最后一次党内演说中预言，一旦英国人"克服了电视引发的狂喜"，意识到自己借贷过多，并认识到消费主义导致"社会变得粗俗"，他们就会转而投奔真正的社会主义："而我们应当领导人民，实现他们应得的目标。"[1]

处于分裂另一端的是盖茨克尔及其支持者。他们被称为"弗罗格纳尔帮"或"汉普斯特德帮"，得名于工党党魁位于北伦敦郊区的宅邸及其所在地，盖茨克尔在此款待客人。贝万派分子相信，他还会在此谋划放弃社会主义，并领导人民步入以享受电视和购买住房为目标的深渊。盖茨克尔也是一名公学毕业生，1926 年总罢工和 30 年代末维也纳街头的纳粹暴行令他在政治上变得激进。和威尔逊一样，他也是一名经济学家，在"二战"期间曾在政府里任职。作为艾德礼的财政大臣，他证明了自己是个强硬的人物。正是他决定向国民医疗服务体系的某些服务征收费用，以此来为重整军备提供部分资金，使得贝万愤而辞职。两人从

---

[1] 引自 Patrick Hannan, *When Arthur Met Maggie*, Seren, 2006。

此便结下了梁子。（就数字而言，盖茨克尔也许弄错了，而贝万则是对的。）在公共场合，盖茨克尔常常表现得自命清高，不像贝万那样善于交际。终其一生，他都执着于令人不快的真理。年幼时的他就曾令一位路过的女性大吃一惊，他在婴儿车里对这位女性唱道："很快你和我就将躺下；在各自狭小的坟墓里。"

成年之后，他依然保持着令人不安的行事风格。尽管如此，在成为议员仅仅 9 年之后，在工会和党内左翼中都没有深厚根基的情况下，他就接替德高望重的艾德礼成为工党党魁，这仍然是一项不起的成就。很快，在苏伊士危机期间，盖茨克尔的毅力便受到了考验：在起初对政府表示支持之后，他转变了立场；此举为他在工党内加了分，却遭到了保守党的憎恨。那些认为近几十年来下议院的火药味变得过于浓烈的人真该回想一下当年的情景：仅仅经过了数年时间，盖茨克尔便考虑要放弃，因为保守党议员的喧哗声和嘘声实在太大了，他觉得议会中没人能听见自己在说些什么。

盖茨克尔之所以受到历史学家的深情怀念，原因部分在于其年轻支持者强烈的热情，他们中的许多人在日后也成了知名人物，尤其是罗伊·詹金斯（Roy Jenkins）和托尼·克罗斯兰（Tony Crosland）；另一部分则在于他在 56 岁的年纪就突然辞世。他拥有许多值得仰慕的品质，例如对于文学、音乐、舞蹈乃至生活的无比热爱。他固执、勇敢、忠诚，但作为党魁的表现并非毫无瑕疵。他严肃地考虑过削弱工党与工会的联系、放弃国有化，以及更换工党的名字。这些想法很勇敢，但其采取的策略堪称灾难。他不顾年轻人的意见，试图移除党章中支持国有化的第四款——这与多年之后的布莱尔如出一辙。但在社会主义气氛更加浓厚的 50 年代，这一具有象征意义的举动还是显得太过分了。感到受伤的他只得狼狈地选择放弃。在核裁军运动最初的高潮期，当在英国是否应该拥有自己的核武器这一问题上遇挫后，他承诺要"战斗、战斗、再战斗"，以拯救他深爱的工党；这番著名的言论将此次挫败转变成了他个人的一场公关胜利。然而，在团结了工党右翼的同时，他又令右翼错愕不已，因为他同样激烈地反对英国加入欧洲共同市场。此外，与保守党的暧昧关系也无助于他赢得工党忠诚党员的爱戴。

然而，作为那个时代的政客，盖茨克尔的真正有趣之处在于，他接受乃至热爱正在兴起的消费主义。贝万及其朋友强烈反对当时的"富足社会"和"粗鄙的商业主义"，表示自己怀念更加阴冷但也更加高尚的40年代。盖茨克尔却爱好跳舞，热衷于爵士乐，还喜欢美食和华服。无论是在意识形态上，还是在其他方面，他都很少感到焦虑。盖茨克尔及其支持者都认为，更加平等的社会不必是阴郁和缺乏乐趣的。1956年出版的极具影响力的《社会主义的未来》（*The Future of Socialism*）一书便阐述了这一观点。本书作者克罗斯兰正是"弗罗格纳尔帮"的一名不羁者。"二战"期间他曾是伞兵，并曾激烈地反抗富有的父母（他们是普利茅斯弟兄会的成员）定下的严苛的清教徒式规则。克罗斯兰认为，对于改革者而言，增进个体权利应该成为与废除资本主义（在很大程度上，资本主义已经被驯服了）一样伟大的目标；改造社会的关键在于教育，而非国有化；社会主义者必须关注下列问题：精神疾病患者和无人照料的儿童的疾苦，有关离婚和堕胎的法律，普遍的女性权利，同性恋法律改革，以及终结对戏剧和书籍的审查。在他的朋友詹金斯担任内政大臣期间，这些问题将成为工作的重点。

克罗斯兰反对"洁净、可敬、高尚但欠缺美感与愉悦的人或事"。他在结尾处对爱德华时代的工党运动圣徒、清教徒一般的韦布夫妇（Sidney & Beatrice Webb）进行的抨击十分著名："如今，彻底禁欲和良好的归档系统已经不再是通往社会主义乌托邦的指路明灯了；或者，如果它们还是的话，那么我们中间的部分人就只得中途退出了。"[①]
尽管不受处于工党边缘地带的知识分子和记者待见，但这样的立场将受到工党需要争取的新兴中产阶级选民的欢迎。对于工党而言，这一刻意味着40年代的结束和60年代的开始，其间并无间歇期。

尽管输掉了1959年大选，但盖茨克尔获得了原谅。如果能活到1964年大选之时，他几乎肯定能够取胜，这样一来，工党的历史也将变得截然不同。到了1962年，他在党内已经完全占据了主导地位，并且愈发被党外视为能够带来全新开端的人物：书信和报纸上关于他的言论与1997年大选前关于布莱尔的评价如出一辙。和布莱尔一样，盖茨克尔也显得不像是党派中人，比自己的宿敌更加"正常"，是一名真正令人感兴趣的候任首相。然而，这一切都并未成为现实。由于长年累月的操劳过度，盖茨克尔于1963年1月因一种不为人了解的罕见免疫系统疾病猝然离世。此后，有传言认为他遭到了克格勃的杀害，目的是令阴谋论者眼中的苏联特工威尔逊上位。然而，真相似乎更有可能是生理反应干扰了政治进程，这种事情曾多次发生。要是身体更加健康一些，或是在其他方面运气再好一些，在战后成为英国首相的就可能是莫里森、巴特勒、盖茨克尔和伊恩·麦克劳德（Iain Macleod），而非艾德礼、麦克米伦、道格拉斯-休姆和威尔逊了。然而，成为首相的并非盖茨克尔，而是威尔逊。贝万派分子和盖茨克尔派分子之间冲突的深远影响在于，就任首相后，忙于安抚不同帮派的威尔逊已无力引领国家走上明确的方向。

---

[①] Anthony Crosland, *The Future of Socialism*, Jonathan Cape, 1956; 另外可见 Susan Crosland, *Tony Crosland*, Jonathan Cape, 1982。

# 非洲独立风云

━━━

　　在麦克米伦赢得连任的一年之后，他发表了一次令人难忘的演说。苏伊士危机的一大讽刺之处在于，被美国和苏联同时指责为反动帝国主义巢穴的英国，实际上正慌乱地试图摆脱自己的帝国。在印度独立之后，非洲与中东也迅速解体。苏丹于 1956 年独立。在早前一场打击伊斯兰主义武装分子的战争中，英国骑兵曾在此发起冲锋。

　　一年之后，非洲最繁荣的殖民地之一黄金海岸独立，取国名为加纳。随后在 20 世纪 60 年代，一连串非洲属地纷纷独立，令人目不暇接：索马里兰（索马里）、塞拉利昂、冈比亚、尼日利亚、肯尼亚、坦噶尼喀（坦桑尼亚）、桑给巴尔、北罗得西亚（赞比亚）、乌干达、尼亚萨兰（马拉维）、斯威士兰与巴苏陀兰，以及毛里求斯和马尔代夫诸岛。其中有些国家归属英国的时间十分短暂，另一些则有着庞大的白人定居人群，他们要么选择返乡，要么艰难地试图适应新政府。不过引人注目的是，英国撤离的速度与规模在国内并未引发太多争论。极右翼组织"帝国忠诚者同盟"表达了抗议，但多数英国人对此要么感到无聊，要么感到有趣。

　　40 年代末，人们认为非洲也许将成为英国世界地位的核心之所在，而且非洲属地远未做好独立的准备。不到 10 年，这些想法全都被抛到了九霄云外。在伦敦的敦促下，独立进程紧锣密鼓地拉开了。麦克米伦于 1960 年在开普敦发表的"变革之风"演说起到了平息争议、板上钉钉的作用。这一举动之所以勇敢，不在于麦克米伦说了些什么，而在于英国首相选择的演说地点：在奉行白人至上主义的南非议会，在日后将实行种族隔离制度的那群人面前。这令他们毛骨悚然，也令英国国内的许多保守党人深感震惊，遂组建右翼的"周一俱乐部"以示抗议。麦克米伦宣称，在非洲各地，民族意识都在觉醒。他向目瞪口呆的听众表示，"变革之风正吹拂着非洲大陆"，无论喜欢与否，事实就是如此。南非总理亨德里克·费武尔德（Hendrik Verwoerd）回击称，英国人只是想姑息黑人，还表示非洲的问题已经够多了，不用麦克米伦前来再增加一个。

伦敦方面为何失去了勇气？部分原因在于周遭形势。法国人正在撤离非洲；比利时人也是如此，在刚果留下了一场令人惊骇、极为血腥的内战。麦克米伦的私人信件还表明，他认为两次世界大战从根本上改变了世界各地白人的地位："自从'二战'以来，我们见证的便是黄种人和黑人反抗白人那自然而然的统治与掌控。"[①] 然而，这场反抗并非一定得流血。在夸梅·恩克鲁玛（Kwame Nkrumah）领导下，黄金海岸于 1957 年相对容易地实现了独立。这一经验令伦敦当局意识到，存在着更加文明的撤离方式。

另一方面在肯尼亚，"茅茅"这一神秘的反抗组织针对白人定居者及其黑人支持者发动了一场残酷的战争，这表明了坚持殖民主义将面临多大的危险。长达数年的"茅茅"起义并非一场动人的解放战争，其间发生了割损、肢解、强暴等令人毛骨悚然的行为，以及据说与黑魔法有关的古怪誓言。白人死亡人数很少，但黑人伤亡惨重。更加雪上加霜的是，乔莫·肯雅塔（Jomo Kenyatta）等更有经验的领导人遭到了监禁，使得"茅茅"组织的领导权落入了愤怒的年轻人手中（后文中我们还将提及肯雅塔）。当地的白人定居者是非洲最富有、最自信的一群殖民者，

---

① 麦克米伦写给罗伯特·孟席斯（Robert Menzies）的信。引自 Andrew Roberts, *A History of the English-Speaking Peoples since 1900*, Weidenfeld & Nicolson, 2006。

他们的武装力量手段残暴，就被射杀或被"捕获"的黑人数量下注，还记录下各自的"得分"，就仿佛是在狩猎松鸡一般。

安保部队也介入其中，用典型的反颠覆策略镇压这场起义，但就连其将军也认为定居者十分卑鄙，他向妻子表示："我对这些中产阶级荡妇恨之入骨。"截至50年代末，约有1万名基库尤族人遭到政府军杀害，另有1 000人被处以绞刑；约有8万人被投入条件严酷的所谓"康复营"。最终，"茅茅"组织只有少数骨干活了下来；仅仅在霍拉康复营，就有11名"茅茅"组织成员被看守杀害。这一事件在全世界流传开来，令英国政府深感难堪。鲍威尔痛斥了英国政府的行为，这在许多人看来是20世纪最伟大的一次议会演说。与此同时，尼亚萨兰也在经历一场残酷的镇压，共有51名黑人抗议者遇难。可见，到了麦克米伦发表"变革之风"演说时，坚持殖民统治、保护他鄙夷的白人定居者的利益，已经要比撤离非洲更加危险了。

从那以后，麦克米伦及持有自由派观点的殖民地大臣麦克劳德便获得了报界的好评。他们被视为开明、公正、务实的政客，意识到迅速推动去殖民化进程、猛踩油门不顾刹车的时机已经到来。毫无疑问，苏伊士危机之耻对他们产生了影响，让他们意识到世界大势就是如此。然而，现代非洲的经历应当促使人们对英国去殖民化的时机与方式进行更加深刻的反思。这是一块失败的大陆。大英帝国管理者在地图上画下的分界线引发了骇人的内战与部落战争。在桑德赫斯特皇家军事学院受训、在大英帝国内部受到培养的那些人，变成了腐败的独裁者乃至恶魔，例如乌干达的伊迪·阿明（Idi Amin）。50年代和60年代在伦敦受到左派盛情款待的那些极其睿智而开明的民族解放领袖很少能够成为本国的伟大进步人士，也许曼德拉是唯一的例外。军事政变、囚禁反对派领导人、部落敌意以及饥荒此起彼伏。对于所有这些不幸，此前的英国统治者必须承担部分责任。在歇斯底里的政治心态驱使下，英国从非洲撤离得是否过于仓促，未顾及后续发展呢？去殖民化进程如此之快，也许并不像我们以为的那样值得赞赏。

在撤出昔日属地方面，难道就没有成功的案例吗？对于民族自豪感而言幸运的是，还存在另一则故事。故事的内容不是从新加坡到加勒比海诸国等。通过情报工作取得战争胜利的最佳案例要数 1948—1960 年的所谓马来亚"紧急状态"，这无疑是史上持续时间最长的紧急状态。

得益于几颗来自巴西、在伦敦邱园的热带植物园里种下的种子，马来亚成了世界工业体系中至关重要的一环。橡胶树于 19 世纪 70 年代被引入马来亚，长势甚佳。到"二战"结束后，马来亚的橡胶产量已达全世界的三分之一。橡胶加上锡，使得马来亚成了罕见的能够给英国带来巨大利益的殖民地。然而几乎不可避免的是，在 20 世纪 40 年代末，这里也爆发了反对英国统治的共产主义与民族主义起义。这场起义持续了 12 年时间，实际上就是一场战争。但是出于奇特的理由，它未被称为"马来亚战争"：当地企业的投保条款规定，战争期间将停止赔付。"紧急状态"之名便由此而来。

开局非常糟糕：马来亚共产党牵制住了庞大的英国部队，杀死了许多橡胶种植园主及种植园工人；另一方面，英军同样犯下了暴行，例如苏格兰近卫团对马来亚华裔村民的屠杀。此时，干练、坚毅的杰拉尔德·坦普勒（Gerald Templer）将军制定了一项新的策略，他是大英帝国最后一批、最不为人熟知的英雄人物中的一位。他以前所未有的方式动用直升机，将整个村庄搬离丛林，避免村民向起义者提供支持，此外还实施了宵禁。然而，除了这些不得人心的举措之外，他还针对马来亚的华裔村民制定了全新的"争取民心"策略。与机关枪和直升机相比，道路、清洁用水、学校、医院、选举产生的村委会以及相对宽松的警务更有助于平息马来亚共产党的起义。最终,马来亚实现了独立,并组建了对英友好的政府。该国更名为马来西亚,取得了蓬勃的发展。这一事例表明了深思熟虑且睿智的帝国势力在撤离时能取得何种成就。马来亚之后,非洲和亚洲抗击英军的共产主义起义再未取得胜利。倘若美国人更加细致地研究了马来亚经验,天知道越战的走势会是怎样。

## 移民潮引发骚乱

从 1948 年到 1962 年,几乎与马来亚紧急状态同步,来自英联邦国家和英国殖民地的移民几乎可以不受限制地前往英国,关于移民问题的辩论则陷入了矛盾的境地,并未充分展开。一方面,纳粹德国的行径使得赤裸裸的种族主义已名誉扫地。而且,战后英国的身份意识与克服强调种族差异的政治文化是息息相关的,这意味着一小撮不知悔改的种族主义者、反犹主义者,或是支持种族隔离的殖民主义者,都被排挤到了边缘。就连官方文件都将少数几名公然持有种族主义观点的议员称为"疯子"。这些人被认为完全构不成威胁,以至于"二战"结束后不久,奥斯瓦尔德·莫斯利便被允许出狱。战前他曾受到墨索里尼的资助,假如德国入侵英国,他有可能会成为纳粹扶植的傀儡领导人。出狱后,他趾高气扬地在货车后部踱步,冲着一小群顽固不化、支持自己的法西斯分子大声喊叫。帝国的官方宣传却对他视而不见,描绘出了这样一幅画面:各个种族汇聚在英国旗帜之下,构成了相互协作、精诚团结的大家庭。

在白厅,殖民地部强烈支持赋予加勒比黑人移居英国本土的权利,驳斥了劳工部关于经济下行期移民可能导致失业率升高的担忧。1948年，当500名左右的加勒比移民乘坐着经过改装的原德国风驰号运兵船抵达英国后，内政大臣宣称："尽管有些人认为，不应该让帝国的有色人种产生这样的想法：无论如何，他们与本土居民是平等的。但政府并不赞同这种态度。我们承认，殖民地居民有权被当作本土居民的兄弟。"[1]简而言之，英国认为自己是纳粹德国逻辑的对立面，是一个友善、无偏见、将世界联系在一起的岛国。20世纪30年代，犹太移民为英国带来的技能与活力之充沛是任何现代欧洲国家都不曾享有的。此时，英国其实已经拥有了约7.5万名黑人和亚裔；而劳动力短缺的状况表明，英国还需要更多移民。此外，实行种族隔离的美国南方诸州以及南非均受到英国人的蔑视。

　　然而，所有人都知道这并非故事的全部。在种族问题上，"二战"之前的英国社会从来不像法国或西班牙那样残酷，就更不必提德国了。但种族主义态度依然存在。无论是在流行小说中，还是在晦涩的现代主义诗歌里，反犹情绪都很常见。英国上等阶级和中产阶级的实际行为与美国人奉行的种族壁垒十分类似。

　　英国对作为仆人和乐师的非洲人的宽容程度要稍高一些。白人工人阶级则很少遇到其他肤色的人。"二战"期间，黑皮肤的美国大兵尽管受到了人们的欢迎，但也经常被深感讶异的当地人围观。这些人只不过想要接触一下黑人，或是听他们说上几句话。几乎在战后首批移民从牙买加等西印度群岛抵达英国的同时，大众报纸就已开始报道人们对其清洁程度、性爱习惯以及犯罪倾向的担忧。"黑人、爱尔兰人与狗不得入

---

[1] James Chuter Ede, quoted in Mike & Trevor Phillips, *Windrush: The Irresistible Rise of Multi-Racial Britain*, HarperCollins, 1999.

内"并不只是传说，而是住宿场所极为常见的标语。早期移民很快便表示自己感受到了英国本土居民的敌意与冷酷。就连前文提及的那位品德高尚的内政大臣在内阁里的同事多尔顿，在谈及非洲殖民地时都会使用"迅速繁殖、贫困、疾病缠身的黑鬼社群"等字眼。对多数人而言，种族问题是学术性的和费解的。

直到60年代，这个国家的绝大多数居民仍然是白人，只有极少数有色人种，且大多生活在最贫穷的内城区。理论上，受到英国欢迎的人数占到了世界总人口的四分之一。丘吉尔、艾登和麦克米伦的保守党内阁就这一问题均展开过辩论，但大多数时候都毫无进展。任何将移民区别对待的立法都会带有种族主义性质，因而是不可接受的；于是，任何限制移民的立法都会波及英联邦国家的白种人。在种族问题上，无论是保守党人还是社会主义者，都自认为是文明、宽容的——换句话说，也就是挑三拣四的。例如在50年代，殖民地办公室曾特意支持"技能熟练、勤奋的西印度群岛人"，反对"无技能、大多很懒散的亚洲人"。[1] 印度独立和印巴分治后，立刻便有来自印度次大陆的移民涌入英国。这是印度教徒和穆斯林流离失所所致，但其人数很少。锡克教徒则主要在英格兰中部工业区以及伦敦西部市镇绍索尔寻找工作，后者很快便成为亚裔聚集之地。印度移民开办了街头小店（这份工作既漫长又艰苦）和餐馆（这立刻成了"英式"生活方式的一部分）。到了1970年，英国的印度餐馆已超过2 000家；再过一个世代之后，咖喱将成为最受欢迎的菜肴。另外一些移民则进军服装业，并发家致富。

就这样，在10年时间内，移民持续不断地涌入，并未引发全国性的大型辩论。多数移民并非黑人，而是欧洲人。他们大多是来自波兰、

---

① 引自 Randall Hansen, *Citizenship and Immigration in Post-war Britain*, Oxford U. P., 2000。

意大利、法国等国的劳工，在技能与人力短缺的年代，他们受到了热烈欢迎。意大利移民的数量尤其多。早在 19 世纪 70 年代便有意大利人移居英国；在此基础上，截至 1971 年，又形成了人数多达 10 万的第一代意大利移民社群。从爱尔兰也不断有大批移民涌入，他们主要从事建筑业，在 20 世纪 50 年代初期人数为 75 万，到了 70 年代初期人数已达 200 万。除了爱尔兰共和军发动爆炸袭击之后，爱尔兰移民并未引发太多政治反响。众多马耳他移民倒是引发了公众的关注，这是由于在伦敦从事勒索和卖淫等生意的敌对家族之间爆发了激烈的黑帮战争。不过这么说对马耳他可能有些不公平，因为这些人最初其实来自西西里岛。随着分裂的塞浦路斯岛政局愈发不稳定，还有不少来自塞浦路斯的移民涌入，其中既有希腊族，也有土耳其族。同样，除了摔盘子等习俗以及木莎卡等菜肴在英国各城市的希腊餐馆里流行开来之外，这些移民也未掀起多大涟漪。华人移民主要来自香港贫穷的农业腹地，中式炸鱼店和中餐馆迅速增多，从 50 年代中期的数百家，到 70 年代初的超过 4 000 家，从中便可推测出其规模有多大。[1] 波兰人在战后得到了慎重的安置，匈牙利人和捷克人也加入了他们的行列。除了热情的欢迎之外，他们同样并未引发其他反应。

可见，如果想要悄无声息地移居英国，条件有三：首先得是白人；其次，如果不是白人，那么数量得少；最后，如果前两个条件都无法满足，那么就开餐馆吧。来自西印度群岛的移民不满足任何一个条件。他们大多是年轻男子，没有开餐馆，而是挣取工资，并将部分收入寄回老家。国民医疗服务体系和伦敦运输局等官方机构亟须招聘护士、公共汽车司机和清洁工等工作人员，还在牙买加刊登了喜气洋洋的广告，为伦

---

① 见 Robert Winder, *Bloody Foreigners*, Abacus, 2004。

敦招聘公共汽车售票员。然而对于大多数移民而言，之所以背井离乡是为了尽力找寻更好的生活，尤其是在美国这一备受欢迎的移民目的地于1952年关上了大门之后。就业大多依赖于蔗糖和烟草等行业的加勒比海各岛国，此时正在经历萧条。当先期移民者将关于工作机会的消息传回家乡后，尽管前路艰险，英国的移民数量还是迅速增加至50年代末的每年约3.6万人。一名历史学家留意到了变革的幅度之大：每两年"就有相当于1951年全国有色人种总量的移民涌入英国"。[1] 截至1961年，黑人和亚裔人口数量已经增加到33.7万人。而且，这些移民呈聚居而非散居的态势。来自西印度群岛的各个族群聚集在伦敦的不同区域以及伦敦之外的英格兰各城市：牙买加人在伦敦南部的布里克斯顿和克拉珀姆区，特立尼达人在伦敦西部的诺丁山区，尼维斯岛民在莱斯特，圣文森特人则在海威科姆。

这些人的移民及谋生之道对战后英国产生了巨大影响，值得加以分析。许多第一代移民都是不与妻子、母亲或孩子一同生活的年轻男子，如此一来，他们所处的环境自然要比老家更加无拘无束。他们缺乏娱乐，也不受家庭生活的约束。代际影响的链条被打破了，雄性热情被激发。不可避免的结果便是：他们聚在一起豪饮，吸食大麻，流连于斯卡音乐和蓝调音乐俱乐部，还有赌博。有着类似特征的白人群体也许要数以酩酊大醉和目无法纪著称的克朗代克淘金者。英国早期的黑人社群往往位于首批移民的定居地，也就是破败的内城区。如前所述，50年代时这些地方的街头卖淫行为比日后更加猖獗。一点也不令人感到意外的是，背井离乡的年轻黑人男子常常与白人妓女勾搭在一起，有人甚至成了皮条客。这种情况助长了媒体和白人帮派认为黑人在性方面"天赋异禀"，

---

① Dominic Sandbrook, *Never Had It So Good*, Little, Brown, 2005.

"偷走了我们的女人"的歇斯底里情绪。快节奏、陌生的音乐、非法豪饮与吸毒，加之年轻移民的性需求——这个新出现的地下世界呈现出一幅令人毛骨悚然的景象。难怪普罗富莫事件的当事人除了贵族、政客、享乐女郎和间谍外，还包括一名来自西印度群岛的毒贩。

具有更加深远意义的是，黑人家庭中埋下了叛逆的种子，只有当60年代这些移民的孩子与配偶也大批涌入英国，这种局面才有所缓解。五旬节派教会也重拾叛逆精神。住房也是一大问题。50年代的移民只可能租住私宅，因为市政住房申请名单是严格按照在该地区生活时间的长短排序的——此前我们已经提到，当年正是通过威胁将占屋者挪到市政住房申请名单的最末端，占屋风波才得以平息。于是，早期移民只得挤在拥挤、破旧的老房子里，例如伦敦西部破败的维多利亚式排屋，或是利兹中部灰暗的砖制排屋。房东往往不太情愿将房子租给黑人。一旦移民入住，便会在整条街上引发多米诺效应：白人居民要么卖掉住宅，要么搬往别处。鲍威尔在推行自由市场改革时推出的1957年《租赁法》起到了适得其反的效果，使得情况更加糟糕。该法案允许租金大幅上涨，但前提是将无家具房间的房客迁出，以便配置家具后再行出租。鲍威尔本意是通过此项规定在租金上涨前提供缓冲，但意想不到的后果却是，像自己也是移民的臭名昭著的彼得·拉赫曼（Peter Rachman）这样无耻的房东买下廉价的租用房产（其房客通常是贫穷的白人），然后动用各种暴行与威胁，赶走老房客，以高得多的租金再出租给新房客。老房客通常是贫穷的白人，新房客则往往是亟须寻找住处的黑人移民。于是，隔都迅速形成，整整三代英国黑人都将居住于此。80年代在布里克斯顿、托特纳姆和托克斯泰斯爆发的骚乱部分根源便可追溯至早期年轻男性移民在道德上造成的影响，以及50年代的住房政策。

这段历史的另外一半内容在于英国白人的反应。一位加勒比作家曾反讽称，自己从未遇到过怀有种族偏见的英国人。[1] 有一次，当他走过一整条街时："所有人都告诉我，他们对有色人种没有偏见，只有他们的邻居才怀有这种愚蠢的想法。要是能揪出这个'邻居'，我们就能解决这一问题了。但揪出他谈何容易！'邻居'是这个国度里你能与之为邻的最糟糕的一群人。"移民的证词以及对那个时代的研究都表明，本地居民十分不愿与黑人或亚裔为邻。正如一个世代之前，工会曾反对爱尔兰移民一样，他们对前来工作、也许还会接受较低工资的黑人也感到愤怒不已。被认为绝对属于左翼的那些工会领袖却游说政府将黑人劳工拒于国门之外。他们暂时取得了成功，导致就业市场也如住房市场上那样，形成了隔都。不过，黑人移民还是在汽车等制造业占据了一席之地，尤其是在西米德兰兹地区。只有少数议员公然反对移民。鲍威尔私下曾提出过这一问题，但在卫生大臣任上他仍乐于聘用移民。反移民情绪被认为是不得体的，不应被谈论。面对移民，人们会关上房门，选择躲避；但精英对此类负面场景却视而不见，转而谈论诸如"四海之内皆兄弟"和"君主一视同仁的臣民"等好心但空洞的言辞。敌意大多体现在街头与流行文化中，有时表现为不好意思地说一句"抱歉，房间已经租出去了"，有时则表现为暴力的形式。白人小混混会"抓黑鬼"或是"埋黑人"，还在墙上写下"保持英国的白色"等字样。一小撮右翼极端分子也许对他们造成了影响，如"为英国争取自由同盟"，或是残存的支持莫斯利的法西斯分子，但其主要动机似乎还是在于青年男性之间的较劲与争夺地盘。毕竟，移民搬进的正是这些贫穷白人所居住的地区。

在 1958 年的诺丁山骚乱中，这些情绪达到了顶峰。就如同数年之前的苏伊士危机一样，与其说诺丁山是一场血腥的杀戮，不如说其象征

---

[1] A. G. Bennett, quoted in Dominic Sandbrook, *Never Had It So Good*, Little, Brown, 2005.

着某种改变。事实上，在这场暴行中并没有人遇难；而且与以后的骚乱相比，就连财物损失都不值一提。此外，骚乱其实爆发于诺丁汉中部贫穷的圣安区，距离伦敦尚远，直到一天之后才蔓延至诺丁山。然而，这依然是一场令人极为不快的大规模反移民暴力事件。这场骚乱持续了 6 天时间，横跨两个深夏的周末。骚乱发生在诺丁山，而不是 50 年代中期也已拥有大量黑人移民的其他地区，例如布里克斯顿。这绝非偶然。这片区域距离索霍区和 BBC 新总部大楼都很近，其街头文化对待黑人的开放态度十分出名，于是便受到了文人、播音员与小说家的宣传乃至赞颂。其赌博窝点和豪饮俱乐部也十分出名。这里居住着愤愤不平的贫穷白人，但正如两位研究英国移民史的历史学家所言："这里的住宅有多家入住，每一层都有不同种族的家庭；这里还有数量众多的内部移民、吉卜赛人和爱尔兰人，他们大部分都是在此暂住的单身男子，挤在房屋众多的'蜂巢'里，共用厨房和厕所，没有洗手间。"[1]

　　先是十来名白人男子涌入了这一"蜂巢"，后来增加到上百人。他们拿着大棒、刀具、铁栏杆和自行车链条，后来还带上了凝固汽油弹。他们绝大多数都是年轻人，大多来自邻近的伦敦各区，专门为了惹是生非而来。他们先是在街头刁难、殴打、追逐落单的小群黑人，随后前往黑人居住的住宅，砸破窗户。他们的人数不断增多，据估计最后超过了 700 人。有些人受到了法西斯分子的煽动，但多数人是被本地白人召集而来的。尽管有些当地白人保护了黑人邻居，甚至为他们与暴徒搏斗，但种族主义歌曲、"黑鬼滚出"的口号、被砸破的窗户无不表明，英国自以为早已摆脱了的那种暴行又重现了。暴徒随后之所以退缩，部分原

---

① Mike & Trevor Phillips, *Windrush: The Irresistible Rise of Multi-Racial Britain*, HarperCollins, 1999.

因在于黑人坚决抵抗，以凝固汽油弹进行还击。最终，共有140人被捕，大部分是白人青年。尽管极右翼党派继续在这一区域活动，但他们在选举中几乎没有任何作为，也再未挑起严重的事端。不过，媒体连篇累牍的报道还是促使英国首次对其自由主义立场及移民政策进行了深刻的反思。与此同时，坐立不安的英国人还遭到了南非与罗得西亚种族主义政权的嘲讽。

骚乱过后，许多黑人"返乡"了。回归加勒比的人数激增至4 000多人。西印度群岛各国政府则对骚乱表达了愤慨，并明确表示不会让目无法纪的白人暴徒得逞，不会采取限制向英国移民的措施。在本书的其他章节里，英联邦的效用的确曾遭到质疑，但它无疑像"门挡"一样起到了保障移民进入英国的作用。英联邦维持着君主、责任与共同公民权之间的松散联系，两大党派的政客都看重这一点。诺丁山骚乱之后，尽管出现了伯明翰移民管制协会这样的议会外政治团体，但保守党内要求向英联邦公民关闭边界的压力几乎并未增加。当然，鉴于这是一场白人向移民发动的暴行，第一反应如果是将移民遣送回乡，这也未免太过不合情理。工党坚决反对限制移民，认为这种做法"对于我们在英联邦内的地位将是灾难性的"。于次年开始举办的诺丁山狂欢节则通过公开赞颂黑人文化，对此做出了回应。对许多黑人移民而言，这场骚乱还是发出自己的声音、将自己组织起来的起点。这场骚乱相当于种族问题上的敦刻尔克大撤退：最黑暗的时刻过后，真正的反攻即将打响。

直到麦克米伦于1959年的大选中取得惊人大胜之后，要求限制移民的压力才开始渐渐增加。此时的民调显示，人们强烈反对"门户开放"政策。对于白厅而言同样至关重要的是，劳工部和内政部都希望调整政策，以应对新出现的失业威胁。英国政治阶层认为自己在英联邦这一全球性联合体中扮演着"父亲"的角色；这一次，在压力之下，他们只得不情愿地采取有悖这一想法的举动。一项对移民问题的研究指出，真正引人注目之处在于，政客和官僚被动地接受了英国已转变为多元文化社会的现实："直到种种迹象都表明公众对黑人移民涌入英国深感敌意的整整 4 年之后，官方才对移民施加限制；即便此时，这一举动仍是犹豫不决的。"[1] 而且，当 1962 年《英联邦移民法》终于生效后，法案中的措施至少就日后的标准来看仍是相当开明的：按照规定，每年可有 4 万名合法移民来到英国，其亲属也充分享有入境权。即便如此，该法案在议会中也遭到了激烈的反对，工党党魁盖茨克尔热情洋溢地抨击了其中的某项措施，有些负责移民问题的保守党大臣私底下同样反对这一措施。一个格外具有争议的问题是，该法案规定爱尔兰共和国与英国之间的边界彻底开放。考虑到已经有大量爱尔兰人在英国生活和工作，这样的规定似乎纯粹是出于实用考虑。但它仍然激起了反对之声，原因有二：首先，这项规定特别优待了一个在"二战"中保持中立的共和制国家，却无视曾与英国并肩作战的英联邦国家，这激怒了许多爱国者；其次，给予爱尔兰人比印度人或西印度群岛人更加优厚的待遇，显得像是赤裸裸的种族主义行为。

新的移民法设立了一项配额制度，偏向于熟练工人和就业前景良好的人士。为了绕过这项制度，大量移民赶在法案生效前的 1961 年来到英国，其中大多数来自加勒比地区，不过还有近 5 万名来自印度与巴基斯坦的移民以及 2 万名来自香港的华人。在 70 年代对移民施加新的限制时，这种"打败禁令"的现象也再度发生。一位研究移民问题的历史学家清晰地揭露了矛盾之处：尽管存在着反对移民的强烈敌意，但在 1960—1963 年，"来到英国的移民人数超过了从 20 世纪初直到 1960

---

[1] Randall Hansen, *Citizenship and Immigration in Post-war Britain*, Oxford U. P., 2000.

年的总和。这个国家再也不会和过去一样了"。[1]

## 艰难入欧路

    然而，导致英国公共生活出现最深刻裂痕的，并非帝国的命运、移民或者冷战，而是英国与欧洲的关系。为什么会这样呢？对于英国人民而言，欧洲并不是一个非常重要的问题，肯定不如生活成本或是多元文化转型重要。"欧洲"这一问题之所以在威斯敏斯特的过道与大厅里格外重要，是因为它关系到议员、大臣、官僚与大使自身的地位。英国的英联邦国家领袖地位正在褪色，在与艾森豪威尔和肯尼迪打交道时缺乏筹码。根据看问题的角度不同，加入欧洲经济共同体要么会令英国精英得以尝试主导一个设备齐全的宏大新舞台，要么会令他们被一大堆说着不同语言、相互竞争的外国政客排挤到一边。到了 20 世纪 50 年代末，这一选择已变得迫在眉睫。曾遭到艾德礼和丘吉尔无视的遥远的回声，此时已经发展成了震耳欲聋的主张。在英吉利海峡对岸，这一项目已经开工了。

    在煤钢共同体（据称达勒姆矿工会激烈地反对这一计划）之后，法国、联邦德国、意大利、卢森堡、比利时和荷兰这 6 个欧盟创始成员国一直在设计更宏大的计划。欧洲防务共同体遭遇了失败，但 1955 年，在不起眼的西西里海边小镇墨西拿，突破却不期而至。六国外长就建立关税同盟以及在交通、核技术和能源政策方面进行合作达成了一致。

---

[1] Robert Winder, *Bloody Foreigners*, Abacus, 2004.

这一计划的推动者是亲英国的矮胖比利时人保罗-亨利·斯帕克（Paul-Henri Spaak），如今他已被官方尊为欧盟之父之一。后来，他不动感情地回忆了外长们彻夜工作、完善方案的经过："当我们回到房间时，太阳已从埃特纳火山上方升起。我们疲惫但很开心。我们做出了影响深远的决定。"[1] 伦敦对此的第一反应是：不管怎样，看来埃特纳火山并未喷发。布鲁塞尔的谈判成果最终将演变成欧盟，但在谈判继续进行之时，英国拒绝派遣大臣与会，而是选择了一名极其聪明的中层公务员，贸易经济学家拉塞尔·布雷瑟顿（Russell Bretherton）。

这个狐狸一般、留着工整一字胡的小个子很快便意识到了两件事：首先，欧洲人把他当作十分重要的人物；其次，他们极为认真地考虑建立一个新的政治体系。法国、比利时和联邦德国都将布雷瑟顿视为英国的谈判代表，但事实上他只是一名观察员，能够进行什么表态、不能进行什么表态均受到了明确指示。欧盟内部流传着关于布雷瑟顿的一则奇妙逸事。据说，在谈判的尾声阶段，这名刻板的"英王陛下代表"起身说道："先生们，你们试图就你们永远无力谈判的东西进行谈判。但即使谈判成功了，它也不会被批准。即使被批准了，它也不会奏效。"说完此话，他便离开了房间，当然不会忘了一把抓住收起的雨伞。尽管颇具诗意地体现了真理，但不幸的是，这一幕恐怕并未发生过。欧陆各国谈判代表对于英国的缺乏兴趣深感失望与震惊；布雷瑟顿的政治上级则给他下达了傲慢、轻蔑的指令——事实就是这样，并不像传说那么生动。无论如何，对于英国的态度，六国只是耸了耸肩。他们仍在重建破碎的城市与经济，对他们来说，即将到来的联盟乃注定的命运。《罗马条约》于 1957 年如期而至。这一成果距离英国在苏伊士危机中遭受羞辱的时

---

[1] 此处及上下文提到的其他材料，见 Hugo Young, *This Blessed Plot*, Macmillan, 1998。

间如此之近，令白厅变得愈发焦躁不安、抓耳挠腮。

在英国眼中，世界格局则大不相同。英联邦不仅仅被视作有价值的王室外联项目，还为英国提供了食物和原材料，并且令人们产生了这样的幻觉：通过向南非、新西兰、澳大利亚和加拿大的亲友出售工业产品，英国制造业的未来将获得保障。流入的包括黄油、石油、肉类、铝、橡胶、烟草和木浆；流出的则是发动机、汽车、服装、飞机和电器。英镑区较贫穷的成员国将继续把储备放在伦敦。这样一来，对于非洲大部分地区和亚洲部分地区而言，英国就既是银行家，又是生产商了。多数人都相信，脱离英联邦、加入一家新的俱乐部，既是不道德的，在经济上也是灾难性的。就工党而言，威尔逊向下议院表示："如果非得做出选择，那么我们不应为了在杜塞尔多夫出售洗衣机时能获得一丝可疑的优势而出卖亲友。"稍后，盖茨克尔也在工党大会上表示，加入欧洲经济共同体将意味着一段长达 1 000 年的历史宣告终结："怎么会有人严肃地认为，倘若英国这一英联邦的核心变成了欧洲的一个省……它还能继续成为诸多独立国家的母国呢？"然而就在此时，对新消费品如饥似渴的欧洲市场正在以惊人的速度增长；相较之下，英联邦贸易集团则落在了后头。如前所述，多数较贫穷的英联邦国家压根不想和英国打交道；较富裕的国家，如澳大利亚、新西兰、加拿大，乃至处于半孤立状态的南非，很快也将转向美国。赖利牌轿车不再能与凯迪拉克一较高下了。

可是，加入欧洲经济共同体的确会导致英国在许多重要领域从属于外国人。人们从一开始便意识到了这一点，并不抱有幻想。英国将失去独立性。在其他方面，英国已经失去了独立性，居于从属地位。联合国、战后经济体系以及北约的建立都是以各国放弃传统行动自由为基础的。正如苏伊士危机和一系列经济危机所表明的，这会带来痛苦；然而，似乎有充分的军事与安全理由支持这样做。然而，欧洲就是另一回事了。

仔细阅读过《罗马条约》的人会对其万丈雄心感到震惊。时任大法官基尔穆尔（Kilmuir）子爵向麦克米伦表示：英国议会的权力会被欧共体部长理事会夺走，后者可以通过多数投票变更英国法律；英国君主对于对外条约的权力将部分地转移至布鲁塞尔手中；英国法院在某些方面将从属于欧洲法院。[1] 在稍后的议会辩论中，他清晰地阐明了上述论点，但高层政治圈之外的数百万人并未听到这些实情。麦克米伦也常常闪烁其词，只是说一些令人宽慰的空洞话语。这位年长的"演员兼剧团总监"想让所有观众都高兴，不过，基尔穆尔子爵和未来的首相休姆伯爵还是选择了直言不讳。

就连法国都希望英国从一开始便参与其中，倘若真的如此，那么欧洲经济共同体以及最终的欧盟肯定将拥有截然不同的发展轨迹：肯定不会如此重视农业保护，反而会更加重视自由贸易；"欧洲"也会显得稍微不那么神秘一些、稍微开放一些，或许还会更加民主——尽管考虑到有这么多种语言，要做到这一点并不容易。但不管怎样，时机已经错过了。即使经历了苏伊士危机引发的震惊与耻辱，英联邦以及与美国的关系依然是伦敦考虑的重点。竭尽全力以求不在核军备竞赛中掉队，就意味着要在私底下与华盛顿方面达成协议，而这种做法又激怒了巴黎当局。当《罗马条约》于1958年年初生效后，法国的态度变得更加强硬。在"二战"期间感到自己遭受了丘吉尔羞辱的戴高乐将军已成为法国总统。他曾基于传统的民族主义理由反对新欧洲体系，但此时想要阻止该计划为时已晚，于是他决定至少得由法国主导这一体系。用当时外交官和记者的话来说就是，一座粪堆容不下两只公鸡。

麦克米伦向来是诚挚的欧洲主义者，他愈发感到担忧。英国进行了

---

[1] 见 Hugo Young, *This Blessed Plot*, Macmillan, 1998。

多次旨在限制六国并妨碍其计划的密谋，但均以失败告终。伦敦试图将被排除在欧洲共同市场之外的国家（包括英国、奥地利、丹麦、葡萄牙、挪威、瑞士和瑞典）集结起来，组成欧洲自由贸易联盟（或曰"七国"）与之抗衡。但这样的算计十分糟糕，因为"七国"的人口远少于"六国"，地理位置更加分散，决心也要弱得多。欧洲自由贸易联盟就是遭到排挤之人赌气般虚张声势的结果。热切的亲欧洲分子罗伊·詹金斯也将其称为"愚蠢的尝试，试图用弱小的边缘对抗强大的中心"。[1]到了1959年，麦克米伦开始担心"自拿破仑时代以来，欧陆列强首次结成了积极的经济集团，还具有颇多政治色彩"，这可能将英国排除在欧洲的主要市场和决策过程之外。很快，他在日记中便显得更加恐慌，谈论起"这个自负、强大的'查理曼帝国'——如今处于法国掌控之下，但迟早要归德国掌控"。人们自欺欺人地设想着可能达成的协议。麦克米伦麾下以爱德华·希思为核心的团队希望，为全世界说英语的农民提供支持的英联邦贸易体系能够被欧洲的保护主义体系接纳。他们似乎认为，只要能达成此项协议，任何主权的丧失都是可以容忍的。麦克米伦看上去似乎深深沉浸于英国传统，例如乡间宅邸和特罗洛普（Anthony Trollope）的小说之中，但他绝不像鲍威尔或是对立阵营的盖茨克尔那样对下议院怀有近乎宗教般的尊敬。

到了60年代初，对英国主权的争夺被推迟了，因为英国加入欧洲经济共同体的申请遭到了残酷、公开和无情的拒绝。两个场景足以代表这段历史。首先是在1961年11月的白桦果园，这是麦克米伦位于萨塞克斯郡的乡间宅邸，这片巨大的庄园有着欣赏南部丘陵风光的绝佳视野。戴高乐即将前往英国会谈，他向麦克米伦表示，与造访唐宁街相比，

---

[1] Roy Jenkins, *A Life at the Centre*, Macmillan, 1991.

自己更愿意在首相的私宅里与这位老战友相聚。在某些方面，他们的确算得上是老友。"二战"期间，作为负责北非事务的大臣，麦克米伦的帮助对于戴高乐渡过一场巨大的危机至关重要。"自由法国"的领袖戴高乐当时正竭尽全力地试图主导将在法国解放后接管政权的流亡政府，他的对手是一名对亲维希政权的盟友持包容态度的右翼将军。傲慢的戴高乐拒绝与他达成妥协，这种态度激怒了罗斯福和丘吉尔，两人希望将戴高乐赶出流亡政府。麦克米伦意识到戴高乐拥有巨大的潜能，于是便拼命努力缓和丘吉尔的情绪，巩固戴高乐的地位。戴高乐对麦克米伦心存感激，但北非的经历令他更加确信未来的英美联盟将对法国构成巨大威胁，试图主宰世界。

戴高乐就是在这样的背景下造访萨塞克斯的，这是英法关系史上最为怪异的峰会之一。令当地的猎场看守和农民恼火的是，环绕着白桦果园的树林里布满了英法两国的警察及警犬；不过令首相高兴的是，其中的一只德国牧羊犬咬了一名《每日邮报》记者的臀部。外交部事先便提醒麦克米伦的妻子多萝西（Dorothy Macmillan），要在冰箱中留出存放为法国总统准备的备用血液的空间，因为他旅行时总会携带大量待输血液，以备遭到暗杀时使用。但麦克米伦家的厨师贝尔（Bell）太太拒绝将血液放在厨房那"装满了鳕鱼和明天要用的各种食材"的冰箱里，于是就在壁球室里新安了一个冰箱。当会谈终于开始后，一名愤怒的猎场看守又打断了两位领导人，抗议众多警犬的破坏使得这个周末的狩猎活动无法进行。戴高乐一头雾水，麦克米伦则被逗得开怀大笑。在向这名猎场看守道歉之后，两人直率地交换了意见。麦克米伦认为，欧洲文明正遭遇全面威胁，如果英国不被允许加入共同市场，他就不得不对其他事务重新加以考虑，包括在联邦德国的驻军；如果戴高乐想要建立"查理曼帝国"，那就只能靠自己了。法国总统回复称，他不希望英国把众多英联邦国家"这一大堆随从"也带入欧洲共同市场：加拿大人和澳大利亚人不能再被算作欧洲人了，欧洲体系中也没有印度和非洲国家的位置；他还担心欧洲会"溺死在大西洋里"。简而言之，他压根不相信英国会抛弃自己的古老帝国；就算英国真这么做了，他也认为英国会成为美国人的特洛伊木马。

　　这些反对意见听上去十分强硬，事关原则问题，应该被视作明确警告。然而，关于英国加入共同市场的细致而详尽的对话还是缓缓展开了。希思前往布鲁塞尔、巴黎和其他国家首都讨价还价的次数多达63次，总里程高达5万英里。然而，此时的麦克米伦已经处于迅速衰落之中。这名天生的阴谋家曾踩着艾登血迹斑斑的后背登上权力宝座，他总是认为反对自己的政治密谋正在酝酿之中，并且愈发对脆弱的经济感到担忧（这种想法倒十分正确）。在欧洲，他正经历挫折；与年纪轻轻、衣冠楚楚的美国总统肯尼迪并肩而立时，他显得十分苍老。

　　在推出的预算案不受欢迎之后，麦克米伦又起草了一份更加强调计划的替代政策，并决定解雇财政大臣、他的密友塞尔温·劳埃德。这一消息被泄露给了媒体。于是，在1962年7月残酷而慌乱的24小时之内，麦克米伦再度扩充了解雇名单，不事先通知便解除了三分之一内阁大臣的职务。在这所谓的"长刀之夜"，麦克米伦召见并解雇了一名又一名先是不知所措继而愤怒不已的同事。其中一位大臣抗议说，即使自己要解雇厨师，至少也会事先告知对方。麦克米伦的官方传记作者将此举称为"英国政治史上前所未有的大屠杀"，媒体则将他描绘为发了疯的行刑者。在下议院，自由党党魁杰里米·索普（Jeremy Thorpe）对他说道："人为朋友牺牲自己的性命，人间的爱没有比这更伟大的了。"[1] 当然，

---

① 这句话出自《约翰福音》第15章第13节。——译者注

如此大范围的改组再未发生过，但随着无情的内阁改组愈发频繁，在数十年后的今天回头看，当时人们的反应难免显得有些奇怪。许多被解雇的大臣理应遭此命运；而且，并不喜欢挥舞屠刀的麦克米伦自己也对这种行为感到恶心。然而，此举表明他终于失去了冷静。

11月，麦克米伦与戴高乐的争论再度开始，这一次的地点是在巴黎南部建造于文艺复兴时期的朗布依埃大城堡。法国历任总统曾多次在此举行峰会以及度暑假。此次会谈的氛围与白桦果园那次一样怪异，狩猎也再度成为中心话题。尽管戴高乐本人并未参与射击，但他组织了一场相当盛大的狩猎活动来欢迎麦克米伦。他站在麦克米伦和其他宾客身后，每当他们错过目标就要大声点评一番。现场锣鼓喧天，士兵负责将猎物从丛林中驱赶到开阔地。麦克米伦共射杀了77只野鸡。[1] 然而这一次，"主场作战"的戴高乐更加咄咄逼人地反对英国加入欧洲经济共同体。如果英国想要选择欧洲，就必须切断与美国的特殊关系。法国总统的强硬态度一度令麦克米伦沮丧得落泪；此后戴高乐却残酷地向自己的内阁表示："我没什么能够给他，但这个可怜人看上去如此悲伤，如此挫败，以至于我想拍拍他的肩膀，就像皮雅芙（Édith Piaf）歌里唱的那样，说一声'别哭啊，我的大人'。"

无论残酷与否，对于麦克米伦、保守党，乃至英国而言，这一刻都意义重大。爱德华时代的行事方式此时已显得虚弱和陈旧，丝毫不能打动人。数月之后的1963年年初，戴高乐在巴黎的一场新闻发布会上断然说出了"不"字，这令英国深感冒犯。玛格丽特公主访问巴黎之行被取消。在数日之后于特威克纳姆体育场进行的英式橄榄球国际赛上，英格兰队以6:5的比分战胜了法国队。英格兰队队长向失败的谈判代表希

---

[1] Horne, *Macmillan*, vol. 2; 白桦果园会谈的资料来源也是此书。

思表示，自己赛前向全队发表了讲话："我告诉他们，这是一场极其重要的比赛。所有人都知道我指的是什么，并且取得了理想的结果。"[1]麦克米伦则在日记里苦涩地写道："到头来，法国人总是会背叛你。"

## 屈从"美国佬"

1962年的古巴导弹危机将世界推到了核战争边缘。麦克米伦许可美国将苏格兰的霍利洛克作为首批核潜艇的基地。当附近居民在夜里醒来，发现四周陷入异乎寻常的一片死寂时，他们立刻意识到了古巴危机的严重性。他们习以为常的汽车在湖边发出的嗡嗡声突然不复存在；天亮之后，他们发现美国潜艇正在悄悄离开，准备对苏联发动核袭击。历史学家亨尼西认为，此时麦克米伦正在为一场内阁会议做准备，批准将政府转移至地下这一工程的第一阶段。对于导弹袭击会导致何种后果，没有人心存幻想。1955年，一份关于氢弹打击能力的政府秘密文件便指出："在爆炸发生前，其对密集人口造成的影响仍不可想象。本国是否能够承受住一场全力进攻并继续进行战争，极为存疑。"[2]要抹去英国的军事力量需要多少枚氢弹？ 1961年，英国驻苏联大使弗兰克·罗伯茨（Frank Roberts）在莫斯科一场芭蕾舞演出的现场遇到了苏联领导人赫鲁晓夫，两人在此次令人毛骨悚然的邂逅中恰恰提及了这一问题。赫鲁晓夫问罗伯茨，摧毁英国需要多少枚氢弹；忠诚的罗伯茨希望尽力

---

[1] Edward Heath, *The Course of My Life*, Hodder & Stoughton, 1998.

[2] 引自 Peter Hennessy, *The Secret State*, Penguin, 2002。

减小苏联打击计划的规模，于是回答说，摧毁英国只需要 6 枚氢弹。苏联领导人表示，位于东柏林的苏联前沿指挥总部里的"乐观人士"估计，对付英国需要 9 枚氢弹。但事实上，苏军参谋部对于英国的抵抗力有着更高评价，为英国划拨了"数十枚氢弹"。[①]

面对此种恐怖，英国政府建造了庞大的掩体网络，配有食物和水、应急发电机、通信系统、防护服等设备，以求在浩劫之后能够保留些许尚能运转的国家机构。建立地区指挥中心以及克伦威尔式军事独裁体制（实行戒严、可以射杀不服从的平民）的计划也在稳步推进。到了 20 世纪 60 年代初，麦克米伦的"后核打击时代"政府体系已经准备就绪。白厅专门划拨了 210 名令残存的国家保持运转的工作人员，既包括参谋长和情报官员，也包括打字员和书记员。一旦核弹来临，这些人将匆忙涌入"旋转闸门"。这是绝密的地下掩体系统的代号，该系统的隧道长达 60 英里，位于科舍姆镇的科茨沃尔德丘陵地下。包括这些工作人员的配偶和孩子在内的其他所有人都只得接受被烧死、因核辐射而死，或是以其他方式死亡的命运。日后将担任联合情报委员会主席的罗德里克·布雷思韦特（Rodric Braithwaite）在谈起所有这些计划时表示："这是不可避免的，是必要的，也是愚蠢而疯狂的。"

支撑着历任英国政府孜孜不倦追求非自主核武器的是同一种夹杂着宿命论与痴迷心的情绪，但最终这种追求被放弃了。如前所述，在艾德礼和丘吉尔治下，英国曾努力试图建立自己的核威慑，并且希望以此来保持相对于美国的独立性。在五六年的短暂时期之内，贝文对于英国完全自主研发核弹的信念得到了拥护；但在麦克米伦治下，一切都变了。此前主张英国自主研发核武器的决定性论据是，这将使得英国政客获得

---

① Peter Hennessy, *The Secret State*, Penguin, 2002.

特殊地位以及影响华盛顿当局的砝码。引人注目的是，这种想法很快便烟消云散了。对某人的影响力和依赖性是很难并存的。更加引人注目的是，这种想法烟消云散之后，人们对英国的核态势并未展开激烈的反思，政府中似乎没有人注意到这一点。

皇家空军正在组建一支庞大的三 V 轰炸机群，旨在飞越苏联上空并投下核弹。三 V 指的是勇敢式（Valiant）、胜利者式（Victor），以及火神式（Vulcan）。与轰炸机一样，核弹也是在奥尔德马斯顿自主研发的，其破坏力不断增强；这些带有翅膀的短而粗的巨型管子分别名为"蓝色多瑙河""黄色太阳"，或是"红胡子"。然而，三 V 轰炸机群的进度比预期要慢。因此，作为权宜之计，麦克米伦于 1958 年许可美国在英国部署了 60 枚巨大的雷神导弹。英国的"蓝光"洲际弹道导弹使用的是液态推进剂，需要单独存放，这导致核紧急状态下的准备时间过长。英国规划者认为，对于苏联的导弹袭击，他们只有短短两分半的预警时间。要想在准备燃料期间对"蓝光"导弹加以保护，就需要在地下深处建造 60 个巨型发射井。这一宏大的项目过于昂贵，白厅压根儿不敢考虑。

两年之后的 1960 年，随着苏联击落一架飞行高度远高于胜利者式、火神式和 B-52 的 U-2 侦察机，轰炸机的时代宣告终结。起初人们并未明确意识到这一点，麦克米伦也开始了购买机载美制"天弩"导弹的谈判，希望通过三 V 轰炸机对苏联进行安全的远程打击。在位于华盛顿特区周边马里兰州的简朴的总统休假地戴维营，麦克米伦与艾森豪威尔达成了协议：英国将购得"天弩"导弹；作为回报，美国将获得一处用来部署最新研发的绝密导弹系统的深水基地，这个导弹系统就是将于当年进行试射的潜艇载"北极星"导弹。然而，麦克米伦再度未能如愿：原来"天弩"导弹毫不中用，或者至少说对于美国而言太不可靠。此时，核潜艇的时代已经到来。

要想不被落下，英国需要的是"北极星"。装载这些导弹的潜艇深藏于水下，无迹可寻，能够在海洋中航行长达数月时间。每艘潜艇装载有 16 枚导弹。一旦发射就无法被拦截，单枚导弹的破坏力比"二战"中投下的所有炸弹加起来还要大。"北极星"就是终极末日武器。得益于麦克米伦在戴维营达成的协议，首批美制"北极星"抵达了距格拉斯哥不远处。麦克米伦原本只是向艾森豪威尔提及将基地设置在苏格兰水域，不过英格兰和威尔士的部分地点也在考虑之列。他从一开始就很紧张，在日记中指出："可以想象这样一幅可怕的画面：一场恐怖的事故摧毁了整个苏格兰。"[1] 然而，想要找到最合适地点的美国海军以苏格兰高地西北部过于偏远为由，拒绝了这一建议。他们执着于格拉斯哥不远处一个名为霍利洛克的陡峭水湾。霍利洛克水深、易于航行且安静；此外，潜艇还可以轻易地隐入进出克莱德湾的大批船只之中。这里还靠近苏格兰唯一的国际机场普雷斯蒂克机场，对于美军水手而言也很方便。麦克米伦对于自己的承诺愈发感到担忧，他在信中向艾森豪威尔表示："将如此重大的核目标设置在英国第三大且人口最多的城市附近，绝对是个错误。消息一旦公布，（苏联国防部长）马利诺夫斯基（Rodion Malinovsky）肯定会威胁将火箭对准格拉斯哥。而且，不仅那些失败主义者和绥靖主义者会再度喋喋不休，就连普通民众也会真的感到恐惧。"

艾森豪威尔却无动于衷：我们谈论的只是基地应位于苏格兰，难道不是吗？细节应当由海军人士敲定。可是麻烦正在于此。皇家海军千方

---

[1] Brian Lavery, *Journal of Maritime Research*. 他论述麦克米伦、艾森豪威尔和霍利洛克事件的文章是迄今为止最出色的。

百计地希望能插手"北极星",这对其地位有着重大影响。如果核运载系统归属海军,那么在皇家空军占据上风长达数十年之后,海军就终于能够取而代之,成为更重要、地位也更高的军种了。因此,海军游说者坚决希望麦克米伦在基地选址一事上能够通融。麦克米伦则进退维谷。英国政府希望与美国共享部署在苏格兰基地导弹的控制权的提议也遭受了同样的命运。又一次,这一想法遭到了否决;又一次,皇家海军站到了美国人一边。麦克米伦退缩了,批准了设置基地的协议。此时,名字显得不合时宜的霍利洛克①将迎接美国核潜艇舰队的到来。首艘抵达克莱德湾的美军核补给船只遭到了一小群乘着独木舟的苏格兰核裁军运动成员的抗议,该船船长轻蔑地称这是几个"该死的爱斯基摩人"的抗议。这艘名为普罗透斯号的船只以及驶入克莱德湾的首批核潜艇都成了抗议者的目标,他们紧紧抓住补给船的船头,爬上船身,这些举动引发了一些关注。人们在格拉斯哥举行了示威,并且朝着基地的大门游行,但核裁军运动用小舢板和独木舟封锁基地的计划被雨水、起伏的波浪和严格执法的当地警察挫败了。

数年之后,麦克米伦与新任美国总统达成了另一项协议,皇家海军终于拥有了自己的"北极星"舰队。英国将在巴罗因弗内斯和伯肯黑德建造潜艇及核动力系统,并生产自己的核弹头,但"北极星"导弹还是需要由美国提供。工程于1963年在位于法斯兰湾的英国核潜艇基地启动,这是英国自1909年以来的首座新海军基地,与霍利洛克处于同一段海岸线上。古巴导弹危机令人们明确意识到,世界末日的到来,只会由涉及美苏两国的某种误判或意外引发;其他任何国家,无论拥核还是无核,都只不过是观众。此外,既然独立核威慑其实并不独立,非但不

---

① "霍利洛克"(Holy Loch)的意思是"圣湖"。——译者注

能带来影响力，反倒使英国成了恳求者，那么英国为何还要坚持这一计划呢？麦克米伦和道格拉斯-休姆的动机很复杂，其中既包括一丝丘吉尔式的对大国地位的幻想，也含有这样一种模糊的感觉：西方联盟中不应只有一个核大国。苏联可是实实在在的威胁，如果核威慑能发挥作用，那么英国就如同其他人一样需要它。鉴于大批英国陆军驻扎在莱茵河沿岸，本国又是苏联先发制人式导弹打击的头号目标，因此政界就英国拥有自己的潜艇与导弹的必要性达成了惊人的普遍共识。民调和选举结果都表明，尽管核裁军运动浩浩荡荡，但大部分时候大多数选民都支持拥核立场。尽管许多工党支持者都极为诚挚地投身于核裁军运动，但该党从未反对过核武器。

英国将一直保持自己于 60 年代初在世界上所扮演的角色，直到冷战结束。她的脚步曾震动全世界，她的意志曾被强加于臣服于自己的各地人民。但如今，她已然接受了现实，默默地为自己的毁灭做着准备，为最后的报复行为深挖洞并积累物资。她正在告别"帝国时代"，只有少数几个零星的小点还将留在她身边。她是美国永不沉没的母舰与盟友，而不再是独立的欧洲强权。她的主要使命在于抗击共产主义，照比例计算，她为此耗费的资金要远高于任何其他具有可比性的国家。这一切都需要对心态进行大幅调整。两大党派都调整了心态，也都为此而苦苦挣扎过。在艾德礼时代，挣扎是为了渡过经济困境以及独立研制出核弹。在丘吉尔晚年，这体现于徒劳地试图令美国与苏联讲和。苏伊士的沉重一击令人幡然清醒，也令艾登遭遇重创。麦克米伦则选择向美国臣服，他意识到哪怕流露出仅仅一丝独立性都会遭到美国的漠视，就如霍利洛克事件那样。这些年间，尽管军队规模不断缩小，但英国总是在某地与某方作战。任何英国公民若对 1945 年以来这些岛屿上的生活加以审视，都会得出这样的结论：他们享受着历史上最长久的和平时期之一。

然而在外部世界以及隐秘的角落里，情况截然不同：彼时在作战，此时仍在作战。

## 新旧世界的碰撞

应该如何总结冷战高峰期英国建制与华盛顿盟友那爱恨交织的关系呢？你会使用什么样的比喻？英美就像是两名赌徒，一方面试图战胜"邪恶的苏联人"，另一方面又时刻提防着彼此。自信的英国人游走于间谍世界与上流社会之间，承担着风险，但没有足够的现金一直待在赌局之中。他对美国人既怀有优越感，又感到仰慕。而美国人则有些轻蔑地旁观着，准备在最后关头伸出援手。这名英国特工有教养，受过良好教育，风度翩翩，但注定只能担任次要搭档。他十分在意自己的政治观点。尽管祖国看上去很虚弱，他却执着于捍卫祖国潜在的伟大一面。天生就具有此种气质的他，最后却不得不接受折磨：赤裸着身体，睾丸悬垂在一把藤椅的底部外面，遭受着击打——这一场景令人厌恶，但无疑强有力地刻画了英国权势遭受的差辱。当然，以上这些元素全都来自第一部詹姆斯·邦德小说，出版于 1953 年的《皇家赌场》（*Casino Royale*）。

这名英美关系的点评者、邦德小说的作者，影响力绝不亚于大多数政客。此外，伊恩·弗莱明再度充分证明了英国上层社会是多么狭小。他是又一名伊顿公学毕业生，又一名游走在新闻界、情报界和上流社会之间的人物。他出身于苏格兰的一个银行世家，曾就读于桑德赫斯特皇家军事学院，先后从事过驻外记者（包括驻扎在斯大林统治下的莫斯科）

和金融业（这段经历并不成功）工作，在"二战"期间加入了海军情报部门。不过在此期间，人们普遍认为他那些关于破坏和阴谋诡计的异想天开还是更加适合作为小说的情节。"二战"结束后，他成为伦敦一家报纸驻外记者网络的主管。和许多英国人一样，他也试图离开条件艰苦、令人沮丧的伦敦。最终，他在当时的英国殖民地牙买加建起了一座住宅，并给它取名为"黄金眼"。

伊恩·弗莱明的妻子安（Ann Fleming）"尖锐、坚决、毫不伪装"，受到朋友的仰慕[①]——正是她令我们得以真正地体会到，20 世纪50 年代政治与社会生活是如何交织在一起的。安起初嫁给了报业巨头、《每日邮报》和《旗帜晚报》的所有者埃斯蒙德·罗瑟米尔（Esmond Rothermere）。"二战"之后她一度十分活跃，过着旧时贵妇般的生活，成就和葬送了许多编辑与记者的职业生涯。披露伊丽莎白公主与菲利普·蒙巴顿订婚消息的正是她的一位门徒。然而，她与伊恩·弗莱明之间有着漫长的恋情。最后，她还是与深感崩溃的罗瑟米尔离了婚，与伊恩结婚，在性和政治两方面都走上了新的方向。她还是艾登的妻子克拉丽莎（Clarissa Eden）的密友；安的另一位朋友、小说家伊夫林·沃也深爱着克拉丽莎。安·弗莱明和伊夫林·沃的书信都十分精彩，由此我们才得知克拉丽莎曾在唐宁街 10 号练习过潜水。因为经历了苏伊士的打击之后，艾登夫妇选择的疗伤场所正是伊恩·弗莱明的"黄金眼"。

安·弗莱明对这一主意心存疑虑，她于 1956 年 11 月写信给伊夫林·沃表示："首相的妻子似乎对以下消息感到不安：想要洗热水澡得提前两天通知；岛上可能没有牙医，而且所有医生都是黑人。我还提醒她洗澡时务必穿上鞋，而且礁石周围满是狮子鱼、梭子鱼和海胆。我忘

---

① Mark Amory, in his preface to *The Letters of Ann Fleming*, Collins Harvill, 1985.

了告诉她，要是（艾登）被刺鱼围住了，就应该朝它们尿尿……我认为在托基晒晒太阳灯，是更安宁和更有爱国色彩的选择。"牙买加总督同样心存疑虑，但就如同科沃德及许多其他人一样，艾登夫妇还是选择了牙买加，前往弗莱明那具有异域风情的宅邸。人在受伤时，总是愿意和自己的同伴待在一起，而且这个圈子就是如此狭小：例如，伊恩和安正是在与艾登夫妇一同待在契克斯别墅时听说了伯吉斯与麦克莱恩叛逃莫斯科的消息。这份记忆一直留在他们心间：捍卫英国情报机构被变节行为玷污了的荣誉，正是弗莱明创作邦德小说的意图之一。

集于安·弗莱明一身的不仅仅是新闻业、保守党政治以及写作。在艾登夫妇造访的数年之后，她日记的主角成了另一名来到牙买加的政客，此人将成为她最爱的舞伴和情人之一。她生动地刻画了工党党魁盖茨克尔游泳的场景：游了一段时间之后，他消失在水下，时间之长令人担心；突然，他又"像一头可爱的河马一样"冲出了水面。在写给朋友的信中，她对自己和盖茨克尔的私情十分谨慎，但使用动物形象的充满爱意的比喻还是暴露了这一秘密。后来，他又被描述成"一个爱打听的人，就像食蚁兽那样有着长长的鼻子"。盖茨克尔是一名出身上流社会的社会主义者，不受工党左翼信赖。但即便如此，像安·弗莱明这样的保守党名媛与他产生私情的消息还是会令安的朋友惊恐不已。这则逸事的意义仅仅在于表明此时的英国上流社会仍是多么狭小、封闭——亲爱的，你能够看到，所有成员都在这儿了。

50 年代的英国史，也是一段充满下意识阴谋的历史。上流社会人士的日记和信件语带嘲讽，但又充满焦虑。战前伦敦那些饮酒场所依然存在，但宏伟的宅邸已纷纷关闭，而美国人正在成为主角。从科沃德到报业巨头，从盖茨克尔到弗莱明夫妇，他们都在以不同的方式努力应对生活的剧变以及爱国情绪受到的质疑。道德标准变得愈发不确定。新的愉悦方式正在人们的生活中出现。盖茨克尔的一位传记作者这样描述这名工党党魁："英国正在变化，变得更加富足，并开始享受和平。盖茨克尔也和其他人一样，稍稍放轻松了一些。"[1] 与此同时，盖茨克尔本人在赞赏安·弗莱明的同时，也没有忘记伊恩。他在《新政治家》杂志上这样评价邦德小说："我是弗莱明的忠实书迷——或者应该说我已经上了瘾？对于我这样生活受到种种限制的人来说，书里的性、暴力、酒精，以及不时出现的美食与华服，简直就是不可抗拒的。"[2] 没有什么句子能够更加清晰地说明"摇摆的 60 年代"（Swinging Sixties）是如何取代了简朴的战后岁月的。盖茨克尔是最具有爱国精神的公众人物之一，对于美国十分警惕，然而他同样受到了美式生活的影响。

　　随着时间的推移，尤其是随着系列电影的不断拍摄，詹姆斯·邦德成了代表桀骜不驯的英式自尊的最为成功（但稍具讽刺意味）的符号。充满各种小装置的阿斯顿·马丁跑车，沉着、能干的白厅官员，印有米字旗的降落伞，尤其是邦德本人（从鸡尾酒到性，从潜水到滑雪，他无不充满自信）——对于这个处于困境中的国度而言，这实在是一幅令人心潮澎湃的梦幻画面。书中的美国人是友好而强大的，但脑子有些慢；在早期的几部小说中，弗莱明更是满足了英国读者对大西洋彼岸更加富有、更加多姿多彩的消费主义文化，即盖茨克尔向往的"美食与华服"的近乎淫荡的渴望。美式雪茄、尼龙衬衫及食物得到了深情刻画：在《你死我活》（*Live and Let Die*）中的一个典型段落里，邦德"在一个凄苦的日子里……离开了伦敦阴沉、令人沮丧的浓雾"，前往纽约；那里的酒店为他准备了螃蟹与塔塔酱，还有"三分熟、用木炭烤制的平整的

---

[1] Brian Brivati, *Hugh Gaitskell*, Richard Cohen Books, 1996.
[2] 同上。

牛肉汉堡，法式炸薯条，花椰菜，带千岛酱的什锦沙拉，带有融化了的奶油硬糖的冰激凌"，以及莱茵白葡萄酒。

1954 年时显得十分洋气、令人垂涎的汉堡、薯条加"蓝仙姑"葡萄酒这一搭配很快就将在英国郊区的高档酒吧里流行开来，这一现象很能说明问题，并令人感慨。尽管弗莱明是精英阶层的一员，但邦德走到广大观众面前却经历了一条较为曲折的道路。弗莱明将这位特工刻画为伊顿公学毕业生，但首位在电影里扮演邦德的演员却是苏格兰工人阶级出身的健美运动员、前送奶工肖恩·康纳利（Sean Connery）。他的继任者体型与口音各异，还包括一名爱尔兰人。这似乎表明邦德带有些许局外人的气质，这一点反过来又扩大了影片的受众。另一反转之处在于，邦德电影之所以能够问世，多亏了美国联美公司及前好莱坞制片人艾伯特·布罗科利（Albert Broccoli）提供的资金支持。他以及来自加拿大的搭档哈里·萨尔茨曼（Harry Saltzman）都在伦敦工作，后者此前的作品包括约翰·奥斯本创作的《愤怒的回顾》等更加具有勇气的影片。当然，邦德会带来更多收益。

邦德系列是否太过夸张了？并非如此。与弗莱明笔下那些惊悚的情节相比，保守党执政末期发生的一场政治丑闻要更加精彩、更加出人意料。

这则奇谈开始于一个炎热的夏日夜晚，在白金汉郡宏大的克利夫登公馆的游泳池旁。这座意大利式宅邸坐落于英格兰南部的绝佳地段，俯瞰着泰晤士河。它曾属于威斯敏斯特公爵，如今成了一家面向富豪的酒店。直到今日，其建筑设计之富丽堂皇仍会引人发笑：它的一间餐厅完全照搬了法国的蓬帕杜尔夫人宫，由此可见其原始风格如何。作为小集团和密谋者聚集之地，克利夫登早已声名狼藉。这里曾是第二代阿斯特子爵沃尔多夫·阿斯特（Waldorf Astor）与妻子南茜（Nancy Astor）

的住所。前者是报业巨头，后者则是著名的政客、名媛，她可能对安·弗莱明有知遇之恩。"二战"之前，左翼记者克劳德·科伯恩（Claud Cockburn）曾抨击南茜·阿斯特的小团体是绥靖思潮的大本营。科伯恩坚决认为，正是在克利夫登，哈利法克斯伯爵、洛西恩（Lothian）侯爵、主张绥靖的《泰晤士报》编辑杰弗里·道森（Geoffrey Dawson）与阿斯特夫妇一道，密谋要推翻艾登和丘吉尔，并与希特勒达成协议。实实在在的证据并不充分，但英国共产党紧紧抓住了这则关于上层阶级阴谋的故事：居于高位的美国人和王室成员准备将民主制出卖给纳粹。很快，从柏林到华盛顿，人们都在谈论"克利夫登集团"了。时任议员的南茜·阿斯特抱怨说自己被刻画成了"一个凶恶、堕落的团伙的核心人物"，还收到了声称自己及家人"应被拖出去枪决"的信。最终，当南茜·阿斯特在一场派对上与科伯恩相遇后，她扇了对方一巴掌。令人惊讶的是，政治惊雷竟然再次劈中了这座宅邸。一个世代之后，克利夫登，更确切地说是其游泳池，摧毁了保守党的声誉。①

　　下一代阿斯特子爵比尔·阿斯特（William "Bill" Astor）试图过无涉政治的社交生活。这位曾三度结婚的和蔼男士使得克利夫登重新成为名流与富豪云集的宫殿。他的朋友中有一人名叫斯蒂芬·沃德（Stephen Ward），是个略显凶恶、故作极端左翼姿态（而非持有左翼观点）的正骨医师。丘吉尔、盖茨克尔、许多王室成员以及伊丽莎白·泰勒（Elizabeth Taylor）都曾接受过他的按摩。据说他"就如同乐于摆弄脱臼的肢体与受损的肌肉一样，乐于'摆弄'人们的生活"。这名颇具才华的艺术家，还"收集"了许多漂亮的少女，在模特行业或性产业中为她们张罗生意。其中一位少女名叫克丽丝廷·基勒（Christine

---

① 关于克利夫登及后续，见 Derek Wilson, *The Astors*, Weidenfeld & Nicolson, 1993。

Keeler）。她在 15 岁那年就逃离了由火车车厢改装成的家,来到伦敦,从此过上了狂野的青春生活。在事发当晚,她与沃德以及另外两人一同待在克利夫登庄园内的一间日耳曼式"农舍"里。阿斯特允许沃德及其客人使用克利夫登的游泳池。在这个闷热的夜晚,基勒脱掉了借来的泳衣,在泳池里赤裸着身体。这时,阿斯特与一位宾客、战争大臣约翰·普罗富莫（John Profumo）走了过来。普罗富莫英俊、喜欢调情;"二战"期间,他在装甲兵团中英勇表现后与当时的著名女演员瓦莱里·霍布森（Valerie Hobson）结婚。他身上唯一带有异域风情的就是来自身为意大利贵族的祖父的姓氏。但炎热的夏夜就是容易令人躁动。几位男士绕着游泳池追逐了一会儿基勒,然后邀请她和沃德回到克利夫登的主屋。在那里,基勒与普罗富莫开始调情。随后不久,普罗富莫便与基勒发生了婚外情。要不是一位矮胖、快活的苏联使馆武官兼间谍叶夫根尼·伊万诺夫（Yevgeny Ivanov）介入,在言辞谨慎的当时,此事本有可能免于败露。沃德也认识伊万诺夫（沃德"谁都认识"）,因为他曾受到《每日电讯报》编辑（还能有谁?）的引荐,在只向会员开放的加里克俱乐部（还能在哪儿?）与此人共进午餐。伊万诺夫也希望在克利夫登庄园租下一间农舍,但这也许会引发他人的怀疑。他在游泳池边也遇到了普罗富莫,两人随即展开了孩子气的游泳比赛。几年之后,这一循环终于彻底完成:伊万诺夫也与基勒上了床。

要不是基勒还与一名来自西印度群岛的毒贩有染,此人又被指控在沃德的公寓里开枪,那么这则大臣、间谍、应召女郎、贵族和按摩师纠缠不清的奇闻也压根儿不会登上报纸头条。在这名毒贩受审期间,相关流言开始传播开来,基勒也变得小有名气。此时还出现了那张被许多人认为出自戴维·贝利（David Bailey）之手的著名照片:基勒裸体坐在一把时髦的雅各布森座椅上扭头回望。然而对这则故事中的任何元素都不应信以为真：摄影师其实是刘易斯·莫利（Lewis Morley），座椅其实是仿制品，基勒其实也并非裸体，而是摆出了巧妙的造型。《私家侦探》杂志刊登了言之凿凿的漫画与文章，但很大程度上其作者只是在猜测。基勒与这些讽刺作家平时都是在和同一群人打交道，而且她的关系网在伦敦也是众所周知的。然而，《私家侦探》的报道令沃德无比焦虑，促使他现身于该杂志位于索霍区的灰暗的办公室，就此坐实了一切。伦敦政治圈可是个小村子。很快，毫不客气的工党议员、退役军人、威尔逊的朋友乔治·威格（George Wigg）便在下议院提及了此事，而威尔逊恰巧厌恶普罗富莫。深夜，执政党党鞭召见并盘问了这位惊慌失措的大臣。他激动地否认自己曾与基勒发生过性关系，此后又向下议院重复了这一谎言。首相以及保守党高层的其他人都信任他。

普罗富莫的所作所为令自己深受折磨。工党党魁威尔逊向麦克米伦提出了更加耸人听闻的指控，称沃德试图通过让基勒吹枕边风，从普罗富莫处套取核秘密。就在此时，战争大臣逃往意大利度假，并向妻子坦白了真相，随后回国发表了公开忏悔。他的政治生涯立刻遭到毁灭。他的余生全部用于志愿从事慈善工作，为自己的所作所为赎罪。去世时，他重新获得了人们的尊敬以及官方的表彰，但这起丑闻仍挥之不去。事隔40多年后，报纸布告栏的标题依旧是"性丑闻大臣去世"。而在1963年，媒体更是凶猛。在因从卖淫行为中获益而接受审判期间，沃德吞下过量药剂，结束了自己的生命。基勒的朋友曼迪·赖斯-戴维斯（Mandy Rice-Davies）在法庭上说出了整起事件中最著名的一句话。当被问及对阿斯特否认曾与她发生过性关系有何看法时，她回答道："他当然会这么说，难道不是吗？"这种认为有钱有势之人都是骗子的坦率态度，道出了公众的心声。此类丑闻大多会默默收场，报纸渐渐泛黄，受害者一瘸一拐地离开，试图重新开始生活，政坛则喧嚣依旧。但普罗富莫事件并非如此。法官丹宁（Denning）男爵对此事件进行了著名的调查。他的报告出版后，立刻销售一空，足以与 20 年前的贝弗里奇报告相匹敌（然而，二者主题与基调的差别，足以表明英国在此期间走过了怎样一段路程）。丹宁宣布军情五处并无过失，淡化了安全问题，并表示伊万诺夫和普罗富莫并未同时与基勒上床。但此后不久，工党就在竞争极为激烈的 1964 年大选中以仅仅 4 个议席的微弱优势险胜。引发了极大关注的普罗富莫事件很可能促使天平倒向了工党一方。

果真如此，那么人民就是在投票反对一个彼此勾连、将太多人排除在外的封闭世界。诚然，自从妻子与同为政客的布思比发生长期婚外情以来，麦克米伦一直过着无可指摘，乃至禁欲的私人生活。但在 60 年代的教育与文化革命促进了民主化之前，50 年代一小撮有权有势的政界及社交名流构成了格外封闭的小圈子。普罗富莫事件使得两个世界发生了碰撞：阿斯特以及普罗富莫，情妇以及伦敦会所里的秘密引荐，这些都是旧世界的产物；持枪的毒贩男友，工人阶级出身的享乐女郎，这些天不怕地不怕的人物则出自麦克米伦时代正在成形的新英国。新旧世界相碰撞，迸发出了能量，其声响便是所谓的"讽刺热潮"。

# 讽刺热潮

在乔治时代曾极为流行、极具活力的政治讽刺，在大英帝国的鼎盛时期一度变得乏味，此时又再度兴盛起来，主要形式有报纸上凶猛的漫画、讽刺剧作，以及两周一期的讽刺杂志《私家侦探》。可以把喜剧比作英式橄榄球比赛中被不断向后传递的比赛用球。在 20 世纪 50 年代中期定期收听《愚公秀》的 200 万听众中，就孕育着新一代喜剧演员中的关键人物，例如比前辈更加辛辣的乔纳森·米勒（Jonathan Miller）和彼得·库克（Peter Cook）等人。从《愚公秀》传到《边缘之外》（*Beyond the Fringe*），从《边缘之外》传到《巨蟒的飞行马戏团》（*Monty Python's Flying Circus*），又从巨蟒剧团传到《小不列颠》（*Little Britain*）……就这样继续下去，直到边线裁判举旗示意球出界，中止比赛。每一代喜剧演员都吸收、改造并传承了上一代的幽默。

彼得·库克是那个时代唯一能与斯派克·米利根相媲美的喜剧天才；学童时代的他曾将自己创作的一份剧本寄给 BBC，其质量异常出色，以至于米利根邀请他来到伦敦共进午餐。而接下来，创作出《巨蟒的飞行马戏团》的那一代喜剧演员又曾痴迷于库克及其朋友的表演。不过，喜剧的来源在不断地发生改变。米利根、塞科姆以及其他众多在"二战"中成长、在战后于伦敦扬名的喜剧演员与此后几代喜剧演员之间的真正差别来自公学。要是巴特勒遵照自己的本能，打破英国教育体系中古老的阶级分化，那么这个国度的幽默也会变得截然不同。在 60 年代，许多下层中产阶级和工人阶级子弟进入文法学校就读，乃至升入大学，这一现象对整个国家的氛围产生了重大影响。但在战后的 10 年间，占据主导地位的还是私立的公学。这些机构的氛围往往十分阴郁。艰苦的物质条件意味着暖气不足、食物糟糕、少有现代化设施；此外，学生的生活中还充斥着常常可追溯至维多利亚女王统治时期的残酷习俗与琐碎的等级秩序。

　　库克的母校是位于牛津郡的拉德利学院。这所公学使用专门的行话，经常进行体罚，要求洗冷水澡，就哪些男孩被允许扣上哪几个扣子制定了复杂的规则，强制要求练习开合跳，用曲棍球棒敲打犯了小错的学生。此外，霸凌行为当然也随处可见，教职工则对此视若无睹。这样的环境迫使库克这样聪慧但脆弱的孩子学会了通过模仿和嘲讽等方式来避免遭到恶霸欺凌。库克面对的校园恶霸包括未来的英格兰板球队队长特德·德克斯特（Ted Dexter）。库克曾解释过自己是如何通过逗别人发笑来避免挨揍的，他的传记作者、同为著名喜剧演员的哈里·汤普森（Harry Thompson）引用了这些言论，随即发问："这么些年来，英国戏剧界该向一代又一代的公学恶霸表达多少谢意啊？"[1]《私家侦探》杂志编辑理查德·英格拉姆斯（Richard Ingrams）也是在俯瞰塞文河、古怪程度至少与拉德利学院不相上下的什鲁斯伯里公学就读时发掘出了自己的喜剧才华。这所学校的新生被唤作"douls"（希腊语里的"奴隶"一词）；每天一起床就得洗冷水澡；有着拜占庭式的着装规则，涉及围巾、领带、马甲的不同颜色，扣子是否应该扣上，等等；全校进行越野跑时，成年人会手持鞭子追逐这些男孩。英格拉姆斯较少用模仿的方式展示幽默，而是和后来成为《私家侦探》杂志同事的保罗·富特（Paul Foot）及威利·拉什顿（Willie Rushton）一样，编辑讽刺性的校刊。

　　无论是在拉德利学院，还是在什鲁斯伯里公学，抑或许多类似的学

---

[1] Harry Thompson, *Peter Cook: A Biography*, Hodder & Stoughton, 1997.

校，如约翰·克利斯（John Cleese）就读的克利夫顿学院（位于布里斯托尔）或查尔斯王子就读的戈登斯敦学校，男孩们都发明了一套"黑话"，用来应对这一封闭且咄咄逼人的环境。他们对女性知之甚少，因此，这种幽默在性方面常常幼稚得令人难堪。他们在政治上往往也并不激进，毕竟，他们都是特权精英子弟。库克的父亲是曾在尼日利亚和直布罗陀工作的殖民地公务员；英格拉姆斯的父亲是一名古怪的银行家和情报人员，曾是亲纳粹的英德友好协会的成员，母亲是一名天主教徒，外祖父则是维多利亚女王的医生。二人所受的教育都鄙视工人阶级，视其为次等、可笑的，但朝鲜战争的经历促使英格拉姆斯改变了看法。他们的讽刺是辛辣的，暗含着愤怒与伤痛，但同样也深具公学男生特征：有些孩子气，还常常显得自负。

最优秀的公学男生会进入牛津或剑桥就读，当时这两所大学的学生大多也都是男性。此外还存在着一条从牛剑学生剧团通往伦敦西区剧院的坦途。大学时代，未来的讽刺作家和未来的政客及商业领袖常常混在一起。汤普森指出，这一现象也对日后席卷英国中产阶级的那种喜剧风格产生了影响。除库克以外，剑桥 1957 级学生还包括日后的保守党内阁大臣迈克尔·霍华德（Michael Howard）、肯尼思·克拉克（Kenneth Clarke）和利昂·布里坦（Leon Brittan），以及诸多演员与剧院经理："传统上牛剑之所以出产了这么多政治讽刺作家，原因之一在于其本科生在年轻时就曾与未来的政治领导人有过面对面的接触，意识到他们中的许多人都是社交低能儿，只是为了交朋友才加入了辩论协会。"（公平地说，对于许多加入学生剧团或讽刺校刊的人而言，上述结论同样成立。）进入剑桥之后，库克只不过将那些关于拉德利学院管家的单音节速写移植到了新的环境里。最终，半数学生都在模仿他，重复他的妙语。对喜剧而言，有时候某个声音就足以取得成功。库克发掘出了学童般的声音，并一直保持着这一特色：这种面无表情、故作正经的喜剧哲学一路席卷了公学、剑桥、爱丁堡、伦敦、纽约，直至不朽。与之类似，英格拉姆斯和拉什顿也把校刊里的笑话和漫画人物移植到了大学里，然后又与其他人一道，将其移植到《私家侦探》杂志里。在这些人周围，还有许多出身背景各异，但对于英国喜剧同样举足轻重的人物：约克郡一所文法学校的学生阿兰·贝内特（Alan Bennett），来自达格纳姆的工人阶级男孩达德利·穆尔（Dudley Moore），来自肯特郡的循道派牧师之子戴维·弗罗斯特（David Frost）。但主导"讽刺热潮"的支柱还是库克与英格拉姆斯。

1962年2月28日，传统建制终于决定要认可自己的批判性表亲——喜剧建制。当天，女王来到伦敦的财富剧院，欣赏库克如何在《边缘之外》里辛辣地演绎自己的首相。库克已经在剑桥和爱丁堡艺穗节上扮演过麦克米伦；从前一年的5月起，他开始在伦敦演出，场场爆满。有些观众对女王的第一大臣遭到公然嘲弄感到不满，愤而抗议或是离席。然而女王本人也不禁大笑起来。随后，为了表明自己宽宏大量，开得起玩笑，麦克米伦决定也去欣赏本剧。然而这是个错误的决定。其他保守党内阁大臣已经看过此剧，而当麦克米伦到场后，库克在观众席中发现了他，随即开始即兴发挥。他用爱德华式腔调慢条斯理地对麦克米伦说道："晚上空闲时，我最喜欢做的莫过于找个剧院逛逛，坐下来欣赏一群精力充沛、情绪迫切、生气勃勃的年轻讽刺艺术家的表演，然后咧着嘴，愚蠢地笑个不停。"

政治喜剧越残酷也就越成功。不久之后，库克在索霍区创办了曾短暂扬名的"建制俱乐部"，将其当作这场讽刺运动的大本营。这里每晚都会上演喜剧与音乐节目，此外还提供流行美食，并配有酒吧。这里常常爆满，许多会员恰恰是传统建制的一员。似乎所有人都希望参与这种新式喜剧，包括那些并不是太有趣的人。就连黑帮分子克雷兄弟（Ronnie & Reggie Kray）都前来观看《边缘之外》的衍生剧，在该剧中由弗罗斯特饰演麦克米伦。在女王造访的数月之后，库克买下了刚创刊不久的《私家侦探》杂志；之后不久，英格拉姆斯成为该杂志的主编。BBC 则推出了同样由弗罗斯特主持的节目《那一周》（*That Was the Week That Was*），屏气凝神地期待"讽刺热潮"在电视屏幕上也能取得成功。该节目仅播出了短暂的两季，在 1964 年大选前夕匆匆停播。一时间，从大学走出的这一小群喜剧演员似乎创建了一个足以改变英国的笑声共和国。

然而这只是个幻觉，其关键成员本身从未产生过这种念头。库克在多年之前造访联邦德国时萌生了创办喜剧俱乐部的想法，并用挖苦的语气提及"30 年代那些阻止了希特勒蹿升的讽刺俱乐部的伟大传统"。关于麦克米伦和保守党，他在不同的时候有着不同的态度。右翼友人往往觉得库克是个右翼分子，社会主义者也认为他是自己人；然而，如果说库克真的有政治观点的话，也是前后矛盾的，而且总是排在精彩包袱之后，居于次要地位。英格拉姆斯当然不是社会主义者，持有独立、激进观点的他对保守党内官僚毫不留情，足以与 19 世纪的激进保守党人威廉·科贝特相提并论。"讽刺热潮"对麦克米伦和道格拉斯-休姆的激烈攻击令威尔逊感到幸灾乐祸；成为首相之后，他试图讨好《私家侦探》杂志，邀请英格拉姆斯前往唐宁街做客，并声称自己十分赞赏讽刺艺术。他获得的回报是，成了工党执政期间该杂志最为憎恶、最激烈抨击的对象之一。

在 60 年代初这场讽刺运动的边缘地带，的确存在着具有政治意识的人物。他们大多在核裁军运动的影响之下变得激进，并且身处工党的左翼。后来创作了橡胶玩偶剧《一模一样》（*Spitting Image*）的彼得·弗勒克（Peter Fluck）和罗杰·劳（Roger Law）是库克的朋友，二人都是社会主义者。英格拉姆斯可能的密友保罗·富特是工党政客迈克尔·富特的侄子，后来成为英国社会主义工人党的重要人物，还是一名出色的调查记者。在"二战"结束15年之后，喜剧演员、模仿演员和讽刺作家掀起的"讽刺热潮"撕毁了保守党统治之下的英国的外衣，但在英国左翼政治与这股浪潮之间并不存在也不可能存在有机联系。太多讽刺作家是公学毕业生，他们奚落这个国家的权势人物，就如同当年试图奚落校长与校园恶霸一样；在他们眼中，麦克米伦只不过是一所正在衰落的预科学校的校长而已。工党党内则有许许多多说着滑稽口音、过着局促生活的下层中产阶级与工人阶级人士。如果说二者曾结成联盟，那么这一联盟不仅为时短暂，而且纯粹是出于权宜之计。

## 小圈子之国宣告终结

自艾德礼的"新耶路撒冷"陷落以后，到20世纪60年代真正开始"摇摆"之前，这段时间里统治英国的依然是各种小圈子与小集团，而不是富有远见的个人，更不是人民群众。了解了这些网络、俱乐部与私交，你就能够了解整个体系。对于保守党来说，公学与牛剑校友网络，乃至家族关系网，构成了权力中枢。对于小圈子政治而言，战后的经济增长是个好消息。但小圈子主导的英国最终还是失败了：苏伊士危机、愈发明显的经济颓势、效仿法式中央计划的黔驴之技，以及对于周遭正在兴起的新文化与新社会的无所适从，莫不如此。失败的标志是间谍丑闻、普罗富莫事件，以及日益高涨的讽刺笑声。麦克米伦在"长刀之夜"

以血腥的方式终结了小圈子政治。在这一堪称"屠杀"的举动之前，人们还以为尽管遇到了帝国解体和经济走弱等小麻烦，但"赛马公会"里的那些家伙，那些坐拥猎场和养着鲑鱼的河流的大家族，那些伊顿公学校友网络，还能维持权威与自信，还能保持精诚团结。显然，他们做不到了。

麦克米伦的生病、辞职，以及后续的一系列密谋宣告着旧式权威的崩塌进入了最后阶段，其最终结果是使得瘦削、和蔼、略显茫然的休姆伯爵成为连续第4位保守党首相。但英国政治仍有许多方面事关阶级，并引发了不少具有讽刺意味的事例。在此需要提及的是，一位工党左翼人士为了放弃或者说摆脱贵族头衔而发起了漫长的法律斗争，并最终取胜。他就是第二代斯坦斯盖特（Stansgate）子爵，更为人熟知的名字是安东尼·韦奇伍德·本（Anthony Wedgwood Benn），不过最著名的名字还是托尼·本。他的胜利使得保守党内的首相人选之争更加激烈了。下议院中有几位接替麦克米伦的热门人选，首先就是巴特勒。然而，如今贵族也可以甩掉头衔，成为平民，进而当选议员了。这使得另外两位著名的保守党贵族也加入了争夺。其中之一是黑尔舍姆（Hailsham）子爵，聪明、受欢迎但归根结底并不体面的他是麦克米伦青睐的人选。

另外一人就是休姆伯爵。麦克米伦的病情并没有自己以为的那么严重，但他即将辞职的消息却使得通常平静而恭顺的保守党大会在1963年10月变成了一场在海边进行的狂野而歇斯底里的竞选活动。黑尔舍姆子爵明确表示自己将放弃贵族头衔，但他一系列粗俗和夸张的自我炫耀之举却败坏了自己的名声，麦克米伦也立刻撤回了对他的支持。有人认为，麦克米伦并不希望某位有能力长期任职的人成为接班人，以便自己能东山再起。巴特勒发表的演说十分糟糕，导致有些人怀疑他是否真的希望成为首相。他是位了不起的人物，深受那些更加聪慧的保守党人的仰慕，但他完全不具备杀手本能。他的支持者之一鲍威尔表示，人们已经把枪塞到了巴特勒手中，他却拒绝扣动扳机。麦克米伦并不支持他，冷冷地表示他不具备"那最后 6 英寸[①] 钢铁般的决心"。待在伦敦的麦克米伦仍然卧病在床，他安排了数位党内元老去"探探"议员、党务工作人员、贵族以及选区党组织主席的"口风"。此次极不科学的调研推出的人选是休姆伯爵。他随即得到了麦克米伦的提名以及女王的邀请与认可，放弃了贵族头衔，在保守党稳操胜券的一个苏格兰选区赢得了补选，顺利入主唐宁街 10 号。动作好快啊，我的大人！

麦克米伦的外交大臣休姆伯爵受人喜爱，但不喜欢抛头露面，其政治生涯的起点恰恰可以追溯至张伯伦政府和《慕尼黑协定》。这并未也不应该成为全然否定他的理由，毕竟，巴特勒也曾是个绥靖主义者，黑尔舍姆子爵一度也曾如此，事实上，当时的保守党大多都是这样。然而，休姆伯爵看上去实在是与新时代的精神格格不入。他是嗜好捕猎松鸡的那类保守党人的最典型代表，但又不具备麦克米伦的狡诈与强硬。他不仅是个纨绔子弟，更糟糕的是，这个纨绔子弟还是个好人。休姆成为首相这一结果激怒了许多保守党人，尤其是黑尔舍姆子爵和立场更自由化的麦克劳德。鲍威尔同样十分愤怒，他和麦克劳德都拒绝为休姆伯爵这位媒体口中的"傻瓜"及"愚笨的伯爵"效力。担任《旁观者》周刊（*The Spectator*）主编期间，麦克劳德在一篇著名文章中抨击这一决定是保守党"魔力圈子"密谋的结果。他叙述了麦克米伦及迪尔霍恩（Dilhorne）子爵、普尔（Poole）男爵、圣阿尔德温（St Aldwyn）伯爵等人"试探口风"的关键过程，并且一针见血地指出："上句话里提到的 9 个人中，8 个都是伊顿公学毕业生。"

---

① 1 英寸约合 2.54 厘米。——编者注

但事实上，亚历克·道格拉斯-休姆成了比威尔逊想象中更加难缠的对手。与他同期的伊顿公学毕业生、作家西里尔·康诺利（Cyril Connolly）曾这样评价新任首相："这个优雅、宽容、安静的男孩享受着各种恩宠与赞誉……若生活在 18 世纪，他在 30 岁之前就会当上首相。然而，体面的他并不擅长你死我活的斗争。"但至少通过担任首相和试图保住这一职位等举动，休姆伯爵证明了康诺利是错的。后来，他在 1970—1974 年担任了希思的外交大臣。长寿的他还成了一位代表保守党的颇受爱戴的老人。但身为旧秩序的象征这一弱点一直困扰着他。在 60 年代初担任首相的他显得太过时了，与时代太不合拍。麦克米伦在写给女王的辞职信中就无意地点出了这一问题，兴高采烈地将休姆伯爵称为"昔日统治阶层的最佳代表"。但到了 1964 年，这一阶层已然破产。威尔逊说得不错："我们已生活在喷气式飞机的时代，但统治我们的却依旧是有着爱德华时代心态的建制。"

理论上，工党领导人应当反对这一充斥着小圈子的腐朽世界，但除了着装与话语等表象之外，他们与之并没有太大区别。工党内部同样充斥着诸多团体与网络；与商界的关系同样是出于投机目的，在日后也引发了巨大的尴尬；大多数工会依旧掌握在老一代右翼领导人手中，他们通过幕后密谋来保住自己的位置；掌控白厅的则是一小群俱乐部会员，这些身穿条纹裤、佩戴硬领、毕业于牛剑、接受过极佳教育的古典文化专家自认为比任何地方的任何精英都更加聪明。在 50 年代，魅力非凡的乔·格里蒙德（Jo Grimond）领导的自由党身处核心权力圈之外，这无疑是他们在保守党统治的尾声阶段能够在一系列补选中取得大胜的原因，尤其是在康沃尔、威尔士和苏格兰。他们被认为更加现代，更加不具有阶级性。但事实上，格里蒙德同样是伊顿公学毕业生，还是曾主宰英格兰、后来遭遇离奇死亡的自由党 ① 那庞大家族网络中的一员。在苏格兰和威尔士，民族主义政党开始向家长式统治发起挑战。安东尼·桑普森在《剖析英国》一书中绘制了一张关于相互交织的小圈子的庞杂图表，一目了然地表明了统治着这个国家的体系是多么封闭、多么裙带盛行。这或许是他漫长生涯中最重要的一部作品，其影响力与另一名记者亨利·费尔利（Henry Fairlie）在大约同一时间创造的"建制"一词同样深远。

当然，所有发达社会都有着自己的建制。在法国，戴高乐时代的知识分子精英取代了天主教大家族；在德国，工业家愉快地合作，以征服世界市场；即使在美国，也存在着常春藤联盟以及横跨华尔街与华盛顿的大家族。但在民主制国家，精英只有具备威望，才能幸存下去，必须令自己的成功惠及更大范围才能维系权威。60 年代初的英国精英未能做到这一点。尽管诞生了新一批大亨和颇具创新性的大公司，但英国经济的增速远低于其他具有可比性的国家，在全世界的市场份额也在以惊人的速度缩小。从印度独立到苏伊士危机，从英镑危机到武器系统的失败，再到加入欧洲共同市场的申请遭到法国拒绝，这一系列外部冲击并未促使这个国度激进地改变前进方向。私下里，公务员和政客都承认存在严重问题，并为究竟该怎么办焦虑不已。但在公开场合，在麦克米伦和道格拉斯-休姆治下，人们却显得对现状扬扬得意、沾沾自喜。

这难道是因为，在这个面目全非的年代，我们比其他国家过得更加幸福吗？英国人没有经历革命、入侵或是战败，而是开着新车、逛着新超市；与意大利、法国、东欧那黑暗的权力斗争相比，英国的政治丑闻

---

① 《自由党在英格兰的离奇死亡》（*The Strange Death of Liberal England*）是一部探讨"一战"前夕自由党衰落原因的著作，其书名常常被政治评论人士戏仿，例如此处。——译者注

简直如同轻松的娱乐节目。当英国终于有所改变时，有些令人意外的是，这种改变依然是幅度不大、效果不显的。但在政治与经济之外，一个新的国度正在破土而出：色彩更加鲜艳、更加时尚、雄性气质更少。一时间，这似乎恰好与新政府的上台同步。对此，克罗斯曼有着独到的见解。1965 年 1 月底，威斯敏斯特大厅里挤满了参加丘吉尔葬礼的人群，对此他思索道："噢，围绕着我的这个建制正在褪色，正在衰落。年迈的元帅，灰发、乏味的女士，堕落的马尔伯勒（Marlborough）家族和丘吉尔家族——聚集在这里的这群人正在死去。但我担心工党内阁也没什么不同。这种感觉就像是一个时代终结了，甚至是一个国家终结了。"①

---

① R. H. S. Crossman, *The Diaries of a Cabinet Minister*, Hamish Hamilton/Cape, 1975.

第三部分

# 现 代 化 之 路

# 1964—1979

1964—1979 年是现代英国兴起又失败的 15 年。"现代"不仅仅指的是英国的外观和形态，更意味着对计划与管理的信念。这是属于务实者的时代，他们将废除一切陈旧过时的事物。英国自身也不再是小型的独立贸易商，而是加入了当时可供选择的最大集团——欧洲经济共同体。

# 7 个人的 15 年

在威尔逊看来，保守党统治的 13 年是被浪费掉的 13 年。而在此之后，则是现代英国兴起又失败的 15 年。"现代"不仅仅指的是 1964—1979 年英国的外观和形态，这些事物大多仍存在于我们身边，并未发生太大变化：高速公路与汽车经济、水泥建筑、摇滚乐、商业街连锁店，等等。"现代"更意味着对计划与管理的信念。这是属于务实者的时代，他们毕业于文法学校，相信自己的才智，废话不多说，一心准备投入工作。他们将废除一切陈旧过时的事物，诸如庞大的维多利亚式铁路网，白厅里宏大的爱德华式政府官邸，历史悠久的兵团，排屋，绞刑，戏剧审查，对同性恋和堕胎的禁令，古老的币制以及古雅的郡名。总体而言，越大就意味着越好。大型综合学校要比一大堆错综复杂的择优录取式学校更有效率；上百家工会将融合成寥寥数家只以首字母缩写称呼的庞然大物；小企业将凋零或是合并，被规模越来越大、按照最新的美式科学方法管理的冷酷无情的集团取代。英国自身也不再是小型的独立贸易商，而是加入了当时可供选择的最大集团——欧洲经济共同体。这种对于管理的自信心态将在 20 世纪 70 年代被摔得粉碎，并再也无法恢复。

在这 15 年间，仅仅 7 名男性便主导了政坛：三位首相哈罗德·威尔逊、爱德华·希思、詹姆斯·卡拉汉，两位重要性堪与首相相提并论的工党政客罗伊·詹金斯和丹尼斯·希利，以及越发远离信赖管理这一共识、分别从右翼和左翼对其发起进攻的两位人物，伊诺克·鲍威尔与安东尼·韦奇伍德·本。他们都已在本书中短暂地露过面，但此时才是他们真正举足轻重的年代。5 位"局内人"都并非出身于富裕或有权有势的家庭，其中威尔逊、希思、詹金斯和希利 4 人毕业于文法学校，靠着自己的努力才得以接受精英大学教育，第 5 人卡拉汉的早年则更为艰辛。"二战"期间，除了身为公务员的威尔逊外，其他人都曾在军中服役。他们都极为聪明且经验丰富，洋溢着经过奋斗而掌权，而非仅仅凭借出身地位掌权的人才具备的坚毅与活力。尽管观点各不相同，但大体上他们都认为乌托邦愿景有损自由，早已名声扫地的自由市场又会导致混乱与不公。在他们看来，由国家机构进行开明的管理，是唯一可行的宏大理念。

　　与日后那些更加紧张的政客相比，这些人更有棱角，更不在意取悦媒体。他们都是些急性子，常常显得粗鲁，对待彼此更是这样。私底下，他们的言辞十分直率；有时在公开场合也同样如此。希思曾谴责"资本主义那令人不可接受的一面"，希利则承诺要让本国最富有的那些人"痛苦地号叫"。在某个重要的方面，他们的确能够代表那个时代。那是社会流动性不断增强的时代，全国到处都是"小威尔逊"和"小希思"，这些出身于下层中产阶级和工人阶级的优秀男女迅速在商界、大学和各专业领域出人头地，他们也十分仰慕有着同样经历的领导人。当威尔逊谈论起将令英国焕然一新的科学革命时，他的听众中包括上万名身穿现成粗呢夹克和法兰绒长裤的经理和工程师。当希思承诺欧洲将令英国工业的前景更加远大时，各个会议室和办公室里已挤满了迫不及待、跃跃欲试的自我奋斗者。粗壮的卡拉汉身上那种工人阶级的爱国情感及保守天性，也能激发上百万支持工会同时也坚决支持君主制的工党选民的共鸣。

然而在其他方面，他们已经过时了。60 年代和 70 年代的英国社会正变得愈发雌性化、性欲化、叛逆、对消费上瘾。由于年龄关系，政治阶层与这些现象是脱节的，他们只有通过子女才能对此有些许了解。最终他们似乎也能跟上潮流，打起棕色的宽大领带，或是大胆地将西装翻领扩得更宽。但是其模样和语气依旧表明，他们来自一个更加保守、更加循规蹈矩的时代。

对于大多数人而言，60 年代初就如同 50 年代的延续。英国依然是个工业社会，似乎也还是个世界强国，人们相信其未来仍取决于那些生产汽车、发动机、洗衣机与电器等出口产品的工厂，其主要城市也仍是工业革命的遗址。警察、教师、法官以及家长等代表权威的人物受战时经历影响，依旧身穿半军事风格的服装。从阿兰·贝内特早年的剧作，到卡尔·贾尔斯（Carl Giles）发表在《每日快报》上的漫画，从约翰·克利斯和戴维·弗罗斯特的电视速写喜剧，到关于公共汽车司机与外交官的喜剧电影，这些人物都成了广为流传的笑料。那些神情愤怒、留着胡子和"马桶盖式"发型的男人正在失势，但掌权的仍旧是这群人。变革的迹象随处可见：移民正在改变英国的小块区域，例如约克郡的纺织业小镇和伦敦西部的某些地区，不过大多数人的生活并未受到影响；从服装款式到车型，设计风格正在变得愈发时尚与轻巧，要从美学上逃离严肃的战后年代。变化每年都在发生，但人们仍然能够感受到某种连续性，而不是突如其来的革命。

但在有些人看来，这个国度正变得愈发孩子气，愈发不成体统。"二战"之前诞生于欧洲知识分子圈的精致、高雅、纯净的现代主义运动进行了最后一次努力，但本杰明·布里滕简约的音乐，艾略特带有盎格鲁-天主教色彩的严肃文学，以及芭芭拉·赫普沃思（Barbara Hepworth）静谧的雕塑，都不再流行。在受到广播推动的震耳欲聋的摇滚乐与流行乐大潮面前，古典音乐黯然失色；政治与咒语等元素又回到了诗歌之中；在绘画领域，波普艺术和愉悦原则正在步步紧逼。尽管这样的说法未免太过宽泛，但还是可以认为，更简单、容易消化、适于大众消费的艺术形式，正在取代面向受过良好教育的固定观众、听众或读者群的精英艺术。这些年间，有些举动的目的在于刻意制造出新的精英，将大众排除在外。任何时候都存在这样的举动，例如来自法国和美国的装腔作势的现代艺术理论与坦承自己艰涩无比的无调性音乐。但这些仅见于大都市或大学里的现象，只不过是激流中的少量旋涡，变化的总体趋势是更加轻松、快活、亲切。

此前提到的两位伟大的反叛者鲍威尔和托尼·本，却既不轻松也不亲切。他们与那 5 位"局内人"有着许多共同之处，而且在这段岁月的部分时期也曾是"局内人"：对于鲍威尔而言，直到因 1968 年发表反移民演说而被逐出保守党影子内阁为止；对于托尼·本而言，直到在 70 年代下半叶因愈发激进的立场被视作愚蠢的撒旦式社会主义者为止。两人都反对正在兴起的消费社会，主张更加崇高的愿景：鲍威尔以浪漫的心态梦想着一个更古老、更强悍、更富有传奇色彩的英国，她免于欧陆和帝国事务的羁绊，其居民是像鲍威尔本人那样火爆、机智、勤劳的（白种）人；托尼·本则憧憬着一个平等、共和的社会主义联合体，主导这一联合体的是像他本人那样具有科学思维、一切从首要原则出发的人。

两种愿景都需要英国保持独立、自足，但这是与时代大势完全相悖的。本质上，两人都十分怀旧。如果说鲍威尔回想的是充满活力的维多利亚时代，那么托尼·本怀念的就是清教徒革命时代。两人都从被排除在主流政治之外、聚集在他们周围的人身上汲取养分。对鲍威尔而言，这些人是深受移民冲击的伍尔弗汉普顿选区民众，以及被繁文缛节和苛捐杂税所困的小店主；对托尼·本而言，这些人则是克莱德河畔或英格兰中部工厂里激进的工会代表委员会，以及抗议越战的青年。结果就是，在舰队街和播音室看来，两人都无足轻重，所作所为只是徒劳。但事实并非如此。鲍威尔是日后登上权力之巅的撒切尔的先驱，而托尼·本所代表的富有战斗精神的左翼差点就夺取了工党的主导权。

## 摇摆不定的"小圆球"

———

　　威尔逊首度执政的 1964—1970 年，是英国议会史上当事人的记录最为出色和丰富的一段时期。两位举足轻重的大臣詹金斯与希利的自传堪称个中翘楚。政府中还有三位日记作者，其作品质量极高，而且更加难能可贵的是，叙述十分真实：克罗斯曼披露了内阁机密，卡斯尔是工党历史上最干练的女性政客，托尼·本的日记则是那个时代无可匹敌的杰作。威尔逊本人并非优秀的作家，但他依然写出了一部事无巨细的鸿篇巨制，述说了他那个版本的故事。卡拉汉也是如此。两位最出色的当代政治传记作家本·平洛特和菲利普·齐格勒（Philip Ziegler）都为威尔逊写过传记。关于那个时代的其他精彩叙述还包括各位关键人物的自传，以及助手、新闻官、律师、记者、外交官和后座议员的回忆录。此外，还有许多文献探讨威尔逊究竟是不是苏联间谍，军情五处特工和各色极端分子是否真的曾试图推翻他。结果就是，我们对这一时期各位大臣的所思所为、他们与公务员之间以及彼此之间的内部争执，都有了更加深入的了解，远甚于此前的历任政府。就此后的历任政府而言，记录同样丰富的也只有撒切尔时代，但后一时期的日记作者远远算不上出色。

然而奇怪的是，位于这片文字的汪洋大海中心的那个人物依然是模糊不清的。据说处于权势上升期的斯大林曾被称为"模糊的灰影"，威尔逊也显得像是一道"模糊的灰影"。出身下层中产阶级的他在哈德斯菲尔德度过了平淡无奇的童年，当时他的热情主要在于学习和童子军。此后他在牛津大学度过了平静、严谨的求学岁月，赢得了学术奖，但并不属于政治活跃分子。毕业后，他成为一名经济学家，又在"二战"期间成为公务员。在书信和同辈人的描述中，威尔逊是一名苍白、谨慎、一本正经的人物，能力很强，但并不讨人喜欢。在职业生涯初期，他曾担任贝弗里奇、克里普斯、多尔顿等人的高级助手，负责收集数据、组织论据，以及在每天夜里锁门。少年老成的他20多岁便蓄起了胡子，只为看上去更加成熟；他还穿着鼓鼓囊囊的西装，手持那只著名的烟斗。但正如我们所看到的，他很少受人信任。早年间他就曾夸大其词，声称自己在哈德斯菲尔德的许多同学过于贫穷，连鞋子都穿不起。这并非事实，而且立刻遭到了驳斥，给威尔逊留下了滑头的名声。

他于1951年与贝万一道辞职，但许多人都认为这只是投机之举：他已经发现艾德礼权威不再，并且认为工党将倒向左翼。他被蔑称为"贝万的小狗"，但其辞职演说却足够精明，为自己留下了重返内阁的后路。然而，已经激怒了党内右翼的威尔逊，又激怒了左翼的贝万派分子，因为没过多久他就接受了一个新职位。此后，当左翼向威尔逊施压，希望他向盖茨克尔发起挑战时，他却因恐惧而泄了气。克罗斯曼在日记里记录道："他们都在恐吓、威胁哈罗德，又推又拉。这个'小圆球'不知所措地转来转去……"在工党的内部纷争中，他变节了；这样的事情此后还将一再发生。60 年代初，他在威斯敏斯特孤立无援：工党右翼憎恨他，左翼则鄙视他。然而，非凡的数据处理能力，以及与日俱增的言辞处理能力使得他一直是党内有力的竞争者。当盖茨克尔突然去世后，已经失去贝万的工党左翼就只剩下了威尔逊这一个选择。

道格拉斯-休姆之所以成为首相，是因为麦克米伦生了病并且耍了阴谋。威尔逊之所以成为工党党魁，则是因为乔治·布朗（George Brown）是个酒鬼，并且不太会耍阴谋。布朗本以为自己理所当然能够继任党魁。工人阶级出身的他颇具才华。这位来自伦敦南部的货运司机之子在工会运动中逐步崛起，并且在 1945 年的那场大胜中当选议员。有着粗重的黑色眉毛、红润的圆脸、兼具魅力与杀伤力的眼神的他，成了一位坦率且不时闪光的演说家，以及一名年轻有为的大臣。尽管有着举止粗鲁的不佳名声，但他仍然很讨人喜欢，并且总是能够取得胜利。当盖茨克尔去世后，至少在工党右翼和中间派看来，他便成了顺理成章的继任人选。然而，正如克罗斯兰所言，问题在于布朗是个"神经兮兮的酒鬼"，现在工党得在"骗子和酒鬼"之间二选一了。[1] 布朗的酗酒问题十分严重，脾气更是阴晴不定。日后，这些行为令他成了一段传奇：咆哮、顾影自怜的宣泄、突然消失、可怕的愠怒，以及每隔一段时间就令人目瞪口呆地威胁要从工党政府辞职。有一则可能是杜撰的逸事典型地反映了他的个性。据说在接受秘鲁官方接待时，醉醺醺的他向一个身着红衣的修长身影走去，请求跳一支舞。遭到拒绝后，布朗大声抗议，说自己是女王陛下的外交及联邦事务大臣，对方凭什么不愿意与自己起舞？对方回复道："布朗先生，理由有三：首先，你醉得太厉害，真令

---

[1] 见 Ben Pimlott, *Harold Wilson*, HarperCollins, 1992。

人厌恶；其次，播放的不是舞曲，而是我国国歌；最后，我乃利马红衣大主教。"这则逸事至少说明了布朗为何会在令威斯敏斯特感到惊恐的同时也感到有趣。话说回来，若非卡拉汉也决定加入竞争，"酒鬼"还真有可能击败"骗子"。卡拉汉受到了威尔逊团队的怂恿，分流了反对威尔逊的选票，使得布朗的势头大为放缓。最终，威尔逊以144张议员票对103票轻松击败布朗——当时工会和普通党员尚无资格在党魁选举中投票。

胜选之后，威尔逊的声誉大幅改善，在今天看来这一现象几乎难以解释。他的捏造、背叛、投机与欺骗之举都获得了原谅，或者说，至少遭到了遗忘。媒体称赞他是一位青年才俊，一位机智诙谐、说服力极强的演说家，是当下的风云人物。威尔逊的演说水平的确大有长进，他还是公认的十分擅长贬损和辣评的大师，在那个以公开会议与闹场者为标志的年代，这种能力是至关重要的。他对麦克米伦和道格拉斯-休姆这两大简单的目标进行了尖刻的抨击，并提出了许多虽然模糊不清但足够振奋人心的说法，例如"工党运动要么是一场长征，要么就什么都不是"，或是"我们需要的是那些胸中燃烧着火焰、心中闪耀着人性的人"。然而，与他的政治策略不同，威尔逊的政治思想是极其乏味、正统的。他认为英国的管理十分糟糕，而且这个国度已然过时，但相信更多中央计划能够解决这一问题，这些计划最好由像自己一样接受过文法学校教育的技术官僚来执行。这位面相老成的46岁男子已算不上年轻，其外形却容易为他赢得尊敬。他老是喋喋不休地表示自己喜欢啤酒胜于香槟，喜欢鲑鱼罐头胜于熏制鲑鱼，喜欢棕酱胜于其他任何酱料，乐于当个安静的乡下人。关于性，他显得迂腐、守旧，内心里还是个循道派童子军。在许多方面，他都与自己周围那个时尚、爱冒险、青春洋溢的英国格格不入。既然如此，为何他看上去还那么令人满意呢？

部分原因可能纯粹在于阶级。的确，他将子女送去私立学校读书，自己也住在伦敦富裕的汉普斯特德区，但威尔逊仍然显得像是个简简单单的普通人。与那些笨手笨脚的统治即将终结的伊顿公学毕业生相比，他就如同一丝新鲜空气。在公共生活的其他领域，也有人突围而出，比如金斯利·阿米斯小说中那些穿着粗呢夹克的大学讲师，在电视上操着浓重鼻音的弗罗斯特，或是曾出席"查泰莱夫人"审判的直言不讳的大学讲师理查德·霍加特（Richard Hoggart）。而威尔逊就是在政坛实现突破的那位人物。他并不顺从，用沉着冷静的不敬之举取悦了上百万人。在这个依旧由旧统治阶级掌控的世界里，出现了一位聪明的新式人物，认为自己显然比旧统治阶级出色。正如弗罗斯特的即兴总结一样，这是"聪明版的亚历克"与"迟钝版的亚历克"的对决。当然，威尔逊绝对不是政坛的"局外人"。这名白厅老手曾在内阁办公室任职，还曾与贝弗里奇一道出访莫斯科和华盛顿，进行复杂的贸易及商务谈判。就任首相之时，他的经验已经极其丰富，只能算是一名不同类型的"局内人"。然而，威尔逊将这一点也转变成了自己的优势。英国正处于自我怀疑之中，部分原因在于普罗富莫事件揭露的肮脏内幕以及旧统治阶级道德败坏所引发的恐慌，但更加重要的原因还在于经济衰退。威尔逊在宣传上的成功之处便在于将这两大主题融合到了一起。英国需要扫清特权阶层与蜘蛛网一般的贵族阶层，并用无情且"有的放矢"的现代计划取而代之。一边是极左翼社会主义者，另一边是主张资本主义的纨绔子弟，威尔逊却在二者之间找到了"第三条道路"——30年之后的布莱尔想必会对此感兴趣。这条道路听上去是无可争辩、令人激动但又模糊不清的。这就是：科学。

　　威尔逊在1963年的工党大会上发表了自己最著名的演说，承诺要进行一场令英国经历全面社会变革的科学革命。"这场火热的革命所锻造出的英国，将没有限制性举措或过时方法的容身之地……负责管理各项事务的人，必须做好准备，用科学时代的语言思考和说话。"随着斯普特尼克号人造卫星的发射，苏联强大的科学实力令西方既感到恐惧，又感到着迷。威尔逊表示自己研究了"苏联在科学家和技术人员的培养方面，尤其是坚决地将科技运用于工业这一方面，向我们发起的艰巨挑战"。身为民主主义者的他对苏联人采取的方法表示拒绝，但"我们必须调动民主计划的所有资源，所有潜在的、未开发的能量与才干，来确保英国在世界上的地位"。如果人们将已经过时的对苏联的恐惧替换成当下对中国和印度等新兴经济体的恐惧，那么就会发现，威尔逊强调被浪费及未充分开发的才干的这番话，与新工党在 21 世纪的话语有着惊人的相似之处。

对威尔逊而言，真正的答案正是艾德礼政府曾经尝试过的那些措施。国有制和国家计划将改变私有体制缺乏效率的局面。大学将大幅扩张，国家机构将指导研发方向，甚至还将成立一个由国家资助的化学工程协会。对于保守党实行的"先停后走"这一管理需求侧的政策，威尔逊的回应是，工党将通过改善教育和增加对科学的投入等供给侧改革来促进经济增长。"二战"期间，他曾在能源部工作，制定了煤炭行业的合理化方案，40 年代末又担任了贸易委员会主席。他的见解是老派公务员式的，但好在避开了工党内部左右翼之间令人心力交瘁的意识形态争斗，而且听起来富有现代气息。自从 17 世纪末起，"科学"一词总是能够起到这样的效果。

威尔逊即将面对的难题是，如何在资本主义环境下成功地实现计划经济。尽管遭到他的百般奚落，但保守党已经进行过类似的尝试了。1962 年，邓禄普和费伦蒂等相当现代、科学的英国公司，就曾与工会领袖及白厅官员一道出席国家经济发展委员会的首次会议。工党很快就将发现，仅仅发表乐观的预测起不到任何作用。从达成关于价格与收入的自愿性协议这一以失败告终的尝试，到向整个行业发出指示，以期解决地区性失业问题，保守党在 20 世纪 60 年代初产业政策的经验及教训完全可供工党借鉴及吸取。然而对于威尔逊来说，竭尽全力取笑保守党所带来的乐趣，要比细致地研究在唐宁街的成功之道更加重要。

威尔逊在工党各派别间曲折前行的经历算不上荣耀，却使他变得冷酷无情。他用冷酷无情的态度对待保守党，抨击道格拉斯-休姆只有依靠火柴棒才能勉强弄明白经济问题，还抨击他拥有第 14 任伯爵这一陈旧的身份。这些批评虽然不太公正，但十分有趣。（不过，首相进行了著名的回击，温和地回复称，他认为威尔逊也是第 14 任威尔逊先生。）许多人认为，威尔逊愈发大胆和自信的行事风格应归功于他的政治秘书马西娅·威廉斯（Marcia Williams）。后来威廉斯成了小圈子和丑闻的代名词，但在威尔逊的核心团队中，她是出色、忠诚、有些难以预测的一员。威尔逊核心团队的另一名成员、新闻秘书乔·海恩斯（Joe Haines）称她"拥有非凡的、也许是这一代女性中最出色的政治才能"。她有时会冲着威尔逊咆哮，把他当成不听话的学童。许多人相信她与威尔逊有私情。麦克米伦曾说道："威尔逊是个有趣的家伙，让情妇待在唐宁街 10 号。我的情妇可是待在圣约翰伍德区的。"另一种说法是，威廉斯曾当面向威尔逊的妻子玛丽（Mary Wilson）表示，多年前自己与她的丈夫曾发生过好几次性关系，"但并不令人满意"。威廉斯和威尔逊从来都否认这种说法，并且（成功地）以诽谤罪起诉了重复此类故事的记者。尽管如此，自从威尔逊去世之后，流言却愈演愈烈，声称苏联利用威尔逊和威廉斯的关系来讹诈他，令其为己效力。但这种说法毫不可信，米特罗欣档案似乎也证明了威尔逊的清白。不过我们能够确定的是，威廉斯提振了威尔逊的士气，克服了他的自满，而且直到她的恐吓态度变得不能容忍之前，也许还帮助威尔逊成了一位更加出色的政客。

## 接手经济的烂摊子

工党上台时不得不做出的经济抉择令其一直深受折磨，20 世纪 70 年代末败选下台后，更是差点将其彻底摧毁。从 1964 年 10 月的第一个周末，威尔逊、财政大臣卡拉汉以及其他高级别大臣拿起简报的那一刻起，惊人的困境就摆在了他们面前。表面上看，经济形势并不算太差。通货膨胀率尽管在上升，但仍然很低；失业率相对而言也不高；生产力尽管落后于竞争者，但仍然可观。罢工是个问题，在世界市场中所占份额的减少也是个问题，但选民们本就期待一个鲜活、进取的政府能够应对这些问题。官方简报却揭露了一幅更加黯淡的画面。保守党统治下的英国超支极为严重，在靠着借来的钱度日。债主（尤其是美国）对英国的国际收支状况愈发感到担忧和疑虑。长期来看，唯一的解决方案是促使英国经济更加成功、增长更快，并避免陷入通货膨胀。工党对此是有想法的：加大投资、制订更多计划、加强教育。这些措施都需要时间，但时间已所剩无几。

据说在大选结束后的周五晚上，当卡拉汉来到唐宁街时，他的前任、轻松快活的保守党财政大臣莫德林正要离开。他手上拿着外套，向卡拉汉表示道歉："老兄，抱歉把这样一个烂摊子留给你。"他指的当然不是办公室的陈设。财政部公务员向卡拉汉提交了 500 页文件，共分为 49 章，这些文件显示，保守党留下的赤字比先前预计的还要糟糕得多，高达 8 亿英镑。卡拉汉不得不立即大幅削减开支、增加税收；即便如此，当时仍是世界"储备"货币的英镑仍会经常遇到压力。这已经够糟糕了。工党是因制定更慷慨的福利制度、提供更优厚的退休金、增加教育开支等承诺当选的，但这些计划立刻便已危在旦夕。重大的国家级项目面临终止的危险，例如与法国联合研发的协和式超音速飞机。被工党大臣视作保守党反动分子的英格兰银行行长克罗默（Cromer）伯爵立刻要求进一步挤出通胀，并且放弃工党热衷的其他计划，例如钢铁行业的重新国有化。威尔逊对克罗默伯爵提出了警告，这才使得他安静下来。威尔逊表示，如果再坚持上述要求，自己就将立刻宣布围绕"谁在统治英国"这一问题进行大选。类似的情况日后还会出现，不过在 1964 年的语境下，这一问题指的是，英国的统治者"是选举产生的政客，还是银行家"。丝毫不令人意外的是，新任内阁除了深感震惊之外，还有些遭到背叛的感觉。多年之前便已不再信教的卡拉汉又重新开始祈祷了。[1]

　　除削减开支和增加税收之外，还有一项显而易见的政策选择：令英镑贬值，实际上也就是试着重新开始。威尔逊、卡拉汉和布朗在大选结束后的那个周六私下里碰了头。起初，他们完全不考虑贬值这一选项，认为此举会令英国丢脸，对货币与英镑挂钩的较贫穷国家而言过于残酷，而且有可能对仍在因 1949 年的贬值而受到指责的工党构成致命打击。除此之外，面对英镑遭受的巨大压力和削减开支、增加税收的粗暴要求，他们的唯一回应就是：制订更多计划。如前所述，保守党也曾产生过这样的念头：比钦对铁路网络的残酷重组，便是这种新式无情做派在较早时候的一个例证。此外，在工党上台前三年，国家经济发展委员会便已开始运转，工业家和工会成员一道设立工作组，制订促进出口、

---

① Kenneth O. Morgan, *Callaghan: A Life,* Oxford U. P., 1997.

个人消费、政府支出及投资增长的计划。在莫德林的主导下，保守党还试图对价格和收入施加自愿性限制，并尝试过制订全国计划。

这都是向法国学习的结果。在 60 年代初，正如巴黎哲学家、导演及歌手在身穿高领套头衫、常常在威斯敏斯特以北一英里处的咖啡吧里聚会的"垮掉的一代"中间十分流行一样，巴黎在政客中间也十分流行。法国不像苏东国家那样设定生产指标，而是实行"指示性计划"，也就是说，国家将资金与物资投入特定的行业、地区或产品，并强迫银行投资新工厂及新技术。1947 年，在战后的断壁残垣中，白兰地酒商之子、欧盟之父让·莫内（Jean Monnet）创立了这套体制。15 年过去了，法国各地已被全新的铁路与公路网连接起来；与英国城市一团糟的状况相比，法国的城镇规划既激进又有效；从喷气式战斗机到汽车，从工程到塑料制品，法国的技术也都领先于自己的宿敌。然而，英国政治不像法国那样是中央集权式的，也没有戴高乐在"战后革命"中创建的新型精英教育体制所培养出的众多自信、年轻的技术官僚，也就是那些法国国家行政学院毕业生。英国拥有的只是相互猜疑的工业舵手与工会大佬，为数不多的经济学家，以及高度独立、反制造业的伦敦金融城。在保守党执政期间，人们总是会就令人欢欣鼓舞的增长目标达成一致，但这与实际情况究竟会怎样绝无任何关系。英国不具备实现目的的手段。

也许有人会认为，一直在为夺回权力做准备的工党，应该会觉察到这种状况。但事实并非如此。在接受了未能成为工党党魁的苦涩事实后，布朗立刻开始憧憬另一个崭新的角色：大英经济爵级司令①。他在工党大会上表示，保守党的问题在于他们并不真的相信计划，因此计划才未

---

① 英文为"Knight Commander of the British Economy"，作者效仿大英帝国勋章中的爵级司令（Knight Commander of the British Empire）这一级别造出了这个词。——译者注

能奏效。信念是必要的，无论信念是否能够移山，它至少能够"移动"工厂，"推高"产出数据。这种信念与战时规划者威尔逊对科学和专业性的信念如出一辙，都像海市蜃楼一般，令人欢欣鼓舞，但又模糊不清。然而可悲的是，政府的专业性严重不足，科学更不必提。布朗想要设立一个监督一切的全新部门，就连财政部都要归其掌控。和工党党内的许多人一样，他也认为财政部是极其保守的，因此要为经济失败负责。正如他日后所言："内心深处，我们都是……扩张主义者。"想要制服自信满满的财政部、英格兰银行，乃至伦敦金融城，这种想法未免显得操之过急；只有经过精心准备和深谋远虑，才有可能成功。可是，工党国内政策委员会却于1963年匆忙、业余地起草了设立全新经济主管部门的方案。该部门有过好几个名称，如经济扩张部、生产部，最终确定为经济事务部。没有任何文件说明经济事务部应如何运作、与财政部是何种关系，以及究竟握有哪些权力。设立这一部门的最终决定是布朗和威尔逊于某个深夜从下议院返回伦敦某家酒店时在出租车后座上做出的。布朗日后以不同寻常的轻描淡写语气承认："很遗憾我们未能绘制出一幅'蓝图'，阐明我们的目标究竟是什么。"[1]

与此同时，财政部里那些最聪慧的头脑正在谋划要如何挫败布朗的这场"政变"。在宛如80年代讽刺喜剧《是，大臣》（*Yes, Minister*）的场景中，办公楼里划出了一条新的分界线，经济事务部就位于线的另一侧，只配有零星的几间空办公室，几乎没有任何职员。为了了解经济状况，布朗的新任私人秘书汤姆·考尔科特（Tom Caulcott）不得不"盗走"重要简报，再"偷运"至布朗家中。许多布朗希望调入经济事务部的关键职员，都被抢先一步匆匆调往唐宁街或财政部。在这场围绕着数

---

[1] Lord George-Brown, *In My Way,* Victor Gollancz, 1971.

据、人手和设备展开的"智慧型"抵制行动中，考尔科特甚至不得不抢走了一台打字机。通过恐吓和威胁，布朗最终还是建立起了这个梦寐以求的部门。怀着满腔热情的他起草了一份更加详细的全国计划。然而，由于无法掌控税收，加之政府开支依然由财政部负责，布朗除了依靠自身威望之外，并无太多其他权力基础。愈发绝望的他常常出人意料、情绪暴躁地造访白厅其他部门，冲着别的大臣大发雷霆。他还不顾白厅规定，坚持要绕过私人办公室，设立一条直通自己办公桌的电话线。然而，要想战胜公务员系统可不容易：考尔科特只需要让邮政部门监听布朗的电话即可。为了确保私人办公室知道布朗何时又踏上了造访各部门的征程，他们还在他的门上安了一个秘密蜂鸣器，一旦他离开就会发出响声，以便派人跟踪。

并未意识到这一切的布朗召集了通常的那群工业家、工会领袖和公务员，打造出了一份志在创造经济奇迹的方案，虽然比保守党的计划更加详细，但同样缺乏具体手段。他的首个举动是制订"意向声明"，让劳资双方分别实行控制工资与价格的自愿性措施。在上任的头一年，他便提出了全面的全国计划，在全国各地建起了经济计划委员会。一位对他怀有好感的传记作者将其称为"一项巨大的个人成就，是辛勤工作、打破常规、先后运用恐吓和吸引等手段、最终令他所请求的那些人筋疲力尽的结果"。[1] 在这一过程中，他将许多精力用于冲着官员咆哮，以及找寻被财政部藏起来的重要文件。此时，财政部已开始把这个与自己敌对的部门称为"特别喜欢侵略部"[2]。麻烦在于，当布朗终于达成这

---

① Lord Rodgers of Quarry Bank, in *Dictionary of Labour Biography*, ed. Greg Rosen, Politico's, 2001.
② Department for Extraordinary Aggression，与经济事务部（Department of Economic Affairs）的缩写同为 DEA。——译者注

项马拉松式的协议时，经济状况已经太过糟糕，根本不可能实行自愿性控制措施。经济事务部在开始充分运转之前，就被财政部排挤到了无足轻重的位置。

早在 1964 年 12 月，内阁大臣、日记作者克罗斯曼就对英镑受到的压力越来越大，政府却未制订经济战略的状况深感担忧。私下里，卡拉汉和布朗都经常表示，局势令人感到绝望，工党对包括领退休金者在内的支持者的承诺已经不可能兑现。克罗斯曼记录道："英镑仍在被一点点地吞噬。我感觉内阁不是太坚定，或者说不是太稳定，因为缺乏中央领导，缺乏轻重缓急感，缺乏必要的掌控感。是的，威尔逊很出色，布朗也是个好人……但我们依然欠缺强有力且一以贯之的控制力，欠缺实实在在的政策。"[1] 日后将担任财政大臣的詹金斯也做出了类似的判断："只要英镑仍然比美元昂贵，世界上就没有什么事件不会引发英国货币危机。面对此种危机，政府唯一的对策就是仓促出台一系列新的、不具备任何战略框架的通货紧缩措施。"[2] 结果就是，随着削减开支导致经济事务部的增长目标无法实现，该部门沦为一个动弹不得、不知该何去何从的机构。布朗于 1966 年被调往外交部。在更换了数位大臣之后，威尔逊最终亲自接管了经济事务部，他是在某天深夜被自己深爱但淘气的拉布拉多犬帕迪吵醒后萌生这一想法的。但这一决定也未能见效，经济事务部终于被废除了。

① R. H. S. Crossman, *The Diaries of a Cabinet Minister,* vol. 1, Hamish Hamilton/Cape, 1975.
② Roy Jenkins, *A Life at the Centre,* Macmillan, 1991.

# 更平等的教育

在其他领域，工党取得了一些进展。风度翩翩的前伞兵、盖茨克尔的仰慕者托尼·克罗斯兰因反叛清教徒式社会主义之举和呼吁左翼人士接受消费社会与混合经济的《社会主义的未来》这一著作，在本书中已经登过场。到了1965年，这位来自大格里姆斯比选区的议员已经成为工党内一颗冉冉升起的新星。魅力非凡、爱抽雪茄、言辞粗鲁的他因为对公立学校制度的激烈抨击而声名大噪。他刚刚与极为美貌的离异美国记者苏珊·卡特林（Susan Catling）结婚，连同两位继女一道搬入了位于伦敦诺丁山的新家。这里已不再是暴乱发生之地，但也尚未成为光鲜亮丽的影片的背景。威尔逊原本希望让克罗斯兰的朋友兼对手詹金斯（他的孩子就读于私立学校）出任教育大臣，遭到拒绝后才任命了克罗斯兰。接下来的两年任期使得克罗斯兰成了英国教育史上最具争议、最遭诋毁也最受爱戴的大臣之一。苏珊写作的那部关于丈夫的传记，堪称对20世纪英国政客的刻画中最细腻、最传神的作品之一；不过，她所披露的克罗斯兰的某些言辞，也给他的声誉蒙上了一层阴影。对于后世来说幸运的是，身为记者的苏珊压倒了身为虔诚的回忆录作者的苏珊。某天，克罗斯兰曾与教师协会共进了一顿乏味的晚餐，当天深夜，在他们的家中，克罗斯兰上楼时的脚步声听上去就像是不祥之兆。

在卧室门口，他停下了脚步。

"晚上好。你最好来书房一下。"

我把小说放到一边，立刻下了床，好奇他又有什么烦心事。

"如果这是我做的最后一件事，那么我要摧毁英格兰每一所该死的文法学校。"他说道，"还有威尔士，还有北爱尔兰。"

"为什么不包括苏格兰？"我这么问纯粹是出于好奇。

"因为那里的学校归苏格兰事务大臣管。"对于自己无法摧毁苏格兰的文法学校，他笑了起来。[1]

到了1965年，战后那套将孩子划分为未来的知识分子、技术工人和懒汉，即"金童""银童""铅童"的制度早已名声扫地。私立学校（或者说"公"学）兴盛依旧，全国约有5%的孩子跨入了这些排他性的学校校门。对于剩下的95%而言，自从1944年以来，公立学校便被分成了三类，但实际上只存在两类学校。约四分之一的孩子就读于文法学校，这些学校提供传统的学术教育，包括大量背诵和严格的纪律。文法学校中最为突出的是179所"直接拨款"学校，它们实际上独立于中央政府，大多有着悠久的传统，例如曼彻斯特文法学校、哈伯达舍阿斯克学校、埃尔斯特里学校与伯明翰的爱德华国王学校。它们往往是历史悠久的学校、城镇学院，或是古老基金会的一部分，有着校服、校徽和校歌。这些学校里更加聪慧的那些孩子将进入正日益扩张的大学，从事专业工作。除此之外，还有约1 500所氛围同样传统，但独立性较弱、地位较低的普通文法学校，归地方当局负责。

另外四分之三接受公立教育的孩子则就读于现代中等学校。这些学校名副其实是二流[2]的，校舍状况也往往能反映出其较低的地位。正如一名作家在1965年所言：有趣的是，"现代"成了"不那么聪明"的委婉说法。有些此类学校简直糟糕透顶，教职工严重不足，学生挤在

---

[1] Susan Crosland, *Tony Crosland*, Jonathan Cape, 1982.
[2] "现代中等学校"是"secondary modern"，"二流"则是"second-rate"，此处为双关。——译者注

陈旧且不合适的校舍里，几乎没有学生参加校外考试，多数人 15 岁便离开学校开始工作。1964 年，就读人数占学童总数比例高达 72% 的现代中等学校，仅有 318 名普通教育高级程度证书候选者；就读人数占学童总数比例为 5% 的公学，则有多达 9 838 名候选者。原本计划于 1944 年设立的第三类学校是技术学校，像德国的类似学校一样教授专门的实践技能，不过这类学校遭到了遗忘。在 11 岁那年，通过所谓的"11 岁考试"，全英国的孩子都被泾渭分明地区分为优等生和差生。这一考试则是以据说能科学地衡量智力水平的 IQ 测验为基础的。许多成功升入文法学校的孩子都对被迫与好友分开感到愤愤不平；许许多多在 11 岁考试中取得成功的孩子进入文法学校后都怀着叛逆的心态，要么逃学，要么虚度光阴，乔治·贝斯特（George Best）和尼尔·金诺克就是两个这样的例子。大多数孩子都被文法学校拒之门外，被送入现代中等学校，其中许多人再也未能从遭到拒绝的失败感中走出。约翰·普雷斯科特（John Prescott）就永远无法忘记，自己的兄弟通过了考试，并得到了一辆自行车；未能通过考试的自己则什么也没得到。家庭中产生了裂痕，兄弟姐妹彼此反目。

任何学校制度都有某种问题，大多数制度都会在某个阶段导致不公。对学术选拔和考试而言，成功与失败都是必不可少的组成部分。但是到了 20 世纪 50 年代末，不满的声音已经越来越高涨。IQ 测验被证明并不如预想的那样可靠。每年都有多达 6 万个孩子被分入"错误"的学校，其中许多人在日后又被转入了较好或较差的学校。各个教育当局麾下的文法学校与现代中等学校数量之比也差异极大，这是地理而非考试导致的区分。战后"婴儿潮"一代已经到了上中学的年纪，为此，教师与校舍数量都需要大幅增加。英国各地都有破败不堪的校舍，教师数量的缺口则达到了约 6 万名之多。急需资金的教育当局把希望寄托于建立更加简明、能够节省开支的综合学校体系上。希望促进平等的社会主义者（长期以来，克罗斯兰一直是其中著名的一员）也基于意识形态理由，反对 11 岁考试。此外，许多能言善辩的非社会主义者的中产阶级父母同样反对这一制度，因为他们的孩子未能进入文法学校。在上述压力之下，于保守党执政年间，由地方市议员而非全国性政客负责的教育当局，开始向综合学校，或者说"面向所有孩子的学校"体系迈进，保守党市议会和工党市议会都是如此。保守党教育大臣、处于该党左翼的爱德华·博伊尔（Edward Boyle）发现，截至 1962 年，在英格兰和威尔士的 146 个教育当局中，有 90 个都在朝着综合学校的方向前进。[1]

因此，当克罗斯兰接管教育事务之时，在日后引发了巨大争议的教育革命其实已经展开了。遵照瑞典模式的综合学校已经出现，庞大的规模、通风的建筑和显而易见的现代风格令其备受仰慕。首座综合学校是位于伦敦东南部布莱克希思区的基德布鲁克学校，这所招收了 2 200 名女生的学校于 1954 年开放。全国各地的文法学校展开了反击，尤其是那些极为认同自身历史的城市，例如布里斯托尔和诺丁汉，但总体而言文法学校正在失势。克罗斯兰加快了它们的毁灭，但他并没有命令教育当局改走综合学校路线，而是通过教育部历史上最著名的 10/65 号通函，向当局提出了请求。他并未规定必须设立多少所综合学校、关闭多少所文法学校，而是将设立综合学校作为获得政府拨款的条件，由此极大地加快了变革进程。

到 1970 年威尔逊败选之时，全国已有三分之一的学童就读于综合学校，只有 8 个教育当局仍坚守旧的分化制度。教育革命的大潮已势不可当。深爱文法母校的希思承诺要终止威逼教育当局摧毁文法学校的行

---

① 见 Nick Timmins, *The Five Giants,* HarperCollins, 1995。

为。克罗斯兰的 10/65 号通函立刻被撤销了，希思还任命文法学校体制的狂热支持者撒切尔为新任教育大臣。她立刻宣布将反对继续推进教育革命。然而结果又如何呢？撒切尔共收到了 3 612 份建立综合学校的动议，却只驳回了 326 份；就读于综合学校的学童比例几乎再度翻了一番，工党执政时为 32%，在这位彻头彻尾的保守派政客主事期间却上升到了62%。正如她的一位传记作者一针见血地指出的："尽管对综合学校怀有偏见……但撒切尔批准设立的综合学校及废除的文法学校数量之多，胜过此前及此后的所有教育大臣。"[1] 希思为拯救自己的选区贝克斯利当地的文法学校，发起了一场强硬的运动，他指责保守党教育当局试图将只收男生和只收女生的文法学校合并为男女兼收的综合学校，以此来节省资金。但他也承认："这股浪潮太强了。可是回过头来看，我还是觉得在为时已晚之前，选拔性教育的支持者应该做出更大的努力。"[2]

支持综合学校的观点一直存在着矛盾之处，威尔逊的话就清晰地暴露了这一点：他承诺要"为所有人提供文法学校般的教育"，然而文法学校的精髓就在于只选拔最聪慧的孩子，因此这一承诺显然是荒唐可笑的。不过，威尔逊的这一言论只是在反映父母和许多工党支持者内心深处对于"良好"教育的热切渴望。所谓"良好"教育指的就是在纪律严明的环境里推行传统教育，而这种教育方式通常被与文法学校联系在一起。毕竟，其他大多数国家都将传统教育，乃至死记硬背式教育纳入了单一的公立教育体系之中，并未根据学术能力将学校划分成不同类别。既然联邦德国、美国、法国、苏联和瑞典都能做到，英国为何不能？

综合学校这场试验的最大不幸在于，从传统教育方式向以孩子为中

---

[1] Hugo Young, *One of Us,* Macmillan, 1989.
[2] Edward Heath, *The Course of My Life,* Hodder & Stoughton, 1998.

心的教育方式的转变恰恰也发生在此时。长期来看，这一转变也许要比学校体系的重组更加重要。此前，孩子被视为空荡荡的锅，由于运气不同，有的大有的小，可以将特定数量的事实与价值观倾倒进这些锅里。新的教育方式则将孩子视为神奇的盒子，完备且充满惊喜，需要做的是小心翼翼地将其拆开。也许可以打一个更加生动的比喻：应该灌溉和赞赏小树苗，而不应将它与木棒捆绑在一起，更不应修剪其枝叶。上述分歧涉及有关人类天性与社会秩序的深层问题，从哲学上看，可追溯至18世纪的法国思想家，但其具体形式却体现在这一时期英国的课堂上。过去，课桌正对着黑板排成一排；如今，取而代之的是亲密地排成半圆形的椅子；学习能力不一的学生在同一间教室里听课，以便相互学习，不过也导致了些许混乱，或是令某些学生感到无趣；话题取代了书单，创造性取代了文法；教师开始穿上非正式的服装，鼓励学生直呼自己的名字，而非"先生"或"女士"；体罚彻底从公立学校中消失；20世纪70年代，在宽敞、通风、现代化的综合学校里，纪律也松弛了下来。精英大多仍然就读于私立学校，接受与父辈相同的教育。但对于这样的变革，全国有上百万父母摇着头表示不解。在当时，对综合学校的不满（在80年代和90年代，不满情绪还将日益高涨）针对的主要是这种孕育于众多师范学校、体现了60年代精神的时髦教育方式。

克罗斯兰留下的遗产远不止综合学校。与撒切尔一样，他也为教育投入了大笔资金。在布莱尔登台之前许久，克罗斯兰和撒切尔便相信，税收的最佳用途就是投入"教育、教育、教育"。克罗斯兰还推动了高等教育的大幅扩张，创建了30所理工学院，作为大学的补充。德国与法国大学生都能接受技术性与实用性高等教育，但可悲的是，这在更加守旧、学术气更重的英国大学却不受重视。理工学院的目的正在于弥补这一缺憾。但并不出人意料的是，本希望自己能有所扩张的大学对此十分不满。罗宾斯的报告表明：只有 5% 的英国青年能够接受高等教育，美国和法国的这一比例则分别是 25% 和 12%。从最时髦的位于布赖顿的萨塞克斯大学，到利物浦、布里斯托尔、阿伯丁、南安普敦等地的"红砖"大学（实际上其建筑材料大多是水泥、花岗岩和平板玻璃），大规模的大学扩张已经展开。但克罗斯兰提出了在当时十分流行的论据，认为英国需要基于德国模式的理工学院甚于大学，并且必须摆脱"使得英国人痴迷于大学的那种自命不凡、等级森严的心态"。[1] 最终，随着理工学院及其他学院得以自称"大学"，绕了一圈之后，事态又回到了原点。但当时克罗斯兰对于此事的热情不亚于为综合学校而进行的奋斗。他激烈地抨击传统与旧秩序，希望建成更具效率、更加平等的新英国。

威尔逊时代最值得骄傲的教育成就也许要数开放大学。这也是个全新的事物，1945 年工党竞选宣言的合著者迈克尔·扬在 1962 年率先提出了这一建议，苏格兰矿工之女、贝万的遗孀珍妮·李（Jennie Lee）则令其变为现实。开放大学起初被描述为"一所位于空中的大学"，旨在为数百万没有机会进入大学校园的人提供高等教育。珍妮·李坚决主张开放大学应该由具有良好声誉的学者讲授严肃的、重量级的学位课程。被保守党抨击为"毫无意义的胡扯"的这一计划，意在通过电视与邮政业务讲授包括理科、历史与法律在内的一切学位课程。这是战后政府在教育领域最成功、最具解放性的举动之一。开放大学的批评者先是抨击它不够精英，后来又抨击它吸引了过多中产阶级女性。然而到了 2005 年左右，开放大学的教学质量已经位列英国大学的前 5 名；共有 200 万人在此就读，其中 60 万人收获了学历证书。开放大学常常被当作威尔逊的伟大贡献，他也的确是这一计划的热切支持者。但通过委

---

① 见 Giles Radice, *Friends & Rivals,* Abacus, 2002。

员会里的上百次斗争才使得开放大学得以建立的珍妮·李才是真正的英雄。

至于克罗斯兰，他后来又担任了环境大臣。1975 年，他曾警告花起钱来大手大脚的地方当局"派对已经结束"，但工党的高支出天性在20 世纪 70 年代的经济动荡中遭遇的灭顶之灾，也使得克罗斯兰政治哲学中轻松的乐观情绪荡然无存。1977 年，依旧希望成为财政大臣的他，在忍受了一顿令人烦躁的晚餐之后（他表示，身边那位女士关于欧洲经济共同体的言论简直令自己想死）因中风去世，享年 58 岁。


## 自由化时期

在工党执政的这段岁月里，最伟大的变革出自詹金斯之手——威尔逊从未信任过他。在保守党执政年间，尚且身材瘦削、风度翩翩的詹金斯便开始主张社会变革，去除国家机构限制个体自由的权力。他表示，"绞架这一令人毛骨悚然的装置"必须被废除，鞭刑同样如此；正如沃尔芬登所指出的，应该停止对同性恋者的迫害；宫务大臣对剧本的审查也应该终止；应该改革禁止几乎所有堕胎行为的"陈旧、严酷"的法律；离婚法毫无必要地导致了诸多痛苦，也应加以改革；移民法需要变得更加文明。在 20 世纪 60 年代中期，上述变革真的实现了。绞刑已于詹金斯就任内政大臣之前的 1965 年被废除，不过以下变革都发生在他上任之后：移民法于 1966 年变得和缓；鞭刑于 1967 年被废除；堕胎法于同一年被放宽；还是在这一年，21 岁以上男子私下的同性恋行为不再构成犯罪；戏剧审查于 1968 年终结；翌年，离婚法也被放宽。詹金斯还呼吁改革有关自杀与售酒许可的法律，这在日后也成为现实。这场宏大的自由至上主义式的变革可谓空前绝后。从此以后，詹金斯要么被赞颂为英国历史上立场最开明的内政大臣，要么被诋毁为"放任型社会"的始作俑者。詹金斯也将自己的首个内政大臣任期称为"自由化时期"。但奇特之处在于，上述措施很少由詹金斯亲自推动，它们大多都是普通议员提案。

主张废除绞刑的提案于 1965 年经不受党派约束的自由投票获得通过。该提案出自工党后座议员悉尼·西尔弗曼（Sydney Silverman）之手，其基础在于英国民众对死刑愈发感到不安。进入现代以来，早上 8 点开始的这套仪式一直在全国各地的死囚牢房里饶有兴致地进行着，通常使用的是从彭顿维尔监狱运来的便携式绞架，其他道具还包括小齿轮、白色面罩、最后一杯白兰地，以及监狱里无标记的坟墓。到了 50 年代中期，许多人开始认为这种做法太不文明。阿瑟·克斯特勒（Arthur Koestler，这名斯大林主义的激烈批评者自己就曾被判处死刑）等著名作家以及卢多维克·肯尼迪（Ludovic Kennedy）等著名播音员对死刑的反对之声引发了公众的关注。若不是某些绞刑案例使得更多民众产生了反感之情，或许仍然只会有一小群精英对这项主张感兴趣。

1952 年，一名警察在一起抢劫案中被杀，涉事者是两名青少年，其中开枪者名叫克里斯托弗·克雷格（Christopher Craig），当时年仅 16 岁，因而逃脱了绞刑架。但他 19 岁的同伙德里克·本特利（Derek Bentley）却到了足以被判处绞刑的年纪。本特利当场就被警察抓获，尽管他的心理年龄只相当于小孩，但还是被判处罪名成立。一场请求宽大为怀的运动随即在全国范围内展开，并且有超过 200 名议员签署请愿书，但强硬的保守党内政大臣、纽伦堡审判时的法官之一马克斯韦尔·法伊夫（我们此前曾提到他忙于迫害同性恋者）还是下令处决本特利。1955 年 7 月 13 日，年轻的母亲露丝·埃利斯（Ruth Ellis）因为谋杀不忠的恋人而被处以绞刑，她成了英国最后一位被处决的女性。翌年，她的行刑者、酒吧老板、出身于绞刑员世家的英国最著名行刑者艾伯特·皮埃尔波因特（Albert Pierrepoint）辞掉了这份工作。他一共终结了 433 名男性和 17 名女性的生命，其中既包括出现在错误地点的惊慌失措的男孩，也包括最为劣迹斑斑的纳粹战犯。许多人相信他是由于感到厌恶才选择了辞职，但事实远非如此。真相是，在某个寒冷的早晨，皮埃尔波因特按照计划来到行刑地点，却发现因犯获得了赦免；就这次任务的费用问题，他与当局发生了争吵。不过后来他还是改变了立场，转而支持废除死刑。

尽管支持绞刑的声音依旧十分强烈，但议员们愈发对此感到不满。西尔弗曼发起了一场旨在终结死刑的全国性运动。1957 年，保守党政府大幅减少了适用死刑的罪行数量，仅限于 5 类谋杀。绞刑数量从 50 年代上半叶的平均每年 15 起，下降至每年约 4 起。但荒唐的死刑判决仍然存在，例如亨德里克·涅马什（Hendryk Niemasz）就因在梦游时杀了人而被判处死刑。此前，反对绞刑者占据多数的下议院曾被支持绞刑的上议院挫败；但在这样的背景下，下议院变得越来越强势。西尔弗曼这位左翼和平主义者出身于非常贫穷的犹太家庭；"一战"期间，他曾因拒绝服兵役而被关进斯克拉布斯监狱。他成了反绞刑运动执着且雄辩的领袖，赢得了包括日后将担任内政大臣及首相的卡拉汉在内的著名非自由派人士的支持。在 1964 年 8 月的两天之内，三名男子因谋杀罪被处以绞刑，其中一个 21 岁的苏格兰人杀死了一名海员，他在阿伯丁被处决；另外两人是英格兰人和威尔士人，分别在利物浦的沃尔顿监狱和曼彻斯特的斯特兰奇韦斯监狱被处决。他们也是最后一批死于绞刑之人。到了 1965 年，几乎没有任何罪行仍适用绞刑；在实践中，绞刑更是彻底终结了。起初，绞刑只是暂时被废除，期限为 5 年；此后，绞刑被正式废除。按照西方标准，英国的自由化程度并未因此大幅提升；不过在法国，断头台这种处决方式直到 1977 年才被废除；而在美国，处决一直延续至今。

《性犯罪法案》终结了对同性恋者的起诉，引领这一法案的同样是一名工党后座议员：利奥·阿布斯（Leo Abse）。和西尔弗曼一样，他恰好也是一名出身于贫寒家庭的犹太左翼分子和热情洋溢的律师，工党前座议员对他既仰慕又心存疑虑。与废除绞刑的情况类似，对于这一问题，即使不是大多数人，至少也有一群人转变了态度，促使政客做出了回应。后来，这群人被轻蔑地称为"闲话阶级"。公学校长沃尔芬登在 1957 年的报告中呼吁不再将年满 21 岁的成年人私下进行的同性恋行为视为犯罪。他的委员会包括多位值得尊重的专业人士，如长老会牧师、道德神学教授和保守党议员。保守党政府拒绝了他的建议。随后，虽然只有小团体参与其中，但这场运动还是蔓延开来。首先，《旁观者》周刊收到了一封公开信；接着，《泰晤士报》也收到了一封。此时已被封为伯爵的艾德礼对此表示支持，哲学家艾尔（A. J. Ayer）也是如此。1958 年 5 月，"同性恋法律改革协会"成立，其创办者包括神职人员、图书出版人、诗人和议员，他们大多不是同性恋者；该协会的首位全职工作人员是已婚牧师安德鲁·哈利迪·史密斯（Andrew Hallidie Smith）。在伦敦卡克斯顿大厅举行的首次大型公开集会吸引了 1 000 人参加。

私下里，威尔逊政府对于同性恋行为合法化的态度是分裂的。更加正统的工人阶级阁员大多不热衷于此事，克罗斯兰和詹金斯等自由派知识分子则是最积极的支持者。说起来，对于这一问题，保守党议员私底下要比工党议员更加宽容，他们中的许多人是公学毕业生。据说威尔逊本人也反对改革。但正如绞刑的废除一样，内政部心照不宣地提供了支持，为法案的通过确保了充足的议会辩论时间，终于促成了胜利。正如绞刑的废除一样，同性恋行为合法化运动同样拥有一位执着且活跃的倡导者，他就是阿布斯。"二战"之前，阿布斯曾是一名同情共产主义的工人，后来他加入了皇家空军，并在战后成为一名律师。此后，阿布斯还将一再证明，后座议员并非只能成为需要凑人数时的游说对象，而是可以推动真正的变革。这位古怪、好出风头的人物喜欢用弗洛伊德理论分析其他政客，引发了许多不满以及欢笑。从他出版于 2000 年的一本书的书名便可窥见他的风格：《口交、性虐、政治与爱》（*Fellatio, Masochism, Politics and Love*）。一段时间之后，1967 年的这部《性犯罪法案》因未能充分体现法律面前人人平等的原则而遭到同性恋活动家的批评；此外，21 岁的年龄规定过高，"私下"的定义也过于狭隘，导致新法通过之后仍有许多人被判处猥亵罪名成立。尽管如此，这仍然是一项里程碑，其基础则是始于 50 年代（或许更早，可追溯至"二战"期间）的民意的转变。

如果说反绞刑运动可追溯至本特利与埃利斯遭到处决的案例，同性恋改革运动可追溯至 50 年代公众对清洗同性恋者这一行动的厌恶，那么堕胎法改革运动也可以追溯至两则互无关联的可怕事件。第一起事件如下。"二战"爆发前不久，一名 14 岁少女在伦敦西部的兵营里遭到数名士兵强奸。医生拒绝为她做堕胎手术，理由是既然她并未面临生命危险，那么堕胎就是违法的。此后，另一名医生亚历克·伯恩（Aleck Bourne）挺身而出，完成了手术，结果立刻遭到了起诉。伯恩为自己辩护的理由是，女孩的精神状态十分脆弱，在这个意义上，堕胎手术对她的安全而言是至关重要的。他打赢了官司，并且立刻被一小群女性活动家奉为英雄。这些人于 1936 年建立了"堕胎法改革协会"。但从她们的角度出发，支持伯恩其实是个错误：后来伯恩公开转变了立场，宣称大量堕胎将成为"史上最严重的大屠杀"；1945年，他更是成为反堕胎团体"保护未出生儿童协会"的创始成员。第二起事件更加广为人知，即1959—1962年的沙利度胺药物灾难。这种据说能够治疗失眠、感冒、流感和晨吐的神奇药物，导致了大量畸形婴儿的出生，许多都四肢不健全。当时的民调显示，对于畸形胎儿，大多数公众都支持堕胎。这一事件的影响力要远远大于当时只有1 100多名会员的"堕胎法改革协会"所采取的行动。

堕胎显然还是个阶级问题。据估计，60年代初在哈利街或伦敦西区的其他诊所，私下里共进行过1万次堕胎手术，患者会支付大量现金，并能得到相关文件。而在社会等级阶梯的另一端，后街里使用挂衣架、化学品和橡胶泵完成的堕胎手术令人毛骨悚然，患者常常受伤乃至死亡。每年约有3.5万名女性因拙劣的堕胎手术前往国民医疗服务体系下属医院就诊。考虑到堕胎手术的隐秘性，显然无法得知非法堕胎的精确数字，但即使只取10万和25万这两种估算值的中间值，这个数量仍然是十分巨大的，意味着许许多多年轻女性都要面临可怕的危险。60年代中期，拙劣的堕胎手术已经成了本可避免的产妇死亡案例的主要罪魁祸首。堕胎法改革是后座议员推动的又一项重大变革，持有该主张的议员将紧紧地抓住以上论据。

来自苏格兰的自由党人戴维·斯蒂尔（David Steel）刚刚在一场补选中当选为议员。他才20多岁，从法学院毕业只有两年。绰号为"男孩戴维"的他日后将成为自由党党魁以及苏格兰议会首任主席，不过他一生中最具争议的斗争还要数为推动堕胎合法化而进行的持久战斗。斯蒂尔在1966年的普通议员提案抽签中排名第三，他本以为自己可以尝试推动同性恋法改革，后来才意识到苏格兰人对这一问题的敌意意味着，这些措施只有在英格兰和威尔士才行得通（苏格兰相关法律的改革在多年间都未能实现）。英格兰圣公会最近一份关于堕胎问题的报告给这位严肃的年轻人留下了深刻印象，该报告基于基督教理由主张适度放宽对堕胎的限制。在打定主意之前，他还亲身见证了一起堕胎手术。不过最重要的是，他受到了詹金斯的鼓励。和西尔弗曼以及阿布斯一样，专家也站在他这一边：这一次并非沃尔芬登报告，也不是哲学家热情洋溢的著作，而是世界卫生组织。该组织于 1946 年宣布："健康是指心理、身体和社交均处于彻底的良好状态。"这意味着女性承受的心理磨难可以成为堕胎的理由。这一点被写入了新的法案。如今，在每年进行的 18 万次堕胎中，有 98% 都是基于这一理由。

上述这些固然是詹金斯"自由化时期"最著名的（或者说是最声名狼藉的）事例，但并不是全部。过去的离婚法要求提供某方通奸的证据，因此私家侦探和摄像机曾大行其道，酒店房间等常常成为"捉奸"现场；随着 1969 年《离婚改革法》的出台，这一切终于成为历史。这同样是詹金斯改革日程中的一项，他本希望提前两年便将其付诸实施。新的离婚法规定，只要夫妻分居达两年，且都有意愿，即可离婚；或者，若分居达 5 年，则只要一方有意愿，也可离婚。这一基于"无法挽回的感情破裂"的条款有个有趣的别名：无过失离婚。该条款促使离婚率大幅提高，从 50 年代末的约 7%，上升至今天的接近 50%。导致这一"家事"革命的原因有很多，例如对获得性快感的宣扬增多、家暴频发，以及女性的经济独立性加强。当然，1969 年的新离婚法也起到了重大作用。

再有就是 1968 年的《戏剧法》。其推动者、《论坛报》的创建者之一乔治·施特劳斯（George Strauss）也是一名工党后座议员。在一次格外具有争议的审判后，该法案终于终结了宫务大臣的戏剧审查权。那次审判的对象是皇家宫廷剧院的一出戏剧，爱德华·邦德（Edward

Bond）的《获救》（*Saved*）。时任宫务大臣金·科博尔德（Kim Cobbold）私下里对这样的结果深表感激。尽管《毛发》（*Hair*）和《加尔各答风情画》（*Oh! Calcutta!*）等令英格兰保守中产阶级作呕的剧作迅速利用了该法案带来的自由空间，但总体而言，舞台上并未出现太多下流内容。在接下来的 10~20 年时间里，真正极具争议性的作品少之又少，以至于每当出现都会在媒体上引发一场风暴。不过几乎没有人呼吁审查官大人携蓝色铅笔归来。

尽管从未担任过首相一职，但詹金斯却成了 60 年代最具影响力的政客。他对上述所有措施都做出了至关重要的贡献。他遵照着数年前制定的改革日程，通过个人的决策力和在内阁及下议院的说服力，充满热情地将其一一实现。多数普通议员法案之所以无法通过，是因为耗尽了议会辩论时间，这个时间长短是由政府掌控的。詹金斯保证了充足的辩论时间。他挑选并指导了后座的改革领袖，在许多场合都为他们发声。既然如此，他为何不亲自冲锋陷阵呢？答案很简单：威尔逊内阁的自由化倾向远不如詹金斯强烈，每项措施都会遭到 3~4 名大臣的坚决反对。例如，威尔逊反对终结戏剧审查，部分原因在于即将上演的改编自《私家侦探》杂志相关内容的讽刺剧《威尔逊夫人日记》（*Mrs Wilson's Diary*）令他感到紧张。苏格兰事务大臣威利·罗斯（Willie Ross）则反对几乎所有改革。此外，还常常出现这样的情况：支持某项自由化措施的后座议员，却反对另一项。于是詹金斯便制定了这一策略：给予后座议员充分的时间与自由，让他们率先发起攻击，随后自己再为他们提供支持。这样一来，内阁里的批评者就仍然能够投票反对这些在漫长、极为情绪化的深夜辩论后才确定的改革措施。

事态的发展正如詹金斯所愿。他感到自己身处为"何为文明"而战的最前线。反对他以及改革者的人士有：包括罗马天主教会在内的许多神职人员，上百万心态其实相当保守的公民，以及政治建制内的许多人。当他来到内政部的老楼时（如今内政部早就不在这里办公了），他感到气氛十分阴郁，许多公务员深怀戒心。他办公室角落里的布告栏上仍写有将被处决的囚犯名单。毕竟，绞刑只是被暂时中止。一天天地，布告栏上的姓名距离行刑日期越来越近。后来，詹金斯将它搬了出去，用存放红酒和苏打水的冰箱取而代之。

由于支持废除绞刑，并且拒绝批准对一名囚犯施以鞭刑，詹金斯成了许多普通警察和保守党草根党员憎恨的对象。但他似乎将此视为荣耀。不过，他也不是在所有问题上都持自由派立场。例如，他认为减少犯罪的有效手段在于捕获更多罪犯、做出更多有罪判决，而不是施加严酷的惩罚。他所推动的一项重大变革是为英格兰陪审团引入了多数判决制，而不是像从前那样必须全体一致才能做出有罪判决，苏格兰一直在使用这种制度。詹金斯的许多右翼批评者反而反对这一变革。他日后颇有些得意地说道，共有74名保守党议员投了反对票："其中包括撒切尔。他们游说反对这项变革，但这一举措对于将职业罪犯和危险罪犯绳之以法所做出的贡献，要大于她当政时期4任内政大臣实行的所有措施。"[1]

推动这些社会变革的论证很少是清晰乃至真诚的。阿布斯后来表示，自己在围绕同性恋行为进行的辩论中，曾认可这是一种卑劣的、需要治疗的医学病症，但这种说法"纯粹是胡扯"。尽管进行了旷日持久的公共辩论，但堕胎法改革者极大地淡化了心理健康问题，未将其作为主张终止妊娠的重要原因，并且热情洋溢地表示这一法案不会为希望堕胎者提供予取予求的便利，而事实显然与此相反。将分居而非证明对方通奸作为离婚的前提，据说将有助于巩固婚姻；果真以此为目的的话，

---

① Roy Jenkins, *A Life at the Centre,* Macmillan, 1991.

那么这一举措显然是失败了。据说绞刑废除后谋杀率或暴力犯罪率不会上升，但二者很快便大幅上升。

支持这些措施的是一小群热切的积极分子，其数量通常只有数千人。那些可追溯至维多利亚时代（绞刑要更为古老）的法律之所以会被废除，得益于各类知识界名流的努力：痛斥反同性恋法的哲学家罗素，为反对戏剧审查而做证的劳伦斯·奥利弗，促使公众在堕胎一事上转变立场的英国医学协会，等等。可见，这是一场知识分子与专家引领的社会革命。它还显示了在50年代末到60年代中期的英国，看似边缘的人物实际上能够发挥多大的影响力。正处于20世纪最低谷的自由党人尽管在政坛无足轻重，却发挥了格外重大的作用：不仅仅是主张放宽堕胎的斯蒂尔以及反对绞刑的肯尼迪，还包括在议会里热烈发声的该党党魁格里蒙德。会聚在《论坛报》周围的左翼人士和知识分子尽管遭到了威尔逊的排挤，但在这些非经济事务上，也具有实实在在的影响力。

知识分子引领变革的典型案例是1960年10月那起著名的案件：在老贝利街审理的政府诉企鹅出版社一案，更广为人知的名字是"查泰莱夫人审判"。此案同样与詹金斯有关：前一年出台的《淫秽作品法》源自一个由自由化人士组成的委员会的报告，詹金斯是该委员会中唯一的议员。这一案件将成为对《淫秽作品法》的测试。从伍利奇主教到小说家福斯特，诸多放任主义者都出面捍卫企鹅出版社，主张其有权不加删节地出版劳伦斯（D. H. Lawrence）关于一位淑女与一名猎场看守人产生私情的小说，将灌木丛里发生的风流韵事、对性交和鸡奸场景的刻画，以及"fuck"和"cunt"等字眼全部加以保留。向《泰晤士报》写公开信控诉邪恶的殖民主义，出席支持同性恋者权利的集会，或是支持核裁军运动的，也是这批人。《每日电讯报》的迈克尔·沃顿（Michael Wharton）在名为"海滩拾荒者"的专栏里，奥斯伯特·兰开斯特（Osbert

Lancaster）通过漫画，都对其进行了无情的讽刺。为"查泰莱夫人"辩护的证人包括牛剑教授、神职人员、著名作家、一名未来的保守党议员，以及一位桂冠诗人。英国公共生活中的各色自由主义者及知识分子都罕见地会集到了一起。我们已经提到，在"二战"期间及战后，左翼及自由派基督教思想在英格兰圣公会内占据着主导地位；审判期间，战时坎特伯雷大主教威廉·坦普尔的言论依然在被人引用。执掌大型出版社的也往往是品格高尚的自由主义者及中左派人士，例如企鹅出版社的艾伦·莱恩，或是维克托·戈兰茨。《观察家报》《曼彻斯特卫报》《新闻纪事报》等左翼报纸的影响力也正值巅峰，更不必提东山再起的《每日镜报》。和堕胎法及离婚法的情况一样，专家意见也被用于威慑及嘲讽那些自封的传统卫道士，并且起到了很好的效果。

以严肃性和声誉都无可指责的权威人物为激进变革的排头兵，以此来使得传统势力陷入混乱——这一策略在"查泰莱夫人"审判中首度接受了检验。代表控方的王室法律顾问、伊顿公学毕业生、前掷弹兵卫队成员默文·格里菲斯-琼斯（Mervyn Griffith-Jones）很清楚陪审团做出的抉择将具有历史意义。他在法庭上陈述道："关于道德，关于语言和对话，关于对社会福祉至关重要的行为，务必定下标准。"自从"二战"以来，对性愈发痴迷、缺乏节制和道德规训便令英国深受其苦。在陪审团听取了许多专家意见之后，格里菲斯-琼斯总结称："陪审团的成员们，你们不会被这些人提供的证据吓到……我相信，你们会像普通人一样实事求是地做出评判。"

然而，此时普通人的想法又如何呢？他竟询问男性陪审员是否会允许自己的妻子或仆人阅读这样一本书，这一问题成了全国的笑料。陪审团的判决为这场彬彬有礼的自由派狂欢节，为即将到来的"放任型社会"的序幕画上了句号。这意味着，那些不同于劳伦斯小说的色情书籍，例如约翰·克莱兰（John Cleland）写作于18世纪的色情小说《芬妮·希尔》（*Fanny Hill*）、波利娜·雷热（Pauline Réage）的性虐小说《O的故事》（*The Story of O*）等，也将得以出版。在这层意义上，品格高尚的反审查人士很快便遭遇了挫败。他们原本是要捍卫劳伦斯和詹姆斯·乔伊斯（James Joyce）这样的精英作家，但由此争取来的自由却很快便以意料之外的方式遭到了利用。不过，这就是自由的本性啊！

就这样，出身上层的一小群人改变了英国社会的规则，却并未为随之而来的变革洪流做好准备。不少50年代和60年代的一丝不苟的同性恋权利捍卫者对热情洋溢、"不知羞耻"的同性恋解放运动深感震惊。包括斯蒂尔在内的许多堕胎权利捍卫者日后都表示，他们当时并不希望如此众多的堕胎行为获得批准。关于绞刑的争论更是在其遭到废除之后才变得更加激烈。依然有许多不安与愤怒的保守声音存在。在上议院，"二战"英雄阿拉曼的蒙哥马利（Montgomery of Alamein）子爵表示希望将男同性恋行为的合法年龄规定为80岁；童子军总领袖抗议称英国正在变成又一个古希腊；另一名主教则警告称全国各地到处都是"鸡奸者俱乐部"。上流社会之外，在英格兰中部的某中学，一位怀有坚定基督教信仰的美术教师发起了一场反淫秽运动。自1964年起，道出了上百万人心声的"清洁电视"运动使得玛丽·怀特豪斯（Mary Whitehouse）成为闻名全国的人物。持反对意见的除了某些法官、地方议会议员和不赞同伍利奇主教的神职人员外，还包括后来对60年代转变了立场的记者，例如马尔科姆·马格里奇（Malcolm Muggeridge）、克里斯托弗·布克（Christopher Booker）和伯纳德·莱文（Bernard Levin）。

仅仅用发生在伦敦的几起重大事件来定义一个时代，这种做法总是危险的。不过在英国各地，传统价值观无疑都在遭受抨击，并在混乱中节节败退。詹金斯时代的各项改革也可以被视作去国有化或"社会领域私有化"的措施：国家机构放弃了曾经拥有的权力，失去了昔日的权威。可以将其视为撒切尔时代的工业私有化（国家机构放弃了经济权力及所有权）在社会和道德领域的对等物。左派往往认为，即使人们做出了在基督教传统价值观看来不道德的行为，其私生活也不应受到干预；但人们的工作状况完全应该成为国家干预的对象，从挣多少钱，到在哪里工作。右派的观点则恰恰相反：国家应该严格执法，维护传统的道德观念，但应尽一切可能避免涉足经济领域。左右两派推动的那些影响深远的变革导致政治退缩了，使得在道德和经济这两方面，国家机构的规模都缩小了。

这些变革是像詹金斯及其支持者相信的那样，使得英国更加文明了；还是如右翼评论人士所言，令这个国度更加粗俗、危险了？尽管暴力犯罪率大幅上升，但主张恢复绞刑的声音却少之又少。如今也很少还有人热衷于戏剧审查。离婚已变得司空见惯，既导致了巨大的不幸，也使得不少人获得了解放，但没有哪个政党考虑通过更加严厉的法律来迫使夫妇维持婚姻。同性恋者享有的权利扩大了，在这一问题上，趋势似乎也是不可逆转的。受到福音派基督教的影响，加之医疗技术的进步，堕胎如今成了 60 年代各项改革中最具争议、最有可能被逆转的一项。公正的评判应该是：这些变革使得英国人能够更加坦然地做自己；而且就算结果并不总是美好的，这一"智慧之果"也已无法再被吐出、放回树上了。

# 为自由的时装

关于整个 20 世纪 60 年代，人们的意见同样如此分裂。为何 60 年代如此重要？为何在电视上，在杂志文章中，在网络辩论时，在书籍和对话里，人们会为发生在少数几个地方、仅涉及少数人的少数几起事件耗费如此多时间？从迷你牌轿车到超短裙，从披头士热潮到芭芭时装店，我们总是宛如自闭症患者一样反复擦拭当年的画面，就仿佛其背后还隐藏着有待发掘的秘密以及尚不为人所知的历史规律一般。实际上，我们从未告别 60 年代，只不过是在重复这段时期，即使对于那些在 60 年代后才出生的人而言也同样如此。60 年代的音乐、消费文化与名人文化的影响范围远远超越了其第一批塑造者与参与者，遍及这片土地上的所有人。

从毒品泛滥，到我们生活中的各种背景音，从痴迷于名人的媒体，到迅速变迁的时尚，从故作无阶级的伪装，到对汽车的依赖，21 世纪初英国文化的精髓全都是在 1958—1968 年奠定的。我们仍然在经历那一时期，或者说至少也在稍感疲倦地经历精英们曾感受过的 20 世纪 60 年代。到了 70 年代中期，随着疯狂舞动的朋克文化兴起，加之英国据说已沦为无法管控之地，这种文化曾被短暂地打断，但那只不过是暂停。伴随着 80 年代的经济复苏，60 年代那些令人魂牵梦萦之事——逃避主义、个人成就、购物，又强势回归了。大众消费文化首度兴起，我们的民主制变得自恋，也均发生在这一时期。当然，第一次总是显得要新鲜一些，效仿者总归不具备先驱者特有的纯真无邪。塑造 60 年代文化的那群人并不知道自己将奠定未来生活的模式。

奇想乐团（The Kinks）或披头士乐队早期的歌曲并不像后来的

流行歌曲那样只是做工精良的商品；刚刚开店的玛丽·匡特（Mary Quant）也仍是个糟糕的商人，在意的只是服装设计。任何涉及金钱这么少的事业都不可能是世故的。诗人发出的第一声抗议怒吼，或是艺术家首度策划的即兴表演，也都闪烁着稍纵即逝的希望之光：这或许真能促成某种变革吧。甚至就连那些错误的行为也带有这样纯真的信念：人们真的相信毒品能够促使都市生活变得更加友善，而不是更加肮脏和危险；真的相信高层住宅能够为都市工人阶级带来更加敞亮和舒心的未来。那些找寻别样生活方式的绝望尝试同样具有纯真色彩：无政府主义乌托邦、荣格式心理分析、来自东方的宗教信仰、激进女性主义——所有这些都如同迅速变化的音乐潮流一样，一个接一个地归于失败。这些"反文化"名声扫地，遭到了抛弃，仅仅以"亚文化"碎片的形式延续至今。然而，就和这一年代的许多其他现象一样，反抗势不可当的消费时代的努力也是活力四射、扣人心弦的。自此之后，再也不曾出现新鲜的理念。

当然，60 年代的各种文化现象在当时只不过是"小众运动"。1965 年国王街与皇家宫廷剧院同多数英国人的距离，就如同 1765 年国王与宫廷同多数英国人的距离一样遥远。存在于大多数 60 年代亲历者脑海中的仍然是相当常规的郊区及外省生活。尽管从曼彻斯特休姆区那片极为糟糕的住宅，到伦敦托特纳姆区赢得政府奖项的布罗德沃特农场住宅区，许多城市的中心区域都在被拆除，新居取代了旧宅，但工人阶级大多仍生活在老式住宅里，如英格兰工业城市的砖制排屋，或是格拉斯哥与邓迪等地的经济型公寓。公路上出现了色彩更加鲜艳的新型轿车，但大多数仍是四四方方的黑色、奶油色或奶糖色车辆，看上去与50 年代别无二致。人们的钱包鼓了起来，但大部分开销仍用于前往巴特林假日营地或是海边度假，而不是用于举办堕落的派对。制造业的最后一抹余晖令英格兰中部地区的工人阶级经历了极大的繁荣，但他们的享受方式也只不过是前往西班牙度假。威尔逊承诺要发动一场火热的科技革命，但英国工厂仍如过去数十年一样，是杂乱、肮脏、充斥着流水线的阶级冲突核心地带。对孩子而言，着装正式、留着短发、脾气暴躁的父亲与教师等在"二战"期间象征着权威的人物依然随处可见，主宰着自己的生活。体罚在学校中依旧存在。负责做饭和做家务的往往仍是母亲。当披头士乐队鼓手林戈·斯塔尔（Ringo Starr）首度蓄起浓密的胡子时，那个自豪地将一卷又一卷丘吉尔战时回忆录摆上书架、在电影院里起立演奏国歌的英国并未远去。

因此在某种程度上，"60年代"其实是属于精英的。数量相对较少的一群音乐家、企业家、作家和设计师等人创造出了如今其他人研究和谈论的对象。如果你从未在洞穴俱乐部听过披头士乐队的早期演出，从未在怀特岛见证过鲍勃·迪伦（Bob Dylan）拿起电吉他的一幕，从未在格罗夫纳广场躲避过骑警，从未在皇家艾伯特大厅倾听过阿德里安·米切尔（Adrian Mitchell）和艾伦·金斯伯格（Allen Ginsberg）的诗朗诵，从未拎着一大包有着旋涡图案的衣服大摇大摆地走出芭莎集市……那么很抱歉，你错过了，永远地错过了。大多数人都错过了这些：要么太年长，要么太年轻，要么身处异地。不过，大多数人也错过了"狂野西部"，错过了法国大革命，错过了用大写字母标记的大多数事件。

然而，尽管参与者数量较少，但这种新文化远不是精英主义的：其塑造者是此前未曾享有过如此强大文化影响力的工人阶级和下层中产阶级。尽管只是通过广播和电视等形式，来自英格兰北部城市（主要是利物浦，也包括纽卡斯尔和曼彻斯特）的青年男女踏上了征服南方之旅。现在回想起来可能有些不可思议，但在60年代中期，披头士乐队的声音以及动物乐队（The Animals）的泰恩塞德口音几乎令伦敦及周边各郡的听众震惊不已。这些货车司机、码头工人、清洁工和店员的子女成了奢华的新式夜总会里的明星，并且即将受到女王的接见。

汹涌而至的消费主义与大众流行式民主以这样的方式结合到了一起，其重要性丝毫不亚于关于 60 年代的持久争论：这究竟是象征着解放与希望的时代，还是礼崩乐坏的邪恶时代？当下的消费市场需要不停地改变表象，淘汰"几乎还算新鲜"的事物，换上"更加新鲜"的事物。在更加内在的层面上，它必须是浅薄的。此外，它还要求几乎所有人都参与其中。扭头看看周围你就能发现，它既促进了民主化，也导致了肤浅化。与消费主义相比，60 年代大众流行文化和青年反叛的政治意义就显得微不足道了。这一段无礼的岁月的确摧毁了英国的许多传统，但并未迎来人人留着长发、身着连衫裤、服用迷幻药、纵情享受自由恋爱、耕作自留地的无政府主义-社会主义乐园，绝非如此。那个拥有军事传统、上千处落后的工业及乡村地区、种族主义、显而易见的阶级及地理分化的老英国被排挤到了一边，结果就是，当下这种被消费文化和名人文化主宰的民主制得以顺利取而代之。人们并未发动旨在解放自己的阶级战争，而是打起了价格战；并未结成嬉皮公社，而是沦为"开心的食客"。就连过去那种刻板的男女之别也会成为这种"自我取悦型"经济的障碍。雌雄莫辨的时尚风格、长发、口服避孕药，以及新萌发的对内心深处精神生活的在意（如果你愿意的话，也可以称其为愚蠢、毫不难为情地故作感伤）才是 60 年代的标志。英国正是在此时变得具有女孩子气了。那么女孩会干什么呢？女孩会购物。

男女平权和女性主义才刚刚浮出水面，仍有很长一段路要走。许许多多语带讽刺的回忆录都记录下了新兴摇滚明星们粗鄙的性别主义、其"小姐们"的天真无邪，以及男性大学生革命者的伪善。口服避孕药已经问世，《堕胎法》也将于 1967 年生效，但此时少女怀孕、女性操持家务、未婚妈妈被视为耻辱、醉汉家暴等问题依旧十分严重。男女同酬还远未实现，从报纸到工程行业，从律所到汽车站，许多工作场所都不欢迎女性。60 年代前期和中期，平等主义并非实实在在的社会变革，而是一项哲学领域的变革——这正是变革时代的常态。转变发生于对"怎样才算得体的人"这一问题的回答。过去那种咬紧牙关、忠实服从的斯多葛式美德遭到了抛弃。从属与服从等传统品质，以及沿袭自中世纪的土地归属状况、工业时代的资本状况和帝国时代行政级别的阶级等级秩序，都开始动摇和解体，英国社会变得更加稀薄，更加透气，更加柔软，更愿意自我原谅了。之所以会发生这样的转变，不是因为坏人败坏了好人，也不是因为（如果你是 60 年代的支持者的话）高尚的革命者开创了崇尚个人自由的时代，而是因为这样的变化符合新经济体系的要求。

芘芭时装店成了这一时期标志性的象征。它承诺要让女性获得解放，却是通过购物的方式来实现的。其创始人芭芭拉·胡拉尼茨基（Barbara Hulanicki）出身于波兰流亡者家庭，于"二战"前在华沙出生，在英属巴勒斯坦长大，直到身为联合国谈判代表的父亲被犹太复国主义恐怖分子杀害，才举家迁往英国布赖顿。她也算是个局外人，深受波希米亚风格的姑母影响。从艺术学校毕业后，她与丈夫一同创办了一家从事邮购业务的廉价服装公司。以她妹妹名字命名的芘芭时装店既价格低廉，又魅力四射。奥黛丽·赫本令胡拉尼茨基感到着迷："她的体态是：脖子长，头小，显得几乎没有关节。"胡拉尼茨基的首款热门设计则类似于碧姬·芭铎（Brigitte Bardot）在婚礼上身着的那条粉色格子裙。

在一间间昏暗、混乱的芘芭时装店，顾客们常常迷失自我，挑拣、试穿、弃置、拿下，有时甚至还会偷走大量新鲜的、似乎每周都会推陈出新的款式。服装在伦敦东区以飞快的速度缝制完成，然后再运往各家时装店。商店每周都要进货数次，成交量极为可观。很快，明星也要与下了班的打字员以及女学生一起争夺最新的芘芭款式了，她们包括米娅·法罗（Mia Farrow）、小野洋子（Yoko Ono）、安妮公主（Princess Anne）、拉克尔·韦尔奇（Raquel Welch），乃至芭铎本人。

正如芘芭时装的一位仰慕者所言："它使得购物成为一种体验，成为年轻人的休闲活动。"[1] 小号演奏家、漫画家、作家乔治·梅利（George Melly）将芘芭时装称为玛丽·匡特时装的民主版本。胡拉尼茨基本人则表示："我总是希望把价格降得低些、低些、再低些，直到最低值为止。"这种随穿随扔的廉价服装震惊了旧英国。要知道，当时还有上百万家庭从伍尔沃思百货商店购置布料，然后再手工或是使用缝纫机将其缝制成衣，并且手织耐穿的校服与毛衣啊。

这正是"买完即扔"的消费文化在服装业的最初体现。尽管日后这一文化会引发诸多道德困境，但在 60 年代，这似乎仅仅意味着数百万女性享受到了自由。芘芭式外观（即奥黛丽·赫本般面无表情的脸庞）就强调了这一点。芘芭时装针对的是没有太深刻思想的女孩，不拘泥于婚姻及母亲这一角色的女孩，很快就会开始经常服用口服避孕药的女孩，时尚的职场少女，以及对于自由的理解与法国革命哲学家大相径庭的女孩。最终，希思时代的通货膨胀，加之其扩张为从便餐到芘芭牌焗豆无所不卖的巨型百货商店的过大野心，葬送了芘芭时装店，它那贪婪而世故的新主人还以为芘芭能够成为又一家大型商店。芘芭就是这么可怜：既遭到了大企业的误解；正如我们将看到的，也遭到了左翼人士的误解。

---

[1] Alwyn Turner in *The Biba Experience*, Antique Collectors Club, 2004. 本段大部分内容都来源于此。

# 英国流行乐史

20世纪60年代初期，一个新兴市场的各项关键要素都已就位，其商品就是音乐。有关60年代这段摇滚乐队黄金时期的历史大多遵循同一个模式。开篇数页，得益于不太稳定但颇具魅力的卢森堡电台，孩子们听到了查克·贝里（Chuck Berry）与埃尔维斯·普雷斯利（Elvis Presley）的声音。在50年代初，这家商业电台自晚上7点起开始向英国广播。在其著名的208米中波信号背后隐藏着一段奇特的历史：该电台由法国企业家创建；"二战"期间被纳粹接管，用作宣传工具；战后又落入美军手中，凭借来自阿华田饮品广告及足球博彩广告的资金，再度实现复兴。这是卢森堡大公国对英国现代文化做出的已知的唯一贡献。发现了美国摇滚乐与流行乐这块新大陆之后，一位或是数位未来的明星会向朋友提议组建一个噪音爵士乐队。将噪音爵士乐发扬光大的是格拉斯哥小提琴演奏家之子、爵士音乐家朗尼·多尼根（Lonnie Donegan）。这种音乐形式使用简单的和弦及刮板等自制乐器，发出轻松、快活、混合了爵士乐与乡村乐的蓝调之声，真诚且幽默。与爵士乐不同的是，音乐功底并不太深厚的人也可以演奏噪音爵士乐——约翰·列侬（John Lennon）和其他成千上万人都发现了这一点。20年后，朋克迷杂志刊载了三种基本和弦的指法，敦促读者学习并组建乐队。有关噪音爵士乐的经验也正是这样的。全国各地的青少年都在卧室里和学校大厅里忠实地模仿多尼根的热门歌曲。假装用美国口音歌唱的多尼根更是成为首位登上美国流行歌曲榜的英国明星。

这部音乐综合史的下一篇章将提及两个至关重要的场所。其中之一是咖啡吧。无论是位于马斯韦尔山的公牛咖啡吧，还是利物浦著名的卡多马咖啡馆，又或是二者之间的上千家咖啡吧，都成了年轻人最重要的休闲场所。这些通常由意大利移民开设的咖啡吧，是在拥挤的家庭和不欢迎年轻人的成年酒吧以外，少有的播放音乐的场所。这里设有首批自动点唱机，有时还有现场演出。第二个场所则更加重要，这就是艺术学校。在50年代，艺术学校发挥的作用远不只是培养下一代设计师或雕塑家。此类机构多数可以追溯至维多利亚时代或爱德华时代，与当地的工学院有联系，旨在为所在城镇的服装、陶瓷、印刷等行业培养手艺人。因此在大规模大学教育的时代到来之前，聪慧、富有想象力但不愿循规蹈矩地接受教育的年轻人往往会前往艺术学校就读。直到70年代，大规模大学教育才真的引发了变革。

利物浦艺术学院的列侬、霍恩西艺术学院的雷·戴维斯（Ray Davies）、伊灵艺术学院的皮特·汤森（Pete Townshend）、沃尔瑟姆斯托艺术学院的伊恩·杜里（Ian Dury）、锡德卡普艺术学院的基思·理查兹（Keith Richards）、卡特·史蒂文斯（Cat Stevens）、平克·弗洛伊德乐队（Pink Floyd）和洛克西乐团（Roxy Music）的核心成员，只是成千上万人中的少数几位。咖啡吧是重要的聚会场所，但艺术学校才是生产流行文化的工厂。长期以来，身穿高领套衫、佩戴核裁军运动徽章的艺术学校学生一直是英国国民生活中颇具辨识度且常常受到嘲讽的群体。艺术学校则成了有才华的局外人会集之地，并为其提供支持。这些局外人中最终只有少数会成为主流艺术家。当时，达特福德电工之子、伟大的波普艺术先锋彼得·布莱克（Peter Blake）已开始创作以身边的摔跤手、通俗杂志、海报和音乐明星为主题的绘画和雕塑。通过在伦敦的三所艺术学院任教来增加收入的他走在了安迪·沃霍尔（Andy Warhol）等美国波普艺术家的前面，对年轻一代产生了深远影响。1961年，他鼓励年轻的伊恩·杜里去描绘自己感兴趣的一切："胸部与臀部，黑帮分子，街头混混，杰恩·曼斯菲尔德（Jayne Mansfield），以及马龙·白兰度。"杜里只是众多渴望令文化变得更具生气、更有活力的青年中的一位。在全国各地，学生设计师都与未来的画家、图像艺术家、导演等朝夕相处，因此新的理念很快便能流传开来。艺术学校学生从与自己混在一起的艺术家那里"偷"来了常见于60年代服饰及商店橱窗的布丽奇特·赖利（Bridget Riley）式奥普艺术线条。被谁人乐队（The Who）等印在衣服上、成为摩斯一族（Mods）标志一部分的皇家空军风格圆形图案及粗体黑色箭头，也来源于图像设计师和波普画家。60年代和70年代英国的风貌正是市立应用设计学院里各种理念相融合的产物，而美国和欧陆并没有此类机构。

在音乐界，对新鲜事物的渴求以及各种类型的混合也发挥了重大作用，因为艺术学校早就成了民谣与爵士乐的堡垒。怎么可能不这样呢？这里会聚了数千名聪慧的中产阶级和工人阶级青少年，他们希望寻找乐趣，而不是从事工业设计或各种办公室工作。到了50年代末，艺术学校的学生们已经开始倾听噪音爵士乐、节奏布鲁斯，以及英国首批猫王模仿者那有着精致包装、悦耳且相对而言不那么具有威胁性的作品。首位猫王模仿者是喜欢咧着嘴笑的汤米·斯蒂尔（Tommy Steele）；接下来是来自赫特福德郡的酒吧驻唱歌手哈里·韦布（Harry Webb），后来他摇身一变，成了画着眼线的克利夫·理查德（Cliff Richard）；再往后是前驳船工人比利·弗里（Billy Fury）。数年之后，未来的滚石乐队、奇想乐团和谁人乐队成员吸收了激进的理念，打造出全新的外观。显然，就如同水彩画和做工精良的陶器一样，这些理念和外形也是艺术学校的产物。杜里及其朋友惹了麻烦：他们把画笔当成鼓槌，吵得整座楼不得安宁。这一事例简直就如同一则隐喻。最为经典的艺术学校乐队还要再等上一段时间才会问世。以温切斯特艺术学院的布赖恩·伊诺（Brian

Eno）和矿工之子、在纽卡斯尔艺术学院师从波普艺术开创者理查德·汉密尔顿（Richard Hamilton）的布赖恩·费里（Bryan Ferry）为首的洛克西乐团，创作出了颓废、机智、思想尖锐的音乐，在 70 年代初深受英国听众喜爱。要是没有艺术学校这一背景的话，以概念专辑著称的最伟大乐队平克·弗洛伊德也不可能存在。

　　好了，让我们继续讲述这部音乐综合史吧。你已经受到了卢森堡电台的诱惑，学会了演奏噪音爵士乐，流连于各个咖啡吧，在外省的艺术学校里释放了自己的想象力。接下来呢？一言以蔽之：经营。在 60 年代初，一个奇特的名字加上一张英俊的脸庞，就意味着你很可能引起拉里·帕恩斯（Larry Parnes，又名"闪电拉里"）的注意。帕恩斯是首位"斯文加利式人物"[①]；"斯文加利"们由来已久，随处可见。突然之间，从这些头发乱糟糟的男孩身上有利可图了。

　　在流行乐之前，占据主导地位的通俗音乐形式并不能产生高额利润。公开场合的音乐大多是现场演出，例如歌舞剧院里的钢琴与班卓琴表演、明星歌手的演唱，以及舞厅里的大型乐队和属于亚文化的烟雾弥漫的爵士乐演出。乐谱音乐倒是能够使艾弗·诺韦洛等有才华的作曲家和哈里·劳德（Harry Lauder）等舞台明星赚到大钱。20 世纪初歌剧明星的录音使得留声机唱片的销量开始上升，麦克风的发明更是改变了歌唱的方式，使得演唱风格更加多样，更显亲切。因此早在流行乐诞生之前，唱片产业就已经令吉尔伯特与沙利文（Gilbert and Sullivan）、路易斯·阿姆斯特朗（Louis Armstrong）、墨水点乐队（The Ink Spots）、弗兰德斯与斯旺、薇拉·林恩（Vera Lynn），以及许多浪漫歌手和伦敦西区音乐人走进了千家万户。到了 50 年代末，英国共有四

---

① 斯文加利是一个虚构的小说人物，他善于引诱、控制并利用年轻歌手。——译者注

大唱片公司——EMI、迪卡、派伊和飞利浦，但其利润大多来自古典音乐及喜剧录音。只有当 7 英寸唱片普及开来之后，青少年才看到了购买唱片的一丝可能。然而，尽管美国早在 1948 年便已开始生产这种唱片，但对于英国的工人阶级青年而言，直到 50 年代末，它们的价格还是过于昂贵了。

其他至关重要的技术变革也发生在几乎同一时期。首先，收音机修理工利奥·芬德（Leo Fender）于 1948 年发明了大音量电吉他，他的宿敌莱斯·保罗（Les Paul）也迅速跟进。随后，晶体管收音机于 50 年代中期被发明，其本意是避免在与苏联的核战争之后同美国人失去联络，却出于其他原因在 50 年代末变得十分流行。倘若没有麦克风、电吉他和 7 英寸唱片，流行乐和摇滚乐就不会问世；倘若没有收音机，至关重要的交互影响也就无法发生。似乎是各项因素合力促成了这一时刻的到来。战后的经济繁荣使得青少年和年轻工人的钱包鼓了起来，婴儿潮则使得青年人数增多了，营养条件的改善意味着他们性成熟得更早，适合于流行乐的大众营销机制也已就位。卢森堡电台于 1952 年首度播出了《流行之巅》（*Top of the Pops*）节目。几年之内，电视也将迎头赶上：丽的呼声公司推出了在英国流行音乐史上举足轻重的一档节目《准备出发》（*Ready, Steady, Go*），BBC 也推出了自制的《流行之巅》。

早先一代美国摇滚和蓝调先锋已经将音乐转变成了长度仅有几分钟、容易令人上瘾的小段旋律，每周都可推陈出新，供人购买。广播、电视和杂志等宣传机器都已开动。家家户户都拥有当时仍十分兴旺的英国电子产品制造业生产出的收音机和点唱机等设备。在全国各大城市，都有无数迷恋明星的青少年竭尽所能地在廉价吉他上演奏着从广播中学来、亲手写下的歌词与和弦，只待被人发掘，他们就是所谓的"工蜂"。于是，在这则虚构的 60 年代成功故事中，"斯文加利"们便适时地在咖啡吧地下室或是私人俱乐部的门后出现了，一手拿着购自威势明商店的合同，一手拿着亮闪闪的派克笔。关于究竟谁剥削了谁的长达 10 年的争论就此开始。正如帕恩斯以及披头士的经理、这一行中最著名的人物布赖恩·爱泼斯坦（Brian Epstein）一样，经纪人和中间人多数也都是焦躁的局外人：在那个同性恋行为仍不合法、反犹情绪仍然高涨的年代，这两人恰恰都是同性恋者和犹太人。

这部典型的流行乐队史接下来的内容尽在意料之中：乐队早期那难听的名字；翻唱歌曲；乘坐租来的长途汽车，在前高速公路时代的狭窄道路上颠簸，往返于巴特林假日营地和外省剧院之间赶场演出，就这样度过一两年时间；首支上榜热门歌曲，首度获邀前往丽的呼声公司总部录制电视节目；首辆宾利轿车，首支大麻烟；明星吉他手与从未真正融入乐队的鼓手之间的关系日趋紧张；在伦敦周边郡县买下一幢宏大的宅邸；由于吸毒过量、车祸或是溺水，乐队某位成员悲剧性地英年早逝；解散，然后再度复合。

尽管英国的摇滚与流行乐队大多都曾走过上述轨迹，但早期乐队的经历仍显得更加有趣，原因很简单：在此之前这些故事从未发生过。从贫穷的后街少年，到坐拥巨额财富的国际明星，这种一飞冲天的童话故事显得如此新鲜而不凡；同样新鲜而不凡的是几乎总是如影随形的关于虐待与背叛的阴暗故事。流行乐是一门生意，但它同样事关阶级与道德：几乎每部乐队史都会提及音乐营销与保持纯真、忠于自我之间的冲突。当然，许多乐队实际上根本没有尝试过保持纯真，但最重要的那些乐队的确有此想法，而且此举并不轻松。由 4 名北伦敦男孩组成的奇想乐团具有坎普风格的外形，曲风粗粝、强悍，但为了吸引注意力，他们却不得不穿戴上极其精美的服饰：粉色狩猎夹克、襞襟、高筒羊皮靴。和许久之后才出现的纽约娃娃乐队（New York Dolls）及地下丝绒乐队（Velvet

Underground）一样，更具直男色彩的美国市场也难以接受他们这种打破性别界线的造型。史上最著名的乐队则在爱泼斯坦的软硬兼施下，不得不放弃了在汉堡演出时喜欢上的粗糙的牛仔裤和皮制空军夹克。披头士还被告知，要想签下第一份唱片合约，就必须不再在舞台上抽烟，不再骂脏话，不再迟到，以及不再临时决定演出曲目。哦，对了，他们还得学会如何在唱完每一首歌之后，优雅地集体向观众鞠躬致意。[①] 他们同意了这些要求。直到大获成功之后，他们才获得了向经理和顾问发号施令的自由。

对乐队的掌控程度必须恰到好处，令其激动人心，但又不至于过度激动人心。很快，这便成了现代乐队管理面临的最有趣的难题之一。事实证明，为使得商业回报最大化而对青春活力加以控制，就如同早期对核裂变的控制一样，既困难又不稳定——直到 80 年代，随着朋克运动的死亡，被彻底包装、已完全商业化的流行乐占据了无可置疑的统治地位，完美的控制才终于实现了。早年间，"金钱总会压倒生命力"这一结论尚不总是显而易见的事实，仍然有人希望抗争一番。和其他许多乐队一样，来自伦敦西部的谁人乐队也起步于噪音爵士乐，并且也受到了披头士成功故事的鼓舞。乐队经理彼得·米登（Peter Meadon）鼓励他们穿上新潮的服装，瞄准新一代摩斯一族听众。然而，尽管砸毁吉他等暴力行为能够取悦现场观众，却使得他们在很长一段时间里一直遭到主流的排斥。在辉煌的职业生涯中，他们不仅在概念专辑领域向披头士发起了强有力的挑战，而且从未被真正驯服。同样桀骜不驯的还有奇想乐团，该乐团的创作天才雷·戴维斯与美国电视协会的一名官员发生了打斗，后者将奇想乐团称为"一群共产主义窝囊废"，并在随后关键的 4

---

① 见 Bob Spitz, *The Beatles,* Aurum Press, 2006。

年时间里在美国将其封杀。某个强硬、愤怒的乐队总是会刺激下一个乐队变得更加强硬、愤怒。

除了保持对这一新兴市场的人身控制之外，争夺的另一焦点在于歌曲的主题。早年那些幼稚的"男孩遇到女孩"式歌曲以及对美国黑人音乐的简单模仿很快就过时了。摇滚乐的主题是逃离，逃离的对象主要是充斥着年轻消费者的都市与城郊。对于大多数人而言，青少年岁月终究会以中规中矩的工作及婚姻收场——60年代的人们前所未有地乐于结婚，结婚率在1972年更是达到了峰值。但令唱片公司、BBC、政客和报纸恼火的是，毒品、神秘主义、黑帮和性尝试等另类生活方式却受到了流行文化的赞颂。有些乐队打扮成更具挑衅意味的坎普风格造型，化上妆，旨在故意激怒留着短发的传统男性。奇想乐团的《洛拉》（*Lola*）和谁人乐队的《我是个男孩》（*I'm a Boy*）等歌曲探讨了异装癖这一话题。滚石乐队歌曲里懒洋洋的放荡态度则令父母们震惊不已。

60年代流行乐本身的实验与变化之多同样令人震惊。崭新的音效、配器、歌曲长度、意象等元素几乎每隔几个月就会出现，在1966—1968年更是每隔几周就会出现。这是最为典型的受市场驱动的资本主义竞争：日复一日，只有击败其他对手，才能赢得利润与地位。竞争的量化指标则是销量。最伟大的实验者之一要数保罗·麦卡特尼（Paul McCartney），他将从循环磁带、现代作曲家以及巴赫处汲取的养分注入了披头士的音乐。当披头士成为名副其实的"超级乐队"后，他们却发现演唱会上的尖叫声太过嘈杂，自己都听不清音乐了。于是，他们又渐渐地退回了录音棚，创作出更长、更复杂、更具反思性的音乐。变革仍在继续。滚石乐队的蓝调摇滚将向默西河畔传出的节拍音乐发起挑战，摩斯一族将展开反击，早期吉他摇滚重金属音乐将突然出现，安非他命激发出的快速、短暂的单曲将被LSD激发出的具有循环、催眠式节奏和超现实主义封面的专辑取代，使用原声的抗议歌曲也将改用电吉他。

头发从顺滑变得蓬松，再变长，最后又被剪掉。上唇的胡子先是变得浓密，后来又消失不见，随后就连最意想不到的人也蓄起了野人一般的络腮胡子。在各个方面，披头士都是先锋：最先投入印度神秘主义的怀抱，最先使用锡塔琴，最先尝试新一波热门毒品，以及最先因实在无法忍受压力而宣告解散。似乎没有人能摆脱这一轨迹。乐队的成功固然与其成员的音乐才华息息相关，但他们作为街头之子的真实一面同样至关重要：他们的愤怒、热情、厌倦和机敏恰恰代表了日常生活中的普通人，正是这些人宁愿节衣缩食也要购买他们的歌曲。流行乐若非来自底层，就将一无是处。然而一旦成功之后，金钱以及为避免歌迷过于靠近所必需的安保措施就会将音乐人与他们原本属于的那个世界隔离开来，这样一来，他们只能不可避免地转而反思内心，变得无足轻重。最终，泡沫之中的生活将被证明是毫无生气的，而音乐，或者说乐队，将因窒息而死去。

## 视觉文化与明星的诞生

当代的明星崇拜现象同样诞生于 20 世纪 60 年代。所有发达社会都将大量注意力耗费在一小群受到偏爱的人身上，他们要么富有，要么美丽，要么有才华。在 18 世纪的欧洲，这些人是公爵夫人与宫廷作曲家；在古罗马，是演说家与角斗士；在 19 世纪的日本，则是武士与花魁。其服饰、私生活、缺陷及家族兴衰被事无巨细地谈论着，令人乐在其中。

这些人构成了一个梦幻般的大家庭，比其他任何人都更美丽或更邪恶，总之是更加多姿多彩。明星崇拜是"货物崇拜"（cargo cult）在现代英国的翻版，近几十年来有所改变的只是其规模。这种现象在电视上将别的娱乐形式都排挤到一边，入侵并主宰了通俗报纸，还催生了一大堆杂志，永不停歇地跟踪明星整容、婚变、隆胸和生育的消息。所有这些都起源于 20 世纪 60 年代中期。从 60 年代报纸和时尚杂志歌颂青春明星的文章中，就能感受到当下《Hello!》和《OK!》等杂志采访或是刻画那些面无表情的姑娘时巴结讨好、令人腻味的语气。《名人老大哥》等暴露癖式电视真人秀的源头正是半个世纪之前的电视游戏节目和"知心阿姨"专栏。足球运动员和音乐人的地位从为公众服务的手艺人或仆人擢升为行为不端的诸神，这一过程同样始于 60 年代。

明星常常被嘲讽为毫无才能。有些人的确是这样，但有些人并非如此。有些矛盾的是，受到其他人赞颂的那些年轻、美丽的明星，构成了一个既十分狭小，又十分开放的圈子。在外人看来，明星似乎生活在一个迷人的封闭世界，受到剃着光头、戴着墨镜的男子守护；神奇的是，圈内的摇滚明星和足球明星、女演员和公主，居然都相互认识。然而，60 年代的新发现是，明星还必须具备开放性，也就是说必须让普通人也有加入其中的机会，否则这个圈子就会凝固为一小撮受人嫉恨的精英。当代明星圈子可容不下武士阶层及傲慢的公爵夫人，至少在理论上，它必须成为一座所有人都有可能抵达的梦幻岛。尽管议会民主陷入了挣扎，但文化民主却占据了统治地位。

所谓"摇摆的伦敦"（Swinging London），或曰"场景"（the Scene），实际上只是少数餐厅、商店与俱乐部。不断有人为这些地方的一小群人拍摄照片或是撰写文章。切尔西区的芘芭时装店、老奶奶环游世界时装店、芭莎集市和挂在你身上时装店都是时尚人物云集之地。

晚间的热门场所则是安娜贝尔、演艺船、镇上话题等夜总会。《私家侦探》杂志记者克里斯托弗·布克于 1969 年出版了回顾这一时代的嘲讽之作《猎奇者》（The Neophiliacs）。他发现到 1965 年夏天，"摇摆的伦敦"的核心人物也不过区区 20 多人，包括：披头士，米克·贾格尔（滚石乐队的其他成员名头还不够响亮），模特珍·诗琳普顿（Jean Shrimpton），设计师玛丽·匡特，画家戴维·霍克尼（David Hockney），演员迈克尔·凯恩（Michael Caine）与特伦斯·斯坦普（Terence Stamp），摄影师斯诺登伯爵、戴维·贝利（David Bailey）与特伦斯·多诺万（Terence Donovan），漫画家及《星期日泰晤士报》彩色副刊主编马克·博克瑟（Mark Boxer），以及室内设计师戴维·希克斯（David Hicks）。

布克指出，这些"新贵族"全都以某种方式参与了图像的生成。尽管这一名单总在不时发生变化，但仍具有稳定性。由贝利创作、博克瑟设计的"照片簿"成了一架有力的宣传机器。布克这样叙述道：

这份名单几乎相当于有关"新贵族"的德倍礼指南，其成员包括：两名演员、八名流行歌手、一名波普艺术家、一名室内设计师、四名摄影师或设计师、一名芭蕾舞演员、三名模特、一名电影制片人、一名服装设计师、一名夜总会经理、一名广告公司创意人员、一名"流行歌手之友"，以及来自伦敦东区、"与地下世界有染的"克雷兄弟。

数年之前的普罗富莫事件便已大致勾勒出了这样一幅图景。旧富、大公司、传统艺术家和政界人士渐渐淡出了聚光灯外，退居舞台边缘；工人阶级出身的新贵则成为主角。就这几位摄影师而言，贝利来自伦敦东汉姆区，父亲是一名裁缝；多诺万也来自伦敦东区，父亲是一名货车司机——伦敦东区的确盛产摄影师，为诗琳普顿、斯坦普及披头士拍摄了标志性照片的特里·奥尼尔（Terry O'Neill）以及60年代和70年代的著名战地摄影师唐·麦库林（Don McCullin）也都来自这里。来自伦敦比林斯盖特地区的凯恩是鱼类搬运工之子，斯坦普的父亲则是一名驳船船长。女性"新贵族"则包括波兰流亡者家庭出身的胡拉尼茨基、来自伦敦尼斯登地区的木匠与伍尔沃思商店店员之女莱斯莉·霍恩比（Lesley Hornby，更著名的名字是"崔姬"），以及以茜拉·布莱克（Cilla Black）这一艺名闻名的来自利物浦某个贫困地区的普丽西拉·怀特（Priscilla White）。

在30年代、40年代乃至50年代的伦敦，这些人中很少有人能够成名，对于披头士、奇想乐团以及许许多多其他人而言同样如此（不过无论何时何地，贾格尔倒是都能成为一名成功的商人）。布克列出的这个相互交织的"新贵族"圈子，就和50年代的保守党小圈子以及90年代新工党治下的白厅一样黏稠、复杂。有些人纯粹是因为外形才成了"新贵族"，例如瘦弱的超级模特诗琳普顿（当然，"超级模特"一词首次出现也是在1968年）。但真正重要之处在于旧英国亟须"输血"，吸收大量工人阶级人才。这些新来者对图像感到痴迷，并很快占领了音乐、时尚、彩色杂志、发型、广播、电视、广告等不归金融城及旧贵拥有的新兴媒介。

当时还兴起了一阵此后再未出现的"自己动手"风潮。自从50年代中期起，匡特便从商店采购布料，进行裁剪后在自己开办的芭莎集市上售卖。她的颠覆性比起皮特·汤森和基思·穆恩（Keith Moon）都有过之无不及：她设计、裁剪并缝制的制服嘲讽了老一代"新风貌"设计师那带褶和带垫的夸张风格。从一间起卧两用的房间和一家小店出发，向巴黎和伦敦西区的时装业发起挑战，就如同从利物浦的一间地下室向美国摇滚乐发起挑战一样勇敢。匡特那令人震惊的迷你超短裙（名字源于她钟爱的迷你牌轿车）令某些人感到极为不快，以至于商店的橱窗常常被男性抗议者用伞尖敲打，有时甚至会遭到砖头袭击。她一向坚称自己是在试图解放女性，令其能够追赶公共汽车，并且得以展示战后配给制打造出的苗条、美丽的躯体。然而，真正令人感到震惊的是超短裙的性诱惑力。凯恩日后回忆了带母亲去国王街一探究竟的经历："一个女孩穿着长度只到这里的超短裙走了过来。我说，这就是了。母亲看着她，直到她走远。我们又走了一会儿，母亲一言不发。于是我便问道：'妈妈，你有什么想法？'她说道：'要不是为了出售的话，都不应该把它摆在橱窗里。'"①

## 禁毒之战

如果说现代英国的声音及货物崇拜诞生于 20 世纪 60 年代，那么，其特殊罪行同样源于这一时期。1967 年 2 月，警方突击搜查了基思·理查兹位于萨塞克斯郡的雷德兰兹宅邸，发现了安非他命与大麻，并逮捕了理查兹和贾格尔。理查兹和贾格尔被处以徒刑及高额罚金，但事实上二人仅仅于上诉前在布里克斯顿监狱里待了两天时间。整起事件是《世界新闻报》（*News of the World*）精心策划的，在全国范围内激发了激烈的争论，《泰晤士报》带头对过于严厉的判决提出了抗议。在一篇题为《是谁在对一只蝴蝶行车裂之刑？》的著名社论中，该报编辑威廉·里

---

① *Parkinson*, quoted in Max Decharne, *Kings Road*, Weidenfeld & Nicolson, 2005.

斯-莫格（William Rees-Mogg）就判决的严厉程度进行了质疑，称其为"能够上得了法庭的最为轻微的毒品案件"。一个月后，《泰晤士报》刊登了一则整版广告，宣称禁止大麻的法律"在原则上是不道德的，在实践上是不可行的"。签名的 65 人中包括医学专家、获得过诺贝尔奖的科学家、政客、小说家格雷厄姆·格林（Graham Greene）以及披头士。在那个时候，鲍勃·迪伦已经让披头士尝试过了大麻的滋味；很快，麦卡特尼也将因承认自己吸食过 LSD 而掀起又一场轩然大波。

在披头士等人登陆汉堡后的几年间，毒品的用途也发生了改变。起初，这是为了让艺人保持清醒；之后，是为了在疲惫的工作和旅途之后令他们平静下来；到了 60 年代中期，毒品的目的更加宏大了：据说 LSD 能够引导出真理，使得心灵达到更高的层次，窥见更多彩的现实。这种致幻物来自美国西海岸，不过很早之前英国作家就曾赞颂过 LSD 的前趋物麦角酸。彼时的一位反文化作家杰夫·纳托尔（Jeff Nuttall）就曾声称这种药物"不仅仅能够带来愉悦，更是宛如一扇朝向禅宗式永恒的窗户，宛如一条通往有机生活、宗教与惊叹的捷径"。

无论是反文化人士欣喜若狂的情绪，还是披头士在重塑流行乐期间营造出的如吸食毒品般的如梦似幻感觉，又或者是活动家的支持（他们与成功地推动了詹金斯改革的那些人并没什么两样），都不足以改变国家机构对此类药物的敌视态度。性可以被包装起来加以推销，摇滚乐同样如此，但毒品就不一样了。这种愉悦仍将遭到禁止。摇滚乐无疑对毒品文化起到了推波助澜的作用。最危险的毒品海洛因就一路从一小群富有的娱乐圈精英，途经中产阶级叛逆青年，最终流入了黑帮和毒贩手中，导致了市政住宅区里的种种悲惨景象。1953 年，英国仅有 290 名记录在册的海洛因吸食者；到了 1968 年，这一数字已上升至 2 780 人；到世纪之交时，更是已高达 2.5 万人。真实人数无疑要远高于这些数字。

在 50 年代，除了少数亚文化群体外，很少有人吸食危险性较弱、更加受人宽容的大麻；但到了 60 年代中期，每年因此被逮捕者就达到了 2 000~3 000 人，到了 2000 年这一数字更是高达 9.7 万人。此外，尽管相较于其他毒品，60 年代吸食可卡因的人数较少，但一项学术研究指出，进入 21 世纪以后，单单是在伦敦便有 4.6 万人在吸食格外危险的"霹雳可卡因"。大规模吸毒的现象于 20 世纪 60 年代在英国出现，乐迷和嬉皮士宣称这种行为既有利于个人，也有利于社会；当局却认为毒品文化乃务必摧毁的社会罪恶。双方都遭受了挫败：没有人因为吸食海洛因、LSD 或大麻而变得更睿智、更有趣；禁毒之战也彻底失败了。最初，毒品的受害者是陆续因吸毒过量或毒品相关意外而死去的艺人及其随行者，随后更重要的，则是数十万与之相比更加贫穷、才华更为逊色的孩子，他们步其后尘，却未能享受到多少乐趣。

## 本土制造与舶来品

没有哪个有理智的人会试图在英国流行乐与其美国源头之间画出一道清晰的界线。对于除了美国人以外的所有人来说，摇滚都是舶来品。在美国黑人俚语里，"摇滚"一词是性交的意思。这种音乐形式诞生于美国南方腹地，融合了节奏布鲁斯，最终又与源自爱尔兰、英格兰、苏格兰和法国民谣的美国白人乡村音乐结合起来。这种节奏快、音量大、性欲化了的音乐一抵达英国就被斥责为格格不入、下流、目无法纪、堕落的"黑人"音乐，完全不符合英国特质。并非只有闲坐在肯特郡花园里的退休军官才持有这样的看法。极为流行的音乐杂志《旋律制造者》

（*Melody Maker*）就曾称："摇滚乐是流行音乐界最恐怖的事物之一……无论就乐器还是人声而言，摇滚技法都是与爵士乐多年来的努力方向，也就是良好的品味以及音乐上的完整性，背道而驰的。"[1]

当代爵士乐迷和热爱民谣的纯粹主义者将坚持这一立场达数年时间。然而，恶魔一般的普雷斯利及其作品实在是太伟大、太迷人、太势不可当了。英国的第一代歌手及乐队很少自己创作歌曲：多尼根用伪装的美国口音唱歌，上千名摇滚乐明日之星无数次地翻唱美国歌手波·迪德利（Bo Diddley）、小理查德（Little Richard）和胖子多米诺（Fats Domino）的歌曲。在这方面起到表率作用的还是列侬和麦卡特尼，他们突破性地演唱了自己的歌曲，促使许多乐队也走上了原创的道路。但即使创作出了无数金曲，滚石乐队的音乐听上去依然不是特别具有英国风味；达斯蒂·斯普林菲尔德（Dusty Springfield）有着那个年代最美妙的声音，但只凭歌声判断，你完全有可能以为她是美国摩城唱片公司旗下的一个黑人女孩，而不是来自海威科姆的天主教姑娘。

不过，不列颠诸岛的音乐传统也足以反哺这一发源于美国的音乐革命，并极大地改变其内容及声音。此前我们已经提到过艺术学校，除此之外，尽管流行乐和摇滚乐明星很少具备关于民谣的一手经验，这种传统的音乐形式依旧得到了复兴。约翰·奥兰南（John O'Leannain，这一爱尔兰姓氏经盎格鲁化之后才变为"列侬"）和保罗·麦卡特尼都出身于爱尔兰音乐世家，但并未继承民谣传统。1967 年在北伦敦成立的费尔波特协定乐队（Fairport Convention，这个名字来源于他们的排练场所）以及由成长于布莱克浦的苏格兰长笛演奏家伊恩·安德森（Ian Anderson）于 1968 年组建的杰思罗·塔尔乐队（Jethro Tull），

---

① 引自 Dominic Sandbrook, *Never Had It So Good,* Little Brown, 2005。

在摇滚中融入了几分英国民谣的韵味；来自北爱尔兰的范·莫里森（Van Morrison）等人则频繁地穿梭于不同类型之间。

更强有力的影响来自此前讨论过的歌舞剧院，或者说综艺表演的传统，以及在家里的钢琴上演奏的或幽默或伤感的音乐。披头士的专辑《佩珀中士寂寞芳心乐队》（*Sgt. Pepper's Lonely Hearts Club Band*）里那些喧闹、充满活力的歌曲，例如《永远的草莓园》（*Strawberry Fields Forever*），就带有这些传统的印记。在那张专辑中，游乐场和马戏团仿佛就在不远处。正如均在年少时丧母的列侬和麦卡特尼在歌中所唱的一样："大家都站起身来，随歌起舞吧。在你们的母亲出生前，这就是首热门歌了。"除了带着利物浦式乡愁的披头士外，还有许多乐队也在歌词中注入了当地元素，在此仅举一个例子：杰思罗·塔尔乐队在 1971 年的专辑《水肺》（*Aqualung*）中提及了普雷斯顿火车站、汉普斯特德荒原以及皮卡迪利圆环；他们的下一张专辑、在美国大获成功的《像砖一样厚》（*Thick as a Brick*）不仅直面了 60 年代过后的绝望情绪——"浪潮过后，沙堡一般的美德被一扫而空，道德陷入一片混乱"，还提出了这样的质问："那么当上个周六你需要他的时候，那该死的比格尔斯 ① 到底身在何处？"

最令人赞叹并持之以恒地试图打造独具英国特色流行乐的要数奇想乐团，但在当时这样的尝试遭遇了彻底的失败。当其他乐队纷纷在美国成为明星之时，奇想乐团却被禁止前往美国演出。常常愤怒地旁观现代生活的雷·戴维斯转而专注于本地主题。他早已创作过许多关于歌舞剧院之消亡或英格兰秋日乐趣的流行歌曲，1968 年的专辑《奇想乐团乃绿村保护协会》（*The Kinks Are the Village Green Preservation*

---

① 比格尔斯（Biggles）是一个虚构的飞行员形象，是典型英式英雄的化身。——译者注

Society）则达到了全新的高度。正如戴维斯所言："其他所有人都认为吃迷幻药、吸食尽可能多的毒品、在昏迷状态下听音乐才是时髦的事情，但奇想乐团却唱起了关于失去的朋友、生啤酒、摩托车手、邪恶的女巫和会飞的猫的歌曲。"[①] 此言并不夸张。专辑的同名主打歌呼吁保护诸多事物，尤其是漫画人物"急性子丹"、草莓果酱、乔治十字勋章、"福尔摩斯式英语"、街头小店、瓷杯、童贞、都铎老屋及老式桌子，还抨击了新兴的摩天大楼与办公大楼。与披头士相比，这张专辑的销量很低，并且令乐评人苦恼不已：他们不明白奇想乐团是真的这么想，还是仅仅在讽刺。如今，这张专辑已被视作60年代英国流行乐的一大杰作，细腻地将热爱与嘲讽、怀旧与戏弄糅合起来，同时还保持了纯正的英式风味。奇想乐团不仅对谁人乐队等其他乐队影响显著，更对日后的"英伦摇滚"（Britpop）浪潮产生了重大影响。他们证明了英国乐队完全能够创作出关于身边事物的摇滚乐，而不必故作纽约客或亚拉巴马男孩的样子，更不必假装自己（有几分）像黑人一般。

摇滚是属于梦想者或不会造成伤害的幽默者的活动，是为那些每逢周末便会反叛的青年提供乐趣的工厂；摇滚明星们则忙于购置乡间宅邸、劳斯莱斯豪车以及各种毒品，无暇担心国家的状况。摇滚乐很少具有政治性。正如列侬于1971年接受《滚石》杂志采访时，对"披头士造成了何种影响"这一问题的答复一样："除了我们都显得更加光鲜了之外，什么也没有发生。掌权的还是同一群浑蛋，主宰一切的依旧是那群人，什么都没变。"参加反越战研讨会及抗议集会、为反对工党内部的资本主义走狗而上街游行、怒吼着要求发动革命的那些左翼反文化人

---

① Ray Davies, *X-Ray: the Unauthorised Autobiography,* Viking, 1994. 另见 Andy Miller, *The Kinks are the Village Green Preservation Society,* Continuum, 2003 及 Neville Marten & Jeff Hudson, *The Kinks,* Sanctuary Publishing, 1996。

士也怀有同样的感受。和流行乐一样，反文化这一现象也是来自美国的舶来品。当反文化诗人1965年在皇家艾伯特大厅举办朗诵会时，参与者除了阿德里安·米切尔和克里斯托弗·洛格（Christopher Logue）等英国代表外，还有艾伦·金斯伯格、劳伦斯·费林盖蒂（Lawrence Ferlinghetti）和格雷戈里·科尔索（Gregory Corso）等来自纽约和旧金山的宗师。最雄辩的声音总是出自诗人之口。

毫不意外的是，反战运动受到的最强有力影响同样来自美国。越南团结委员会在位于伦敦格罗夫纳广场的美国大使馆外组织了三场示威活动，第二场格外暴力。这些人其实是效仿了曾在美国引发更大反响的一套行动策略。与美国和法国校园里严重的骚乱相比，霍恩西艺术学院、吉尔福德艺术学院和沃里克大学学生们的静坐与占领行为就显得有些苍白无力了。甚至连最极端的美国地下运动也受到了英国人苍白地模仿，无论在比喻意义还是字面意义上都是如此：他们仿效美国的黑豹党，有些可悲地自称为"白豹"，但主要革命诉求似乎仅仅是免费参加摇滚音乐节，也就是他们所谓的"人民的音乐"。1967年，在伦敦的圆屋剧场举行了一场为期两周的"解放辩证法"讨论会，会上的著名发言人包括美国"黑人权力运动"领袖斯托克利·卡迈克尔（Stokely Carmichael）。在此次会议的最后，一名英国组织者代表"我们这些与现实隔绝的白人知识分子、本质上具有殖民性的资产阶级"进行了卑躬屈膝的道歉。本次会议的思想导师是流亡于加利福尼亚的德国人赫伯特·马尔库塞（Herbert Marcuse），他的核心论点是：富裕社会具有压迫性，其基础在于不断地催生"伪需求"；通过惯常的政治革命是无法改变这种局面的。

同一年，一位名叫居伊·德波尔（Guy Debord）的法国革命者也来到了英国，准备发出呼吁战斗的呐喊。当他抵达位于诺丁山的公寓后，原定要和他见面的 20 名死忠革命分子里只有三人现身。结果，他们把一下午的时间都花在了喝麦克尤恩公司的出口牌啤酒和收看《今日比赛》（*Match of the Day*）节目上。[1] 自然而然地，德波尔对盎格鲁 - 撒克逊人不再抱有希望了。当代英国革命者完全无法构成威胁，这使得主流电视喜剧节目能够轻而易举、兴致勃勃地将其收入自己囊中，例如"图廷人民阵线"的领袖"公民史密斯"（Citizen Smith）这一角色。不过，自称"愤怒者"的德波尔追随者却深度参与了 1968 年的巴黎学生大起义。英国从未经历过如此大规模的起义：一天之内，就有近 600 名学生因与警察发生冲突而被捕；在反抗的最高潮，全法国共有 1 000 万工人参与罢工。上百名英国学生漂洋过海，加入了这场运动，并希望这能够演变为一场革命。然而，在大选中获胜的戴高乐成功地镇压了这场起义。

英国并未涌现出如披头士、谁人乐队及奇想乐团一样出色的另类政治出版物。《国际时报》（*International Times*）、《黑矮星》（*Black Dwarf*）和《Oz》等地下杂志只是在模仿类似的美国出版物的语言、图像及漫画风格，但又不像摇滚乐那样具有风趣、粗暴的工人阶级式活力。这些出版物与国家机构发生的最激烈冲突是围绕着维维安·伯杰（Vivian Berger）笔下的鲁珀特熊是否举止淫秽展开的——伯杰这名 15 岁的男生有着格外下流的想象力。《Oz》杂志于 1971 年夏因这则漫画接受了漫长的审判。在老贝利街，尽管为该杂志辩护的律师约翰·莫蒂默（John Mortimer）尽了最大努力，但法官依然宣判漫画上阴茎异常粗大的鲁珀特熊举止下流，该杂志的编辑理查德·内维尔（Richard Neville）、费利克斯·丹尼斯（Felix Dennis）和吉姆·安德森（Jim Anderson）被处以缓刑。年轻的伯杰语出惊人，他向法官表示："我想要吓呆你们这

---

① Andrew Hussey, *The Game of War: The Life and Death of Guy Debord*, Pimlico, 2002.

一代人……不过，我同样觉得这很有趣。"① 勃起的玩具熊这一形象，倒是恰如其分地总结了英国的革命态度。

反文化浪潮之所以渐渐消退，原因是显而易见的。它并没有可行的议程，极为敌视任何形式的组织，大体上仅限于中产阶级，与工人阶级的社会主义者之间也缺乏有效的联系。后者的目标是提高工资，乃至成立工人合作社，对留着长发、吸食毒品的大学生以及愤怒的黑人倒不是那么关注。这股浪潮消退后，那些将继续在新政治中发挥影响的反文化元素包括：反种族主义；现实可行的女性主义理念，例如男女同酬以及为受虐待的妻子提供庇护；还有同性恋解放运动，该运动同样有着清晰的目标，同样将美国的进展视为范例，尤其是在纽约爆发了石墙旅馆骚乱之后。然而莫大的讽刺在于，反文化人士鄙视背叛了理想的流行乐，但就创建具有英国本土特色的运动而言，前者却远远不如后者成功。英国的反文化运动依然需要拾美国人牙慧，而到了 60 年代中期，英国流行乐已经不需要这么做了。


# 罗得西亚独立危机

20 世纪 60 年代所传递的讯息鲜活依旧。然而，某些曾持续占据报纸版面达数月乃至数年的事件，却突然之间便遭到了遗忘。也许这些经历过于惨痛，令人不忍仔细思索吧。罗得西亚单方面宣布独立这一事件，以及此前曾短暂存在的中非联邦，困扰了麦克米伦、道格拉斯-

---

① 见 Dave Haslam, *Not Abba*, Fourth Estate, 2005; 及 Robert Hewison, *Too Much*, Methuen, 1986。

休姆、威尔逊和希思这连续 4 任首相。它统治着报纸的头版,将当时的其他危机挤到了一边,例如如今在世界史上分量要重得多的越战;它导致了两大党内部的严重分裂,根据不同的立场,其党魁要么被谴责为本种族的叛徒,要么被谴责为出卖非洲之人;它催生了在皇家海军军舰上举行的古怪峰会,在联合国引发了戏剧性的冲突;它导致年轻的女王陷入了因三名非洲人被判处绞刑而引发的宪政斗争。加菲尔德·托德(Garfield Todd)、罗伊·韦伦斯基(Roy Welensky)和汉弗莱·吉布斯(Humphrey Gibbs)等当事人如今已经遭到了遗忘,但和伊恩·史密斯(Ian Smith)及乔舒亚·恩科莫(Joshua Nkomo)一样,他们的名字在当时也都是家喻户晓的。然而,有关 60 年代的历史很少记录这一事件。与反战示威、时尚潮流、音乐以及高楼相比,它显得如此格格不入。在经历了残酷的游击战之后,罗得西亚危机最终以罗伯特·穆加贝(Robert Mugabe)的上台收场;进入 21 世纪后依然掌权的他堪称最无能、最妄自尊大的统治者之一。这样的结果实在是可悲。

　　这场悲剧的源头可以追溯至维多利亚鼎盛时期一厢情愿的帝国主义心态。出生于赫特福德郡的塞西尔·约翰·罗得斯(Cecil John Rhodes)的父亲是一名病快快的神父,他本人脑中满是"英国应主宰世界命运"的观念,银行账户里则满是南非金矿带来的巨额财富。通过外交手段、威胁、贿赂和诡计,罗得斯的公司获得了英属开普殖民地和布尔人建立的德兰士瓦共和国以北很远处、位于非洲腹地的一大块土地的特许经营权。这片区域当时被称为"赞比西亚",也就是如今的津巴布韦、赞比亚和马拉维。在这块土地上生活着许多部落,其中就包括尚武的马塔贝勒人。罗得斯建立一块横跨非洲大陆南北两端的庞大英国属地的心愿未曾实现,但非洲的中部地区的确成了新设立的殖民地,且很快就以他的姓氏命名为"罗得西亚"。古怪的是,英国政府从未直接控制这块土地，罗得斯的公司实际上享有自主权，其靠山则一直是驻扎在别处的英国军队。主要来自英国和南非的白人定居者先是获得了当地的农业与矿业特许经营权，接着又从政治上彻底控制了这块广袤、肥沃、矿藏丰富的土地。这块土地的北部是一片已完全发展成熟的英国殖民地，名为"北罗得西亚"。当地政府开发铜矿，并试图给予遭到剥夺的非洲当地人较好的待遇。然而在南罗得西亚（其首都索尔兹伯里是以当时的保守党首相的名字命名的），定居者建立起了一套与南非类似的残酷的种族歧视制度，在就业方面设置肤色障碍，禁止黑人拥有城市土地以及其他任何地方具有农业价值的土地。

尽管英裔南非人以及许多罗得西亚人在"二战"中都和英国并肩作战，但其白人精英赤裸裸的种族主义态度既对伦敦方面构成了威胁，又令其感到难堪。最终，南非于1961年退出了英联邦。和许多布尔人一样，丹尼尔·马兰（D. F. Malan）在"二战"期间也支持纳粹，并且也是反英的共和主义者；他被普遍认为是全面种族隔离政策的缔造者。艾德礼及丘吉尔政府都害怕罗得西亚很快也会跟随南非的脚步，离开英联邦。为了将其留住，并促使傲慢的定居者实行更加仁慈的政策，伦敦方面抛出了将南罗得西亚与北罗得西亚及当时被称为尼亚萨兰的一块土地合并成一个联邦的诱饵。后两块殖民地由伦敦直接统治，对待非洲本地人的政策也不是那么严酷。北罗得西亚丰富的铜矿资源意味着，合并为联邦将使得索尔兹伯里的白人获得巨大的经济利益。这项方案由颇具才华的殖民地部公务员安德鲁·科恩（Andrew Cohen）提出，其本质就是：南罗得西亚的白人定居者不得以南非式的残酷态度对待处于多数地位的黑人；作为回报，与独自经营农业时相比，组成联邦后他们将变得富有得多。各方就投票制度和土地权利进行了激烈的讨价还价，参与其中的寥寥几位黑人代表对这一过程感到沮丧乃至愤怒，之后，一个面积不比加拿大小多少的新国家于 1953 年成立了，这就是中非联邦。[①]

　　起初一切还算顺利。许多国家都在索尔兹伯里设立了大使馆，高楼拔地而起，国际性公司纷纷搬入。执掌南罗得西亚（后文中均简称为"罗得西亚"，即今日的津巴布韦）政府的是持有温和自由派观点的基督教教会学校前校长加菲尔德·托德。他花费了 4 年时间，缓慢地说服了白人定居者实行更加公正的制度，也赢得了黑人领袖的审慎信任。此时黑人与白人的人数之比达到了 12:1。这个新国家会成为非洲大陆上相较于南非而言的一个自由派样板吗？整个联邦的领导人是前铁路工人、业余拳手、反共的工会领袖罗伊·韦伦斯基。韦伦斯基是家中的第 13 个孩子，父亲是波兰犹太人，母亲是布尔人；他称自己"50% 是犹太人，50% 是波兰人，100% 是英国人"。[②] 与托德相比，韦伦斯基要强悍得多。英国殖民地部希望中非联邦平稳地过渡到民主制；索尔兹伯里白人的种族主义立场却根深蒂固；而看到非洲其他地区纷纷挣脱大英帝国的枷锁，当地黑人变得愈发焦躁不安——这三者之间的矛盾不可能永远得到遏制。最终，由于拒绝支持禁止黑人与白人发生性关系的立法，以及主张扩大投票权，心怀善意的托德被赶下了台。

　　将这一庞大联邦吹得粉碎的那场风暴发源于最为出人意料之地。尼亚萨兰（今天的马拉维）的发展程度相对较低，由于传教士的关系，该地区与苏格兰有着密切的联系，这段历史可追溯至戴维·利文斯通（David Livingstone）的时代。生活在尼亚萨兰的白人很少，当地人民则拥有一位具有罕见的精明头脑与国际眼光的独立领袖——海斯廷斯·班达（Hastings Banda）。班达出生于贫困的农村，在传教士的支

---

① 此处有误。中非联邦面积为 120 多万平方公里，加拿大领土面积为 900 多万平方公里，差距还是很大的。——译者注

② 见 Brian Lapping, *End of Empire*, Granada, 1985。

持下，他先后前往南非与美国读书，在芝加哥大学获得了政治学学位，在田纳西州的梅哈里医学院获得了医学博士学位。随后他在爱丁堡大学获得了又一个医学学位，成为苏格兰教会的一名长老，并且在利物浦和伦敦等地行医。后来他又前往刚刚独立的加纳，并于1958年荣归故里。班达是基督徒，亲英，反共，对军事反抗不感兴趣。总而言之，很难将他丑化为叛逆的极端分子。

然而，班达发表的一系列精彩演说动员起了大批愤怒的群众，这使得韦伦斯基认定他已构成严重的威胁，需要对其动用武力。南罗得西亚军队遂被派往尼亚萨兰。尽管英国保守党政府试图实行新闻封锁，但苏格兰传教士还是将消息泄露给了爱丁堡的《苏格兰人报》（Scotsman）。世界各地都爆发了抗议。正如班达所希望的那样，他遭到了监禁；但当"策划针对白人的大规模谋杀阴谋"这一离奇的指控被证明毫无道理之后，在伦敦方面的坚持下，他终于获释了。尼亚萨兰获得了独立，中非联邦旋即解体。在保守党殖民地大臣、真心诚意的自由主义者伊恩·麦克劳德的帮助下，北罗得西亚也获得了独立。麦克劳德背着韦伦斯基，与独立后的赞比亚领袖肯尼思·卡翁达（Kenneth Kaunda）达成了协议。许多人都曾认为麦克劳德将成为下一任保守党党魁，但这一高尚的两面派之举导致他被保守党元老、第5代索尔兹伯里侯爵（中非联邦首都便是以其祖父的名字命名的）抨击为"聪明过头"、不讲道德的骗子赌徒，对于60年代的保守党来说，被指控为"聪明"无疑就意味着遭到了致命的打击，麦克劳德的政治生涯再也未能完全恢复元气。

如此一来，就只剩下了有着22万白人、250万黑人的南罗得西亚。对定居者而言，在英联邦内部实现独立的前提是将占据多数地位的黑人彻底排除在权力之外。但如果伦敦方面接受这样的要求，那么其他英联邦国家很可能愤然退出，导致这一机构不复存在。这不仅仅事关哄女王开心，或是保住大英帝国权势体系的最后一丝残余。到了 60 年代初，民众已强烈反对任何英联邦国家存在实行种族隔离政策的可能性。于是，事态便陷入了僵局。更加雪上加霜的是，干练、狡诈、难以对付的伊恩·史密斯成了索尔兹伯里的新任总理。这名右翼农场主是在南非上的大学，"二战"期间曾在皇家空军服役，并被其支持者奉为偶像。

以韦伦斯基为首的老一代意识到，恐怕难以简单地宣布脱离英国独立，并建立一个完全由白人主宰的国家。罗得西亚的法官和士兵都曾宣誓效忠于女王，其财政和大部分贸易也都要流经伦敦金融城。史密斯则没有这些顾虑，他相当愿意单方面宣布独立。不能说这是 1776 年北美殖民地反叛的重演，但二者之间的确存在着令人不安的相似之处。如果这些人真的决定离开，那么英国又有何打算？英国政府可以选择派出军队，打上一仗——虽然就北美这一案例而言，此举并不成功。然而，罗得西亚处在皇家海军行动范围的数千英里之外；更何况，发动反叛的白人自称是处在抗击马克思主义暴动的第一线，他们中的许多人还是英国的"二战"老兵。英国选民真的能够接受向"亲朋好友"发起攻击吗？索尔兹伯里又是否会将这样的威胁当真？另一方面，如果英国出兵，那么曾宣誓效忠于英国君主的罗得西亚士兵是否真的会回击？

威尔逊于 1964 年上台后，就面临着这样的困局。当年，中非联邦的解体令执政的保守党疲于应对，亲罗得西亚的右翼分子更是给麦克劳德及麦克米伦制造了大麻烦。此时，轮到激烈反对殖民主义的左翼人士给工党首相制造麻烦了。威尔逊先是警告罗得西亚，单方面宣布独立会导致严重的经济后果，并列出了英国接受罗得西亚独立的前提条件，包括：逐步实现多数统治，不得为此设置障碍；终结种族歧视政策；少数群体不得压迫多数群体。但史密斯及其追随者不可能接受这些条件，在伦敦的会谈也未起到效果。随后，威尔逊便踏上了灾难性的出访索尔兹伯里之旅。抵达罗得西亚后，他坚持要与遭到囚禁的非洲领导人恩科莫及恩达巴宁吉·西索尔（Ndabaningi Sithole）见面。当又渴又饿的两人出现在威尔逊面前后，他再也抑制不住愤怒之情。只是在威尔逊威胁要让自己的手下亲自给恩科莫和西索尔买些吃的后，罗得西亚人才为他们提供了水和食物。此后，他又忍受了史密斯麾下各位部长的粗鲁举止和嘲讽。最为致命的是，威尔逊明确表示在任何情况下都不会使用武力。他在新闻发布会上确认："如果有谁指望皇家空军会如同闪电一般介入，那么我要说，这一闪电将不会出现。"这样的表态是个错误。史密斯此前十分担心英国会武力介入，并且相信倘若如此，罗得西亚甚至无力稍作抵抗。或许威尔逊担心动武会对英镑造成不利影响，或许他太过害怕重蹈苏伊士的覆辙，但不管怎样，在威尔逊说出这一番话之后，史密斯意识到自己没什么可害怕的了。他从来不担心遭受制裁，随即迅速地在1965 年 11 月单方面宣布罗得西亚独立。

自此以后，英国政府试图通过对石油等物资施加制裁，来迫使罗得西亚屈服，不过白厅里很少有人真的相信这一政策能够奏效。有太多通道可以出入罗得西亚，也有太多中间人愿意促成私下交易。罗得西亚建立起了自己的消费产业，通过南非售卖烟草及其他农产品，石油则进口自葡属莫桑比克。威尔逊又试着与史密斯举行了两次峰会，地点都位于停泊在地中海的军舰上，这样一来两人就都不必踏上对方的领土了。英国接受罗得西亚独立的条件变得越来越软弱、谦卑，但史密斯依然不为所动。他在罗得西亚国内的地位十分稳固，也明白威尔逊手中并没有足以制约自己的筹码。英属南罗得西亚总督汉弗莱·吉布斯和罗得西亚首席法官休·比德尔（Hugh Beadle）是政府大楼中少有的仍忠于英国君主之人，他们进晚餐时依然佩戴着黑色领结、向女王敬酒；不过吉布斯的公务用车和电话都已被史密斯政权切断了。单方面宣布独立造成的残酷现实也暴露无遗：1968 年，三名因谋杀被判处绞刑的非洲人被剥夺了向伦敦上诉的权利。在威尔逊的建议下，女王动用了特赦权，下令暂缓行刑，但三人还是被处决了。在联合国，此举被控诉为暗杀与谋杀。此后，史密斯又推出了一部全世界都认为极其不公正、极具种族主义色彩的宪法。到了威尔逊下台的 1970 年，罗得西亚困局的解决依然显得遥遥无期。它将继续困扰英国政坛，直到撒切尔执政期间，占据多数地位的黑人终于夺取了政权。

史密斯政权尽管遭到国际社会的排斥，但仍在一场日趋暴力且错综复杂的游击战中幸存了很长一段时间，直到被穆加贝建立的一党制政府取代。津巴布韦此后的命运十分悲惨，暴力、饥荒、疾病等灾祸接踵而至；在白种敌人逼迫下变得极端的马克思主义领导人终于展开了报复，但报复的对象与其说是白人，不如说是自己的同胞，而大多数白人最终选择了逃离津巴布韦。

持自由派立场，但自罗得斯时代以来就从未真正掌控过索尔兹伯里的白厅是否有可能阻止这场悲剧发生呢？也许唯一的机会在于在非洲进行一场战争，但这一次不是为了掠取土地与宝藏，而是为了弥补先前的过失，推翻那些说英语的白人精英。但这种做法要冒巨大的风险。其他欧洲国家在非洲开战的血腥经历以及北爱尔兰的教训都表明，即使英国在罗得西亚开战，战争也很有可能失控，与初衷背道而驰。与保守党前任及后任一样，威尔逊也认为进行这样一场战争是不可考虑的。如果他们对于中非人民将要遭受的命运有所预见的话，或许会加以重新思量吧。

# 选美国还是选欧洲

———

　　身处这一旋涡之中的英国，再度走到了破产边缘。如何才能稳住阵脚？将英镑贬值也许能够令威尔逊政府以及整个国家都迎来新生的机会。与当时相比，如今世界上的货币数量更少、更加浮动，我们也就难以理解为何货币是否贬值会如此重要。但在当时，这的确是威尔逊面临的最重大问题。一方面，降低本国货币相对于他国货币的价值，相当于当众承认自己的失败；对于任何政府而言，这都是一大耻辱。另一方面，贬值又能够使出口商品变得便宜，令英国公司有机会夺回正在失去的市场。如果政府在货币贬值后能够控制住随之而来的通货膨胀，而工业出口又实现了增长的话，那么理论上国家就可以在经历一番阵痛后，一蹴而就地解决诸多经济问题。这有点类似于退出某场比赛，重新投入高强度训练，燃烧脂肪，瘦下来，重塑肌肉线条，再以更好的状态投入下一场比赛。区别在于，在经济领域，你永远无法真正停下来。对于竞技者而言，如果没有随后的汗水与训练，那么退赛这份尴尬就毫无意义。对于经济而言同样如此，只有促使效率提升、生产力增强，贬值才有意义。换句话说，需要让体系感到震动，而不是令其获得逃避现实的喘息之机。包括工党政府成员在内的许多人似乎都没有意识到这一点。当他们真的考虑贬值时，还以为这样做就能够避开国内的艰难抉择。但事实上，在贬值的同时恰恰需要做出艰难抉择。

　　这样的决定不只关系到经济。贬值与世界政治是紧密相连的。正如1953 年的英镑浮动计划"ROBOT"所表明的，在 20 世纪 60 年代中期将英镑贬值，就意味着英国必须大幅缩减海外支出。价值下跌之后，英镑能够购买的外国制造的枪支及石油、能够提供的部队食宿都会减少，这也就意味着英国或许需要进一步从世界各地撤出，尤其是香港、马来亚、新加坡、亚丁及波斯湾等"苏伊士以东"地区。正值共产主义在东南亚高歌猛进之际，这样的举动尤其会激怒华盛顿方面。另一方案是向美国借款，然后继续发挥全球性作用。此举显然行得通，但要付出高昂的政治代价。正如当时美国总统约翰逊（Lyndon B. Johnson）的特别助理所言："我们希望确认这一点：英国人应该意识到，如果英国的旗帜不在越南飘扬，如果英国减少在联邦德国及苏伊士以东的投入，那么就别指望我们会拯救英镑……在英镑的危急关头，英国向越南派出一个旅，就能值 10 亿美元。"[①]

在下议院以及在 1964 年大选期间，威尔逊曾嘲讽"北极星"导弹既不独立，也不是英国制造，更起不到威慑作用。但到了 60 年代末、70 年代初，决心号、声望号、反击号、复仇号等弹道导弹潜艇却已纷纷下水。这些潜艇的名字取自令过去那支独立的皇家海军引以为傲的战列巡洋舰及战列舰，但它们及其后辈，也就是当今的"三叉戟"潜艇装载的导弹却都来自美国。技术依赖已使得"这是真正的独立武器系统"的想法显得荒诞不经。上台之后，威尔逊本可以选择放弃核选项，因为用来装载"北极星"导弹的那些潜艇也可以被改造成常规攻击性潜艇，但他并未这样做。70 年代中期，他甚至还向心怀疑虑者隐瞒了代号"谢瓦莱因"的"北极星"升级工程的开销情况。克罗斯曼对这一困局做出了敏锐的评价。在 1965 年 1 月他便指出："威尔逊使得英国的国防开支几乎和贝文在 1945 年的花费一样沉重，甚至更加沉重。原因也是同一个：因为我们需要致力于与美国的特殊关系；因为我们相信，只有通过这一层关系，我们才能待在欧洲之外并幸存下来。"

---

① 引自 Ben Pimlott, *Harold Wilson*, HarperCollins, 1992。

对许多人而言，支持贬值的理由也在于此。内阁中的亲欧洲人士希望英镑贬值有助于英国不再假装自己仍是一个世界性强国，成为欧洲经济共同体的一名普通成员。尽管此前威尔逊刚刚争取到了华盛顿方面的财政担保，但他们仍然觉得英国务必与美国分手：英国必须转向，贬值，加入欧洲。据卡斯尔表示，乔治·布朗得出的结论正是这样："我们必须对美国人的钱说'不'，撤出驻军……我希望军队撤出苏伊士以东。我们必须做出这一决定：结束与美国的关系……那些为捍卫美国而需要做的事情、需要在下议院说的话，让我觉得恶心。"卡斯尔插话道："你指的是越南？"布朗回答道："嗯，也包括越南。"傲慢且好斗的他担心威尔逊会径直前往华盛顿，"鼓捣出一些疯狂的小协议"。布朗起码还有清晰的战略方向，威尔逊连这都没有，他擅长的就是鼓捣疯狂的小协议，堪称是一位大师。

此时，威尔逊面临的这一抉择的复杂性已是显而易见。贬值与社会主义的未来，英国与美国的关系以及对越战的态度，我们是否应该以及是否能够加入欧洲经济共同体——所有这些问题都交织在一起。倘若英国在美国因越战而焦头烂额之际与之分手，那么大西洋联盟的历史将截然不同。我们也许会提前很多年便加入欧洲经济共同体，在接下来的数十年里也许会扮演类似于法国的角色——也就是说，在核防御和情报方面与华盛顿政府的联系不那么紧密。至于这会对英国经济效仿欧陆社团主义的失败尝试，以及对反共产主义联盟的稳定产生什么影响，就无从判断了。此外，由于许多英联邦国家将储备以英镑的形式放置在伦敦，因此贬值将意味着一次性地、单边地削减这些往往较为贫穷的友邦的财富。关于英镑价值的抉择，也是关于英国世界地位的抉择。

古怪的是，对威尔逊在左翼人士心中的声誉造成最沉重打击的政策，恰恰正是令英国最有理由对他心存感激的政策。如前所述，他受到了向越南出兵的压力。约翰逊经常提醒他，澳大利亚已经派出了一个营。或许应该派出黑卫士兵团？至少也应该派出一支军乐队？除了暗示之外，美国还针对英镑提出了威胁。如前所述，英国的经济处境已十分脆弱。白厅官员以及威尔逊自己的多位顾问都认为，他至少应该派出一些部队。然而，尽管威尔逊也有所动摇，尽管曾考虑派出英国的特种部队，但最终他并没有这样做。他试图通过表示口头支持和尝试使用外交手段解决问题的方式来安抚美国人，想要利用与莫斯科方面的关系，还建议直接与北越交涉。但没有任何人对他感到满意。华盛顿方面对这些建议大为光火，而英国国内的反战示威者则仅仅听到了他向约翰逊表示支持的言论。

在街头，威尔逊被痛斥为杀人犯。他的国防大臣丹尼斯·希利立刻意识到了越战的风险有多大，并帮助英国置身事外，结果在大学校园里却赢得了与希特勒相提并论的"殊荣"。当工会领袖、曾短暂在政府中任职的弗兰克·卡曾斯质问威尔逊，为何不坚定地反对美国的战争行为时，威尔逊恼火地回答道："因为我们不能踢债主的那玩意儿。"威尔逊的一位传记作者用雄辩的语句为他进行了辩护："失去华盛顿方面的全部友谊和财政支持将是灾难性的，很少有人考虑到这会对国内的社会、住房、教育、艺术及科学政策造成什么样的影响，就连助学金也可能受到波及。很少有人意识到这一抉择是多么艰难，尤其是那些抨击首相及其同事对外支持美国、对内却未能充分帮助穷人的人。"然而，这位作者接下来又写道，在越战问题上，"这个良心党似乎失去了灵魂"。也正是由于越战，许多曾信任威尔逊的人士得出了这样的结论："他的原则性就如同摔得粉碎的水晶，已是无可救药。"① 就这一次而言，威

---

① Ben Pimlott, *Harold Wilson*, HarperCollins, 1992.

尔逊做出了正确的决定，也许算得上是最好的决定，但他因此受到的责难也是最多的。谁说政治是公正的？

就连威尔逊的坚定支持者也常常反感他变化无常、不下定论的做派。在 1966 年年初威尔逊为扩大多数优势而解散议会的数周之前，托尼·本这样写道："在今天晚上，我对哈罗德·威尔逊的评价降低了。他实实在在是个操纵者，自认为一切问题都可以通过搞定某个人或某件事来解决。尽管他现在的声誉如日中天，但我相信有朝一日，在未能搞定某件事后，他终将栽跟头的。"[1] 几乎在同一时间，克罗斯曼对工党面临的更广泛问题进行了总结："主要麻烦在于我们未能兑现承诺：建造商未能建起房子，生活成本还在上升，收入政策没有奏效，未能抑制通货膨胀，未能推动生产。之所以在此时解散议会，是因为我们面临着各种困难，并且预见到情况只会越来越糟……"

威尔逊在 3 月成功地再度当选首相，工党的多数优势也从区区 3 席扩大到了 97 席。随之而来的本应是威尔逊的黄金时代。他掌控着下议院，终结了道格拉斯-休姆的保守党党魁生涯（由希思继任）。文法学校毕业生的时代终于到来了。尽管威尔逊的眼光存在缺陷，但他的竞选过程堪称毫无瑕疵。此次大胜迫使英国建制承认工党的统治资格是无可置疑的。在莫斯科和华盛顿，他都证明了自己是国际舞台上一位自信的表演者；对于罗得西亚危机，他也进行了紧张繁忙的外交努力。此时，他当然将迎来自己的时代。然而，威尔逊第一段任期的许多表现却有理由令人心存疑虑：在英镑贬值一事上犹豫不决与耍弄花招，内阁因阁员相互怀疑对方在"鼓捣疯狂的小协议"而陷入分裂，还有威尔逊本人心口不一的习惯，尤其是涉及通货紧缩及英国是否加入欧洲经济共同体等问

---

[1] Tony Benn, *The Benn Diaries,* Arrow, 1996 (entry in February 1966).

题时。

在政府面临的所有问题中，最重要的就是英镑贬值这一困局。自上任以来，财政大臣卡拉汉一直身处几乎难以忍受的压力之下，好几次差点选择放弃。詹金斯回忆称，在 1966 年 7 月的一次内阁会议上，日后以沉着冷静而著称的卡拉汉突然偏离了议事日程，谈论起英镑遭受的惊人压力。他让目瞪口呆的大臣们意识到"客观局势令人绝望，他的精神也已崩溃。威尔逊让他闭上嘴，匆匆结束了会议，就如同警察匆匆用毯子裹住了裸奔者一样"。[1] 公开或私下里议论贬值问题都被威尔逊视为不当之举。自从他、布朗以及卡拉汉在 1964 年大选之后做出了反对贬值的决定，这便成了"不得提及"的问题。从那时起，一场复杂的三人舞便在私下里展开了。布朗转而支持贬值，希望借此重振经济事务部。卡拉汉则犹豫不决，但希望倘若英镑真的贬值，则须一并实行通货紧缩政策。威尔逊既反对贬值，又反对通货紧缩，他还挑拨卡拉汉与布朗相互敌对，担心一旦他们达成一致，自己就将被推翻。1966 年 7 月，他在下议院的茶水间里向卡斯尔表示，布朗和卡拉汉正在密谋推翻自己："你知道是怎么回事——贬值，然后加入欧洲。我们得挫败他们。"[2] 这就是典型的威尔逊：卡斯尔是个反欧派，威尔逊说出这番话就是为了迎合她。但与此同时，威尔逊又向新闻界的亲欧派表示，自己希望亲自领导英国加入欧洲。正如报业巨头塞西尔·金（Cecil King）此前数月在日记中所言，卡拉汉信心十足地预测英国将加入欧洲："那些承诺只是为了让卡斯尔等人保持安静……威尔逊显然认为，在如此成功的大选之后，自己无论食言多少次都不会遭遇任何后果。"[3]

---

[1] Roy Jenkins, *A Life at the Centre*, Macmillan, 1991.

[2] Barbara Castle, *The Castle Diaries*, Weidenfeld & Nicolson, 1974.

[3] *The Cecil King Diaries: 1965–1970*, Jonathan Cape, 1972.

欧洲问题令工党左右两翼的分裂更趋严重。大体而言，党内的积极分子和左翼议员认为欧洲共同市场是"银行家策划的一场阴谋"；在这一资本主义诡计的控制之下，英国将无法建成真正的社会主义。关于这一问题，威尔逊本人最为坚定的观点就是，他完全没有任何观点。他曾反对加入欧洲，理由竟是欧洲将"反对制订计划"——这听上去真有些奇怪。然而，卡斯尔在日记中记录道，当他转而支持欧洲之后，又向自己表示："这一决定根本无足轻重。我向来都这么说罢了。我可从不是热心于欧洲之人。"后来，当卡斯尔指责威尔逊提出的入欧条件平庸无奇、一团混乱时，他扬扬自得地回复道："我最擅长处理平庸无奇的一团混乱。"[①] 威尔逊不前往国外度假，对于英联邦及外省那种令人宽慰的传统英式生活怀有深深的依恋。和詹金斯及希思不同，他在欧陆政坛并没有朋友。当英国是否加入欧洲经济共同体的全民公决终于在 1975 年举行时，无论是威尔逊的妻子，还是其政治秘书马西娅·福尔肯德（Marcia Falkender，即前文提到过的马西娅·威廉斯），都投票反对英国加入，威尔逊私底下的倾向从中也许可见一斑。

但在 60 年代末，英国商界将欧洲经济共同体视为一条通往更加现代、更有效率的世界的重要逃生路线，这样的态度影响到了威尔逊。报界一边倒地支持英国加入，威尔逊某些最得力的同事也极力赞成，尤其是詹金斯。白厅里的观点尽管并不一致，却也更加偏向这一方向。正当威尔逊需要之时，欧洲为他提供了新的主题。1967 年，威尔逊与坚决亲欧洲的布朗审慎地往返于罗马、斯特拉斯堡和巴黎之间，讨论英国加入欧洲经济共同体的前景。不过，戴高乐依旧态度冷淡。布朗还将许多时间用于冒犯及笨拙地搭讪各位秘书。不久之后，威尔逊正式提出了加

---

[①] Philip Ziegler, *Wilson: The Authorised Life,* Weidenfeld & Nicolson, 1993.

入欧洲经济共同体的新申请。戴高乐尽管公开表示不屑一顾，但私下里却对英国驻法大使表示，自己对欧洲有着全新的设想：范围更广，但也更加松散；居于领袖地位的是军事实力最强的法国和英国，随后是意大利和联邦德国；各国将保有更多主权。他还暗示应该由巴黎和伦敦方面暗地里完成对欧洲的此番彻底重塑，然后由英国公开提出这一方案，随后法国再对此表示支持。这不仅仅勾勒出了英国梦寐以求的那种欧洲的形态，还体现了对布鲁塞尔方面正在打造的联邦式欧洲的典型戴高乐风格式的抨击。法国的这一举动似乎背叛了联邦德国及其他欧陆盟国。由于不确定此举是不是一个不怀好意的陷阱，伦敦官员们便敦促威尔逊将这一想法透露给德国人。消息泄露后，所有人都愤怒不已，尤以戴高乐为甚，这一想法也就此终结。尽管如此，虽然英国加入欧洲经济共同体后将面临粮食价格上涨四分之一的危险，但谈判仍在继续。就在威尔逊彻底下台之前不久，欧洲经济共同体的六大成员国在英国加入之前达成了一项协议，使得预算制度以及有关农业支持的规定变得对英国及未来其他加入者极为不利。

## 英镑贬值与工党内斗

一系列事件迫使贬值这一选项被摆到了舞台中央。一个 10 年又一个 10 年，一届政府又一届政府，英国政治总是不断地受到能源政策的影响。仅仅以能源供给造成的困境为题，便可以写出一部颇具价值的政治史了。最早是在 1947 年冬，遭到冰封的煤场使得艾德礼政府偏离了轨道；随后，与石油相关的苏伊士冲击波导致了艾登政治生涯的终结；

希思与矿工的两次冲突以他于 1964 年遭遇失利而告终；此外，北海石油的发现对苏格兰民族主义起到了推波助澜的作用；接下来则是撒切尔与阿瑟·斯卡吉尔（Arthur Scargill）之间艰苦卓绝的对抗；直到今日有关全球变暖以及对俄罗斯天然气依赖的争论。在能源方面，这个狭小、拥挤的小岛要依赖充满不确定性的外部世界；数位首相因这一事实而下台，多起街头暴力冲突也是因这一事实而起。

威尔逊也无法幸免于难。1967 年 6 月，以色列和埃及打响了第三次中东战争；由于认为伦敦方面持亲以色列的立场（提出这一指控的是纳赛尔，他显然并未忘记苏伊士危机期间的密谋），伊拉克和科威特向英国实行了石油禁运。石油禁运加之在尼日利亚的战争，对英国财政构成了沉重打击，导致物价上涨，对英镑的抛售也变本加厉。更加雪上加霜的是，两个月之后又发生了一场全国性的码头大罢工，利物浦和赫尔率先陷入瘫痪，随后包括伦敦在内的绝大多数港口都遭受了同样的命运。经济状况变得糟糕透顶，贸易数字让全国都感到震惊。威尔逊痛斥了罢工者——一年之前，他对罢工海员的言辞甚至更加激烈，表示他们受到了英国共产党的摆布，并称其为"在选举中落败的那一小撮带有政治动机的家伙"。尽管罢工很快便宣告结束，但威尔逊的言论（有些内阁大臣认为这纯属"疯话"）却导致他与左翼人士进一步疏远。

在过于焦躁不安的 1967 年 7 月，密谋推翻威尔逊的议论之声再度响起，潜在的继任者要么是卡拉汉，要么是布朗。趁首相远在莫斯科之际，主张贬值者开始了行动。十分典型地，布朗再度威胁要辞职，并试图说服其他人支持自己成为党魁；十分典型地，他再次失败了。包括托尼·本在内的其他人认为，一旦布朗真的辞职，那么整个政府都将垮台。同样十分典型的是，容易被名媛俘获的詹金斯，此时出现在了安·弗莱明（前文曾提到过她）的家中。威尔逊后来向卡斯尔表示，策划这场密谋的是"追随社交名媛行邪淫的数位大臣"。詹金斯在回忆录里对此事的回应则是："我们所有人在那个周末的所作所为的确有几分隐喻意味……威尔逊继续大量释放肾上腺素，踏上了毫无必要的出访莫斯科之旅；布朗在达勒姆矿工节上举止疯狂；我则和弗莱明夫人一起待在塞文汉普顿。"

威尔逊依旧决心反对英镑贬值。当他发现公务员起草了权衡贬值利弊的简报后，立刻粗鲁地要求将其付之一炬。在令内阁深受其苦的各种私人敌意与野心的腐蚀下，这已演化成了一场事关个人恩怨的争斗。主张贬值的左翼人士希望借此契机，最终建立起一个名副其实的社会主义政府。他们更希望继续由威尔逊担任党魁，但在必要时也做好了换人的准备。主张贬值的亲欧洲人士则希望用詹金斯取代威尔逊。这中间出现了诸多讽刺之处：随着争论愈发激烈，有些左翼人士威胁要退出工党，以工会为基础建立一个名为"社会民主党"的新左翼政党，这其中就包括年轻的尼尔·金诺克，但成为工党党魁之后的他将对另一个"党内之党"发起凶猛的攻击；此外，真正使用"社会民主党"这一名称的不是左翼人士，而是詹金斯及其亲欧洲的支持者。与此同时，英镑贬值危机演变成了一曲不雅观、不体面的舞蹈，布朗、威尔逊、卡拉汉和詹金斯等人都参与其中；他们彼此愈发疏远，纷纷组建新的小团体，步步逼近蒙受羞辱的那一刻。卡拉汉有时似乎认为贬值会引发巨大的灾难，从而迫使威尔逊下台，为自己的掌权铺平道路。布朗主张贬值是出于策略原因，尽管不被看好，但他仍然希望自己能趁机成为党魁。詹金斯也许并未主动参与密谋，但颇为享受报界给予自己的溢美之词以及作为亲欧洲旗手的崇高声誉。威尔逊则为了保住自己的地位，决心抵制贬值的主张。

最终，在1967年11月3日早晨，财政部高级经济顾问亚历克·凯恩克罗斯（Alec Cairncross）在私下会谈时向财政大臣卡拉汉表示，这一舞蹈到了曲终人散的时候。音乐已经停下，已是无计可施，英国再也无法从国外借得资金，只能选择贬值。两人都明白这意味着卡拉汉必须辞职。尽管其传记作者将这一时刻称为"卡拉汉在60年公职生涯中经历过的最沉重打击"，但他似乎平静地接受了这一现实，开始着手准备新一轮削减开支的方案——如果不采取此类通货紧缩措施的话，贬值将毫无意义。这在内阁里再度引发了争论，有更多大臣以辞职相威胁。在最后一次尝试通过借款来令英国渡过难关之后，威尔逊终于承认了这一点：即使美国提供支持，仍不足以捍卫英镑。11月18日晚6点，威尔逊宣布英镑贬值14%，并削减国防开支、对分期付款及信贷施加限制、提高利率。财政大臣卡拉汉感到深受羞辱。他希望彻底离开政府，但还是被说服，接手了内政部。威尔逊刚刚违背了坚持已久、对其战略至关重要的一项诺言，但奇怪的是，他看上去却相当轻松快活。威尔逊通常能够敏锐地判断民众的心态，但这一次他却犯下了严重错误，竟然轻巧地宣称"大家钱包里的英镑"价值并未降低。就短期内在本地商店里的购买力而言，此言固然不假；但认为英镑国际价值的下跌可以被安然无视，这种想法实在是荒唐。而且人们很快便意识到了这种想法有多荒唐。威尔逊本人的价值也下跌了，跌幅恐怕不止14%。

詹金斯取代卡拉汉成为财政大臣。在他任上，财政部终于彻底重拾权威。威尔逊本想任命盟友卡斯尔掌管经济事务部，但詹金斯坚决反对。从此以后，工党也和保守党一样，成了信奉财政部正统教条的党派。作为20世纪最具活力的内政大臣之一，詹金斯同样成了相当成功的财政大臣。尽管他从未入主唐宁街10号，但就个人影响力而言，威尔逊时代也完全可以被称为"詹金斯时代"。他于1968年提出的预算案，税收增幅达到了此前任何预算案（包括战时预算案）税收增幅的至少两倍。1968年的晚些时候以及1969年，他又两度增加了税收。詹金斯指出，最后一次增税使得自鲍德温时代至撒切尔时代，政府收入唯一一次超过了支出，除此之外："国际收支状况得以大幅逆转，黄金与美元储备获得了极大补充，海外借贷能力大大加强。"[1] 不过，正如詹金斯在回忆录里大度承认的那样，除了强硬之外，他还很幸运。原来，英国税务局与海关的数据严重低估了英国出口商品的价值。这几份旨在充分利用贬值契机的严酷预算转变了公众的心态。看上去，那个难以捕捉的"把手"终于被抓住了，贸易数字也改善了。经历了这么长时间之后，工党是否终于发现了管理经济的正确方法呢？我们将要看到，答案仍是否定的，而责任恰恰应归咎于詹金斯、卡拉汉，以及内阁里的多数成员。因为另外一个严重的问题便在于工会变得愈发好斗，尤其是罢工次数不断增多。工党政府在重新掌控住财政状况的同时，却失去了对劳资关系氛围的掌控。

## "血流成河"演说

威尔逊从来都是真诚的反种族主义者。他对 1964 年大选中保守党人彼得·格里菲思（Peter Griffiths）凭借种族主义态度赢下英格兰中部斯梅西克选区感到极为愤怒，公开称格里菲思为"议会里众人避之唯恐不及之人"。对威尔逊而言，如此激烈的措辞实属罕见。不过，他并未试图废除因配额制度引发争议的 1962 年《英联邦移民法》。1965 年，他更是与内政大臣弗兰克·索斯凯斯（Frank Soskice）一道，进一步收

---

[1] Roy Jenkins, *A Life at the Centre,* Macmillan, 1991.

紧了该法案，减少被允许入境的移民亲属数量，赋予政府遣返非法入境者的权力。为了拉拢民众，他又推出了作为甜头的首部《种族关系法》。该法案宣布公共场合的"肤色障碍"以及公共服务中的歧视行为不合法，并且禁止煽动种族仇恨。但在当时，人们普遍认为这一法案起不到多大作用。一方面对新移民施加限制，一方面帮助已来到英国的移民更好地融入，这二者的结合将构成后续所有移民政策的基础。1968年还将推出更加严厉的反歧视议案，以及与之相伴的更加强硬的反移民措施。主流政客再也不会认真地考虑允许移民自由进入英国了。

在威尔逊上台前不久，赶在配额制度生效前涌入英国的众多移民中有一支来自因大型水坝项目而遭遇洪水威胁的巴基斯坦农村地区。这些位于信仰伊斯兰教的北方地区（尤其是克什米尔周边）的农村并非商业发达之地，这里的男子开始前往布拉德福德及周边城镇劳动力短缺的纺织厂挣钱。与西印度群岛人不同，巴基斯坦人和印度人更愿意携家带口前往英国。很快，在布拉德福德、莱斯特以及其他制造业城镇便聚集起了大规模的内向的穆斯林社群。和来自加勒比的移民的不同之处在于，这些人在宗教上与周围的白人分隔开来，而且也不参与白人工人阶级男性的主要娱乐活动：饮酒。穆斯林女性只能待在家中，加之通过选择新娘来巩固家族联系的古老传统，意味着性方面的融合也几乎不可能发生。对许多白人而言，"巴基"虽然不像自信满满的加勒比青年那样构成威胁，却显得更加格格不入。

如果只是这样，那么鲍威尔发酵之中的怒火可能只会停留在酝酿状态，也不会用末世论般的语调发表那篇声名狼藉的"血流成河"演说。暂且不论这种相互的隔阂感最终导致了什么样的问题，1962—1965年间关于移民问题的脆弱共识终将被另一种形式的种族歧视击破，这一次的歧视者却是非洲人，主要是肯尼亚的基库尤族人。经历了"茅茅"运动，在乔莫·肯雅塔的领导下，肯尼亚于 1963 年获得了独立。最初几年，这个相对宽容的市场经济体经历了蓬勃的发展。除了占据多数地位的非洲人和在独立之后依旧留下的 4 万余名白人之外，在肯尼亚还生活着约 18.5 万名亚裔。他们大多是在英国殖民统治期间来到肯尼亚的，经济状况通常要好于本地的基库尤族人，长期从事医生、公务员、交易员、商人和警察等职业。他们还持有英国及殖民地护照，因此完全有权利入境英国，肯尼亚独立之前，保守党大臣在会谈中也再度确认了这一点。这些人被称为"非洲的犹太人"，他们的处境与 20 世纪 30 年代欧洲的犹太人的确有着惊人的相似之处。和犹太人一样，他们也是一个格外进取、有活力、成功的群体，也成了民族主义者和种族主义者（这次不是德国白人，而是非洲黑人）猜疑的对象，常常被安上不忠的罪名。肯雅塔命令他们要么选择放弃英国护照，彻底成为肯尼亚人，要么成为凭借工作许可证才能就业的事实上的外国人。大多数人都选择了保留英国国籍。60 年代中期，肯尼亚的局势已变得愈发不友好和危险，因此这样的决定看上去是有道理的。伦敦方面也并未表示将收回他们的入境权。

他们承受的压力越来越大，在某种程度上与纳粹统治下，经历系统性的大屠杀之前的犹太人遭遇十分相似。亚裔公务员被剥夺了工作；他们在较为发达的地区无法找到工作，也无法从事贸易；宣传也对他们越来越不利；选择成为肯尼亚人的少数亚裔发现相关手续莫名其妙地难以完成。自然而然地，他们开始逃往英国这个显而易见的庇护所。在 1967 年，乘飞机抵达英国的亚裔肯尼亚人数量达到了每月约 1 000 人。报纸开始在头版报道他们入境的场面，已经普及开来的电视也对等候英国护照及航班的漫长队伍进行了报道。鲍威尔立刻提出了警告，表示最终将有 50 万亚裔东非人入境，这将是"十分可怕的"。他呼吁停止发放工作许可证，并全面禁止移民亲属前往英国。其他保守党人，尤其是前殖民地大臣麦克劳德则认为，本党应该坚守肯尼亚独立时许下的诺言，不能让亚裔东非人落入无国籍的境地。此事同样造成了工党政府的分裂。以詹金斯为首的自由派认为，只有恳求肯雅塔在国内善待亚裔，才能遏制这股移民浪潮。但新任内政大臣卡拉汉却决心响应移民引发的忧虑与愤怒之情，也就是说，废除或取消亚裔肯尼亚人的入境权。此举将是对承诺的背叛。

可耻的是，当初许下这一诺言的保守党政客邓肯·桑迪斯（Duncan Sandys）此时又带头呼吁背弃这一诺言。到了第二年年初，每月入境的亚裔肯尼亚人数量已经达到了 2 000 人，从东非飞往伦敦的几乎每一架航班，无论直飞还是需要转机，都被抢订一空。卡拉汉决定采取行动。他的同事克罗斯曼记述了 1968 年 2 月那场至关重要的内阁委员会会议："吉姆抵达会场时，显得心意已决。他不准备容忍该死的自由主义态度，誓要阻止这一荒唐的局面。这也正是公众和本党的要求。无论如何他都要采取行动，任何反对他的人都是感情用事的傻瓜。"[1] 当年春天，议会匆匆通过了新的《英联邦移民法》，事实上关闭了移民入境的大门，仅仅保留了少量年度配额。然而，此举不仅仅背叛了英国政府在肯尼亚独立时许下的诺言，还使得 2 万人在一个已不再欢迎自己的国度陷入了无国籍的境地。这项法案被认为是"英国政府做出的最具分裂性、最有争议的决定之一"。"对有些人而言，这是议会通过的最可耻的立法，是对歇斯底里的种族主义情绪最为彻底的姑息"；对另外一些人而言，这却表明以卡拉汉为首的政治精英终于倾听了工人阶级选民的心声。[2]民调显示，高达 72% 的民众支持这一法案。

正是在这样的背景下，在卡拉汉的法案生效、载有亚裔肯尼亚移

---

① R. H. S. Crossman, *The Diaries of a Cabinet Minister,* vol. 1, Hamish Hamilton/Cape, 1975.
② Randall Hansen, *Citizenship and Immigration in Post-war Britain,* Oxford U. P., 2000.

民的飞机被迫掉头离开的三周之后，鲍威尔于 1968 年 4 月 20 日在伯明翰米德兰酒店的一个小房间里发表了一篇著名的演说。鲍威尔此前就曾提出，给予英联邦移民英国护照的保证原本就是无效的。此时，他对英联邦更是十分鄙夷，将其视为一项高傲的宪政迷思，使得英国无法不受拘束地追逐自己的利益。他将大多数政治炮火对准了努力掌控汇率、引导经济的行为，认为这些举动纯属荒诞不经。尽管鲍威尔执着于挑战正统的顽固态度令希思越发感到不可救药，但后者还是将他留在了影子内阁中。影子内阁刚刚同意对工党提出的更加严厉的《种族关系法》（与卡拉汉限制移民的措施是"胡萝卜"与"大棒"的关系）表示审慎支持，鲍威尔的反应却出人意料地安静，不过，他十分清楚自己即将引发么巨大的一场政治风暴。他向当地的一位朋友表示："周末我将发表一篇演说，它将如火箭一般'咝咝'升空。火箭终将坠落，我的演说则将永垂不朽。"[1] 这名友人是鲍威尔所在选区的《伍尔弗汉普顿快星报》（*Wolverhampton Express and Star*）编辑克莱姆·琼斯（Clem Jones）。他建议鲍威尔在电视播放新闻简报的傍晚时分发表演说，并且事先不要将其广为传播。这一建议将令琼斯懊悔不已。

　　鲍威尔的演说内容是这样的。他先是引用了伍尔弗汉普顿选区一个中年工人的话，这名男子向鲍威尔表示，如果自己有钱，就会离开英国，因为"再过 15~20 年，黑人就将统治白人"。接下来，鲍威尔慷慨激昂地问道，自己怎么敢说出这么恶劣的话，惹是生非、令人愤慨。"答案是，我无权不这么做。我们镇上有一位正派的老百姓，光天化日之下便对我——也就是他所在选区的议员说，这个国家不配让他的孩子在此生活。我没有权利仅仅耸耸肩膀，就去想别的事情。他所说的，也正是

---

① Simon Heffer, *Like the Roman,* Weidenfeld & Nicolson, 1998.

成千上万人所说和所想的……"他提醒听众注意：神欲使人灭亡，必先令其疯狂。"我们只有疯了，彻彻底底地疯了，才会允许每年 5 万名移民亲属涌入英国。在很大程度上，移民后代人数的增长就将源自这些人。这就如同一个国家正忙着堆放自己的火葬堆。"《种族关系法》仅仅是点燃炸药的导火索。随后，鲍威尔又引用了该选区一位老太太的话，声称她遭到了"黑鬼"的虐待："她的信箱里被塞进了粪便，在前往商店的途中遭到了咧着嘴大笑的小黑崽的尾随，他们不会说英语，只知道一个英文单词。'种族主义者！'他们喊道。"鲍威尔最后的总结陈词也是这篇演说广为人知但并不太准确的名称的来源："当我展望未来时，强烈的不祥预感笼罩着我。如罗马人一般，我仿佛看到了'血流汹涌的台伯河'。"倘若英国还不实行自愿遣返政策，那么正令美国变得面目全非的种族骚乱很快也将在英国发生。

鲍威尔自称这篇演说只不过重申了保守党的政策，但其措辞以及鲍威尔的精心准备都表明，这既是一名自认在为英国的白种民族性而战的政客吹响的战斗号角，也是针对其政敌希思的蓄意挑衅。在电视新闻上看到了演说片段后，惊恐的希思与保守党内其他重要人物立即展开了磋商，随即命令鲍威尔打电话给自己，并立刻解除了他的职务。希思表示该演说"有着种族主义基调，可能会进一步激化紧张的种族关系"。三天之后，当议会重新召开时，1 000 名伦敦码头工人朝着威斯敏斯特方向游行，以示对鲍威尔的支持。次日，他收到了 2 万封来信，几乎全部支持他的演说；此后他又收到了上万封来信。史密斯菲尔德的肉类搬运工以及希思罗机场的工人也都通过示威表达了对鲍威尔的支持。不过，鲍威尔也收到了死亡威胁，一度需要警察提供全天候保护，此外还发生了多次反对他的游行。鲍威尔发现自己在大学里及其周边再也难以发表演说。当被《每日邮报》问及自己是不是种族主义者时，鲍威尔回复道：

"我们都是种族主义者。如果这个国家出现一名有色人种，我会表示反对吗？不会。出现 100 名呢？不会。100 万呢？未必。500 万呢？绝对会。"

毋庸置疑，1968 年时的大多数人都赞同他的立场。


# 民主制失败了吗

40 年过去了，已经很难确切地证明，在威尔逊首任政府执政仅仅几年之后，便出现了一种妄想狂般的氛围，但商界和报界的确有人愈发认定英国民主制已然失败。初代报业巨头罗瑟米尔与哈姆斯沃思（Alfred Harmsworth）身材高大且妄自尊大的外甥、国际出版公司（该公司拥有《每日镜报》）实际上的所有人塞西尔·金就是不断发出此类声音的核心人物。无论是工党在野期间，还是 1964 年大选结束后不久，他都曾支持过威尔逊。但怀有平等主义信念的威尔逊只愿授予金时髦的一代贵族头衔 ①，此举令金大为光火。他向往的是世袭贵族头衔，最好是伯爵——这才与他作为一份流行的社会主义报纸老板的身份相称嘛。值得赞扬的是，威尔逊并未让步；但不太光彩的是，他竭尽全力试图讨好金，授予他一系列其他荣誉，例如将金的夫人封为女骑士，还为他本人奉上了一系列职位——英格兰银行董事、国家煤炭局董事、国家公园委员会董事，并多次邀请他出任较低级的政府职务，当然还要再加上一代贵族头衔。但这些都未能使这位愤怒的报业巨头回心转意。他走遍伦敦各地，向所有愿意倾听的人表示，威尔逊是个无能的废物和骗子，正在毁灭这

---

① 即只属于本人、不能由后代继承的贵族头衔。——译者注

个国家，应该尽快将其赶下台。[①]

金的主旨是，英国需要专业的管理者与经理来掌权，而不是狡猾的政客。这样的观点在商界并不罕见。他坚持认为，"议会制政府已经近乎失败"；政客"把事情弄得一团糟，因此必须让职业政客之外的人进入政府"。金私下里的观点接近于主张发动一场暴动或政变，由他自己和其他商业领袖冲锋陷阵。这样的想法最终演变成了一次笨拙的政变企图。据金手下的得力主编休·卡德利普（Hugh Cudlipp）所言，1968年5月8日，他们二人与蒙巴顿伯爵（前文中提到过他在印度独立谈判中发挥的作用）进行了会面。身为"二战"英雄、前国防参谋长及王室要员的蒙巴顿在公共生活中占据着独特的位置。他超然于政治之外，但许多人都认为他乐于被视作"命定之人"；渴望通过政变推翻威尔逊的那群人也经常提起他的名字。蒙巴顿将自己对国家状况的担忧告诉了卡德利普，但否认自己"显得像是在主张或是支持右翼独裁统治，或者此类无稽之谈"。的确如此，因为蒙巴顿理想中取代威尔逊、执掌紧急政府的人选竟然是：卡斯尔。

不管怎样，当金、卡德利普、蒙巴顿以及政府的首席科学顾问索利·朱克曼（Solly Zuckerman）会面后，谈话却变得狂妄起来。金向女王丈夫的舅舅表示，在即将到来的危机期间，"政府将解体，街头将发生流血事件，武装力量将介入"；并询问蒙巴顿是否愿意成为新政府名义上的首脑。据卡德利普表示，蒙巴顿随即询问了朱克曼的意见。这位科学家站起身来，走到门口，回复道："这是最为恶劣的变节行为。谈论在街角架起机关枪，真是令人惊悚。我是个公务员，决不会参与此

<hr>

① 见 Ruth Dudley Edwards, *Newspapermen*, Pimlico, 2003; 及 *The Cecil King Diaries: 1965–1970*, Jonathan Cape, 1972。

事。你也不应该插手，迪基①。"蒙巴顿表示赞同。后来他记录道，自己向金表示此乃"最恶劣的叛国行为"，并将他踹出了门外。金对此次会面的叙述并非如此，但同样令人不安。他声称蒙巴顿表示军队士气低落，女王深感忧虑，并希望寻求建议。对此，金回复道："未来事态可能发展到这一步：君主将不得不介入，届时武装力量将发挥重要作用。迪基则应该置身公众视野之外，以显得与此事无关。"②无论哪种叙述更加准确，此次会面总归是确凿无疑曾经发生过的。随后，蒙巴顿似乎把此番对话汇报给了女王。不为所动的金进而在《每日镜报》头版上抨击威尔逊，标题为"真的受够了"，呼吁新的领导人取而代之。不久之后，金本人成了国际出版公司董事会密谋的牺牲品——他们意识到，金实在令人感到难堪。

　　这起风波重要吗？没有证据表明这番谈话是认真的，虽然公开流传的说法认为有安保力量牵涉其中，但没有证据表明事实确实是这样。尽管如此，金的故事仍然具有重要性，原因有二。首先，它反映了20世纪60年代末围绕着威尔逊以及国家所处状态的焦躁，乃至歇斯底里的情绪。如今，人们往往只认为那是一段时髦而成功的黄金岁月。但在当时，犯罪率上升、学生骚乱、通货膨胀、北爱尔兰的民权抗议，以及英国在国外遭受的尴尬——种种麻烦使得有些人相信英国已经沦为一个无法治理的国度。由于英国民主制安然无恙地度过了战后时期，如今再指出它也曾遭遇威胁，未免显得有些危言耸听。或许它的确未曾遭遇威胁，只有一小撮左翼阴谋论人士和自以为重要的右翼幻想家曾聚集起来，进行骇人听闻的图谋；其他人则对加入他们的行列心存疑虑。然而，从麦

---

① "迪基"是蒙巴顿的昵称。——译者注
② Ruth Dudley Edwards, *Newspapermen*, Pimlico, 2003.

克米伦时代名誉扫地的旧统治阶级，到威尔逊时代不受欢迎的新式小圈子的过渡，真的十分艰难。

相对旧建制而言，威尔逊是个名副其实的局外人。他的"宫廷"同样由局外人组成。政府的人员构成从旧式保守党风格的小圈子和俱乐部会员，转变成了工党的派系和宿敌——这也是贯穿工党历史始终的一大弱点。威尔逊脱颖而出的方式是从一个团体跳到另一个团体，既没有固定的哲学观点，自身在党内也不享有强有力的支持。他在下议院乃至全国依赖的不是所谓"威尔逊党"，而是一小群支持者，最著名的是马西娅·威廉斯，此外还包括彼得·肖尔（Peter Shore）、杰拉尔德·考夫曼（Gerald Kaufman）、乔治·威格以及早年的托尼·本等唐宁街 10号内部人士。此外还有来自外部的顾问，他们有的来自学术界，例如出生于匈牙利的经济学家托马斯·巴洛格（Thomas Balogh）和尼古拉斯·卡尔多（Nicholas Kaldor）——他们被戏称为"佛陀"和"讨厌鬼"；[①]有的来自商界，例如臭名昭著的根内克斯牌雨衣生产商约瑟夫·卡根（Joseph Kagan）；有的来自法律界，例如在 60 年代最善于解决麻烦的古德曼（Goodman）男爵。威尔逊对白厅建制心存疑虑（这是有一定道理的），与左右两翼的贝万派分子及盖茨克尔派分子均无甚联系，他感到务必组建自己的帮派。处于类似境地的保守党人也许会自然而然地将目光投向校友网络或家族网络，正如麦克米伦所做的那样。但威尔逊选择的却是一群风格各异、仅仅派上一次用场的怪人，他们组成了一个被嫉妒与争执撕裂的格外神经质的小型"宫廷"。

从不断奚落有着外国名字的内部人士的《私家侦探》杂志，到与军

---

① 英文分别为"Buddha"和"Pest"，合起来与匈牙利首都布达佩斯（Budapest）谐音。——译者注

情五处有关联、喜欢炮制"红色阴谋"的人，再到舰队街的豪门世家，这一反常的"宫廷"使得报界那些自命不凡、心存疑虑的敌对者轻而易举地获得了攻击威尔逊的素材。许多旧建制成员，例如上流社会、金融城的显贵、俱乐部会员，都难以接受威尔逊是英国合法统治者的事实。威尔逊固然如妄想狂般多疑，但的确有许多权势人物全力出击，试图逮住他，或者至少也要把他赶下台。

## 不可替代的冲突

与 20 世纪 50 年代相比，直到这个 10 年快结束前，60 年代都算不上罢工高发期。罢工通常局限于本地，是非正式的，很快便会得到解决。在多数时间里，通货膨胀率仍然不到 4%，自愿性收入政策也很少引发全国性冲突。但到了 1968—1969 年，通货膨胀率开始急剧上升。在与工会领袖打交道时，威尔逊开创了"啤酒与三明治"这一套近乎的方法。在首次试用这一方法时，他发现三明治切得太薄，不足以满足工会的胃口。他很快就不再对此抱有幻想了。1966 年的海员罢工令他感到格外挫败。于是，威尔逊竟然罕见地明确了自己的立场。出人意料的是，他受到了一位工会重量级人物的支持，这就是资深左翼人士、新任就业大臣卡斯尔。为了向自己心中的英雄贝万的《替代恐惧》一书致敬，她推出了名为"替代冲突"的计划，旨在达成劳资和谐。该计划建议，工会在罢工之前必须先进行投票表决，并且在罢工开始前应有 28 天的缓冲期；对于突然自发的罢工，政府在最后关头可以强制推行解决方案；当规则遭到破坏时，将处以罚款。与日后的法律相比，这一揽子措施看上去很温和。但杰克·琼斯（Jack Jones）和休·斯坎伦（Hugh Scanlon）等名噪一时的知名工会成员却认为这是不可接受的，是要重新设立他们经过数十年的斗争才得以挣脱的法律障碍。

随之而来的斗争几乎终结了威尔逊与卡斯尔的政治生涯。他们的失利使得撒切尔革命已不可避免。尽管要再经过 10 年时间，这场革命才会真正发生。"替代冲突"这一计划的失败堪称现代英国政界错失的一大良机。它为何无法奏效呢？简单的解释是：工会势力太过强大，也太过受欢迎，尤其是在工党后座议员之中。卡斯尔既不是老练的谈判者，也不是高明的战术家。她愤怒的长篇大论惹恼了男性报纸评论员和议员，令他们将她比作"泼妇"和"老妪"，后来这些人又对撒切尔做了同样的事情。她犯下了愚蠢的错误，例如在十分敏感的一周里，乘大资本家福特（Forte）男爵的游艇前往地中海度假，遭到曝光后又表示自己要辞职；后来，当威尔逊陪着工会领袖彻夜长谈，一边抽着雪茄，一边痛饮白兰地时，疲惫的卡斯尔却悄悄溜走，回家睡觉。但威尔逊和卡斯尔都十分清楚，这场斗争事关威信，政府绝对输不起。

1969 年夏天，当工会领袖被邀请前往契克斯别墅出席私人晚宴时，发生了一起著名的冲突。斯坎伦再度当面向两名大臣提出了警告，称自己决不会接受任何针对工会的法律惩罚措施，乃至新的立法。威尔逊回复称，身为首相，如果他接受了对方的立场，那么自己的政府将无从继续执政；倘若工会动员受其资助的工党议员反对自己，那么"这就显然意味着'工会大会'这个国中之国将自身置于政府之上，要由它来决定政府能做什么，不能做什么"。日后，希思和撒切尔在公开场合也表达了与威尔逊私下里的这番话类似的意思，而且撒切尔的话要更为强硬。斯坎伦反驳称，威尔逊成了彻彻底底的变节者，成了拉姆齐·麦克唐纳（Ramsay MacDonald）式的人物。威尔逊激动地表示否认："我可不想成为第二个杜布切克（Alexander Dubček）。休吉，把你的坦克从我家草坪上开走！"

但坦克依然坚决地停在威尔逊的鼻子底下。斯坎伦和琼斯丝毫不为所动，将枪口对准了工党的声誉。此时，威尔逊和卡斯尔考虑同时辞职——对于首相而言，这也是他能使出的最后一招。如果他真的辞职，那么保守党肯定会重新上台，并将实行更加严厉的措施。然而，僵局依旧在继续，工会仅仅提出了一系列自愿协定及意向书。工会希望咬紧牙关，坚持到底，因为对政府内部情况了如指掌的他们十分清楚，威尔逊和卡斯尔已经遭到了孤立。反对改革劳资关系的不仅仅包括一贯如此的左翼人士，如抨击卡斯尔背弃了自己原则的"《论坛报》派"议员，工党议会坐席上众多奉行实用主义的反叛人士，受到工会资助、在金主的敦促下表示反对的议员，还包括数位重要的右翼大臣。情况总是这样：重大问题的背后，总是涌动着私人野心与虚荣心的暗流。与工会有着密切联系的卡拉汉坚决反对向工会施加法律障碍。曾担任工会干部、如今改任内政大臣的他在工党全国执行委员会的一次会议上投票反对自己政府的计划。卡拉汉的政敌确信，他认为工会改革的失败将终结威尔逊的政治生涯，"替代冲突"将变成"替代哈罗德"。

卡拉汉对这一揽子措施的反对并非全然出于私利，但他关于如何应对工会问题的思路也根本站不住脚，甚至堪称荒谬。许久之后，成为首相的他将因自己在 1969 年的所作所为得到公正且沉重的"回报"。回到 60 年代末，此时卡拉汉遭到了支持改革的大臣们的斥责。在一场激烈的内阁会议上，克罗斯曼恳请大家同进退，卡拉汉却驳斥道："同退退吧！"克罗斯曼回骂道："你为什么不离开？滚！"和卡拉汉一样也来自加的夫的议员、后来曾任下议院议长的乔治·托马斯（George Thomas）则称他为"我们中间的犹大"。当然，其他大臣也打着自己的算盘，开始抛弃威尔逊和卡斯尔。工党党内另一位重要的右翼人士克罗斯兰希望，倘若卡拉汉真的接班威尔逊，那么自己就终于能够得偿夙愿，担任财政大臣。对詹金斯来说，主要动机却不在于推翻威尔逊：首先，任何人都不知道威尔逊下台后，继任者究竟会是卡拉汉，还是詹金斯；其次，既然詹金斯对威尔逊的抨击主要集中在他缺乏原则这一点上，那么在他就某事表明了立场之际，再在他背后捅上一刀，未免显得荒唐和不光彩。不过，詹金斯终究还是转变了态度，自称担心如果强行通过改革计划，"政府将支离破碎"。此前曾热情支持卡斯尔的托尼·本同样转变了态度。在这场至关重要的内阁会议之后，威尔逊愤怒地冲出门去，对工作人员说道："我不在意领导一个稚嫩的内阁，但领导一个懦弱的内阁真是要了我的命！"[1]

或许卡斯尔的计划在 1969 年的确显得过于强硬了，不过卡拉汉在晚年终于转变了立场，承认用惩罚措施来约束工会是必要的。[2]倘若工党政府在这一问题上团结在威尔逊周围，那么甚至在工党议会党团处，有关工会事务的立法改革都有可能获得强行通过。这样一来，日后的诸多不幸都将得以避免。威尔逊的声誉、工党的声誉，乃至整个英国政治史都将变得截然不同。然而，既然内阁和议会后座都已叛变，威尔逊也就别无选择，只得屈服。他此前的辞职威胁很快便被人遗忘。后来，威尔逊向一名公务员提及卡斯尔时说出的这番残酷的话，或许反映了他曾经受到多大的压力："可怜的芭芭拉。她转来转去，就如同怀抱着死胎，但无法相信孩子已经死去一般。"[3]威尔逊和卡斯尔同工会达成了一项"庄严且具有约束力"、实则无足轻重的协定。工会表示，关于非正式

---

[1] Philip Ziegler, *Wilson: The Authorised Life,* Weidenfeld & Nicolson, 1993.
[2] 见 Kenneth O. Morgan, *Callaghan: A Life,* Oxford U. P., 1997。
[3] Susan Crosland, *Tony Crosland,* Jonathan Cape, 1982.

罢工，会接受工会大会的意见。这项协定本意在于保全面子，结果却沦为全国的笑柄。内阁虚伪地夸赞威尔逊谈判手段高超，威尔逊也虚伪地接受了他们的赞誉；但身体处在崩溃边缘的卡斯尔却毫不掩饰对他们的鄙夷。保守党和报界自然不会放过嘲讽的机会。詹金斯在回忆录中承认，整件事结束之后，通常而言得不到自己赏识的威尔逊竟展现出了一丝李尔王般的高贵品质："他没有拐弯抹角，也没有哭哭啼啼……这一悲伤的故事了结后，他和卡斯尔要比我们其他人赢得了更多尊重。"关于 60 年代的工党政府，最为关键的背景问题在于，倘若其领导人更加强而有力，那么他们是否能够意识到并解决英国面临的严重问题。由这么多才华横溢、聪明自信的人物组成的政府，成就为何如此之少？"替代冲突"事件暴露出的令人眼花缭乱的"宫廷政治"，正是原因之一。

## 爆冷的大选

最终，与通常的情况一样，击溃威尔逊政府的是选民，而不是暴怒的阴谋家。当威尔逊于 1970 年宣布进行大选时，尽管有"替代冲突"事件的前车之鉴，但他仍感到乐观。他了解自己的对手。经保守党议员首次通过秘密投票选举党魁，从 1965 年起，希思便一直担任反对党领袖。这位众人眼中残酷无情的现代化推进者开始重塑保守党的议会前排坐席。许多愚蠢的爱德华时代显贵离开了，新加入者包括：文法学校毕业生、发迹于金融城的彼得·沃克（Peter Walker），年轻的前瑟比顿市长杰弗里·里彭（Geoffrey Rippon），前皇家空军飞行员、律师托尼·巴伯（Tony Barber），以及蔬果店主之女撒切尔。他们都并非出身于富有家庭。尽管 1970 年大选前在伦敦赛尔斯登酒店举行的一场政策会议被言过其实地称为向右翼转向的起点，威尔逊还用"塞尔斯登人"一词指代参加那场会议的人士，就仿佛他们是某种返祖的类人猿，但希思的确是一名坚决支持商业的政客。多年以来，保守党都是一副慵懒的贵族形象，因此在 60 年代和 70 年代初，希思的出现自然会给人带来新鲜感。

威尔逊和希思十分厌恶彼此，原因或许在于两人有着诸多相同之处。他们都出身于外省传统而虔诚的下层中产阶级家庭，都在 1916 年出生，威尔逊比希思年长 4 个月。希思家比威尔逊家更穷，他所在的成长环境的工人阶级色彩也要比威尔逊更加浓厚。希思的父亲是一个为建筑承包商工作的木匠，母亲是一名侍女，日后则成了女房东。和威尔逊一样，希思也展现出了杰出的学术才华，并凭此获得了晋升。两人青年时代似乎都颇为孤独和不善交际，但都从前电视时代丰富的社群生活中获益良多：威尔逊沉浸于童子军和循道派教会的活动，希思则沉浸于音乐与合唱团。两人几乎在同一时间进入牛津大学就读，在"二战"之前校园里充满激情、令人兴奋的政治团体中都处于边缘位置；但他们似乎并未相遇过。如前所述，两人都是在政坛崛起与成功的文法学校毕业生的代表，这一阶级突破足以与同一时期商界、艺术界和专业工作领域的类似突破相提并论。两人在 1964—1976 年连续执政，但在此期间，英格兰和威尔士的文法学校几乎被彻底摧毁。两人在各自党内都是温和派的代表，分别不断遭到极左派和极右派的责难，被指控为软弱和息事宁人。本质上，两人都是管理至上主义的信徒，也都主张妥协。两人都富有爱国精神，都深感骄傲，也都将遭受指责，被与这个以全国性崩溃及失败为标志的时代联系在一起。他们还都容易成为漫画的主人公：威尔逊有着圆胖的脸庞和著名的烟斗，希思则喜欢兴奋地咧嘴大笑和驾着游艇出航。

工党完全有理由认为自己能够再次战胜保守党。詹金斯似乎已令经济转危为安，并且自信地没有通过大选前最后一份预算案来贿赂选民——实际上，这份预算仍相当受欢迎。民调也对工党有利，媒体大多预测工党将轻松取胜。就连右翼评论员也极力赞扬了威尔逊在电视节目中的表现和高超的辩论技巧，尽管他公然表现得如同总统一般，并且试图回避争议。

　　相较之下，希思被认为是个乏味的废物，并且遭到了鲍威尔的责难。在 1970 年大选之前，鲍威尔又一而再再而三地展开了抨击，使得希思愤怒地谴责他是不人道的，缺乏基督教徒的品质，并明确表示决不会再邀请他进入保守党政府效力。希思与鲍威尔就保守党灵魂展开的争斗于 1969 年夏天达到了高潮，盖洛普公司的一项民调显示，此时有 54% 的受访者赞同鲍威尔遣返所谓有色移民家庭的主张。到了 1970 年年初，同一项民调显示，有 66% 的受访者要么更加支持鲍威尔，要么和他有着相同的感受，只有 22% 的人表示不赞同鲍威尔。鲍威尔就一系列政策向希思发起了进攻：关于减税、私有化、市场自由化等经济问题，关于北爱尔兰或者说阿尔斯特问题，关于英国是否加入欧洲经济共同体的问题——对最后这个问题，希思积极支持，鲍威尔则激烈反对。因此，鲍威尔要求遣返并终止移民的呼号就被保守党领导层当成了其推翻希思、取而代之计划的一部分。

　　在保守党内和英国国内都有不少人向往着这个计划。除了码头工人和其他游行者之外，富裕的资助者也希望为鲍威尔争夺领导权的运动提供资金。来自伍斯特郡的工业家马塞尔·埃弗顿（Marcel Everton）为组建全国性的鲍威尔派团体联盟募集了资金，并提议向保守党总部进军，以推翻希思。然而，尽管其支持者视而不见，但鲍威尔却清醒地意识到，威尔逊宣布大选的决定其实是个陷阱。鲍威尔的最佳机会在于等待希思输掉大选，然后他便可以公开进行抨击，乃至夺取保守党的主导权。包括埃弗顿在内的许多人都公开表示，右翼人士最好给工党投票，这样保守党就会"像一颗成熟的樱桃一样落入鲍威尔的怀抱"。[1] 然而，倘若鲍威尔本人也表现得有此想法，那么他将被上万名忠诚的保守党人永远视为叛徒。如果希思胜选，鲍威尔的政治生涯将就此终结；如果希思败选，那么许多保守党人将责怪鲍威尔导致了该党分裂。

在竞选过程中，鲍威尔得到了连篇累牍的报道，有些报纸甚至将保守党竞选的半数内容都对准了鲍威尔。这被认为是英国历史上移民和种族问题发挥了重大作用的唯一一次大选。在保守党集会上，手工制作的写有鲍威尔名字的标语牌比比皆是。不断被问及他们是否还支持伍尔弗汉普顿的这位"堕落天使"，令希思及其同事既愤怒又难堪。工党和自由党政客不出意料地描绘出这样一幅画面：鲍威尔是一名右翼偏执狂，希思则在其身后紧张地亦步亦趋。托尼·本的言辞最为激烈，他表示："鲍威尔才是保守党的真正领袖，他要比希思强有力得多。他说的是真心话……即使他的那些话令正派的保守党人作呕，希思也不敢公开抨击他。"托尼·本进一步表示："在伍尔弗汉普顿升起的旗帜看上去与曾在达豪集中营和贝尔森集中营飘扬的旗帜越来越相似。"

在竞选后期，遭到左翼抗议者围追堵截的鲍威尔终于明确无误地为保守党官方背书。竞选后期，希思获得的支持的确激增，因此有人认为他的胜利应归功于鲍威尔。但相关证据并不充分，而且鲍威尔本人也严肃地拒绝了这种说法。在竞选展开之前，詹金斯才得知更多关于国际收支状况及通货膨胀程度的糟糕数据将被公布，这导致局势变得不利于威尔逊。最终，保守党以 30 席的多数优势胜选。事后的民调否定了认为

---

[1] 见 Simon Heffer, *Like the Roman,* Weidenfeld & Nicolson, 1998。

詹金斯大选之前的预算案导致工党败选的想法,事实上这份预算案相当受欢迎。鲍威尔的传记作者表示,当鲍威尔意识到希思的胜利有何后果时:"他双手抱头,呆呆地坐了下来,陷入了深深的忧郁。他很快便明白了,除了威尔逊,此次大选的输家就是自己。"[1]

威尔逊既深感失望,也大为意外。在英国本土无家可归的他不得不接受希思的建议,在契克斯别墅再待上一个周末,同时拼命寻找新的栖身之地。

## 爱尔兰悲剧的开端

在威尔逊和希思共同面对的危机中,北爱尔兰问题对英国本土生活的冲击不亚于其他问题。它令目睹了该省街头暴力事件的上百万人深感惊讶与难堪,也带来了炸弹、谋杀和耻辱。苏格兰长老会农民移民至阿尔斯特地区,1921 年爱尔兰岛被分治,以及随后爆发的爱尔兰内战——冲突的这些根源不在本书讨论之列。在 20 世纪 50 年代以及 60 年代的大部分时间里,北爱尔兰都很少引发威斯敏斯特的关注。北爱尔兰有着权力下放的政府、自己的总理、独特的政党体制,以及一群头发花白、可靠、保守的统一党议员,他们很少在伦敦掀起涟漪,就更别提波浪了。占据多数地位的新教徒那偏执的态度只是众人嘲笑和官方反对的对象。

英格兰和苏格兰对于爱尔兰的统一大业并没有什么热情——对天主教的敌意依旧强烈,对爱尔兰共和国在"二战"期间扮演不光彩角色的

---

[1] 见 Simon Heffer, *Like the Roman*, Weidenfeld & Nicolson, 1998。

记忆依旧鲜活。不仅贝尔法斯特的哈兰德与沃尔夫造船厂不招收天主教徒，在英国本土也有着类似的情绪；不仅伦敦德里的住房分配不公正，莱斯特与诺丁汉同样如此。不可否认的是，北爱尔兰的选区划分有着明目张胆的反天主教、令统一党优势最大化的意图。早在 1964 年，当威尔逊首度与前一年当选的主张温和改革的北爱尔兰总理特伦斯·奥尼尔（Terence O'Neill）会面时，便敦促后者结束不公正的选区划分。但大体而言，北爱尔兰问题在这一时期遭到了漫不经心的忽视。从 1969 年开始，缺乏远见和想象力的恶果开始暴露出来，并将笼罩英国长达 30 年之久。

在表象之下，就业、住房及从政等方面的不公与歧视使得天主教社群的愤怒之情已达沸点。国际氛围的转变也起到了推动作用。对不公正的反抗已然兴起，至少在报纸上是如此。对南非种族隔离政策的抗议和美国南部诸州争取平等权利的斗争促使英国人注意到了自家门口的丑陋"秘密"。奥尼尔的审慎改革反而激发了新教徒强硬派的反弹，领头的煽动者包括暴躁的年轻牧师伊恩·佩斯利（Ian Paisley）。一场民权运动于 1967 年兴起，借鉴了美国南方腹地的语言与策略。次年，游行与示威遭到了警方暴力镇压。不久之后，主要由天主教徒和民族主义者组成的社会民主工党也成立了。1969 年，来自更加激进的阿尔斯特团结党的贝尔纳黛特·德夫林（Bernadette Devlin）凭借争取民权的主张成功当选，成为英国有史以来最年轻的女性议员。她使得其他议员经受了"原汁原味、激烈、愤慨的阿尔斯特天主教徒之声"的洗礼。[1] 威尔逊向奥尼尔表示，关于住房和地方政府的改革应该更深入、更迅速；奥尼尔则回复称需要先进行一场选举。此次选举令奥尼尔遭受了沉重的打

---

① Roy Hattersley, *Fifty Years On,* Little, Brown, 1997.

击，他不得不让位于另一位不是那么干练的温和派人士——詹姆斯·奇切斯特-克拉克（James Chichester-Clark）。此时，除了武器库偶尔遭到搜查之外，老态龙钟、人手不足的爱尔兰共和军很少出现在人们的视线中。

随后在 1969 年的夏天，北爱尔兰的政治火山喷发了。来自伦敦德里的反天主教及保皇派组织"德里学徒"计划于一场民权游行的同一天、在同一条线路上举行自己的年度游行。此前的民权游行都是和平的；这一次，尽管被勒令不得游行，民权人士还是走上街头，并遭到了警察的攻击。所谓的"B-特种部队"是阿尔斯特皇家警察部队旗下一支无薪水、兼职但配有武装的预备部队，成员数量超过 1.2 万人，其行为尤其残忍。当日共有 75 名游行者负伤，其中包括格里·菲特（Gerry Fitt）等知名政治人物——日后他将当选议员，获封贵族，并发出强有力的反对爱尔兰共和军的温和派之声。警察出于报复挥动大棒、游行者头上鲜血直流的景象震惊了当晚收看电视新闻的上百万人。作为回应，北爱尔兰政府承诺将对地方政府选举、住房分配和选区划分等问题实行改革。这又激发了保皇派的抗议。随后，民权人士进行了更多游行，也遭受了更多袭击。到了 8 月初，天主教徒、保皇派极端分子和警察在贝尔法斯特市中心展开了激战，上百间房屋遭到焚烧。正在西西里岛度假的威尔逊赶紧飞回康沃尔，与内政大臣卡拉汉进行了简短的交谈。他们同意，如果北爱尔兰政府提出请求，就将派出英国军队；作为回报，北爱尔兰必须废除 B-特种部队，并承诺进一步推动改革。在未征求内阁意见的情况下，两人便做出了这一重大决定。正如克罗斯曼在日记中所言："哈罗德和吉姆迫使内阁派出军队，而军队一旦派出，就再也无法撤回。于是，对于发生的任何情况，我们都只能认同。"托尼·本则写道："阿尔斯特内战仿佛已是一触即发。"

关于英国向北爱尔兰派出军队的诸多误解之一是，这一决定是在未认识到危险、未考虑替代方案，也未意识到本意是保护天主教居民的英国部队却有可能成为爱尔兰民族主义者的袭击目标的情况下做出的。事实并非如此。威尔逊和卡拉汉充分意识到了这样做的危险，曾向奇切斯特-克拉克以及统一党人施加了巨大压力，令其加快政治改革，并且在 B-特种部队和住房分配问题上取得了进展。至于替代方案，威尔逊甚至考虑过"逆向移民"，即让阿尔斯特地区的所有新教徒撤离爱尔兰岛，将其安置在英格兰和苏格兰。[①] 威尔逊的新闻秘书乔·海恩斯向他表示，军队可以只驻扎数月时间，威尔逊却冷冰冰地回复道："军队至少会驻扎 7 年。"对这场危机的处理堪称卡拉汉的高光时刻，他也完全明白军队很快就将成为天主教徒和新教徒共同的袭击目标。在内阁会议上，托尼·本新留的络腮胡子令人颇感有趣，他本人则沉思着"这是否会成为令人极端不快的爱尔兰问题笼罩威斯敏斯特长达10年的开端"。[②] 与此同时在北爱尔兰，强硬分子也展开了行动。解散 B-特种部队的要求激发了保皇派暴徒的怒火，爱尔兰共和军成员则渗入了贝尔法斯特和德里的各个天主教民权及民防组织。到了 11 月，在都柏林举行的一场紧张的会议上，爱尔兰共和军分裂了，主张采取暴力手段的临时派爱尔兰共和军宣告成立。

此时，北爱尔兰冲突的性质已经发生了转变。起初，这是一场针对不公、偏见和政治腐败的抗议；如今，这成了一场旨在终结联合王国、实现爱尔兰统一的斗争。受到左倾思想、浪漫民族主义，以及越南、古巴游击战争等元素的激励，临时派爱尔兰共和军相信，只要受到多数天

---

① 见 Philip Ziegler, *Wilson: The Authorised Life*, Weidenfeld & Nicolson, 1993。
② Tony Benn, *The Benn Diaries*, Arrow, 1996.

主教徒的拥护，他们就能终结爱尔兰岛分治的局面。争取获得这一少数群体中多数人的支持需要花费时间。临时派爱尔兰共和军最初的成功在于令许多生活在贝尔法斯特、数量明显处于劣势的天主教徒相信，只有他们才能保护其免受保皇派暴徒的侵犯，英国军队则与天主教徒的敌人实属一丘之貉。事实并非如此，但传言再加上受到投掷石块挑衅后英国军队过分、残暴的回应，很快就加深了这样的印象。在爱尔兰共和国，许多人自然而然地站到了临时派爱尔兰共和军一边。1970 年，因为支持临时派爱尔兰共和军，都柏林的两名内阁部长查尔斯·豪伊（Charles Haughey）和尼尔·布莱尼（Neil Blaney）遭到解雇，不过其非法进口武器的罪名并未成立。此前一年，爱尔兰共和国议会批准设立了一项总金额为 10 万英镑的基金，用于向北爱尔兰天主教徒提供援助，实际上这笔款项大部分都被用于购买武器与弹药。对社群的保卫变成了一场民族主义起义。

几乎促成了爱尔兰岛和平的希思在 1970 年接手的就是这样一场危机。上任之时，他对北爱尔兰知之甚少——尽管为了在爱尔兰共和国享用一顿午餐，他曾被裹在毯子里偷偷运过边境。在某个至关重要的方面，他在工党大臣的立场上更进了一步：希思认为，仅仅保护北爱尔兰的天主教徒是不够的，还应该令其参与北爱尔兰的治理。他的愿望是，通过促使爱尔兰岛变得更加繁荣、南北之间的贸易增多且双方均成为欧洲经济共同体的成员，终将令两大群体的关系更为缓和。事态的发展的确如此，但在此之前，数十年的杀戮已经使得双方均筋疲力尽。

# 运气不佳的希思

时至今日，希思的声誉已跌至谷底，或许这并不令人感到吃惊。两次输掉大选的他于 1975 年在党魁选举中落败，随后便极为迅速地被撒切尔主义这一新秩序所抛弃。凯旋之后，撒切尔那乐观但具有分裂性的支持自由市场的政策在知识界、媒体和议会中都赢得了大批拥趸，他们将撒切尔的胜利视为对希思时代的拨乱反正。出于叙事的需要，撒切尔越光彩照人，希思就务必显得越沉闷乏味。诚然，他试图约束工会势力和遏制通货膨胀的努力失败了；欧洲这一他最为热心的事业也令其政敌大为光火，指责他没有将欧盟计划的政治维度如实告知全国人民。而自从下台以来，希思一直闷闷不乐，将一肚子怨气保持了 30 年，这同样无助于他重振声誉。他本人对这段执政经历的叙述既沉闷，又充满了自我辩解的意味，其行文之糟糕堪与威尔逊相比。此外，这位不合群者即使对待仰慕自己的人都可能表现得极为粗鲁，自然也没有太多人愿意为他辩护。随着撒切尔时代的新闻界变得愈发自信和咄咄逼人，道格拉斯·赫德（Douglas Hurd）等曾与他共事、认为他是出色领袖的人很难发出自己的声音。最后，与执政近 8 年的威尔逊相比，希思在位时间太短，只有三年半。

然而，有必要重新评价这位几乎没有朋友的政治领导人的声誉。他是首位突破保守党阶级壁垒的局外人，还将许多相同背景的人提拔进了内阁。他的欧洲眼光源自一手经验："二战"之前，希思作为学生访问了德国，亲眼见到过希特勒，还与其他纳粹头目会过面；1945 年，已成为军官的他再次回到德国，见证了纳粹的最终失败。战争在希思身上留下的印记要甚于威尔逊。正如希思日后所言："我们这一代不能选择活在过去，必须为了未来而努力。围绕着我们的是破坏、无家可归、饥饿与绝望。只有整个欧洲齐心协力，我们才有望建成一个维护欧洲文明真正价值的社会。"作为一名政客，他怀有真挚的热情和不同寻常的勇气，对于 20 世纪 70 年代时弊的分析远比威尔逊敏锐。他在最糟糕的时机，毫不留情地与工会展开了斗争，但对手势力过于强大，不可能被迅速降服。和撒切尔一样，他也认为英国面临着沦为无法治理之国的危险。他的战略错误在于与工会正面对抗，并试图一击制胜，而不是像更加狡猾的撒切尔政府那样采取零敲碎打的方式。和撒切尔一样，希思也降低了税率，甚至开始了私有化。但和撒切尔不一样的是，在希思执政时，公众支持工会甚于政府，而且石油及其他商品价格的大幅上涨正在重创西方各经济体。1972 年他在收入政策和产业干预等问题上的 180 度转向无疑令议会民主制蒙羞；不过，尽管希思的确顽固且难以相处，但在多数时候，他的失败纯粹是因为不走运。

他在保守党议会党团中逐步崛起，先是成为一名强硬的党鞭，后来又在麦克米伦时代成为负责欧洲事务的强硬谈判者。担任大臣期间，希思最重大的成就发生在 1964 年，时任贸易委员会主席的他废除了"转售价格维持机制"。这属于那种听上去乏味，已经遭到大多数人遗忘，但实实在在地重塑了这个国度的改革之一。在转售价格维持机制之下，制造商可以命令商店以某个特定的价格出售自己的产品；商店降低价格将是违法的。因此，相较于超级市场，该机制对于价格相对较高的小型商店极为有利。若继续实行该机制，那么"超市革命"将不会如此轰轰烈烈，英国也不可能经历"乐购化"[①]这一过程。希思认为这一机制阻碍了充分竞争和选择，并且会导致通货膨胀。然而，小商店店主可是保

---

① 乐购是英国最大的连锁超市。——译者注

守党的天然支持者啊。党内和政府内的许多人都反对这一改革，但希思还是笑到了最后。在新兴的消费主义面前，生产者的利益遭到了沉重的一击。

## 移民问题再升级

上台之后，希思对于此次令人不快的大选中暴露出的反移民情绪极为担忧。在谴责鲍威尔的同时，他又迅速推出了一项颇具争议的限制性法案，剥夺了任何父辈和祖父辈均非出生在英国者的移民权利。希思在竞选宣言中承诺要"建立一个单一的制度，来管控所有海外移民"。没有人曾详细地说明，这一制度将拒绝黑人、接受白人；但关于祖父辈的规定显然就是为了让有着英国祖籍的澳大利亚、加拿大、南非和新西兰白人能够返回英国，同时将英联邦国家和英国殖民地的黑人及有色人种拒之门外。鲍威尔将这样的区别对待比作纳粹旨在净化种族的法律；他希望的是对英国公民权做出新的定义。出于不同原因，左翼和右翼联合挫败了这项法案；但两年之后，该法案还是获得了通过。倘若这是希思在移民问题上的全部事迹，那么历史书中的他就只不过是又一名惊慌失措、为让本党高兴而紧闭国门的建制内人物。

但希思的事迹不止于此。肯尼亚危机几乎就要在乌干达飞快地重演了。该国持反英立场的总理米尔顿·奥博特（Milton Obote）刚刚在政变中被肥胖、傲慢、曾在桑德赫斯特皇家军事学院受训的伊迪·阿明推翻。阿明宣称，自己在梦中被告知，就像肯尼亚所做的那样，他也务必驱逐本国的所有亚裔。毫无疑问，阿明是个恶魔：他手下的暴徒曾用棍棒将敌人殴打致死；他曾威胁要杀死英国记者；据说他在冰箱里存有人肉，将其作为美食；他还对纳粹对待犹太人的方式十分感兴趣。尽管鲍威尔愤怒地表示英国没有义务让困境之中的乌干达亚裔入境，但希思仍果断地接纳了他们。他制定了空运方案，并专门设立了帮助亚裔定居的委员会。在 1971 年的短短几周之内，便有 2.8 万人抵达英国，并最终定居于其他东非人聚居之地——尽管正在成为英格兰"最不白"城市的莱斯特在乌干达报纸上刊登了请求当地人不要移民至英国的广告。

过不了几年，鲍威尔就将离开保守党。希思与他发生正面对峙，并取得了胜利。鲍威尔一度被视为未来的首相人选，或者至少也将成为出色的财政大臣，但他的余生都将在距离权力边缘都很遥远的地方度过。然而，他的理念却将产生愈发强大的影响力。他对欧盟的敌意激发了现代史上保守党内部规模最大的一次反叛，使得英国置身于欧元区之外。他对于严格的自由市场经济学的信念对撒切尔及其圈子产生了强有力的影响，以至于后来他被奉为先知，就如同《旧约》中的以诺 ① 一般。在种族和移民问题上，情况则要复杂一些。鲍威尔的观点令许多人惊恐不已，也使自己成了战后最被厌恶同时也最受爱戴的政客之一。了解鲍威尔的人坚持认为他并非种族主义者。报纸编辑克莱姆·琼斯试图找到鲍威尔演说中提到的那位遭到"小黑崽"尾随的老太太，但未能成功；不过，他还是表示鲍威尔"绝不是种族主义者"。琼斯认为，鲍威尔受到了伍尔弗汉普顿白人怒火的感染，他们觉得自己正在被排挤出这片区域："即使在鲍威尔居住的那条有着坚固而美观的维多利亚式住宅的街道上，有色人种也搬入了一间又一间房屋。他认为自己住宅的价值也随之消失了。"但这名编辑又补充道，作为议员的鲍威尔会为了选区中任

---

① "以诺"与鲍威尔的名字"伊诺克"是同一个词。——译者注

何肤色的民众辛勤工作:"我们常常像一家人一样去几家印度餐厅吃饭,他与那里的所有人都相处得非常融洽。他在印度待过,他的妻子也是在印度长大的,他们都喜欢印度食物。"[①]

鲍威尔对于移民人数及其后果的预测在当时常常遭到嘲笑,但距离现实情况相差并不远。就在 1968 年发表那篇演说之前,他曾表示截至 20 世纪末,英国黑人与亚裔移民及其后裔的人数将达到 500 万~700 万,也就是总人口的约十分之一。根据 2001 年人口普查,自认为黑人或亚裔者的人数为 470 万,即总人口的 7.9%。考虑到自那以后大批非法移民的涌入,真实数字显然要更高。无论是移民的相对数量,还是绝对数量,伦敦及其他英格兰城市都要远多于苏格兰、威尔士和北爱尔兰。此外还有理由认为,鲍威尔大声提出了一个在当时遭到精英讳言的问题,激发了一场早晚都理应发生的争论,这实际上是对英国民主做出的一份贡献。将近 40 年过去了,他关于这一问题的言论听上去仍旧极具煽动性,极易令人恼怒。在他发表演说前不久,宣扬种族主义和法西斯主义的"国民阵线"刚刚于 1967 年成立。尽管鲍威尔本人反对纳粹,并在"二战"爆发前夕从澳大利亚回国参战,但他的话语依旧获得了外省地区那些未来的法西斯领袖的热烈支持。然而,他最为重要的预测,即发生类似于美国南部诸州那样的骚乱,则并未实现。自那以后,内城区爆发过 5 场大型骚乱,与来自加勒比及其他地区心怀不满的移民青年相关的街头犯罪率也上升了,但这远远无法与他预测的灾难相提并论。

与战后的其他任何社会事件,如寿命的延长、口服避孕药的问世、权威的崩塌以及城郊住宅的蔓延相比,移民对英国的改变都要更加剧

---

① Clem Jones, quoted in Mike & Trevor Phillips, *Windrush: The Irresistible Rise of Multi-Racial Britain,* HarperCollins, 1999.

烈。或许唯一能令其相形见绌的就是汽车的大行其道了。这一变革不是白人主动要求的——当然，无论在任何条件下，以任何形式，5 000 万人会突然提出这样的要求，都是根本无法设想的。多数英国人的确不希望大批黑人及亚裔移民入境，正如同他们不希望废除死刑，不希望深度介入欧盟事务，或是不赞成政治精英的许多其他主张一样。各党领袖从未自愿在选民面前开诚布公地估算移民规模可能有多大。在任凭这一变革发生的同时，主流党派也并未尽力帮助来自加勒比和印度次大陆的大批移民成功融入社会。西印度群岛移民不曾像复员的波兰人那样享受到帮助与周到的安排，甚至也不曾像乌干达亚裔那样受到力度较弱的支持。从未有人试图创建混合社群，或是避免小型隔都的出现。政府的确出台了有关种族关系的法律，但此举过于迟缓，而且只是为了平衡新近出台的对移民的限制措施。其效果仅仅是严惩白人工人阶级社群的种族主义行为，而不是试图理解其根源。

因此，这是精英统治英国、自由派政客凌驾于选民之上的又一例证。真正的问题在于，无视民意，进而无视移民造成的后果，尤其是其对于移民家庭的影响，这样的做法究竟使得英国变得更美好了，还是更糟糕了？21 世纪英国的气息、风味、争议与粗粝感都令其截然不同于此前那个国度。这不仅仅与新来者有关，也与离开者有关：大批白种英国人前往南非、澳大利亚、加拿大和新西兰，单是在 20 世纪 60 年代就达到了 50 万人之多。英国不由自主地成了一座世界性的岛屿，成了小号的美国。英国人曾在不经意间收获了一个帝国，如今又在不经意间成了一个多种族的国度。显而易见的是，随着来自东欧、伊拉克、索马里和埃塞俄比亚等地新移民的涌入，这则故事远不是失去帝国之后打扫家园那么简单。

# 经济困境与解决之道

    如果要用某个事件来定义希思，那么一定是英国加入"欧洲"。不过在担任首相期间，他面临的最大问题不是欧洲，而是经济。与美国和欧洲相比，英国的生产率仍然低得可怜，就更不必与日本相比了。英国在新消费品上耗资过多，对更现代、更具效率的工厂及企业又投入不足。价格增长 7%，收入增速则达到了这一数字的两倍。这依旧是一个实行固定汇率制的世界，也就是说，正如艾德礼政府及威尔逊政府一样，希思政府也面临着英镑危机，或许也要做出贬值决定。很难描述三四十年前，经济的相对下滑会对政客造成多么沉重和痛苦的折磨。希思将刚刚赶走了威尔逊和卡斯尔的工会视为首要挑战。他下定决心，至少要制止一次公共部门的大规模罢工，并且要废除他认为对罢工起到鼓励作用的某些福利。英国各大行业都有着很高的工会成员比例，而且按照当代标准，工会数量也多得惊人，总计超过 600 个。大型工会的领袖对于工厂里的实际情况掌控力很弱。民谣摇滚乐队"草莓山男孩"（Strawbs）1973 年的热门歌曲《工会一员》（*Part of the Union*）在英国单曲排行榜上曾冲到第二位，这首歌充分反映了那个年代工会在政治上的好斗性。其副歌唱道："哦，你拿我没办法，我可是工会的一员。"另外几句歌词则说明了原因："只要大喊一声，兄弟们就会出来。""如果我为了涨薪而罢工，就总能如愿以偿。""虽然我只是名工人，但我可以毁了政府的计划。"他们的确做得到。

    希思上台之后几乎立刻便遭遇了一场码头工人罢工，随后地方政府清洁工又通过罢工获得了优厚的工资待遇，再往后电力公司员工的怠工行为又导致了供电中断，此后邮政工人又发动了罢工。希思政府的态度不如9年之后的撒切尔政府专注、强硬。日后被视作撒切尔内阁中"湿"派人物 ① 的道格拉斯·赫德此时正担任希思的政治秘书，他在日记中记录下了愈发沮丧的情绪："糟糕的一天。显然，这几个星期以来公务员的全部计划，完全无法解决电力行业的争端，各方的压力都要令我们屈服。"后来，赫德与尚身着晨袍的希思当面对峙，警告他政府机器"运转得太过缓慢，远远落后于事态的发展"。汽车行业的情况尤其糟糕，以至于亨利·福特二世（Henry Ford II）及其左右手李·亚科卡（Lee Iacocca）向希思发出了彻底退出英国的警告。然而希思的1971年《劳资关系法》旨在达成平衡，在赋予工会成员新权利的同时，试图通过新设立的劳资法庭，使得其与雇主达成的协议具有法律执行力。这是保守党向威尔逊为工会奉上的礼包所砍下的第一刀。希思还推行了税制改革，旨在促进投资；与商界达成了协议，将价格涨幅限制在5%；甚至还开始了有限的私有化，托马斯·库克和伦恩工艺这两家当时归国家所有的旅行社连同几家酿酒厂一道被出售了。

然而客气地说，保守党传递出的讯息依然是含混不清的。降低个人税率刺激了消费和通货膨胀。随着入欧谈判的日子越来越近，希思的财政大臣巴伯亟须实现增长，这也就意味着需要进一步减税，并增加政府开支。长期来看，最重大的举动或许是取消高街银行的放贷限制，这一做法导致借贷激增。放贷额的年增长率已经达到了约12%，在1972年则增长了37%，次年更是增长了43%。这显然进一步加剧了通货膨胀，同时也刺激了英国人对于住房所有权以及借贷由来已久的迷恋。当代英国信贷的急剧扩张以及埋葬于砖瓦和草坪里的未平衡的资本，部分即可

---

① "湿"派指的是撒切尔内阁中较温和、对某些强硬政策持反对态度的人。——译者注

追溯至这一决定以及撒切尔时代的新一轮信贷繁荣。但希思在回忆录中却对此只字未提。

与此同时，英国政府终于摆脱了一项历史性的束缚。在 1971 年夏天，美国总统尼克松单边废除了战后金融体系的一大重要组成部分，停止用美元兑换黄金，并允许汇率浮动。尼克松面临的麻烦在于越战的巨额花费以及商品价格的上涨。尽管以实际价格计算，越战的花费仅为"9·11"袭击后阿富汗和伊拉克两场战争的 60%。尼克松的决定对英国造成的影响在于，政府和英格兰银行再也不必执迷于英镑储备了，尽管直到 1977 年这一问题依旧存在。然而，新问题也随之产生，即英镑最多应贬值到何种程度，以及工业家要如何才能提前做好打算。[1] 希思倾向于国家掌控的本能很快就受到了考验：研发新式发动机的成本迫使劳斯莱斯最有价值的部门面临破产的危险，希思则迅速地将该公司国有化，拯救了 8 万个工作岗位，令其得以重组和幸存下来。这使得国防工业松了一口气。劳斯莱斯及时地实现了复苏，并重新回归私人部门。因此回过头来看，这显然成了一起"成功的"国有化案例。

## 该不该加入欧洲

前文中我们已经提到，欧洲这一事业在希思身上留下了多么深刻的印记，以及 20 世纪 60 年代初，身为谈判者的他面对法国总统戴高乐的拒绝，进行了多么艰苦的努力。他在烟雾缭绕的会议室里煎熬了很长时

---

[1] Nicholas Mayhew, *Sterling: The Rise and Fall of a Currency*, Allen Lane, 1999.

间，为了细枝末节争执不休。作为一名热忱的亲欧洲人士，他比英国其他资深政客更加了解这些法国伙伴。早在当选首相之前许久，他便认为乔治·蓬皮杜（Georges Pompidou）可能成为自己的对话者，后来此人取代戴高乐，当选法国总统。希思后来透露，在契克斯别墅的一场会议上，蓬皮杜用法语向他表示："如果你希望知道我的政策是什么，那就别费劲给我打电话了——我不会说英语，你的法语又很糟糕。只需要记住这一点：我是个农民，我的政策永远是支持农民。"[1]

这番话可谓对"共同农业政策"的巨大开销提出了充分警告，但并不足以反映蓬皮杜更为广阔的眼光。事实上，他希望欧洲的大型制造业公司能够与美国及远东一较高下。10年间，英国的增长率远低于欧洲共同市场六国，因此到了1970年，希思在谈判中所处的位置要比当年的麦克米伦更为弱势。另一方面，希思也有一些优势。他受到信任，被视为严肃认真的谈判对象；英国的虚弱也促使巴黎方面相信，这一次"烤牛肉"们[2]真的决心加入了；蓬皮杜也认为时机已经成熟，说一声"是"便将令他走出已经去世的那位将军的巨大阴影。多年以来，和欧洲经济共同体的其他成员一样，法国也想努力弄清英国的意图究竟何在。在威尔逊的年代，由于英国左翼在这一问题上的分裂，想搞明白这一点格外困难。

希思只是承诺要进行谈判，并未承诺一定会加入，但他的热情与威尔逊的摇摆不定还是形成了鲜明对比。研究英欧关系的最杰出历史学家这样描述两人的差异："1939年9月初，希思好不容易才赶在战争爆发之前从波兰返回了英国，威尔逊则正驱车前往邓迪提交关于出口与贸

---

① Edward Heath, *The Course of My Life*, Hodder & Stoughton, 1998.
② "烤牛肉"是一道英国传统菜肴，法国人以此来指代英国人。——译者注

易周期的学术论文；后来，当希思接受操作防空炮的训练时，威尔逊则成了粮食部负责控制土豆供应的公务员。经历的不同或许对后续事态的走向产生了相当大的影响。"① 然而民调显示，多数英国人都对希思的宏大眼光不感兴趣，前土豆供应控制员关于价格波动的警告产生了更大的影响。

　　希思上台后，经过在伦敦、巴黎和布鲁塞尔长达18个月的讨价还价，双方终于达成了一项协议。但英国渔民对此却极为愤怒，因为其大多数传统市场都将被欧洲的竞争者攻占，尤其是法国与西班牙的拖网渔船。协议规定的预算案算得上是次优选择，日后将被撒切尔重新采纳。最为重要的是，此前的共同市场就是为法国农民及布鲁塞尔官僚的便利，而不是为了英国而打造的，该协议并未触及这一点。大量欧洲法律需要被全盘吸收，英国谈判者对其中的多数都存有异议。只是在非常边缘的问题上，例如新西兰黄油，六国才做出了让步；而在有关英联邦农业问题上取胜所付出的代价是，关于预算的协定变得对英国更加不利了。事实上，英国谈判者的态度是：加入欧洲经济共同体对英国的未来而言至关重要，为此可以付出一切代价。在1971年巴黎爱丽舍宫举行的一场新闻发布会上，希思与蓬皮杜（两人尽管语言不通，但私下里已经长谈了一下午）出人意料地宣布，法国已不再反对英国加入欧洲经济共同体。媒体原本预期谈判又将以法国人说"不"收场，因此，这场胜利令希思感到格外高兴。

　　此时，需要对入欧条款展开全民辩论，议会也需要对此投票表决。在野的威尔逊表现一如既往。如前所述，当希思刚刚开启谈判时，威尔逊公开支持英国入欧，但"谋略家"威尔逊很快便取代了"政治家"威

---

① Hugo Young, *This Blessed Plot*, Macmillan, 1998.

尔逊。随着英国越来越接近入欧，他开始吹毛求疵、冷言相向。和往常一样，威尔逊又警惕地注视着四周。潜在的继任者卡拉汉公开反对加入欧洲经济共同体，理由之一是这个说法语的机构会对乔叟、莎士比亚和狄更斯的语言构成威胁。左翼人士情绪激动。1971 年 7 月召开的工党特别大会足以表明该党反对欧洲经济共同体的态度有多激烈：反对与支持的票数之比达到了 5:1，工党议员中反对与支持的人数之比也达到了 2:1。此时，威尔逊又宣布自己反对英国按照希思谈判达成的条款加入欧洲经济共同体。他坚持表示，自己并非从原则上反对入欧，只是就事论事。此举令已经历过长期痛苦折磨的工党内亲欧洲人士十分反感；而工党内反共同市场人士同样对此毫无热情，他们根本不相信威尔逊真的转变了态度，并且认定他一旦重新入主唐宁街 10 号，就会转而签署入欧协定。于是，就连保持工党的团结一致这一威尔逊最为看重的事业，也以失败告终了。

当下议院对希思的入欧协议进行表决时，共有 69 名亲欧洲的工党议员违抗了本党，像保守党人一样投了赞成票。亲欧洲派的领袖人物是詹金斯，不过令他在日后感到难堪的是，他接下来并没有在所有细节上都违抗本党。以卡斯尔、富特和托尼·本为首的左翼对这些反叛者感到极为愤怒。工党党内开始出现分裂的苗头，最后将以部分人脱离工党另组社会民主党告终。对于工党大会上的多数人而言，置身于欧洲经济共同体之外是原则问题；对于 69 名反叛者而言，加入欧洲经济共同体也是原则问题。在野期间，通过委婉的用词、刻意的回避，乃至大声的恫吓，或许能够掩盖此类裂痕；但一旦重新执政，这一分歧显然足以摧毁工党。一边是对道德原则深感自信的卡斯尔和托尼·本，一边是对自我毫不怀疑的詹金斯，夹在二者之间的威尔逊只得向影子内阁抗议称："我在烂摊子里跋涉了三个月，结果就是让其他人能陶醉于自己的良知。"

他还威胁要辞去党魁一职："在我看来，他们能补上这个空。"这只是一时的气话，但就在威尔逊挣扎着试图掌控局面时，左翼的《新政治家》杂志对这位"犬儒主义的头号使徒、稀里糊涂传播'幻灭'福音的布道者"做出了尖刻的评判："如今，威尔逊先生已经下跌到了如此低下的位置：仅仅是他还身居工党领导层这一事实就已经令政坛的空气变得污浊了。"[1]

在下议院的投票表决中取胜后，希思静静地返回唐宁街，志得意满地弹奏起了巴赫的钢琴曲。对于工党而言，这是个糟糕透顶的夜晚，投票厅内尖叫声不绝于耳；更加令人不快的是，69名反叛者与其他工党议员还发生了肢体冲突。

此刻的英雄其实是正跌跌撞撞地迅速左倾的托尼·本。威尔逊曾表示："随着年龄增长，托尼却越来越不成熟了。"但在这一问题上，托尼·本表现得却比工党党魁老练许多。托尼·本首先指出，对于如此重大的决定，应该举行全民公决。18世纪的伟大作家、来自布里斯托尔的议员埃德蒙·伯克（Edmund Burke）在写给本地选民的信中表示，他亏欠于他们的是自己的判断力，而不是对其意见的盲从。同样来自布里斯托尔选区的托尼·本的观点与之恰好相反，他认为民主制若剥夺了人民在如此重大事项上直接做出选择的权利，那么就丝毫不值得尊重。起初几乎无人支持托尼·本的这一激进观点。工党党内的传统派鄙视全民公决，认为这是法西斯才会动用的手段，是流行于欧洲大陆的诡计，议会民主不应加以考虑。尽管此时托尼·本对于共同市场的态度仍是模棱两可的，但亲欧洲人士同样担心此举会促使工党坚决地选择置身于欧洲经济共同体之外。

---

[1] 引自 Philip Ziegler, *Wilson: The Authorised Life*, Weidenfeld & Nicolson, 1993。

威尔逊多次公开表示反对举行全民公决。然而，他渐渐痛苦地意识到，解决问题的出路或许在于：反对希思达成的协议，但承诺进行重新谈判，并主张对此进行全民公决。对于反共同市场人士，威尔逊可以声称这一策略的目的在于远离欧洲；而亲欧洲人士又会意识到，他并不是真的希望置身于欧洲之外；与此同时，承诺进行全民公决还有助于占据政治制高点。尽管民调显示，人民已经心生厌倦与敌意，但威尔逊仍准备"相信人民"。当蓬皮杜突然宣布法国将就此举行全民公决后，威尔逊立刻一把抓住了托尼·本提出的方案。这是个至关重要的决定。全民公决将清晰地表明整个国家至少在 20 世纪 70 年代的态度。当面临格外重要或棘手的宪政难题时，政客还将一再诉诸这一手段。

## 对消费主义的反抗

1971 年 5 月 1 日下午，肯辛顿区极受欢迎的芘芭时装店经理约翰·埃文斯（John Evans）紧张地步入地下室。一连串古怪的来电警告称有炸弹即将爆炸。起初，前台的女孩对此只是置之不理，但在街道上，约 500 名女性与儿童已被匆匆撤离。埃文斯推开了储藏室的门，随后便是一声巨响、一道火光、一股浓烟。活跃在英国中部的本土恐怖团体"愤怒军团"再度发动了袭击。在对此次袭击做出解释的公报中，他们改写了鲍勃·迪伦的歌词："你不是在忙着求生，就是在忙着购物。"他们继续写道："所有时装店的所有女售货员穿着同样的衣服，化着同样的妆……生活如此乏味，除了将所有工资都花费在最新款裙子或衬衣上，再无其他事可做。兄弟们，姐妹们，你们真正的欲望是什么？坐在药妆店里，空洞、乏味地望向远方，喝几口寡然无味的咖啡？……对于当代的奴役之地，也就是时装店，你能做的唯一事情就是：摧毁它们。"①然而他们似乎并未意识到，在时装店的顾客看来，芭芭具有的不是压迫性，而是解放性。

上百个日期或事件都足以成为"60年代之梦"终结的标志，但芭芭遇袭事件却具有独一无二的刺激感。繁荣的青年文化背后的两大势力开战了：一方面是革命的梦想（根据不同倾向，又可以分为无政府主义的与列宁主义的），墙上挂着切·格瓦拉（Che Guevara）的画像，床前摆着晦涩的左翼指南，期待着一个星巴克永无立足之地的世界；另一方面则是和善、嬉皮风格的消费文化之梦，画着眼线，穿着时髦的服饰，与文雅人士一起挣钱。"愤怒军团"和芭芭就充分体现了20世纪60年代青年文化背后两大势力的争斗。

"愤怒军团"这一名字气势十足，其成员是一小群大学辍学者，在发动了123次袭击之后，他们被处以10年徒刑。如今很少有人还记得"愤怒军团"，但英国曾遭受的最严重的无政府主义威胁就来自他们。"愤怒军团"的哲学源于两位反文化理论家：法国人居伊·德波尔，以及比利时诗人及教师拉乌尔·范内赫姆（Raoul Vaneigem）。他们认为，资本主义与苏式共产主义同样具有压迫性；最终，资本主义接管了一切组织，并将所有东西转变成了用于出售的商品；就连对资本主义的抨击也能成为营销和售卖的对象——用于商业目的的格瓦拉画像和毛主席像章就是明证。德波尔还将自己的抨击对象从老派共产主义者、西方政界、媒体等常见目标扩展到了吸食毒品的嬉皮文化、现代建筑，乃至旅游业。一旦人们获得了太多物品，已不再满足于仅仅"拥有"，资本主义就会

---

① *The Times*, 3 May 1971.

向其出售"体验",例如出国旅游以及怀旧之情。

于是,这些"情境主义者"(situationist)便决心向购物中心、博物馆以及媒体等目标发起攻击,通过"丑闻一般的举动"招致当局的打压,进而令真相彻底暴露出来。他们在斯特拉斯堡大学上演了一场小型革命,掌控了学生会,并嘲笑同龄人只不过装作激进,实际上却受到了"服饰、唱片、踏板式摩托车、晶体管收音机、毒品"的诱惑,仍旧只是惯常的消费者。这番言论对多数激进大学生日后的所作所为做出了一针见血的预判。

德波尔本人几乎如同漫画中的法国知识分子一样。他鄙视盎格鲁–撒克逊文化,热衷于美食、豪饮、自由恋爱以及哲学对话。他的著作[1]的英文译本十分糟糕,但仍在英国大学生中间广为流传,克罗伊登艺术学院一个自称为"暴徒之王"的团体就深受其影响,这个名称来自1790年伦敦骚乱中暴徒绘制的涂鸦。此类团体通过杂志与传单来传播对于无政府和无序状态的信念,其潦草的字迹与裁剪下的字母看上去与20世纪70年代的朋克爱好者杂志极为相似。这并非偶然:仰慕情境主义者的英国人中就包括年轻的艺术学院学生马尔科姆·麦克拉伦(Malcolm McLaren),日后他将成为朋克乐队性手枪(Sex Pistols)的缔造者。他在1971年的一则观影笔记中坚称:"中产阶级发明了商品,这定义了我们的雄心、抱负和生活质量,其后果便是令人感到压抑、孤独、厌倦。"这样的立场与同一时期"愤怒军团"的公报如出一辙。[2]后来,麦克拉伦与薇薇恩·韦斯特伍德(Vivienne Westwood)在国王街上开设了出售"惊悚服饰"的商店,生产出了数年前的政治反叛者梦

---

① 指《景观社会》(*The Society of the Spectacle*)。——译者注
② 见 Jon Savage, *England's Dreaming*, Faber & Faber, 1991。

寐以求的反叛形象。1968 年在巴黎发生的事件正是 70 年代英国朋克文化的根源。

若非受到另一种源自欧洲的策略影响，德波尔的革命号令在伦敦不会激起任何回响。这一策略源自西班牙内战时期：坚持向佛朗哥（Francisco Franco）政权发动小型游击战的无政府主义者开创了日后受到一系列恐怖团体沿用的关键策略，从爱尔兰共和军，到德国的红军派，自然也包括"基地"组织：建立胞状结构，使得团体更难以被打破，并通过向主流媒体发布带有代号的公报来解释自己的行动。这些团体要更加严肃一些。

从 1966 年起，"五月一日"小组便开始在西欧各地用机枪和小型炸弹发动袭击。几年之后，他们与英国的仰慕者，尤其是曾就读于剑桥大学和埃塞克斯大学的那些人产生了联系。安娜·门德尔松（Anna Mendleson）毕业于斯托克波特的一所女子高中，希拉里·克里克（Hilary Creek）毕业于布里斯托尔的一所私立学校，两人在就读于新成立的荒凉的埃塞克斯大学时，都热切地关注着 1968 年的起义。在剑桥大学那边则有记者之子、毕业于面向上流社会子弟的哈伯达舍阿斯克学校的约翰·巴克（John Barker），以及来自柴郡威德尼斯镇的货车司机之子、医学学生吉姆·格林菲尔德（Jim Greenfield）。他们钻研了情境主义者的言行，加入了"金·菲尔比餐饮俱乐部"，这一名称是在向该校最著名的叛国者致敬。他们都是坚定的激进分子，通过公社生活和占屋运动结识了彼此，随后便投身于"申请者联盟"。该组织旨在为尽可能多的人争取到尽可能多的福利金，并取得了极大成功；1971 年，英国各地已有多达 80 个分支机构。一位名叫斯图尔特·克里斯蒂（Stuart Christie）的苏格兰无政府主义青年由于参与了试图炸死佛朗哥的笨拙计划，在西班牙监狱里度过了三年时间。经由此人，上述"大学四人组"

（他们的外貌极为出众）与"五月一日"小组取得了联系。其他人还包括轻度罪犯、海洛因吸食者杰克·普雷斯科特（Jake Prescott）和"越南团结运动"参与者伊恩·珀迪（Ian Purdie），他们一道开始制造并使用炸弹。

除了芘芭时装店之外，他们的目标还包括在皇家艾伯特大厅举行的"世界小姐"选美比赛、停靠在希思罗机场的一架西班牙飞机、伦敦警察厅厅长约翰·沃尔德伦（John Waldron）、新建成的帕丁顿格林警察局（后来，爱尔兰共和军和"基地"组织嫌犯就被羁押在这里）、警方电脑、位于伦敦霍洛韦地区的预备役部队中心、福特公司主席在英国的住所、巴黎的一间劳斯莱斯展销厅，以及两名保守党内阁大臣——贸易大臣约翰·戴维斯（John Davies）和就业大臣罗伯特·卡尔（Robert Carr）。卡尔正在挣扎着试图令议会通过希思有关工会的立法，他粉刷成白色的住宅前后门分别遭到了一枚炸弹的袭击。在所有袭击中都无人丧生，受伤的也只有一名旁观者。

"愤怒军团"还定期发布以电影命名的公报，如《虎豹小霸王》（*Butch Cassidy and the Sundance Kid*）和《日落黄沙》（*The Wild Bunch*），并宣布已选定了将要处决的目标。他们表示将拿"上流社会的猪、法官、大使馆、景观、财产"开刀，向"电视、电影和杂志炮制出的粗制滥造、使人异化的文化……（以及）丑陋、了无生气的都市生活"发起攻击。9 个月之后，赴巴黎采购硝铵炸药归来的"愤怒军团"被警方抓获，在对他们住所的搜查中发现了枪支及制造炸弹的设备。该组织的所有关键成员都被处以漫长的刑期。法官表示他们的行为应归咎于"对社会学的扭曲解读"。就这样，由于人们缺乏兴趣，英格兰革命被再度推迟了。暴力的抗议行为仍继续存在，但起因均是次要问题，例如苏格兰和威尔士的民族主义，或是爱尔兰的"麻烦"[①]。

　　尽管在许多方面"愤怒军团"都并不太重要，但他们仍是革命性抗议与不断进化的愉悦经济发生正面冲突的唯一案例，前者被认为是 60 年代的一大要素，而后者才是主导 60 年代的真正元素；其他左翼团体（以托洛茨基派为主）则只是相互争论、游行示威，发表关于就业与国际事务的作品。只有在爱尔兰，人们才感受到了力道十足的革命性抗议。


# "血腥星期天"

　　希思与爱尔兰共和国总理杰克·林奇（Jack Lynch）以及北爱尔兰新任总理布赖恩·福克纳（Brian Faulkner）有着密切的合作。与伊顿公学毕业的地主奇切斯特-克拉克相比，希思与中产阶级商人出身的福克纳更加投缘，甚至还成功地令爱尔兰共和国与北爱尔兰的领导人坐上了同一张谈判桌。自从 1920 年爱尔兰岛被分治以来，这种情况还是头一次发生。一个小细节便足以表明这项外交努力是多么错综复杂：希思在林奇的座位前摆了一瓶爱尔兰共和国产的帕迪牌威士忌，在福克纳的座位前摆了一瓶阿尔斯特产的布什米尔斯牌威士忌，又在二者之间摆了一瓶苏格兰威士忌，结果林奇和福克纳都选择了苏格兰威士忌。希思认为此举颇具象征意义。奇切斯特-克拉克的要求仅仅是派出更多军队，进行更严厉的镇压，福克纳则对政治解决方案持开放态度。唐宁街对三

---

[①] 指 20 世纪 60 年代末至 90 年代末在北爱尔兰发生的长期暴力冲突，在英文中被称为"麻烦"（The Troubles）。——译者注

种方案进行了研究：第一，可以从北爱尔兰切割出面积更小、新教徒比例更高的区域，并将其他地区拱手相让于爱尔兰共和国，从而摆脱掉众多天主教徒；第二，可以由分享权力的行政机构来统治北爱尔兰，也就是让天主教徒进入政府；最后一项方案是由都柏林和伦敦当局共同统治北爱尔兰，当地居民则拥有双重国籍。

希思拒绝了第一项和第三项方案，认为前者太过粗糙，会导致太多人身处边界的错误一侧；后者则肯定不会被统一党人接受。第二项方案则将被后续历任英国政府采纳。此时鲍威尔仍在继续自己的政治冒险之旅，他已成为一名代表阿尔斯特统一党的英国议会议员，并提出了第四项方案：把北爱尔兰彻底纳入英国，将其视作肯特郡或林肯郡一般。不过希思从未认真考虑过这一方案。希思也乐意讨论其他激进的解决方案，这足以说明伦敦方面并非顽固不化、毫无想象力。然而，在开启严肃的对话之前，应对不断恶化的安全局势已成了当务之急。

对此，政治途径束手无策。

在 1972 年 1 月 30 日这个"血腥星期天"，北爱尔兰的"麻烦"变得无法收拾了：英国伞兵团的士兵在伦敦德里杀死了 13 名不带武器的平民。贝尔法斯特命令该兵团平息博格赛德区抗议者投掷石块的行为，结果他们却踏入天主教社区，向手无寸铁的民众开枪射击，目标中还包括许多青少年。有些遇难者背部中弹，显然是在逃离途中遭到了射杀。此前数周，紧张局势已不断升级。1971 年 8 月，希思不情愿地实行了拘押恐怖主义嫌疑人的措施。对告密者的报复行动加之高涨的反英情绪意味着，面对愈发严重的爱尔兰共和军威胁，正常的法律程序已完全起不到作用。于是，尽管会损害与其他欧洲国家及美国的关系，希思还是下令逮捕 337 名爱尔兰共和军嫌疑人，将其关押在朗凯什监狱。在黎明时分的突袭中，3 000 名士兵抓捕了四分之三的目标，但他们大多是老人，或者并非活跃分子；临时派爱尔兰共和军的真正领导人大多已逃往边界以南。此举招致了世界各地的抗议。暴力事件随即激增，三天之内便有 21 人遇难。爆炸与枪击发生得更为频密。在 1972 年的最初 8 周，共有 49 人遇难，超过 250 人重伤。

正是在这样的背景下，"血腥星期天"发生了。尽管进行过无数次调查与争论，但当天的经过依然充满争议。谁开了第一枪？对于激化对抗情绪，爱尔兰共和军到底起到了什么作用？原本和平的游行队伍为何分裂开来，为何开始投掷石块？伞兵为何突然失去了控制？无论答案如何，这一天发生的令人惊骇的事件都使得英国在全世界颜面扫地。都柏林的部长们怒火中烧，英国大使馆被大火夷为平地。"血腥星期天"使得爱尔兰共和军在海外，尤其是在美国募集资金变得更加容易。临时派爱尔兰共和军展开了反击，用炸弹袭击了位于奥尔德肖特的伞兵团总部，导致 7 人遇难，死者都不是士兵。一起暴力事件引发了更多的暴力事件。终于，伦敦对北爱尔兰实行了直接统治，并设立了不设陪审团的迪普洛克法庭。1973 年 7 月，20 枚炸弹在贝尔法斯特爆炸，导致 11 人遇难。英国本土成为临时派爱尔兰共和军的一大打击目标。1974 年 10 月，吉尔福德镇的酒吧遭到炸弹袭击，5 人遇难，60 人受伤；当年 12 月，伯明翰的酒吧也遭到袭击，共有 21 人遇难。

暗杀接踵而至。撒切尔的亲密顾问艾雷·尼夫（Airey Neave），以及曾担任撒切尔议会私人秘书、很受欢迎的伊恩·高（Ian Gow）等保守党议员成了牺牲品。罗斯·麦克沃特（Ross McWhirter）等爱尔兰共和军的激烈批评者也惨遭杀害。在 1975 年的鲍尔科姆街围困事件中，一对夫妇被爱尔兰共和军成员劫为人质。此后爱尔兰共和军的"惊世之举"还包括于 1979 年杀害了正与家人一道在斯莱戈乘船度假的蒙巴顿伯爵，其顶峰则是 1984 年试图在布赖顿暗杀撒切尔及其内阁成员。在北爱尔兰，人们见证的则是冤冤相报的汽车炸弹袭击和枪击、例行公事般的谋杀、对涉嫌告密者的折磨，以及怀有雄心壮志者的不断逃离。安全部门不顾一切地搜捕恐怖主义嫌疑人，甚至不顾法律。共和派囚徒通过在牢房围墙上涂抹粪便、进行危及生命的绝食抗议等"肮脏的抗议手段"，与英国国家机器进行斗争。英国军队原本仅仅承担维护治安的任务，负责将偏执的新教徒与反叛的天主教徒分隔开来；但短短几年时间内，局势已经恶化为一场彻彻底底的恐怖主义战争，或者说反暴动战争，其恶果便是疑惧、绑架、压迫和政治生活的败坏。

孤注一掷的希思认为自己既需要说服都柏林放弃长期以来对于北爱尔兰的宪法主张，又需要说服主流统一党人与天主教政客合作。他失败了，但他的确进行过尝试。为实行直接统治，政府新设了北爱尔兰事务大臣这一职位，第一个出任该职位的人是和蔼可亲、喜欢虚张声势的威利·怀特洛（Willie Whitelaw）。他与包括格里·亚当斯（Gerry Adams）在内的临时派爱尔兰共和军领导人进行了面对面的会谈，但这一绝望的冒险却并未结出果实：此时，妥协尚无从谈起。于是，《森宁代尔和平协议》便无视爱尔兰共和军，提议组建一个分享权力的行政机构，人员构成为：6 名统一党人、4 名社会民主工党成员，以及 1 名来自不具有宗派性的联盟党的人士。此外，还将设立一个由来自都柏林和北爱尔兰的政客共同组成的爱尔兰理事会，在范围有限的一系列问题上享有权威；作为回报，都柏林方面必须放弃对北爱尔兰的权利主张。本质上，这一睿智的多边协议同梅杰和布莱尔在 20 世纪 90 年代提出的方案并无太大差异，但统一党内反对该方案的顽固分子实在太多，温和派则在 1974 年的首次选举中遭遇惨败。与此同时在爱尔兰共和国，其领导人对北爱尔兰领土主张的放弃被宣布为违宪和非法的。对此希思自然感到十分苦涩，他总结道："最终，是北爱尔兰人民自己葬送了在血迹斑斑的北部六郡实现和平的最佳机会。"


## 希思黯然退场

▬▬▬▬▬

　　在此之后，矿工罢工了。1972 年年初，全国矿工联合会发动了自黑暗的 20 世纪 20 年代以来的首次全国性罢工，要求加薪 45%。罢工者严明的纪律和强大的好斗情绪很快便令煤炭库存有限的政府大吃一惊。来自伍利煤矿的一位鲜为人知、富有战斗精神的年轻矿工，组织起了来自南约克郡的约 1.5 万名战友，围堵住了索尔特利煤炭仓库——伯明翰的燃料供应大多仰仗于此。这位激情洋溢的演说者、前英国共产党员、雄心万丈的工会活跃分子斯卡吉尔日后把在索尔特利仓库与英格兰中部地区警察的对峙称为"一生中最伟大的一天"。很快他便当选为矿工代表，进而又当选为约克郡矿工联合会主席。希思指责警方太过软弱；对首相而言，在斯卡吉尔"最伟大的一天"发生的事件却是这样的："那是我记忆中英国法治所遭受的最激烈、最直接、最可怕的挑战……我们面临着大范围的内乱。"希思很清楚，罢工的目的在于推翻经选举产生的政府，但他也意识到不能立刻发动反击。面对"国家变得无法治理，或是不得不动用武装力量以恢复秩序的危险，且公众永远不会容忍后一种情况发生"，希思转而要求法官威尔伯福斯（Wilberforce）男爵对矿工的工资状况进行独立调查。但对他来说，这是个严重的错误。威尔伯福斯表示矿工的加薪幅度应该高于 20%，这比平均加薪幅度高出了近一半。全国矿工联合会接受了这一报价，还赢得了额外的福利。这是工会对政府取得的最具压倒性的胜利之一。

希思及大臣们意识到，也许应该立刻解散议会，以质问在政府与罢工者之间，究竟应该由谁说了算。但在此之前，他们决定再尝试一番妥协与磋商。由于害怕失业人数达到100万，希思的政策发生了180度逆转，此次著名的变卦极大地损害了希思的声誉。新政策有个蹩脚的名字——三方架构，即由政府、工会大会和英国产业联合会就价格与工资、投资与福利达成全国性协定。1972年的《工业法》赋予了保守党政府在产业干预方面的空前权力，托尼·本兴奋地称其为"通往社会主义的艰苦准备工作"。[1] 政府相当真诚地试图赢得温和派工会领袖的支持。随着失业人数不断向100万迈进，各个就业中心获得了更多资金，加强了组织，并加大了努力。工业家也竭尽全力，加入了更多委员会。不过说实话，如果他们专注于管理自己的公司，也许能够发挥更大的作用。但工会却毫不让步，先是拒绝承认希思设立的劳资关系法庭"真的具有合法性"，接着又表示若不废除《劳资关系法》，就拒绝展开严肃的谈判。工会的态度使得在经济问题上达成共识的最后一次努力不可避免地以失败收场。过了不到一年时间，英国产业联合会同样要求放弃三方架构。

　　此时，试图赢得工会支持的希思表现得就如同威尔逊时代的社会主义者一般。他重新制定了经济计划，尤其是地区层面的计划；他救助了克莱德河上游造船公司等陷入困境的企业，部分原因在于面临失业风险的工人考虑要坚守工作岗位（不过希思后来认为此举是个错误）；他还愿意赋予工会特权地位。在他看来，这是将经济改造为英国爱国者的"联合事业"的最后一次尝试。在这项事业中，最重要的是公共利益，工会领袖、公司董事、各党政客都应将私利放在第二位。也就是说，这是"买英国货"这一政策的升级版本。但事与愿违的是，各方优先考虑的仍是

---

① 见 Arthur Seldon in Arthur Seldon & Stuart Ball, *Conservative Century*, Oxford U. P., 1994。

自己的利益。工会领袖承诺要让工会成员获得更高的工资以及更好的工作条件，他们会动用一切合法手段来履行自己的职责，这一点无可非议。同样，对工业家而言，生死攸关的问题则是利润额以及对投资者的回报，而不是为政客分忧。后来撒切尔派分子抨击希思政府既做了不该做的，又没有做该做的：政府不应试图管理企业，不应代替工会或企业就工资协议进行谈判，不应对工厂下达指示，不应试图控制价格。

在10年后的保守党人看来，上述事务最好都交由市场决定，政府应该制定强硬且清晰的规则，社会中的其他势力务必依此行事；应该通过控制货币供应量来确保低通货膨胀；对工作中的恫吓及违法行为必须强力执法；应让经营不佳的公司自己承担后果。总之，撒切尔的这番批判不仅仅在英国，更是在全世界都受到了推崇，希思的三方架构（或者说"社团主义"）则遭到了嘲笑与遗忘。然而，希思最初的立场与撒切尔几乎一模一样，他也热衷于让市场决定价格，也承诺要让"跛脚鸭"公司自生自灭。那个时候，撒切尔还是希思的热烈支持者；就连她的开路先锋基思·约瑟夫（Keith Joseph）也只是在希思政府倒台之后，才于70年代中期彻底成为自由市场哲学的信徒，此前仍是希思内阁中一位出了名的主张政府高额支出的大臣。许多撒切尔派分子声称，保守党内部的这场争论发生在纨绔子弟与倔强的中产阶级（或者说"普通人"）之间，但事实并非如此。希思并非纨绔子弟，而且他的鼻子除了以"大"闻名之外，在"硬度"上也不逊色于任何人。①

后来，希思钟爱的晨彩号游艇在一场剧烈的风暴中沉没；类似地，一场势不可不当的政治风暴也摧毁了他的政治生涯。当时，大多数人都

---

① "倔强"一词的字面意思是"硬鼻子"。这句话的意思是：将希思派与撒切尔派分别刻画为"纨绔子弟"和"倔强的中产阶级"的做法不成立，希思也是个倔强的人物。——译者注

要比数年之后更加左倾。刚刚战胜了威尔逊和卡斯尔的工会空前绝后地自信。许多产业工人生活在依旧荒凉的小镇，远离光鲜亮丽的大城市，他们的确被落在了后头，且工资过低。经历了麦克米伦、道格拉斯-休姆和威尔逊三任首相之后，政客不再像希思初入下议院时那样会自然而然地获得民众的尊敬。希思一直表示，他之所以寻求共识性政策实属无奈，因为在 70 年代，撒切尔后来实行的对大规模失业进行"挤压"的替代性政策根本不会被民众接受。整整 10 年之后，社会和工业领域的崩溃已经为撒切尔激进主义的得势扫清了不少障碍，她仍免不了要应对诸多困难。由此可见，希思的看法无疑是正确的。

给予希思政府致命一击的是 1973 年 10 月以色列与埃及之间短暂的赎罪日战争。以色列迅速且具有决定性的胜利羞辱了阿拉伯世界，后者则利用石油予以回击。世界市场上油价上涨已有一段时间。此时，由沙特阿拉伯主导的石油输出国组织决定逐月减少向西方的石油供给，直到以色列归还侵占的领土，并允许巴勒斯坦建国；对以色列最热情的支持者美国及荷兰会实施彻底的禁运，仍然能够获得石油的国家则将支付越来越高昂的费用。事实上，油价上涨了三倍之多。全球经济也因此受到冲击，工业化国家的通货膨胀变得更加严重。但英国受到的震荡要格外强烈。矿工再度要求加薪，在许多方面增幅高达 50%。尽管温和的全国矿工联合会领导人乔·戈姆利（Joe Gormley）建议接受 13% 的加薪方案，但全国执行委员会仍投票表示反对，并决定发动全国性罢工。此时，北海油气尚未得到商业开发。英国固然能够承受一段时间的高油价乃至石油短缺，也经受得起一场煤矿罢工，但两者同时发生，便酿成了财政大臣巴伯口中的"'二战'以来最严重的经济危机"，局势之糟糕堪与 1947 年相提并论。

由于并未准备足够多的煤炭库存，政府实行了一系列恐慌措施：

制订配给石油的计划，印制并分发了配给券；为了节省燃油，全国性最高车速限制被下调每小时 20 英里，降至每小时 50 英里；到了 1974 年 1 月，开始实行每周三日工作制。大臣们郑重其事地敦促公民们最好一起洗澡，并在黑暗中刷牙。此时已经令许多人为之上瘾的电视节目每晚 10 点半就会结束播放。这被视为 70 年代中期最为黑暗的一段岁月（按照字面意思同样如此），并且在许多方面都令人深感难堪。不过，这段经历也使得上百万人心生兴奋之情，得以摆脱枯燥的日常生活。作家罗伯特·埃尔姆斯（Robert Elms）回忆道："尽管这个骄傲的民族已破败不堪、步履蹒跚，介于饱受摧残的南美独裁政权与阴郁的苏联卫星国之间，像是玻利维亚遭遇了保加利亚，就如同面临香蕉短缺的'香蕉共和国'一般……但事实上，显然几乎所有人都热爱这种状况，对于每周三日工作制大家都倍感兴奋。他们太过逍遥自在了。"①

　　希思以及大臣们挣扎着试图满足矿工的要求，但无济于事。当被希思问及究竟想要些什么时，传奇般的苏格兰矿工领袖、英国共产党员米克·麦加希（Mick McGahey）回复道："推翻政府。"调解人的无所作为加之众多含糊不清的讯息，使得有效的妥协方案根本无从达成，因为就连政府自己的工资委员会也未发出清晰的信号。结果，81% 的矿工投票支持发动罢工，其中不少人来自传统上最为温和的地区。1974 年 2 月，希思请求女王解散议会、举行大选。他以两年前便已准备好的这一问题作为竞选纲领："谁说了算？"民众的答案也许比希思所预期的更为针锋相对："反正不是你，老兄。"

　　威尔逊原以为保守党会再次获胜，展开竞选时他的情绪十分低落。针对通货膨胀和工会问题，身为反对党领袖的他在一年之前提出了自己

---

① Robert Elms, *The Way We Wore,* Picador, 2005.

的解决方案，即所谓"社会协定"，或称为"社会契约"。本质上，工会领袖与工党影子内阁达成的这项协议是要回归40年代的政策：控制价格，实行复杂的食物补贴制度，对财富进行直接再分配，控制住房及投资，废除保守党推出的有关工会的法律。政客重拾艾德礼时代的政策，作为回报，工会模糊地承诺将接受自愿性的工资限制。这是一项一边倒的协议，但假装自己能够做到希思做不到的事，与工会达成切实可行的协定，是符合威尔逊利益的；与此同时，假装自己愿意迎来新的时代，从而借机将保守党赶下台并废除他们的立法，也是符合工会利益的。外部观察者的看法则更加直截了当，将其视为解决通货膨胀之策，并且令工会大会不必付出太大代价便能在政府中获得特权地位。

然而，政府的替代性方案效果又如何呢？后来的结果表明，每周三日工作制其实并未导致经济灾难：工业产出几乎保持不变（由此可见每周五日工作制的效率是多么低下），工作岗位也并未减少太多。但对政治而言，象征意义至关重要，希思的威信也因此荡然无存。竞选过程中，受够了混乱局面、无比渴望新主意的民众紧紧地抓住了威尔逊的"社会契约"。威尔逊则被视为沉着冷静、能够带来理性与秩序的人物。此外他还再度受到了好运的眷顾。竞选过程中发布了一连串糟糕的经济数据；希思的宿敌鲍威尔突然宣布要退出保守党，因为该党拒绝就欧洲问题进行全民公决，他还呼吁大家都给工党投票；工资委员会也犯下了错误，他们指出矿工的实际薪酬要比人们以为的更低；最后，自由党的得票率从个位数激增至近五分之一，这同样对工党更加有利。以上因素令威尔逊得以后来居上，到了竞选末期，他又变得像过去那样轻松快活了。然而，民众固然反对希思，却并未明确支持威尔逊。尽管工党以301席对保守党的297席赢得了大选，但并未获得绝对多数。希思不愿放弃，他曾试图与拥有14个议席的自由党党魁杰里米·索普达成协议，但最终还是承认了失败。威尔逊又回来了，但与 10 年前相比，他已变得更加发福、衰老和保守。

就这样，麦加希及其朋友推翻了希思政府，沙特王室、自由党和鲍威尔也对此出了点小力——很难想象还有比这更加怪诞的利益联盟了。希思 3 年零 9 个月的首相任期给人印象最深的是实行每周三日工作制（政治切切实实地撼动了日常生活，这种情况可不常见），还有就是让英国加入欧洲经济共同体。但在他治下的重大变革还不止这些：离校年龄被提高至 16 岁；为应对"尼克松冲击"引发的国际货币乱局，古老的英镑区终于在 1972 年寿终正寝；国民医疗服务体系开始免费提供口服避孕药；地方政府经历了大幅重组，多达 800 个英格兰地方议会消失了，被新设立且往往遭人厌恶的大型地方当局所取代。希思捍卫这一决定的理由是，维多利亚时代的古老制度已无法应对"汽车普及和郊区生活方式兴起导致的城镇与乡村之间界限日益模糊这一问题"，但许多人认为这只不过是"越大越好"这一乏味教条作祟的结果。类似的重组多次上演，例如根据管理顾问的建议（听从此类人士建议的做法正在成为一种新型迷信），国民医疗服务体系下属医院的管理权被从上百个地方委员会，转移至新设立的地区级卫生主管部门手中。

50 年代和 60 年代那些统治英国的小圈子的所作所为导致了政治上的犬儒心态，到了 70 年代，疏离感使得这种心态愈发严重。对于许多老一辈英国人而言，这段时期的变革简直失去了控制。右翼人士对希思的憎恶大多源自令英国加入共同市场的决定；在他们看来，此举正是当时热烈追求大型、非传统体制之风的终极象征。货币改用十进制同样对日常生活造成了重大影响。尽管威尔逊首任政府早在 1965 年便做出了这一决定，但可追溯至盎格鲁-撒克逊时代的古老币种于 1971 年消失一事还是被怪罪到了希思头上。弗罗林、半克朗、半便士、法寻及六便士等硬币都消失了，英镑、先令、便士之间的复杂换算也消失了，取而代之的是虽然更加合理但令人感到陌生的十进制币种。变革如此之多，哪里才是尽头？入欧谈判者专门争取到了在度量啤酒与牛奶时继续使用"品脱"这一单位的权利，"英里"也继续将"公里"拒之门外。但总体而言，在 70 年代，一切似乎都正在变得愈发陌生。

## 威尔逊再上任

然而，至少还有威尔逊这位老熟人。2 月的大选结果意味着，他只能在不享有下议院多数优势的情况下执政。雪上加霜的是，受到石油价格冲击，此时的经济仍动荡不安：通货膨胀高企，失业率上升，英镑几乎不断地承受着压力。此外，脆弱且难以实行的"社会契约"也不得不接受检验了。工党上台后做的第一件事就是与矿工达成一致，其工资报价高达希思认为的最高值的两倍。新政府根本不可能享受到热烈的支持，但聊以自慰的是，四分五裂的反对派，包括自由党、遍体鳞伤的保守党、各民族主义政党以及北爱尔兰的统一党，也很难联合起来挫败它。

数周之后，新任财政大臣丹尼斯·希利提出了一份紧急预算案。到了秋天，他又在新预算案中将最高一档所得税率提高至 83%，或非劳动收入的 98%。如此高的税率成了工党在未来一个世代遭受抨击的一大罪状。遵循"社会契约"的精神，希利还加强了对穷人的救助，提高了退休金以及住房与食物补贴。和废除了保守党就业相关立法的威尔逊一样，他也试图兑现对工会的承诺。尽管保守党内出现了不满情绪，但希思依旧担任着党魁。他坚信，过不了多久威尔逊就会再度举行大选，届时他将迎来复仇的机会。然而，工党再度赢得了 10 月的大选，并新增了 18 个议席，从而以 3 个议席的优势获得了虽微弱但已够用的绝对多数票。

威尔逊新任政府的氛围要比 20 世纪 60 年代中期时更加恶劣。马西娅·威廉斯对威尔逊仍有巨大的影响力。一名年轻的唐宁街 10 号幕僚回忆称，她那富有戏剧性，有时甚至是毁灭性的权势"不仅仅是通过对首相的迷惑才得以施展出来，一旦面对任何障碍或是自认为的敌人，她就会爆发出惊人的、几乎无法控制的狂怒"。[1] 据称，她会像警官一样咒骂威尔逊，气冲冲地离开晚宴或会议，并威胁说，如果威尔逊敢违抗自己，她会狠狠地进行报复。有消息来源称，在野时她曾将威尔逊的所有私人文件都锁在自家车库里，拒绝让他查看。为了撰写关于 1964—1970 年政府的回忆录，威尔逊不得不和马西娅的兄弟托尼·菲尔德（Tony Field）一道，闯入车库将文件偷回来。至于这件事是否属实，就只有他们三人知道了。此时，马西娅又给威尔逊惹了新麻烦：与她相关的土地交易导致媒体群情激愤。她那身为地质学家的兄弟买下了矿渣堆和采石场，然后与英格兰中部地区的狡猾商人一起进行土地投机。他们还伪造了威尔逊的信件。没有证据表明马西娅知道此事，但她、她兄弟以及威尔逊之间的密切关系还是令媒体勃然大怒，这也成了 20 世纪 90 年代及 21 世纪初工党大臣们引发媒体满腔怒火的先声。媒体的抨击愈发激烈，但威尔逊仍坚持维护自己的核心圈子，最终还将马西娅封为贵族，即福尔肯德女男爵。威尔逊的一位传记作者称此举是"极为傲慢的姿态，鄙视了几乎所有人"。[2] 这场风波导致威尔逊与媒体之间曾经良好的关

---

[1] Bernard Donoughue, *Downing Street Diary*, Jonathan Cape, 2005.

[2] Ben Pimlott, *Harold Wilson*, HarperCollins, 1992.

系彻底破灭，昔日那些关于威尔逊的私情以及他与苏联情报部门之间存在关联的传言再度出现。在愤恨和疑惧的笼罩下，唐宁街 10 号的气氛就与日后同样麻烦不断的布莱尔及梅杰政府时一样阴冷。

但在某些方面，威尔逊也发生了改变。他不那么爱指手画脚了，似乎也不太担心大臣们的小动作了。他并不打算在首相位子上待太长时间。不少记录都表明，他私下里提及会在 60 岁退休，也就是再执政两年。即使并没有做出于 1976 年离职的决定，他的举止也显得像是有此计划。此时，詹金斯、卡拉汉、希利乃至托尼·本中的哪一人将继任这一问题，事关工党政府的未来走向，而不是对威尔逊个人的威胁，因此，内阁里的敌意并不像此前那么强烈了。威尔逊明显更加衰老和疲惫了，似乎已经出现了阿尔茨海默病的早期症状；退休之后，这一病症将对他造成巨大伤害。他常常忘记事情，把问题弄混，还总是重复个不停。对于一位非常依赖记忆力与才智的人物而言，这无疑会令他痛苦不堪。因此没有必要认为是某股黑暗势力，无论是军情五处的密谋者还是右翼极端分子，通过讹诈与肮脏的伎俩，终于将他赶下了权力宝座。

威尔逊本人则一如既往地执迷于安全部门密谋推翻自己的想法。他让马西娅·威廉斯挖掘出关于杰里米·索普的情人诺曼·斯科特（Norman Scott）的文件，试图证明自己遭到了南非特务机构国家安全局的陷害。他还曾暗示自己是以色列情报机构摩萨德的目标。退休之后，在与两位 BBC 记者巴里·彭罗斯（Barrie Penrose）和罗杰·考舍尔（Roger Courtiour）进行的著名访谈中，他声称安全部门的右翼官员曾密谋推翻自己。威尔逊说出的那番古怪话语生动地反映了他的心态："我把自己当作房间角落里的一只大蜘蛛。我睡着时也会说话，你们两位都该听听。当我们相遇时，我也许会让你去往查令十字街，踢一下站在街角的那位盲人，他也许会对你说些什么，告诉你应去往何处。"1967 年的塞西尔·金密谋以及后来一名就职于军情五处的狂热分子的回忆录都表明，威尔逊的恐惧并非毫无理由，但这番话听上去还是更像一位着了魔的老人的胡言乱语。

## 面对失火的楼梯

━━━

　　如果说在许多方面，詹金斯都是 20 世纪 60 年代中期最重要的大臣，那么希利就是在 70 年代中期占据主导地位的工党政客。这位威尔逊和卡拉汉麾下的财政大臣见证了战后最恶劣的经济风暴，并且成了与两位首相不相上下的公众人物。他那红润的面庞、浓密的眉毛以及粗鲁的言论屡屡遭到取笑和模仿。喜剧演员迈克·亚伍德（Mike Yarwood）在模仿希利时发明了"你个傻帽"（you silly billy）这一口头禅，并很快被财政大臣本人采纳。希利还是当代最博学、最具文化素养、最睿智和自信的政客之一，早年的共产主义信仰，活跃的战时经历，以及广泛的国际交游，构成了在政治之外为他提供养分的"后院"。然而，他于1974 年接手工作，一干就是 5 年，历经了近乎荒唐的危机，屡屡成为令人沮丧的报纸头条。这份工作既无诗意可言，也无法让人享受到放松与乐趣。他称希思与巴伯遗留下的经济状况"宛如奥革阿斯的牛圈般一片狼藉"。他将大量精力用于应对因浮动货币和通胀冲击而陷入动荡的世界经济。实际上，经过了威尔逊首任政府期间关于货币贬值问题的激烈争论，随着英镑对美元汇率不断下跌，这一届政府一直在静悄悄地贬值货币。

　　政府能动用哪些控制手段呢？希利竭尽所能地增加税收、削减开支，但他唯一的真正希望只在于通过控制工资水平来抑制通胀。威尔逊坚持要求实行自愿性的收入政策；希思已经遭受了折磨与挫败，因此决不能重回对收入施加法律约束的老路。与此同时，50 年代和 60 年代反叛大潮中的那批工会代表，例如西班牙内战老兵杰克·琼斯，狡猾、世故的休·斯坎伦，以及文法学校毕业生、前英国共产党员莱恩·默里（Len Murray），他们领导下的工会愈发担心严重的通胀会摧毁工党，令保守党重新上台。于是，一时间"社会契约"的确使得罢工数量减少了。1974—1975 年，因罢工而损失的工作时长减少了一半，在接下来的一年又减少了一半。与流行的看法恰恰相反，大型集会与罢工并非70 年代的唯一主题。希思下台之后，直到 1978—1979 年，真正的麻烦才再度出现。然而，"社会契约"的另外一半内容旨在达成较低的工资协议，这一目标彻彻底底地失败了。尽管工党政府坚守了自己的诺言，但在 1975 年年初，一般工资涨幅已经达到了 30%，比通胀率还要高三分之一。到了 6 月，通胀率上升至 23%，工资涨幅也进一步提高。工会建议达成一项新的协议，将大多数工人的工资涨幅限定为每周 6 英镑。政府的确采取了具有强制性的措施，但针对的是给出过高工资的雇主，而不是提出过多要求的工人。

然而，要求人们不得就薪酬达成交易是极端困难的。在自由社会中，这绝非长久之策。特例总会出现，一个特例又会激发更多特例。希利认为，自己将三分之二的时间用在了应对劳资集体协商导致的通胀问题上，剩下的三分之一时间则用于解决自己的薪酬政策导致的扭曲。日后他反思道："实行薪酬政策就如同从二楼窗户往外跳。有理智的人都不会这么做，除非楼梯失火了。但对于战后英国而言，楼梯一直在着火。"[1]

---

[1] Denis Healey, *The Time of My Life*, Michael Joseph, 1989.

他坚决不允许公司为绕开限制而把会导致通胀的工资增长当作价格上涨来处理，并且不断与对国家命运同样忧心忡忡的工会领袖讨价还价。通过这些手段，希利成功地将通胀挤压至回落。他相信，只要工会信守诺言，到 1975 年秋天，通胀率就将下跌至个位数。

在这一过程中，希利还始终承受着表明自己仍在为社会主义奋斗的压力。既然他已无从增加政府开支，便只能尽量传递正面信号：调整税制，打击高收入者；所有的减税措施都是针对穷人的。希利提出了要让富人"痛苦地号叫"这一著名的警告，还常常被错误地引用为承诺要打压富人，直到"将其榨干"。但在他看来，这是让英国变得更加公正的唯一途径。他从来不接受保守党关于高税收导致人们不愿辛勤工作的论调，并将英国糟糕的工业表现归咎于投资不足、培训不力、管理混乱。希利被许多中产阶级视为恶棍和魔鬼，但他的政策同样令自己蒙受了损失："由于我所推行的税制改革，加之避免大臣薪水过快上涨的决定，担任财政大臣后我拿回家的实际工资只有担任国防大臣时的一半，尽管现在我的工作更加艰苦和漫长了。"

# 入欧全民公决

威尔逊履行了承诺，就英国加入欧洲经济共同体的条款进行了重新谈判，然后如托尼·本提议的那样，于 1975 年将谈判结果交由全民公决决定。谈判过程基本上是在装模作样，不过对于威斯敏斯特而言，此次公决倒是这灰暗的 10 年里为数不多的亮点。欧洲大陆也明白重启对话的目的主要是为威尔逊服务。新任联邦德国总理赫尔穆特·施密特（Helmut Schmidt）曾专程前往伦敦，以赢得工党大会的支持。他也将谈判视为一次成功的整容手术。威尔逊需要让民众相信，自己与欧洲达成了一项不同于希思的协议，他成功地做到了这一点。不过一旦公决即将开始，威尔逊便再度变得闪烁其词，只是含糊地表示支持入欧，并未积极、热情地推动这一事业。

在这一问题上，许多人比他更有热情。为了维持工党的长期团结，威尔逊允许反对布鲁塞尔的内阁大臣发出自己的声音，这其中就包括卡斯尔、托尼·本、彼得·肖尔和富特。其他对欧洲说"否"的人还包括鲍威尔、伊恩·佩斯利以及苏格兰民族党人等。但对欧洲说"是"的阵营更加强大，包括以詹金斯为首的多数工党内阁成员，以及希思的大部分人马，再加上受人欢迎的自由党党魁索普。在许多人眼中，这场战斗的一方是大声咆哮、稀奇古怪、心怀不满的人士，另一方则是理智、"可靠"（bottom）的男男女女——后面这个形容词听上去有些奇特，但堪称英国特质的精髓。更为重要的或许是商界和媒体的明显倾向。英国工业联合会对各公司主席进行的调查显示，在 419 名受访者中，只有 4 人希望退出欧洲经济共同体。①此外，包括《每日邮报》《每日电讯报》《每日快报》在内的几乎所有报纸都支持英国留下来。英国圣公会各位主教的态度也都是如此。

这是一场建制与其批评者之间的战斗，两者的资金状况相差悬殊。以"英国留在欧洲"这一团体为首的"是"阵营与"否"阵营的花费之比超过了 10:1。在这场极为不对等的斗争中，双方都将恐吓作为武器："英国留在欧洲"阵营不断警告，倘若退出欧洲经济共同体，英国将失去大量工作岗位；"否"阵营则警告称留下来会导致食品价格大幅上涨。不过，这还是一场在战后英国极为罕见的人人参与、如同狂欢节一般的争论。在许许多多个夜晚，全国各地举行了上千场集会。这些集会经常受到闹场者打断，且不乏幽默元素，不过这样才是正儿八经的集会啊。尽管天气十分恶劣，6 月时还降下了一场大雪，但各种噱头仍应有尽有，各地都贴满了海报与标语。来自敌对党派、通常会彼此攻讦的政客此时却达成一致，坐到了一起，这一奇景令旁观者兴奋不已。

有过几次精彩的电视辩论，尤其是詹金斯与托尼·本之辩。过于激烈的言辞令工党好几次陷入尴尬境地，以至于威尔逊不得不介入，斥责争得不可开交的各位大臣。就连撒切尔也参与了这场运动，她身着一件丑得出奇的针织套衫，胸口的图案正好是欧洲经济共同体各成员国的旗帜——当然，她站在布鲁塞尔一边。最终，对于"你认为英国应该留在欧洲共同体（共同市场）内吗"这一简单问题，67.2% 的人（约 1 700 万）回答"是"，32.8% 的人（约 850 万）回答"否"。在各个地区，只有设得兰和苏格兰西部诸岛的说"否"者占据上风。天气再度转晴，接下来的数周之内万里无云、炙热无比，在詹金斯看来这颇具象征意义。托

---

① 见 Hugo Young, *This Blessed Plot,* Macmillan, 1998。

尼·本立刻彻底承认了失败，不过在私下里仍然认为："考虑到我们既没有组织，也没有报纸，根本是一无所有，这样的结果仍算得上是一种成就。"鲍威尔则警告称，这一决定只是"暂时的"，有朝一日可能会被逆转。但正如通常的情况一样，他并未获得多少响应。

30多年之后，有关希思令英国加入欧洲经济共同体这一成就以及工党随后主导的全民公决，最重大的问题在于，公众是否知晓全部情况，是否真的了解他们为之努力的这一超国家组织。自那以后，850万说"否"者中的许多人，以及不少持有相同观点的后辈，都认为希思和詹金斯等政客并没有说实话，至少故意有所遗漏。这些人认为，倘若清晰地阐明欧洲的法律与机构将凌驾于古老的威斯敏斯特议会之上，英国人决不会向欧洲说"是"。真相又如何呢？"英国留在欧洲"阵营的成员完全能够指出，许多演说与广告都直接提到了英国将丧失部分主权。其中一则广告的内容是："本世纪，共有4 000万人在两次大战中丧生。失去一些国家主权，好过失去儿子或女儿。"然而，无论是在议会中，还是在全民公决的拉票过程中，对于英国的独立性究竟会受到哪些影响，政客总是在闪烁其词，从未直言不讳。为希思起草《欧洲共同体法案》的杰弗里·豪（Geoffrey Howe）日后承认，在提及主权丧失这一问题时，的确可以表述得更加明确些。希思曾直接提及欧洲各国人民之间"愈发紧密的联盟"，但从未确切地谈论英国法律会受到什么样的影响。相比之下，丹宁男爵曾指出欧洲条约"就如同涨潮一般，将淹没入海口和河流，其势头无法阻挡"。对这场公决有着深入研究的记者、历史学家雨果·扬（Hugo Young）则写道："我没有发现哪份重要文件或演说曾坦率地提及英国将丧失主权，就更别提明确地宣扬欧洲经济共同体最突出的特征了——这一机构的目的就在于限制民族国家的独立性。"

当然，"否"阵营人士，尤其是鲍威尔、富特和托尼·本，在有关食品价格的更具民粹主义色彩的争论中就失去主权一事提出了明确警告。当下议院就《欧洲共同体法案》展开辩论时，鲍威尔向在场的记者哀叹道："下议院正在自取灭亡。周复一周，月复一月，它不断投票剥夺自己历经漫长岁月才赢得的成果，那是一段比英格兰本身的历史短不了多少的岁月。"[1] 他的立场从中可见一斑。正处在术后康复期、行动不便的富特在《泰晤士报》上写道，英国议会体制变得滑稽和难以运转了。他表示，历史学家对此会大吃一惊："英国人民竟被要求对最为宝贵的制度造成不可弥补的伤害，对其施加限制，将其扭曲并排挤到边缘地带。"[2] 托尼·本在日记中透露了自己对于可能出现全欧护照这一前景的反应："这可真是沉重一击……就如同推行公制单位和十进制货币一样，这真的有损我们的民族身份。"这表明对于欧洲促成的变革，左派的本能反应有时与其右派对手是多么相似。尽管带有偏见，但这些论点均发表在报纸上，并且在公众集会和广播辩论中被一再重复。

因此也不能认为民众对情况一无所知。民调显示，公众更加在意的问题是工作岗位与食品价格，而不是国家主权。按日后的标准衡量，在公开辩论中，议会的地位并未成为十分严肃的话题。或许从来都只有少数人对主权感兴趣，也就是更加在意历史、政治意识更为强烈的那群人；至于其他人，除非主权的丧失对其日常生活造成了影响，或是催生了令其憎恶的法律，否则他们并不会特别关心这一问题。在 70 年代，英国的政治阶层并不太受人尊重，而欧洲则似乎将帮助英国步入更加亮丽而富饶的未来。尽管商界和政界亲欧洲的多数派并未充分说明加入欧洲经济共同体的深远影响，但他们也没有蓄意隐瞒这一进程的政治维度。事

---

[1] Simon Heffer, *Like the Roman,* Weidenfeld & Nicolson, 1998.

[2] Mervyn Jones, *Michael Foot,* Victor Gollancz, 1994.

实只不过是，在公决进行之时，民众对此并不太在意。15 年后，争论将再次浮出水面，反对者将尖叫着要求众人倾听自己的声音。

## 威尔逊的最后贡献

除了此次全民公决，威尔逊在短暂地第二度担任首相期间，将大部分精力都用于国际事务。尽管美国对此感到不悦，但工党政府还是开始从苏伊士以东撤出，不再假装英国在远东还有任何影响力。大英帝国正式宣告终结，仅存的只有零星分布的少数哨所，以及太过弱小、无法独立的贫穷岛屿，最后几位总督还驻守在香港和百慕大等地。中东地区的许多国界都出自英国人之手，例如外约旦地区以及伊拉克、以色列等新成立的国家，但这些地区的不确定性仍在持续。柠檬树成荫的塞浦路斯经历了游击战与分治；驻扎在圣地的英国士兵惨遭杀害；发生在亚丁湾的一场残酷的战争则催生了一个信奉马克思主义的苏联卫星国；英国为伊拉克留下了一名地位不稳且不得民心的国王，不久之后他便在军事政变中被推翻，事态的发展最终以萨达姆上台告终；在伊朗，受到英国支持的沙王于多年之后在霍梅尼（Ruhollah Khomeini）领导的伊斯兰革命中被推翻。对中东而言，随后的数十年极其糟糕，大大小小的战争此起彼伏，酷刑、暗杀、镇压、审查、自杀式袭击不断上演。这个石油与历史同样丰富的地区成了世界上最危险的区域。令其变得如此危险的许多决定都源自包括英国在内的欧洲，以及美国。

英联邦这个半死不活的古怪"帝国"依旧存在，这个横跨大半个世界的不符合逻辑的组织拥有以下成员：印度等共和国，独裁国家与民主制国家，英国的顺从仰慕者与坦率反对者，以及那些继续效忠于英王的前白人自治领。英联邦并非一个旨在制定一以贯之政策的组织，在英国决定加入欧洲经济共同体后更是如此。其成员的贸易利益往往背道而驰；在国防问题上，有些坚定地奉行不结盟原则——尽管时不时地会倾向于莫斯科或北京方面，有些则愈发倒向美国而非英国，例如澳大利亚。一而再再而三地，对于实行种族隔离的南非，或是罗得西亚，或是行为不端的新独立国家统治者，又或是移民等问题，英联邦要么四分五裂，要么令英国难堪。既没有军队，又没有贸易协定，甚至连共同观点都没有，在许多人眼中，该组织毫无意义，除了举办激愤的峰会与运动会（这是真正盛大的奥林匹克运动会的低端版本）之外，没有任何用处。它之所以仍然存在，是情怀作祟，还是为了给女王找点事做？至少，它也没什么坏处，还能让世界上的许多地方保持联系。在足坛之外，这还是唯一一个说着英语且不受美国人支配的世界性组织。

就国内事务而言，威尔逊的精力大多用于阻止托尼·本通过全国企业委员会来对经济进行社会主义改造，此时这个人已成了他的一大麻烦。托尼·本希望全国企业委员会能获得大量资金，并接管许许多多成功或不成功的公司，使得经济的核心部门也实行国有制并制订计划。此时显然已属于工党党内右翼的威尔逊态度同样坚决，不希望这一切成为现实。笑到最后的是威尔逊。当全国企业委员会成立后，仅仅是一个资金不足的弱势机构，只能用来安放业已失败的事业，尤其是英国利兰汽车公司。托尼·本对于让工人获得掌控权满怀热情，对此，大多数大臣以及与他共事的公务员感到既有趣又恼火。托尼·本也在日记中坦承，感到自己就如同"试图逆尼亚加拉瀑布而上"。他尤其热衷于合作社，但在他的主导下，由工人掌控的梅里登摩托车合作社却只能为了生存而苦苦挣扎。在托尼·本看来，合作社里的氛围颇具中国革命色彩，这令他兴奋不已："我向他们解释我们的产业政策，随后他们便歌唱起来："因为他真是个好家伙。'这真是太感人了。"

不只威尔逊认为托尼·本对于合作社和国有化的社会主义情怀已经过时，杰克·琼斯在威斯敏斯特的洛克茨饭店进午餐时也警告他："国有化不是个好主意，人们并不希望这样做。国有化行业的管理十分糟糕。"托尼·本则回复道，自己想要接管包括《苏格兰每日新闻》(*Scottish Daily News*)在内的其他企业，并且就英国利兰公司这个例子质问了琼斯。令托尼·本大吃一惊的是，这名暴躁的工会领袖竟然提议将利兰公司抛售给通用汽车公司。尽管克莱斯勒公司那位于苏格兰林伍德的苦苦挣扎的工厂又维持了一段时间，但总体来看，末期的国有化收效甚微，令人心痛。"二战"之后一度十分流行的经济计划与公有制实实在在地走到了尽头。在这个意义上，激进分子托尼·本同时也是位传统主义者。后来，希利对于托尼·本在大臣任上对英国工业做出的贡献做了一番残酷的总结：掌权的托尼·本仅仅留下了两座丰碑，其一是担任能源大臣期间批准开发的一座位于纳米比亚的铀矿——结果该矿为南非种族隔离政权提供了支持；其二则是协和式客机——乘客是富人，并且可以报销机票，为其提供补贴的则是较贫穷的纳税人。当托尼·本离职时，仅存的计划协议只剩下了古老的"农产品价格评审"机制——"在我年轻时，主持这项协议的还是诺森伯兰(Northumberland)公爵呢。"

威尔逊第二任政府留下的丰碑同样寥寥无几。其中之一是卡斯尔及其团队对错漏百出的退休金制度进行激烈改革后推出的"与收入挂钩的国家退休金计划"：将退休金与收入或价格的上涨挂钩，具体取决于谁的涨幅较高。这项计划十分慷慨，对于因需要照顾孩子或老人而失去不少工龄的女性而言尤其如此。此外，这项计划还使得人们可以根据工资最高的 20 年的收入来申请退休金，而不是非得根据退休前的收入。

早在 1968 年，在为人称颂的达格纳姆福特汽车工厂女性罢工期间，卡斯尔便赢得了女性权益斗士的美誉。当时，这些为汽车座椅缝坐垫的女性工人，工资仅为从事同样工作的男性工人的 85%。在卡斯尔直接介入此事之后，福特公司基本上实现了同工同酬，全国各地的女性劳动者也纷纷起而效仿。当下议院要投票赋予男性议员高于女性议员的退休金时，她也挺身而出，制止了这一行为。尽管卡斯尔对于自己被称为女性主义者总是语带讽刺，而且她也低估了"与收入挂钩的国家退休金计划"的成本，导致最终保守党政府再度取消了退休金与收入的挂钩，以压低价格，但这依然是一项难得一见的至少延续了 10 年的开明改革。

另一方面，威尔逊一边悄悄地为自己的亲信准备那份声名狼藉的辞职授勋名单，一边嘟囔着抱怨内奸、密谋以及南非与英国特工可能采取的行动。与此同时，他还为未来的政府留下了最后一份"礼物"。他像艾德礼一样秘密行事，批准了将英国的核威慑升级、配备"谢瓦莱因"导弹系统这一极为昂贵的计划。数年之内，该计划的成本便从预计的 2 400 万英镑，暴涨至超过 10 亿英镑。然后在 60 岁时，正如威尔逊一直以来所说的那样，他退休了。内阁成员大都目瞪口呆，伦敦市内则流言四起。权势会使人败坏，也会使人衰老。詹金斯甚至揣测，或许威尔逊伪造了出生证明，他的真实年龄实际上要再老上 10 岁——这倒的确能够解释他的早熟与早衰。但威尔逊仍足够狡黠，他事先便向自己中意的继任人选卡拉汉透露了消息（"我要给一位更年长的人让路"），令他在与其他对手的竞争中占得先机。这些对手中就包括希利。直到威尔逊正式宣布退休决定的那场内阁会议之前，希利才在男洗手间里从他本人处得知这一消息。退休之后，威尔逊的记忆力日渐衰退，声誉也一路走低。对于这样一位好斗且秉性正派的人物而言，无论他在政治上有多少缺陷，以这样一种方式黯然退场，总难免令人感到悲伤。

# "撒切尔主义"破土而出

20 世纪 70 年代中后期表层之下的政治事件并非发生在议会里。这一事件的主题是：在这个重病在身、颤颤巍巍的国度，两股彼此敌对的新兴势力是如何崛起并为未来而战的。其中第一股势力来自右翼。

1974 年 6 月中旬，不寻常的事情发生了：竟然有政客表示道歉。他不是为了私生活中的某事而道歉，也不是为了错误的判断，乃至失败的政策。他为所有事情表示道歉，为 1945 年以来在英国发生的一切，以及他的党在其中扮演的角色，以及他自己在该党中扮演的角色，表示道歉。这位"连环致歉者"显得既疲惫又痛苦。富裕的伦敦商人之子基思·约瑟夫曾先后担任住房大臣和卫生大臣，彼时的他仍是一名传统的保守党人。在麦克米伦时代，他曾下令拆毁旧式排屋，改建高层公寓；在希思时代，他为扩充管理国民医疗服务体系的官僚机构以及提升社会保障水平耗费了巨资。此时，他却紧紧握住了双手，心怀悔恨地转动着眼珠。经历了充满干预、善意与失望的 30 年，经历了工党与保守党均致力于社会主义的 30 年，"我必须因太多次紧跟潮流而接受责难"。

约瑟夫如同皈依宗教一般，转而信奉主张自由市场和小政府的经济学。这一经济学的关键要素在于限制经济中的货币总量，避免通货膨胀，也就是说要挤压国家机构的借贷与开支。早在 50 年代初，约瑟夫便加入了保守党，但当时的他并非保守党人。他说道："我原以为自己是保守党人，但现在我明白了，从前的自己压根算不上保守党人。"5 年之内，这种想法便将引发撒切尔革命，导致希思时代遭到全盘否定，并使得前文曾提到的那些知识分子的经济学观念在英国公共生活中占据核心位置。其他持有类似想法的人包括大学教授、美国人，或是少数在保守党内处于边缘的鲍威尔派分子；但约瑟夫与之不同，他是有着直接执政经验的前内阁大臣。连同他创立的政策研究中心一道，约瑟夫将带来降雨，引发风暴，并如同《旧约》里的先知一样斥责自己的族人。

在约瑟夫看来，英国在 70 年代中期面临的根本选择是，要么成为围城一般的社会主义经济体，要么转型为真正的自由资本主义——也就是说，在托尼·本与约瑟夫之间二选一。若非受我们此前提到的那些50 年代和 60 年代的自由至上主义和货币主义思想家影响，约瑟夫不可能产生这样的想法。在保守党在野的 1964—1970 年，他自学了自由市场经济学，很快便将言辞激烈、难以驾驭的艾尔弗雷德·舍曼（Alfred Sherman）聘为自己的演讲稿撰写人。这名出身于伦敦东区一个左翼家庭的男孩曾踏上西班牙内战的战场，后来却向右转，成了一名坚决抨击英国现状的右翼人士。关于舍曼，有句话说得再好不过："50 年代时对自由市场的热情令他身处麦克米伦时代英国政坛的边缘，就如同当年对共产主义的热情曾令他身处张伯伦时代英国政坛的边缘一样。"[1]然而令舍曼失望的是，约瑟夫于 1970 年回归内阁担任卫生与社会服务大臣后，又将自己的激进思想隐藏了起来，并不热衷于让更多私人资金进入医疗领域。舍曼不屑地将约瑟夫称为"一个陷进了公务员堆里的好人"。

不过，1974 年大选的失败震动了约瑟夫。和其他货币主义者一样，他开始彻底反思希思时代，最终在影子内阁的"验尸报告"中提出，1970—1971 年的激进立场才是正确的，随后的 180 度转弯则是场灾难。希思丝毫不愿倾听或关注这些批评声音，他在自传中傲慢地写道："约瑟夫与一个名叫舍曼的前共产主义者重拾友情，结果就是经历了他所谓

---

[1] Richard Cockett, *Thinking the Unthinkable*, Fontana Press, 1995.

的‘皈依’……这一转变并未对多数同事产生影响，不过我们还是出于礼貌，倾听了他们的意见。"但事实上，许多保守党人已经开始接受约瑟夫的观点，例如杰弗里·豪，以及静静地留意着事态变化的撒切尔。杰弗里·豪很早便警告称："对于撒切尔，我并不完全有把握。她的许多经济偏见的确有道理，但在教育等敏感问题上她往往太过教条，我不太喜欢这一点。她处理事情时的简单化倾向也可能造成伤害。"[①] 此外还有一些新的激进分子，例如鲍威尔派保守党议员约翰·比芬（John Biffen）、年轻的经济问题作家奈杰尔·劳森（Nigel Lawson），以及诸多记者与学者。

这种强硬、毫不妥协的学术分析吸引了一代保守党新党员，抹去了保守党习以为常的麦克米伦式信条。麦克米伦自己则将约瑟夫称为"我所认识的唯一一个乏味的犹太人"。后来，暗地里出现了许多对撒切尔曾向其学习或与其共事者，例如哈耶克、舍曼、约瑟夫、劳森和米尔顿·弗里德曼（Milton Friedman）的挖苦之声。事实上，无论是左翼还是右翼，犹太思想家都同样杰出，令英国从欧洲大陆的灾难中吸取了截然对立的教训。对于理念的认真投入，加之老派的教育观念，使得他们在政界具有独特的影响力。撒切尔对于各种理念心态开放，乐于倾听，不怀偏见；许多传统保守党人并非如此。

1974 年年底、1975 年年初的那个冬天，希思连续第二次输掉大选之后，那时"撒切尔主义"尚未问世。无论私底下做何感想，在公开场合，撒切尔仍然表示支持共识性政策。她支持干预住房市场，对于出售市政住房心存疑虑。没有迹象表明她将成为保守党党魁。无论如何，希思仍坚决希望留任，他坚持认为，包括大多数当时的知名保守党人在内的支

---

① 写给安东尼·塞尔登的信，引自 Richard Cockett。

持者仍力挺自己。民调也显示，投票给保守党的选民中有 70% 都希望希思留任。然而，保守党议会坐席上的不满之声已日渐高涨，由保守党后座议员组成的"1922 委员会"的主席、伦敦金融城里的老手爱德华·杜卡恩（Edward du Cann）开始就挑战希思一事探听议员们的口风。他获得了"二战"英雄、保守党议员及大阴谋家艾雷·尼夫的支持，但不久之后即宣告退出。约瑟夫挺身而出，但一篇失策且无礼的灾难性演说终结了这位已被《私家侦探》称为"狂僧"的人物的希望：他竟然暗示工人阶级女性生了太多孩子，并主张阻止这种情况继续下去，因为她们会降低基因库的质量。这样一来，右翼还能选谁当候选人？

　　倘若希思意识到，在连续两场大选失败之后，自己真的应该下台了，并且允许其他保守党温和派着手准备接替自己，那么撒切尔将毫无胜算。倘若约瑟夫没有发表那篇灾难性的演说，那么撒切尔会专注于支持他，也就不会亲自参选。倘若杜卡恩坚持参选，那么尼夫这位非凡的竞选经理就不会为撒切尔效力。尼夫以撒切尔毫无胜算为由，劝说不少议员投票给她，以便希思胜选后可以体面地下台，再由更加"严肃"的候选人取而代之。这一妙计果然奏效。1975 年 2 月 4 日，撒切尔震惊了所有人，在第一轮投票中以 130 票对 119 票战胜了希思。随后，她又在第二轮投票中轻松获胜。这股自 50 年代以来一直在地下涌动、几乎未被察觉的支持自由市场的右翼暗流终于以令人惊叹的方式破土而出，永远地改变了英国。"约瑟夫主义"变成了"撒切尔主义"。参与这场"农民起义"的保守党议员中，很少有人了解他们的新领袖将把自己带往何处。接下来的几年里，她将受尽威尔逊及新任首相卡拉汉那自鸣得意的笑容和居高临下的言论。再往后，就该轮到她反戈一击了。

# 流行乐与政治

▬

　　20世纪70年代可谓极端的年代。就连这一时期的音乐中，对极左派和极右派都有所体现。试图在流行文化与更加广阔的政治及经济环境之间画出一条明确的界线，总是危险的。任何艺术都要遵循自己的内部逻辑。推动70年代英国音乐与时尚发展的，大体而言就是这项简单直白的需求：吸收此前的进展，再青出于蓝而胜于蓝。为了嘲讽宽松的浪漫主义款式，紧致、棱角分明的风格在街头流行开来；随后，这一过程又发生了逆转。整洁、清爽、显得酷酷的摩斯一族是对光鲜、奢华的后期特德一族（Teds）的回应，然后又将被迷幻、奢华、毛发浓密的嬉皮士取代。接替嬉皮士的则是有着超级摩斯范儿和工人阶级酷酷风格的初代光头党，但一段时间之后，"齐吉星尘"①的模仿者又将把雌雄莫辨的奢华风格带回街头与游乐场。以皮裤为标志的朋克风格将成为惹恼老一代摇滚乐迷的最新王牌；以眼线和飞机头为标志的新浪漫派风格则将向哥特风格发起挑战。宽松、肥大的休闲长裤来也匆匆，去也匆匆。鞋子、衬衫与头发的造型变动不居，展开了激烈竞争。在大部分时间里，对于外部世界而言，这场游戏都没有任何意义，只不过是某样东西流行起来了，然后又过时了。

　　音乐潮流也是如此。从威根到布莱克浦，再到曼彻斯特，英格兰北方的俱乐部重新拾起了灵魂乐；到了70年代中期，各支艺术乐队纷纷发行概念专辑，激烈竞争，喧闹的朋克乐也从纽约传入英国；随后，舞曲热潮兴起又衰退。变革的发生往往是由于感到厌倦：我们听够了那种

――――――――――

① 这是摇滚明星大卫·鲍伊（David Bowie）塑造的一个虚构人物。——译者注

时长三分钟的噪音，是时候尝试一下把它变得更短、更嘈杂，或是更长、更安静了。没有哪种风格能持续较长时间。和时尚一样，这一时期的音乐也演变为不同风格，形成了相互竞争但共同存在的诸多亚文化。雷鬼乐和斯卡乐兴起了，但摇滚乐和摩城唱片公司并未消亡；性手枪乐队和冲撞乐队（The Clash）崛起了，而滚石乐队和"是"乐队（Yes）仍在浑然不觉地继续演出。当某个品牌、某首歌或某种造型突然重现时，浸淫于流行文化之人总会心生唏嘘怀旧之情。但我们不应将情绪与意味混为一谈：时光一去不回，其声响也已不同于从前。

然而从 70 年代初直到今天，在如此庞杂、混乱的音乐与时尚风格中，仍有一些脱颖而出的时刻与主题。或许最应该牢记于心的数据是，从 50 年代初到 70 年代中期，真实可支配收入（即考虑通货膨胀之后，人们真正可以用于花销的收入）整整翻了一番。也就是说，从多尼根的时代到齐柏林飞艇（Led Zeppelin）的时代，人们手头的钱多了一倍。然而从 1974 年到 1978 年年末，生活水平实际上一直在下降。[①] 漫长的工人阶级繁荣期结束了。大体而言，英国流行乐诞生于 1958—1968 年这段乐观的岁月，当时经济繁荣依旧，音乐也在以最快速、最具创造力的方式发展。到了 60 年代末和 70 年代，随着失业率上升、世界局势变得愈发黯淡和令人困惑，出现了更广阔、更狂放的风格，其氛围也变得趋于幻想与逃避主义。这一阶段的重要人物包括如科幻一般含义不清但迷人的大卫·鲍伊，齐柏林飞艇和黑色安息日（Black Sabbath）等具有哥特式神秘但华而不实曲风的由坏男孩组成的重金属乐队，以及具有毒瘾发作一般晦涩风格的"是"乐队。进入 70 年代后半叶，人们经历了严重的政治幻灭，种种紧张局势似乎要令英国四分五裂：本土遭受爱

---

① 见 Dave Haslam, *Not Abba,* Fourth Estate, 2005。

尔兰恐怖分子袭击，种族关系愈发紧张，激烈的劳资冲突此起彼伏。曾滋养了流行文化的乐观情绪突然间已烟消云散。因此，这一时期的音乐与时尚风格更显阴暗，与光明的 60 年代相比有着天壤之别，这应当不仅仅是巧合。英格兰赢得 1966 年世界杯和曼联赢得 1968 年欧洲冠军杯，令人们迸发出纯真无邪的狂喜之情；相较之下，70 年代中期则见证了当代足球流氓的诞生；到了 80 年代，英格兰足球俱乐部更是由于球迷的暴行被禁止参加欧洲赛事。韦斯特伍德和麦克拉伦从制作仿 50 年代风格的大衣和"垮掉的一代"风格的套衫，转而制作撕裂的 T 恤和朋克一族的捆绑设备；性手枪自我标榜为披头士的反面；年长一些的乐坛英雄则在与法西斯主义眉来眼去。

在许多方面，韦斯特伍德都完美地继承了十多年前玛丽·匡特所扮演的角色。和匡特一样，韦斯特伍德也从小便学会了缝纫，后来也就读于艺术学校；和匡特一样，她也拥有一位有着商业天赋的男性搭档；和匡特一样，她感兴趣的也是服饰令人获得解放的能力；和匡特一样，她也在国王街上开了一家店——这的确需要勇气，对此不应只是表现出居高临下的优越感；正如匡特的服饰吓坏了迈克尔·凯恩的母亲一样，韦斯特伍德的服饰也将令经过者感到震惊；和匡特一样，她也喜欢挖苦讽刺、毫无畏惧，后来她比匡特更进一步，成了英国的"时尚女王"。韦斯特伍德被女王封为女骑士（她曾有过在女王画像上钉上一枚别针的著名举动），并获得了在维多利亚与艾伯特博物馆举办盛大回顾展的殊荣。

然而，这位来自德比郡的织布工与鞋匠之女，与出身于威尔士教师家庭的匡特也有着显著差异。韦斯特伍德最初是在 C&A 的曼彻斯特分店，通过混合搭配形成了自己的独特风格；她还曾语带讽刺地表示："我作品的根源在于英格兰的裁缝手艺。"① 她的时尚观绝对与简洁无关。与匡特那直截了当的现代主义风格相比,韦斯特伍德则是杂糅、拼接、打破时装传统的后现代主义风格。到了 70 年代中期,在一家刚刚更名为"性"的时装店里工作的韦斯特伍德,又用恋物、橡胶材质、隐约带有施虐-受虐意味的时尚风格,向正派的主流发起了冲击。锁链、出现在古怪位置的拉链、开口、下流的标语,以及富有挑衅意味的图像(例如影射一名臭名昭著的强奸惯犯),都是她使用的元素。她曾经声称自己"天生具有反叛倾向,就仿佛身体里内置了一个反抗一切正统的时钟一样"。她的助手兼模特、原名帕梅拉·鲁克(Pamela Rooke)的乔丹(Jordan)曾身穿橡胶服饰、渔网袜,梳着蜂窝式发型,乘坐通勤列车前往"性"时装店上班;她过于引人注目,以至于英国铁路公司为了保护她,专门把她安排进了头等车厢。本质上,匡特的时尚观是乐观的:为自由自在、获得解放的女性提供舒适、洁净的服饰。韦斯特伍德的时尚观则更加阴暗:在满是暴露狂和性变态的英格兰,她的服饰就如同在反抗压迫与权威的巷战中身着的铠甲一般。

她当时的伴侣马尔科姆·麦克拉伦与匡特的丈夫、有着贵族派头的商人普伦基特·亚历山大-格林(Plunkett Alexander-Greene)也毫无相似之处。麦克拉伦也是艺术学校毕业生;如前所述,他深受愤怒且激进的情境主义者以及绘制出生猛涂鸦的"暴徒之王"影响。出身于一个功能失调的犹太与苏格兰家庭的麦克拉伦,曾混迹于边缘政治团体、音乐界与电影界,此时他又将自己重新塑造为一名长袖善舞的经营街头文化的企业家,即这个时代的"斯文加利式人物",此类人物的模板是绰号"闪电拉里"的帕恩斯。麦克拉伦已经在为纽约娃娃乐队提供风格

---

① Claire Wilcox, *Vivienne Westwood,* V&A Publishing, 2004.

方面的建议，并正在为自己的"反披头士"乐队物色人选。1975 年 12
月，性手枪应运而生。史蒂夫·琼斯（Steve Jones）、保罗·库克（Paul
Cook）、约翰·莱登（John Lydon）以及其实十分仰慕披头士的格伦·马
特洛克（Glen Matlock）组成了又一支不满 20 岁的工人阶级四人组。
披头士传递出的是英国早年间天真的乐观情绪，性手枪则传递出了他
们那个年代的自我厌恶情绪。脸上长满青春痘的他们梳着刺猬头、冷嘲
热讽，散发着暴力气息，其音乐狂野、喧闹但又简单。实际上，他们忠
实地履行了这一至关重要的职责：惊吓一个仍然容易受到惊吓的国度。
他们为数不多的优质歌曲极具活力，实实在在地震撼了日渐衰老、步履
蹒跚的摇滚建制；但很快，他们幼稚的一面便暴露出来，令人感到十分
难堪。

　　即使与列侬那些最为自命不凡的言论相比，他们在比尔·格伦迪
（Bill Grundy）主持的电视节目《今日泰晤士》（*Thames Today*）上
的恶劣表现都令人更加无法容忍。格伦迪说道："来吧，你们还有 10
秒钟时间。说些惊人之语吧。"史蒂夫·琼斯："你个下贱的杂种。"
格伦迪："再来一句。"琼斯："你个下贱的浑蛋！"格伦迪："多聪
明的小伙子！"琼斯："多下贱的无赖！"与这一幕相比，日后那些
讽刺朋克歌手的作品也只能相形见绌，例如电视喜剧《年轻人》（*The
Young Ones*）。小报和愚蠢的后座议员也恰如其分地扮演了分配给自
己的角色，他们对此事的反应进一步提升了性手枪的曝光度。麦克拉伦
的意图恰恰在于利用民众的义愤之情，他也竭尽全力扮演好了世故的江
湖骗子这一角色。性手枪进行了一系列愈发狂放的演出，地点包括已破
产的芘芭时装店旧址（可见万物都有联系），并且在《英国无政府状态》
（*Anarchy in the UK*）和女王登基 25 周年那年推出的《上帝保佑女王》
（*God Save the Queen*）等歌曲中发起了幼稚的政治抨击——卡拉汉有

着许多过失，但领导一个"法西斯政权"肯定不是其中之一。①尽管如此，朋克乐仍代表着快节奏、好斗且关注政治的流行音乐的首度复苏。此外，摇滚乐自60年代末短暂地做出一副"街头战士"的姿态以来，也首度引发了主流社会的注意。

位于政治分歧另一端的，则是摇滚乐中种族主义、光头党和极右翼主张等元素的大爆发。似乎怀有此类主张的摇滚明星包括埃里克·克莱普顿（Eric Clapton）和大卫·鲍伊。前者曾于1976年表示："鲍威尔是唯一为了国家说真话的家伙。"后者则称希特勒是首位摇滚超级明星，并且认为自己或许能成为一名出色的希特勒式人物。尽管性手枪乐队被认为带有无政府左翼意味，但考虑到那些频繁的耸人听闻之举，他们的政治立场至少也带有暧昧不清的色彩，尤其在毫无道德原则的虚无主义者锡德·维舍斯（Sid Vicious）加入之后。麦克拉伦和韦斯特伍德曾推出带有"卐"字符和其他纳粹标志的服饰，哪怕只是为了激怒众人，他们的目的也达到了。至于维舍斯对政治思想做出的贡献，用他的歌词便足以一言以蔽之："贝尔森的毒气室，某天我在书中读到，那里有着露天的墓地，犹太人都躺在里面……"

作为对这种氛围的回应，"摇滚反对种族主义运动"于1976年8月展开。一年之后，更广泛的反纳粹联盟宣告成立。许多朋克乐队都奋战在"摇滚反对种族主义运动"的最前线，尤其是冲撞乐队，其主唱乔·斯特拉默（Joe Strummer）的影响力和受敬仰程度远胜于约翰尼·罗滕（Johnny Rotten）②及性手枪其他成员，或是果酱乐队（The Jam）等乐队。雷鬼、斯卡和灵魂乐等黑人音乐深受白人青年欢迎，这促使街

---

① 《上帝保佑女王》的头两句歌词便是："上帝保佑女王；这个法西斯政权。"——译者注
② 即前文提到的约翰·莱登。——译者注

头文化的氛围发生了转变，令反种族主义彻底占据上风。特别人物（The Specials）等斯卡复兴乐队以及具有雷鬼风格的警察乐队（The Police）和 UB40 乐队（该乐队来自鲍威尔主义的发源地西米德兰兹地区）的影响力不只限于独具风韵、令人难忘的歌曲。极左翼政治通常与快乐毫无关联，但在社会濒临崩溃的 70 年代，这股音乐复兴的浪潮却令失落的一代深受鼓舞。具有"Oi!"风格的种族主义和光头党乐队处于难受的孤立境地，遭到激烈的反对。正如当时的一位文化评论家所言："都市、混杂、热爱音乐、现代、富有创造性——尽管受到国民阵线的威胁，这种生活方式仍幸存了下来。"① 诚然，街头污秽不堪，生活水平也持续下降，但这一时期也并不只有坏消息。

# 卡拉汉时代

在本书中卡拉汉早已登过场，他既是处理北爱尔兰问题的英雄，又是在工会改革问题上当面捅了威尔逊与卡斯尔一刀的恶棍。1976 年的春天，经过工党议员的三轮投票，诸位对手——右翼的希利、克罗斯兰和詹金斯，左翼的富特和托尼·本，一一被刷掉，他终于得以入主唐宁街 10 号。在最后一轮投票中，卡拉汉以 176 票对 137 票战胜了富特，接替威尔逊成为首相。在接下来动荡的三年里，他将领导一个不享有绝对多数的政府，通过各种协议才得以维持其运转；虽然未发生持续不断的危机，但各种波折却此起彼伏。此时卡拉汉已经成了一位令人放心的

---

① Dave Haslam, *Not Abba,* Fourth Estate, 2005.

老熟人，他身材高大、面色红润、言简意赅、精力充沛，而且与威尔逊相比显得开诚布公。他已担任过各种高级职务，不过在财政大臣和内政大臣任上都没有特别出彩的表现。卡拉汉的最近一份工作是外交大臣。他深度参与了东西方关系的初步缓和，为冷战的终结带来了曙光；他还与联邦德国总理施密特、美国国务卿基辛格（Henry Kissinger），以及和蔼可亲但常常遭人嘲笑的美国总统福特（Gerald Ford）建立了密切的私人关系。65岁的他已是最有经验的首相人选。继威尔逊和希思之后，他是第三位，也是最后一位寻求共识的中间派和在战争期间主张各国避免发生冲突的人士。然而，在极左翼与右翼的争斗日趋激烈之时，这位有着一张亲切友好、偶尔显得固执、下嘴唇突出、戴着猫头鹰一般眼镜的面孔的工党党魁，却本能地转向了右方。

除丘吉尔之外，卡拉汉之前的战后英国历任首相都是牛剑毕业生，卡拉汉则压根儿没有上过大学。他的父亲是一名英年早逝的皇家海军上士，母亲来自朴次茅斯，是一名虔诚的浸礼会教徒。他从小便品尝到了贫穷的滋味，并凭着自己的努力逐步攀升：先是担任税务局文书，随后成为工会干部，"二战"期间又加入了皇家海军。他是1945年当选的那批议员中的一位，这名年轻的反叛者尽管一直保有坚定的亲工会倾向，却渐渐地滑向了右翼。1966—1967年那段黑暗岁月期间，财政大臣任上的惨痛经历几乎摧毁了卡拉汉，但就像所有的杰出政客一样，他也意识到，没能杀死自己的东西只会令自己更强大。在社会问题上，他是个保守派，对离婚和同性恋行为感到不安，热烈地支持警察、君主制以及武装力量。不过，他也反对绞刑，并且强烈反对种族主义。担任内政大臣时他曾声称"放任型社会"已太过分；而担任首相后，他试图发动一场反对在学校中推行时髦教学法的"大辩论"，呼吁对教学方法、标准及风纪展开调查，并主张确立全国统一的课程安排。在经济问题上，他对于在右翼人士中间正甚嚣尘上的货币主义主张愈发动心。1976年的工党大会上，他的一番名言令习惯了凯恩斯学说（即政府通过增加开支来摆脱衰退，同时实行减税和刺激投资等措施）的与会者深感震惊："我要坦率地告诉你们，这一选项已不复存在；即使存在时，它也向经济注入了通货膨胀……通胀率上升，紧接着失业率上升。过去20年的历史就是如此。"

尽管卡拉汉具有认识北欧古字的能力，但在国民记忆中，他仍然被永远地与失败联系在了一起：卑躬屈膝地乞求国际货币基金组织施以援手之耻，70年代末高耸入云的通胀率与利率，直至垃圾成堆、罢工会议不断、死者无人掩埋的1979年那个"不满的冬天"。从早年间威尔逊与希思治下的危机，到卡拉汉治下彻底的混乱与毁灭，事态的发展呈现为一道弧线。只有在他的任期内英国沦为一片荒地之后，撒切尔才能开始勇敢地重建。此外，卡拉汉本人正是问题的一部分。感情用事的他未能意识到咄咄逼人的工会对经选举产生的权力部门构成了多么严重的挑战，加之早年间对激进的经济主张缺乏兴趣，这些缺陷将给他的首相任期造成大麻烦。然而，卡拉汉与希利时代的故事（之所以这么说，是因为当提到卡拉汉时，就不得不提到希利），其实要比其尸横遍野、鲜血四溅的最后一幕引人入胜得多。故事的内容还包括相对而言的成就：再度奋力地压低通货膨胀，与国际银行家达成可能的最佳协议，直面已被回避了数十年的艰巨挑战。对于主角而言，故事的结局并不美妙，但动人的悲剧往往都是如此。

卡拉汉有着残忍的一面。在重组内阁时，他清洗了大部分左翼人士，只留下富特这位忠诚、价值不可估量的下议院领袖，以便在下议院赢得足够多的票数。他还以"年纪太大"和过于左倾为由解雇了卡斯尔。党内右翼的领袖詹金斯也离开了内阁，前往布鲁塞尔担任欧共体委员会主席。新任外交大臣克罗斯兰不久之后便离开了人世。于是，再没有人能够对卡拉汉发起严肃的挑战，他组建了"二战"以来最为右倾的工党内阁，新面孔包括比尔·罗杰斯（Bill Rodgers）、雪莉·威廉斯（Shirley Williams）和戴维·欧文（David Owen），后来他们和詹金斯一道脱离工党，组建了社会民主党。与1997年之后的新工党相比，这依然是一届左翼政府：致力于财富的再分配，仍自称社会主义者，并且征收高额所得税；依旧坚信国有化，将造船业、新兴的石油业以及飞机制造业纳入了庞大的国家控股之列；在诸多问题上依旧坚守传统的反特权立场，例如废除国民医疗服务体系下属医院的私人付费病床。1977年，激烈的格伦威克争端爆发了。伦敦格伦威克胶片加工实验室的女性亚裔工人遭到了"专业人员、管理人员、神职人员及电脑操作人员联合会"这一工会的拒绝。在这一问题上，她们的确拥有部分道德权利，但这场争端却演变成了血腥、暴力的冲突。在此期间，包括威廉斯在内的多位阁员加入了围堵该实验室的罢工工人行列。很难想象新工党的大臣们会做出同样的举动。

但是，以工党的历史作为参照，卡拉汉对自由主义的疑惧，对基辛格与福特等美国共和党人的仰慕，新萌生的对货币主义的信念，以及对工人的高薪要求愈发咄咄逼人的态度，使得他甚至比威尔逊还要右倾。他私下里曾考虑过日后令撒切尔声名大噪的那些政策，例如抛售市政住房。在1979年工党即将下台之际，卡拉汉对一位幕僚说出了一番常常受到引用的著名言论，这段关于英国正在经历30年一遇的重大变革的话表明，他部分承认了这些年来寻求共识努力的失败："公众渴望些什么、赞成些什么，都发生了转变。我怀疑重大变革正在发生，而引领者将是撒切尔。"在这一点上，他说对了。但即便如鲍威尔所言，所有的政治生涯都将以失败告终，在卡拉汉的最终失败之前所发生的依旧是一则非凡的故事，其元素包括绝望、勇气、希望，以及一塌糊涂的会计工作。

## 卑躬屈膝的经济谈判

1976 年 4 月，就任首相的最初几天一定勾起了卡拉汉不少不愉快的回忆。十几年前，担任财政大臣的他几乎被极为严峻的经济形势压垮，最终被迫将英镑贬值。如今，在首相任期的第一天，他便被告知英镑正在迅速下跌。自希思时代以来英镑便开始"浮动"，但这已渐渐变成了下跌的委婉说法。下跌有可能是因为英镑持有者正在抛售这种货币。财政大臣希利达成了将每周最高加薪幅度限定为 6 英镑的协定，这将降低工资涨幅，进而降低通货膨胀。威尔逊政府设定的公共支出金额限度也将大幅削减公共开支。然而到了 1976 年春天，通货膨胀仍愈演愈烈，失业率也在迅速上升。此时希利向卡拉汉表示，在当年的头几个月，为了支持英镑，英格兰银行已经花费了数十亿资金；因此，向国际货币基金组织寻求贷款已是势在必行。6 月，英国政府与国际货币基金组织以及美国、联邦德国、日本和瑞士等国就备用信贷安排达成了一致。随后发生的一切，堪称和平时代英国所能经历的最大羞辱。

希利在当年夏天严厉地削减开支，但到了夏末，当急需休假的他从苏格兰高地度假归来时，却发现英镑再次遭遇了巨大的压力。1976 年 9 月 27 日，希利原定将与英格兰银行行长一道飞赴香港，参加英联邦财政部长 / 大臣会议。但危机如此严重、市场如此恐慌，希利认定自己承担不起失联 17 个小时的代价（当时在飞行过程中尚无法通话）。在电视镜头的注视下，他在希思罗机场掉转车头，径直回到了财政部。希利决定向国际货币基金组织申请一笔有条件贷款——这会使得国际银行家凌驾于民选产生的英国领导人之上。恰恰就在此时，福特公司的工人发动了大规模罢工。希利日后表示，他平生第一次也是最后一次濒临崩溃的边缘，"士气极为低落"。

他不顾卡拉汉的建议，决定闯入布莱克浦的工党大会会场，向痛苦且愤怒的党员们说明情况。如前所述，当时拥护围城式经济模式、让国际货币基金组织滚开、呼吁减少进口并加大国有化力度的声音十分强烈。由于工党大会的荒谬规则，希利只有 5 分钟的发言时间，但他还是警告称上述举动将引发贸易战，导致大批失业，并令保守党重新掌权。面对愈发喧闹的听众，他仿佛又回到了 1945 年身着军装参加工党大会时一般，怒吼着自己如今已再度身处战斗前线。他将与国际货币基金组织进行谈判："这样做有利有弊。这意味着继续削减公共开支，这是非常痛苦的……这还意味着继续当前的薪酬政策。"希利在自传中沮丧地写道，当他开始讲话时，只有零星的欢呼声和低沉的嘘声："当我坐下后，欢呼声变大了，嘘声也是。"托尼·本则认为希利的讲话庸俗且无礼。事实上，希利最后紧握双臂、表示胜利的姿态，是这位出色政坛演员的孤注一掷之举。

就这样，在内阁的紧张注视下，与国际货币基金组织的谈判开始了。卡拉汉和希利自然希望能够尽可能少地削减公共开支。在美国财政部的影响下，国际货币基金组织则需要施加尽可能大的压力。英国在谈判中极为弱势。政府内部纷争不断，包括希利在内的多位大臣都以辞职相威胁。关于削减开支到何种程度可以被接受，以及在左翼围城式经济模式之外是否存在真正可行的替代方案，内阁成员进行了极为漫长、艰苦的争论。卡拉汉与来自华盛顿的国际货币基金组织首席谈判代表私下里的对话言辞十分激烈。英国首相警告称，大规模失业将导致英国的民主制陷入危险的境地。当紧张而复杂的讨价还价进入尾声阶段,国际货币基金组织仍在要求再多削减10亿英镑的公共开支;希利在未告知卡拉汉的情况下,威胁国际银行家要再举行一次以"谁说了算"为主题的大选,这才迫使对方做出让步。希利在预算案中公布了最终的削减方案,这一方案十分严厉,但并不像有些人害怕的那样残酷。报纸头条则纷纷将其称为英国之耻。

然而,整起事件的真正不同寻常之处在于,从一开始,与国际货币基金组织的谈判就根本不必发生。希利已经设定了公共支出金额限度,但没有人意识到这一措施削减开支的效果有多么出色。更加令人震惊的是,作为削减方案基础的公共开支统计数据实际上错得离谱,公共财政状况其实要健康得多。财政部对1974—1975年公共部门借款的估算低了整整40亿英镑,没有哪位财政大臣的税制改革措施曾导致比这一数字更大的变动幅度;另一方面,1976年的估算数值又过高,达到了实际数字的两倍。结果就是,国际货币基金组织规定的削减方案本不必如此残酷。就当时的另一项重大问题,即国家机构的膨胀程度而言,对英国政府开销总额的估算同样出现了错误。1976年年初的一份政府白皮书对公共开支占GDP之比的估算值为60%,高于其他西方国家。但正如希利所言,这一数值"具有误导性,是不可原谅的"。若按照与其他西方国家相同的标准界定公共开支,并根据市场价格进行估算,那么这一数值将降至46%;到工党下台时,这一数值更是已降至42%,与联邦德国大致相当,并且远低于斯堪的纳维亚半岛上的社会民主主义国家。早在国际货币基金组织推行的削减措施生效之前,英国的国际收支状况便已恢复平衡。希利在日后反思称:"如果1976年能拿到准确的预估数据,我压根就不必去找国际货币基金组织。"

最终,英国政府仅仅使用了半数贷款;在工党下台前,全部金额便已还清。备用信贷也只被使用了一半，1977 年 8 月之后就再未被动用。在谈判期间希利曾提及"滚开日"，也就是他和英国终于能够免受外部控制的一天。这一天的到来要比他预期的早得多。当然，当时没人知道英国的财政状况实际上要健康得多。然而，所有这些深植于英国人记忆中的惊悚剧情——从希思罗机场飞速折回，工党大会上的戏剧性场面，国际货币基金组织那些受到华尔街支持的强硬分子带来的耻辱，原本都是可以避免的。这出政治惊悚剧令工党在未来十多年丧失了信心，并在撒切尔执政年间被反复提及，用作证明工党无能的决定性证据。而这起事件仅仅只是开始。随后，公共开支将遭到更为严厉的削减，通货膨胀将彻底失控，英国经济将落入外人手中。这导致工党分裂为彼此敌对的诸多派系，也使得极左翼获得了绝佳机会。倘若国际货币基金组织贷款危机不曾发生，那么"不满的冬天"与托尼·本派分子的起义是否也不会发生呢？

希利后来表示，自己原谅了财政部在估算公共部门所需借款金额时犯下的错误，因为没有哪份预估数据能做到完全准确。他以及财政部对浮动汇率制、巨额资本流动和投机行为等全新的经济现象了解不足，结果就是，他对于货币主义以及所有建立在对货币供应量的精确测算与预估基础上的经济理论都持激烈的批评态度。他经常引用美国总统约翰逊在大约同一时期说出的此番言论：就经济问题发表讲话就如同"尿到了自己的腿上，只有你自己会感受到热度，其他人则毫无感觉"。然而，对于财政部对公共开支额度的错误估算，希利依旧愤愤不平，他成为一名成功的财政大臣的希望就是由此被葬送的。他后来表示自己无法原谅这一错误："我忍不住怀疑财政部公务员故意高估了公共开支额度，目的在于向不情愿削减开支的政府施压。这种为了政治目的而采取的不诚实行为，与英国公务员的优良传统背道而驰。"①

卡拉汉政府因国际货币基金组织贷款危机和"不满的冬天"而被人所铭记。为他辩护者指出，其实在超过半数时间里，也就是在总共37个月中的20个月里，卡拉汉政府相对而言都较为成功和较受欢迎。贷款危机过后，英镑强势反弹，市场复苏，通货膨胀率下降，直至个位数；此外，失业率同样下降了。到了女王登基25周年的1977年年中，北海石油产量已超过每日50万桶，可以满足全国需求的三分之一。英国已经实现了天然气自足，并且将于1980年实现石油自足。希利此前达成的加薪幅度限制虽然脆弱，但仍在发挥作用。新任美国总统卡特（Jimmy Carter）出席了一场倍受赞誉的峰会。卡拉汉首度获得了媒体的好评，而撒切尔领导下的保守党似乎陷入了挣扎。从1977年3月到来年8月，此前需要依靠各色民族主义议员的支持才能在下议院勉强维持多数席位的工党，与戴维·斯蒂尔领导的自由党达成了协议，使得卡拉汉在议会中终于获得了稳固的地位。自由党-工党协议仅仅赋予了较弱小的自由党（仅有13名议员）咨询权，外加关于选举制度改革的含糊承诺，而工党从这项协议中获益更多。民调显示，工党以微弱优势反超保守党。看上去，卡拉汉和工党完全有可能将统治一直延续到80年代。这并不像是一届行将就木的政府，更不像是一个即将终结的时代。

---

① Denis Healey, *The Time of My Life*, Michael Joseph, 1989.

# 左翼"农民起义"

━━━

　　我们已见证过右翼的"农民起义",但在左翼同样有过一场"农民起义"。这场起义通常会与工党高层中的标志性左翼人物托尼·本联系在一起,但其参与者实际上是一支广泛且深入的政治力量,有着复杂的根源。英国共产党曾对苏联体制报以坚定且往往是不加批判的忠诚,但英国左翼对这一体制已深感幻灭,以至于该党几近崩溃。20 世纪 70 年代,就如同大多数日渐式微的组织一样,英国共产党也深陷于内部纷争之中。党内更加左倾的是数量多到令人晕头转向的托洛茨基派团体,他们都强烈反对苏联体制,都声称自己才忠诚于列宁,都因意识形态或战略上的细枝末节而斥责其他团体,都如同严厉的清教徒一般。但真正有人追随的托洛茨基派团体只有两个:社会主义工人党与"战斗倾向"(Militant Tendency)团体。两者都是 40 年代在英国兴起的那些政治团体分裂与融合的产物。

　　日后,"战斗倾向"将导致工党陷入严重的动荡。威尔逊曾多次抱怨"托派"试图接管工党,但在 70 年代没有太多人在意他的担心,"战斗倾向"则建立起了强有力的地方基础,尤其是在利物浦。身处工党之外的社会主义工人党关注的是罢工与种族主义等具体问题。在无数政治及劳工游行、围堵行动以及集会中,都能够看到该党独具特色的标志——紧握的拳头,以及其引人注目的图案。社会主义工人党最具影响力的事件在于与国民阵线的斗争。

　　英国国家党与帝国忠诚者同盟于 1967 年合并,组成了国民阵线,其核心人物是有着浑圆脑袋的约翰·廷德尔(John Tyndall)和身材矮胖、自诩为"元首"的马丁·韦伯斯特(Martin Webster)。尽管在 1973 年

5 月的西布罗米奇补选中，韦伯斯特获得了 16% 的选票，而在 1974 年的两次大选中，国民阵线先后推出了 54 名和 90 名候选人，从而获得了上电视的机会；但总体而言，该党的选举表现十分吃力。他们更加看重的策略是高举着米字旗与反移民标语游行，横穿利兹、伯明翰和伦敦等地的孟加拉或巴基斯坦社区，挑起街头冲突。光头党中更为极端的一个分支也投身于国民阵线的种族主义活动，在 70 年代中期也加入了游行行列。社会主义工人党同样决心开展街头政治活动，以此来遏制国民阵线。他们于 1977 年创建了反纳粹联盟，吸引了上万人。这些人虽然对晦涩的列宁主义革命理论不感兴趣，但把国民阵线视作新移民群体遭遇的真正威胁。许许多多年轻人涌入了国民阵线的集会与游行，与之发生冲突，警察则介入以保护国民阵线的游行权利。若干人在冲突中丧生。除了"战斗倾向"与社会主义工人党之外，工党内外的其他极左翼团体也曾出于各种原因短暂地引发人们的关注：或是因为受到某位著名女演员，例如瓦妮莎·雷德格雷夫（Vanessa Redgrave）的支持，或是由于对地方党派或自治市镇产生了影响。最终，这群"左翼疯子"将迎来大爆发，尤其在伦敦等地深具影响力，进而摧毁工党的信誉。不过在 70 年代，这仍然是一支缓慢发展、不太为人所知的势力。

彼时更加重要的不是隐秘的托洛茨基主义或共产主义政党的成员，而是曾一心想要推翻威尔逊，如今又将目标对准了卡拉汉及其盟友的那些社会主义者。和撒切尔及约瑟夫一样，他们也认为过去那种寻求共识的尝试失败了。他们的有些想法与右翼一致，例如大都对欧共体心怀敌意，都反对苏格兰与威尔士的民族主义，也都强烈敌视美国。但二者的相似之处也仅限于此。面对混乱的世界经济形势，工党左翼的对策是收起吊桥、对进口施加严格限制、直接掌控主要行业以及伦敦金融城。在左翼看来，经济计划之所以会失败，是因为其力度太弱，因此应当进一步扩大计划覆盖的范围。任何坚定且远离权力中心的政治观念往往都带有阴谋论色彩。鲍威尔派分子相信，希思故意向英国人民撒了谎；工党左翼则相信，威尔逊、卡拉汉、希利以及许多议员都已被国际资本主义俘获，要想解决这一问题，就得让他们对"普通人"负责——在这些热衷于开会的纯真人士看来，"普通人"也就是他们自己。于是，围城式经济模式（或者说"替代性经济战略"）和强制性重选议员候选人就成了工党左翼的两大主张。

这场"农民起义"的领袖人物是托尼·本。对工人合作社以及全国企业委员会的热衷已经使他成了舰队街嘲笑的对象。日后，他将变身为受人尊敬的"国民祖父"、头发花白的幽默智者，各个年龄段、持各种观点的观众都将屏气凝神地倾听他对艾德礼和威尔逊语带揶揄的诙谐回忆。新工党得势之后，他对核武器、美国和英国的好战行为以及市场资本主义毫不妥协的反对将激励成千上万人。然而，在协和式客机的拥护者、工作热情高涨的安东尼·韦奇伍德·本以及慈祥的"托尼爷爷"之间，还有"托尼·本主义"这段动荡的岁月，这也是其政治生涯的核心阶段。受子女影响，他在女性主义、反核运动及其他诸多问题上变得愈发激进。随着威尔逊-卡拉汉政府步履蹒跚地一步步走向崩溃，他与同事们也愈发不合。由于反对工党与自由党达成的协议，他差点就脱离了工党；应对欧洲问题的议会策略之争则导致他与另一位著名的左翼内阁大臣富特的关系急剧恶化。

1978 年 1 月 15 日的日记充分表明了他对工党的态度："如今，整个工党领导层已彻底败坏，左翼势力的增长只可能来自外部或基层。工党已经死亡。除了继续掌权，它不再怀有任何信念。"奇特之处在于，写下这段话时托尼·本仍是政府中的一名高级官员，仍在出席契克斯别墅的亲密聚会，仍在与来访的美国人亲切攀谈，仍在听取高度机密的军事与安全情报。与此同时他却变得愈发像是个局外人。罢工者正令大半个国家陷入停滞，他却站在他们一边；他新结交的朋友、矿工领袖斯卡吉尔表示，托尼·本能够成为下一任工党党魁。在 1978 年这种想法还显得不切实际，但仅仅几年之后，提出左倾的社会主义竞选主张的托尼·本便在工党副党魁选举中仅仅以微弱劣势惜败，而此时工党正身处惨烈且极具破坏性的内战之中。

## "不满的冬天"

卡拉汉本人用"不满的冬天"这一莎翁台词来描述 1978—1979 年的劳资纠纷与社会动荡。此事成了深植于民众记忆中的少数政治事件之一。学校关门，码头遭到封锁，无人清理的垃圾腐烂在街头，死者无人掩埋。个别工会分部与工会代表的行动既鲁莽又无情。为了自己的利益，左翼工会领袖与积极分子对争端火上浇油；乐见工党下台的右翼报纸夸大了骚乱的后果，造成这个国度已无法无天的印象。然而，过失大多应归咎于卡拉汉本人。问题不仅在于他曾阻挠了威尔逊和卡斯尔恳请实施、希思徒劳争取过的对工会势力施加法律约束的方案，甚至不仅在于他和希利尽管用意良好，但仍然毫无必要地大幅削减了公共开支，由此对最贫穷的家庭造成了巨大伤害——当然，这都是严重的过失。问题更在于，他先是试图强制推行一份过于严厉的薪酬限制方案，随后在何时举行大选一事上又犹豫不决，这表明他失去了此前一直保有的难得的冷静。

包括大部分内阁成员在内的多数人都认为，卡拉汉将在 1978 年秋天举行大选。当时经济状况依旧良好,民调显示工党居于领先位置。10月有两天被暂定为选举日,不过12日随后便被排除在外,因为这一天是撒切尔的生日。然而,正在位于萨塞克斯郡的农场度暑假的卡拉汉经过一番深思,认定自己不应该相信民调数字。他要继续坚持,等到春天再采取行动。首相曾邀请6名工会领袖前往自己的农场,商讨选举事宜,他们离开时仍以为大选会在秋天举行。随后在工会大会上,当众人对宣布举行大选的决定翘首以盼时,卡拉汉却唱起了一首歌舞表演中的古老歌谣,其原唱是维丝塔·维多利亚(Vesta Victoria):

我等候在教堂里,等候在教堂里,等候在教堂里;
当我发现他竟弃我不顾,主啊,我多么生气;
忽然他给我寄来一张字条;字条在此,他这样写道:
我老婆不放我走,所以今天没法迎娶你。

这是首不错的老歌,但作为向英国发出的信号而言未免太过模糊。被抛弃的女子指的是撒切尔,还是工会运动?卡拉汉意在表明自己将推迟大选,但许多工会领袖和记者的判断恰恰相反。当他终于明确地向内阁公布这一决定时,阁员们都震惊了。

倘若卡拉汉并未承诺推行新的涨幅为5%的薪酬限制方案,以进一步压低通货膨胀,那么上述决定或许也不会如此重要。由于1974—1975年的薪酬涨幅限制正值通胀高企之时,因此大多数人实际拿到手的收入都下降了,公共部门工人的处境尤为艰难。关于贪婪的董事和老板私吞高额补偿金的说法不可避免地传播开来。工会领袖和许多大臣都认为,在这种情况下无法继续对加薪施加限制,卡拉汉似乎是一时兴起之下提出的涨幅为5%的限制方案更是被普遍认为太过严厉。

假如卡拉汉在 10 月便解散议会、举行大选，那么进一步对薪酬施加限制的承诺或许还有助于令工党更受欢迎，工会也可以安慰自己，认为这只不过是收买人心的虚假承诺。然而，将大选推迟至来年春天，也就意味着这一限薪方案得在劳资关系变得愈发焦躁和危险的情况下接受检验了。几乎就在卡拉汉用一首老歌表明立场转变的同时，美国汽车巨头福特公司的 5.7 万名员工率先采取了行动。运输与普通工人工会要求的涨薪幅度不是 5%，而是 30%，外加丰厚的利润（必须指出的是，该公司主席的薪水刚刚增长了 80%）。卡拉汉深感难堪。凑巧的是，他的儿子就在福特公司工作。在生产被耽搁了 5 个星期之后，福特公司终于与工人达成了加薪 17% 的协议。此时，卡拉汉已确信自己将在大选中落败。

　　然而，在此之前他还得忍受无尽的麻烦。同属运输与普通工人工会的油轮驾驶员提出了加薪 40% 的要求；随后，公路货运司机，福特的竞争对手、已被国有化的英国利兰公司的工人，水厂工人，以及排水系统工人都纷纷提出了要求。BBC 的电工则威胁要在圣诞节那天断电，令全国的电视屏幕一片漆黑。码头遭到了围堵，不得不停运。在纷飞的大雪中，戴着羊毛帽的众人围挤在熊熊燃烧的火盆旁——这样的场景频频在晚间电视新闻里出现。赫尔市与周边的交通联系被切断，几乎陷入孤立境地，因而得名"第二个斯大林格勒"。和普通民众一样，大臣们也直接感受到了冲击。交通大臣比尔·罗杰斯的母亲身患癌症，但维持生命所必需的化疗药剂却无法从赫尔运出。后来，当卫生大臣戴维·恩纳尔斯（David Ennals）被送入威斯敏斯特医院之后，当地工会代表兴高采烈地称他为"正当的打击目标"："他不会获得我们的成员为其他病人提供的额外服务，我们不会清理他的寄存柜，也不会把他病床周围的区域打扫干净。我们更不会为他提供茶或者汤。"[①]就在此时，卡拉汉却前往加勒比小岛瓜德罗普出席一场国际峰会，会议结束后仍留下来与人攀谈，并前往巴巴多斯游览。他游泳和晒日光浴的照片可无助于缓和民众的情绪。卡拉汉返回希思罗机场后，记者们就劳资危机对他进行了质问，他淡淡地回复道："我不觉得世界上的其他人也认为这里的局势正在变得愈发混乱。"卡拉汉的这番话被《每日邮报》和《太阳报》相继归纳为这一著名的标题："危机？哪里有什么危机？"民众的情绪变得愈发阴郁了。

随后，正当铁路工人也准备加入罢工行列时，公共部门工会"全国公共雇员工会"给予了政府最沉重的一击。该组织号召超过 100 万名校园看守、厨师、救护人员和垃圾收集员随机发动罢工，以争取每周 60 英镑的有保障最低工资。汽车工人的罢工是一回事，公共部门员工的罢工又是另一回事了。公众生活受到了直接影响，最弱势的群体受到的冲击最为严重。儿童医院、养老院和学校都陷入了一片混乱。最为臭名昭著的行动来自普通与市政工人工会的利物浦公园与公墓分部，该组织拒绝掩埋死者，任由超过 300 具尸体堆积在冰冷的储存库和废弃的工厂里；作为应急方案，利物浦市议会甚至考虑将部分尸体抛入海中。公墓遭到了罢工者围堵，送葬车队也不得不掉头返回。罢工者则在当地酒吧里遭到了怒斥与殴打。

在伦敦及其他大城市的市中心，堆积成山的垃圾已开始腐烂，并爬满老鼠，对健康构成了严重威胁。政府里的一般工作几乎陷入停滞。必须指出的是，绝大多数罢工者尤其是公共部门员工的工资都极低，过着相对贫困的生活，此前也不曾有过好斗的举动；而实际上危机也不像某

---

① 引自 Kevin Jeffreys, *Finest and Darkest Hours*, Atlantic Books, 2002。

些报纸和政客渲染的那样糟糕。就和希思时代的每周三日工作制一样，许多公共部门员工都兴高采烈地享受着这段强制假期。医院中并没有病人因工会的行动而去世，商店里的食物未出现短缺，未曾发生暴力事件，军队也从未出动。局面固然混乱，政府的权威的确受到了直接挑战，但这绝非一场革命，也没有人试图推翻政府。

然而后果却是：工党政府被推翻，并迅速陷入了内战；危机引发了一场革命，成就的不是社会主义，而是撒切尔主义。政府与工会大会终于达成了"情人节协定"，表示会把遏制长期通货膨胀作为目标，每年一度进行评估并制定方针。这实际上是承认了5%的加薪限制是个错误。但是，经历了如此剧烈的风波，这块遮羞布未免显得过于单薄与破旧了，根本不值得坚持推行下去。进入3月，多数罢工行为已经结束，各项丰厚的工资协议宣告达成，对具体经过的调查也已展开。然而在下议院，工党政府的盟友、斗志和希望均已流失殆尽。关于是否设立权力下放的苏格兰议会的公投以失败告终，按照此前各方一致同意的规则，这一结果意味着先前通过的《苏格兰法案》将被废除。这样一来，苏格兰民族党也就没有了继续支持工党的理由。自由党前党魁索普不久后就将因涉嫌策划谋杀而接受审判（后来他被无罪开释），在这一极为难堪的丑闻笼罩之下，该党也希望赶在审判之前举行大选。此时的议会里酒气熏天，阴谋不断，狂乱得令人筋疲力尽。为了维持政府的运转，就连垂死的议员都成了游说争取的对象。富特和工党党鞭为取得多数议席尽了最后努力，先后接触了阿尔斯特统一党人、爱尔兰民族党人和变节的苏格兰议员。此时的卡拉汉反而很冷静，他已经听天由命，不愿再挣扎着撑过又一个夏天与秋天。终于，在1979年3月28日，游戏结束了：政府在不信任投票中以仅仅一票之差落败，被由保守党、自由党、苏格兰民族党和阿尔斯特统一党组成的松散联盟推翻。卡拉汉就此成为1924年以来首位因在不信任投票中落败而被迫前往白金汉宫，请求女王解散议会的首相。

为期 5 周的竞选开始前，狡黠的保守党议员、撒切尔竞选党魁时的竞选经理艾雷·尼夫在驾车离开下议院地下停车场时，被爱尔兰共和派武装安置的汽车炸弹炸死。主导工党竞选活动的是卡拉汉，他仍旧比自己的党更受欢迎。卡拉汉着重强调了物价的稳定以及自己与工会达成的协议，仿佛事实的确如此似的。而在保守党那边，撒切尔以全新的方式驾驭着媒体，她与电视团队合作，并听取广告业宗师萨奇兄弟（Maurice & Charles Saatchi）的建议。对取胜从未抱希望的卡拉汉果然遭遇了惨败。保守党从工党处夺走了 61 个议席，得票率高达 43%，并且凭借总共 339 个议席赢得了充分的多数优势。

在"旧工党与破灭的共识"这出戏的最后一幕登台的那些演员，命运如何？卡拉汉继续磕磕绊绊地待在党魁位置上，直到于 1980 年 10 月退休。在工党不顾一切地公然自戕之时，希利绝望地发起了反对党内左翼的斗争。许多温和派则脱离工党，另组社会民主党。当苏格兰民族党投票导致卡拉汉下台后，后者曾奚落前者就如同"投票支持圣诞节的火鸡"①，该党在大选中果然失去了总共 13 个议席中的 11 个。工会最终失去了半数成员以及曾短暂享有的政治影响力。最为重要的是，大规模失业的现象将在英国出现。有一剂药方太过苦涩，70 年代没有任何政客曾考虑尝试；但此时，瓶塞已被打开，药物已被倒入汤匙，只待英国神情痛苦地张嘴将其咽下。

---

① 在圣诞节食用火鸡是英国的传统，因此这一比喻的意思是自取灭亡。——译者注

▲ 40

# 40

最有文化、最激进的工党领袖迈克尔·富特，他指向的方向却是政治上的一片荒芜。

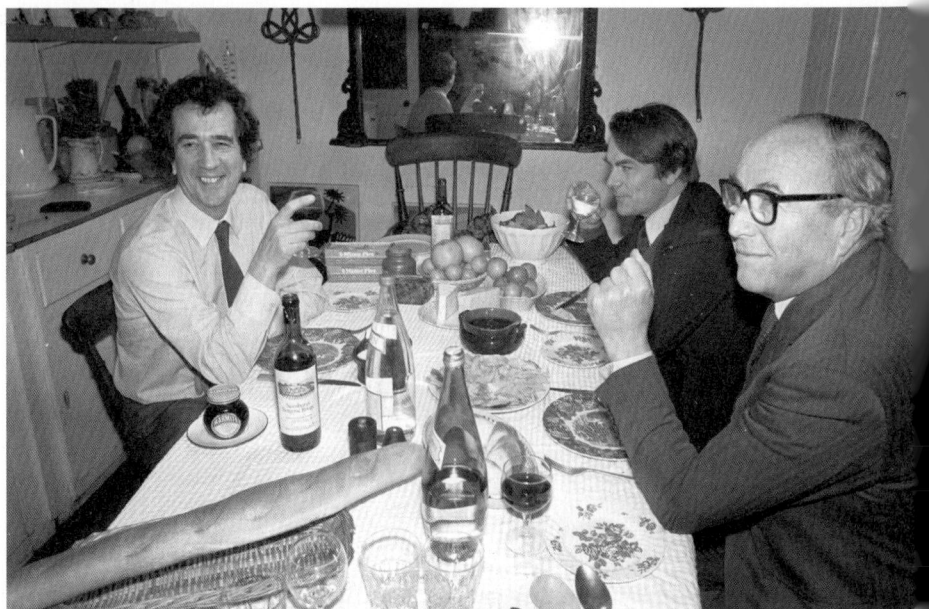

▲ 41

**41** 然而富特最激烈的批评者——社会民主党的"四人组",同样未能重新夺回政权。1982 年,比尔·罗杰斯、戴维·欧文和詹金斯在觥筹交错间进行密谋,而"四人组"的第四名成员雪莉·威廉斯并不像图中暗示的那样风姿绰约。

**42** "铁娘子"正在操练。1986 年,驾驶着坦克、国旗环绕四周的玛格丽特·撒切尔正处于权力的顶峰。

**43** 保守党又有了一名感受到"命运的召唤"的金发男子:保守党大会上的宠儿迈克尔·赫塞尔廷。

▲ 42

43 ▶

FRONT OF BRASS AND FEET OF CLAY

# 44

当撒切尔向内阁里温和的"湿"派开刀时,她可以依靠大多数媒体的支持。然而改变一切的其实是福克兰战争。

▲ 45

46 ▼

## 45

1982 年，特遣部队里的一名士兵正在等待战争打响。

## 46

反叛的面孔：1986 年，进行围堵的矿工遭到警察逮捕，被铐在路灯柱上。

▲47

▼48

## 47

1990 年，人头税在特拉法尔加广场上引发了一场极为暴力的骚乱。

## 48

失意的领袖：尼尔·金诺克在 1985 年的工党大会上抨击左翼团体"战斗倾向"。

# 49

失意的领袖：金诺克的继任者约翰·史密斯，若非因心脏病去世，他本有可能在 1997 年成为英国首相。

49▶

## 50

1988 年 6 月，北海石油钻井平台"派珀一号"爆炸，导致 185 人丧生。然而，政客在回忆录中却很少提及"石油热潮"这段非凡的故事。

## 51

悲喜交加：保守党主席彭定康帮助约翰·梅杰在 1992 年大选中大获全胜，却丢掉了自己在巴斯的议席，随后被任命为末任香港总督。

▲ 52

## 52

1997 年戴安娜王妃之死激发了全英国潮水一般的哀悼之情。图为肯辛顿宫外铺满了鲜花的一小块空地。

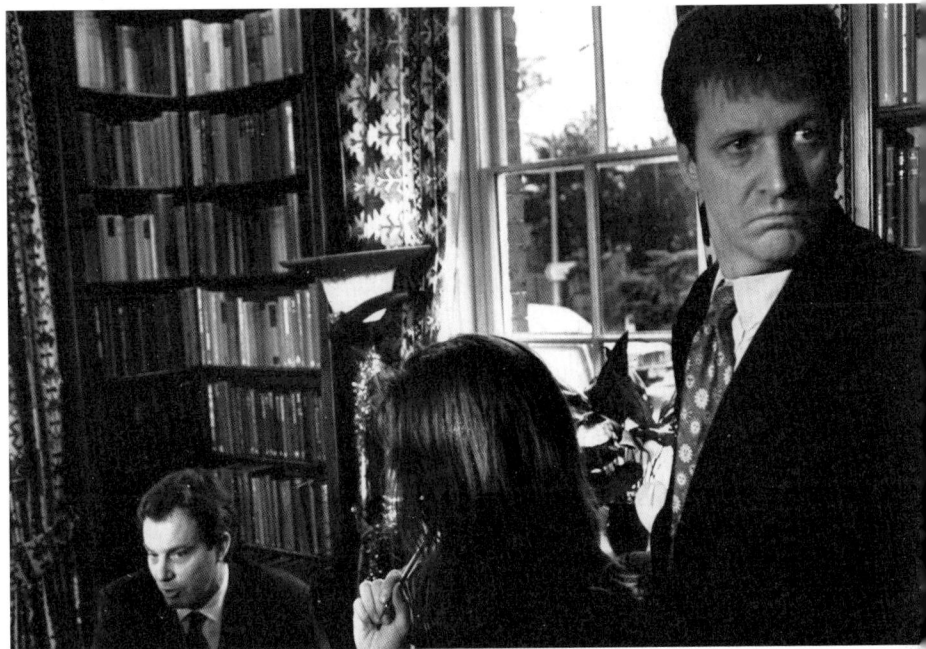

▲ 53

## 53

是什么正在蓄势待发？阿拉斯泰尔·坎贝尔守卫着他的主人。

▲ 54

▲ 55

## 54

布莱尔的遗产：反战示威成了英国街头常见的景观，英国军队则在化为废墟和暴力肆虐的战后伊拉克尽力而为。

## 55

新工党出了名地对形象感到着迷，然而到了 2005 年，无论是托尼·布莱尔，还是戈登·布朗，都懒得再掩饰相互间的敌意了。

▲ 56

直到 2007 年，许多伊拉克人依然不欢迎英国军队。

▲ 57

**57**

如今有超过 400 万个闭路电视摄像头监视着英国人。这样一个监控社会令人回想起本书开篇时那个充斥着身份证件和监控行为的战争年代。

▲ 58

**58**

最重大的社会变革依旧是移民，最近一波移民潮来自东欧。柴郡帮助移民司机的波兰语路牌，摄于 2007 年 2 月。

[英] 安德鲁·玛尔（Andrew Marr）_著　　李岩_译

# 现代英国史 <sub>下册</sub>

## A History of Modern Britain

人民东方出版传媒

东方出版社

# 目录

**A**
**History**
**of**
**Modern**
**Britain**

第四部分

## 不列颠革命
# 1979—1989 / 473

时隔将近 25 年再回头看，20 世纪 80 年代初那些宏大的事件显现出了清晰的框架。强有力的理念向共识发起了挑战，并且在一场激烈的战斗后取得了胜利。撒切尔派分子，即承诺要发起"新启蒙运动"的"新右派"，曾在早期经历挫败，但最终赢得了大胜，重塑了这个国度。

第五部分

## 世界性的岛屿
# 1990—2007 / 587

英国从来都是一个处于边缘位置的国家，曾先后位于战败的边缘、破产的边缘、核毁灭的边缘，以及美利坚帝国的边缘，最后却发现自己来到了现代状态的最前沿。在历史上的大部分时间里，英国对世界都格外开放，主动将自己强加于世界各地；如今，英国却以另一种方式成了"世界性的岛屿"。

第六部分

## 脱欧风云
# 2007—2016

从北京到莫斯科，从华盛顿到柏林，英国民众的投票结果震惊了
全世界。英国开始了一场政治冒险，数百万英国人、众多聪明人
以及报酬丰厚的专家都认为这段旅程异常危险。不过不管怎样，
英国人正快活地沿着这条小路，走向未知。

## 致谢

A
History
of
# Modern

# Britain

第四部分

# 不 列 颠 革 命

# 1979—1989

时隔将近 25 年再回头看，20 世纪 80 年代初那些宏大的事件显现出了清晰的框架。强有力的理念向共识发起了挑战，并且在一场激烈的战斗后取得了胜利。撒切尔派分子，即承诺要发起"新启蒙运动"的"新右派"，曾在早期经历挫败，但最终赢得了大胜，重塑了这个国度。

# "铁娘子"撒切尔

对政治人物而言，假如你的策略奏效，并且足够走运，那么你的政治原则也将被人铭记。撒切尔的策略很奏效：她精明、善于操纵且勇敢，几乎无所顾忌。她也极其幸运。倘若工党不是在忙着自我伤害，倘若那个腐败而绝望的南美独裁政权没有铤而走险，以民族主义之名与某些牧羊的岛民发生冲突，那么她的政府也许只能维持一个任期。倘若不同意其经济政策的多数阁员能够做到不畏强权、坚持己见，那么或许在完整的任期结束前，她就已被迫下台。果真如此，"撒切尔主义"这一政治原则也将沦为几乎被遗忘、只有历史学家才会偶尔提起的教条，而不是"二战"之后头晕目眩的英国病人吞下的最猛的一味药。

时隔将近 25 年再回头看，20 世纪 80 年代初那些宏大的事件显现出了清晰的框架。强有力的理念向共识发起了挑战，并且在一场激烈的战斗后取得了胜利。撒切尔派分子，即承诺要发起"新启蒙运动"的"新右派"，曾在早期经历挫败，但最终赢得了大胜，重塑了这个国度。自由取胜了。然而如果你退后一步，思考一下这个问题，就会发现事情并不这么简单：蔬果店主之女、来自林肯郡的虔诚基督徒撒切尔，究竟想要创造一个怎样的英国？她对私有化及遏制通胀的信念不仅仅出自经济原因；她还希望重振社会的道德，倡导稳定的婚姻、自力更生、节俭、克制、睦邻、勤奋工作等维多利亚式价值观。尽管屡屡遭到教会领袖的抨击，但她经常提及上帝与道德："善与恶的斗争是我从政的原因。"但是，撒切尔主义引发的却是史无前例的消费、信贷、炫富、贪图赚"快钱"和性放纵的狂潮。所谓自由就是这样：人一旦获得了自由，就再也无法确定他们会做些什么了。

从撒切尔首相回忆录的文后索引中可以看到，有关"货币政策"一词共列出了 115 个页码，"失业"一词则只有 15 个。她于 1979 年上任之后立刻推行的经济试验的性质由此可见一斑。这是她采取的首个举动，同时也是最重要、最具争议的举动。即使是曾仔细阅读保守党 1979 年竞选宣言的读者都有可能未注意到这部分内容。在撒切尔担任党魁的 4 年之后，保守党谈论的仍然是薪酬政策，仍然重视与工会的协商，认为或许可以借鉴联邦德国模式。也出现了限制货币供应量和允许市政住房租户购买其住房的声音，但其他私有化措施很少被提及，将被出售的只有相对而言不太重要的国家运输公司。至于失业，撒切尔曾猛烈抨击工党政府未能解决这一问题。1977 年的失业人数为 130 万，此时她公开表示将保守党与失业联系在一起是绝对错误的："如果在保守党治下失业还如此严重，那我们就得被赶下台。"万一有人不记得这番言论，还可以看看由广告业大师萨奇兄弟设计的那幅极为成功的竞选海报：神色忧郁的人们在失业办公室门前排起了长队（这些人实际上是由来自北伦敦的保守党积极分子扮演的），标题则是"工党不中用 / 劳动者没有工作"[①]。

---

① "Labour Isn't Working"，这句话有两种理解方式，一语双关。——译者注

然而，如果选民对这位未来的首相有着更加仔细的研究，就会发现她其实暗藏锋芒。对于工党未能控制住工会，她态度强硬："永远不要忘了这个国家的政府曾多么接近于被采取围堵行动的罢工者劫持。"1977 年发表的一篇措辞激烈的反共演说更是令她被苏联领导人蔑称为"铁娘子"。此前有一幅嘲讽漫画将麦克米伦蔑称为"超级麦克"，但他本人却将这一绰号视为荣耀；后来，迈克尔·赫塞尔廷也笑纳了"泰山"这一绰号；与之类似，撒切尔也十分喜欢"铁娘子"的名号。身处高层的政客很少说反话，但即便注意到了撒切尔的言论，选民仍可能因这一点而感到宽慰：围绕在她身边的许多人物仍是希思风格的老派主流保守党人。纵然撒切尔是个激进分子，但在人数上她显然处于劣势。据推测，在潜在的保守党内阁人选中，1975 年党魁竞选时投票给她的其实只有两人——约瑟夫以及诺曼·圣约翰-斯特瓦斯（Norman St John-Stevas）。甚至还有人产生了十分古怪的念头：将自我放逐且自得其乐的前工党财政大臣詹金斯从布鲁塞尔诱惑回来，任命他为撒切尔的财政大臣。但人的头脑是会犹豫的，1977 年的情况似乎就是这样，因为上述邀请从未发出。① 由面色红润、人到中年的保守党乡绅及原希思支持者组成的内阁看上去一点也不像翻天覆地的经济政策的策源地。现实中担任财政大臣一职的是令人深感宽慰、寡淡如水的杰弗里·豪，希利曾把在下议院受他抨击的感受比作遭遇一只死绵羊的进攻。当时有本杂志推出了一项有奖竞答，题目是：某天晚上门铃响起，几位邻居坚持要参加派对，但你又实在无法忍受他们，此时你要说些什么才能吓跑他们？获奖答案是："快进来吧，杰弗里·豪今晚兴致正高呢！"既然如此，这群人又怎么可能构成威胁呢？

---

① 见 Hugo Young, *One of Us,* Macmillan, 1989。

答案在于首相本人的性格。大多数人都没有意识到，她的心意有多坚决。对她的一生造成最重大影响的，不是某位经济学家，甚至也不是她的丈夫丹尼斯（Denis Thatcher），而是她的父亲艾尔弗雷德·罗伯茨（Alfred Roberts）。他是一名白手起家、严厉、勤奋的蔬果店主，其店面位于伦敦以北 A1 公路沿线的林肯郡集镇格兰瑟姆。这位虔诚的循道派信徒反对多余与浪费。在撒切尔的童年时期，家中既没有室内卫生间，也没有热自来水。尽管他在当地政坛是一名独立人士，并于 1945 年当选市长后热心地推动基础设施建设和社会服务项目，但他的价值观却倾向于保守党。彼时，"社群"和"支柱"这两个词语仍是有意义的。他就是当地社群的支柱，不仅担任过市长，还领导过多个慈善团体以及工人教育协会，担任过当地一家银行的董事。他是一位堪称典范的具有独立思想的地方政治人物，但在他女儿的政府及其后继者打压之下，具有独立性的地方政治将被摧毁殆尽。此外，他还教会了女儿如何与人争论。就这一点而言，他极为成功。

他的女儿玛格丽特·罗伯茨不仅自信，还很聪明。她赢得了前往当地一家文法学校就读的奖学金，后来又进入牛津大学学习化学，她的导师是日后的诺贝尔奖得主多萝西·霍奇金（Dorothy Hodgkin）。直到今天，霍奇金的肖像仍悬挂在唐宁街。更加重要的是，在大学里她加入了保守党协会；在艾德礼时代的牛津大学，此举显得颇为古怪。生涯早期她曾是一名工业化学师，夏天从许多货车里售出的口感润滑、质地蓬松的廉价冰激凌便是她的成果。随后她又成了一名税务律师，但意图并不在于把这当作从政之前的历练。税法和化学都需要关注事实与细节，都不激动人心。无论是在牛津大学，还是在伦敦，她都是声名不显的埋头苦干者。在这一点上，她与另一位来自外省的循道派教徒、不愿参与公学毕业生热闹生活的威尔逊很相似。然而，她毕竟是一名雄心勃勃的保守党人。威尔逊保留了自己的约克郡口音，将其作为家乡留下的印记；与他不同的是，玛格丽特为了获得继续前进的通行证，抹去了自己的林肯郡口音。用其传记作者雨果·扬的话来说："她生为北方人，却变成了南方人——成了典型的来自伦敦周边各郡的政客。"

玛格丽特曾两度竞选肯特郡达特福德选区议员，但均未成功。不过在这一过程中，她遇到了生命中的另一位重要人物：丹尼斯·撒切尔。这名来自肯特郡的离异商人在"二战"中表现英勇，他的政治观点比罗伯茨更加右倾。这名热诚的英式橄榄球教练和出色的高尔夫球手日后经常被刻画为笨手笨脚的"妻管严"：总是手持一大杯鸡尾酒，神色紧张地望向"必须服从的那个她"。但事实上丹尼斯是一名十分成功的公司高管，将从事油漆与化学品生意的家族企业出售后，他升入了伯马石油公司的高层，1975年退休时已极其富有。除了资金之外，他还为妻子提供了政治及精神支持，因此在玛格丽特全情投入政坛之后，夫妻二人仍得以抚养一对双胞胎子女。在80年代他成功地置身于聚光灯之外，如此一来，他在南非、移民、BBC以及"无能的"工人阶级等问题上的极右翼观点才未引发丑闻。

这是一桩充满爱意的婚姻，为玛格丽特提供了巨大支持。在50年代，她正努力试图成为寥寥无几的女议员中的一位，其政治观点倒并没有太多出彩之处。1959年她终于实现了目标，当选为芬奇利这一富裕中产阶级选区的议员。塑造她政治观点的仍是战后的经历。她的结论是：从上往下俯视，通过制订经济计划来促进平等这一社会主义试验也许显得高尚；但从下往上仰视，却导致了严重的贫困、短缺和嫉妒。我们此前已提到过家庭主妇联盟。许久之后她回顾称："经历过艰苦年代，还记得梭鱼、午餐肉和实用服装的人们都不会把鸡毛蒜皮引发的嫉妒、小事情上的专横、糟糕的邻里关系——总而言之就是那个年代的种种不快，误认为理想主义与平等的表现。"①

如前所述，撒切尔在保守党内默默地一步步攀升，直至成为希思的教育大臣。当时，她兴高采烈、无所顾忌地对文法学校痛下杀手，也支持过日后遭到自己唾弃的以高额政府开支为主要内容的共识性政策。当约瑟夫皈依自由市场及货币主义经济学时，撒切尔已是他的同路人，但还落后几个身位。她在保守党党魁选举中的胜利令人深感震惊，身为反对派领袖的她屡屡遭到嘲笑和居高临下的对待。只有少数几位评论员觉察到了形势的变化。前工党议员、现为电视采访记者的布赖恩·沃尔登（Brian Walden）用浪漫的话语提醒众人，英国需要撒切尔这样的人物："未来几年，人们将写下关于她的伟大小说与诗歌。"② 但这只是个别观点。在 1979 年大选期间，尽管使用了各种新型广告技巧来打造个人形象，并且对于电视的重要性有着敏锐的认识，但就个人支持率而言，她仍旧落后于卡拉汉：竞选开始时差距为 6 个百分点，到竞选结束时已扩大至 19 个百分点。工党之所以下台，是因为该党太过不受欢迎，而不是因为撒切尔多有魅力。

她第一次以首相的身份站在唐宁街 10 号门前时引用的那段话常常被归在亚西西的圣方济各（St Francis of Assisi）名下，但实际上却诞生于维多利亚时期。这段话还被不断地用于揭露她有多虚伪，但总体来看，如此评价并不完全公正。这段话是这样的："存在不和之处，让我们带来和谐；存在谬误之处，让我们带来真理；存在怀疑之处，让我们带来信念；存在绝望之处，让我们带来希望。"实事求是地说，就"和谐"这一目标而言，她彻底失败了。至于"真理"，在政治领域这是个

---

① Margaret Thatcher, *The Downing Street Years*, HarperCollins, 1993.
② 引自 Hugo Young, *One of Us*, Macmillan, 1989。

见仁见智的问题。但对于她决心为之服务的那些人，也就是深受通胀之苦、感到绝望、怀疑英国已没有未来、相信国家机构永远无法驯服工会的中产阶级，她的确带来了信念与希望。而且，在以一己之力推动变革方面，她要胜过战后任何一位首相。如果没有她，1979—1983 年的保守党政府将截然不同。若不是撒切尔那咄咄逼人的自信和坚决不服输的决心，18 个月内英国就将重拾薪酬政策和凯恩斯式公共开支政策，并与欧共体达成常规协议。在撒切尔掌权之前，只有少数人得以一窥她的真面目，其中就包括英国驻伊朗大使安东尼·帕森斯（Anthony Parsons）。1978 年撒切尔出访德黑兰时他曾与其有过接触。撒切尔突然说起保守党内竟然还有人相信共识性政策，帕森斯回答说，包括自己在内的大多数英国人都持有这样的观点。撒切尔的反应是："我把这些人视为叛徒、卖国贼。"这样的言辞是否太过激烈了？"我知道，我就是这个意思。"她的确是迫于形势才引用了"亚西西"的那段话，这一举动虽不真诚，但也绝非反讽。只有人们得知了她对帕森斯说的那番话，才能充分领会其意图。

关键问题在于控制。在 1979 年，需要控制的是通货膨胀；对撒切尔派分子而言，这也就意味着实行货币主义政策。如前所述，现代货币主义理论诞生于 50 年代，但直到 70 年代中期，当希思和巴伯政府的货币供给失控、导致严重的通货膨胀后，这一理论才流行开来。最著名的货币主义理论家是美国经济学家弗里德曼，他于 1975 年赢得了诺贝尔奖。希利通过设定限额和增税来限制公共开支，结果的确起到了货币主义理论所预测的效果，不过这些理论家从不相信希利不得不公布的那些数字和目标。几乎所有人都认可货币主义理论的基本论点，即通货膨胀与经济中的货币总量有关。该理论与凯恩斯经济学的分歧则在于，它认为政府在经济管理方面的唯一职能就是控制货币供应量，而货币供应量是可以科学测算并加以精确调校的。如此一来，失业、生产率等其他问题最终都将迎刃而解。这一理论具有显而易见的吸引力。传统的经济管理方法已变得极为困难和不确切，动用的是关于产出、国际收支平衡、失业、通货膨胀等指标的不准确且过时的信息，规则过于繁杂，不可能完全掌握。货币主义将这些缺点一扫而空：只要坚守原则，减少货币供应量，成功就指日可待了。截至 1979 年，除了在独裁军政府统治下的智利，这一理论尚未被广泛采纳。

在实践中，撒切尔以及由负责经济事务的大臣和顾问组成的紧密小圈子还有其他目标，他们把其他内阁成员都蒙在鼓里。通过提高所得税率也可以减少货币供应量，但撒切尔一贯以减税为己任。保守党甫一上台，杰弗里·豪就将所得税的基本税率从 33% 减至 30%，最高一级税率从 83% 减至 60%。但光是削减开支还不足以弥补差额，于是增值税率翻了一番，大幅提升至 15%。这样一来，财富就从受食品、服饰等价格上涨影响更大的老百姓手中，转移到了收入更高的人群手中。保守党内的温和派人士吉姆·普赖尔（Jim Prior）推出了一项与竞选宣言内容一致的工会改革法案，规定：除非得到 80% 工人的支持，否则"封闭式企业"① 不得继续存在；将公共资金作为罢工行为和工会投票等活动的资金来源；宣布在"不满的冬天"被广泛采用的"辅助型"围堵行为不合法。对其他政府而言，这些措施已经算得上激进了，但撒切尔却因这些措施过于温和、未禁止一切"辅助型"罢工行为② 而深感失望。她严厉地斥责普赖尔，称他"是个假乡绅"，"有着约翰牛的外表——面色红润、头发花白、直率豪爽，但内心里却在对政治得失精打细算，

---

① "封闭式企业"指的是雇主只招收工会成员，雇员也必须全部加入工会的企业。——译者注
② "辅助型"罢工行为针对的对象并非直接雇主，目的是支持其他罢工者，显示与其团结一致。——译者注

认为保守党的任务只不过是在势不可当的左翼攻势面前体面地撤退"。①
这一判断过分且愚蠢。普赖尔其实是个老练的政客,他只不过想一步步
地推进,而不是一蹴而就。沮丧的撒切尔突然宣布,罢工者将被认定为
从工会处领取了罢工津贴,因而将被排除在社会保障覆盖范围之外。至
此,战线已十分明确。

　　杰弗里·豪继续推进自己的方案,他于 1980 年推出第二份预算
案,制定了名字听上去很科学的"中期财政战略",对 M3 货币供应量
的增长做出了详细预估。但正如希利的判断一样,在高通胀、严重的衰
退和信贷限制放宽三重作用下,这一战略根本无从实施。根据这一战
略,1980—1981 年的货币供应量只应该增长约 8%,但实际增长率接近
19%。事实面前,货币主义者显得如同傻瓜一般。深受罢工之苦、生产
率低下的英国利兰公司再度请求政府伸出援手。正如面对劳斯莱斯的请
求,希思放弃了反对提供援助的立场一样,撒切尔也选择了让步,既没
有任由这家国有汽车公司关门,也没有下令将其抛售。但与起死回生的
劳斯莱斯不同的是,英国利兰公司最终还是倒闭了。随后钢铁行业又发
动了一场罢工,尽管政府语气强硬、态度坚决,但最终达成的工资协议
仍十分丰厚,工会无疑并未遭到羞辱。到了 1980 年下半年,汇率攀升
导致上百家制造业企业破产,失业人数增加了 80 万。对保守党上台曾
充满期待的工业家开始感到绝望。一年之内,价格上涨了 22%,工资
增长了五分之一。在 1980 年的保守党大会上,内阁里的异议分子开始
委婉地批评整个方案。这种隐晦的抱怨表明,保守党左翼其实从未进行
过正儿八经的抗争。撒切尔用一句话就轻易地打发掉了这些抱怨声:"你
们如果想转向,那就转吧。本女士是不会转向的。"这句话出自她的演

---

① Margaret Thatcher, *The Downing Street Years*, HarperCollins, 1993.

讲稿撰写人、剧作家罗纳德·米勒（Ronald Millar）。

"湿"这个字在公学毕业生的俚语里有感情用事、软弱的意思，70年代中期，信奉货币主义的保守党人用这个字指代希思派对手。到了80年代初，在撒切尔内阁的激烈内斗中，这个字又被用来特指与撒切尔有分歧的高级别大臣，尤其是普赖尔、弗朗西斯·皮姆（Francis Pym）、伊恩·吉尔摩（Ian Gilmour）、马克·卡莱尔（Mark Carlisle）、斯特瓦斯、彼得·沃克和克里斯托弗·索姆斯（Christopher Soames），或许还包括赫塞尔廷。他们的分析有着细微差别，但都担心杰弗里·豪推行的措施将令本已虚弱的经济陷入通货紧缩。撒切尔将惩罚这些不忠者。倘若占有人数优势的这群人奋起反抗，那么英国的历史将被彻底改写。但将他们称为"湿"派真是恰如其分：他们很少与撒切尔当面对峙，也从来不曾通过集体行动来迫使她改变方向；尽管不少人基于原则威胁要辞职，但并未真的这么做，而是坐等撒切尔解雇或贬谪自己。

激烈的冲突发生于1981年。尽管失业人数已达270万，并且直奔300万而去；尽管经济仍不断萎缩，每天都有企业破产，工业产出创下1921年以来的最大年度跌幅；尽管并未控制住货币供给；但杰弗里·豪坚信，自己仍须更进一步。大刀阔斧地削减开支，通过冻结税收起征点来增税，这样一来又能减少40亿英镑货币了。撒切尔向新任经济事务顾问阿兰·沃尔特斯（Alan Walters）表示："他们可能会因为这些措施而把我赶下台。"但她认为即便如此也值得，因为此举是正确的。然而在其核心圈子以外的人看来，此举决不正确。多达364名经济学家联名向报纸写信，斥责她的经济政策，此事名噪一时。民调显示，保守党的支持率已跌至第三位，落后于社会民主党和富特领导下左倾的工党。早就有人预测货币主义将撕裂整个国家，频频发生的街头暴乱似乎证明，他们的恐惧已变为现实。

正是在此刻，撒切尔展现出了无与伦比的自信。面对这样的处境，其他任何政客都会退缩。换作丘吉尔、麦克米伦、希思、威尔逊和卡拉汉，他们很可能会召见财政大臣，悄悄地要求改变政策方向，并大放烟幕弹，以遮掩败退的事实。撒切尔的做法却是，敦促财政大臣继续走下去；如果说她有所不满的话，那也是觉得财政大臣的措施还不够彻底。她掷地有声地要求保守党内忠于自己的人保持冷静和坚定："我已下定决心沿着这条道路前进。这就是我必须走的路。我希望所有精神气十足的人，所有勇敢、坚定、有着一颗年轻的心的人，和我一道，坚持下去。"1981年4月初，在伦敦的布里克斯顿区爆发了骚乱，店铺遭到焚烧和劫掠，街道被隔断，超过200人（多数是警察）受伤。撒切尔的回应则是对小店店主报以同情。斯卡曼（Scarman）男爵受命对这起骚乱展开调查。7月的第一周，骚乱再度发生，这一次是在亚裔人口众多的伦敦西部郊区绍索尔。暴徒纵火并投掷了汽油弹，还多次投物攻击警方。再往后，利物浦的托克斯泰斯区又爆发了更加严重的骚乱，一直延续了近两周时间。黑人青年和白人先后向警方投掷汽油弹、挥舞枪支、焚烧汽车和建筑；警方则用催泪瓦斯和警棍进行还击，这是催泪瓦斯首次被用于英国本土的街头。与伦敦骚乱一样，也有上百人受伤，还有一人遇难。托克斯泰斯骚乱之后，曼彻斯特的莫斯赛德区又爆发了劫掠和纵火事件。

黑人青年失业率已高达60%，近来的工厂倒闭潮对利物浦和曼彻斯特的打击尤为沉重，因此许多人都认为这些骚乱正是撒切尔与杰弗里·豪的经济政策酿成的恶果。在野的希利将撒切尔与杰弗里·豪的经济政策称为"施虐–货币主义"[①]。他原本想称其为"朋克–货币主义"，但孩子们告诉他，这样做对朋克乐手可不公平。在赫塞尔廷的坚持下，

---

① 英文为"sado-monetarism"，与"性施虐–受虐"（sado-masochism）形似。——译者注

他本人被派往托克斯泰斯与黑人青年进行了极为坦诚的交流。他向当地警察反映了黑人青年遭受种族歧视的问题，并且胁迫当地银行家和工业家与自己一道前往现场，亲眼见证那里的条件有多糟糕。回到伦敦后，他完成了著名的内部备忘录《一场骚乱所促成的》（*It Took a Riot*），呼吁改变产业及社会政策，以帮助托克斯泰斯这样的地方。他的主张包括通过政府开支来吸引私人投资，制订创造工作岗位的计划，以及设立一个专门负责利物浦事务的大臣职位，为期至少一年。赫塞尔廷表示，缺少任何一项，都将有悖保守党的优良传统。在一年多的时间里他都对利物浦念念不忘，帮助推出了翻新计划，引进了资金，并创办了有300万人参加的园艺节，振奋了民众的情绪。

撒切尔有着敏锐的目光，不会漏过任何潜在的对手。保守党内只容得下一位明星。她仅仅将赫塞尔廷的倡议称为"高明的公关伎俩"。撒切尔同样造访了利物浦，但得出了截然不同的结论：

> 有人告诉我，某些年轻人之所以惹事，是因为无所事事、感到无聊。但看看这些房子四周的地面吧：草坪无人打理，有的长到了齐腰高，到处都是垃圾。可见上述分析错了，只要那些年轻人愿意，他们有的是积极的事情去做。我倒是忍不住问自己，生活在这种环境里的人，怎么能对如此混乱不管不顾呢？

在撒切尔看来，问题在于多年以来对国家机构的依赖，加上媒体的推波助澜，使得人们丧失了主动性和自力更生的品质。她嗤之以鼻地说道，这些问题与货币主义政策可是一点关系也没有。撒切尔与赫塞尔廷态度的不同再明显不过地展现了货币主义忠实信徒与老派保守党人之间的差别。

心意已决的撒切尔随即与"湿"派全面开战。杰弗里·豪发现，在推出了凶残的 1981 年预算案之后，来年他还得采取更加严厉的措施，在 1982 年的预算案中再削减 50 亿英镑。这构成了战斗的导火索，内阁彻底炸开了锅。刚从利物浦归来的赫塞尔廷警告称，这样的举措会令人们陷入绝望，导致保守党在选举时彻底崩盘。其他大臣则呼吁重拾经济计划，慌不择言地将希特勒的德国比作前车之鉴。吉尔摩还引用了丘吉尔的话："战略再美妙，你偶尔也得关注下实际效果啊。"就连货币主义的忠实信徒们似乎也动摇了。撒切尔把这场争执称为自己当政期间最激烈的一次。她极为愤怒。她曾表示过，只要有 6 位坚强的男性辅佐，自己就能一往无前；但如今，她的人手显然不足了。在此次内阁会议结束时，撒切尔已做好了反击的准备。斯特瓦斯早已被解雇，如今索姆斯、卡莱尔和吉尔摩也步其后尘，普赖尔则被贬为北爱尔兰事务大臣。撒切尔明白，自己完全承受得起一个部门接一个部门、一句妙语接一句妙语地将内部批评者一一清除。

这些批评者或许也猜到了这样的结局。按照 70 年代的标准，撒切尔显得坚定且凶狠，这种态度不仅仅体现在经济问题上。在多次罢工行动中，她都阻止大臣与公共部门工人达成协议，即使这样做成本更低。她已经充分显示了对高级公务员的蔑视。她还总是将工会领袖拒之门外：在威尔逊和卡拉汉执政期间，工会大会主席莱恩·默里与两位首相进行过许许多多次会谈，闷闷不乐地享用由纳税人埋单的三明治；但在撒切尔执政的头 5 年，他仅仅被请进唐宁街三次。不过，最能体现撒切尔行事风格的还是为了每年从欧共体处拿回约 10 亿英镑的退款，她与其他欧洲领导人发生的争执——用撒切尔式话语来说就是"夺回我们的钱"。由此引发的不友好的争斗从都柏林蔓延至卢森堡，又从卢森堡蔓延至布鲁塞尔。她从不住口，也从不让步。

联邦德国总理施密特假装要去睡觉，法国总统吉斯卡尔·德斯坦（Valéry Giscard d'Estaing）则开始看报纸，随后又走出门外，开动了汽车的发动机。这已经算不上"暗示"了，但撒切尔仍无动于衷。这场艰苦卓绝的晚餐会谈耗时已长达 4 小时，但撒切尔一直说个不停。各方外交官提出了许多具有吸引力的私下协议、折中方案和"光荣妥协"，但她一概置之不理。令人惊讶的是，对方最终表示愿意满足其要求的四分之三；更令人惊讶的是，她还是说"不"。只是由于几乎整个内阁都主张接受这一协议，她才极为勉强地表示了同意，就如同一名已浑身沾满血迹的职业拳手仍不顾一切地希望再打上一个回合，却被忧心忡忡的朋友制止了一般。或许她的外表已变得更加友善——声音更温柔、头发更柔顺、牙齿更整齐，但当被逼入绝境时，她依旧是一名不成功便成仁的生猛杀手。报界和民众也都开始注意到这一点了。此外，撒切尔希望围绕在自己身边的是支持者，而非同事。奈杰尔·劳森、塞西尔·帕金森（Cecil Parkinson）和诺曼·特比特（Norman Tebbit）进入了她的圈子，日后她将需要这些人的帮助。工党的内乱暂时令她远离中间派路线的政策在选举中得以免受惩罚。保守党固然遭人憎恨，但工党却完全不具备可选性。

# 工党内战

内战往往始于有关宪章的争论，其目的永远在于争夺权力。工党也不例外。这场内战的细节极其复杂，令人头晕目眩。众多左翼组织牵涉其中，包括一大堆被以首字母缩写称呼的运动、负责协调的委员会和各种机构，其负责人随后大多淡出了公共生活。内战的导火索是单纯与党章相关的争论，例如地方党支部是否有权解雇议员，以及工会、党内积极分子和议员在工党党魁选举中分别应该握有多少选票。这场内战十分卑劣，涉及个人恩怨，偶尔还会引发肢体冲突，令外部世界深感厌恶，导致工党几乎沦为一个没有任何作用的组织。嘲讽布莱尔和新工党过于彬彬有礼、寡淡无味的人恐怕都忘了此前那些斗殴场景是如何吓跑选民的。这场争斗远离威斯敏斯特，发生在布莱克浦、布赖顿和温布利等地工党大会及工会会议的大厅里，还有当地的酒吧里。其主题很明确，是关于控制权的：谁领导工党？工党又该走向何处？

许多人都对落败的威尔逊-卡拉汉政府推行的所谓右翼政策，以及导致这些政策被写入竞选宣言的少数工党大会决议感到愤恨。多年以来，游说团体一直在努力试图改变工党的政策，但当他们终于在工党大会投票时赢得了几次"历史性的"胜利后，又遭到了工党领导层的无视，终究还是归于失败。例如，一份精心起草的关于废除上议院的承诺便遭到了卡拉汉的一票否决。在群情激愤的 1979 年工党大会上，该党总书记向卡拉汉表示，希望"就像保守党首相的行为会服从该党利益一样，我们的首相也能够不时地顾及我们的利益"。在大选中丢掉了议席的前工党议员汤姆·利特里克（Tom Litterick）挥舞着一摞工党手册（卡拉汉在竞选宣言中删掉了这些文件中关于欧洲、住房、女性权利、残疾人士等问题的承诺）愤怒地说道："他们都说：'吉姆会搞定的。'[1] 是呀，他搞定了。他把我们都搞定了；尤其是，他把我搞定了。"[2]

在这种气氛下，左翼希望从右翼议员和传统领导人处夺权，发动一

---

[1] 《吉姆会搞定的》（*Jim'll Fix It*）是由吉米·萨维尔（Jimmy Saville）主持的一档热门电视节目。——译者注

[2] 见 Robert Harris, *The Making of Neil Kinnock*, Faber & Faber, 1983。

场自下而上的革命。他们相信，只要自己能主导竞选宣言，选择党魁，并迫使议员们就范，就能够将工党转变为一个激进的社会主义政党；等到撒切尔的经济政策将她摧毁，工党就将在大选中取胜。1980 年 10 月于布莱克浦举行的工党大会所通过的议程主张：英国退出欧共体；单方面核裁军；关闭美军基地；取消一切薪酬政策，由国家机构掌控所有产业；新封 1 000 名贵族，以废除上议院——工党左翼的终极目标由此可见一斑。如此一来，英国将成为坐落在北海的古巴。已渗透进工党的"战斗倾向"这一托洛茨基派团体相信，提出如此激进的社会主义要求，将导致民主制度崩溃，从而触发全方位的阶级革命。托尼·本觉得"他们的说法很有道理，出色地阐明了激进的观点"。他不再视其为威胁，而是将之当成与昔日的《论坛报》小组或战前的独立工党类似的组织。一向正派的托尼·本相信，左翼最终将打一场正派的社会主义胜仗。但实际上，在许多地方党支部，"战斗倾向"成员的恐吓行为赶走了大批温和派人士。与"战斗倾向"结成联盟的还包括许多对卡拉汉和威尔逊政府深感失望的主流工会成员、并非马克思主义者的党内积极分子，以及在核裁军等个别问题上与之有着相同立场的人。

　　精明的策略和迅猛的宣传使得一小群人掌控了不少地方党支部和工会分部，在工党大会投票时取得了与其人数不成比例的巨大影响力。并不民主的是，在工党大会投票时，工会手中握有大量选票，此时他们也不再像从前那样自动站到领导层一边。在 1980 年的工党大会上，左翼几乎赢得了所有重要投票，被彻底挫败的卡拉汉于两周之后辞去了党魁一职。由于新的党魁选举规则要在来年 1 月的工党特别大会上才能确定，因此议员们还有最后一次独力决定党魁人选的机会。富特是一名老牌激进分子和知识分子，工党下台后不久，他便出版了一部论述乔纳森·斯威夫特（Jonathan Swift）、威廉·黑兹利特（William

Hazlitt）、托马斯·潘恩（Thomas Paine）、迪斯累利等他心目中的文学与政治英雄的文集，此举具有典型的富特风格。此刻，他被说服参选。这是因为：在完全由议员投票的选举中，托尼·本毫无机会——如今许多议员都视托尼·本为与党外托洛茨基派"无套裤汉"相勾结、试图夺走议员特权的洪水猛兽；与此同时，还必须有人站出来抗衡希利，这位天性好斗且刻薄的前财政大臣在工党大会上树敌颇多，成了工党左翼眼中的恶棍。这样一来，富特这位杰出的资深议员就成了当仁不让的人选。

希利很早便指出了工党左翼战略中的致命缺陷：假如左翼真的接管了工党，那么民众是不会投票给他们的。他向左翼分子表示："党内积极分子可不是普通老百姓，对于老百姓而言，政治是每年最多只考虑一次的事情。"[1] 尽管当时希利在民众中并不受欢迎，但他之所以做出这番针对"左翼疯子"的恰当评价，并非为了尽量增加自己的胜算。无论如何，希利最终还是以129票对139票输给了富特。许多人都相信，尽管身为党魁的富特因不修边幅的外形和在媒体上不着边际的表现而饱受嘲笑，但他实际上拯救了工党，因为除他以外，再没有能同时被守旧派和托尼·本派反叛者哪怕只是勉强接受的人选了。富特纯粹是出于责任感才接手了这份工作。演说风格老派、书卷气太重还拄着拐杖的他，战胜撒切尔的机会一直很渺茫。"沃泽尔·冈米奇"[2] 对上"铁娘子"，这就如同立体童书里的情节一般，同时也是浪漫的社会主义知识分子向自由市场发起的最后一次冲击。

左翼分子仍在继续前进。工党特别大会对党魁选举规则进行了修

---

[1]  Denis Healey, *The Time of My Life,* Michael Joseph, 1989.
[2]  Worzel Gummidge，英国儿童故事中一个会走路和说话的稻草人，这也是富特的绰号。——译者注

改，工会获得了40%的票数，各选区的党内积极分子获得了30%的票数，曾经享有绝对话语权的议员只有30%的票数。此时左翼分子欢呼雀跃，工党内斗也进入了下一个，同时也是具有决定性意义的阶段：托尼·本将向希利发起挑战，争夺副党魁一职。这一战役将导致无法逆转的结果。由富特和托尼·本领导的工党将提出与希利享有强大影响力时的工党截然不同的主张。左右两翼都将其视为终极战斗。托尼·本活力四射地前往全国各地竞选。希利则常常在公开集会上听到嘘声、被闹场者打断，甚至还被人吐唾沫。选举结果显然将会非常接近，但没人知道，在新设立的复杂的选举人团制度下，最终结果到底会有多接近。

在此有必要重新介绍一下另外两位人物。他们都是矿工之子，都是左翼人士，都因抨击希思而扬名——一个是在围堵行动中，一个是在下议院里。他们就是全国矿工联合会主席阿瑟·斯卡吉尔，以及尼尔·金诺克。不支持托尼·本的人受到的恐吓愈发严重，但托尼·本本人仍泰然自若，似乎对以他的名义说了些什么、发生了什么都浑然不觉。斯卡吉尔就是一名咄咄逼人的托尼·本支持者，他的表现终于令金诺克下定决心，决不支持托尼·本。然而，金诺克也不愿支持右翼分子希利。这样一来，他就只能弃权了。他在《论坛报》上宣布了这一决定。金诺克渐渐远离极左翼，成为工党的教育事务发言人，并主导了富特的党魁竞选；托尼·本对在党内很受欢迎的金诺克也愈发心存疑虑。但金诺克与党内左翼的标志性人物公然决裂，还是令他的许多朋友都深感震惊。最终，在布赖顿举行的工党大会上，托尼·本以极为微弱的劣势败于希利，差距不到1%。金诺克与斯卡吉尔在电视上发生了激烈的冲突，丑陋的场面和指责背叛的言辞笼罩了这座海边小镇。金诺克也卷入了数起冲突，终于，当在公厕里遭到袭击后，他"把对方狠狠揍了一顿……地上到处都是血迹和呕吐物"。至此，一场不雅的反叛以不雅的结局收场。随后左翼分子在党内得势，但他们绝对不要指望能将工党彻底据为己有。

## "好人党"

———

　　然而，此时许多人都认为为时已晚，因为分裂已经发生，新党已经成立。早在托尼·本派分子发动反叛之前，时任欧共体委员会主席的詹金斯在布鲁塞尔宏伟的办公室里反思英国政党制度时，便萌生了这一念头。詹金斯在 1979 年的 BBC 丁布尔比年度演讲节目中对未来进行了深思，他表示：奠定于维多利亚时代的两党制或许已经不再有效了；政党联盟并不是很糟糕的主意，是时候强化"激进中间派"，并寻找一条既接受自由市场经济，又重视失业问题的道路了。他的演讲是试探性的，并不直截了当，但意思已足够明确。已不再是工党政客的他，开始找寻新的可能。他与自由党党魁斯蒂尔有过接触，觉得尽管彼此之间想法接近，但只有通过组建新党，才能给英国政治带来急需的刺激。向来好客的詹金斯开始邀请比尔·罗杰斯和雪莉·威廉斯等工党右翼老朋友共进午餐。前者仍是影子内阁的一员，后者尽管丢掉了议席，但仍是全英国最受爱戴的政客之一。随后，詹金斯在下议院里对记者以及包括金诺克在内的宾客发表了又一篇演说，更加直接地谈论起创建新党的主意："这架试验飞机或许真的能够起飞。"此时，工党议员的公开表态并不积极。威廉斯认为，新的中间派政党将"没有根基、没有原则、没有哲学、没有价值观"。年轻的医生、卡拉汉内阁中的外交大臣，同时也是那届政府中少有的光彩照人的明星戴维·欧文此时正在反抗单方面核裁军的主张，他也表示工党温和派务必留在党内，即使要花费 10~12 年时间也要坚持战斗。

但托尼·本派分子的反叛改变了许多人的看法。在温布利举行的工党特别大会上，欧文对国防问题的观点遭到了嘘声伺候，随后他、詹金斯、威廉斯和罗杰斯发表了《莱姆豪斯宣言》，称温布利特别大会是"灾难性的"，呼吁为英国政治开启新的篇章。两个月后的 1981 年 3 月，社会民主党应运而生。共有 13 名工党议员叛逃至该党。假如不是罗伊·哈特斯利（Roy Hattersley）等人的尽力劝阻，叛逃人数还会更多。两周之内，社会民主党便收到了多达 2.4 万条表示支持的信息；临时总部也宣告成立，不少人志愿为其工作。贵族、记者、大学生、学者等人争先恐后地希望加入。"好人党"就这样起步了。从苏格兰到英格兰南岸，公开集会座无虚席。媒体进行了大量满是溢美之词的报道。9 月，在兰迪德诺举行的情绪亢奋的自由党大会后，社会民主党与自由党达成了选举协议，结为联盟。出人意料的是，火车竟然成了这一新兴党派的一大主题：在成立后的头两年时间里，该党在各地滚动举行会议，记者和政客挤在一起，唱着歌周游英国外省。在沃灵顿选区的补选中，社会民主党令工党出了一身冷汗；此后，威廉斯在 11 月的补选中以接近 50% 的得票率，从保守党手中夺过了克罗斯比选区，成为该党赢下的首个议席；次年，詹金斯又从保守党手中夺过了格拉斯哥希尔黑德选区。社会民主党诞生之初如此激动人心，有人认为，假如把该党惊人的民调表现当真的话，社会民主党将赢得总共 635 个议席中的近 600 个——该党倒是理智地并未把这些数字当真。

补选的胜利使得詹金斯得以成为下议院中的社会民主党领袖。然而，他已失去了昔日的掌控力；或者说，领导一个身处撒切尔的保守党与充满敌意的工党前战友夹缝中的由散兵游勇组成的团体，本就是不可能完成的任务。在 1983 年的大选中，詹金斯丢掉了自己的议席，欧文接替他成为社会民主党领袖。此时，将导致该党陷入严重混乱的领袖个性问题已是难以避免。威尔士人欧文英俊、浪漫、傲慢、教条且爱国，但他从不具备团队精神。他总是相信自己更应该成为领袖，并担心詹金斯会促使社会民主党与自由党合并。欧文仍自认为是社会主义者，但是又不同于老一代。詹金斯则觉得自己的这位门徒既易怒又傲慢。简单来说，两人的关系就如同布莱尔和布朗晚期的关系一样。相似之处还在于，两人之间的敌对关系也对其所在政党造成了伤害。不过，社会民主党的崛起一度令撒切尔都感到震撼，并且令工党内的某些人感到自己的事业已穷途末路。

自由党也因此重获新生。20 世纪 50 年代初，曾属于格莱斯顿和阿斯奎思（H. H. Asquith）、一度战无不胜的自由党，影响力已微不足道，只拥有 6 名议员，全国得票率仅为 3%。在乔·格里蒙德领导下，该党成了真正倡导自由主义的党派，实现了一定程度的复兴。到了 60 年代，自由党吸引了越来越多的激进分子，他们反核、反种族隔离，主张共同体政治，大多数人虽然容易生气，但也亲切友好。一摊摊有机苹果，一大群毛发浓密、穿着凉鞋的男性，热衷于谈论各种鲜为人知的土地税种——这就是独具特色的自由党大会，仿佛是中世纪集市与特许土地测量员海边聚会的混合体。不过，由于公众对传统政治已过于厌倦，于是这一古怪的旅行车队仍得以轰隆隆地继续前行，尤其是在潇洒、时尚、睿智的杰里米·索普担任党魁期间。面对着有关同性恋恋情和谋杀企图的指控，索普被迫辞职，尽管死去的只有一条狗，而且他最终被宣判无罪。到了 80 年代初，在绰号为"男孩戴维"的斯蒂尔领导下，该党正在寻找新的战略，社会民主党则为其提供了回归中间派路线的机会。然而，欧文并不是唯一一位看不起自由党的社会民主党人，两党此后的合并也并不轻松愉快。不过在 1982 年的初春，社会民主党和自由党对于打破英国政治的固有格局仍怀有一定信心：既然撒切尔极其不受欢迎，工党又深陷动荡，那么还有什么意外能阻挡他们呢？

## 福克兰群岛之战

撒切尔时代的众多讽刺剧情之一在于，她的货币主义政策之所以能够逃脱政治惩罚，竟然应归功于遭到她憎恨的外交部的孟浪之举。在1979—1981年的经济风暴期间，以及在关于欧共体预算退款的争斗中，撒切尔无视身边的一切意见，为了自己的目标，无所顾忌地勇往直前。在南大西洋，她仍将以这种风格行事。十分幸运的是，她笑到了最后。撒切尔的行为模式也就此确立："睚眦必报，引以为傲。"而且，在短短数月时间里，她便从最不受欢迎的首相之一，摇身一变为不容置疑的民族英雄。然而，在这一过程中原本随时都可能出现差错。倘若阿根廷炸弹上的引线少坏掉几根，或是法国产飞鱼反舰导弹再多上几枚，又或是选择了另外的攻击目标，那么福克兰战争就将变成一场巨大的灾难，巩固阿根廷的独裁政权，并终结撒切尔的政治生涯。在当代英国公共生活领域的所有赌局中，从规模缩水、资金不足的皇家海军调出一支舰队，将其派往 8 000 英里之外的一个小岛，试图凭借武力夺回其控制权，算得上是极为冒险的一次。

对英阿两国而言，这场冲突源于殖民主义龃龉。英格兰水手于1690 年首度登陆这些岛屿，并以一名皇家海军司库的名字将其命名为"福克兰群岛"。尽管岛上已存在西班牙和法国定居点，但英国还是于1833 年宣布该群岛为本国殖民地。由昔日的西班牙殖民地构成的独立国家阿根廷，从一开始就以该群岛与自己毗邻为由，同样声称其为本国领土。到了 20 世纪 60 年代，岛上以牧羊和渔业为生的 1 800 名岛民的经济前景看上去已十分黯淡，英国外交部显然希望设法摆脱这一问题。工党曾派出潜艇，用以吓退愈发咄咄逼人的阿根廷人。然而保守党上台后却犯下了一系列严重的错误。首先是提议把该群岛的主权让与阿根廷人，再将其租借回来，以保持其英国特质。撒切尔后来表示这一主意与己无关，但当时它的确受到了严肃对待，只是在招致岛民的抗议和后座议员的愤怒批评后才被放弃。随后，保守党又宣布将英国在该地区的唯一一艘军舰坚忍号巡逻艇撤出。

与此同时，新的英国国籍法也并未赋予福克兰群岛岛民特殊地位。新上台的以莱奥波尔多·加尔铁里（Leopoldo Galtieri）为首的阿根廷军政府自认为已洞悉了英国政府的意图。加尔铁里极度依赖阿根廷海军的支持，海军又极为热衷于夺回这些被称为"马尔维纳斯群岛"的岛屿。一年之后的 1983 年是英国统治福克兰群岛的 150 周年，阿根廷担心英国会借此机会重申自己将掌控该群岛的未来。白厅在福克兰群岛问题上并没有明确的政策，阿根廷军政府凭此做出了错误的判断，以为这表明入侵该群岛将是容易、受欢迎且一劳永逸的。

1982 年 3 月，阿根廷进行了试探：在未事先警告的情况下，一艘载着金属废料商人的船只在福克兰群岛以南的英国属地南乔治亚岛登陆。随后在 4 月 1 日，入侵正式开始。在阿根廷航空公司地方代表的精心策划下，阿根廷军队登陆福克兰群岛，整个行动仅耗时三小时。80 艘英国船只宣布投降，并无人员伤亡，阿根廷方面则有 5 人死亡，17 人受伤。伦敦陷入了一片混乱。入侵发生的数小时之前，国防大臣约翰·诺特（John Nott）向撒切尔提出了警告。她匆忙地在下议院办公室里召开会议，但下议院警察并未认出身着便装的海军参谋长约翰·利奇（John

Leach），将他扣押了起来，直到保守党党鞭赶到才把他解救出来。利奇赶到会场后，果然扭转了局势：各位大臣只是令撒切尔更加困惑，他却为她阐明了局势，带来了希望。利奇正是撒切尔中意的那类人，他表示自己可以集结起一支由英国仅存的两艘航空母舰无敌号和赫尔墨斯号领头，包括驱逐舰、护卫舰和登陆舰在内的舰队，48 小时内这支舰队就能做好出发的准备，夺回福克兰群岛。撒切尔让利奇着手进行准备，自己稍后再决定是否下令夺回该群岛。或许还存在达成某种协议的可能。

美国曾深度介入福克兰战争，并深感困窘，这一情况在当时未被披露。撒切尔和里根已经建立起了亲密的私人关系。但对美国而言，作为贸易伙伴且坚决反共的阿根廷军政府也很重要。就在英国开始在联合国内竭尽全力寻找盟友的同时，美国也开始竭尽全力寻找妥协方案。最后，英国不仅仅需要美国为其鹞式战斗机提供响尾蛇导弹（撒切尔本人曾表示，若没有这些装备，就不可能夺回福克兰群岛），还需要美国提供情报帮助与（大多数时候的）外交支持。此时正值冷战末期，英国在华盛顿当局心中的分量仍胜过任何一个南美国家。尽管如此，美国国务卿亚历山大·黑格（Alexander Haig）还是进行了多次斡旋，试图达成妥协。即使在战斗打响后，斡旋努力仍未终止。撒切尔花在阅读、分析和拒绝各种协议上的时间要远多于思考军事计划的时间。主张与阿根廷达成协议的人中包括新任外交大臣弗朗西斯·皮姆，他是在十分正派的前任外交大臣卡林顿（Carrington）男爵坚持引咎辞职后上任的。皮姆与撒切尔在这一问题上意见相左，后来他也因此受到了惩罚。就连里根在电话交谈中劝说撒切尔接受某些或许会涉及美国，并有损英国对福克兰群岛主权的方案时，撒切尔也会勃然大怒。

就如同欧共体预算退款引发的争执一样，撒切尔不顾以达成协议为目的的外交手腕，强硬地坚持绝不让步。是否允许岛民享有充分的自决权？是否要纵容阿根廷的侵略行为？在巨大的压力下，她仍拒绝妥协。此外，她还面临一个无法回避的道德问题：许多健壮的青年男子可能死去，或是身负重伤，只是为了捍卫"主权"这个词。最终共有将近1 000名英国士兵战死，2 000名岛民死亡，烧伤、致残和遭受心理创伤者人数更多。但撒切尔认为，此事关乎民族身份与法律。她在写给里根（对方曾将福克兰群岛称为"那旮旯的一小块冰冷的土地"）的信中表示，倘若英国屈服于阿根廷布下的各种陷阱，那么"自由世界所捍卫的根本原则就将被敲得粉碎"。里根仍在努力，皮姆也继续施压，苏联人对此严厉斥责，起初表现强硬的富特此时也恳请撒切尔设法解决问题。日后撒切尔坚持表示自己十分清楚战争将导致多么高昂的生命代价，之所以做出这一决定，并不是受到好战欲的驱使。事实上，四分五裂且好斗的阿根廷军政府也的确未曾严肃地提出解决方案，他们的立场甚至比撒切尔还要强硬。布宜诺斯艾利斯方面一向坚持：英国舰队必须从整个区域撤出；任何临时政府都必须有阿根廷代表参与其中；假如谈判失败，英国就将丧失对福克兰群岛的主权。

从一开始撒切尔便认定，一旦让步，自己的政治生涯就将终结。媒体和保守党内已经出现了对最初的外交过失感到不满的声音。重压之下，就连工党似乎都支持通过武力夺回福克兰群岛，富特甚至说起了30年代向纳粹绥靖的往事。社会民主党的欧文则和任何保守党人一样好战。撒切尔组建了一个小型战时内阁，将财政大臣，也就是资金排除在外。政客当然也觉察到了民众的情绪。民调显示，民众对政府竟然允许入侵行为发生深感愤怒。于是，那支由20多艘船只组成的舰队得到了进一步强化，其最终规模达到了100多艘船只以及2.5万人。整个世界都目不转睛地注视着事态的发展，或许还看得颇为入迷。纽约一份报纸的头条这样写道：帝国的反击 ①。

帝国的确展开了反击。到了 4 月末，南乔治亚岛已被夺回，大批阿根廷士兵被捕。面对提问的记者，撒切尔表示对方只要"为之欢欣鼓舞"就够了。随后发生了这场短暂战争中最具争议的一段插曲。英国的征服者号潜艇正紧紧跟随着阿根廷海军陈旧但全副武装的贝尔格拉诺号巡洋舰。此时英国舰队已被暴露，并担心遭遇包抄；但实际上贝尔格拉诺号位于英国划定的禁区之外，并且正在驶离英国舰队。然而，与军队指挥官一同待在契克斯别墅的撒切尔，还是命令征服者号发动攻击。贝尔格拉诺号被击沉，船上的 321 人全部遇难。对此《太阳报》欢呼道："击中了！"工党议员塔姆·戴利埃尔（Tam Dalyell）是下议院中少有的很早便反对这场战争的人士，孤身一人的他指出，击沉贝尔格拉诺号的决定是不道德的，且带有政治动机，目的可能在于破坏近来的和平进程。不久之后，英国的谢菲尔德号驱逐舰被阿根廷的飞鱼反舰导弹击沉，40人遇难。这场战争真正进入了刺刀见红的阶段。

尽管空中掩护并不充分，而且天气状况持续恶化，战时内阁还是于 1982 年 5 月 18 日做出了登陆福克兰群岛的决定。在云雾笼罩的一天，大批英国部队出其不意地在圣卡洛斯湾登陆。但猛烈的空中攻势还是导致了严重的损失：两艘护卫舰遭到重创，另两艘相继被击沉；随后，一艘驱逐舰和一艘满载补给的集装箱船也被击沉。在伦敦看来，这场登陆行动几乎命悬一线。被政府临时征用的伊丽莎白二世号邮轮载有 3 000 名士兵，就停泊在不远处，很容易成为打击目标。撒切尔也将当晚称为最糟糕的一夜。的确如此。假如阿根廷空军投下的炸弹引线没有坏掉那

---

① 英文为"The Empire Strikes Back"，借用了《星球大战》系列第 5 部《帝国反击战》（*Star Wars Episode V: The Empire Strikes Back*）的名字。——译者注

么多，就会有更多炸弹爆炸；假如阿根廷海军拥有更多飞鱼反舰导弹，能发射的导弹数量也会更多；假如英国的鹞式战斗机没有配备美国产的最先进导弹，没有凭借美国秘密提供的机载警报和控制系统来增强侦测能力，战局将令英国人绝望。不过事实表明，这 3 000 名士兵还是获得了安全的滩头阵地，并成功地杀入内陆。在接下来的数周，他们占领了绿鹅村和达尔文等定居点，杀死了 250 名阿根廷士兵，俘虏了 1 400 人，阵亡的英国士兵只有 20 人。琼斯（H. Jones）中校成了这场战争中首位受人歌颂的英雄，领导第二伞兵营的他与第三伞兵营的伊恩·麦凯（Ian McKay）中士都是在迎着猛烈的炮火作战时牺牲的。

随后，战场转移至福克兰群岛面积狭小的首府斯坦利港——更准确地说，是阿根廷军队仍在坚守的那些环绕着斯坦利港的山丘：坦布尔当山、怀尔利斯岭、萨珀山和威廉山。在发动最后突击之前，英国的两艘登陆舰特里斯坦爵士号和加拉哈德爵士号被导弹击中，威尔士卫队伤亡惨重，即使幸存者也身受严重的烧伤。大臣们开始对每天损失一艘船只的糟糕战况议论纷纷。在凡尔赛举行的峰会上，撒切尔再度言辞激烈地拒绝了通过外交手段结束战争的建议。

她已下定决心，除阿根廷投降之外的任何结果都不可接受。另一方面，美国仍绝望地试图保住阿根廷军政府，避免其遭受羞辱。在联合国发生的一切近乎闹剧。组织混乱、士气低落的阿根廷军队在遭受了最后一次攻击之后，迫使其指挥官马里奥·梅嫩德斯（Mario Menéndez）将军投降。至此，一切终于结束了。英军指挥官杰里米·穆尔（Jeremy Moore）来到斯坦利港的西部蔬果店这一许多岛民的避难所，说出了这番不朽的名言："你好，我是杰里米·穆尔。很抱歉花了这么长的时间才来到这里。"①

　　许多人都认为这场战争只是没有什么意义的杀戮。最著名的评论来自言辞辛辣的南美作家博尔赫斯（Jorge Luis Borges），他表示这场战争就如同两名秃子为了争夺一把梳子而扭打起来。戴利埃尔在议会中不断质问撒切尔，试图证明击沉贝尔格拉诺号巡洋舰的决定在军事上并不必要，其目的只是让战争继续下去。感到愤怒的人不止他一位。就击沉贝尔格拉诺号一事，撒切尔在电视直播中受到了一位女士的质询。该女士看上去可与撒切尔相匹敌，很少有男性能够做到这一点。这也成了1983 年的竞选活动中少有的戏剧性场面之一。至于工党领导层，希利控诉撒切尔以杀戮为荣；下一任工党党魁金诺克也因此事卷入了纠纷：当有人打断他的讲话，表示撒切尔至少有胆量时，他回答道，遗憾的是，为了证明撒切尔有胆量，其他人却不得不把肠子留在了绿鹅村。②

　　福克兰战争既具有"返祖性"，又具有前瞻性。在上百万人看来，这场战争实在过时。世界已经步入了核时代，这却依旧是一场炮舰之战。但这毕竟是一场支持率颇高的战争，在另外上百万人眼中，这又是一场完全不期而至、具有神秘的重生意义的冲突。撒切尔立刻向民众讲述了自己眼中这场战争的意义。7 月初，她在切尔滕纳姆赛马场发表演说："我们不再是一个撤退中的民族，我们重拾了信心。信心源自国内的经济斗争，并在8 000 英里之外得到了印证……我们不再只是印刷钞票了，本届政府正确地放弃了这一措施。这个民族也越来越不需要这样做……福克兰战争也应部分归功于此。"她的结论是，这个古老的国度

---

① 见 Max Hastings & Simon Jenkins, *The Battle for the Falklands,* Michael Joseph, 1983; Lawrence Freedman, *Britain and the Falklands War,* Oxford U. P., 1988; Kevin Jeffreys, *Finest and Darkest Hours,* Atlantic Books, 2002; 及 Margaret Thatcher, *The Downing Street Years,* HarperCollins, 1993。
② "胆量"和"肠子"是同一个词：gut，此处为双关语。——译者注

又重新振奋起了精神："英国重新在南大西洋站稳了脚跟。经过这场胜利，英国再也不会退缩了。"在撒切尔看来，货币主义政策导致的结果不是托克斯泰斯的骚乱，而是第二伞兵营的英勇表现。

福克兰战争既改变了撒切尔的个人命运，也改变了英国的政治走向。它还助长了这样一种心态：在公共生活中，对抗是必要的。那个年代的时代精神有着强悍、血腥的一面。从 1981 年春天开始，北爱尔兰爆发了一场令人极其惊骇的绝食抗议，包括博比·桑兹（Bobby Sands）在内的 10 人因此死亡。"林肯郡的玛格丽特"[①] 反应却很轻快："这名被定了罪的罪犯，选择了结自己的生命。这种选择权是他的组织没有为其众多受害者提供的。"就如同面对罢工的公务员以及联合国和平会议时一样，在北爱尔兰问题上撒切尔也下定决心，决不退缩，其强硬程度与残酷无情的爱尔兰共和军不相上下。后者在 1979 年已经暗杀了蒙巴顿伯爵，并且继续在英国本土发动炸弹袭击，先是在切尔西兵营，随后在海德公园。后一次袭击共造成 8 人死亡、53 人受伤。的确，这些受害者都没有任何选择的机会。

对全球核战争的恐惧仍未消散，这构成了国内暴力行为以及福克兰战争的部分背景。事后诸葛地看，勃列日涅夫（Leonid Brezhnev）、安德罗波夫（Yuri Andropov）和契尔年科（Konstantin Chernenko）治下衰老的苏联就如同一位生了锈的巨人，正吱呀作响、无可救药地走向崩溃。但回到 80 年代初，情况看上去并不是这样。各项战略性裁军条约正在推进过程中，但在聪慧而消息灵通的分析人士看来，苏联依然是一支强大、好斗且无法预测的力量。苏联正在部署新型 SS-20 导弹，将其对准西欧各地的城市与军事基地。作为回应，北约也计划在包括英

---

① 即撒切尔。——译者注

国在内的欧洲部署新一代潘兴式导弹。到了 1979 年冬末，苏联军队已经进入阿富汗。此时戈尔巴乔夫还只不过是一位不知名的政治局候补委员，排名仅为第 28 位，仍在农业规划部门工作，他日后推出的"开放政策"在西方尚闻所未闻。

萦绕在西方政坛的是关于武器系统、裁军战略与是否需要与苏联威胁展开对抗的争论。莫斯科方面很早便准确地将撒切尔列为最执拗的敌人；在她就任英国首相的 18 个月之后，里根当选为美国总统，这更使她在华盛顿方面找到了一名灵魂伴侣。里根与撒切尔有许多不同之处：他更轻快、更懒散，不注重细节，并乐于接受巨额赤字。但和撒切尔一样，里根也有着非黑即白的世界观，认为世界舞台上不断上演着善与恶、上帝与撒旦的斗争。对社会主义以及苏联的共同憎恶为两人建立起格外亲密的私人关系奠定了基础。撒切尔是里根当选之后首位到访的外国领导人，她还一直称呼里根为"罗尼"。默默旁观的布莱尔等年轻政客从中充分吸取了经验：发动一场受欢迎的战争能令自己获益良多，与白宫保持亲密的关系则至关重要。

对于几年之前很少关注撒切尔的公众而言，此时的她已成了一位极具分裂性的人物。一方面，许多人感到在这一艰难的时刻，英国终于拥有了一位勇猛的"女王"；这名永不退缩的斗士有着无比明确的信念，一手捅破了此前数十年那无穷无尽、令人沮丧的敷衍塞责。另一方面，许多人则将她视作嗜血的危险分子，受到冷酷无情的世界观驱使。在《太阳报》《每日邮报》和其他右翼报纸的漫画师笔下，她仿佛是圣女贞德和光荣的布狄卡（Boudicca），遭到畏畏缩缩的"湿"派分子、愚蠢粗鲁的工会领袖和凶残的爱尔兰恐怖分子的围攻。而在《卫报》、《每日镜报》和《一模一样》节目的漫画师笔下，她就是长着鹰钩鼻、眼神直勾勾、头发打成结的疯子。撒切尔还引发了严重的性别错乱：她要么被称为内阁里唯一的"真汉子"，要么被称为接管了整个国家的"终极家庭主妇"，要么被认为代表了女性气质的恐怖对立面：冷酷、报复心极重。与撒切尔交情甚笃的法国总统密特朗（François Mitterrand）对她的总结要比任何一位英国观察家更到位。在一场早间会议结束后，他向自己的欧洲事务部长表示："她有着罗马暴君卡利古拉（Caligula）般的眼睛，但说起话来又像是玛丽莲·梦露。"

福克兰战争确认并更加激化了关于撒切尔的这些截然对立的看法。通过一系列过度自信的举动，她试图牢牢把握住有利于自己的时机，但用力过度，以至于差点将这一时机"勒死"。她敦促政府的内部智库"中央政策评估委员会"起草一份以公共开支的未来为主题的报告。该委员会的成果堪称"拔掉了插头的"撒切尔式主张，原汁原味、无拘无束。他们建议国家机构不再为高等教育提供资金，用助学贷款取代政府拨款，不根据通货膨胀率同步提高福利金，并且用私人医疗保险制度彻底取代国民医疗服务体系，包括收取门诊费和药费——总而言之，就是要终结艾德礼建立的福利国家。虽然有些想法在日后获得了更加广泛的讨论，助学贷款还被某届工党政府付诸实施，但当时撒切尔身边的大多数人都认为这些方案简直愚蠢透顶。首相竭力试图推行这些措施，但大臣们将其视为她上任以来最严重的错误。为了扼杀这一计划，他们把这份报告泄露给了媒体。这一次大臣们取得了胜利。早在征收人头税的决定之前，这起风波早就足以证明，撒切尔勇往直前的行事风格既能促其凯旋，也会导致错误。

从那以后，福克兰战争对于 1983 年大选结果的影响就成了人们不断争论的话题。政府压低了通货膨胀，经济形势也终于开始好转，但保守党在 1983 年的总体表现并不出色。现代以来最为大刀阔斧的去工业化进程使得上百家仍在盈利的企业永远消失，这种现象之所以会发生，部分原因在于英国成为石油生产国后英镑大幅走高。去工业化加之杰弗里·豪削减开支的措施导致了极为严重的后果。约瑟夫后来也承认："我们中没有任何人意识到，这会导致如此迅速、如此大规模的裁员。"失业原本"并未被当作严重的问题"。[①] 考虑到英国工业基础的大幅缩水以及高达 300 万的失业人口数量，去工业化无疑是个极为严重的错误。此外，在这届主张减税的政府治下，总税负占 GDP 之比却从 34% 上升到了近 40%。按照计划，公共开支占 GDP 之比应为 40%，但实际数值为 44%。衡量货币供应量的关键数据显示，货币供给增幅达到了原定目标的约两倍。

因此，称职的反对派政客手中握有大把显而易见的抨击目标。在寻常的大选中，如此糟糕的经济状况将会导致令执政党深感震惊的结果。然而，1983 年的大选并不寻常。福克兰战争结束后，保守党在民意调查中突然迅速崛起，超越了两大反对党 / 集团，终结了社会民主党同样迅猛的崛起势头。在 1983 年的大选中，社会民主党及其伙伴自由党共赢得了近四分之一的选票，但只转化为区区 23 个议席，其中仅有 6 个议席归属社会民主党。经历了气势如虹的 1981 年和 1982 年，这样的结果令人大失所望。就得票率而言，工党几乎跌至第三位。保守党则以 144 个议席的优势取得了大胜，如此厚实的"家底"使得保守党的统治一直延续到了 1997 年。尽管还存在其他因素，但似乎很难否认福克兰战争对于选举结果的重大影响。它为撒切尔提供了一套关于她自己以及英国的简单且生动的说辞，并且为上百万民众所接受。

---

[①] Hugo Young & Anne Sloman, *The Thatcher Phenomenon*, quoted in Hugo Young, *One of Us*, Macmillan, 1989.

# 对抗艾滋病

1982 年 7 月 4 日，一位名叫特里·希金斯（Terry Higgins）的同性恋男子在伦敦市中心的圣托马斯医院去世。37 岁的他是英国首批艾滋病（获得性免疫缺陷综合征）受害者之一。该病通过人类免疫缺陷病毒传播，会逐步侵蚀人体的自然免疫力。他的数位友人在一家公寓里设立了一个小型慈善组织"特伦斯·希金斯信托基金"，在男同性恋群体中普及关于艾滋病的知识，鼓励使用安全套（因为该病是通过血液和体液传播的），并为其他人提供支持。尽管这一疾病在 20 世纪 70 年代末已经毫无疑问地出现，但直到 1981 年才在美国加利福尼亚州被正式确认。当时，同性恋男子开始因罕见的肺病和仅见于老年人的一种皮肤癌前往医院就医，一年之内出现了上百起此类病例，许多人因此死去。显而易见的是，大多数患者都是同性恋男子，不过其他群体也开始受到感染，包括部分女性、用静脉注射方式吸毒的人、海地人，以及患上一种神秘致命疾病的乌干达村民（当地人称其为"瘦病"）。在美国，该疾病的重灾区是以杂乱、狂放和无保护的性行为闻名的同性恋浴室及桑拿房。随着男同性恋者于 60 年代和 70 年代为找寻最开放的文化环境而穿越美国，在旧金山、洛杉矶和纽约等地，此类场所的数量也急剧增多了。

自男同性恋行为合法化以后，英国也经历了类似的变化。与美国一样，英国的同性恋解放运动也仅限于大城市中最自由化的区域，主要是在伦敦，曼彻斯特、爱丁堡及其他城镇的变革发生得稍迟。同性恋俱乐部、同性恋迪斯科舞厅和同性恋桑拿房纷纷兴起，其中后者正是杂乱无比的性行为发生之地。同性恋男子纷纷南下，以弥补失去的时光，类似于性狂热的氛围逐渐形成。此后，前往海外度假的异性恋青年也将效仿这种狂热。历经多年"配给制"之后，"糖果店"终于开张了。在70年代的政治与经济阴霾之下，街头正在兴起的是以"过分"为特征的文化。我们已讨论过过分的服饰、过分的音乐和过分的足球场暴力。对许多人而言，与之相伴的还包括性束缚的打破：异性恋者随时可以获得口服避孕药，同性恋者的性行为合法了。如果说那些年还存在乐观情绪，那么这种情绪只体现在个人领域：新获得的这些自由让人们得以在四处弥漫的失败情绪中获得片刻喘息之机。

因此，艾滋病疫情于此时爆发，便显得格外残酷。正当同性恋者感到自己终于摆脱了长达几个世纪的压迫与羞耻之时，这种神秘的致命疾病又要来摧毁他们的生活方式了。这恰恰也是社会保守派的看法：艾滋病正是杂乱、不正常的性行为导致的医学与道德后果，正所谓"种瓜得瓜，种豆得豆"。于是，自60年代以来便处于交战状态的各种道德哲学又找到了新的战场。同性恋文化暂时退却了：俱乐部关张，神职人员纷纷得出各种结论。尽管受到艾滋病疫情影响的主要是男同性恋，但这场危机仍然产生了更为广泛的影响。杂乱的性行为不仅在同性恋群体里变得愈发常见，在许多方面，异性恋文化都在跟随同性恋文化的脚步。因此在传统主义者看来，这场危机为他们提供了告诫全社会、令其摆脱这种新型自由主义影响的机会。

然而，事态最终并没有像他们预期的那样发展。很快便涌现出了许多宣传安全性行为的同性恋组织。特伦斯·希金斯信托基金发展成了一家全国性机构，如今更是成为欧洲规模最大的性健康慈善组织之一，拥有300名职员，外加800名志愿者。英国建制对待艾滋病患者也要比人们预想的更具同情心：戴安娜王妃于1987年在米德尔塞克斯医院开设了首间专门面向艾滋病患者的病房，撒切尔派大臣们也谈论起使用安全套的重要性。这是文化上的某种转折点，更是一场全国性的教育运动。

早些时候，媒体沉浸在一片"我们全都在劫难逃"的恐慌情绪之中，对同性恋者大加谴责，视其为受到报应的不正常物种。大曼彻斯特警局局长詹姆斯·安德顿（James Anderton）曾表示同性恋者"是在他们自己制造出来的污水坑里晃荡"。这番话遭到了广泛谴责，但可能有上百万英国人会赞同安德顿对鸡奸和其他"令人厌恶的行为"的谴责，这些人主要是老一代人，但也不仅限于此。对同性恋行为的偏见曾经是，并且依然是根深蒂固的。此外，在性问题上的假正经态度还导致早些时候对艾滋病传播方式的讨论语焉不详，让人无法理解。

小报纷纷表示，通过共用马桶坐垫、亲吻、握手、饮用圣餐酒或一同进餐等方式与已感染者发生接触，都会导致人们被传染上这种"同性恋瘟疫"。BBC 在 80 年代初预测，4 年之内，英格兰和威尔士将有7 万人死于艾滋病："到本世纪结束时，不会有哪个家庭能完全不被这种疾病波及。"然而近 25 年过后，死于艾滋病的总人数仅为 1.3 万人。早年间，BBC 的科学节目《地平线》（*Horizon*）唤起了公众对艾滋病的意识；但该节目于 1986 年拍摄的一部关于同性恋男子性生活以及艾滋病确切传播途径的影片却被认为过于"露骨"，因而遭到了封禁，底片也被郑重其事地销毁。然而和政界的情况一样，媒体的态度也迅速发生了转变。那些昨天还在表示鸡奸者"自食其果"的报纸，今天就开始热情地宣传艾滋病相关知识。"恐同"的言辞仍然存在，但已不像从前那样自信满满。主张禁欲或是将同性恋者纳入异性恋生活的运动在美国的宗教团体中十分常见，但在更加世俗化的英国却几乎没有造成影响。始于 80 年代的同性恋骄傲游行起初显得愤怒而焦躁，随后却渐渐地被纳入主流，以至于政客都热衷于与这一运动联系在一起。在艾滋病疫情暴发之初，没有人能够预料到会出现这样的景象。

回过头来看，艾滋病的暴发恰恰是促使公众态度转变的部分原因，而不是"尽管有此障碍，公众依然转变了态度"。这场公共健康危机颠覆了人们讨论性问题的方式：不能再遮遮掩掩，应该开诚布公。对性问题"暗自偷笑"这一悠久的英式传统由此遭到了重创。随着人们逐渐意识到通过使用被感染的针头、输血，乃至异性恋性行为都可能染上艾滋病，同性恋者背负的污名也就渐渐淡化了。事实上，通过迅速改变性行为方式，同性恋男子一度成了较为安全的群体。与艾滋病的斗争堪称现代以来最为成功的公共信息与医疗案例。转折点发生在 1986 年，当时卫生大臣诺曼·福勒（Norman Fowler）和副首相威利·怀特洛发起了一场卓有成效的全国性艾滋病普及运动。两人都是再循规蹈矩不过的异性恋者。福勒主要担忧的是家庭价值观；教会团体、议员以及其他人士立刻向他展开游说，试图传递出主张禁欲的传统道德讯息，但福勒并未这样做。政府委托 TBWA 广告公司制作了一段名为"别因无知丧命"（Don't Die of Ignorance）的宣传片，许多民众深受震撼，进而改变了性行为方式。宣传片开头的画面是一座冰山，随后传出演员约翰·赫特（John Hurt）沙哑的旁白："现在出现了一种可怕的疾病……"此外，英国的每个家庭都收到了一份清晰且按照当时的标准来说相当直白的宣传册。

接下来的数年，政府为这一运动投入了 7 300 万英镑的资金。大体而言，这项运动取得了成功。数年间，新确诊的艾滋病病例从 1985 年的超过 3 000 起迅速下降，此后一直保持稳定，直到 1999 年才开始再度增多，大多数是与非洲相关的异性恋病例（非洲的艾滋病疫情要严重得多，堪称灾难）。得益于安全套的使用更加普及，所有通过性行为传播的疾病病例在同一时间段都减少了；到这个 10 年结束时，梅毒病例数已降至艾滋病暴发之前的十分之一。福勒日后表示，所有关于这场运动的研究都表明："公众看到、理解并记得这场运动；最为重要的是，人们的确因此改变了自己的习惯。"英国新增艾滋病病例的下降速度几乎要超过其他任何国家。

## 煤炭行业的末路

————

如果说主宰着撒切尔首任政府的是货币主义政策和福克兰战争，那么主宰着撒切尔第二任政府的就是矿工罢工。这是英国历史上最漫长的一次罢工，也是当代最血腥、最可悲的劳资争端之一。此次罢工以矿工的彻底失败告终，此后英国的深井煤炭行业几乎荡然无存。在撒切尔看来，此次罢工的意义更加重大："罢工的失败表明，英国不会被法西斯左派弄得无法治理。企图藐视国法，进而藐视经济法则的他们失败了。这证明了自由经济与自由社会实际上多么依赖于彼此。"对于当事各方而言，这场冲突都有着格外重大的历史意义。对保守党来说，在希思遭到矿工的羞辱之后，经历了漫长的等待，他们终于实现了复仇。与加尔铁里这个"外部敌人"相呼应，撒切尔曾将矿工称为"内部敌人"。对上千名富有战斗精神的全国矿工联合会成员来说，这是他们终结已长达数十年的矿井关闭潮、拯救正遭受致命威胁的社群的最后机会。对矿工领袖斯卡吉尔来说，这是一次旨在推翻政府、赢得阶级斗争的努力——我们将看到，他对工资协议的细节以及关于哪些煤矿还有经济效益的具体讨论并不感兴趣；用撒切尔那轻蔑但确切的话来说就是，他已下定决心不接受失去任何一个工作岗位，要迫使政府为"开采泥巴"埋单。

政府比斯卡吉尔准备得更加充分。早先涉及全国矿工联合会的一起争端得到了迅速解决，但这只是因为战场尚未准备就绪。国家煤炭局与能源大臣奈杰尔·劳森共同努力了两年时间，以增加发电厂的煤炭储备；煤炭库存不断增多，消费和生产却都在下降；经过托克斯泰斯和布里克斯顿的骚乱后，警方接受了重新培训，并配备了全套防暴装备。大臣们日后承认，倘若没有这些装备，警方就无法挫败矿工的围堵行动。此外，撒切尔还任命了出生于苏格兰的美国人伊恩·麦格雷戈（Ian MacGregor）掌管国家煤炭局。在美国期间他就是一名凶悍的"工会杀手"；回国担任英国钢铁公司主席后，关闭工厂、裁员6.5万人等举动为他赢得了"大刀麦克"的名号。在同一时期，后来被封为男爵的约翰·金（John King）裁掉了英国航空公司约40%的员工，即2.3万人，实现了扭亏为盈。正如仰慕此人一样，撒切尔也一度将麦格雷戈奉为偶像。约翰·金和麦格雷戈都是撒切尔中意的那种说一不二的强硬人物，与内阁成员相比令她感到耳目一新。不过后来，撒切尔对麦格雷戈政治智慧的不足深感震惊，进而转变了对他的态度。麦格雷戈的计划是，在两年内把20.2万名员工裁掉4.4万，此后再裁掉2万个工作岗位；首先关闭20个矿井。然而，年长且富有的他并不擅长处理公共关系。当麦格雷戈在矿场现身时，迎接他的是面粉炸弹和辱骂，有一次他还被打倒在地。

斯卡吉尔看上去就和撒切尔一样享受斗争的乐趣。如前所述，在矿工与希思对峙期间，他曾领导在索尔特利煤炭仓库的移动式围堵行动；随后在工党内战中，他又与金诺克发生了冲突。从下面这段与威尔士矿工领袖戴·弗朗西斯（Dai Francis）的对话中，就能领略到他那兼具质朴与睿智的独特革命者气质。当时，他正请求弗朗西斯带领威尔士矿工前来伯明翰，支援在煤炭仓库的移动式围堵行动。弗朗西斯问道，需要什么时候赶到。斯卡吉尔答道："明天，周六。"弗朗西斯顿了顿，说道："可是，那天威尔士英式橄榄球队要在加的夫武器公园球场对阵苏格兰队啊。"

片刻的沉寂之后,斯卡吉尔回复道:"可是,戴,工人阶级要在索尔特利对阵统治阶级啊。"[1]

许多人认为斯卡吉尔令人振奋,还有许多人认为他令人畏惧。他曾是英国青年共产主义联盟的一员,一直持有强烈的马克思主义观点,并且习惯于把所有同自己有分歧的人都称为叛徒。有人认为位于巴恩斯利的全国矿工联合会总部里弥漫着妄自尊大的氛围,人们已经开始把这里称作"阿瑟的城堡"。当时的英国共产党员、日后的新工党大臣金·豪厄尔斯(Kim Howells)曾前往全国矿工联合会总部拜访他,却惊讶地发现斯卡吉尔"坐在一张墨索里尼风格的办公桌旁,桌子前方有很大一片空间";在他身后则是一张巨幅画像,画面中的斯卡吉尔站在一辆货车后部,摆出列宁般的姿势,敦促正发起围堵行动的伦敦工人推翻统治阶级。豪厄尔斯心想,只有疯子才会悬挂这样一幅画像,并在返回威尔士后向当地矿工表达了自己的担忧。"当然了,南威尔士领导层几乎一致赞同我的意见。但他们随后又表示:'孩子,你知道吗?我们只有他这么一位人物。这是左派的决定。'"[2]

斯卡吉尔的确是以巨大优势当选全国矿工联合会主席的,他还将一度温和的领导层改造成了可靠而富有战斗精神的团体。他的副手米克·麦加希是一名来自苏格兰的老牌英国共产党员,他尽管比斯卡吉尔更加睿智,但绝非温和派;总书记彼得·希思菲尔德(Peter Heathfield)在工会中同样居于左翼。一段时间以来,斯卡吉尔的言辞已变得愈发强硬。他不断表示,"我们的成员迟早都将起来战斗",斗

---

[1] 引自 Patrick Hannan, *When Arthur Met Maggie,* Seren, 2006。
[2] 同上。

争的目标不仅仅是工资这一传统问题，更关系到英国煤炭行业的未来。他在 1982 年的全国矿工联合会大会上表示："如果我们不能保住矿井，避免其被关闭，那么其他斗争都将毫无意义……保护煤炭行业是我的当务之急，因为一旦失去了工作岗位，那么我们的其他要求也就不再具备实质内容，仅仅沦为幻影。没有工作的话，我们的成员就什么都不是……"考虑到罢工的结果对全国矿工联合会成员的工作造成的影响，这些话语平添了几分黑色讽刺的意味。斯卡吉尔一口咬定，即使煤炭已经耗尽，也不应该以经济效益为由关闭任何一个矿井。因为在他看来，只要加大投资，就能发现更多煤矿，更何况经济损失压根儿不重要。事已至此，冲突已经不可避免。假如领导全国矿工联合会的不是机智且令人激动的斯卡吉尔，而是过去那些支支吾吾、令人沮丧的庸人，那么英国的煤炭行业还不至于如此迅速地消亡。

批准罢工行动的那次投票涵盖了薪酬和矿井关闭这两大问题，但从一开始，斯卡吉尔强调的就是后者。为了保护工作岗位而罢工，尤其意图保护的还是他人的工作岗位，是他人村庄与郡县里的矿井，这赋予了这场冲突高尚与牺牲的色彩，是单纯的薪酬之争不可能具备的。新任工党党魁、威尔士矿工之子与矿工之孙金诺克尽管愈发厌恶斯卡吉尔，却发现自己无法做到直截了当地对罢工者的目标加以谴责。我们将看到，金诺克会为此付出巨大代价。说起话来热情洋溢的斯卡吉尔是一名令人敬畏、与金诺克不相上下的组织者与演说者。然而，就连他也无法说服所有人都支持罢工。早先的投票结果显示，反对罢工者一直占据着多数。在诺丁汉郡，3.2 万名矿工中有 72% 都投票反对罢工；煤田面积较小的南德比郡和莱斯特郡同样反对罢工；即使在南威尔士，全国矿工联合会成员中也有半数不支持罢工。总而言之，在冲突爆发前参与投票的 7 万名矿工里，共有 5 万人支持继续工作。这一背景对于理解后续事态的发展至关重要。斯卡吉尔感到自己无法在全国性罢工投票中胜出，于是便决定一个煤田接一个煤田地发动一系列地方性罢工，先是约克郡、苏格兰，再是德比郡、南威尔士。此类罢工只要全国工会批准即可发动。斯卡吉尔采取的是"多米诺骨牌"战略：一场接一场的地方性罢工叠加起来，就相当于一场全国性罢工，同时还可以绕开投票。

但斯卡吉尔还得确保"多米诺骨牌"会倒下。他发动更加富有战斗精神的矿工前往较温和的地区，对当地的矿井进行围堵。愤怒的矿工乘坐马车或汽车抵达仍在作业的矿井和煤炭仓库，令这些煤炭经济的中枢陷于瘫痪。起初，围堵者不需要采取暴力手段，便可实现自己的目的。若非此类围堵行动，加入罢工的矿井数量会少得多。但到了1984年4月，随着肢体冲突的场景在全国各地都层出不穷，罢工者的比例也已经达到了80%。然而令斯卡吉尔惊恐的是，其他工会拒绝出于对矿工的同情也加入罢工行列，这令他重演1926年总罢工的愿望化为泡影。显而易见的是，全国矿工联合会还犯下了其他重大错误。矿工背景出身的人中，对斯卡吉尔为何选择在能源需求相对较低的春天发动罢工感到困惑不已的不只金诺克一位。来自发电厂工人的机密情报证实，发电厂的煤炭库存并不像全国矿工联合会希望的那样紧缺，因此政府显然能够撑过这场危机。矿工与准备充分、配有防暴装备的警察发生了大规模冲突，这些警察通常是从伦敦北上或从苏格兰南下，又或是从约克郡调往肯特、从威尔士调往约克郡，总之是被调离了家乡，以免他们的忠诚发生动摇。英格兰内战时期的各种场景仿佛又重现了。咄咄逼人的围堵行动成了此次罢工的标志。地区之间的宿怨被重新点燃：兰开夏对抗约克郡，南威尔士矿工对抗诺丁汉郡矿工。

事实上，诺丁汉郡矿工的确起到了至关重要的作用。如果缺少了他们提供的煤炭，那么即使早已积累了大量储备，再加上核能与石油作为补充，发电厂也终将难以为继，政府也将陷入巨大的麻烦。凭借马匹、警棍以及从此前数年的街头暴动中习得的技能，警方捍卫了当地继续工作的矿工，其态度之坚决令政府十分高兴，令其他许多人深感不安。发生在南约克郡奥格里夫煤矿的争斗格外残酷。随着罢工继续进行，警方的凶悍行为导致罢工者也变得愈发暴力。全国各地的城镇和村庄对工会的忠诚近乎疯狂。为了这项团结一致的事业，矿工们捐出汽车，变卖家具，眼看着孩子们受苦，并失去了自己拥有的一切。装有食物的包裹从英国其他地方、法国乃至苏联寄来。矿工社群展现出了其他人难以理解的勇气与无私精神。同一枚硬币的另一面则是变得丑陋的不顾一切求胜的心情。在威尔士，搭载一名未参与罢工的矿工前去上班的出租车遭到水泥石块袭击，司机因此遇难；破坏罢工者及其家人受到了凶狠的威胁；当和蔼可亲的工会大会总书记诺曼·威利斯（Norman Willis）在一场矿工集会上发言时，他的脑袋上方被挂上了一条绳索。

通过晚间新闻，千家万户都收看到了此类暴行。最终，抱怨自己被剥夺了就罢工与否进行投票机会的约克郡矿工采取了法律手段，这使得全国矿工联合会陷入不利的境地。接受利比亚资金的决定也使得斯卡吉尔跌下了先前的道德制高点，不过也有人认为这其实是安全部门设下的圈套，目的在于败坏全国矿工联合会领导层的名声。正如加尔铁里一样，撒切尔的敌人再次助了她一臂之力。罢工的势头渐渐减弱了，矿工也开始返回工作岗位，先是十来人，随后是成百上千人。这一过程中仍波折不断：码头工人差点发动罢工；矿井安全员和监察员原本投票支持罢工，这本可使仍在作业的矿井也陷入瘫痪，但这些人很快便被收买了；地方法院工作负荷太重，顾不上控告罢工者。然而，当这场罢工进入第10个月，也就是到了1985年1月，每周已有多达2 500名矿工返回工作岗位；2月底，已有半数全国矿工联合会成员结束了罢工。有些人是在军乐队引领下流着泪返回的。

斯卡吉尔的冒险之举遭遇了灾难性的失败，他被比作"一战"期间那名将英勇的士兵带上毁灭之路的无能将军。这样的比较的确有些道理。10年前，矿工曾战胜了准备不足的希思政府；但当时的对手与他们在1984年需要抗衡的政治势力完全不可同日而语。更加老练、不具有革命性的领导人不会选择在此时发起战斗；退一步说，即使开战，他也会在不久之后便达成妥协。当年共有20万名矿工参与罢工，如今英国的矿工却只剩下了寥寥几千名。斯卡吉尔仍在担任某个国际矿工联合会的官员，因为英国国内已经没有多少矿工可供他领导了。他或许曾梦想过，革命成功之后，人们将为他竖起雕像。如今，或许只有环保人士出于讽刺之情，才会愿意这么做了吧。这个可追溯至中世纪，令英国成为工业化强国，但一向危险、肮脏、污染环境的行业，就这样消亡了。对保守党来说，事实上是对大多数人来说，斯卡吉尔等人是在对抗议会民主制，他们是务必击败的敌人。但肯特、德比郡、法夫、约克郡、威尔士和兰开夏的矿工绝不是任何人的敌人，只是极其勤奋、担心失去工作岗位、对狂热且无能的领导人过于忠诚的普通人。


# 直升机之争


重大的争斗一定关乎重大问题——这可谓政坛的一条金科玉律。表面上看，1984—1985年冬爆发的韦斯特兰直升机公司危机的起因似乎十分愚蠢：应该由谁来接管一家正苦苦挣扎的西南部直升机制造商？是由数家欧洲航空器制造商组成的财团，还是一家与意大利人有合作关系的美国防务公司？谁会在意这种事情呢？毕竟，这可是一届以不干涉工业领域细节问题为荣的政府啊。然而，关于一家总部位于约维尔的直升机制造商命运的这起争斗却导致两名内阁大臣丢掉了工作，并一度令撒切尔怀疑自己能否渡过这场危机。争斗的双方一边是撒切尔，一边是她的政府中唯一一位真正具有魅力而且头发和她一样浓密的人物。这起风波主宰了政坛长达数月时间。自1903年以来，首次有人在内阁会议时愤而离席，进而辞职。这也是有史以来唯一一次心血来潮的辞职。那么，这起争斗究竟是为了什么呢？

尽管还要再等上5年，但在韦斯特兰公司引发的这场小型风暴中暴露出来的诸多弱点，最终将摧毁撒切尔政府。其中之一是保守党内对于英国的世界地位问题的分歧。20世纪80年代中期，直升机已经成为相当重要的国防装备。西方要想把兵力投射到索马里、波黑和伊拉克等遥远的地方，直升机是必不可少的，它能够携枪炮翻山越岭，相当于新式的"流动战舰"。因此，成为某国的直升机供应商，就拥有了对该国的巨大影响力。美国的西科斯基飞机公司是黑鹰直升机的制造商，其母公司联合技术公司想要部分掌控英国的国防工业。在福克兰战争期间曾出了一大把力的美国国务卿黑格，现在又和自己的老伙伴站到了一起，他以"还人情债"为由，希望英国接受这家美国公司的报价。撒切尔表面上保持中立，不过或许仅仅出于进一步巩固英美联盟的考虑，她也会更加青睐美国公司。但另一方面，欧洲财团的支持者则感到，欧洲在国防技术领域必须保持独立。赫塞尔廷及其商界盟友都认为，这一点对于保住工作岗位以及前沿科学基地都至关重要，不能让美国规定欧洲国防装备的价格与条款。于是，这就成了一个关系到英国应该与谁为伍的问题：是美国优先，还是欧洲优先？在80年代，这一分歧将变得愈发严重，直到在90年代导致保守党四分五裂。

韦斯特兰事件所暴露的另一问题同样重要，那就是撒切尔的统治风格。与此前历任首相相比，她的行事风格都更接近于一位总统，也更加鄙视自己的内阁。我们曾提到她是如何打发掉那些曾质疑其经济政策的"湿"派分子的。她同样也会怒斥、嘲讽和恫吓与自己身处同一阵营的大臣。杰弗里·豪尤其成了她恶言相向的对象。讽刺木偶剧《一模一样》为撒切尔人偶穿上了长裤，剧中一段她与大臣们共进午餐的场景生动地反映了人们对她的印象。撒切尔点了一道牛肉。侍者问道："要些什么蔬菜呢？"[1]撒切尔人偶龇牙咧嘴地咆哮道："他们也要同样的。"在更加严肃的现实世界中，她愈发频繁地通过小型委员会或是每次只与一名大臣对话的双边会谈来处理事务，以确保自己占据近乎绝对的支配地位。一小群顾问的重要性盖过了那些有着宏大办公室与显赫头衔的大臣。在她下台前不久，时任财政大臣劳森表示，撒切尔看重私人经济顾问阿兰·沃尔特斯胜过自己。执政期间，她一直在借助深受自己喜爱的新闻官伯纳德·英厄姆（Bernard Ingham）打压异己，通过当时匿名的面向威斯敏斯特记者的游说体系散布消息。

撒切尔在回忆录中将赫塞尔廷刻画为一个自负、怀有野心、毫无原则、无视内阁职责的人物。在她看来，韦斯特兰危机完全是赫塞尔廷的心理缺陷造成的。英厄姆则在回忆录中激烈地为自己辩护，表示自己向记者发布的信息并无不妥。然而，有太多人认为撒切尔的核心圈子更像是文艺复兴时期的宫廷，而不是正常情况下的内阁：这里充斥着许多撒切尔的亲信，而且所有人都务必绝对忠诚于她。这样的统治风格日后还将重创新工党，而在此之前，它已经摧毁了撒切尔。但在80年代中期，这还是全新的现象。位于接收端的大臣们固然遭受了差辱，但这样的方

---

[1] 英文为"What about the vegetables"，也可理解为"那些植物人要点些什么呢"。——译者注

式倒也能令人感到新鲜。不过，如果说有哪位大臣不甘于长期忍受这种待遇的话，那一定是赫塞尔廷。在撒切尔的鼎盛时期，这位保守党党内宠儿和媒体明星是她唯一的劲敌。英俊、富有、魅力非凡、口才出色的他绰号为"泰山"。保守党议员、赫塞尔廷的朋友及传记作者朱利安·克里奇利（Julian Critchley）回忆道，还在牛津大学读书时，赫塞尔廷就在信封的背面勾勒出了未来的生涯轨迹：赚一大笔钱，结一门好婚事，进入议会，最后"在90年代成为首相"。尽管赫塞尔廷表示自己不记得此事，但这的确很符合他的性格。年轻时，他投身于房地产投资及杂志出版等60年代十分流行的生意。濒临破产的他直到将财产都交由银行经理打点，才慢慢地实现扭亏为盈。有一次在下议院里，当钢铁行业国有化的问题引发争执后，这名激烈的反社会主义者举起象征着议会权威的权杖，冲着工党议员坐席挥舞起来，从此以后便获得了急性子的名声。他在保守党大会上发表的演说就如同歌舞表演一般华丽，满是甩动金发、以拳击掌的夸张动作，以及令人忍俊不禁的咒骂之词。赫塞尔廷有着近乎坎普风格的雄性气概。身着军装与格里纳姆公地的核裁军运动女性示威者对峙，以及前文曾提到的突然造访默西赛德郡之举，都令他名声大噪。作为一名喜欢激烈抨击工党的商界老手，他很难被认为是典型的"湿"派人物，在很多问题上他也的确与撒切尔有着一致的看法。但与撒切尔相比，他的反种族主义立场更加坚定，并且十分支持欧共体。撒切尔一直把他视为危险的劲敌。早在韦斯特兰事件之前许久，80年代保守党内两只最凶猛的野兽就早已恶狠狠地盯着对方，默默地摩拳擦掌了。

　　分别代表求购韦斯特兰公司的两大报价方，两人开战了。赫塞尔廷利用身为国防大臣的巨大影响力，警告韦斯特兰的股东，若接受美国人的报价则可能被拒于欧洲市场门外。对此，撒切尔感到极为愤怒。她认为赫塞尔廷是在故意与韦斯特兰更加青睐的西科斯基飞机公司作对。的确，赫塞尔廷曾多次表示国防部将不会采购该公司的黑鹰直升机，并曾大力支持欧洲财团。此时，撒切尔在公开场合表示自己在意的只是股东的利益，私下里却努力确保美国人在竞争中保持领先地位。终于，她就赫塞尔廷是否行为失当咨询了副检察长，不利于赫赛尔廷的私下回复随后被泄露给了媒体。赫塞尔廷大为光火，他怀疑这一过分的举动出自撒切尔和英厄姆之手，要求就此展开全面调查。在一场内阁会议上，撒切尔发起了反击，命令未来一切与韦斯特兰相关的声明都必须先经过唐宁街 10 号审核，试图以此降服赫塞尔廷。听到这番话之后，赫塞尔廷平静地站起身来，宣布自己只能选择离开政府。他走出门外，向在场的唯一一名目瞪口呆的记者表示，自己刚刚辞职了。

这样一来，至关重要的问题就在于：究竟是谁以具有误导性的方式，挑选了副检察长法律意见的部分内容，将其泄露给了媒体，以打击赫塞尔廷及其支持的欧洲财团。泄露私人意见违反了白厅关于保密、公正和集体负责的规定。泄密行为的执行者是一名级别较低的公务员、贸易大臣利昂·布里坦的信息主管科莉特·鲍（Colette Bowe）。但她又是奉了谁的命令呢？许多人认为是她的上司、唐宁街 10 号新闻主管英厄姆，但英厄姆对此矢口否认。他表示自己知道科莉特·鲍将泄密，但并未制止她，对此深感懊悔；但泄密的主意并非来自他本人或是撒切尔。撒切尔则表示对此毫不知情，倘若知情一定会制止。但这些都不重要。真正重要的是，正值巅峰期的撒切尔险些因此下台。在激烈的下议院质询期间，她似乎难逃向议会撒谎的罪名，但最终还是渡过了难关。后来，布里坦因涉及另一封机密信件的相对并不严重的过失丢掉了工作。未能如愿斩获撒切尔这一光彩照人战利品的反对党把他称为"替罪羊"。

这场政治争斗之后，各方对韦斯特兰公司控制权的争夺仍在酒店房间和金融城会议室里继续上演，这段过程更加肮脏，甚至更富戏剧性。鲁珀特·默多克（Rupert Murdoch）等撒切尔在商界的重要支持者纷纷介入，表示支持美国公司。最终，在对政府施压和玩弄阴谋诡计的指控声中，欧洲财团落败了，西科斯基获得了韦斯特兰的控制权。风波渐渐平息了，但撒切尔式统治风格会导致的代价已暴露无遗。在与外国独裁者和好斗的工会领袖对峙时毫不让步是一回事，用同样的态度对待本党的资深政客又是另一回事了。赫塞尔廷后来写道："我见证过许多好人被唐宁街这架机器摧毁。我也见识过许多人格暗杀的手段，例如一点一点地向公众散布精心编排、毫无根据的故事，造成这样的印象——某些同事变成了'不合群'或'离心离德'的人物。"撒切尔统治方式的长处在于，她的极度自信令其政府乃至整个国家产生了明确的方向感；弱点则在于，她将太多人排除在外，无视他人建议，凡是她认为并非无条件支持者的人，都会遭到羞辱。

## "金融大爆炸"

薪水与红利极为丰厚，满是刚刚拔地而起的玻璃外墙高楼，世界各地的银行与商业机构云集于此——这就是伦敦金融城。人们对这一切已如此熟悉，认为它就像侏罗纪海岸一样，从来如此。然而在 20 世纪 50 年代，旁观者可没有理由相信，冷清的伦敦证券交易所和那些"年高德劭"的投资银行会在世界舞台上取得成功，以有着多种美妙车型和驰名品牌的汽车行业为代表的诸多工业部门则会彻底凋零。金融城此前的光辉岁月还要追溯到"一战"之前金融市场亢奋之时：彼时英镑仍是占据主导地位的世界货币，贷款与债券在全世界自由流动，英国是强大的债权国。"二战"之后的情况则是这样：英镑几乎一刻不停地处于压力之下，美元成了世界的主宰，战后的外汇管制措施使得大型海外交易不再可能，英国沦为负债累累的债务国。

"一战"之前金融界的那些传统虽已凋敝，但仍保留了下来：令人费解的等级次序，圆顶硬礼帽，"掮客"（其交易对象是公众）与"股票批发商"（其交易对象仅限于股票经纪人）之间的严格区分，用煤火烹制的漫长午餐，以及诞生于维多利亚时期、镌刻在铭牌上、挺立于被炸毁的各个广场之间的富有异域风情的公司名称。然而，战后的金融城已不再是冒险家的乐园。在麦克米伦及威尔逊时代，金融界的显贵被迫专注于国内的小生意以及正在解体的帝国内部的小型交易。他们偶尔会不疾不徐地前往英格兰银行，拜见自己的主人，请求放松监管，但总是无功而返。杂志和电影仍乐于刻画一手持伞、头戴圆顶硬礼帽、神色轻快的年轻银行家形象；但事实上，这"一平方英里"①正在沦为历史遗迹，这些衰落的公司已变得如同牛津郡的帕拉第奥式宅邸一般：有着显赫姓氏、脾气暴躁的住户在屋里冷得直跺脚，心中则怀着对祖辈的愧疚之情。或许，这就是不可避免的趋势？历史上，只有商业及政治强权才可能拥有金融影响力。英国的虚弱也就意味着英镑和金融城的虚弱。在 40 年代到 60 年代这一美元的黄金时期，就如同美国舰队显然将取代英国皇家海军的海上霸主地位一样，纽约显然也将取代伦敦，成为新的金融中心。

这样的情况之所以并未成真，原因在于杰出的英国金融家充分利用了某些远离伦敦的人物的猜疑与误判。在冷战高峰期，莫斯科及其卫星国不愿将自己的美元交给邪恶的纽约资本家打理，于是，这笔资金就

---

① 代指金融城，因其面积大约为一平方英里。——译者注

落到了（似乎没那么邪恶的）伦敦金融家手中。从 1957 年起，数家颇有先见之明的英国银行将这笔美元用于在渴求资本的战后世界拓展海外贸易。如果你没法用本国的英镑为世界提供资金，那么为什么不动用别人的美元呢？曾有人听到伦敦–南美银行行长乔治·博尔顿（George Bolton）在俱乐部和会议室里大声质问：既然有此专长，伦敦为何不走进全球资本主义的新时代？不过，伦敦重获新生还要归功于纽约。自"二战"以来，通过向其他国家及海外投资者放贷，美国银行家能够轻而易举地获利。懒散的他们对二级市场并不感兴趣。60 年代初，美国的国际收支赤字急剧增加，令华盛顿方面转而反对向海外客户发放贷款。1963 年，美国总统肯尼迪开始对从外国人手中购买外国股票的美国人征税，此举令华尔街雪上加霜。在纽约退出方兴未艾的国际金融业务之后，伦敦便得以乘虚而入了。

关于首笔"欧洲美元"（Eurodollar）贷款的谈判于 1963 年展开，交易双方一边是英国投资银行沃伯格银行和塞缪尔·蒙塔古（Samuel Montagu）银行，另一边是比利时政府以及一家意大利国有钢铁公司。为了避开英国的管制与税收，交易是在荷兰的斯希普霍尔机场以及卢森堡进行的。沃伯格银行跨越了无数障碍，最终却发现无人能够印制符合伦敦证券交易所制定于战前的高标准的债券。最后关头，纸牌制造商德拉鲁公司终于找到了两位十分年长、早已退休的雕刻师，请他们出山完成了这份工作。[①] 此后不久，汉布罗斯银行为挪威的水电项目提供了美元贷款，数家投资银行也为奥地利政府提供了贷款，再往后是为日本人提供的一连串贷款。突然之间，一个全新的世界向破旧的金融城敞开了

---

① 此处以及前文中的信息均来自戴维·基纳斯顿（David Kynaston）叙述伦敦金融城历史的精彩之作的第 4 卷。*A Club No More, 1945–2000*, Chatto & Windus, 2001.

大门。横跨阿尔卑斯山的管道、美国的炼油厂和勘探设备、日本的办公楼、初代电脑工厂——就如同爱德华时代一样，诸多项目的资金全都来自伦敦。当海外银行家觉察到这一动向之后，也纷纷迁往伦敦，以求分得一杯羹。欧洲银行此前便已光临伦敦，如今东京的四大金融机构和华尔街的大牌公司也都在伦敦设立了办事处。花旗银行、大通曼哈顿银行、美林公司和野村公司均进驻伦敦，既从事英国传统业务，也涉足"欧洲美元"市场。"欧洲美元"和"国际债券"（Eurobond）市场对金融城的文化，乃至对整个英国商界的影响，怎么强调都不过分。自60年代初起，这些市场便开始震撼伦敦，令其变得国际化，导致人们更加咄咄逼人，让薪水变得更加丰厚，并弱化了过去那种校友关系的重要性。诚然，威尔逊曾对这些阴险的国际金融家颇有微词，传统的证券交易商和老牌银行也会对不道德的交易与行为指指点点，但1974年的股市暴跌和阿拉伯世界对犹太公司的抵制都无法阻止这些市场继续蓬勃发展。"狂野西部"那种"敢作敢为""鬼才在乎"的气质再度出现在古老的伦敦街头。

但这种气质仅限于侧街，大多数投资者依然受到限制。于撒切尔时代担任伦敦证券交易所主席的尼古拉斯·古迪森（Nicholas Goodison）这样回顾70年代末的氛围："外汇管制依旧存在，工党政府试图控制一切。资本无法自由流动。英国人不得将资本带到国外。除非财政部特许，英国机构不得向海外投资……这是一个被隔绝开来的市场。"①1979年10月23日，杰弗里·豪令人震惊地宣布废除外汇管制措施，就此终结了这种局面。与撒切尔日后的说法不同，她当时对于这一冒险之举摇摆不定、犹豫不决；杰弗里·豪则将之比作跳下悬崖，看看会发生些

---

① 见书中采访。David Kynaston, *A Club No More, 1945–2000*, Chatto & Windus, 2001.

什么；银行家也注意到政府对于这场革命并无规划；托尼·本则表示，这表明国际资本主义终于挫败了民主制。显而易见的是，废除外汇管制措施之后，"金融老城"的核心区域也将迎来"欧洲美元"做市商在侧街已经掀起的那场文化革命。安东尼·吉布斯（Antony Gibbs）银行和凯泽·厄尔曼（Keyser Ullman）银行等规模较小的投资银行已经在慢慢走向衰亡；就连克兰沃特·本森（Kleinwort Benson）银行等伦敦的大型投资银行，利润也仅为来自日本的野村公司的十分之一、来自华尔街的美林公司的七分之一。突然之间，金融城中惊慌失措的传统势力不得不面对这样的选择：要么向规模更大的外国伙伴寻求保护，要么独自苦苦求生。

1982 年，在以五颜六色的夹克和嘈杂的叫卖声为标志的伦敦国际金融期货交易所里，出现了另一项来自美国的金融业务。人们在皇家交易所这座金融城的老建筑里，就商品及货币的未来价值投下高风险的赌注。在其优雅的外壳之内，洋溢着的气氛与芝加哥几乎一模一样，当时目瞪口呆的观察者将之比作没有教养的赌场。伦敦国际金融期货交易所令许多交易者获利颇丰，这些成为 80 年代标志性人物的高声叫卖的"小贩"，依靠烈酒、可卡因和对失败的恐惧情绪振奋自己，许多人 30 岁出头便已退休，虽筋疲力尽但极其富有。这里还见证了许多破碎的美梦：正是在衍生品市场上，昔日金融城中最显赫的名字之一、古老的巴林银行损失惨重，最终破产。金融城面临的另一个问题是："掮客"与"股票批发商"之间的传统区分还能维持多久？这被视为一项保护公众的关键壁垒，其之于金融城的重要性，就相当于出庭律师与事务律师的区分之于英格兰法律体系的重要性。但在此类新兴市场上，这样的区分几乎不存在。

1983 年大选之后新上任的财政大臣、前金融记者劳森和新任贸易大臣塞西尔·帕金森决定与愈发显得老旧的伦敦证券交易所达成一项协议。公平交易局的指控使得伦敦证券交易所正深陷旷日持久的司法麻烦之中。大臣们承诺，只要伦敦证券交易所推行改革，就撤销指控。这一改革成了放松对金融城的监管、成就"金融大爆炸"的最后一步，堪称撒切尔时代最重大的变革之一，足以与对抗工会以及推行私有化相提并论。1983—1984 年的金融城就如同城镇里一条古老的商业街，街上开满了历史悠久、专营某种商品的店铺：鱼店、布店、"邦恩先生"面包房、值得信赖的"马尼拉小姐"邮局，等等。就在此时，一家巨大的全新购物中心在城郊开张了。购物中心里的"超市"就是各大国际金融公司以及业务遍及全球的银行，它们提供的金融服务无所不包。大通曼哈顿银行和美林公司就如同金融界的乐购超市和沃尔玛；金融城里的老牌公司则如同商业街上的店铺，规模小、专于一行，其实力完全不足以与前者竞争。这些公司该怎么办呢？有些执拗地选择坚持，希望其名声、专长及由来已久的顾客基础能够帮助自己渡过难关；有的与"超市"进行协商，试图在对方的地盘上获取一席之地，以继续营业；还有的则手忙脚乱地进行合并，打造出更新、更大的"零售商店"。

当旧规则的废除已成定局时，金融城里的动静就是这样。在1983—1984 年的冬天，掮客、股票批发商和银行家开始结成防御联盟，参与者的数量之多史无前例。老牌投资银行开始与美国的银行巨头对话。许多古老的名字要么消失了，要么融入了新的首字母缩写中。在罗思柴尔德银行和巴林银行等家族企业，子孙、兄弟间意见的不一致引发了内斗。街头也回响着文化冲突的声音：板球和棒球就同一块场地展开了争夺。交易规模较小、风险较高的公司的股票市场（未上市证券交易市场）的设立，以及在伦敦证券交易所上市的 100 家最大公司的股票综合指数（富时 100 指数）的创建，使得金融界充斥着变革的情绪，乐观的态度和十足的干劲贯穿了整个 1984 年。许多人注意到，这与同一时期漫长的罢工影响下煤炭行业的破败形成了鲜明对比。在金融城的各地,崭新、宽敞、明亮的交易厅纷纷落成,摆满了电脑,点缀着玻璃与大理石,四周重新悬挂起了爱德华时代那些德高望重的犹太长者的画像。作为旧体制存在基础的最低佣金制度一夜之间便不复存在。局外人终于进入了伦敦证券交易所这座"圣殿中的圣殿"。

在 1986 年 10 月 27 日那天,伦敦证券交易所也变得面目全非,不再是从前那个机构了。全新的证券交易所自动报价系统终于投入使用,这一刻往往被视为"金融大爆炸"发生的确切时间。数月之后,曾经人山人海的伦敦证券交易所大厅已是门可罗雀;如今,只要通过电脑和电话就能完成交易。丑闻、震荡、崩盘仍将发生,但进入 1987 年春夏之后,显然人们已不可能回到多年前那条遍布着狭小但舒适、专营某种业务、崇尚传统的店铺的"商业街"了。20 年后的今天,曾经需要耗费一刻钟或更长时间的股票交易,只需几秒钟即可完成;开市时间比过去早了两个半小时,闭市时间也晚了好几个小时;成交量比 80 年代初高了 15倍;英国的金融服务出口额从"大爆炸"之前的每年 20 亿英镑增加到了每年 240 亿英镑。金融城支撑着英国的整个海外账户,却只有 33 万人在此工作。[1] 诚然,金融城将超级富豪阶层带到了英国,其每年都会见诸报端的丰厚薪水和令人瞠目结舌的年度分红令相当多的中产阶级人士感到不爽,并使得主治医师、刑事律师、校长和外交官相形见绌,无法买到更优美、地段更佳、更有名望的住宅。但事实上,倘若"金融大爆炸"不曾发生,那么英国的财政状况会糟糕得多。

对上百万不甚了解金融的普通英国人而言,通过贷款来购买住房则是一项同样惊人的变革。直到 80 年代初,大多数人的按揭经历仍仅限

---

[1] Jill Treanor, *Guardian*, 27 October 2006.

于面对房屋互助协会提出的一连串疑心重重的问题，接下来是漫长的等待，最终获得一笔成本固定的按揭。因为贷款实行的是配给制，金额由房屋互助协会联合会确定。通常而言，这笔资金来源于房屋互助协会成员存款的低成本贷款，金额不会超过按揭申请人年收入的 2.5 倍。然而到了 1983 年，随着普通清算银行强势侵占住房按揭业务，这一体制也开始渐渐消亡。美国及其他抵押放贷者能够给出更加优越的条件。劳森日后写道，这一切都发生于放松监管之后的全新环境中，此时"直接控制信贷已不可能，仅有的制约因素一是信贷的价格，这一点是政府依然能够控制的（如今，这一点政府也无法做到了）；一是审慎的心态，这一点是政府无法控制的"。房屋互助协会则感到自己为不公正的旧规则所困。作为回应，劳森于三年之后赋予了它们在资本市场上筹措资金、发行支票簿与支票担保卡，以及发放其他种类贷款的自由——也就是说，它们可以像银行一样行事。劳森还允许房屋互助协会在获得足够数量的成员同意之后，转制为银行。这样的情况很快便发生了，"阿比国民"成了首个转制的房屋互助协会。

如此一来，抑制抵押放贷的阻力便消失了，旧的权力关系颠倒过来。从前的情况是，借款人跟跟跄跄地前往当地的房屋互助协会，耐心地克服诸多障碍，最终才能赢得一笔按揭贷款。此时，房屋互助协会和银行开始讨好民众，纷纷抢着将信贷塞给他们。广告和垃圾邮件不断地劝诱人们贷更多款，从一家银行"叛逃"至另一家，延长按揭时限而非将其还清。关于贷款金额与年收入比例的旧规则失效了，有时候 4 倍于年收入的贷款金额也能被接受。住房价格也相应地开始上涨。如今，英国的平均住房价格已经直逼国民平均年收入的 5 倍。

许多时候，银行和房屋互助协会所发放的贷款金额已超过了贷款者所购住房的总价。额外的金钱使得商业街上的挥霍行为变本加厉。过去那套检查贷款者真实财务状况的制度也消失了。1986—1988 年，一股借贷狂潮席卷了英国，财政大臣和首相关于英国经济奇迹的夸夸其谈更是起到了推波助澜的作用。在按揭贷款税收减免即将取消之际，银行赶在最后期限之前又发放了大量贷款。就连并不自谦的劳森也不得不承认这样的批评在理："我在财政大臣任上的最大错误在于营造了一种乐观情绪，最终导致借贷者过度借贷，放贷者过度放贷。"这一切都将以崩溃和泪水告终，并在多年之后被戈登·布朗当作保守党"先繁荣后崩溃"（boom and bust）政策的明证。然而，之所以会产生这种后果，原因在于管理金融城及日常生活的那一套规章被断然打破了，这一决定或许永远地改变了英国。上百万人为之欣喜若狂。这就如同第一次喝得酩酊大醉的感觉一样。

"金融大爆炸"其实只是漫长过程中的一个瞬间。这一过程的根源在于 60 年代的"欧洲美元"市场，杰弗里·豪废除外汇管制之举起到了巨大的助推作用，随后的步骤则是放松对放贷的监管。这意味着，英国在历史上第一次，并且也是完全心甘情愿地放弃了对在本土发生的金融交易的控制权，仅仅保留了中立监管者的身份。国家机构不再能够控制信贷，金融城则赢得了大笔国际金融业务，从世界上那些规模最大的交易中赚取利润。若非如此，这些交易就可能落入柏林、东京，或是纽约之手，最后一个的可能性更大。金融不再受到控制，也不再仅限于一国之内，这还意味着英国制造业彻底丧失了像德国和法国同行那样享受到长期银行议定书的希望。在 70 年代，剥离资产，即收购公司、将其分解为各个部件然后出售，成了英国商界一个颇具争议的习惯。80 年代的金融革命保证了这种行为还将继续下去。在全新的环境中，昔日的各种关系或是长期规划都已不再有立足之地。

就政治而言，解放金融城使得撒切尔及其大臣赢得了那些富有、善辩之士的绝对忠诚，他们将多次助她渡过难关。在私有化期间，罗思柴尔德等银行将向数百万英国人描绘"快速致富"的前景；一时间，英国也将变得更像是撒切尔梦寐以求的"持股式"民主制国家。但所有这些都需要付出代价。喜剧演员哈里·恩菲尔德（Harry Enfield）大加讽刺的这段"有的是钱"（loadsamoney）的岁月实在是粗俗不堪、自鸣得意；崇尚过剩与炫富的文化则会从金融城渗透到整个伦敦，再到周边各郡，直到英格兰南部的大多数地方。在一位大体而言对 80 年代中期的金融城有着积极评价的观察者看来，这种过于亢奋的情绪仍不免令人感到担忧："在贪婪驱使下的狂热行为，不断地拉低可接受行为的标准。在某些方面，这一短暂、热烈的阶段是 20 年代末的重演，只是这一次更加粗俗。"①

# 私有化年代

许多人相信，撒切尔政府原本并不打算推行大规模私有化，只是偶然"撞见"了这样一条通过抛售国有资产来筹集资金的捷径。果真如此的话，这可真是惊人的一"撞"啊！10 年间，政府通过出售土地和企业共募得 290 亿英镑，通过向租户出售 124 万套市政住房，又募得 180 亿英镑。用于做饭和取暖的燃气，来自北海的石油，载人出差或旅行的飞机，飞机停靠的机场，用于通信的电话和电话线，汽车、发动机、钢铁，为英国人带来洗澡水和茶水的水管及过滤系统——在英国历史上规模最

---

① David Kynaston, *A Club No More, 1945–2000*, Chatto & Windus, 2001.

大的从国家机构到私人公司及个人的资产转移过程中，所有这些都将受到影响。截至 1992 年大选之时，共有员工总数达 90 万人的 46 家公共部门企业被出售。认为此事纯属偶然，是不正确的。从 20 世纪 70 年代中期开始，保守党便承诺要将市政住房出售给租户。将国有企业私有化的主张在 1979 年的竞选宣言中之所以未占据显眼的位置，原因仅仅在于保守党的相关计划尚不成熟，而且其领导层不希望因此吓跑选民；但右翼对私有化的讨论早就展开了。在发布首份预算时，杰弗里·豪便表示希望缩减公共部门的规模："有大笔资产可供出售"，这是"我们长期纲领中必不可少的一部分"。

事态的发展的确如此。一位颇具影响力的研究撒切尔年代的经济问题作家曾表示，创造出"私有化"这一词语可谓"政府在公关方面的神来之笔"。这一词语在全世界都流传开来，成为现代英国向外输出的最重要理念之一。不过事实上，撒切尔本人并不太喜欢也不常使用"私有化"一词。但与之相比，"去国有化"一词甚至更加难听，而且并不准确，因为许多被抛售的企业和资产从未经历过"国有化"的过程。1981—1982 年，政府开始试探着推动私有化，一开始的动作并不大，对象包括英国石油公司的部分股份、科技企业阿默舍姆公司、大东电报局的半数股份，以及在本书别处还将讨论的英国国家石油公司。出售这些资产有诸多动机。起初，由于满足公共部门的借款条件需要筹措巨额资金，此举只是为了募集现金。但这既非催生"私有化"这一理念的根本原因，也不是其真正要旨之所在。

从 1980 年开始，杰弗里·豪和劳森便明确表示，对于保守党的政治愿景而言，创造出大批支持自己的新股东是十分关键的。劳森还援引了 19 世纪人们对于扩大选举权、赋予与本国无利害关系者政治权力的恐惧之情："解决问题之道不在于将这一特权保持在有产者手中，而在于让尽可能多的有投票权的人拥有财产。令更多人享有私有财产对于自由与民主制的存续至关重要。"

换句话说，此举的目的在于令英国走上背离社会主义的单行道。如果说工党建立了一个庞大的国有部门，其雇员既然仰赖于高额公共支出，也就完全有理由成为忠于工党的票仓；那么保守党就意在建立一个"有产民主制"，其选民的利益截然不同于国有部门雇员。眼瞅着这一战略开始奏效，工党政客的绝望之情溢于言表。英国将涌现出为数众多的坚决支持私有部门的持股者和房主，他们很可能就职于私营企业，且工会化程度将越来越低。将这些行业重新国有化的成本太过高昂，以至于工党的相关承诺听上去愈发显得不切实际。20 年之后，"逆转私有化大潮"已经成了极其边缘的政治话题。持有股票的成年人占总人口的比例从工党下台时的 7%，上升到了撒切尔下台时的 25%。得益于"购买的权利"这一政策，超过 100 万家庭买下了自己租住的市政住房，将其修葺一新，坐等其价值上涨。考虑到购房价格仅为实际价值的三分之一至一半，其上涨幅度就更为可观了。"有主"住房占总住房的比例从 1979 年的 55% 上升至 10 年之后的 67%。总体而言，在保守党执政的这段时间里，人们的财富的确增加了许多。按真实价值计算，私人总财富在 80 年代增长了 80%，日常政治的"贸易条件"也随之发生了彻底的改变。旧工党不是在下议院里被消灭的，而是在购物中心和房产代理处。

然而，如果探究得更加深入一些，我们就会发现情况其实并不是这么简单。民众财富的大幅增加只有一小部分应归功于持股量的增加，更重要的因素在于收入的增长以及房价的首轮大涨；此外，持股量之所以增加，原因也在于民众希望抓住这一"占便宜"的良机，而非文化发生了深刻的改变。显然，政府尽快筹措资金的需求与让更多人持有股份的愿望之间总是有可能发生冲突，而二者都是重大的政治问题：前者会影响到税收幅度的高低，后者则会影响到有产选民人数的多少。从大幅折价出售阿默舍姆公司，到日后范围更广的私有化，大臣们一而再再而三地选择让尽量多的人持有股份，而不是将这些资产卖出尽可能高的价格。具有突破性的私有化案例是 1984 年 11 月出售英国电信公司 52% 股份一事。这笔出售共募得史无前例的 39 亿英镑，电视和报纸上的广告对此进行了铺天盖地的宣传，轻而易举便出现了超额定购的情况。

最终，共有 200 万人购得了英国电信公司的股份，占英国成年人总数的 5%。一天之内，持有股票者的人数便几乎翻了一番。随后经历私有化的是英国天然气公司。长期以来，煤气使得许许多多街区的建筑具备了独特的造型，散发出独特的气味。但从 60 年代末开始，来自北海、经由大雅茅斯和赫尔上岸的天然气便取代了古老的煤气。凭借着遍布全国的管道网络以及诸多展销厅，英国天然气公司成了英国国内最受青睐的能源供应商，并且在许多方面都占据着垄断地位。在私有化之前，该公司主席丹尼斯·鲁克（Denis Rooke）开展了一场咄咄逼人的运动，成功地避免了英国天然气公司遭到拆分。这一次，政府及其顾问再度推出了一则电视广告：一位街坊先是被蒙在鼓里，对某个好消息毫不知情（"别告诉锡德"）；直到英国天然气公司的发售细节揭晓后，终于可以把这个好消息"告诉锡德"了。这一最大手笔的私有化共募得 54 亿英镑。

这则广告中口口相传的那个古怪名字还值得多提几句。"锡德"（Sid）或许是"黑市商贩"（spiv）的谐音？广告团队的某个成员是在不由自主地借此传递某种讯息？的确，严重的超额定购表明民众普遍（且准确地）认为，此乃白捡的便宜，是不可能亏本的买卖。锡德也很清楚自己将从中获利，但这并不意味着他就一定会成为一个"草根资本家"。当"阿比国民"等房屋互助协会"去互助化",转制为银行时,其成员也获得了购买廉价股份的机会。如此一来,英国便涌现了许多庆幸获此良机的"一次性"持股者。在21世纪初,国家统计署重新审视这段私有化岁月时发现,私人股东持有的股市财富比例从1994年的20%下降到了14%。该机构表示:"显然,许多持股者后来都卖掉了所持股份,而不是像希望的那样成为股市的长期投资者。"持股者占成年人口的比例为22%,其中超过半数人的持股完全来自私有化时期或是房屋互助协会转制时期。英国股东协会总结称:"英国有着大量持股者,人数约为1 000万,但大多数人持股甚少,其股票大多来自私有化时期、'去互助化'时期,或是来自原工作单位。这些股票很少被交易。"

当时对于私有化的批评之声主要在于,出售国有资产的价格过于低廉。的确如此,根据国家审计署的统计,总价值被低估了多达25亿英镑。不过与之相比,下面的批评要更加有力:尽管财政部不断推出新的动议,为其提供养分,但"持股式"民主制依然未能生根。从价格出发的批评之声存在三个问题。首先,这样的定价部分是政府有意为之,劳森就曾说过:"让更多人持股是一项重要的政策目标,我们做好了为此付出代价的准备。"其次,随着私有化的深入,政府及其顾问也不断吸取经验,定价也变得愈发精明了。最后,持这种批评意见的人实际上无论如何也不会赞同出售这些企业。"持股式"民主制失败的真正教训在于,在政治话语之外,撒切尔革命的效果是有限的。

另外一大问题在于,私有化是否提升了这些企业的效率与反应能力。人们之所以认为私有化能起到这样的作用,不是因为公共部门企业的管理者天生懒惰,而是因为他们感受不到股价波动和破产可能带来的刺激与鞭策。然而,倘若这些企业依旧处于垄断地位的话,私人部门的刺激作用就不会太明显了。照此标准,最成功的私有化案例是英国航空公司、劳斯莱斯和英国宇航公司等立即投身于完全竞争市场的企业。但天然气、电力和水等公用事业的情况与之截然不同。很难想象运输北海天然气的数家公司在全国各地展开竞争，各自建有不同的管道和存储设备；也很难想象多家建有不同电网的能源公司展开竞争。既然没有竞争，又如何能够提升效率？私有化过程中的技术与政治争论便是围绕着如何打破国有垄断、促进竞争，同时又不惹恼消费者、对其造成不便展开的。

在私有化的高峰时期，公有企业往往是被作为未经拆分的整体出售的。英国电信公司提出的理由是，要想在国际市场上具有竞争力，就必须保持自己的完整性，这样一来才能投入电信革命所需的巨额资金。在强硬的丹尼斯·鲁克领导下，英国天然气公司在政界长袖善舞，成功地避免了被拆分的命运。水与电力行业虽然经历了拆分，但造就的却是地方性的垄断集团：电力行业被拆分为两家超大型公司，国家电力公司与电力发动公司。铁路行业的情况则最复杂、最具挑战性，也最难言成功；后文会对其加以详细叙述。本质上，大臣们是在用规章以及新设立的公共机构（例如国家河流管理局）来代替竞争。电信管理办公室、通信管理办公室、天然气管理办公室和水务管理办公室都制定了详细的目标和处罚措施，以对公用事业领域刚实现私有化的企业实施监管。许久之后，该领域的部分企业（如英国天然气公司）才在政府加强竞争的命令之下被进一步拆分，更加切实地感受到了市场压力。不久之后，外国公司也将进入英国市场，收购公用事业领域里那些已支离破碎的私营企业。除非投入不足和管理不当而导致公共服务质量显著下降，例如归德国人所有的泰晤士水务公司的管道系统发生了泄漏，在其他时候此类收购行为并未引发太多公众抗议。

政客从中吸取了两点经验。首先，在威斯敏斯特这个村落之外，只要服务的质量尚可接受，就很少有人在意自己仰赖的那些公司和服务掌控在谁的手中——这个国度已远不像从前那样纠结于意识形态问题了。其次，政客不可能置身事外，装作与这些公司私有化之后的所作所为毫无干系。除了公司高管之外，大臣们仍将成为公众发泄怒火的目标，并且将因这些公司的任何过失而被追究责任——这个消费主义国度已变得愈发咄咄逼人了。结果就是，尽管数十万雇员离开了公共部门，转而为刚刚实现私有化的企业工作，但国家机构却以其他方式进一步膨胀了：为了监管这些私有企业，半官方机构、管理机构及相关官僚的数量均增加了。

## 开采"黑色黄金"

卡拉汉成长于一个虔诚的家庭，因此当他在1977年的一篇演说中将北海石油称为上帝赋予英国的可享用100年的最佳机遇时，有可能的确是在说真心话。外交部在稍早之前的一份备忘录中则称其为"划过灰暗地平线的一道彩虹"。对英国而言，那段日子极为艰难：通货膨胀率高达25%，股市正在暴跌。对于能够在这一盛满黄金的容器终于被打开之际上台的政客来说，石油就如同童话里才有的礼物一般。这些有机残留物源自2亿年前恐龙主宰的陆地及温暖的海洋，如今则流动于海床之下9 000英尺处。然而，万能之主的这一馈赠背后的真正故事既令人惊叹，又很少被人谈起。最大的油气田距离苏格兰几乎与距离挪威同样遥远，在寒冷、暴风雨肆虐、极为颠簸的偏远海域勘探并开发大型石油及天然气田的经历，堪称一曲由科技、财力、耐力和勇气共同谱写的现代史诗。上百人在这一过程中遇难，却并未挣得太多财富。在油价尚未暴跌的 1985 年，英国的石油产量已达 1.27 亿吨，占全世界出口量的近十分之一。英国终于摆脱了对石油进口的依赖——至少暂时如此。官方数据估计，到 2010 年，英国将再度成为石油进口国，不过许多经济学家预测的时间要更加提前。这样一来，这段机遇期的时长就是三四十年。那么，我们是否妥善地利用了这一珍贵的礼物呢？

从技术角度而言，这段经历令人敬佩。与在远离陆地、风暴肆虐的大海中勘探并开发深藏于海底的油气矿藏相比，世界上大多数地方的石油简直是唾手可得。就工程难度而言，从高度相当于英国电信塔的钢筋混凝土导管架（须在特定港口建造完成，然后运至数百英里之外的海上），到巨大的海底管道（须通过船只运出，再埋入海底），自 19 世纪 40 年代铺设铁路网以来，和平时代的其他任何项目都无法与之相提并论。[①] 先是在旧工党垂死挣扎的时期，后是在撒切尔推行货币主义实验之初的那段关键时期，北海石油对于政治局势以及国家财政状况的影响怎么强调都不为过。它使得英国在 1980 年实现了石油自给，为撒切尔主义政策提供了资金。正如未来的财政大臣劳森所言，政府从中获得的收入"从 1975 年的零，激增至 1982—1983 年的近 80 亿英镑，近乎占到了总税收的 8.5%"。有些经济学家还认为，倘若没有这部分收入，那么撒切尔的实验在 1981—1982 年就将失败。当然劳森不在其列。一名观察者表示："石油储备无疑为 80 年代初导致 300 万人失业的产业震荡政策的推行提供了大笔资金支持。"[②] 由此可见，讽刺的是，新发现的一大笔国家财富却成了导致大规模失业的一大因素，或者说这笔财

---

① 这一比较来自 Christopher Harvie in *Fool's Gold*, Hamish Hamilton, 1994。
② Keith Aitken in Magnus Linklater & Robin Denniston (eds), *Anatomy of Scotland*, Chambers, 1992.

富至少使得大规模失业在政治上变得可行了。

当时人们便充分意识到石油可能带来经济繁荣。经历了前些年的油价震荡，人们对中东酋长的权势和财富也已了然于胸，其典型代表就是精力充沛的沙特石油大臣亚马尼（Ahmed Zaki Yamani）。英国是否也能享受到几分繁荣与权势呢？20世纪70年代，在圣詹姆斯区的俱乐部里，在位于伦敦金融城的《金融时报》办公室里，在《经济学人》杂志编辑部所在的新建高层公寓里，人们争论的问题是石油是否会导致英镑过于走高，致使制造业遭受灭顶之灾；或者如果将巨额财富投入教育及高科技领域，英国是否会迎来新的黄金时代。

白厅的国防专家对应该如何保护数百英里的管道免遭爱尔兰恐怖分子破坏、钻井平台免遭苏联海军攻击感到忧心忡忡。工党议员则在下议院的茶水间和酒吧里激烈地争论着。一派希望将石油产业国有化，将其置于政府的直接掌控之下；另一派则认为这种想法不切实际，因为正在从事艰巨且危险的勘探与开发业务的是美国的"石油巨头"。最初几年间，英国的头头脑脑都对北海石油感到兴奋不已。当首批石油被开采上岸，于1975年11月抵达位于阿伯丁郡的克鲁登湾时，女王、首相以及多位大臣都光临了现场。当地还铺上了红地毯，搭起了一座大帐篷，在多位风笛手的伴奏下，围观人群纷纷挥舞起米字旗。往往不修边幅且有些粗鲁的石油工人则被排除在外。

奇怪的是，这样一件技术、经济和社会领域的大事此后却很少被深受其影响的政客在回忆录和传记中提及。尽管撒切尔的丈夫丹尼斯就是一名石油大亨，并且与1975年伯马石油公司濒临破产的危机有关，尽管撒切尔本人也曾密切地关注着相关内阁委员会，但她在自传中几乎没有提及北海石油。对于如此重大的事件，她仅仅在讨论完外汇管制措施或税收政策后，漫不经心地说起过四五次。杰弗里·豪也只用了寥寥数语就将如此宏大的事件一笔带过，花在北海石油上的篇幅甚至还不及乘坐火车时长裤被窃的逸事。撒切尔和杰弗里·豪都未提及"派珀一号"钻井平台的悲剧：共有 185 人被烧死或炸死，这相当于英军在福克兰战争中伤亡人数的三分之二。类似地，在论述威尔逊与卡拉汉、梅杰与布莱尔的浩如烟海的文字中，北海石油也很少被提及。劳森则对此有着清晰的论述，以一如既往的潇洒风格将针对是否应节俭使用这笔资源的争论一带而过。涉猎面更广的经济或政治通史对北海石油的论述同样不多。北海石油留下的文化遗产看上去也微乎其微：少见的宣传性戏剧，为数不多的几首诗歌，仅此而已；没有令人难忘的小说、电视剧或电影，除非把《本地英雄》（*Local Hero*）考虑在内，但这更多地是一部关于当地村民的影片。8 万名嗜酒如命、干起活来也不要命、勇敢且往往显得有些不太正常的男子将苏格兰的一隅变成了"狂野东部"，但这段狂放的年代并未留下太深的印记。这一领域的少数几位历史学家之一指出，在苏格兰的上百座博物馆中，连一座以石油为主题的都没有。与矿工大罢工、国际货币基金组织贷款危机或是"金融大爆炸"等人们津津乐道的话题相比，北海石油在持续不断地带来利润的同时，却已遭到了遗忘。

　　为什么会这样呢？那些无人愿意谈论的事件往往各有各的原因。就北海石油而言，部分原因在于它所引发的尴尬与困惑。实际上就英国的感知而言，这一场伟大的冒险仅仅处于边缘地带。这不仅是因为那些钻井平台如此遥远，几乎位于英国海岸与斯堪的纳维亚半岛的正中间；也不仅是因为那些狂放的场景发生在阿伯丁和设得兰群岛的酒吧里，与格拉斯哥的媒体相隔甚远，就更不必提伦敦的媒体了；原因还在于勘探与开采的资金绝大多数来自美国，许许多多设备的设计和建造也都是在英国之外完成的。于是，在 30 年后的今天已经很难说清，上帝为英国带来石油，究竟是想传递怎样的讯息。在 1980—1990 年这一北海石油开采的鼎盛时期，英国炼油厂的数量反而从 21 个减少到了 13 个，其中 40% 还是归美国人所有的。政府顾问为从石油繁荣中分得一大桶金制定了详细的计划，但到了 1974 年，当急需钻井平台来开采海上的大量石油资源时，新建的总共 119 个钻井平台中只有 3 个是在英国建造完成的。克莱德、泰恩赛德和贝尔法斯特造船厂在 40 年代的造船数量还占全世界的 40%，但此时这些陈旧且资金不足的造船厂产量已跌至全世界的 4%，海外那些更加廉价、设备更加精良的造船厂早已取而代之。因此，当需要建造钻井平台时，挪威、芬兰乃至法国都抢走了更多生意。苏格兰的尼格、阿德西尔和梅西尔等地专门建造巨型导管架（宛如超大型梅卡诺牌组合玩具）的造船厂则摇摆在"繁忙"与"倒闭"之间。至于为钻井提供补给的至关重要的服务艇，情况同样如此：一个技术突破是，在船头与船尾同时安放螺旋桨，从而使得服务艇在颠簸的水域也能安稳地停靠在钻井平台旁，实现该突破的是挪威的造船厂，随后行销全世界的也是挪威船只，而非英国船只。就连或多或少必须由本土企业介入的供油业务，英国公司同样花了很长时间才逐渐赶上，而且在国门之外仍无法争取到太多业务。[①]

至于资金来源，情况也是如此。在勘探刚刚开始时，美国石油巨头凭借自己的财力便足以在北海进行作业，借鉴此前在墨西哥湾的经验来开发钻井平台。它们的内部会计状况不透明，再加上开采石油的成本高昂，使得英国的大臣和财政部与这些公司打起交道来格外吃力。在勘探初期，英国政府动辄将上百平方英里的大块海域租出，下议院的公账委员会于 1972 年批评这种做法过于慷慨，"就如同英国是个容易受骗的

---

① 见 Christopher Harvie in *Fool's Gold*, Hamish Hamilton, 1994。

酋长国一般"。中东国家也持有这种想法。英国能源大臣托尼·本和伊朗沙王在德黑兰皇宫里的一番对话堪称 70 年代政坛一则古怪的小插曲。在留意到勃列日涅夫、毛泽东以及女王的签名照片后,托尼·本被告知,"只要不鲁莽行事",北海石油就能改变英国的未来。[①]伊朗沙王告诫托尼·本应当敢于抵抗美国石油巨头。托尼·本回国之后的确尽力而为,与阿莫科石油公司的交涉令他"怒发冲冠——这种感觉就如同'香蕉共和国'的总统在和一家跨国公司谈判"。工党的应对之策是于 1976 年创建了英国国家石油公司,令其成为政府在石油行业的耳目,并买下已开采石油的 51%,再转手卖出。凭借英国国家石油公司,政府获得了这一行业的部分控制权,并积累起了丰富的专业知识。然而与石油巨头相比,该公司本质上仍只是一个权势有限的旁观者。劳森于 1982 年将该公司的产油业务私有化,这也是当时世界上规模最大的一次私有化;后续的不列颠石油公司又于 6 年之后被英国石油公司收购。

英国商界和制造业也未能迅速把握石油繁荣带来的机遇,不过聚集在爱丁堡名流云集的夏洛特广场周边的那些投资银行在 70 年代末便已开始组建负责石油事务的子公司,并聘用深谙此道的经济学家了。与《苏格兰人报》属于同一个集团的汤姆森苏格兰石油公司和曾与列宁有过生意往来的阿曼德·哈默(Armand Hammer)执掌之下的西方石油公司便结成了此类伙伴关系。它们一同开发了派珀油田,其面积仅次于英国石油公司的福蒂斯油田及壳牌和埃克森公司的布伦特油田。此外还有许多投资石油生意的规模较小的公司,有些也取得了成功。就陆上业务而言,阿伯丁郡有些建造办公楼及预制住宅、为永不停歇的直升机提供服务、专门生产阀门与电子设备的公司同样取得了成功。然而,70 年代

---

① Tony Benn, *The Benn Diaries*, Arrow, 1996 (entry for 7 January 1976).

中期时大臣们曾怀有的宏大愿景，即北海石油将推动银行业、工程业、造船业以及服务业的伟大复兴的愿景，无疑是落空了。

为什么会这样呢？部分原因在于石油繁荣到来之际，英国工业正处于最低潮：罢工频发、资金不足、管理不善。另一部分原因在于石油使得英镑走高，导致 80 年代初的衰退变得更加严重。石油货币有助于挤压经济、提升效率，不可避免的代价则是大批企业倒闭，以至于许多天然支持保守党的商界人士都大为光火。国有汽车制造商英国利兰公司的主席迈克尔·爱德华兹（Michael Edwardes）就曾表示："如果政府不知道该怎么处理北海石油，那么要我说，干脆就别碰这该死的玩意儿。"[1]

1979 年以前，工党曾努力试图遏制住早早前来、求"油"若渴的美国公司。但在 1979 年后，保守党却下定决心尽快用这笔石油收入来偿还债务和减税，而不是对长期的产业计划进行投资。这正是白厅里有关"耗竭率"的争论的关键之所在，其实质问题则是应以何种方式利用这笔财富。人口更少、产业由国家机构主导的挪威，将石油收益存进了一个巨大的斯堪的纳维亚式"存钱罐"里。苏格兰民族党在 70 年代初注意到了石油问题，他们也提出了设立类似的苏格兰石油基金的计划，为苏格兰人持续发放红利。一方主张的是"尽快开采并花掉这笔收益"；另一方主张的则是"慢慢开采，将收益用于投资"。然而，由于没人能够预测油价的走势，双方之间的争论变得更加复杂了。考虑到北海石油的生产成本如此高昂，如果不尽快开采的话，一旦油价走低，那么北海石油就将无利可图。

此外，人们也无法确定将这笔收益用于投资其他领域，尤其是用于

---

[1] Nigel Lawson, *The View from Number 11,* Bantam Press, 1992.

推动产业发展，是否真能见效。工党政府曾对石油行业做出了所谓的"瓦利（Eric Varley）的承诺"，保证政府不会强制削减石油产量，而是允许石油公司尽力开采。在北海石油的官方史作者、阿伯丁大学的亚历克斯·肯普（Alex Kemp）教授看来，保守党执政初期的石油政策争论发生在能源大臣戴维·豪厄尔（David Howell）和财政大臣杰弗里·豪之间。前者希望放慢开采的速度，后者则需要尽快获取收益。杰弗里·豪笑到了最后，在撒切尔的许可下，他实行了高达90%的惩罚性边际税率，并且将石油税当作所得税或增值税征收——尽管石油收入是有限的和一次性的。肯普总结称："决定石油收益利用方式的，是对宏观经济的调控，而不是顾及未来30年的能源政策。"

这样的决定是好还是坏？有些人认为这种做法是只顾当下的浪费，为撒切尔执政之初挤压经济的政策提供了资金，却提前消耗了后世的资源。但在那些认为大力挤压经济的政策更加重要的人看来，这笔钱花得再值得不过。尽管劳森一贯表示不应夸大北海石油的总体作用，但他仍然认为石油税"有力地推动了"削减政府赤字的过程。在他看来，如果要将石油带来的利润用于投资，那么最好也要交由私人部门来做。劳森用一则比喻阐明了自己的观点："一名农夫在自家院子里发现了黄金。是应该允许他自己决定开采的速度和支配收益的方式（花掉或是存起来），还是应该由当局以避免浪费为由，强迫他不得开采部分黄金？"[1]也就是说，在他看来，将石油利润用于海外投资（外汇管制措施废除之后的实际情况便是如此），而不是用于投资英国制造业，对整个国家而言是一件好事。

英国制造业仍在走下坡路。在尚未出产石油的1970—1977年，制

---

[1] Nigel Lawson, *The View from Number 11,* Bantam Press, 1992.

造业占总产出之比从 34% 下降到了 30%，在石油产量大增的随后 10 年中进一步下降至 23%。到了 2006 年，这一比值已跌至不足 15%。根据政府自己的数据，这一时期制造业共丧失了 200 万个工作岗位。这样一来，生产率自然会提高，经济也随之强势复苏，但英国已经丢失了过多专长和供应链，因而永久地失去了许多本可继续保有的市场。无论你持有哪种观点，有一点是明确的：倘若没有那些管道和钻井平台，那么这场"不列颠革命"将无以为继。既然如此，为何撒切尔和杰弗里·豪都甚少提及北海石油呢？原因难道在于，对他们重塑英国经济的英勇举动而言，万能之主这笔深埋于水下的厚礼固然提供了至关重要的支持，却又令人感到难堪，因为他们无论如何也不能把这份功劳揽到自己名下？于是，就如同那些看似在空中飞翔的演员不会感谢身上绑缚的绳索一样，他们也不愿提及此事？无论如何，这总归是件憾事。那些油田和钻井平台上的工人，那些在大风中降落在巴掌大小平台上的直升机飞行员，那些冒着巨大风险深入海底的潜水员，理应在现代英国史中占据更大的篇幅。毕竟，并非工会成员、无所畏惧、勇于冒险的他们，人人都是堪称典范的撒切尔派分子啊。

让我们再回到劳森提出的那则"农夫在自家院子里发现黄金"的比喻。问题在于，这究竟是谁家的院子？假如苏格兰能够自主，假如领海分界线稍做调整（关于这一点的法律论证十分丰富），那么苏格兰无疑将变得富有。就如同尼日利亚的比夫拉地区一样，它也可能为了石油资源而谋求独立——但愿导致的后果不像比夫拉共和国那样悲惨。如前所述，苏格兰民族党很早便意识到了石油可能产生的影响。早在 60 年代，该党便取得了一系列惊人的补选胜利，令工党头痛不已。白厅也展开了反击，财政部提出了一份理论上的 1967—1968 年度苏格兰预算，显示该地区已负债累累。鉴于苏格兰人口较为分散且较为贫穷，再加上其经济基础正在不断收缩，这样的结果并不令人感到意外。石油收益或许可以改变这一局面？对于这一问题，白厅突然变得闪烁其词，颇具技巧地将石油收益混入了国家收入之中。从工党途经曾短暂兴起的苏格兰工党转投苏格兰民族党阵营的议员吉姆·西勒斯（Jim Sillars）抗议称："一滴滴神奇的石油可能引发的尴尬，就这样被一个简单的花招化解了：从苏格兰的统计数据中抹去石油收益……从苏格兰水域捕获的鱼类仍然能够留在苏格兰账户中，但同一片水域里的石油呢？好吧，这得区别对待！"

然而，苏格兰民族党并未坐等官方来证实自己的疑虑。爱丁堡银行界有许多人暗中支持该党，苏格兰不少杰出的经济学家也愿意为其效力。在英国石油公司发现首个大型油田的数月之内，苏格兰民族党主席比利·沃尔夫（Billy Wolfe）便宣布将把石油作为宣传工作的重点。1972 年，苏格兰民族党提出了著名的口号："这是苏格兰的石油。"一年之后，他们又提出了更加咄咄逼人的口号："要做富有的苏格兰人，还是贫穷的英国人？"近来公布的政府文件令我们了解到白厅对此感到多么坐立不安。在 1974 年的第二次大选之后，公务员劝工党大臣们暂缓兑现威尔逊许下的创建苏格兰议会这一诺言（建设"强大的苏格兰"），以免英国经济陷入动荡。截至此时，苏格兰民族党已经吸引了三分之一苏格兰选民的支持，并在下议院中赢得了 11 个议席。一名公务员表示："权力下放的进程应尽可能地推迟……推迟的时间越久越好。"问题在于，公务员认为苏格兰民族党仍旧低估了北海石油可能为苏格兰带来的财富。财政部的一名官员写道："可以想见的是，一旦独立，苏格兰的人均收入将比 80 年代英格兰的平均收入水平高出 25%~30%。"另外一名官员也直率地写道："苏格兰人把我们牢牢地压在油桶之上，令我们一筹莫展。"① 然而，尽管苏格兰人的确有所猜疑，尽管苏格兰民族党的运动声势浩大，他们却并不清楚自己手中的"油桶"究竟有多么巨大。倘若他们清楚的话，70 年代末和 80 年代的政治局势或许将变得截然不同。

## 苏格兰和威尔士

苏格兰和威尔士有着大不相同的政治文化，但 20 世纪 60 年代，这两个地区都感到自己正处于衰落之中，旧工党的那些精英则已不再兑现承诺了。主宰着苏格兰工业腹地的是煤炭、钢铁、造船和工程等行业。建立在煤炭和钢铁基础上的南威尔士地区，在文化上也陷入了被围困的境地：人们纷纷移居至更加富裕的英格兰南部诸镇，威尔士语也处于衰落之中。这两个面积较小的地区都在自问，假如脱离联合王国，自己是否能够重获新生。事实已经证明，小国完全可以凭借欧洲共同市场来实现繁荣。即使身处共同市场之外，挪威、冰岛和瑞士依然能够取得成功。西方国家都不再感到邻国会对自己构成威胁了。经历了 70 年代的政治创伤后，几乎所有英格兰人都或多或少地感到自己身陷于噩梦之中。而对于苏格兰人和威尔士人来说，至少还可以选择关上大门，各走各路。

然而，无论是在苏格兰还是在威尔士，分离主义者从来都没能赢得多数支持。在这两个地区，其核心支持者往往是小企业主、学者和公务员。与此同时，英格兰的此类人士正纷纷选择加入自由党。不过，苏格

---

① 引自 *The Times*, 31 January 2006。

兰民族党和威尔士党具有明确的目标、卓有成效的组织，以及受人青睐的反叛性；此外，它们还令主流政党深感恐惧。在这段岁月里，英国分裂的前景折磨着许多政客；爱尔兰共和军式的暴力在各地肆虐的噩梦景象成了许多畅销书和热门电视剧的主题。过去，欢快起舞、拨弄竖琴的威尔士德鲁伊派教徒，或是身着传统短裙与上衣、神情激愤、头发浓密的苏格兰诗人，都很容易成为嘲讽的对象。但到了 70 年代，这一切都不再显得有趣了。

苏格兰的故事可以追溯至本书的开端。在寒冷的 1949 年 10 月 29 日，表情严肃、身着深色服装的一群人步入了位于爱丁堡的苏格兰教会总部。这一行人包括地主与矿工、贵族与造船厂工人、肥胖的商人与瘦削的神职人员。他们此行的目的是签署一份《苏格兰誓约》。这种行为上一次发生还是在血腥的 17 世纪，当时狂热的长老会成员向伦敦发动了进攻，战败者的头颅被当众砍下。但 1949 年发生的这一幕并不具有革命性，他们签署的文件中也满是效忠英国君主的语句。在场的还有一名即兴祷告者。蒙特罗斯（Montrose）公爵也签下了自己的名字。此后还将有 200 万人签名，礼貌地要求重新设立苏格兰议会，这个人数占了苏格兰成年人口的近一半。

接下来让我们快进数月时间，于某个深夜造访威斯敏斯特教堂。几位身着深色大衣的苏格兰大学生正忙着撬动一块石头。据说在摩西那个年代，一名希腊王子与埃及法老的女儿途经爱尔兰，将这块石头运到了苏格兰。古时候的苏格兰国王正是坐在这块"命运之石"上加冕的。邪恶的英格兰人偷走了这块石头，如今这群人要把它偷偷地运回苏格兰，当作一个无生命的人质藏匿起来。这块石头后来被盖上苏格兰旗帜，移交给警察；直到 90 年代，保守党才终于将它返还给苏格兰。偷走石头不久之后，在苏格兰各地，印有"QEII"这一代表新任女王字样的许多崭新邮筒被涂坏或是炸毁，因为此地从未有过"QEI"。[1]在英格兰，几乎没有人听说过或是理解这些事例。然而，随着苏格兰在政治上与伦敦渐行渐远，牢记过去的这段经历就变得必要了。

通过 1707 年《联合法令》，苏格兰人废除了自己的议会；但自维多利亚时代以来，他们愈发渴望重建苏格兰议会。苏格兰的首个民族主义政党苏格兰国家党于 1928 年成立。1934 年，该党与苏格兰人党合并，成为苏格兰民族党。"二战"结束时，工党已将重建某种形式的苏格兰议会作为自己的目标。但在 40 年代、50 年代乃至 60 年代，大多数人又不再关注地方自治这一问题了，部分原因在于战争的凝聚作用：人们对于身为英国人更加感到自豪。另一部分原因则在于，工党和在苏格兰被称为"统一党"的保守党都为苏格兰带去了大批工厂、政府机构以及工作岗位。在那个奉行中央集权和计划经济的年代，苏格兰似乎得到了相当优厚的待遇。

"二战"期间，丘吉尔任命具有远见的社会主义者汤姆·约翰斯顿（Tom Johnston）为苏格兰事务大臣——他一度被认为是替代艾德礼成为下任工党党魁的理想人选。约翰斯顿很快便获得了"苏格兰无冕之王"的名号。他着手在高地上大力兴建水电站，为苏格兰带去电力和工作岗位，还下令种植大片经济林地，并推行教育改革。总之，他表现得就像是一名进步的独裁者。战后，他不受政党政治影响，继续推进水电项目、林业和旅游业，独自一人就相当于一套社会主义计划官僚体系。早在技术成熟的半个世纪之前，约翰斯顿就曾试图推动养鱼业。最终，这项产业带来了上万个工作岗位。当时在苏格兰还很受欢迎的保守党执行的也

---

[1] "QEII"是"伊丽莎白二世"的简称，"QEI"是"伊丽莎白一世"的简称；由于伊丽莎白一世仅仅是英格兰女王，苏格兰此前并无名为"伊丽莎白"的君主，因此苏格兰民族主义者会对新任英国女王被称为"伊丽莎白二世"感到不满。——译者注

是类似的政策：兴建拉文斯克雷格钢厂等工厂，命令英国汽车公司在巴斯盖特设厂，并在林伍德的工厂里生产"希尔曼小恶魔"轿车。威尔逊时代的苏格兰事务大臣是威利·罗斯，他和约翰斯顿一样专断、自信、高明，是苏格兰的又一位"无冕之王"。他留下的遗产包括敦雷的一座核反应堆和因弗戈登的炼铝厂，还拯救了克莱德的一座造船厂。他还设立了高地及群岛地区发展局和苏格兰开发署。如果单凭计划就能使一个地区致富，那么苏格兰将变成人间天堂。在 60 年代，苏格兰的人均公共开支要比英格兰的平均水平高出五分之一。

在这一时期，苏格兰民族主义运动的影响十分微弱。掀起的波澜非常有限。1949 年签署的那份《苏格兰誓约》没有引起任何反响。工党也于 1956 年放弃了重建苏格兰议会的承诺。民族主义的主力军是诗人、怀揣梦想的学生和古怪的贵族，但对现代世界而言，这种情绪无足轻重。改变这一局面的那个人如今甚至在自己党内也遭到了遗忘。此人并不是苏格兰民族党战后首位魅力非凡的领袖比利·沃尔夫，而是来自艾尔郡的农夫伊恩·麦克唐纳（Ian Macdonald），他离开了自己的农场，全身心投入苏格兰民族党的组织工作。在他 1962 年接手这份工作之前，苏格兰民族党的活跃分支机构不足 20 个，党员数量只有约 2 000 人。经过麦克唐纳的努力，三年之后分支机构数量已增加至 140 个，6 年之后更是激增至 484 个，党员多达 12 万人。没有哪个英国政党的发展速度能够与之匹敌。在那个年代，核裁军运动独特的标志随处可见，苏格兰民族党也推出了一款具有现代主义风格的野蓟花环标志。在苏格兰各地，人们的上衣和翻领上很快便闪烁起了这一图案。

这一阶段的苏格兰民族党是一个典型的抗议性政党，其成员往往在反核和反越战等示威中表现踊跃。随着人们对普罗富莫事件之后的保守党和威尔逊愈发感到幻灭，苏格兰民族党开始赢得地方议会的议席乃至英国议会补选的胜利。首个突破来自格拉斯哥郊外的工业小镇汉密尔顿，苏格兰民族党的新生代成员之一温妮·尤因（Winnie Ewing）在1967年的补选中赢下了这个历来归属于工党的议席，并志得意满地乘坐一辆苏格兰产红色"希尔曼小恶魔"轿车抵达了威斯敏斯特。尽管她在大选中又输掉了这一席位，但"金发美人"玛戈·麦克唐纳（Margo MacDonald）随后又通过补选赢下了加文选区，苏格兰民族党在地方议会选举中的战绩也越来越出色。1970年，唐纳德·斯图尔特（Donald Stewart）成为首位在大选中取胜的苏格兰民族党人，赢下了西部群岛选区。在1974年的第一次大选中，该党又赢得了另外6个议席，在10月的第二次大选中再新添4席，总议席数达到了创纪录的11个，并赢得了30%苏格兰选民的支持。如此一来，苏格兰民族党在70年代末便获得了左右政局的重大影响力。但我们即将看到，他们却昏招频出。苏格兰经济面临着严重的问题。除了主要限于东北地区的石油相关行业的短期增长之外，其他工业部门陈旧过时、冲突不断、管理不善，处于全方位的衰落之中。人们不禁觉得，假如由自己的议会做主，苏格兰地区的状况也不可能变得更糟了。事实上，伦敦制定的计划以及"无冕之王"的馈赠，并没有如愿地促成苏格兰的现代化。

对此，工党感到愈发焦虑。威尔逊动用了皇家委员会这一受人青睐的工具（用他自己的话来说就是"花上几分钟，浪费好几年"），该委员会也适时地建议将权力下放给苏格兰和威尔士。经历了密谋与反密谋之后，威尔逊终于迫使不情愿的工党苏格兰分部接受了这一决定。对包括年轻的金诺克在内的许多工党左翼议员而言，这一权力下放的安排过于激进，令他们义愤填膺；但对坚决要求自治的苏格兰人而言，这一政策力度又太弱，难以令他们满意。1975年冬天，数位政客、干部和记者脱离工党，组建了苏格兰工党，其领袖则是魅力非凡的西勒斯。该党曾短暂地成为焦点话题，但在遭到托洛茨基派分子的渗入后便告分崩离析——在70年代，这些人就如同针织床罩和熔岩灯一样，似乎无处不在。有些成员重归工党，包括西勒斯在内的其他人最终则加入了苏格兰民族党。

在威斯敏斯特，新任工党党魁卡拉汉为落实权力下放展开了漫长且艰苦的斗争。引领这场战斗的是富特。尽管他心目中的英雄贝万坚决反对这种"沙文主义行径"，但富特自己却对权力下放怀有浪漫的热情。不过在70年代关于权力下放的争论中，最为专心致志、最具影响力的人也许要数持反对意见的后座议员塔姆·戴利埃尔，日后在福克兰战争期间带头对贝尔格拉诺号的沉没提出质询的也是他。这位毕业于伊顿公学的左翼人士常常工作到深夜，衣兜里装满了管家准备的坚硬的煮鸡蛋，脑中则装满了自己准备的有关英国分裂前景的强硬论据。戴利埃尔提出了"西洛锡安问题"（West Lothian question），即英国议会如何能够容忍这样的情况发生：苏格兰和威尔士议员能够就事关英格兰的问题投票，而英国议会却对苏格兰和威尔士选区内的类似问题毫无发言权，因为这些问题将由权力下放的当地议会处理。从来没有人能够针对"西洛锡安问题"给出令人满意的答复。许多人觉得，苏格兰与英格兰的联盟迟早有一天会因这一问题而破裂。在令人筋疲力尽的议会斗争期间，政府的命运每天都命悬一线，最终，一项有关地方自治的法案终于在1978年7月31日获得通过。但一项至关重要的让步终将葬送该法案、卡拉汉以及苏格兰民族党。

政府表示，只有当苏格兰就这一法案举行全民公决，并且有至少40%的苏格兰选民表示支持（而不是取得简单多数）之后，才能设立苏格兰议会。这一目标会难以实现吗？当全民公决终于要举行之时，支持与反对的阵营都已精疲力竭。大多数苏格兰媒体都支持权力下放，因此人们普遍认为支持阵营将势不可当地取得胜利。然而，此次全民公决的时机再糟糕不过。竞选活动于 1979 年 2 月展开，此时恰逢"不满的冬天"；此外，天气极为恶劣，政府威望也已一落千丈。有些人希望通过投票反对权力下放来表达对工党的蔑视，还有一些人则压根不愿投票。结果揭晓后，尽管投票表示支持者的人数还是超过了反对者，但由于投票率过低，最终支持者占全体选民的比例仅为 32.9%，远远低于 40% 这一目标。

在接下来的 20 年时间里，苏格兰的权力下放已成泡影。卡拉汉、富特和约翰·史密斯（John Smith）竭尽所能地试图重新激活这一法案或是将其延后，但苏格兰民族党内大多数人都失去了耐心。他们向政府发出了最后通牒，并最终提出了不信任案，尽管并非所有人都投了票。撒切尔意识到自己的机会来了。工党以极微弱的劣势输掉了不信任投票，1979 年的大选随即展开，一名地方自治的激烈反对者将通过此次大选上台。无论是在苏格兰，还是在其他地方，工党都陷入了一片混乱。苏格兰民族党的议员数量从 11 人减少至 2 人，从此丧失了主动权。在本章开篇时我们曾提到，撒切尔的敌人曾多次助她一臂之力。苏格兰民族党再度证明了这一点。

威尔士的故事与苏格兰有许多相似之处。和苏格兰一样，"二战"之后，威尔士的工业腹地也成了工党的一大重镇，其农村地区则深具自由党传统。和苏格兰一样，在两次世界大战之间，威尔士对民族问题的兴趣也变得愈发浓厚。威尔士党于 1925 年成立，比苏格兰民族党早了 9 年。和苏格兰民族主义者一样，早年间的威尔士民族主义者主要也是文士、诗人和教师，很少获得工人阶级的支持。和苏格兰一样，"二战"之后威尔士也从针对本地区的政策中获益良多，成果除了 1962 年在兰文建立的大型轧钢厂外，还包括肖顿的高炉、斯旺西的车辆牌照登记处、纽波特的护照办公室、两座核电站以及罗孚、福特、胡佛、热点等公司的工厂——这就相当于苏格兰的汽车工厂和炼铝厂。和苏格兰高地一样，林业委员会在威尔士乡间的山坡上也种下了大片针叶林。苏格兰有了开发署，威尔士同样如此。如果说苏格兰人可以通过成绩起伏不定的足球队，或是甚至更加难以捉摸的流行乐队，例如"海湾城摇滚客"（Bay City Rollers），来表达自己的民族自豪感，那么威尔士人的渠道则是英式橄榄球。在1964—1979年，英格兰队在加的夫武器公园球场（1970年更名为威尔士国家体育场）一胜难求。

但就政治问题而言，威尔士的地位更加弱势。威尔士被并入英格兰的时间太过久远，尚来不及形成独立的现代国家机构。她与英格兰的《联合法令》签署于1536年，而不是1707年，这一差别至关重要。威尔士也没有强有力的教会，没有可以回望的议会，没有启蒙运动时期的大学，没有自己的现代法典。事实上，威尔士在很长时间里甚至没有官方首府，迟至1955年加的夫才正式获得这一地位。直到20世纪50年代才设立了负责威尔士的行政机构和大臣职位，1964年才设立了威尔士事务大臣这一内阁职位。威尔士特质更多地体现在语言和宗教方面，而参与宗教活动者人数的下降对不从国教者的打击就如同对英格兰圣公会一样沉重。威尔士人将身在威斯敏斯特的同胞视为英雄，劳合·乔治就是最典型的例子，贝万也是如此。自由党衰落之后，工党便主宰了威尔士，并带来了一党制的所有弊端：内部倾轧，政治停滞不前，与伦敦的关系失衡——对威尔士人来说，伦敦既是遥远而陌生的首都，又是权势、金钱和工作岗位的来源。从雷蒙德·威廉斯（Raymond Williams）到迪伦·托马斯，这些聪颖的威尔士人往往移居他乡，成为流亡在外的教授与作家，然后不断回望浪漫的从前。

在50年代，威尔士民族主义者开始寻找具有刺激性的文化和政治问题。他们并没有攻击邮筒或是窃取"命运之石"，而是选择为了威尔士语的幸存而战。英语路标被抹掉，人们拒填英语表格，对更多威尔士语广播的呼吁也取得了成功。不过，早期最为重大的刺激性问题还要数水资源。甚至可以这么说：水之于威尔士，就如同石油之于苏格兰。尤其是在将威尔士西北部的特里韦林峡谷淹没，创造出为利物浦提供水源的水库之后，情况更是如此。促成此举的是 1957 年的一条议会法令，当时几乎所有威尔士议员都投票表示反对。正如一名历史学家所言："利物浦能够无视威尔士人民代表几乎全体一致的意愿，这进一步证实了威尔士党的核心信条之一：在现存秩序下，威尔士民族没有丝毫权力。"[①]随后，特里韦林水库遭到了攻击，威尔士自由军也于 1963 年宣告成立。值得庆幸的是，暴力形式的威尔士民族主义就如同暴力形式的苏格兰民族主义一样，不受民众支持，且组织极为混乱。不过在 60 年代，仍发生过爆炸：1969 年威尔士亲王授衔仪式期间，两名男子在试图炸毁皇家火车时身亡。主张烧毁移居至威尔士地区的英格兰人假日住宅和常住住宅的运动则波及范围更广，持续时间更长。

威尔士党在 1966 年的卡马森选区补选中首次实现了突破，这比苏格兰民族党赢下汉密尔顿选区还早了一年。格温弗·埃文斯（Gwynfor Evans）自 30 年代起便开始参与民族主义运动，1945 年起开始担任威尔士党党魁。尽管他在 1970 年的大选中输掉了这一席位，但威尔士党在 1967 年的西朗达选区补选和 1968 年的卡菲利选区补选中的惊人表现说明，该党绝非昙花一现。自满的工党威尔士分部终于受到了挑战。在 1974 年的第一次大选中，威尔士党赢得了两个议席，在当年的第二次大选中又新增一席。和苏格兰的情况一样，工党在威尔士问题上也陷入了分裂。是应该像金诺克主张的那样，与民族主义者进行斗争？还是

---

① John Davies, *A History of Wales*, Allen Lane, 1990.

应该像富特主张的那样，对威尔士实行权力下放？

　　和苏格兰一样，当时威尔士的依附式经济也处于严重的危机之中。不过尽管在旧工党统治的末期，威尔士党在地方选举中颇为成功，但他们似乎并未构成苏格兰民族党那样大的威胁。当然，威尔士海域也并未发现石油。于是，提议中的威尔士国民议会权力要小于苏格兰议会，主要负责的是监督大笔公共支出，但不享有立法权。这样的安排不太可能令任何人心跳加速。在全民公决中，威尔士人以95.6万票对24.3万票的压倒性优势否决了这一方案；所有的新郡均投了反对票。与苏格兰民族党不同的是，威尔士党并未对工党政府投出不信任票；但和苏格兰的情况类似，在撒切尔时代，威尔士政坛的主题也是抵抗保守主义。这将是一场漫长的斗争。

# 工党的漫漫重生路

　　富特当选为党魁固然令工党免于分裂，但就其他方面而言，这段任期不啻为一大灾难。他过于年老、过于正派、过于文雅，既无力遏制极左翼，也无力推动工党的现代化。富特的政策就如同出自一个一心想在议会中发动革命，却无奈地身陷二手书店的人之手。富特常常会很激动，这时他的头发会晃来晃去，面庞会扭曲，双手会四处挥舞，口若悬河地将斥责之词倾泻而出，其口才将令马丁·路德都羡慕不已。出任党魁时，富特已年近七旬（1983年大选过后不久他便度过了70岁生日），而且看上去也十分衰老。他对"如何在电视上尽量展示自己"这一肤浅把戏不屑一顾，有时会显得不修边幅。有一个著名的事例：他因在悼念阵亡将士时身着一件"丹奇夹克"而受到了谴责，而他坚持认为，那实际上是一件体面的绿色毛外套。他十分擅长在集会时调动忠诚的社会主义者的情绪，或是在下议院辩论中对保守党政敌发动针锋相对的抨击。他似乎是从较早的时代穿越而来的（当然人们并不清楚具体是哪个时代），热衷于和斯威夫特、拜伦、黑兹利特等先贤对话，与当下依赖于电视上的表现以及无情的组织与管理纪律的政治环境格格不入。在这个散文大行其道的时代，他却宛如一位政界诗人。

或许在20世纪80年代初，压根没有任何人能够驯服工党，或是遏制住党内那些不羁分子。富特已竭尽所能，但在他的领导下，工党仍遭遇了现代以来最惨痛的失败，其极左、反欧洲、反核、主张将一切国有化的竞选宣言被杰拉尔德·考夫曼恰如其分地称为"史上篇幅最长的自杀遗言"。考夫曼还曾勇敢但徒劳地劝富特在大选之前便提前引退。随后的竞选活动堪称现代政治史上最不合格、最为混乱的一次。富特化身为一名生活在19世纪末的激进分子，在各地召开公开集会，在拥挤的讲台上向聚集在身边的忠实支持者发表颇具文学性的长篇大论，仿佛压根懒得注意到广播时代已然来临，就更不必提电视时代了。他与自己先前曾谴责过的托洛茨基派分子一同露面，与副手希利在国防等相对次要的问题上存在着明显的矛盾。工党的两位前首相威尔逊和卡拉汉都公开抨击了富特基于原则所持的单边核裁军主张。经过了这一切之后，工党仍能保住第二名的位置、抵挡住社会民主党-自由党联盟的冲击，足以令人感到意外。惨败之后富特随即宣布退休，他并未受到太多责难，这足以反映人们对他有多么爱戴。

这样的结果也意味着，当金诺克当选为新任工党党魁后，他的改革措施将享受到前所未有的大力支持。或许"享受"这个词并不贴切。金诺克以巨大的优势在党魁选举中获胜，赢得了71%的选举人票，距离他最近的对手罗伊·哈特斯利得票率仅为 19%，左翼挑战者托尼·本则因为输掉了布里斯托尔选区的议席而暂时离开了议会。金诺克在党魁选举的竞选过程中发表了一系列措辞激烈的演说，在真正的革命者之外的任何人眼中，他都算得上是一名左翼分子：他希望立刻放弃所有核武器，对国有化和制订经济计划怀有信念，希望英国退出欧洲，还希望取缔私人药品，并废除保守党的工会改革法案。此外，他与党内同事仅有的冲突纯粹是关于组织问题的，例如反对强制性重选议员候选人的主张，因为这种做法将令地方支部那些好斗分子掌握生杀大权。但经历了1983 年混乱的竞选活动之后，他同样确信工党亟须激进的改革。

尽管人们普遍认为，在彼得·曼德尔森就任工党的信息主管之后，试图以无情的手段掌控媒体的时代才真正到来；但事实上，从以发起维护公民自由的运动而出名的澳大利亚激进分子帕特丽夏·休伊特（Patricia Hewitt）加入金诺克团队的那一天起，这一时代便开始了。令党魁远离记者，试图控制采访内容，如同对待宝石一样永远只让他身处奉承的环境之中——这些做法的鼻祖都是休伊特。金诺克自己也清楚，对许多民众而言，旧工党看上去实在不够赏心悦目；尽管不太乐意，但他仍做好了装扮一新的准备。他集结了一群强硬且咄咄逼人的幕僚，其中许多人在布莱尔时代成为大臣：白厅强势人物之子、身材魁梧的查尔斯·克拉克，前英国青年共产主义联盟成员、桀骜的工党后座议员约翰·里德（John Reid），休伊特，以及曼德尔森。金诺克是首位先是浅尝，进而全情投入曾遭人唾弃的广告界的工党党魁；在"酷酷的不列颠尼亚"（Cool Britannia）于布莱尔时代兴起之前许久，金诺克便已开始寻求特蕾西·厄尔曼（Tracey Ullman）和比利·布拉格（Billy Bragg）等亲工党流行歌手的支持了。他将自己的举止打磨得更为精致，不再有显得不正式的亲近之举（原本正是这一点使得他在同事之间很受欢迎），并且为影子内阁制定了新的纪律守则。恰恰是这一守则导致他的党魁任期提前数年结束。

在下议院里，金诺克竭尽全力试图为正春风得意的撒切尔制造麻烦。这绝非易事，他也很少取得成功。金诺克和撒切尔都极为憎恶对方。渐渐地，工党那糟糕透顶的民调数字开始有所改善，人们也开始谈论所谓"金诺克因素"。然而，工党面临的诸多艰巨问题是流行歌手、广告界的友人以及受过良好教育、冲着记者大声吼叫的澳大利亚女士不足以解决的。首当其冲的问题在于，工党党内存在着一个颇具影响、声势浩大的少数派群体，他们压根不是议会政客，而是革命者。这些人包括奉行暴动式工会斗争策略的斯卡吉尔，自从 60 年代以来便努力向工党渗透的托洛茨基派团体"战斗倾向"，以及决心通过各种非法策略反抗"撒切尔"（又名"经民主选举产生的政府"）的诸多极左翼地方议会。

金诺克与以上这几类人全都展开了交锋。假如他没有这么做，那么新工党将永远不会诞生，布莱尔也将一直是一名专攻就业法的出庭律师，度过欢快、薪酬丰厚但不为人所知的职业生涯。但事实上，热情洋溢的金诺克自己的政治观点要比民众此时的态度更为左倾，他踏上了一段极为痛苦的旅程，要对抗并击败那些观点与青年时代的自己并无太大差异的人，同时渐渐地向中间派立场靠拢，但他始终未能走得足够远。在这一过程中，他压抑、封禁、消除[1]了自己与生俱来的机智、接地气、活力四射、即兴发挥的话语风格以及欢快的个性。刚刚步入政坛时，他将政治视为英式橄榄球比赛：敌我分明，身体接触剧烈，所有人都乐在其中。就任党魁后他才发现，政治比英式橄榄球比赛要严峻、肮脏、令

---

① 这几个词英文分别为"silence""sellotape""sedate"，首字母都是"s"，称为押头韵，是金诺克惯用的一种修辞技巧。——译者注

人沮丧得多。这场游戏的内容改变了。周复一周，他都要面对撒切尔这位政治原则早已根深蒂固，并且通过自己的政策来体现这些原则的政敌——无论你是热爱还是厌恶这些政策，这一点都无可置疑。不可避免地，他也发生了改变：他既无法放弃又无法坚守昔日的信念。他从不直截了当，总是在闪烁其词和拐弯抹角，总是在回避而非直面问题。媒体很快就给他起了个外号——"威尔士空谈家"。

他所面对的首个，同时也是最艰巨的挑战来自矿工大罢工。如前所述，金诺克和斯卡吉尔憎恶彼此。事实上，这位全国矿工联合会主席或许是世界上唯一一个比撒切尔更遭金诺克厌恶的人物。金诺克怀疑斯卡吉尔的目标，鄙视他的策略，并且早就意识到他注定会失败。但对于同样具有信奉社会主义的威尔士矿工背景的金诺克而言，如果将罢工妖魔化，就势必会将自己的出身也妖魔化。可是他又很清楚这场罢工堪称灾难。随着暴力事件愈演愈烈，保守党和媒体都在静候他谴责围堵行为，褒奖警察。但他无法这么做，在他的阵营中，许多人都认为警察是犯错的一方。随着罢工行动越来越强硬，显而易见的策略便是抨击斯卡吉尔不举行全国性罢工投票的决定。然而，对罢工者感同身受的金诺克也不愿再抨击已身处困境的工会。这样一来，他便被夹在了撒切尔与斯卡吉尔之间，虽然说个不停，却词不达意。周复一周，面色苍白的他在下议院里被保守党嘲笑为软弱无能，在煤田上又被斥责身为矿工之子却不敢表达对矿工的支持。于是他便就煤炭的重要性和保守党的残酷性发表了长篇大论，心里却十分明白，与正席卷全国的争端相比，这些话只处于边缘位置。金诺克面临的是无法摆脱的困境，但他至少避免了摇摆不定的选民将工党与全国矿工联合会视为一体，从而确保了斯卡吉尔的政治惨败不会波及工党。然而，失去的这一年光阴摧毁了他上任之初的势头，也浇灭了他曾经高涨的信心，夺走了他的激情——激情不再的威尔士政客，也就如同不再肆意妄为的犹太经纪人一样了。

据说，身为在野政客和身为执政政客的区别在于，执政政客每天早上醒来后会决定要做些什么，而在野政客每天醒来后决定的却是要说些什么。因此，金诺克在英国政坛留下了一个老是说个没完的形象，这并不是他的错。他的批评者记住的是那些意图不明确的冗长言论，这是自我批评及痛苦地调整政治立场的产物。他的仰慕者记住的则是在讲台上发表的那些锐利、机智、充满热情的出色演说。不过还有一次，金诺克耗时仅仅数分钟的演说却十分精彩，令几乎整个政界都赞叹不已。

这一幕发生在 1985 年 10 月 1 日，地点是伯恩茅斯的大礼堂。在多塞特郡这座富饶的海边度假胜地举行的历次工党大会，气氛从来都不特别自在。几天之前，利物浦市议会向 3.1 万名职员发出了裁员通知。市议会名义上由工党掌控，但实际上的主导者是革命社会主义联盟这一团体。一群根据其报纸的名称《战斗性》（*Militant*）而得名"战斗倾向"的革命者，堪称寄生在工党内部的"党内之党"，吞噬着它的肌体。"战斗倾向"的约 5 000 名成员将部分收入捐给革命社会主义联盟，凭借这笔资金，该团体雇用了 140 名全职工作人员，比社会民主党和自由党的职员数量加起来还要多。① 他们分布在全国各地，利物浦则是最大的据点。在这里，他们将托洛茨基的"过渡要求"理论付诸实践，即不断提出不切实际的要求，如更多开支、更高工资等，一旦资产阶级走狗表示拒绝，便可以进入下一阶段，促成资本主义社会的崩溃，然后发动革命。他们在利物浦新修了上千所市政住房，由此违反了预算相关规则，进而兴高采烈地令该市陷入了破产的境地。他们向市议会全体职员发出裁员通知，意在向撒切尔表明自己不会退缩，也不会对面前的混乱局面心生

---

① Martin Westlake, *Kinnock: The Biography*, Little, Brown, 2001.

畏惧。和斯卡吉尔一样，"战斗倾向"的领导层也自认为能够通过街头斗争的方式摧毁保守党。

一年之前金诺克就曾考虑过与"战斗倾向"展开交锋，但矿工罢工使得此举在政治上不可行。此时，利物浦的乱局又给了他机会。于是在伯恩茅斯大会上发表演说时，在抨击其他党派、调动会场气氛的常规内容之后，金诺克发起了进攻。他突然说道，工党是时候向公众表明自己仍是个严肃的党派了；不切实际的承诺是不足以赢得政治胜利的。

我要告诉你们，不切实际的承诺会导致什么样的后果。一开始，你们许下牵强的愿望。随后，这会演变成严格的教条和准则。多年以来你们都坚持这一过时、错位的教条，不顾现实需求。最后，迎接你们的就是这个工党市议会所面临的荒唐乱局：雇出租车满城到处跑，向自己的员工发出裁员通知。这可是工党领导的市议会啊！

此时，他已出离愤怒，但仍未失控。说出这番精彩言论时，他的嘴唇已经扭曲，几乎到了语无伦次的边缘。敌人就在他面前。过去一年中被压抑的沮丧之情顿时宣泄而出。会场沸腾了。"战斗倾向"的领导人德里克·哈顿（Derek Hatton）大喊大叫着站了起来，他看上去就像是一名退役不久的足球运动员。左翼分子发出了嘘声，忠于金诺克的人士则发出了犹豫不决的喝彩声。自命不凡的左翼议员埃里克·赫弗（Eric Heffer）有一次在下议院发表讲话时，曾以这样的不朽名言开头："和耶稣一样，我也是木匠之子。"此时他也站起身来，冲出了会场，摄影师和记者纷纷紧随其后。即使对于戏剧性事件频发的工党大会而言，这样的场面也是不多见的。金诺克继续说道：

*我告诉你们，你们也得好好听着：你们不能把人们的工作、服务和住房当作实现自己政治目的的工具。*

　　随即又爆发出一阵嘘声和喝彩声，金诺克则坚持认为那些有着真正需求的人发出的声音比所有嘘声加起来还要响亮："人民不会也不可能容忍装腔作势。他们不可能尊重装腔作势的将军或是'战斗倾向'的策略师。"

　　金诺克押了头韵，<sup>①</sup> 听众群情激昂。接受采访的人大多认为这是自己听过的最重要、最勇敢的演说之一，但极左翼对此深怀敌意，过去老是奚落金诺克的各家报纸上则充斥着溢美之词。令金诺克大为光火的是，谢菲尔德市议会的盲眼领导人、社会主义者、日后将在布莱尔内阁中任职的戴维·布伦基特（David Blunkett）却转而支持"战斗倾向"提出的一项动议。不过这次演说依然成了实实在在的转折点。次月月末，由"战斗倾向"主导的工党利物浦地区支部被暂停活动，并遭到了调查。1986 年春天，"战斗倾向"的领导人遭到了指认，并被指控为行为与工党党员身份不符。开除"战斗倾向"成员的过程吵吵嚷嚷，费时费力，相关法律事务令人抓狂。最终有超过 100 人被逐出工党。同样重要的是，党内许多人纷纷倒向金诺克一边，就连许多左翼人士都切断了与那些革命者的联系。未来还将发生多场与极左翼的战斗，也将有数位支持"战斗倾向"的人士当选为议员，报纸上关于"左翼疯子"的那些报道也将继续困扰工党。例如，据说某些市议会以种族主义为由禁止使用黑色垃圾袋，还基于同一理由命令老师不得教授童谣。然而，通过公开对抗托

---

① "装腔作势的将军"原文为"gesture-general"，首字母均为"g"；"'战斗倾向'的策略师"原文为"tendency tactician"，首字母均为"t"。在这里金诺克再一次使用了此前曾提及的押头韵的修辞技巧。——译者注

洛茨基派幽灵，金诺克使得工党重获新生，这是威尔逊、卡拉汉和富特都未能做到的。在民调数字上，工党开始拉开与社会民主党–自由党联盟的差距，在地方选举中的表现也变得更加出色。正是从这一刻起，新工党的诞生变得可能了。

然而，无论是与极左翼的对抗，还是金诺克引入的更具掌控力、更加油滑和锐利的新式管理风格，都不足以使工党在接下来的大选中给撒切尔造成麻烦。小册子已尽可能地光鲜亮丽，歌功颂德的影片已拍摄得尽可能精良，拍照时机的安排已尽可能地精细，但仍无济于事。前学生领袖和电视制作人、赫伯特·莫里森的外孙曼德尔森成了工党党内推行现代化的人士中最知名的一位。他因放弃红旗这一工党的旧标志、改用长茎玫瑰图案，而被查尔斯王子称呼为"红玫瑰男子"。曼德尔森无疑是一位专心致志、全心全意的改革者，对普遍持反工党立场的报界软硬兼施，但他并非唯一的一位，其他人也曾提议采用类似于欧陆社会党标志的玫瑰图案。然而，标志的改变并不能掩盖这一事实：工党的政策依然不足以吸引民众。尽管失业率高企，但撒切尔那支持市场的乐观情绪依然在人们心中扎下了根。工党虽然放弃了红旗，但仍致力于重新国有化、制订经济计划、设立国家投资银行和单边核裁军。在此前的20年间，最后一项同样也是金诺克及其夫人格莱尼丝（Glenys Kinnock）个人为之奋斗的目标。

经过了关于裁减军备和苏联入侵阿富汗的激烈争论，又经过了一系列间谍案件，到了80年代中期，冷战终于开始转暖。所谓"邪恶帝国"的天敌里根正着手实施"星球大战"计划，试图通过轨道卫星和反导弹系统使得苏联无法对美国构成打击。不过正如与戈尔巴乔夫在雷克雅未克举行的著名峰会所示，他也做好了谈判的准备。在雷克雅未克峰会上，苏联同意大幅削减导弹数量，美国却拒绝放弃"星球大战"计划。

在这个时代，昔日的信念已不再适用，但对于金诺克而言，支持单边核裁军是一项根本性的政治立场。面对那些指控他已背弃了社会主义理想的人，重申这一立场已成为金诺克的本能反应；他的许多最精彩的演说也源自这一主题。因此，尽管意识到单边核裁军政策会损害工党在摇摆不定的选民心中的形象，他仍旧坚持这一立场。

在这一问题上，金诺克的态度十分明确：在工党治下，英国的所有英军及美军核基地都将被关闭；"三叉戟"核潜艇将被裁撤；所有现存的导弹将被废弃；发生战争时，英国将不再期望获得美国的核保护。他将把更多资金用于坦克和常规战舰。关于这一切，金诺克都态度坚定，并且有着详尽的主张；然而，他对此发表的言论越多，工党的民调数字就会愈发走低。在苏联，他勇敢地声称这一类似于核裁军运动的主张绝不意味着投降；在华盛顿，他又声称这一主张与北约成员资格完全能够共存。然而，当他第三次访问华盛顿时，却遭到了里根团队的羞辱，仅仅获得了20分钟会面时间，以及一份充满敌意的冷冰冰的简报。格莱尼丝还现身于格里纳姆公地的女性抗议营地。这些举动为他赢得了许多工党传统支持者的拥护，但遭到了媒体的嘲笑，起到了助社会民主党一臂之力的效果，并在工党竭力试图争取的英格兰保守中产阶级这一摇摆不定的选民群体中不受欢迎。在1987年大选的竞选过程中，当被问及在实施单边核裁军后，倘若遭到苏联的核威胁，英国何以不必投降时，金诺克的解释听上去就像是在主张用喜剧片《老爸上战场》里那种游击战的方式抵抗入侵的苏军。凭借此类政策，他完全无法向撒切尔施加压力。然而，压力或许恰恰是此时的撒切尔所需要的。

# 撒切尔革命的"中年危机"

━━━━━

撒切尔第二任政府经历过一些糟糕的时刻。首当其冲的是,她险些遭到了暗杀。1984 年保守党大会期间那枚对布赖顿大饭店造成了严重破坏的炸弹,意在对 1981 年北爱尔兰绝食抗议期间撒切尔的强硬立场进行报复。这起密谋试图杀死内阁成员及首相,让英国政坛陷入混乱,从而令其彻底撤出爱尔兰岛。当炸弹于凌晨 2 点 50 分爆炸时,撒切尔仍在准备一份关于利物浦园艺节的官方文件。10 分钟之前她刚刚完成自己的演讲稿,也就是说当时她并未入睡。冲击波导致她卧室里的玻璃碎了一地,她的脸上也满是尘土。随后她穿好衣服,逃往附近的一所警察学校。在途中她得知:爆炸导致内阁大臣约翰·韦克厄姆(John Wakeham)身受重伤,其妻子遇难;保守党议员安东尼·贝里(Anthony Berry)遇难;诺曼·特比特身受重伤,其妻子因此瘫痪。于是撒切尔与个人助理辛西娅·克劳福德(Cynthia Crawford)一道停了下来,跪地祈祷。

断断续续地睡了不到一个小时之后,撒切尔重写了演讲稿。内阁成员则匆匆在附近的马莎百货公司购置了衣物,因为原来的衣物仍埋在大饭店的断壁残垣里。在会场上,撒切尔向仍然目瞪口呆的众人表示,他们见证了一次毁灭政府的企图。"但现在我们依然能够聚集在这里,尽管深感震惊,但是坚决、镇定。这一事实不仅表明此次袭击失败了,还表明所有试图摧毁民主制的恐怖主义企图都将失败。"最终,共有 5 人在爆炸中遇难,多人重伤,但这起本可能导致极严重后果的事件对英国政坛造成的影响微乎其微。

爱尔兰共和军未能除掉撒切尔,那么其他人呢?除韦斯特兰事件外,保守党内部还因经济政策爆发过争执;对于未来而言,这是更加不祥的征兆。财政大臣劳森希望用新的策略取代"中期财政战略"这一通过设定目标来控制货币供应量的不太可靠的旧制度，也就是加入欧洲汇率机制，使得英镑与德国马克挂钩。此举实际上是承认了失败：在前文所述的金钱于全球快速流动的新时代，测算货币量的旧制度不再有用了，接受德国人的"捆绑"成了替代方案。事实上，英国将不得不把自己的反通胀政策承包给联邦德国中央银行那些更富成效、更加强硬、严格遵守纪律的人士。劳森热衷于这一方案，但撒切尔并不赞同——虐恋游戏中的施虐狂只能有一位，那就是她自己。[1] 在当时，这场争执仅限于专业金融界，并未外溢至范围更广的政界。

其他争执则外溢了出来。除了已经提及的韦斯特兰事件，还有抛售英国利兰公司的拙劣之举，以及 1986 年让里根利用英国空军基地向利比亚发动攻击这一极其不得人心的事件。在第一届任期内极为成功地夺回部分欧共体预算退款后，这些年间的撒切尔在欧洲问题上变得游移不定，最终这会对她造成致命伤害。日后将成为撒切尔宿敌的欧共体委员会新任主席雅克·德洛尔（Jacques Delors）开始了进一步推动欧洲一体化的宏大计划。《单一欧洲法案》摧毁了上千条妨碍欧共体内部自由贸易的国内法，确立了商品、资本、服务和人员自由流动的原则，单一货币即将诞生。撒切尔迫不及待地对这一法案表示了赞许。她不以为然地认为，当欧陆谈论经济和政治联盟时，他们并非想动真格。日后，她将为此懊悔不已。

回到国内，从内城区到医院，从学校到警力，许许多多政策都正面临共同的困境。这个还将继续折磨梅杰和布莱尔政府的困境，简单来说就是：现代政府如何才能做成事情？在经济领域，撒切尔能够给出答

---

① 前文提及的"捆绑"正是虐恋游戏中的常见元素。——译者注

案：政府制定规则，保障货币的稳健，然后退到一边，让其他人尽情发挥。但事实上她的表现常常并非如此，总是要比自己声称的更加务实，更具干预性。不过，至少她的原则是明确的。但在公共服务领域，却不存在如此明确的原则。针对医院、市政厅或学校系统，应该到哪里去寻找那些坚定、独立的实干家，也就是在公共服务领域相当于她所仰慕的商界企业家与冒险家的人物呢？如果政府只是退到一边，对学校、医院和内城区放手不管，那么谁又会将其揽入怀中？

总体而言，在撒切尔革命之前，保守党被视作地方民主的捍卫者。在全国各地的市议会中，他们都占据了大量席位，并常常受到一心要废除文法学校等的工党政府极为粗暴的威胁。保守党曾将卫生主管部门和教育当局里的地方代表视为抵御社会主义白厅的堡垒。撒切尔本人也完全有理由怀念健壮的地方独立人士不计报酬地从事公共服务的那段岁月，因为她的父亲罗伯茨就是这样一位人物。在 20 世纪 70 年代，保守党智库会定期发布报告，呼吁加强地方主义，建设富饶的"公民社会"，令教会、学校、慈善团体和俱乐部等独立机构传播自由与自治的精神。这正是战后英国最具影响力的保守主义哲学家迈克尔·奥克肖特（Michael Oakeshott）论述的主题。经选举产生的地方政府是保守党政治愿景中至关重要的一部分。1978 年，两名保守党右翼议员撰写了一份热情洋溢的小册子，抱怨称"地方政府被剥夺了越来越多在过去被认为应由其履行的职能"。[1]

然而一旦当权，撒切尔及其麾下的大臣就不再信任地方政府，乃至任何经民选产生因而具有独立性的机构了。1979—1994 年，议会通过的剥夺地方当局权力的法令多达 150 条；按照 1994 年的价格计算，从

---

[1]  Michael Fallon & Philip Holland, *The Quango Explosion*, Conservative Political Centre, 1978.

地方政府处抽出，转而拨给非选举产生、大多具有秘密性质的组织的资金高达每年 240 亿英镑。撒切尔前两任政府将权力和自主性从公开参加竞选的人那里收走，转而赋予白厅里那些毕恭毕敬的机构，这些机构的成员往往是忠心耿耿的保守党党员或顺从的附庸。无论属于"湿"派还是"干"派，大臣们都竞相在撒切尔面前表现自己，剥夺地方组织的主动权。赫塞尔廷用新的审计安排向地方政府发起了攻击，对其税收和支出均施加了限制。环境大臣尼古拉斯·里德利（Nicholas Ridley）强迫地方政府将多种服务面向私营企业招标，还用最严厉的语气警告地方议会，自己不允许任何异议存在："我们或许得强迫他们把自己的那些活动拿出来接受竞争，如果他们不愿亲自这么做的话。"[1]

因此，公共服务领域并未经历私有化。关于医院和学校，撒切尔最终拒绝了中央政策评估委员会提出的更加激进的方案，即引入费用、私人部门管理、选择性以及独立性。这些主意虽然令撒切尔感到激动，但她过于谨慎，不敢将其付诸实施。既然既无法改姓"私"，也不能再像过去那样姓"公"，那么公共服务领域究竟该怎么办？答案是：耗资巨大的中央集权式官僚行动。这使得大臣们自我感觉十分重要。在医疗服务领域，早先的去中心化尝试很快就遭到了逆转，取而代之的是自上而下设定目标、进行考核的庞大体系，其推动者则是一个负责制订计划的新组织。这一体系耗资更多，服务质量却反而下降了。类似的将权力攫取到中央的行为还发生在城市改造领域，这也是政府行动最迅速、最显眼的领域。获得了用于翻新破旧城市的资金的，是非选举产生的城市开发集团，而不是选举产生的地方议会。大伦敦市议会等规模最大的市议会则遭到了废除，其权力被划拨给了其他机构，其中包括一个由白厅掌

---

[1] 引自 Andrew Marr, *Ruling Britannia*, Michael Joseph, 1995。

控、非选举产生的组织。批评者西蒙·詹金斯指出，截至 1990 年，"共有 1.2 万名被任命的非专业人员在管理伦敦的各项事务，相较之下，经选举产生的市镇议员只有 1 900 人"。就连在住房领域，出售市政住房后留下的空白也被住房集团的崛起所填补，住房协会用于新建廉价住房的资金 90% 都来自该集团。在撒切尔时代，住房集团的员工数量增加了 6 倍，预算则增加了 19 倍。

老实说，在 80 年代中期，撒切尔还有其他事情需要考虑。私人关系在现代外交中就如同在文艺复兴时期一样重要。一方面，与戈尔巴乔夫的交往耗费了她的精力与注意力；另一方面，她还成了里根最亲密的盟友，这段关系在情感和政治上对她都至关重要。这些年间，她成了国际政坛上的一位保守派女明星，在苏联、中国和美国都受到了盛情款待。她那根据首次穿着地点对服装进行编号的衣柜本身就是一段多彩的故事："巴黎，歌剧服；华盛顿，粉色；里根，海军蓝；多伦多，青绿色；东京，蓝色；克里姆林，银色；北京，黑色。"[1] 与此同时，她还在就香港 1997 年回归之前的过渡阶段地位问题的复杂细节与中国进行谈判。反对制裁南非种族隔离政权的立场导致她在英联邦会议上处境艰难，当然，在会上她也以眼还眼、以牙还牙。在国内，居高不下的失业率这一问题挥之不去，尽管从 1986 年夏天起，失业率终于开始下降了。此外，保守党战略家似乎仍不知道该如何应对社会民主党－自由党联盟的"两个戴维"[2] 这一陌生的威胁。但选举结果却表明，上述种种失败和政治威胁压根儿毫不重要。

---

[1] Margaret Thatcher, *The Downing Street Years*, HarperCollins, 1993.
[2] 指社会民主党党魁戴维·欧文和自由党党魁戴维·斯蒂尔。——译者注

# 保守党的胜利

在 1987 年大选的竞选活动开始之时，撒切尔对于自己的第三任政府将做些什么已有了明确的想法。和日后的布莱尔一样，她也希望公共服务的使用者能有更多选择。在教育领域，将建立不受地方议员控制的独立的公立学校，即中央直接拨款学校；在医疗服务领域，尽管竞选宣言中几乎没有提及，但撒切尔还是希望提供用于追踪病人状况的资金；在住房领域，租户将被赋予更多权利；此外，她还将降低所得税的基本税率，并且终于要彻底清理地方政府，废除基于房产价格的地方税，推行一种更为严厉的税制了。表面上看，这一纲领至少是前后一致的，而保守党的竞选过程则连一致都称不上。但正如在金诺克的团队中罕见和谐与纪律一样，保守党中央办公室也深受政客与广告人之间恶语相向、你争我夺的关系困扰。撒切尔也开始严厉斥责曾经的心腹、现任保守党主席、凶狠的"来自青福德的光头"诺曼·特比特。

在竞选过程中，工党一度将差距逼近至 4 个百分点，撒切尔本人又因难忍的牙痛而表现糟糕，在那个"颤颤巍巍的星期四"，保守党实实在在地陷入了慌乱之中。金诺克尽管糟糕透顶，但他的竞选表现似乎仍要优于撒切尔。无论去往何处，金诺克身边总是围满了青年、护士等仰慕他的人群；他微笑着挥手示意，丝毫不为报纸上的负面评价所困。与此同时，撒切尔却处境艰难。这究竟是怎么一回事？事后表明，保守党其实压根不必担心。尽管 BBC 在最后关头预测大选的结果将是"悬浮议会"①，工党的自信心在后期也有大幅提升，但保守党依然以 101 个

---

① 即没有哪个党派取得绝对多数席位。——译者注

议席的优势轻松取得了大胜，得票率几乎与1983年令工党遭遇惨败的那次大选相当（42%）。工党仅增加了20个议席，待在威尔士家中的金诺克只得绝望地以拳捶壁。过去三周内，金诺克的许多精彩演说令其警务保护人员颇为动容，此时后者安慰他道："别难过，先生。结果本可能更糟呢。"据说金诺克转过身来，突然眯起眼睛，露出了怒容："更糟？本可能更糟？告诉我，怎么可能更糟？"这名警官淡淡地回复道："嗯，先生，搁过去对手会砍掉你的脑袋。"

事后再对这一破灭的希望加以审视会发现，金诺克及其团队因在竞选活动中杰出、热情、专业的表现赢得了媒体的称赞，仅仅4年之前还一片混乱的局面已焕然一新。反观保守党，与此前两次大选相比，他们显得准备不足和慌张不安；但选举结果似乎表明，令威斯敏斯特政客如此痴迷的选举术其实并没有他们想象的那么重要。至于社会民主党－自由党联盟这一20世纪80年代政坛的重大创新，情况又如何呢？他们已精疲力竭、了无生气，被夹在稍有复苏的工党和依旧受欢迎的保守党之间；他们的民调表现早已陷入了挣扎，却仍有数量可观、立场坚定但居于少数地位的选民支持这一联盟。联盟把希望寄托在工党的崩溃上，但这一幕并未成真。斯蒂尔和欧文的竞争关系被媒体使劲嘲笑，不仅公众对此饶有兴致，就连这两人自己也乐在其中。尽管欧文被视为两人中占据主导地位的一方，但他领导的社会民主党选举结果十分糟糕，议员数量由8个减少至5个，詹金斯也丢掉了自己的议席。欧文坚毅地忍受着这份痛苦。社会民主党很快便分崩离析，许多人选择并入自由党，残存的欧文派分子则组成了新社会民主党，并且又坚持了数年时间。该党的公关、定位和意愿都不错，但又都不够出色。在1987年，撒切尔虽未打造出自己梦想中的国度，但仍可以声称，令她赢得连续第三次大选胜利的，不是粗枝大叶的想法，而是成熟的理念。

# 狂妄之年 1988

▮▮▮▮▮▮▮▮

对撒切尔的信徒而言，用两个字就足以概括她的第三届也是最后一届任期：背叛。在不忠诚的英国外交部唆使下，欧洲大陆背叛了她的自由市场欧洲之梦；财政大臣劳森背叛了她遏制通胀的成就；最后，她还成了背叛的直接对象：1990 年 11 月 20 日那天，"面带微笑、背信弃义"的内阁大臣们发动突然袭击，迫使她辞去了职务。胆小鬼们出卖了这场不列颠革命，伟大领袖只得流亡至伦敦南部的一处行政住所，荣耀则从地球上消失不见了。然而，另外两个字能够更加恰当地概括这段岁月——不是"背叛"，而是"狂妄"。20 世纪 80 年代末，撒切尔革命已经过了头。通胀性繁荣之所以发生，是因为信贷扩张，加之大臣们相信，旧的经济法则不知何故已经失去了效力，英国已经步入了良性且无穷无尽的上升通道，财富将不断增加。在福利国家的各个部门，傲慢、专横的中央集权式作风如吃了兴奋剂一般愈演愈烈。最后，导致撒切尔倒台的是一项灾难性的地方税收政策，大臣们从未认真考虑过这一政策赤裸裸的不公性，就仿佛他们压根不认为这是个问题。最后的最后，撒切尔对待身边人的冷酷和粗鲁态度令她陷入了几乎孤立无援的境地。她掌权的时间实在是太长了。

大选过后的 1988 年是实实在在的狂妄之年。撒切尔政府的行为开始变得异常狂暴，可谓空前绝后：凶狠地鞭打各个独立机构，恐吓各行各业，就如同脾气暴躁的老师对待拒不服从的学生一样。英格兰的法官在政治上受到了更加严厉的控制，日后他们将展开反击。大学讲师失去了自学生乘坐牛车上学、用拉丁语开玩笑的时代以来一直享有的终身教职。通过肯尼思·贝克（Kenneth Baker）于当年推出的《重大教育改革法案》，白厅将学校课程表的直接控制权揽入怀中，创建了一个规模庞大的官僚机构，来规定授课的内容、时间以及方式，之后再对学校的执行情况进行监督；老师则毫无自主权。内阁就数学课的具体细节争执不休，撒切尔也花了很多时间操心历史课的教学。与此同时，负责教育事务的大臣们则在私下里激烈地批评该领域的公务员（而非老师）水平太低，却又正在将更多权力赋予这些人。

在综合学校时代曾担任过教育大臣、对那段经历懊悔不已的撒切尔认为，此时的教育状况已经沦为英国之耻。她想要制止那些赶时髦的左倾教师，赋予往往是传统派人士的家长更多择校权。为此，需要创建由白厅掌控、专授技术课程、独立于地方当局的公立学校，也就是"城市技术学院"；同时还需要通过一小笔恩惠，说服其他学校摆脱地方当局的控制，变为中央直接拨款学校。但这两种方法都未能奏效。最终只设立了为数不多但耗资巨大的城市技术学院，而少数脱离地方当局控制的学校却发现自己"才出虎穴，又入狼窝"，被置于财政部和教育部更加严格的控制之下。到了梅杰执政时期，中央对财政控制范围的进一步扩大催生了另一个具有白厅风格的机构——教育资金署，不过这一组织的总部实际上位于约克。该机构可以不顾当地意愿，关闭或是开放学校，扩张或是削减其规模，更改其性质。一家右翼智库称它有着"极为广泛的专断权力"，使得教育大臣获得了"与亨利八世手下有权解散修道院的专员相当的权威"。[1]

医疗服务领域的情况同样如此。还是在 1988 年，新任卫生大臣肯尼思·克拉克积极推行了"钱跟着患者走"的制度，即建立一个类似于

① Evan Davies, *Schools and the State*, Social Market Foundation 1993; 见 Andrew Marr, *Ruling Britannia*, Michael Joseph, 1995。

《大富翁》游戏的市场，医院"出售"其服务，地方上的医生则代表病人"购买"。当然，这一市场并非现实存在的，因为医院不可能倒闭；医生可选择的医院数量有限，也不太可能把钱揣在兜里，不给患者购买心脏搭桥手术或是髋关节置换手术。这一制度理论上颇为高明，意在将具有私人部门风格的行为引入医疗服务领域，提升效率，收紧预算。但其与真正市场的相似性已经足以激发起医生及患者旷日持久的激烈反抗。不过，他们的担忧却找错了对象。

由于政府并不真的相信地方人士会通力协作，改善医疗服务的质量，于是财政部把预算和合约的控制权揽入了自己怀中。为了管理这一制度，政府创建了近 500 个国民医疗服务体系信托基金，表面上看这些都是具有自主权的机构，但其成员尽是些落败的本党候选人、前市议员，以及本党捐款人。所有经选举产生的地方代表都被残暴地排除在外。撒切尔日后写道："和教育改革一样，我们也希望所有医院对于自己的事务都担负起更大的职责……并希望自治的医院真正变得独立。"然而和教育改革一样，医疗改革的真正结果也是催生了一个监督众多半官方机构的全新官僚机构。从薪酬到借贷再到人事，"内部市场"中合约的所有细节都是由中央敲定的。"增加选择"的话语落实之后，却变成了通过诸多法案、合约和命令来实行的不称职的专断统治。有能力者选择用支票簿来投票。1980—1990 年，购买保柏公司私营医疗保险的人数从350 万增加到了近 700 万。这些人不仅包括领薪水、劳动合同中已经含有医疗保险的专业人士；到了 80 年代末，刺有文身、身穿牛仔裤的男子也在私立医院门前排起了长队，手持现金，等待救治。

对于国家机构能做些什么以及不能做些什么的狂妄情绪在各处都有体现。培训或许是枯燥的，但对于任何现代经济体而言都至关重要。在这一领域同样活跃着一大堆非选举产生的机构，按照白厅敲定的规则，分发来自财政部的资金。住房领域同样如此。当时撒切尔曾表示这一问题甚至比医疗和教育更加重要。1988 年，政府创建了非选举产生的住房行动信托基金，从地方当局处接管了建造廉价住房这一职责。距离此类机构开始运转已经过去了近 20 年，却仍存在一个未解之谜。

撒切尔曾表示自己试图让人们摆脱国家机构的束缚。归根结底，这正是她的要旨，她内心的想法也正是如此。她在回忆录里提及自己的第三任政府时写道："当代社会问题的根本原因……在于国家机构做得太多了。"既然如此，她为何还要让这些机构手忙脚乱地做更多事呢？西蒙·詹金斯曾总结称："撒切尔留下的最有效力的遗产就是效力本身。"[1]领导人越是自信，她希望改造的领域也就越多，能够信任的人也就越少，这也就意味着她要掌控更多权力，也就不可能让其他机构或下属在这个纷纷扰扰的世界中自行解决问题。受到最严重伤害的机构是地方议会。按照英国宪法，面对在议会中享有稳固优势、内阁又对其忠心耿耿的首相，地方政府是无力自卫的，于是其权力便遭到了大幅削减。然而，这一粉碎其他权力中心的计划却引发了大麻烦，葬送了这位自由市场版本的"列宁女士"的政治生涯。

---

[1]  Simon Jenkins, *Thatcher and Sons,* Allen Lane, 2006.

# 抵制人头税

━━━━━

　　撒切尔会辩称，人头税的目的原本在于拯救地方政府。和学校、医院、住房一样，地方议会也经受了可怕的折磨。大臣们试图阻止地方议会花钱或是筹钱，除非得到白厅的赞同。"二战"结束以来，地方政府的开支一直高昂，然而其独立筹得的税款却来自规模相对较小的一群人，即约1 400万房产拥有者。早在1974年，在希思的敦促下，撒切尔就曾承诺要废除这种基于房产价格的地方税，但没人能够提出可行且看上去受欢迎的替代方案。撒切尔十分厌恶这一税种，认为这是在向自我奋斗征税，本质上与保守党的精神背道而驰。执政期间，这一问题一直困扰着她。

　　此时，围绕着这一问题，已经形成了一种恶性机制。中央政府从地方议会处夺走的权力越多，地方议会就变得越发无关紧要，地方选举就越有可能仅仅被当作针对中央政府的大型全民公决，也就是一次免费投抗议票的机会。在过去，地方选举不会成为全国性新闻，其主题只不过是选出领导镇和郡的最佳人选。然而到了20世纪60年代末和70年代，地方选举却成了全国性新闻，即定期举办的要么赞颂，要么鞭笞首相的全民公决——当然，实际结果往往是后者。在撒切尔治下，保守党在地方选举中屡屡遭遇惨败，丢掉了大批地方议会。结果就是，更多地方议会变得具有社会主义倾向了；而中央政府因此更加不信任这些地方议会，便如前所述，从它们那里夺走了更多权力；这样一来，地方选举又变得更加无足轻重了，投抗议票的场面出现得更加频繁。更为雪上加霜的是，有着社会主义倾向的那些地方议会正在花费巨资推行极左翼政策。在撒切尔及其大臣看来，这些地方议会之所以能够这样做，部分原因在于当地选民中少有地方税纳税人；许许多多人投票给主张高昂支出的人，也不会影响到自己的收入。

要想快刀斩乱麻地解决这一问题，就需要让所有选民自己承担地方政府的开支。人头税的源头就在于此，其正式名称为"社区费"，是一种向所有人征收的单一税率税种。这样一来，许多房产拥有者的账单将降低，地方议会也将更加积极地回应自己的选民。但另一方面，大约2 000万人将新缴纳一种实质上的累退税，最贫穷与最富有的人将支付同样多的税款，这打破了可追溯至"战后共识时期"的原则。这一主意已经被议论了好几年；此时，政府重新将其拾起，就此展开了漫长、激烈的内部争论。我们将跳过这一过程，只是要指出，并非所有人都认为这是个好主意。1985年，环境大臣肯尼思·贝克在契克斯别墅的一场讨论会上向撒切尔提出了这一方案，同时还提议将新设立的商业性地产税的税率设定权收归中央政府。劳森竭尽全力试图说服撒切尔否决这一方案，他表示"这将是完全无法推行的，在政治上是灾难性的"。

但他还是没能敌过那些热衷于讨好撒切尔、渴望证明劳森观点错误的人士。此外，就在赫塞尔廷因韦斯特兰事件而愤然出走的那次内阁会议上，人头税也曾是讨论的议题。倘若推行的速度更加缓慢，例如像最初提议的那样花上10年时间，或是像随后计划的那样花上4年时间，人头税本不一定会导致如此灾难性的后果，甚至还有可能取得成功。但在1987年的保守党大会上，与会者集体热血上涌。这一方案的简单明了令保守党党员为之陶醉，他们纷纷敦促撒切尔立刻将其付诸实施。十分愚蠢的是，撒切尔竟然同意了。不过老实说，她也的确有理由着急。和如今的市政税一样，地产税的基础也是英国各地房屋的相对价值，潮流的改变和房屋修缮都会导致价值发生变化。因此，要想使这种税收行得通，就得不时地重新评估房屋的价值。然而，每次重新评估过后，上百万房主和企业主都将面临更高的账单。因此，政府总是会尽量推迟重新评估的时间。在苏格兰，一项更加干脆的法律禁止了这样做。但重新评估不可避免，并且最终引发了一场政治骚乱。英格兰大臣们由此得以惊骇地窥见自己终将遭遇的命运。正是出于这一原因，苏格兰大臣们请求撒切尔首先在他们自己的土地上推行人头税。他们如愿以偿了。

失业者和低收入者获得了豁免。但尽管议会里一度爆发了大规模的反抗，对其后果颇感不安的保守党议员提出的根据支付能力将该税划分成三档的建议还是遭到了拒绝。我们将要看到，人头税在苏格兰付诸实施之后，引发了混乱和大规模的抗议。在英格兰，预估的人头税平均价格不断上升，惊慌失措的大臣们拟定了耗资高昂的方案，为其设定上限，并制定了更加慷慨的豁免条款；但如此一来，人头税最初的用意也遭到了破坏。设定上限之后，地方政府的可问责性再也无从谈起；豁免条款越多，选民对地方议会施加的压力也就越少。就连撒切尔也开始对前景感到担心，她被告知，超过 80% 的民众都将缴纳更多税款。1990年 3 月 31 日，人头税将在英格兰和威尔士付诸实施的前一天，在特拉法尔加广场爆发了大规模的示威活动，最后演变成了一场骚乱。示威者将拆散了的脚手架掷向骑警，汽车被放火焚烧，商店也被砸毁。共有超过 300 人被捕，400 名警察受伤。撒切尔却只是不屑一顾地将其称为"邪恶的行径"。然而，震动了撒切尔内阁的不仅仅是这场骚乱，更是中产阶级愈演愈烈的抗议：这些通常遵纪守法的选民坚称自己决不会缴纳人头税。随着保守党的支持率急剧下跌，包括赫塞尔廷的亲密盟友迈克尔·梅茨（Michael Mates）在内的反对人头税的保守党议员开始询问同事们，是否已经到了把她赶下台的时候。

# 撒切尔的谢幕

撒切尔的政治生涯之死带有黑暗的色泽，就如同一本古老故事书里的情节。在首相任上，她的表现一贯生动且具有戏剧性，像一位主导战争与和平的女英雄一样，在煤田和街头展开激战；在凯旋后的大会上，她又用铿锵有力的言辞抨击敌对党派的领导人；她总是觉得自己在一天天地书写新的历史。正因此，许多侮辱她的言论都出人意料地转变成了恭维之词："铁娘子""特权版热情之花""必须被服从的她""女领袖""有福的玛格丽特"，乃至"伟大的母象"。

从她那血迹斑斑的胸铠上反射出的 20 世纪 80 年代的形象，闪烁着比其他任何时代都更为令人不安的光芒：金融城新近获得的财富在发着金光，苏联解体时阳光普照，在距离本土更近地方的冲突与暴行则呈现出一片铅灰色。她对自己的局限性浑然不觉，世界却已焕然一新。从各方面来看，她的坠落与她过往的表现相比都毫不逊色。每当伟大领袖倒下，诗意的叙述总会把一切都归咎于其个人缺陷。但就撒切尔而言，原因绝不仅仅在于一时大意、疲惫或是衰老。撒切尔故事的终局丝毫不亚于早先的任何情节。

最终的大爆炸有着好几条导火索。其中之一便是人头税，此外还有经济政策以及欧洲问题，这两者几乎合二为一了。我们已经提到过，劳森希望将英镑与以擅长遏制通货膨胀而著称的联邦德国央行捆绑在一起，在欧洲汇率机制中"紧跟"德国马克。事实上，他是想在全新的、完全自由的全球金融体系这一令人不安的泥沼中找到一片稳固的立足之地，"种下"自己的政策。但撒切尔并不赞同，她认为货币就应该自由浮动。

两人的关系就如同爱丽儿和卡利班①一样。撒切尔还明白，欧洲汇率机制的目的就在于有朝一日演变为欧洲单一货币，这正是欧共体委员会主席德洛尔把欧洲打造成一个牢靠的联邦制国家这一计划的一部分。但倔得像头牛的劳森不顾撒切尔的意见，仍然悄悄地"紧跟"了德国马克。多数人对这一事实都心知肚明，但双方却都矢口否认。撒切尔从报纸上了解了相关情况。当劳森的这一政策代价越来越大之后，撒切尔终于勒令他住手。劳森气急败坏地服从了命令，但从此之后两人就不再交谈了。

比利时的布鲁日是一座美丽的小镇。得益于海底隧道和廉价航班，英国人得以蜂拥到这里，享受爱情、啤酒、艺术和巧克力。然而，当撒切尔在狂妄的1988年抵达这个小镇时，她所考虑的却不是上述事物。她此行的目的是斩钉截铁地反对此时已昭然若揭的欧洲联邦主义计划。外交部试图软化她的言辞，她却立刻拿出笔来，再次写下了那些刺耳的话。她向听众表示，既然自己已经"在英国成功地缩小了国家机构的活动范围"（对于这种说法是否能够成立，我们已经进行过剖析），就不愿意再看到"在欧洲层面上其活动范围再度扩大，由一个欧洲的超级国家从布鲁塞尔变本加厉地实行统治"。此类话语还有很多。她的尖锐语气令欧陆政客和英国外交大臣杰弗里·豪都深感冒犯。接下来，撒切尔又重新任命阴郁且直言不讳的货币主义者阿兰·沃尔特斯为自己的经济顾问。沃尔特斯对劳森的汇率政策不屑一顾，并且屡屡表现出自己的轻蔑之情。如此一来，撒切尔便同时和撒切尔革命期间的前后两任财政大臣杰弗里·豪和劳森展开了较量。政府高层出现了危险的分裂迹象，但她似乎不以为意，仍像往常那样漫不经心地痛斥杰弗里·豪。此外，当

---

① 爱丽儿（Ariel）和卡利班（Caliban）都是莎士比亚戏剧《暴风雨》（The Tempest）中的角色，二者都为普洛斯彼罗（Prospero）效力，但态度大相径庭：爱丽儿事事顺从，卡利班却十分叛逆。——译者注

她向全世界宣布自己"全力、欣然、欢快、毫无疑问、慷慨……全力、全力、全力、全力地"支持劳森继续担任财政大臣时,并没有多少人相信这是她的真心话。人们常说撒切尔没有幽默感,其实并非如此,只不过她的幽默感实在是有些奇怪。

随后,态度坚定、喜欢挖苦的法国社会党人德洛尔登场了。他制定了关于经济与货币联盟的详细计划,该联盟最终将推出欧元这一单一货币。要实现这一点,欧共体所有成员国都需要加入欧洲汇率机制,彼此之间的联系也将由此变得愈发紧密,这正是劳森和杰弗里·豪乐于见到的,也正是撒切尔坚决反对的。于是"平基"与"珀基"①便携起手来,他们向撒切尔表示,即使暂时把单一货币的问题搁置一旁,她也务必宣布英国很快就将加入欧洲汇率机制。撒切尔顿了顿,随即展开了反击。英国将在马德里的一场峰会上表明自己的立场。峰会前夜,劳森和杰弗里·豪同撒切尔进行了私下会谈,双方发生了激烈的争吵,两人威胁称,倘若撒切尔不让步,他们就将双双辞职。气势汹汹的撒切尔选择了让步,这场危机也就过去了,但她只不过是在等待时机。4周之后的1989年7月,撒切尔发动了反击。

她进行了一次大规模的内阁改组,堪与1962年麦克米伦的"长刀之夜"相比。杰弗里·豪被贬为下议院领袖,此外撒切尔还不情愿地授予他副首相这一保全面子的头衔,但撒切尔的新闻秘书英厄姆当即向记者表示这就是个闲职,如此一来,此举的妥协意味也荡然无存了。接替杰弗里·豪担任外交大臣的是相对而言并不为人熟知的财政部秘书长约翰·梅杰。劳森之所以能够在内阁改组中幸存下来,只是因为经济正在

---

① 平基(Pinky)与珀基(Perky)这两只小猪是英国一部儿童木偶剧的主角,在这里代指劳森和杰弗里·豪。——译者注

走弱，此时就炒掉他未免太过危险。

这场大戏还在继续。下议院的空气里满是硫黄与肾上腺素。劳森在各条战线上都处境艰难，麻烦之一还包括工党影子财政大臣约翰·史密斯。当沃尔特斯再度对他的汇率政策进行抨击之后，劳森终于受够了。他于 10 月 26 日递交了辞呈，向首相表示，她应该更加善待自己的大臣，撒切尔却假装不知道劳森在说些什么。接替劳森担任财政大臣的还是相对而言并不为人熟知的梅杰——他这个秋天过得可真有意思。此时世界局势也在迅速改变。这些事件的几天之后，民主德国宣布开放与联邦德国的边界，兴奋的柏林市民立即开始拆毁柏林墙。随后，捷克斯洛伐克政府垮台。再往后，罗马尼亚的齐奥塞斯库（Nicolae Ceauşescu）被推翻。

又过了几个星期，曾被撒切尔斥责为"恐怖分子"的曼德拉在全球人民的欢呼声中获释。与这些历史性事件相比，同一时期下议院中发生的一起事件似乎毫不起眼：年长且不知名的亲欧洲派后座议员安东尼·迈耶（Anthony Meyer）向撒切尔的保守党党魁地位发起了挑战。他常常被嘲笑为"起掩耳目、探风头作用的驴"（stalking donkey），他对撒切尔的挑战就相当于喜剧演员龙尼·科比特（Ronnie Corbett）向拳王泰森下战书。然而对撒切尔来说不祥的是，在此次党魁竞选中，投票给"那头驴"或是弃权者多达 60 人。与此同时，另外一个更加危险的生物正在暗处徘徊，游走在保守党各个协会之间和威斯敏斯特的过道里。4 年之前自我放逐、离开撒切尔政府的赫塞尔廷可不是"一头驴"，此时的他显得不同寻常地活跃。保守党议员向他泣诉人头税给自己带来的麻烦；他对此深表同情，但又努力避免显出正在摩拳擦掌的样子。

随着心腹一个接一个离去，撒切尔的核心圈子变得越来越小。百分之百的"干"派分子、环境大臣尼古拉斯·里德利因为在接受杂志采访时对德国人出言不逊而被迫辞职——有趣的是，采访他的人恰好是劳森的儿子多米尼克（Dominic Lawson）。事实证明，梅杰竟然是一名令人担心的亲欧洲派。尽管已不再在政府中任职，但仍是撒切尔密友的伊恩·高在家中被爱尔兰共和军安放的炸弹炸死。在撒切尔担任首相的最后岁月里，世界大事依然在不停发生。萨达姆入侵科威特后，撒切尔敦促美国总统老布什打响海湾战争："别动摇，乔治。"在罗马举行了又一次峰会，推行德洛尔计划的主张变得越来越强烈，撒切尔则又一次感到自己正被拖向欧洲联邦。她在下议院里发泄着轻蔑与愤怒之情，用一番话便将这一计划撕得粉碎："不，不，绝不！"就在此时，一个绝对出人意料的人终结了她的政治生命。

多年来，杰弗里·豪一直容忍着撒切尔的侮辱、不耐心、嘲讽和咆哮。他就像一位接受了宿命、遭到虐待也永远不会转身离去的丈夫一样，承受了一切。此时，目睹撒切尔那反布鲁塞尔的熊熊怒火，杰弗里·豪终于觉得受够了。针对某些尚未就绪的立法，撒切尔曾凶恶且不公正地痛斥杰弗里·豪，也许正是此举过了界。不管怎样，他已下定决心离开。1990 年 11 月 13 日，他在下议院里相当悲伤地站起身来，给了撒切尔致命一击。他关于自己辞职原因的声明意在澄清唐宁街 10 号有关他的离开并非出于特别原因的说法。

他向满屋子的听众透露，此前一年自己和劳森曾威胁要双双辞职，并且控诉撒切尔派遣大臣前往布鲁塞尔谈判的方式就如同在板球队踏上击球区之前，已在更衣室里折断了他们的球棒一般。他坚持认为撒切尔的欧洲政策是错误的，并且拉开了此时已不可避免的又一次党魁竞选的序幕："对其他人来说，是时候考虑对这种效忠对象的可悲冲突做何回应了。在这一问题上，我个人或许纠结了过长时间。"不久之前电视摄像机刚刚被允许进入下议院。全国民众都目睹了杰弗里·豪的声明，目睹了劳森在他身后点头示意的画面，目睹了赫塞尔廷刻意不动声色的表现，还目睹了首相本人面色苍白的反应。次日，赫塞尔廷宣布自己将挑战撒切尔的党魁地位。撒切尔则向《泰晤士报》表示，赫塞尔廷内心深处是名社会主义者，他信奉的那种哲学的极端形式刚刚在苏联遭遇了失败；当然，她将击败赫塞尔廷。

但根据保守党党魁竞选规则，她不仅需要赢得议会党团的绝对多数票，还必须取得 15 个百分点的优势。在巴黎的一场峰会期间，在许多宿敌的环伺下，她得知自己以 4 票之差未能满足后一个要求。于是便将进行第二轮投票。作为公共生活中少有的独自一人便能产生"群涌"效果的人物，她"涌"出了峰会会场，设法找到了 BBC 的麦克风，宣布尽管感到失望，但自己仍将继续战斗。返回会场后，她又极为镇定自若地与其他领导人一道看完了一场芭蕾舞演出——即使当着她的面，那些领导人也难掩喜悦之情。在她欣赏芭蕾期间，保守党议员正在威斯敏斯特跳着或愤怒或欢快的舞蹈。这一夜，对她的支持软化了，对她的反对则更强硬了。许多撒切尔派的关键人物都认为她败局已定，并且担心如果她继续战斗，会被赫塞尔廷击败，这样一来保守党就将陷入分裂。因此，她最好主动放弃，让另外的人选来刺杀这名刺客。

即使到了这时，假如危机期间撒切尔身在伦敦，并召集起整个内阁支持自己，那么她仍有可能转危为安。然而等到她终于回国听取党鞭的建议时，形势已一片黯淡。她选择逐一与内阁成员在自己的下议院办公室会面，这或许是个策略性的错误。道格拉斯·赫德和梅杰此前已经勉强同意提名她参加党魁竞选的第二轮投票，但其他大臣的反应却出奇地一致：假如她决心继续战斗，他们会给予支持，然而老实说，她毫无胜算，而这意味着赫塞尔廷将继任首相，所以首相最好还是主动退出，也将梅杰和赫德从早先的承诺中解放出来吧。

后来，她苦笑着打量个中经过：多数大臣很有可能在事前已就这一口径达成了一致，党鞭也表示赞同，内阁则做出一副假如她坚持到底便对她表示支持的样子，但并不真心这么想，或者说，并不希望她觉得他们真心这么想。她失去了内阁大臣的支持。只有少数死忠还在恳切地鼓励她继续战斗，他们大多不是内阁成员。其中之一是惹人生气的日记作家、特立独行的右翼分子阿兰·克拉克（Alan Clark），他希望撒切尔能不顾一切代价坚持到底。对此撒切尔表示："不幸的是，他坚持认为，即使我注定会失败，仍应继续战斗，因为光荣地战败总好过'温顺地走入那个良夜'。由于我并不特别钟爱瓦格纳式结局，他的这番话只不过短暂地振奋了我的精神。"①

就这样，大局已定。内阁成员已过于厌倦，不愿继续支持撒切尔；议员则过于害怕人头税会导致自己在大选中惨遭报复。撒切尔回到唐宁街，与丹尼斯交换了意见，入睡，随后在次日早晨7点30分告知内阁秘书自己决定辞职。她召开了一次不自在的内阁会议（她相信与会者背叛了自己），觐见女王，打电话告知其他世界领导人，在下议院里完成了最后一次华丽演出，极力捍卫自己的执政表现——"我很享受这一切！"一名情绪激动的保守党议员失声喊道："回来吧！"当撒切尔眼含泪水最后一次离开唐宁街时，她知道自己的最后一项政治运动已经取得了成功，即确保梅杰成为自己的继任者，而不是赫塞尔廷。她通过电话呼吁最亲密的支持者支持梅杰。这些支持者则觉得梅杰当初对撒切尔的支持不太够；对此，撒切尔私底下也心存怀疑。英国现代史上最非凡、最为天翻地覆的首相任期，就此结束。

---

① Margaret Thatcher, *The Downing Street Years*, HarperCollins, 1993.

第五部分

# 世界性的岛屿

# 1990—2007

英国从来都是一个处于边缘位置的国家，曾先后位于战败的边缘、破产的边缘、核
毁灭的边缘，以及美利坚帝国的边缘，最后却发现自己来到了现代状态的最前沿。
在历史上的大部分时间里，英国对世界都格外开放，主动将自己强加于世界各地；
如今，英国却以另一种方式成了"世界性的岛屿"。

# 步入信息时代

━━━

　　"撒切尔的孩子"？当撒切尔下台之时，只有少数人是她的真正信徒。假如不是内阁大臣抢先一步把她赶走，多数人也会通过投票把她赶下台。领袖坠落之时，总会受到格外残酷的对待。这位尖刻的人物在位时间实在太长，许多当年曾对这股新风表示欢迎的人，此时也都不堪其扰。希望领导人更加安静的那些人将得偿所愿。然而，在她治下的确有很多人都过得相当不错，这不仅仅包括"雅皮士"和"埃塞克斯男孩"，还包括最爱对她冷嘲热讽的那些中产阶级批评者。平均而言，英国人要比 20 世纪 70 年代末更加富有了；车更大了，假期更长了，可供选择的电视频道更多了，家庭录像兴起了，计算机时代的第一批小玩意儿也诞生了。但这还不是今日的英国。

　　抽烟的人更多了。在公共场合设立无烟区，或是在办公室或餐馆禁烟的想法被嘲讽为稀奇古怪的加利福尼亚式点子，永远不会在英国推行。那些耳朵上挂着一条线、看起来像在自言自语的家伙会被认为精神失常、令人忧心。街上没有星巴克，咖啡店大多仍是本地牌子，出售速溶咖啡、茶、油炸食品以及蛋糕。多年来，金融城里的工作者只能勉强挤出时间吃午餐，其他职业的工作者也渐渐没有时间在中午喝上一杯了。从 80 年代初起，时尚的三明治吧开始遍地开花，除了奶酪、火腿、鸡蛋这一传统搭配外，还经常提供培根生菜番茄三明治、鳄梨和蓝纹奶酪。据说在 1986 年利物浦周边的一次补选中，一名工党积极分子指着当地一家油炸食品店里的豌豆糊说道："给我也来点鳄梨酱。"这或许只是一则逸事，但反映了真实的英国与其南部那些新兴大都会之间的差距，因而被人反复讲述。城里人尚未养成走到哪儿都随身携带瓶装水的习惯。不过毫无意义、令人厌烦的商界用语已经开始大行其道。日后将无处不在的 PPT 展示才刚刚萌芽。火车上的双向箭头是一个自 1965 年以来便为人熟知的标志，乘坐火车出游者仍被称为"乘客"，而非"顾客"。街上满是炫目的福特塞拉牌、奥斯汀蒙特哥牌和速度飞快的梅特罗牌轿车。

然而，这样一个富裕的国度，气氛却并不轻松。"私人富足，公共污秽"这句老话常常被人挂在嘴边。最为迫切的忧虑在于经济。劳森主导下那段繁荣期的宿醉效应开始显现。通胀率在向着两位数蹿升，利率已高达 14%，失业人数则接近 200 万。接下来的 4 年间，英国，尤其是英国南部，将遭遇一场严重的白领衰退，房价将下跌四分之一。据估计，有多达 180 万人发现自己住房的价格已经比在 80 年代的信贷狂潮时借下的贷款额还要低。单是 1991 年这一年，就有超过 7.5 万个家庭的住房被收回。回过头来看，人们普遍承认撒切尔革命重塑了英国经济，令其为即将到来的全球化时代做好了准备。但在 1990 年，人们并没有这种感觉。

变化还不止这些。当时英国的人口要比今天至少少 300 万，种族构成也更加单纯。在大约 300 万非白种英国人中，最大的群体是印度裔（84 万）、加勒比黑人（50 万）和巴基斯坦裔（47.6 万），这与 70 年代做出的预测相差无几。穆斯林是否能充分融入英国社会这一问题并未引发政治忧虑。为便于密切留意捣乱者，以及保持英国的宽容传统，不少从母国出逃的最为激烈的伊斯兰好战分子都在伦敦获得了安全的避难所。最大的白人移民群体则来自爱尔兰，相对而言他们仍比较贫穷。身处英国的波兰人和俄罗斯人不是外交官，就是苏联统治时期出逃的避难者。"假的寻求避难者"这种说法会让人感到不知所云。英国还不像不久之后那样深受来自西边与东边的文化与人员的影响。

英国还将再次以美国次要伙伴的身份参战，这一次加入的是海湾战争。这场战争将科威特从萨达姆的入侵中解救出来，并重创了伊拉克共和国卫队。尽管英军遭受了人员伤亡，萨达姆还使用了人肉盾牌，但海湾战争并未像日后的伊拉克战争那样引发巨大争议，而是被普遍视作国际社会对一名极为恶劣的独裁者给予的必要惩罚。经过争议不断、警钟长鸣的撒切尔时代之后，除了欧洲联邦这一重大问题外，外交事务变得平淡起来。冷战的终结令人们产生了由衷的乐观情绪。冷战在全世界导致 4 000 万人死亡，涉及多达 150 起小型冲突。或许，西方终于可以松一口气了。政客和记者兴奋地谈论着即将到来的"和平红利"，以及人们期盼已久的监控及间谍等秘密国家机构的终结。当下英国面临的唯一安全威胁就是临时派爱尔兰共和军。接下来的数年内，该组织还将继续发动凶恶且狡诈的袭击。他们将在 1991 年 2 月的一个下雪天三度炮击唐宁街，险些杀死正在指挥海湾战争的首相及高级别大臣与公务员。

此外，环境问题也已经引发了人们的忧虑，不过与如今的恐慌相比只是小巫见大巫。在向世界发出警告方面，英国科学家发挥了重要作用。20 世纪下半叶少数几位可能永载史册的英国人中就包括詹姆斯·洛夫洛克（James Lovelock）。这位科学家在研究了地球的长期化学成分及其与生命体的互动过程后，于 1965 年提出了盖亚理论。提出这一名字的是洛夫洛克在德文郡的邻居、诺贝尔奖得主、小说家威廉·戈尔丁，他在乡间漫步时提议用这一希腊女神的名字为该理论命名。盖亚理论揭示了维持生命的大气及地球的化学构成是多么脆弱，这一极为复杂、能够自我调节的系统将温度维持在适于生命存活的范围内。有些嬉皮士和"新纪元"（New Age）神秘主义者误以为洛夫洛克的意思是地球本身是有生命的，但他实际上只是在做比喻，不过这一比喻的确带有暗指人为造成的气候变化的强烈意味。70年代末，就在洛夫洛克撰写自己最具影响力的著作的同时，英国南极科考队也开始注意到有一处臭氧层正在变得稀薄。据说在1985年首度对臭氧层进行测量时，因为读数过低，科学家竟认为自己的设备出现了故障，并将其送回国内进行修理。南极科考队的发现促成了一项旨在减少会破坏臭氧层的氯氟烃排放的重要条约。1979年于日内瓦召开的首届世界气候会议呼吁各国加大研究力度，英国代表在会上同样发挥了重要作用。

1990年，共有130个国家参加了第二届世界气候会议。此次会议关注的主题是：越来越多的证据表明，全球变暖已构成实实在在的威胁。但这次会议并未就应采取何种措施达成一致。资深政客对此感到担忧吗？的确有这么一位人物。两年之前，理科出身的撒切尔便就全球变暖发表过一次演说。说来讽刺，即将卸任的英国驻联合国大使克里斯平·蒂克尔（Crispin Tickell）是在一次长途国际飞行期间用令人担忧的数据说服撒切尔的。[①]1988年9月，撒切尔向皇家学会表示，或许"我们无意中已经拿地球系统做起了大型实验"。但人们对此丝毫不感兴趣，撒切尔只能在微弱烛光的照耀下阅读讲稿，没有摄像机记录下她在古老大厅里发表的这次讲话。在1990年，对大多数人来说，"环境"或者说"绿

---

① 讽刺之处在于，长途国际飞行恰恰是加剧气候变暖的因素之一。——译者注

色"问题只不过是诸如化学农药的使用或核废料的处置等可以管控的局部麻烦。关注地球命运的书籍探讨的仍只是核武器。

文化上，这个国度就如同日后一样痴迷于进口自美国的电视节目，此时正流行的是《护滩使者》（*Baywatch*）和《辛普森一家》（*The Simpsons*）。将成为接下来 15 年间一大标志的自嘲式喜剧此时也已声名鹊起。继"有的是钱"后，哈里·恩菲尔德又塑造了"懒虫韦恩与韦妮塔"等角色，抨击拜金的撒切尔时代；讽刺木偶剧《一模一样》的火力正猛；新式问答节目《我有消息告诉你》（*Have I Got News for You*）也已推出。在随后的岁月中，人们将不再对意识形态和严肃的政策问题感兴趣，而是将政治当作娱乐。在这一舞台上，幽默作家和艺术家能够证明自己比选举产生的议员更加机智。毫不令人意外的是，这段岁月并未催生出一个治理得更加良好的国度。

经历了交通系统的一连串灾难，许多人都认为英国的基础设施亟须大笔投资。当海底隧道于 1990 年落成后，英法两国工程师获得了交口称赞。按今日的标准来衡量，手机用户很少，大多是差旅途中的商界人士以及少数金融城老手，手持厚重"砖块"的他们常常遭到嘲笑。人们正大踏步走进计算机时代。一大批新产品和新程序于撒切尔时代诞生，大多来自"硅谷"——这一名称直到 1971 年才出现，指的是位于美国加州的一片电脑创新温床。革命性的苹果二代计算机于 1977 年推出；随后，坦迪、康懋达和雅达利等公司也推出了配有软盘和小游戏的计算机。IBM 公司于 1981 年推出了首款个人计算机，配备的是由当时鲜为人知的微软公司研发的 MS-DOS 这一陌生的操作系统。次年问世的康懋达 64 型计算机则将成为史上销量最好的一款。此外，英国也有自己的计算机，克莱夫·辛克莱（Clive Sinclair）研发的 ZX 光谱型计算机登上了各大报纸的头条。随后在 1983 年，康柏公司成立，成为

IBM 公司无数模仿者之中的头一个；微软公司也推出了 Word 软件与 Windows 操作系统。一年之后，英国企业家阿兰·休格（Alan Sugar）的阿姆斯特拉德公司推出了首款个人计算机，苹果公司也推出了首款麦金托什计算机。受到读者狂热崇拜的科幻小说家威廉·吉布森（William Gibson）创造了一个新词：赛博空间。

在 80 年代末，另外一些新鲜的热门话题还包括：电脑游戏这一虚拟的现实（《模拟城市》于 1989 年问世）以及微处理器那呈指数增长的运算能力。电脑特效在电影中越来越常见，尽管按照今日的标准来看未免显得笨拙和原始。当然，即将发生的最重大事件还要数互联网的诞生。90 年代初英国人取得的最重大成就与政治无关。万维网的发明者蒂姆·伯纳斯-李（Tim Berners-Lee）足以与洛夫洛克相提并论，比任何政客都更具影响力。今日的互联网综合了多项技术：从始于 1957 年苏联成功发射"斯普特尼克"卫星以来不断积累的卫星技术，到美国军队中将计算机连接起来的项目，直至美国大学研发的早期"网络"系统，以及个人计算机革命。伯纳斯-李的构想是，创造一种世界性的超文本，即一种通过计算机的辅助来阅读电子文档的方式，使得相距甚远的人们也能通过这张由文档构成的"网络"展开合作、分享知识。他将这一理念付诸实践，使得互联网的硬件设施得以走向全球。

牛津大学毕业生伯纳斯-李用烙铁制成了自己的首台计算机。毕业后，他先是在多塞特郡的数家英国公司工作了一段时间，随后于 1980 年前往瑞士，为欧洲核研究组织工作。这是世界上规模最大的研究型实验室，科学家在不断改进通过计算机与彼此交流的方式。因此，伯纳斯-李在瑞士工作期间写出了自己的第一份程序，这绝非偶然。1989 年，他提出了"超文本革命"的构想；1990 年 12 月，万维网在欧洲核研究组织内诞生；次年夏天，这场革命席卷了互联网。

低调、正派、令人敬仰的伯纳斯-李选择不为自己的发明注册专利，从而使得所有人都能免费使用。他本可以变得极为富有，却更愿意当一名收入一般的学者。后来他移居波士顿，开着一辆二手车，过着平静的生活。他于 2004 年被封为骑士，并于两年后警告称虚假信息和不民主的势力正在网络上肆虐，呼吁加强对其社会后果的研究。但在撒切尔刚刚下台之时，这一切还比较遥远。有文章宣称某种新型世界性计算机共同体正在形成，但多数人对此都感到十分困惑。互联网只是供科学家使用的吗？这是一种新型的电话兼打字机，还是自动化图书馆系统？没有人能给出确切的答案。在 1990 年，既不存在 "www" 这一前缀，也不存在 ".com" 这一后缀。

## 梅杰其人

引领这个在即将到来的新一波全球化浪潮面前困惑不已的新英国的，是一名出人意料、极具英格兰特质的人物。7 年任期使他成了英国现代史上在任时间相当久的一名首相，但如今他却已有些被人遗忘。然而，梅杰本人并不是表面上那个样子。他看上去是一名乏味、忠诚的撒切尔派分子，撒切尔也这么以为；保守党议员们同样有此想法，也正因此才把他选为党魁。可是，梅杰并非如此。他既不是道格拉斯·赫德那种温文尔雅、有着上流社会做派的老派保守党人，也不是赫塞尔廷那种头发蓬松、令人着迷的"女性杀手"。那么他是什么人呢？梅杰既不像撒切尔那样笃定，也不像她那样严厉。有这么一条很有道理的原则：如果你深究一名中规中矩的典型英格兰男子的过往，就会发现他其实相当奇特。梅杰的情况正是这样。他是一个出身贫寒、生性敏感的男孩，来自一个有些动荡和古怪的家庭。他的父亲是一名歌舞表演艺人（前文曾描述过这一行业），这位不凡的人物在美国度过了自己的童年，此后于爱德华时代返回英国，开始了漫长的演艺生涯。再往后，他又兴高采烈地周游南美，在此期间结了两次婚，还生了两个私生子。他的名字是汤姆·鲍尔（Tom Ball），"梅杰"则是他的艺名。正如约翰·梅杰日后所述，他的名字或许本应该是约翰·鲍尔，与 14 世纪那位反抗人头税的农民起义领袖同名。

梅杰出生时，他的父亲已经十分年长，正在开启一段新的生涯：生产花园饰品。然而，一笔不正规的生意以失败告终，导致汤姆几乎倾家荡产，全家也从舒适的郊区宅邸搬至布里克斯顿一套拥挤的公寓。与梅杰家同处一室的包括一名后来因刺伤警察被捕的牙买加窃贼，以及三名快活的爱尔兰偷税者。这套住房的主人事实上是汤姆的私生子、比梅杰年长很多的同父异母兄弟，不过梅杰当时并不知道这一情况。这样的环境与住在格兰瑟姆的循道派家庭 ① 截然不同。前往文法学校就读后，梅杰对于"梅杰-鲍尔"这一烦琐的姓氏恼怒不已。家境贫寒的他 16 岁便离开了学校。他早年的经历艰辛且彷徨：当过簿记员，和兄弟一起制作过用来点缀花园的矮人玩偶，照料过母亲，并忍受过一段"令人感到羞辱"的失业时期；后来，他终于进入银行业工作，并成了一名保守党地方议员。和撒切尔不同，塑造梅杰政治观点的是内城区的生活经历；在保守党内，他属于反对鲍威尔的温和派。经过长期努力，他终于成为亨廷登郡选区的保守党议员候选人，并于 1979 年撒切尔时代开启之际进入下议院。

---

① 指撒切尔。——译者注

此后，他几乎不动声色地一路蹿升，先是在内政部担任低级别工作，随后进入了党鞭办公室。作为议会党团的内部安全机构，这里是雄心勃勃者理想中的练习场地。然后梅杰又在社会保障部工作了两年。1987年大选之后，撒切尔将梅杰提拔进内阁，任命他为财政部秘书长，负责就各部门的支出与大臣们讨价还价。撒切尔之所以欣赏梅杰，是因为他在争执中敢于顶撞自己，不是个溜须拍马之徒。随后梅杰又突如其来地被进一步擢升为外交大臣（仅仅在职94天）和财政大臣。在财政大臣任上，他推出了"欧洲货币单位硬通货"这一替代货币联盟的短命计划。这种货币相当于自愿性质的欧元，与各国原本的货币并行使用。之后他又赢得了撒切尔对于加入欧洲汇率机制的支持，不过事后证明为此付出了太大代价。当梅杰突然成为可能替代撒切尔出任首相的人选时，在熟悉他的人眼中，这是一位和蔼可亲、值得信赖、勤奋、自谦的人物；此外，他还被视为撒切尔的门徒，是典型的撒切尔派分子。但对于保守党圈子之外的所有人而言，梅杰都是一张白纸。他既是战后英国最不知名的新任首相，也是20世纪以来最年轻的一位。47岁的他还算不上是一名公众人物。

大多数保守党人都已对各种戏剧性情节感到厌倦；如今这位带着轻松笑容的邻家男子将带领他们步入更加轻松的年代。当时内阁中最睿智的人物彭定康（Chris Patten）表示自己回想起了贝多芬歌剧《费德里奥》（Fidelio）中呼唤自由的"囚徒合唱"，这番话也说出了其他阁员的心声。假如他们知道后事如何，就不会这样想了。撒切尔姗姗来迟、小心翼翼地承诺将扮演好"后座司机"的角色，但梅杰并不需要她的建议。他考虑过给她一份工作，或是出任内阁大臣，或是出任驻美大使，但最终还是没有这么做。他表示要建设"充满机遇与同情心的社会"，将只属于"少数人"的特权散布到"多数人"手中。这听上去就如同新工党话语的早期版本。后来梅杰渐渐相信布莱尔只不过窃取了自己的许多想法，再添加一些热情，然后装作是自己的主意。我们将要看到，这种想法的确有一定道理。然而梅杰并没有太多时间制定自己的议程，因为有迫在眉睫的危机等待他处理。他迅速地废除了人头税，用一种与旧式地方税有着罕见相似性的市政税取而代之。他同样迅速地会见了美国总统老布什，在海湾战争期间一直为其提供支持。尤其是，他还得迅速应对那只正在吞噬保守党的多头巨兽——德洛尔的欧洲联邦计划。

如果说有哪个地方适合就欧洲民族国家的命运展开争论，那一定是荷兰的马斯特里赫特。这个由鹅卵石铺就的迷人小镇距离德国和比利时都非常接近，让人感到它不属于任何一个国家。大决战将于1991年冬天在这里上演。各国将讨论一项新的条约；通过这一条约，欧洲联邦计划将变得更为清晰；推出单一货币的工作将加速进行；欧盟将成为外交、国防和内政方面诸多事务的最高权威；其中的"社会宪章"将迫使英国实行欧洲大陆那种耗资更大的就业保障系统，并放弃撒切尔时代采取的某些工会改革措施。对于一个产业基础薄弱、部分要依靠削低价格才能与欧陆对手竞争的国度而言，这些做法将导致严重的后果。对于曾为撒切尔在布鲁日发表的不屑一顾的讲话而欢呼雀跃的保守党而言，这份将欧洲的"联邦"命运表述得清晰可见、迫在眉睫的条约无异于宣战公告。下台之后烦躁不安的撒切尔认为签订《马斯特里赫特条约》就如同举国自杀。此时她开始相信自己是因为在欧洲问题上的立场才被赶下了台。听到梅杰宣称希望英国"位于欧洲的中心"之后（这其实只是一句客套话），她便将他也列入了长长的"叛徒"名单之中。撒切尔的仰慕者也发出了不满的嘘声。接下来，梅杰又拒绝表示永远不接受单一货币。撒切尔的仰慕者更加愤怒了，她本人也是如此。

但梅杰的目标在于务实，而非振奋人心。他决定在单一货币问题上不持绝对立场：有朝一日单一货币终将诞生；对于商业和贸易而言，它显然具有优势；但当下时机尚不成熟，部分原因在于这会导致希望加入欧盟的前社会主义国家处境艰难。因此他的态度便是：既非"现在"，亦非"永不"。多数人都认为他是在圆滑地在行走于两大旋涡之间，避免保守党陷于分裂。在他那本比同类书籍精彩许多的回忆录中，梅杰对自己遭受的犹豫不决、拖沓不定、缺乏领袖才能与信念的指控提出了抗议，并表示他"对有人会理解"自己真正持有的微妙立场"已经不抱希望"。但在马斯特里赫特的紧张谈判期间，尽管面对重重困难，他仍然设法令英国在大多数问题上得以避免效忠于欧盟。他与财政大臣诺曼·拉蒙特（Norman Lamont）谈成了一条让英国可以不加入货币联盟的特殊条款，并成功地将"社会宪章"从条约中删除。他不放过每一个细节，令其他领导人筋疲力尽；与撒切尔相比，梅杰尽管更加礼貌，但同样坚定。对于处于弱势地位、在党内正遭受攻击的他来说，这样的谈判结果完全算得上是了不起的成就。梅杰归国后，各大报纸齐声唱起了颂歌；一名助手的评论广为流传：英国已拿下了"这局、这盘、这场"[1]。一时间，梅杰成了英雄。他表示，在下议院中保守党同事对自己的欢迎就如同古罗马的凯旋式一般。对于这个来自布里克斯顿的男孩来说，这样的场面想必十分震撼。

不久之后，信心满满的梅杰宣布将进行大选。多数观察家都认为他必输无疑。经济状况如此糟糕，人头税的记忆还近在眼前，在金诺克领导下的工党则纪律严明、组织良好，因此保守党统治的年代必将终结。但事态的发展却截然不同。拉蒙特于大选前推出的预算案发挥了重大作

---

① 原文为"game, set and match"；这是一句网球术语，当全场比赛结束时，主审会依次表示获胜者赢得了这一局、这一盘，以及这一场比赛。——译者注

用。该预算案将所得税最低税率降低了 5 个百分点，这对低收入者十分有利，打了工党一个措手不及。在时任保守党主席的咄咄逼人的彭定康率领下，保守党将工党热衷于提高税收的主张作为打击目标。这一策略十分凶狠，以至于彭定康都自称为"自由派恶棍"。在竞选过程中，梅杰又回到了老家布里克斯顿，像年轻时那样站在临时演讲台（实际上是个塑料盒）上，通过扩音器向嘈杂的人群发表演说。这与工党那处于严格掌控之下的竞选活动形成了鲜明反差，也令媒体产生了共鸣。梅杰继续保持这种风格，自视为相对于金诺克"候任政府"的弱势一方。终于，在投票前一周于谢菲尔德举行的集会上，金诺克再也无法控制自己，他兴奋地挥着拳，大声喊着："我们很棒！"人们常常认为正是这一举动导致英格兰的保守中产阶级终于抛弃了金诺克。但这种说法未免显得有些简单了。

1992 年 4 月 9 日，梅杰领导下的保守党赢得了 1 400 万张选票，创下了史上最高纪录。这既是梅杰个人的巨大成就，也是由于人们害怕工党上台后会增税。就得票率而言，保守党的优势同样是 1945 年以来极大的一次，然而古怪的选举制度却使得梅杰仅仅获得了 21 席多数。金诺克一蹶不振，很快便退出了政坛一线。然而，从来没有哪次重大胜利像 1992 年大选一样，令获胜者也深受打击。彭定康丢掉了巴斯选区的议席，只得转而就任香港末任总督，在按照早已达成的协议归还英国仅存的这块殖民地之前还与中国人争执不休。尽管赢得的票数众多，但微弱的多数优势却意味着梅杰的权威将慢慢遭到蚕食。他未能以伟大领袖的身份被载入史册，但在议会体制之下，伟大与否往往取决于与议席相关的算术。假如撒切尔在 1979 年或 1983 年只享有 21 席多数，她还能发动那场革命吗？此外，经济状况也十分不利，即使在 1992 年取胜的是工党，也会迅速走上下坡路。在这一年里，政府面临的选择就相当于英式橄榄球运动员所谓的"上刀山的传球"。此时，欢欣鼓舞、如释重负的梅杰在向欢呼的观众致意的同时，手中握着的橄榄球却宛如一枚烫手山芋；与此同时，一群不怀好意、体格强壮、凶悍无比的前锋正准备将他扑倒在地。

## 旧工党憾失国王

迄今为止，在当代英国政坛上登场的许多人都是疯子，或者至少也是想要证明些什么的心神不宁者。然而，约翰·史密斯绝不是疯子。1992年梅杰赢得大选后，金诺克绝望地选择了放弃，接替他的正是这位有着乏味姓名的平和、镇定、自信的苏格兰律师。如今，几乎所有人都乐于把史密斯从历史书中抹去。对布莱尔派分子而言，他是那出现代化史诗大戏上演之前怯生生的灰暗背景；对金诺克的仰慕者而言，他是葬送掉1992年大选的影子财政大臣；对保守党来说，他在议会中的精彩质问令人难堪不已。在政坛，预测哪怕一个月之后将发生什么都是危险的。然而，尽管史密斯在距离大选还有三年时间的1994年便因心脏病猝然长逝，但经历了20世纪90年代中期这段保守党的灾难岁月后，预测届时他将成为首相其实是相当靠得住的。倘若果真如此，英国将迎来一届传统的、更加类似于欧洲大陆风格的社会民主主义政府，我们的历史也将变得截然不同。

史密斯出身于苏格兰西海岸的一个渔民家庭。他有些秃顶，外形就如同一只白顶水鸟<sup>①</sup>，而他父亲的绰号则是"长毛史密斯"，而且还是小镇上的一位校长。史密斯从小便支持工党，聪颖、自信的他在格拉斯哥大学初步经受了政治洗礼——这一批来自不同党派的出色的大学生辩手将在未来主宰苏格兰政坛。60年代初，格拉斯哥大学工党俱乐部里聚集的并非激进分子，而是支持盖茨克尔的温和派，史密斯也从未改变这一立场。作为工党苏格兰分部里一颗闪耀的新星，他在政坛不断蹿升，先是在威尔逊和卡拉汉政府里担任低级别的大臣职务，处理与石油和权力下放相关的事务；随后又在工党执政的最后岁月里以贸易委员会主席的身份进入内阁，时年40岁，是该委员会最年轻的成员。

在野之后，他成功地与恶劣的党内斗争保持着距离，并最终成为金诺克的影子财政大臣。他和托尼·本曾在能源部共事过，尽管观点不同，但相互欣赏。他曾是名出色的律师，在议会中也是一位卓越的辩才，这令他在威斯敏斯特圈子里声名鹊起——尽管在撒切尔时代的英格兰，他被视作一名喜欢增税、具有社团主义倾向的老派社会主义者。他收到的一封来信干脆地怒斥道："你是拿不走我的英国电信公司股份的，你这个秃头，长得像猫头鹰的苏格兰浑蛋。滚回苏格兰去，让另一个笨蛋金诺克也滚回威尔士去。"<sup>②</sup> 史密斯的出身带有老派的平等主义基督教背景，这自然使得他与撒切尔时代在英格兰蓬勃兴起的物质主义、享乐主义以及追求出人头地的文化格格不入。在成为工党党魁之前，他曾向一家报纸表示自己最看重的是教育："因为这能够开启想象的大门，能够打破阶级壁垒，能够使人们获得解放。在我的家庭里……金钱受到轻视，教育则受到尊敬。直到现在，我对金钱还是有些不屑一顾。"<sup>③</sup> 老实说，

---

① "白顶水鸟"一词又有"笨蛋"的意思。——译者注
② 见 Andy McSmith, *John Smith: Playing the Long Game*, Verso, 1993。
③ 同上。

他的继任者就不具备这样的品质了。

史密斯与金诺克从未建立起亲密的私人关系，但对他一直保持着一丝不苟的忠诚。这名喜欢吃喝但并不酗酒的工作狂在1992年的党魁选举中以压倒性优势获胜，成为金诺克的继任者。此时，他已经历过一次严重的心脏病发作，极其幸运地活了下来，并且开始进行登山锻炼。并不总是能很好指引未来的《太阳报》这次倒是用了一个一语成谶、令人后怕的标题来欢迎他的胜选："他很胖，他53岁了，他发作过一次心脏病，他接手了一份压力极大的工作。"

虽然史密斯很快便提拔了布莱尔和布朗这两位最耀眼的新星，但他们却很快就对史密斯的领导风格感到沮丧。史密斯并不认为有必要从整体上改造工党，而只是需要在个别方面加以改进。在推动"一人一票"的内部民主制度等问题上，他起先也表现得并不情愿。在工党现代化的推动者中，彼得·曼德尔森是个"梅菲斯特"① 式的人物，史密斯几乎在见到他的第一眼就对他心生厌恶之情，这种态度可能也和苏格兰长老会的"恐同"心态有些许关系。② 布莱尔、布朗和曼德尔森则认为史密斯过于自满和懈怠。另一方面，史密斯却认为他们太过小题大做；凭借自己的传统精神，工党照样能重新掌权。当时不为人熟知的记者阿拉斯泰尔·坎贝尔（Alastair Campbell）将工党划分成了两个阵营：一边是布朗、布莱尔和杰克·斯特劳（Jack Straw）为首的"手忙脚乱派"，一边是史密斯为首的"慢条斯理派"。布莱尔对史密斯的领导风格十分绝望，一度考虑告别政坛。他琢磨着自己或许应该一门心思从事法律工作（他的哥哥在法律界已大获成功）。对他来说，在政坛还有什么用武

---

① 意指恶魔。——译者注
② 曼德尔森是同性恋者。——译者注

之地呢？

1994 年 5 月 12 日，经历了第二次心脏病发作后，史密斯离开了人世。在震惊与哀悼过后，工党迅速告别了他的遗产。不过，史密斯的议程中仍有一部分被完好无损地保留下来，并对今日英国的形态产生了重大影响。早在 1978—1979 年这段黑暗的岁月里，担任大臣的史密斯就曾为苏格兰的权力下放奋斗过；此后，他也一直热心于创建苏格兰议会和威尔士国民议会这一"未竟的事业"。和友人唐纳德·迪尤尔（Donald Dewar）一道，他们促使在野的工党极其坚定地致力于这一理念，以至于对权力下放并不太感兴趣的布莱尔也无法放弃旧工党的这一目标，只得在日后将其付诸实施。

## 黑色星期三与保守党的自杀

这场吞噬了保守党的危机十分复杂，是各种恶性因素交互作用的结果；但从别的方面来看，这场危机其实也十分简单。首先，随着英镑跌出欧洲汇率机制，保守党的整个经济政策在一天之内便化为乌有。梅杰在反思这场危机的书中用这样的开场白做出了恰如其分的总结："黑色星期三，即 1992 年 9 月 16 日，英镑被迫退出欧洲汇率机制的那天，是一场政治和经济灾难。它对保守党造成了严重破坏，并改变了英国的政治局势。"[1] 在此有必要回顾一下欧洲汇率机制是什么，以及在 20 世纪 90 年代初它为何如此重要。

---

[1] John Major, *The Autobiography*, HarperCollins, 1999.

欧洲汇率机制是指：无论是马克、法郎、里拉、克朗等，昔日欧洲各种货币的起伏应当密切保持同步，就如同数架大小不一的飞机构成一个紧密的编队一样。相对于外部货币，尤其是美元，它们的涨跌都将保持一致，就如同是一种货币一样，投机者也无法将它们打散。最终，它们将融合为一体，变成单一货币。飞机的比喻也就到此为止了，因为多架飞机显然无法融为一体。此时最强劲的货币要数德国马克，于是其他货币的涨跌都会紧随德国马克。

与其他货币一样，英镑相对于德国马克也有着狭小的波动空间，相当于自己的领空。当穿越国际金融市场引发的动荡与风暴时，英镑务必保持在这一空间之内。一旦在加入这一机制时确定了必须加以维持的、相对于德国马克的初始汇率，政府仅存的导航手段就只剩下了利率机制，以及严正声明。这意味着什么呢？不妙的是，一切都取决于你的立场。对梅杰及其政府而言，欧洲汇率机制的意义在于：考虑到德国央行有着严厉反通胀的好名声，"紧跟"德国马克也就意味着英国购得了一项现成的、质量有保障的政策。紧跟强劲的德国马克还有助于向全世界传递出这样的信号：在催生了多次通胀性繁荣之后，这届政府终于要对通货膨胀动真格了。然而对于欧洲大陆而言，欧洲汇率机制的意义就截然不同了：这是通往更加强大的全新单一货币的过渡机制。于是，此前出于遏制通胀的目的，撒切尔同意采取这项政策；但由于使得英国距离受到欧洲超级国家的统治近了一步，这项政策又遭到了撒切尔的厌恶。看糊涂了吗？大多数保守党人也是如此。

炸弹此时便已埋下。随着美国降息导致美元下跌，连带着英镑一同下跌，炸弹被引爆了。更加雪上加霜的是，热钱流向了德国马克，导致其迅速升值。就在英镑坠落之时，编队里的头机却在进一步上升。政府将利率提高到离谱的 10%，试图振奋英镑，但并未奏效。接下来显而易见的是，只有德国人降息，也就是降低德国马克的"飞行高度"，才能保证欧洲汇率机制这一编队完好无损；此举不仅有利于英镑，也有利于意大利里拉等其他弱势货币。然而德国刚刚实现统一，将较贫穷的民主德国纳入联邦德国需要付出高昂代价。在这样的情况下，德国人十分害怕魏玛时代的通货膨胀及后续惨痛经历会再度重现。于是，德国不顾英国、意大利等国的痛苦，依旧将利率维持在高水平。梅杰对德国总理科尔（Helmut Kohl）使出了乞求、诱骗、警告和严厉谴责等浑身解数，仍无济于事。他还警告称刚刚签署的《马斯特里赫特条约》有可能彻底崩溃，因为丹麦刚刚通过全民公决拒绝了这一条约，法国也将就此进行全民公决。这依然未能起到任何作用。

在公开场合，英国政府依旧坚称，无论付出什么样的代价，英镑都会留在欧洲汇率机制内。这不仅仅是个技术性问题，更关系到梅杰的反通胀战略。早在担任财政大臣期间，梅杰就曾向因这一战略而深受失业和失去住房打击的英国公众表示："只有苦口的才是良药。"从此，他的信誉便与欧洲汇率机制捆绑在了一起。此外，这还关系到他的外交政策：加入欧洲汇率机制表明英国真心希望"位于欧洲的中心"。总之，这是梅杰针对英国在经济和外交上该如何求生这一问题做出的重大回答。财政部长拉蒙特对于欧洲汇率机制的态度就和梅杰一样坚决，他向市场表示，英国不会退出欧洲汇率机制，英镑也不会贬值——"这是我们的核心政策"，对此"不该有丝毫怀疑"。随后梅杰更进一步，在苏格兰的一次讲话中表示，考虑到通胀率已跌至 3.7%，并且还在进一步下跌，只有疯子才会退出欧洲汇率机制："软处理的选项，也就是贬值、通胀这一选项，将出卖我们的未来。"

但他已无法再坚持更长时间。随着意大利里拉跌出了欧洲汇率机制，投机者将注意力转移到了脆弱的英镑身上，开始不停地抛售。他们赌定梅杰和拉蒙特无法通过保持超高利率的方式维系英镑对德国马克的汇率。这是个轻松、必胜的赌局。实际上，10%的利率已经令人痛苦不堪。在黑色星期三的上午11点，英格兰银行又将利率提高了两个百分点，这将令房主和企业都陷入苦苦挣扎的境地。但拉蒙特却表示，为了让英镑留在欧洲汇率机制内，自己会采取"一切必要措施"。恐慌感愈演愈烈，抛售还在继续。颤颤巍巍的拉蒙特匆匆告知梅杰，高利率并未奏效。但在海军部大厦里（遭到爱尔兰共和军炮击的唐宁街10号目前仍在翻修中），梅杰与内阁要员决定继续这场赌局。英格兰银行宣布将再次加息三个百分点，将利率提升至15%；倘若如此高的利率维持下去，将在全国范围内掀起严重的破产潮。但此举依旧没有任何效果。到了下午4点，梅杰终于致电女王，表示自己将重召议会。政府已濒临崩溃。晚上7点30分，拉蒙特与包括戴维·卡梅伦在内的亲密顾问一道离开财政部，向白厅里的一大群摄影记者和旁观者宣布，自己已"暂停了"英镑的欧洲汇率机制成员资格，并取消了先前的加息决定。梅杰也起草了辞职声明。这是自1976年9月的国际货币基金组织贷款危机以来，16年间英国在政治上遭受的最大羞辱。

倘若梅杰辞职，那么拉蒙特也只能一同辞职；这样一来，在这场重大危机期间，英国将失去两名级别最高的大臣。因此梅杰决定还是继续干下去，尽管他的威信已经受到了永久性的损伤。一向更加快活、更有韧性的拉蒙特宣称，在这场灾难之后，自己在洗澡时还能开心地唱起歌来；后来为了进一步表明自己对此丝毫不以为意，他还引用了皮雅芙的名曲："我一点也不后悔。"或许他更适合于摄政时期①，而不是20

---

① 摄政时期指的是1811—1820年，英国国王乔治三世因精神状态不适于统治，由其长子、后来的乔治四世以摄政王的身份代其执政；在此期间，欧洲发生了许多影响重大的历史事件。——译者注

世纪末。拉蒙特表示降低利率起到了作用，经济开始缓慢复苏，这令他感到高兴。当其他人只能看到失业、失去住房和破产这一番凄风苦雨时，他总能从中发现一株经济重生的"绿芽"。这样的眼光或许来自观鸟这一嗜好：观鸟爱好者对于大自然总是有着格外敏锐的观察力。

接下来的数月，拉蒙特重建了预算体系，并通过一系列艰难的决定修复了公共财政。但经济衰退已经使得民众疲惫不堪，他也越来越经常成为媒体取笑的对象。几件琐碎小事的共同作用导致他沦为笑料。令拉蒙特极为震惊的是，在黑色星期三过去半年多之后，梅杰竟解除了自己的职务。后来他在下议院里展开了报复，在一次发言中表示，政府太过在意民调结果和政党经理的意见，"从而造成了这种印象：我们尽管在执政，却并未掌权"。这是有的放矢的沉重一击。接替拉蒙特担任财政大臣的是肯尼思·克拉克，这名好斗、亲欧洲、爱喝啤酒、热爱爵士乐、信奉"一国保守主义"①的政坛搏击手堪称当代保守党的一位重要代表人物。尽管拉蒙特逐渐变成了一名激烈的疑欧派分子，并且再也没有原谅梅杰，但4年之后新工党继承的强势复苏的经济的确应归功于这一不可思议的"三个火枪手"组合的共同努力。

至于梅杰本人，他的前路变得愈发崎岖和险峻了。大选之前，《马斯特里赫特条约》被标榜为巨大的成就；此时在下议院中，围绕着批准该条约的争斗却变得漫长而血腥，夜复一夜，各个小集团都在议会的酒吧间里进行着密谋。在撒切尔和前任保守党主席、同样也已进入上议院的特比特的推波助澜之下，不少反对《马斯特里赫特条约》的保守党议员纷纷变节，这使得梅杰本已微弱的多数席位被蚕食干净。黑色星期三

---

① "一国保守主义"（One-nation conservatism）指的是这样一种保守党意识形态：将社会视为有机整体，社会成员对于彼此都要承担相应义务，尤其是特权者和富人对穷人须承担家长般的义务。——译者注

为那些将欧洲汇率机制及欧洲联邦计划的所有方面都视为灾难的人增添了信心。正如梅杰日后所写："这一灾难将长达 25 年的不安情绪转变成了对广泛介入欧洲事务的断然拒绝……情绪之河决堤了。"倘若德国人没有再次令我们失望，会如何？倘若在英国的自我放逐之后，低利率催生的经济复苏"绿芽"并未如期而至，又会如何？假如说欧洲汇率机制真的很糟糕，这就一定意味着整个联邦计划也都是糟糕的吗？曾对《马斯特里赫特条约》表示热烈欢迎的报纸，此时大多又转而表示激烈反对。保守党在媒体界发出的最有影响力的声音对《马斯特里赫特条约》和梅杰都充满敌意，撒切尔的反对之声也在威斯敏斯特激起了巨大反响。原则、愤恨之情与势利态度都交织在了一起。梅杰的语言常常显得沉闷，他也完全不具备潇洒气质，这导致许多英格兰的传统派保守党人斥责他教养不足，相对于国家领袖的要求而言只是个三流人物。更加糟糕的是，他对于批评声十分敏感，还不时表现出自怜的心态。当代领袖人物需要不为外界所动，而这正是他无法做到的。

《马斯特里赫特条约》历经 1992 年秋冬和 1993 年春天，在议会中终于获得通过的故事过于复杂，在此无法加以详述，只能简单地提一两句。总是有 40~60 名保守党议员（具体人选不定）与工党反对派一道，挫败自己政府提出的法案。梅杰政府随时都有垮台的危险。每当发起信任投票，并且以宣布大选来威胁反叛的议员时，他就得以幸存；而每当史密斯的工党和反对《马斯特里赫特条约》的保守党反叛者寻找到哪怕再薄弱不过的共同目标时，他便会命悬一线。反叛者中既包括许多最为一丝不苟、品行高尚的议员（欧盟可能对英国古老的议会民主制造成的宪政上的破坏令他们无比担忧），也包括那些心怀恶意与怨恨的议员。有些后座反叛者发现，突然之间自己能够经常接受电视采访，报纸也希望听到他们的观点，自己简直成了在全国都小有名气的人物。正如笔者亲眼所见，这有可能导致他们陷入忘乎所以的危险境地。最终，梅杰的法案总算获得通过，英国也签署了《马斯特里赫特条约》，然而无论是梅杰个人的牺牲，还是为此付出的政治代价，都是极其巨大的。在接受完某次采访后，对着尚未切断的麦克风，他将内阁中的三名疑欧派分子称为"浑蛋"——这指的是迈克尔·波蒂略（Michael Portillo）、彼得·利利（Peter Lilley）和约翰·雷德伍德（John Redwood）。全国民众都目睹了保守党陷入分裂，并且丝毫不感到讶异。

1993 年秋天，拉蒙特已开始大声宣称英国也许需要退出欧盟；金融家詹姆斯·戈德史密斯（James Goldsmith）也开始着手组建公决党，试图就英国脱欧问题进行全民公决。欧盟扩大之后应该采用何种投票制度这个污浊的"现实政治"问题直接关乎各国的影响力，围绕该问题，又爆发了新一轮争吵。新任外交大臣赫德不得不在二者之间做出选择：要么达成协议，但会削弱英国的影响力；要么否决协议，但会导致欧盟扩大压根儿无从谈起。赫德试图寻找妥协方案，但议会里却再次炸开了锅，反叛的保守党议员开始考虑向梅杰的党魁地位发起挑战。不久之后，这场风波暂时平息了，但围绕着欧盟预算和渔业政策，冲突再度爆发。8 名反叛议员正式退出了保守党。就在此时，曾令梅杰在下议院中无比难堪的史密斯突然去世，布莱尔成为他的继任者。当梅杰允许那些反叛者再度加入保守党时，这名年轻的反对党领袖对他说道："我在领导我的党，你却在跟随你的党。"正如拉蒙特那句"尽管执政，却未掌权"的名言一样，布莱尔的这句话也生动地刻画出了梅杰所处的进退两难的窘境。与拉蒙特的话一样，布莱尔的话也令全国民众产生了共鸣。

# 铁路系统私有化

从撒切尔坠落到布莱尔登场之间的这 7 年，主导着英国政坛的是欧洲问题。但就国内政策而言，政府依旧在试图继续推动不列颠革命。在多年踌躇之后，英国铁路公司终于被拆分和私有化，残存的煤炭行业同样如此。1992 年大选之后，政府决定再砍掉煤炭行业的半数工作岗位，关闭31 个矿井，为私有化做准备。这令许多保守党议员深感沮丧和愤怒，他们认为诺丁汉郡矿工民主联盟当年破坏罢工的行为理应获得更好的回报。这一决定还引发了多起民众抗议。尽管如此，由于电力公司转向天然气和石油等能源，加上矿工工会的实力早已严重受损，私有化还是在两年之后展开了。但面对赫塞尔廷提出的抛售邮政公司的提议，梅杰却退缩了。这是一项盖有王室印章、有着悠久传统的服务。对于英国来说，梅杰拒绝出售邮政公司的决定或许是件好事。为什么呢？因为铁路的私有化被证明是一场灾难。

政客与铁路之间的纠葛由来已久。这或许源自男孩们卧室或阁楼里摆放的霍恩比牌铁路模型，或许是由于这个行业的美妙和复杂令人着迷，理性者会热衷于设计时刻表，浪漫者则会沉醉于浩大的工程。但不管怎样，对各色政府而言，"摆弄"铁路系统都是一个危险的爱好。并非男孩的撒切尔也知道，铁路对上百万人的工作有着重大影响，不能轻描淡写地将其拆分或出售。据说她曾向时任交通大臣的尼古拉斯·里德利表示："铁路私有化会成为本届政府的滑铁卢。请别再向我提起'铁路'二字。"[1] 但就在辞职之前，迫于一个已无其他用武之地的财政部

---

[1] Christian Wolmar, *On the Wrong Line,* Aurum Press, 2005.

私有化小组的压力，她的态度开始软化；梅杰上台后更是饶有兴致地接手了铁路私有化的工作。这可是铁路啊！什么能比这更有趣呢？提供的尽是些不平整的三明治、事故频发、老掉牙的英国铁路公司，难道不是这个国家的一大笑话吗？难道称职、有意改革、对私人公司运营下色彩鲜艳的火车纵情驰骋的昔日时光充满怀念的政府，不能做得更好吗？

然而，抛售一个陈旧、亏损、影响着上百万人的铁路系统，会面临显而易见的问题。如果政府的首要目标是筹措资金，那么由于铁路的新主人将试图赚取利润，票价将不可避免地迅速上涨，提供的服务也会减少。这样一来，政府将更不受欢迎。如果政府的目标在于加强竞争，那么，该如何做到这一点？毕竟每段线路上只有一条铁路线，不同的铁路公司很难直接展开竞争，在同一条铁轨上追逐其他公司。如果不把竞争性作为目标，难不成要将英国铁路公司作为整体出售？既然这一点也不在考虑之列，那么保守党面前实际上就只剩下了两个选项。首先，可以按照地理分布对英国铁路公司进行拆分，再分区出售火车与轨道，这样一来，铁路系统将变得更加接近于20世纪30年代的样子。竞争虽不直接，但比方说假如大东北铁路公司要比运营康沃尔至德文郡这段线路的铁路公司更周到、更有效率，人们显然能够发觉；到了一定时候，劣质公司将亏损，优质公司将盈利。就这样，市场发挥了作用。亏损公司的许可证将被收回，或是被其他公司接管。另一个选项是，对铁路系统进行垂直分割，例如由国家机构掌控轨道，某些公司掌控火车站，另外一些公司掌控火车。当然，这也可以被称为"一团糨糊"选项。

迫于财政部的压力，为创造出尽量多的收入和尽量具有竞争性的格局，新任交通大臣约翰·麦格雷戈（John MacGregor）选择了"一团糨糊"选项。政府建立了一个由补贴、合约、投标、定价（对象几乎涵盖一切）、往返交叉订票以及监管等相关规定构成的庞杂体系，然后决定将轨道单独出售给新成立的私营垄断企业"铁路线路公司"。突然之间，穿越英国变成了一件复杂的事情，要涉及两到三家铁路公司。然而，这些公司并不能在新建立的市场里尽情施展；毕竟，铁路实在是过于重要了。将有一名特许经营总监负责监管这些公司的利润和定价（包括票价），并由"铁路监管机构"负责轨道的监管工作，特许经营总监和铁路监管机构则将直接向交通大臣汇报。这样一来，公众的不满意见、商业问题、安全问题——也就是几乎所有问题，依旧掌握在政客手中。如果说这能被称为私有化，那么这种形式无疑是十分奇怪、或许不知所云的。最终，与陈旧过时、常常遭到嘲笑的英国铁路公司相比，新的铁路系统将令纳税人付出高昂得多的代价。研究这段奇闻的历史学家克里斯琴·沃尔马将其称为"对车轮征收的人头税"。曾在英国铁路公司理事会任职的作家西蒙·詹金斯总结称："财政部在 20 世纪 90 年代对铁路系统的处置，或许是'二战'以来白厅工业管理不善的最糟糕例证。"①

## 问题重重的公共服务体系

梅杰曾品尝过失业的滋味，对遭到他人冷落也十分敏感。因此，在布里克斯顿的成长经历加之自身的性情，令他做好了与傲慢、低效的所谓"公共服务"展开较量的准备。早年间他就经常抱怨："接起电话来极为不情愿，或者压根不接。货摊关门了，顾客只能等待……地方议会办公室位置偏远，坐了很长时间的车，好不容易到了那里，却找不到

---

① Simon Jenkins, *Thatcher and Sons,* Allen Lane, 2006.

真正了解问题的人……只有不知姓名，也不愿留下联系姓名的声音和面孔。"[1]这番话说得再好不过。明明对公共服务投入了巨额资金，为何其质量还如此低劣？撒切尔革命给出的答案是：归根结底，只有市场才能对人们的需求做出敏锐的回应。然而从20世纪80年代到90年代，包括撒切尔在内，政府中没有任何人准备将这一逻辑演绎到极致，对医疗、教育或公路系统也实行私有化，再用补助金券或现金对穷人做出补偿。另一方面，在财政部的铁腕掌控下，重新激活地方民主、令其主导公共事务同样不在考虑之列，纷繁复杂、高度官僚化的中央集权体制便成了仅存的选项。如前所述，这一体制在撒切尔时代已经兴起，并将在布莱尔时代达到顶峰。而在梅杰时代，政府建立起了中央集权的教育资金署，并按照学生的考试成绩这一粗糙的指标对英格兰和威尔士的学校进行排名；大学系统得以大幅扩张，但采取的方式只不过是允许理工学院及其他学院更名为"大学"，公务员还徒劳地试图建立起衡量大学学术表现并对其进行排名的机制。医院体系的中央集权程度更加严重，政府为其制定了诸多新目标。为了评估薪酬状况，并满足内政大臣克拉克合并警力的要求，警察部门也需要考核业务并据此进行排名。按真实价值计算，自1979年以来，保守党在法律与秩序方面的投入增加了74%。然而漫长的谋杀犯名单却在提醒公众注意这一可悲的现实：犯罪率已达史上最高水平。克拉克不屑一顾地将主导警察部门的许多人称为"既得利益者"，可见他显然不愿先将他们争取过来，再推行改革。在英格兰和威尔士各地，经选举产生的地方议员纷纷被逐出了警察理事会，被商人取而代之。早在担任卫生大臣时，克拉克对地方当局的敌意便已昭然若揭。据该部门的一位内部人士表示，克拉克表现得就如同"保

---

① John Major, *The Autobiography,* HarperCollins, 1999.

守党内崇尚斯大林做派的人中的重要一员，阉割了各地区医疗当局的主席"。①

1993年，在捍卫自己新推出的警察排名制度时，克拉克说出的一番话与日后的新工党别无二致："我们希望公共服务具备可问责性。但不会仅仅因为善良、理智的人们有此愿望，这一目标就能实现。新的可问责性就是新的激进主义。"在过去，"可问责性"这个词意味着在选民面前展示理念和成果，一较高下，而如今这个词已经变了味。在全国各地，从地方政府的审计，到法院的运作，再到护士的工作时长，种种事务上都能见到一大帮公务员、会计、审计员和精算师的身影。早在40年代，工党曾因认为白厅最高明而受到嘲讽；如今情况却变成了白厅聘用审计员和会计来代替自己进行统治。时不时地，大臣们总会有气无力地声称中央集权式控制和考核这股风气是布鲁塞尔强加的结果。某些方面的确如此，但这一"超级国家"的大部分都产自英国本土。

梅杰将自己的主打政策称为"公民宪章"，不过他自己并不太喜欢这个名字，因为它会"不自觉地回荡起法国大革命之声"。所有与公共服务相关的政府部门都必须提出改善基层工作的方案，然后由中央政府通过督察、问卷、排名表以及嘉奖（"宪章奖章"）等方式加以执行。自始至终，梅杰一直表示要"赋予教师和医生权力"，要"帮助顾客"，要"将权力下放"。在他看来，这一庞大的中央集权式监管体系不会存在太长时间："这一棍棒的目的在于通过监管来提升公共服务水平……我期待随着竞争加剧并产生明显的效果，这些正式规章会逐渐消亡。"然而，这怎么可能呢？现实中，监管机构非但没有逐渐消亡，反而变得愈发强势。如果管理者的工作就是为了满足监管者制定的目标，就如同

---

① 见 Malcolm Balen, *Kenneth Clarke*, Fourth Estate, 1994。

钻圆圈这一马戏表演一样，那么他们会逐渐精于此道，但这并不意味着他们成了更加出色的管理者。与梅杰的话语相反的是，公共服务人员实际上并未被赋予管理的自由。梅杰希望中央集权式的监管制度会逐渐消亡，这不禁令人回想起，列宁也曾希望苏维埃国家会"逐渐消亡"。两人都未能如愿。

## 战争的抉择

1993 年 12 月，梅杰与和蔼可亲的爱尔兰共和国总理艾伯特·雷诺兹（Albert Reynolds）一同站在唐宁街 10 号的黑色铁门外。他刚刚宣布的一项新原则冒犯到了许多传统派保守党人：假如爱尔兰共和国和北爱尔兰都投票支持爱尔兰统一，那么英国将不会加以阻挠。梅杰表示，英国"在北爱尔兰没有自私的战略或经济利益"。于是，保守党的一大传统信条，即致力于维护联合王国，并且对这种有意识的偏袒感到自豪，被打破了。还不止于此。只要临时派爱尔兰共和军放弃武力，就能够以合法政党的身份受到欢迎。然而不久之前，该组织刚对梅杰身后的这幢建筑进行了炮击，还在柴郡杀害了两名男孩。

在此番《唐宁街宣言》的准备过程中，英国政府还与临时派共和军这一恐怖组织进行了绝密的"秘密渠道"会谈。该组织的领导层油滑且令人沮丧，但到了 1994 年 8 月，他们终于宣布"全面停止军事行动"。尽管与放弃武力仍相距甚远，但这一表态仍受到了普遍欢迎。一个月之后，北爱尔兰的保皇派也宣布停火。随后，就停止使用武器一事，展开了错综复杂的三方会谈，起草了多个框架文件，并进行了反复争论。通往和平之路十分曲折，途中发生过多次离席抗议与公开争执。在街头，勒索、枪击乃至谋杀仍在继续发生。不过，1993 年的遇害人数为 84 人，一年之后已减少至 61 人，到了 1995 年更是减少至 9 人。爱尔兰共和派和统一派提出的要求南辕北辙，这导致梅杰连纸面上的最终协定也未能促成。这一未竟的事业将有待布莱尔完成。但梅杰仍然取得了了不起的成就，他堪称一位出色的和解人。

为求得保守党党内的和平，他同样做出了惊人之举。1995 年 7 月，面对着越来越多有关党内右翼分子密谋反叛的流言，不堪其扰的梅杰发动了戏剧性的突然袭击——他那歌舞表演艺人出身的父亲想必也会为这一出戏击节叫好。他辞去了保守党党魁一职，主动邀请所有潜在挑战者在党魁竞选中与自己较量一番。在阳光灿烂的唐宁街 10 号花园里，他向记者们表示，已经到了"要么站出来，要么闭上嘴"的时刻。如果失利，他将辞去首相一职；如果获胜，他希望保守党能团结在自己周围。梅杰是在冒险，因为的确存在着其他可能的领袖人选。其中之一是赫塞尔廷，但他忠诚地对梅杰表示了支持，并在此后被任命为副首相。另一人选则是撒切尔派右翼分子中的当红小生迈克尔·波蒂略，他的支持者已为他准备好了竞选总部，但他却拒绝参选。最后，只有威尔士事务大臣约翰·雷德伍德向梅杰发起了挑战。外星人一般的长相令他得名"瓦肯人"[①]，但实际上他是一名非常睿智的撒切尔派分子。雷德伍德宣布展开竞选的新闻发布会堪称灾难：一群支持他的议员穿着花哨的服饰，兴高采烈地围在他身旁。这群人很快便获得了"傻瓜军团"的称号。最终，梅杰战胜了雷德伍德，但战果算不上辉煌。未投票给他的议员多达

---

① 瓦肯人是科幻电视剧《星际迷航》（*Star Trek*）中的一个外星种族，该剧的著名虚构角色史波克（Spock）就有一半瓦肯人血统。——译者注

109人。但无论如何，通过机智的政治运作，梅杰迅速宣布自己取得了胜利，并坚持到了两年之后，才终于在正儿八经的大选中败下阵来。这时，欧洲大陆上肆虐了数年的自我毁灭性战争已注定了他败选的命运。

梅杰同样也是一名谨慎的"战争制造者"。布莱尔从他那里继承的不仅是北爱尔兰和平进程，还包括90年代初斯洛文尼亚、克罗地亚和波黑被承认独立后在前南斯拉夫爆发的惨烈的族群战争。塞尔维亚向波斯尼亚发起了进攻，并围困其首都萨拉热窝长达三年，南斯拉夫内战中最恶劣的暴力事件便发生在此时。人们首次听说了"种族清洗"一词，大批悲惨的难民只能四处逃散。欧洲人本以为在1945年已永远消失了的噩梦又在距离伦敦仅有几天路程的地方重现了。梅杰询问军事顾问，需要多少军队才能将交战各方分开，得到的答复是40万。这一数字是英国陆军总兵力的三倍。他派出了1 800人护送正缓慢南下的人道主义救援车队。许多英国民众则准备了食物、衣服、药物和毯子，志愿者将这些物资装上卡车，运往南方。在伦敦还召开了一场试图达成和平协议的会议，但未能取得成果。

战争还在继续，并变得越来越肮脏。政府中许多人士都对英国进一步卷入其中存疑虑，但饥饿的难民、大批被处决小队射杀平民的坟墓、遍体鳞伤的儿童等画面在晚间新闻中频频出现，呼吁西方干涉的声浪也愈发高涨。可是，是何种形式的干涉？美国总统克林顿决定不冒派遣地面部队的风险，但塞族武装分子所作所为激发的义愤之情促使他考虑了其他代价较小的方案，例如空袭和解除对波斯尼亚的武器禁运。但这样一来，包括英国在内的地面部队就会直接暴露在塞族的打击报复面前。伦敦方面与华盛顿方面爆发了争吵。在萨拉热窝发生的可怕袭击，尤其是对某个集市的神秘炮击，终于使得北约开始进行空袭。作为回应，塞族将联合国维和部队扣为人质，还将英军士兵用作人肉盾牌。塞族占领波黑城镇斯雷布雷尼察后进行了骇人听闻的大屠杀。要求进行全面军事干涉的呼声也再度兴起。

但全面军事干涉并未发生。塞族遭到了制裁，克族则成功地发动了反击。经过三年战争，交战各方终于在美国俄亥俄州的代顿签署了和平协定。梅杰是后冷战时代的首位英国首相，他努力试图弄清西方在后冷战时代究竟应该扮演怎样的角色。巴尔干战争清晰地表明了军事干涉是多么危险，作用又是多么有限。当一场内战的恐怖景象每天晚上都出现在上千万选民的电视屏幕上，就会对政府产生采取某种行动、将交战各方分开、救助受难者的巨大压力。然而在多数情况下，要想实现这些目标，空袭是不够的，还需要投入大量地面部队，但这又意味着卷入这场战争，战后还将面临漫长的援助与重建期。要求采取行动的这些选民，届时会乐于为上述行动埋单，并接受随之而来的伤亡吗？梅杰及其同事被指责为在道德上软弱且世故，竟允许法西斯暴行在欧洲的一个角落死灰复燃。对任何人而言，这都不是一个光辉的时刻。西方领导人担心本国选民或许不会接受一场全面战争，也不会接受随之而来的吃力不讨好的新殖民主义义务。他们的想法也许是对的。

## 从"布朗-布莱尔"到"布莱尔-布朗"

与撒切尔、梅杰或史密斯相比，布莱尔更是一名建制中人。青少年时期，他也曾有些叛逆：蓄起长发，不遵守学校里的规矩，还组建了一支摇滚乐队，模仿起米克·贾格尔来。他的父亲在克莱德赛德被一名共产主义者抚养长大，年纪不太大时便经历了一次严重的中风，这使得其子女意识到了命运的多舛。更加重要的是，布莱尔身为律师的父亲后来加入了保守党，他本人则先是就读于达勒姆的一所预备学校，随后进入学费高昂的寄宿学校爱丁堡费蒂斯学院就读，随后是牛津大学，随后进入法律界，再往后是当选议员。他早年间待过的哥特式建筑，比《佩夫斯纳建筑指南》里的还要多。尽管他也曾叛逆过，但关于礼貌、顺从的教诲以及对权力位于何处的了解，从一开始就深植于他的心中。除了与生俱来的魅力、具有感染力的幽默感，以及出色的表演能力，这位年轻人的严肃性和原则性也是显而易见的。在他年少时，父亲便经历了中风；大学期间，他又失去了深爱的爱尔兰裔母亲。此后他便对宗教产生了越来越浓厚的兴趣，以践行而非冥想的方式。

很多人都曾探讨过他为何要加入工党，而不是干脆加入保守党。这个问题并不荒唐。爱上谢丽·布思（Cherie Booth）这名来自利物浦、信奉社会主义的女孩使得他的政治立场更具锋芒，但早在与她相遇之前，布莱尔就已经加入了工党。许多人都相信，此举完全是精心算计的结果。在 20 世纪 80 年代初，保守党内满是谋求议席及政治前途的优秀律师，而工党似乎已经日薄西山。但如果你想要进入下议院并步步高升，那么加入后者固然风险更大，却也更加容易。这种解释的确有可能，但假如布莱尔真的一心只想往上爬，那么在工党最低谷时选择加入，未免也太有先见之明了。更有可能的解释倒也简单：布莱尔对政治行动怀有信念；而且，尽管不无瑕疵，但工党对社会正义的追求仍是与他早已形成的基督教社会观最接近的政治主张。加入工党之后，在从地方支部晋升到伦敦的过程中，他展现出了当时温和左派持有的"全套"信念：反对欧共体和私有化，支持核裁军运动和高税收，维护非法移民的权利，主张扩大新闻自由。后来他全盘抛弃了这些立场，但这并不意味着当时他的信念就不真诚。毕竟，在富特担任党魁时，这些都只能算得上是温和派观点。布莱尔一贯反对属于极左翼的托尼·本派分子和"战斗倾向"等团体。

经过一次毫无胜算的补选之后，凭借着兼具魅力与胆识的表现，布莱尔于1983年赢下了英格兰东北部一个工党稳操胜券的议席。进入下议院以后，他很快便与另一名新当选的议员走到了一起。戈登·布朗与布莱尔有着太多不同之处。布朗出身于一个政治氛围浓厚的工党世家，与培育了布莱尔的壁垒森严的英格兰建制几乎没有交集。布朗曾是苏格兰最著名的大学生政客，从23岁起便开始参与工党苏格兰分部的事务，此后又在电视台工作过一段时间。但布朗与布莱尔也有一些共同点：他们都是基督徒，都对工党的现状深感不满。在七八年的时间里，他们几乎形影不离，在同一间没有窗户的狭小办公室里工作。布朗教会了布莱尔政治中的阴暗一面，将他视为有些天真烂漫的小弟弟（他会发现真相的）。对布朗而言，布莱尔还是一块至关重要的"共鸣板"，教会了他神秘的英格兰中产阶级可能会想些什么。政坛再没有哪段工作关系比布莱尔与布朗更加亲密了。1991年，布朗对两人的关系做出了这样的总结："我想，在我之后，布莱尔完全可以成为党魁。"两人一同结交威斯敏斯特的记者，一同打磨在下议院中的表现，一同分享对于老一辈工党政客的沮丧之情，一同在影子内阁里逐步晋升。

然后，布莱尔渐渐超过了布朗。在1992年败选之后，他公开对工党惨败的原因做出了灰暗的评判，认为原因并不复杂："大多数人并不相信工党能实现他们在现代世界里的抱负。"作为影子内政大臣，他开始尝试拨乱反正，借鉴了布朗的说法，承诺要"严厉地打击犯罪，严厉地解决导致犯罪行为的根本原因"。1993年，两个男孩杀害了一个名叫詹姆斯·巴尔杰（James Bulger）的幼儿，这桩惨案引发了激烈的辩论，布莱尔对此的回应则格外能引起共鸣。总体而言，布莱尔试图令工党重新回归常识一般的道德语言，他极大地借鉴了十分擅长沟通的克林顿及其"新民主党人"团队传递出的社会问题上保守、经济问题上自由的讯息。

布朗也是如此，不过他的任务要更加艰巨，因为身为影子财政大臣，他的职责就是推翻工党议员提出并珍视的公共开支计划，对他们说"不"。布朗也支持欧洲汇率机制，于是当梅杰和拉蒙特遭受重大挫折时，他却无所作为。布朗与布莱尔的关系不如此前亲密了，但依然足够牢固。两人一同访问美国，向民主党学习全新的政治风格。但令布朗难堪的是，这种风格极为仰仗领袖的个人魅力。在工党党内，布莱尔竭力敦促史密斯改革党章，由此与他交恶。眼看媒体评论员和部分工党议员开始暗示布莱尔将成为下任党魁，布朗的团队不禁怀疑布莱尔私底下是否有所动作，在释放不利于昔日导师的消息。对布朗而言，这段时间过得并不愉快，他也懒得主动与更多人接触，或是展现出更阳光的一面。缓慢但可以察觉到的变化发生了，人们对他们俩的称呼从"布朗－布莱尔"变成了"布莱尔－布朗"。

对史密斯去世之后那几天的分析与揣测，几乎比现代英国政治史上其他任何短时间段都更多，但大体情况还是清晰的。布莱尔几乎立刻做出了竞选党魁的决定，布朗则犹豫了，这或许是由于他更加悲痛，或许是由于更加慎重。但布朗早已认定应该由自己继任党魁，因此得知布莱尔的计划后，他惊骇不已。两人在爱丁堡和伦敦进行了不下 10 次面对面会谈，始终争执不下。对布莱尔有利的是，民调显示他远比布朗更受欢迎，支持他的工党议员人数更多，媒体也愿意助他一臂之力。后来布朗的支持者声称这样的结果是曼德尔森策划的阴谋，但事实并非如此。实际上，许多在其他问题上意见并不一致的人，都独立地对此做出了相同的评判。此外，布莱尔的一大重要优势在于，他是一名谈吐得体的英格兰人，这一点能够令作为大选主战场的英格兰部分地区感到宽慰。对布朗有利的则是，他对于工党有着更深刻的了解，获得了工会更强有力的支持，提出的改革议程也更加深思熟虑。考虑到工党复杂的选举人团制度，假如两人正面交锋，那么结果如何将不可预测。布莱尔派分子认为，布莱尔将取得压倒性的胜利，令布朗"蒙羞"；布朗的支持者则表示，布朗那令人望而生畏的竞选功力将令生活在大都会的布莱尔派分子大吃一惊。两人仅在一件事上达成了一致：两名工党现代化的拥护者若相互争斗，将是一场灾难，人身攻击将不可避免：如果布朗想保留一丝获胜的希望，就只能从左翼立场出发来攻击布莱尔。

于是，在伦敦伊斯灵顿区格拉尼塔饭店（这座时尚的饭店现已不复存在）共进午餐时，两人达成了一项声名狼藉的协议。（一个细节反映出了两人之间的文化差异：这顿午餐之后，布朗还得再吃上一顿正儿八经的饭。）除了布莱尔认可布朗将在许多由财政部负责的事务，包括"社会正义"这一议程上享有权威之外，协议的其他内容充满了争议。他是否曾承诺将自己的首相任期限定为 7 年，随后便让位于布朗？这样的对话发生在两名在野党政客之间，乃是极其傲慢之举——保守党的任期还有好几年时间呢。不过即使仅仅为了安慰布朗，两人也可能就权力移交达成了某种默契。多年之后回过头来看，我们会发现"格拉尼塔协议"及两人此前多次会谈的真正意义在于，这使得英国最强大的政府部门财政部获得了甚至比保守党执政期间更大的权力。出任首相之后，布莱尔将比自己或曾设想过的更加专注于外交事务，布朗主导的财政部则将超乎该部门官员最疯狂的梦想，变成无比宏大的"英国事务部"——戈登·布朗将为财政部带来压倒乔治·布朗的终极胜利。[1]

---

[1] 本书第三部分曾提及乔治·布朗试图通过新设立的"经济事务部"与财政部相抗衡。——译者注

# 牛肉成杀手

———

　　虔诚的基督徒、环保主义者约翰·格默（John Gummer）是英国政坛最亲切的人物之一。1990 年 5 月一个阳光灿烂的早晨，在萨福克郡，他携女儿科迪莉娅（Cordelia Gummer）出现在大批摄影记者面前，试图说服她吃掉一个牛肉汉堡。然而 4 岁的科迪莉娅又不傻，她才不愿受大人摆布。格默为了化解尴尬，亲口吃掉了这个牛肉汉堡，表示"真是美味极了"。当然，他是要表明某种政治姿态。牛患上的一种神秘、骇人的脑病令公众愈发感到不安，病牛先是摇摇晃晃，然后跌倒，死亡。这种疾病的名字是"牛海绵状脑病"。每周，英国各地会出现 300 起新发病例。格默领导下的农业、渔业和粮食部是为农夫而非消费者服务的部门，因此他们不希望这一疾病引发恐慌。人类会被传染吗？当时，答案还是否定的。该病可能是将捣碎了的牛内脏作为牛饲料所致，这是一种不知情状态下的令人毛骨悚然的同类相食行为。因此，政府还是制定了新的规则，要求农夫销毁感染了牛海绵状脑病的牛。格默吃牛肉汉堡之举意在表明，即使是牛肉汉堡中的牛肉，也已变得安全了。在科迪莉娅拒吃汉堡之前，牛的脑、脾、扁桃体和肠已被禁止用于人类食用。

　　但问题依旧存在。拒绝食用英国牛肉的有德国人、某些学校和大多数医生。包括一只猫、一只猎豹和一只猴子在内的多种动物都因患上牛海绵状脑病而死亡了。到了 20 世纪 90 年代中期，政府为补偿焚烧或是掩埋了因病死亡牛只的农夫已花费了上千万英镑。随后，认为人类不会感染这种脑病的说法开始崩塌了。来自威尔士北部的少年维多利亚·里默（Victoria Rimmer）因患上了与牛海绵状脑病有密切关联的"克罗伊茨费尔德-雅各布氏症"而濒临死亡，据称其患病原因是吃了受感染的牛肉。越来越多的人类病例被发现，患病者尤以农夫、屠夫和进行过输血者为主。人们渐渐意识到，许多屠宰场并未遵守新规，不少感染了牛海绵状脑病的牛肉制品还是被人类食用了。欧盟开始密切关注此事。到了1996年3月，大臣们承认有10人感染了一种新型克罗伊茨费尔德-雅各布氏症，其中8人已经死亡，患病原因可能是食物中含有感染了牛海绵状脑病的牛肉制品。

自然而然，人们的愤怒情绪爆发了，农业、渔业和粮食部的信誉受到了质疑。欧盟对英国牛肉下达了禁令。政府又制定了用于食用的牛肉必须去骨的规则，并启动了在30个月内屠杀所有牛只的浩大工程。带骨牛肉被撤下了餐桌；某些乡村地区则堆满了浮肿、散发着难闻气味的动物尸体。这幅景象可真是让人倒胃口。共有14.7万只牲畜被屠杀，但欧盟依然不为所动，对英国出口至欧盟以外的牛肉也下达了禁令。就像好斗的工会和朋克摇滚成了70年代末的象征一样，"疯牛病"也成了保守党最后执政岁月的象征。政府主要将怒火对准了欧洲大陆，认为对方是在兴高采烈地故意夸大"英格兰烤牛肉"的危险性，以便出售本国牛肉。然而，怒火恐怕更应该对准别处：被农业部门主导、行动过于迟缓的政府部门，未如实反映疫情的农夫，不遵照规定的屠宰场，以及更普遍而言，丝毫不顾及安全、健康、体面、用死牛的脑部喂养牛的工业化养殖方式。科学界对此仍只是一知半解，媒体则陷入了歇斯底里。尽管如此，政府和这一行业无疑难辞其咎。

# "乌烟瘴气"的丑闻

对许多英国选民来说，梅杰时代留下的深刻印象在于，在他不明智地发表了一次呼吁重建昔日道德的演说后，麾下许多大臣都爆出了虽不重大但可悲且令人厌恶的丑闻。事实上，这篇被称为"回归基本"的演说涉及除了个人性道德之外的几乎一切领域：公共服务、产业、稳健的货币、自由贸易、传统教学法、对家庭及法律的尊重，以及打击犯罪。然而，每当大臣们的丑闻败露，报纸就可以百发百中地在头版头条指控"回归基本"演说纯属伪善。大臣们的丑闻的确纷纷败露了。一连串的通奸行为，私生子，放纵的性行为导致的死亡，关于梅杰本人婚外情的流言（这些流言比人们当时以为的更加真实，尽管媒体实际上指错了梅杰的出轨对象），以及对议会在向伊拉克出售武器一事上是否受到了误导的调查——这些事件层出不穷，构成了一幅行为不端的画面。按照过去的说法，也就是"乌烟瘴气"。

一起为期三年的调查针对的是，政府是否明知武器公司"马特里克斯-丘吉尔"的行为私下里已经获得了许可，却仍对该公司董事进行了审判。这起调查于1996年结束，两名大臣在调查报告中受到了公开批评。报告披露，甚至在萨达姆于费卢杰用毒气杀死5 000名库尔德人的恐怖事件发生之后，英国政府依然在按照十分宽松的标准向其出售军事相关物品——政府那秘而不宣、标准不一的行事风格暴露无遗。其他"乌烟瘴气"的事迹则更加私人。招摇、轻浮、爱打领结的撒切尔派议员尼尔·汉密尔顿（Neil Hamilton）被指控从哈罗德百货公司老板穆罕默德·法耶兹（Mohamed al-Fayed）处收取了装在棕色信封里的现金；作为回报，他将代法耶兹在下议院中发问。随后，汉密尔顿提起了诽谤诉讼，激烈地否认曾发生过此事。但他还是输掉了官司，并陷入了破产的境地。财政部的一名低级别大臣乔纳森·艾特肯（Jonathan Aitken）被指控受到了一名阿拉伯商人的不当款待。他辞去了职务，以便"手持朴实无华的真理之剑和值得信赖的公正之盾"，专注于与《卫报》的官司。结果他被发现做了伪证，被判入狱 18 个月。

一名大臣有不正当的性关系，另一名大臣有不正当的生意往来，这二者之间并不一定有逻辑关联。但没关系，新工党这一反对派与媒体密切合作，十分老练地对这一系列丑闻进行了"包装整合"。就如同日后的"引导舆论"一词一样，在 20 世纪 90 年代末，"乌烟瘴气"也是个随处可见，还带点自鸣得意意味的词语。该词成了那个时代的基调。1997 年大选中极具戏剧性的一幕便是汉密尔顿在塔顿选区被前 BBC 战地记者、曾在萨拉热窝身负重伤的马丁·贝尔（Martin Bell）以压倒性优势击败。受益于工党和自由民主党候选人主动退出竞争的决定，身着标志性白色西装的贝尔接受了工党舆论导向师阿拉斯泰尔·坎贝尔的建议，成功地逆转了汉密尔顿的巨大优势，反而以 1.1 万票的优势取胜，成为英国近 50 年来首位独立议员。值得注意的是，此事表明，就在不太久远之前，人们似乎还认为白色西装便足以净化英国政坛，就更别提"真理之剑"了。

到梅杰政府任期即将结束时，关于广义的英国政治，人们似乎已经吸取了一些教训：欧盟是危险的，可能导致党派分裂；欧洲单一货币就如同英国的牛肉一样有毒；政客普遍受到蔑视；媒体已变得毫不顺从；针对医疗、警察和教育等部门的改革忙忙碌碌，但出人意料的是收效却甚微；与"和平红利"尚存时人们所希望的相比，后冷战时代的世界正变得愈发肮脏和不可预测；最后，如果你的运势要发生逆转，这一过程总会是突然且剧烈的。对一个深谋远虑、机警细致的反对党而言，所有这些都可以成为思索的材料。如何才能更好地治理这个国家？在美国已是唯一超级大国的情况下，对英国而言，用什么样的方式维持和平与进行干涉才是正确的？如何才能终结世故之风？然而在 1997 年，新工党并没有时间思索这些问题：他们正准备给出致命一击。

## 难以兑现的承诺

1997 年大选证明，布莱尔领导着一架极有效率的竞选机器。新工党赢得了多达 419 个议席，创下了党史纪录，足以与 1935 年的国民政府相提并论；在下议院中的优势也创下了现代以来的纪录，达 179 席，比艾德礼在 1945 年取得的压倒性胜利还多出 33 席。从保守党改投工党的选民比例高达 10%，同样创下了"二战"之后的纪录，几乎达到了 1979 年撒切尔胜选时从工党改投保守党选民比例的两倍。共有创纪录的 119 名女性当选议员，其中 101 人来自工党，她们就是所谓的"布莱尔女郎"。在近几次大选中都表现惨淡的英国南部及伦敦地区，工党同样取得了大胜。面对这一连串令人瞠目结舌的数据，连布莱尔都难以置信地摇了摇头，大喊着："不可能！"但在这背后，仍有些许令人不安的迹象。投票率非常低，仅为 71%，创下了 1935 年以来的最低纪录；工党的胜利固然令人印象深刻，但与此时遭到痛斥的梅杰在 5 年前取得的胜利相比，总票数还有所不及。尽管如此，当阳光洒在欢呼雀跃的工党党员身上时，的确有许多人激动地谈论着英国将迎来崭新的黎明。坎贝尔集结起了大批党内工作人员和支持者，他们站在唐宁街两旁，挥舞着米字旗；布莱尔则昂首阔步地走来，登上了首相宝座。一时间，仿佛全国民众都加入了欢庆的行列。

这场胜利归功于一小群自诩的现代化推行者，他们夺取了工党的控制权，将其改造得比任何人所预期的更加右倾。他们使用的语言就足以说明这一点。在他们口中，新工党先是将成为"左翼和中左翼政党"；后来变成了"中间派和中左翼政党"；到了布莱尔执政末期，又彻底变成了"中间派政党"。布莱尔是这出大戏的主角，但并非唯一的演员。他还需要仰慕者和友人的支持与鼓舞，这些人会劝诱他、刺激他、斥责他、鼓舞他，他们会实现他的意愿，无论他知不知道他们具体会怎么做。这些人是谁？首先是才华横溢但喜怒无常的前媒体主管曼德尔森，此刻他已当选为议员。布朗曾目不转睛地关注过他，布莱尔与他则互相仰慕。然而，布莱尔团队中的其他人极其不信任曼德尔森，以至于他在布莱尔党魁选举中发挥的核心作用只得被归在"博比"这个化名之下。这个名字取自博比·肯尼迪（Bobby Kennedy），意为曼德尔森之于布莱尔，就相当于博比·肯尼迪之于约翰·肯尼迪——谦逊从不是核心圈子成员的美德。

接下来是布莱尔的新闻官兼"攻击犬"坎贝尔。这名前记者、天生的宣传专家、曾经的酒鬼和无所不能的领头人，将痛击布莱尔的批评者，并制订嘲讽梅杰的竞选方案。有一次，他私底下对待工党党魁的态度被拍摄下来，他表现得就如同一名私人健身教练在指导一位紧张而稚嫩的家庭主妇：既精神抖擞，又咄咄逼人。再往后是菲利普·古尔德（Philip Gould），工人阶级出身的他无比崇尚美式政治技巧，将为工党引入焦点小组调查、民意测验和犀利的分析等个人专长。还有来自苏格兰高地的律师德里·欧文（Derry Irvine），他身形浑圆、令人生畏、才华出众，却出人意料地敏感。布莱尔和谢丽的第一份出庭律师工作就来自他的事务所。他为布莱尔提供宪政改革方面的建议，日后将出任大法官。再就是安吉·亨特（Anji Hunter），年轻时就与布莱尔相识的她是其团队中的"魅力女低音"，也是促进布莱尔与阅读《每日邮报》的那些英格兰保守中产阶级沟通的最佳人选。

上述人物，再加上（几乎）总是与其一同工作的布朗及其团队，就构成了新工党的核心圈子。著名的马克思主义政治哲学家之子、年轻的戴维·米利班德（David Miliband）帮助其进行研究工作。随后加入团队的还包括前外交官乔纳森·鲍威尔（Jonathan Powell），他在美国曾密切关注过克林顿夫妇的表现，其长兄查尔斯（Charles Powell）则曾是撒切尔的重要幕僚。到了布莱尔时代的末期，随着团队中许多其他人都已淡出，鲍威尔无疑成了唐宁街里第二重要的人物。起初与布莱尔关系密切的议员包括莫·莫勒姆（Mo Mowlam）和斯特劳。布莱尔竞选党魁时的资金主要来自一群传媒界的百万富翁，包括后来出任 BBC 总裁的格雷格·戴克（Greg Dyke）和唱片公司老板迈克尔·利维（Michael Levy），后者后来被封为贵族，再后来又因腐败罪名受到了警方调查并被逮捕。布莱尔团队的惊人之处首先在于，很少有经选举产生的工党政客位列其中；其次，团队的许多初始成员日后都与他交恶。布莱尔能够凭借魅力将自己需要的人才吸引过来，而一旦这些人变得不再重要或是令人难堪，他又会迅速将其抛弃。

布莱尔在工党党魁选举中赢得了 57% 的选票，轻松战胜了另外两位更加左倾的候选人；其中一位候选人约翰·普雷斯科特当选为副党魁。在竞选过程中，布莱尔始终在谈论现代化的一般原则及英国民众的本能，然而他似乎赞同保守党在公共服务部门推行中央集权式考核与建立半官方机构的做法。就这一点而言，人们在当时就已收到了警告。当工党大会再度召开时，工党已经变成了"新工党"。在首次大会主题发言中，布莱尔含蓄地表示需要更新工党的价值观，他的真实意图则是移除党章第四款，即"为确保工人完全拥有体力或脑力劳动的果实"，实现生产、分配及交换资料的公有制是必要的。于1918年写入党章的第四部分第四款就如同工党的家庭守护神，虽然只是待在结满了蜘蛛网的角落里，却代表着摧毁资本主义的决心。盖茨克尔一度想移除这一条款，最后仍不得不退缩，这样的雄心从此沉睡了数十年，直到布莱尔一击致命。他在陈述工党的新目标时用了这样的语句开场："工党是一个民主社会主义政党。"截至当时，工党的确是在沿着这条道路慢慢前进。然而，在下一次工党大会主题发言中，布莱尔共59次提到"新"这个词，却仅仅一次提及"社会主义"，更是丝毫没有提及工人阶级。

政治固然严肃，但不可否认的是，布莱尔发动的这场政变的确带有几分喜剧色彩。突然之间，带着淘气笑容的布莱尔表现得仿佛一切皆有可能，没有哪种忠诚不能被打破。他摇身一变为顽皮的政坛魔术师。他开始热情地赞美撒切尔。他私下里与自由民主党就结成中间派大联盟展开了对话。他用微笑迷住了舰队街上每一位恶意满满的报界大佬及脾气暴躁的右翼先知。执政之后他还将继续这么做：任命保守党政治家担任重要职务，欢快地迎接来自其他阵营的投诚者，并且一度与自由民主党党魁帕迪·阿什当（Paddy Ashdown）以及该党政治元老罗伊·詹金斯保持着密切的联系（不过后来他的保守立场令这两人都感到失望）。他还前往澳大利亚拜访默多克的"新闻国际"公司团队，并且同样给对方留下了深刻印象。这位托尼·布莱尔是个怎样的人？他站在哪一边？他的底线位于何处？事实上，他的底线并不多。在大选的竞选过程中，亲欧洲的布莱尔欣然在默多克掌控的《太阳报》上发表了一篇署自己名字、由坎贝尔代笔的文章，承诺要"杀死联邦主义这条巨龙"。后来，他和默多克的关系变得异常亲密，默多克甚至抱怨称自己在陪布莱尔喝茶和陪布朗喝咖啡上浪费了太多时间。布莱尔还找到了《每日邮报》的老板罗瑟米尔子爵，此人一向是英国报界中批评工党最激烈的人物。布莱尔私下里与他共进午餐，向他表示自己厌恶高税收、傲慢的工会，以及"乌烟瘴气"之风。成为党魁之后的布莱尔看上去已无所顾忌，便尝试拧动每一户人家的门把手，看看是否能令对方敞开大门。工党正试图不惜一切代价赢下大选，布莱尔正势如破竹；而工党传统派人士只能沉默不语，无能为力，心存怀疑地在一旁注视着这一切。难道再没有什么是神圣不可侵犯的了？看来的确如此。

当涉及严肃的政策问题时，情况就不那么有趣了。布莱尔表示自己的当务之急是"教育、教育、教育"，自己的雄心壮志是将英国打造成一个"年轻的国度"，自己的信念则在于"为了明确的目标而行使权力"。他泛泛地列出了自己希望重点关注的几大领域，但对具体的方案却又言之甚少。此后，布莱尔那些漫不经心的轻易许诺将频频成为嘲讽的对象。因此，有必要回顾一下此类"洋溢着乐观情绪的"话语的一个典型例子，从工党竞选宣言开篇的几句话中便可见一斑。在 1997 年，人们对这种话至少还有几分当真。

> 我对英国有信心。这是一个有着伟大历史的伟大国度，还有着伟大的人民。但我还相信，英国可以，也必须变得更好：更好的学校、更好的医院，更好地打击犯罪、更好地建设现代福利国家、更好地应对新的世界经济形势。我希望英国成为一个团结的国家，拥有共同的价值观和目标，重视才干甚于特权，服务于多数而非少数，在国内外都强大且自信。我希望英国不要怀着对未来的担心而蹑手蹑脚地步入新千年，而是满怀信心、昂首阔步地前进。

英国人的确将怀着目标阔步前进，手中则拿着一块信用卡大小的彩色长方形纸片，即新工党出品的首份承诺卡片。这份卡片是专门为竞选而制作的，卡片上的 5 项承诺要比早先的话语明确得多：执政之后，工党将废除帮助贫困学生进入私立学校就读的"受助名额"计划，凭借这笔资金把 5~7 岁学童的班级规模控制在 30 人或以下；将加快对青少年惯犯的惩处速度，把从逮捕到判刑的时间缩短一半；将缩短就医的等候时间，"作为第一步，要额外多救治 10 万名病患"，通过简化官僚程序为其提供资金（这是"政治会计学"的最后一招）；将向私有化了的公共事业公司征收暴利税，用这笔资金帮助 25 万年轻人就业；将不会提高所得税税率，并把利率和通货膨胀率维持在"尽可能低的水平"。最后一条乍看上去毫无意义，因为没有哪届政府曾试图提高通货膨胀率；但事后来看，这似乎是在暗指布朗将利率掌控权移交给英格兰银行下属委员会的决定。回过头来看，这张承诺卡片既充分体现了新工党的强项，也暴露了其不少弱点。它耗费了不少成本，提出的承诺却算不上雄心勃勃。此外，这些简单的承诺落实之后却常常起到适得其反的效果，缩短就医等候时间的承诺就是一个例子。这些承诺中提及的数字恰好都是干干净净的整数，这种做法难免令人怀疑其目的主要在于宣传，而非实践；也就是说，向懒得仔细思考的选民灌输简单的主意。

在竞选过程中，工党一直在激烈地抨击保守党的欺骗行为摧毁了人民对政治的信心。因此，那些工党曾经许下，但在上台之后立刻背弃了的诺言，就格外具有破坏性。工党承诺不会将空中交通管制系统私有化，却将其私有化了；工党承诺不会向大学生征收学费，却在一年之后就开始征收了——2001 年大选期间，在征收补充式学费（top-up fee）问题上，工党又要了同样的花招；工党承诺将终结"乌烟瘴气"和欺骗之风；工党还暗示总税负不会增加，但税负却增加了。最重要的承诺都是否定性的，来自布朗及其财政部团队：他们承诺不会提高所得税税率，并且会在两年之内一直维持与保守党相当的开支水平。工党遵守了这些承诺，但这又将导致未曾提及的剧烈伤痛。

为什么新工党政府会背弃如此多的承诺？"托尼之队"这一新工党计划的设计师都是些聪慧的人物，他们希望帮助穷人，尤其是为其提供更好的教育与就业机会，但与此同时又不愿疏远众多中产阶级选民。这些人表现得既焦虑又傲慢，这样的心态古怪且不稳定。他们格外在意报纸的看法：金诺克的遭遇令曾与他共事过的这些人感到很受伤。他们还不顾一切地试图争取所有可能争取的对象。但他们也是傲慢的。他们对究竟该如何治理国家一无所知。此前布莱尔在党魁竞选中取得的胜利，加之作为反对派领袖的短暂经历，促使他们以为只要有决心，便凡事皆有可能；只要许下承诺，就一定能够兑现；只要有所表态，就一定是正确的——毕竟，他们又不是保守党人！最遗憾的是，他们掌权之时正值绝佳良机：他们本可兑现许下的所有承诺，也大可不必迫于胜选压力，向不同群体传递出不同讯息。布莱尔坐拥天时地利人和：在很长一段时间内，保守党对他都构成不了威胁；他接手的经济也远不是虚弱不堪、危机四伏的，反而是强势复苏且并未被人察觉的——这可谓最佳时机。保持专注、残酷无情，这两点帮助布莱尔取得了胜利，对此他也从未忘记。但他同样拥有不可置信、千载难逢的好运。他似乎从来不曾意识到，自己曾经有过多么难得的机遇。

# 人民的王妃

在布莱尔上台的 1997 年，英国正沉浸在追逐明星这一再度兴起的潮流之中。这股潮流为某些政客提供了新的机遇，但也导致了高昂的代价。虽然在不同时期有着不同的名字，但"魅力产业"一直伴随着我们。只是到了 20 世纪 60 年代，随着摇滚歌星、好莱坞演员与电视表演者成为小报和新出现的一批女性及都市杂志热捧的对象，这一产业才变得如此引人关注。到了 70 年代和 80 年代，此类采访和特写文章流传得更广了。但直到 1988 年，现代明星文化才彻底成形。当年的 5 月 17 日，《Hello!》杂志首度发行，这是英国第一本真正意义上的光鲜亮丽的现代明星杂志。这是西班牙语杂志《Hola！》的英语版本。《Hola!》的出版人爱德华多·桑切斯·洪科（Eduardo Sanchez Junco）早已凭借这本杂志成为百万富翁。人们常常将《Hello!》的成功归功于具有异域风情的巴雷拉（Varela）侯爵夫人，据说她养了 200 只狗，在乌拉圭、纽约和伦敦共有 4 处豪华住所。从 1993 年起，《Hello!》的风格将被《OK!》及许多其他杂志模仿，以至于全英国每一个村镇的每一个报刊亭都摆满了这种彩色杂志。这也为人们提供了从侧面了解英国大众文化变迁的机会。

此类杂志的"特惠协议"实质在于，明星通过接受采访和拍照将获取大笔收益；作为回报，相关报道永远是恭维讨好的基调，从不带有一丝敌意。《Hello!》杂志使得那些有缺点的明星得以避开常规媒体恶意满满的冷嘲热讽，自己则得以屡屡获得最大牌明星的独家报道权。《Hello!》杂志营造出的欢快、美好、积极、光鲜的氛围常常遭到嘲笑。现实世界中，在对于咧嘴而笑的明星夫妇及其美好家庭没完没了的乐观报道背后，总少不了离异、醉酒后的争吵、意外以及司空见惯的丑闻。不过，此类杂志依旧大获成功，似乎即使大家都知道真实情况并非如此，但仍然乐于阅读有关美貌明星的好消息。同样在《Hello!》杂志问世的 1988 年，BBC 也开始在黄金时间播出澳大利亚肥皂剧《家有芳邻》（*Neighbours*）。尽管在本土表现不佳，但在英国，该剧巅峰期的收视人数达到了 1 500 万。该剧展现的同样是一个不同于灰暗现实的充满青春活力、阳光灿烂的世界；① 凯莉·米洛（Kylie Minogue）和贾森·多诺万（Jason Donovan）等该剧早期受欢迎的演员后来都成了明星。还是在同一年，独立电视台推出了该台最成功的日间电视节目《今日早晨》（This Morning），打响了明星电视节目的第一枪。这档由身在利物浦的理查德·梅德利（Richard Madeley）和朱迪·芬尼根（Judy Finnigan）主持的电视杂志节目以华而不实的专题报道和明星访谈为特色。早在 BBC 一台于 1983 年推出由弗兰克·博夫（Frank Bough）和塞利娜·斯科特（Selina Scott）主持的早餐时段节目、独立电视台推出《早间电视》（TVam）节目以来，日间电视节目就已存在，但与更加通俗的《今日早晨》相比，这些都是严肃、主流的节目。

在 90 年代，由明星构成的这一梦幻世界继续在媒体上大肆扩张。但这与其他领域又有何关系呢？首先，它促使政客、电视台高管和广告商重新意识到，乐观情绪虽然在近来遭受了冷遇，但实际上依然极具感染力。90 年代的主流新闻为英国人带来的只是一幅又一幅黯淡的景象：牛的尸体被焚烧，可怕的谋杀案，铁路事故；正因如此，上百万人才更加急不可耐地投入明星的世界。

他们并不以为明星都过着幸福的生活，永远举止得体，或是永不衰老。但在这一"明星乐园"里，所有人都是善意的；所有人都会原谅自己，也会获得原谅；晨光总会洒在游泳池上，为大家带来崭新的黎明。那些全情投入地表现出自己的情绪、展现出内心深处痛苦的明星，还将享有几分权势。在 80 年代和 90 年代的英国，没有哪个明星比美丽但苦恼的戴安娜王妃更加闪亮。在长达 15 年的时间里，她的身影几乎无时不在，

---

① 见 Mark Lawson, *Media Guardian*, 21 October 2006。

无处不在。父母的离异令这名贵族出身但并不格外聪慧的女孩童年深受创伤。在 1981 年那场童话般的婚礼之后，戴安娜将与一位比她年长、和她并无太多共同爱好、似乎也并不爱她的人共度人生。

全英国都目不转睛地注视着这段慢慢瓦解的婚姻。在此期间，戴安娜从说话细声细气、初涉上流社交圈的瓷娃娃，变成了极为消瘦的年轻母亲，又成长为愈发魅力四射和信心十足的公众人物，如同玛丽莲·梦露一样吸引着众人及摄影机的关注。在 80 年代，她与时尚业一道变得愈发活力四射、光鲜靓丽。和她一样，越来越多的女孩也患上了厌食症。后来她承认曾有自我伤害的举动，这番话听上去就如同平民家庭的女孩一般。当疫情或其他灾祸降临时，她又表现得如同一位身体力行的评论员，或是拥抱不幸染上艾滋病的人，以表明这样做并无危险，或是为反对地雷摇旗呐喊。关于她婚外情的传言逐渐流传开来，但此时的英国早已习惯了离异，餐桌上也经常出现"这样做对孩子最好"和"我有追求幸福的权利"等类似话语。因此，戴安娜不仅仅是一位嫁给了王位继承人的美丽女子，更成了一个承载着情感的芭比娃娃，上百万人都将自己的痛苦投射到她的身上。人们觉得戴安娜能够理解他们。或许这种感觉并不正确。就如同人们曾认为君主的触碰便足以治愈淋巴结核病一样，如今人们则认为她的目光也具有相同功效。人们狂热、痴迷地仰慕着戴安娜，王室此前从未见识过这样的情绪，也对此愈发感到不安和惊恐。王室成员都是活着的符号，而她则是一位活生生的偶像。

在 1984 年诞下次子哈里（Prince Harry）之后，戴安娜的婚姻明显出现了裂痕。1992 年，记者安德鲁·莫顿（Andrew Morton）在《戴安娜：真实的故事》（*Diana: Her True Story*）这本引发众怒的书中表示戴安娜曾试图自杀，与查尔斯王子有过激烈的争吵，患上了厌食症，并且愈发确信查尔斯与卡米拉·帕克·鲍尔斯（Camilla Parker Bowles）

旧情复燃——后来查尔斯在电视上接受乔纳森·丁布尔比（Jonathan Dimbleby）采访时承认此事属实。在莫顿的书出版之后的 12 月，梅杰宣布了查尔斯与戴安娜将要分居的消息。擅长操纵媒体的戴安娜一方面成了传媒丛林中的一名女猎手，追踪着奉承自己的报道，另一方面又成了被媒体追踪的猎物。她总是在纠缠着别人，也总是在被纠缠着。随后在 1995 年，她在接受《全景》（Panorama）节目采访时终于敞开心扉，打破了王室的所有禁忌，畅所欲言地谈论起自己婚姻的失败（"这段关系中有三个人"），抨击温莎家族的残忍，并承诺要做一位"人民心中的王后"。两人最终于 1996 年离婚，此后戴安娜继续在全球从事慈善工作，并且与哈罗德百货公司老板穆罕默德·法耶兹之子多迪（Dodi al-Fayed）谈起了恋爱。在许多人看来，她是一个自私、狂躁的女人，将君主制置于险境。但在上百万人眼中，她那痛苦的经历，加之乐于分享痛苦这一符合潮流的态度，都使得她比君主制这一形式更具价值。在世界各地，她都受到了密切关注，她的面孔和名字就足以成为令报纸和杂志脱销的保障。在 1997 年夏天，英国有两位超级明星：一位是布莱尔，另一位就是戴安娜。

　　因此，令人不快但又恰如其分的是，布莱尔在首相任上发表的最动人言论，以及他的名望达到巅峰的时刻，恰恰都发生在戴安娜与多迪在巴黎某处地下通道丧生于车祸的那个早晨。待在特里姆登家中的布莱尔从熟睡中被唤醒，先是被告知发生了这起事故，随后又得知戴安娜已经去世。他深感震惊，并且不知道究竟该做何反应。他穿着睡衣踱来踱去，又和坎贝尔进行了一场满是感叹词的对话，最后终于和女王通了话。女王却表示自己或其他王室高层均不会发表声明。布莱尔意识到自己务必说些什么。当天早上的晚些时候，仍沉浸在惊愕之中的他站在当地教堂门口，在面向全世界的直播中，代表英国说道："今天，和这个国家的所有人一样，我也感到彻底崩溃了。我们和戴安娜王妃的家人一起思念与祈祷，尤其是她的两个孩子，我们的心与他们同在。今天，全国都处于震惊之中……"他边说边攥紧了拳头，声音抽搐起来。他明白为何戴安娜能够获得如此特别的地位："不幸的是，她的一生常常与悲剧相伴，她却为英国乃至全世界的那么多人带去了欢乐与慰藉。我们还记得，多少次她都陪伴在病人、临终者、儿童、穷人身旁。一个表情，一个手势，分量却重于千言万语。她向我们所有人展现了无与伦比的同情心与人道精神。"

多年之后回过头来看，这番话与某位宗教人物、某位将被天主教会封为圣徒、其目光或是触摸都能产生治愈效果的神圣人物可能获得的评价有着奇怪的相似性。不过在当时，人们十分赞同和欢迎这番话。布莱尔接着说道："不只是在英国，世界各地的人们都对戴安娜王妃怀有信念。他们喜欢她，爱她，认为她是人民中的一员。的确如此。她曾是人民的王妃。在我们的心中，在我们的记忆中，她也将永远是人民的王妃。"这番话体现了一名天生的魅力人物对另一名天生的魅力人物的敬意。布莱尔也自认为是人民的首相，领导着人民的政党，超越了左与右，超越了派系与意识形态，能够直接诉诸人民的本能，创造政治上的奇迹。发表了这篇即兴悼词之后，布莱尔的支持率蹿升到了令人瞠目结舌的 90% 以上——在民主制国家，我们很难见到这样的数字。

随后，布莱尔和坎贝尔又为最能代表旧英国，或者说最能代表保守势力的一个机构帮了大忙：君主制。女王依旧对戴安娜从前的表现耿耿于怀，她希望只是静悄悄地办一场私人葬礼，同时还希望置身伦敦的哀悼人群之外。她待在巴尔莫勒尔宫，照顾处于极度不安之中的两位孙儿。这或许正是一位祖母最应该做的，也是两个男孩最需要的，但对女王的公众形象却会造成灾难性的打击。此时民众的情绪已有些古怪，在哀悼之余还显得狂躁。布莱尔从一开始便预料到了这种局面。温莎家族成员未公开哀悼，白金汉宫未降下半旗，还暗示要静悄悄地举办葬礼——所有这些细节似乎都佐证了戴安娜的愤怒指控：冷漠的王室毫无同情心。征得了查尔斯的完全同意之后，布莱尔及其幕僚成功地诱使王室承认，为了让民众充分表达哀思，就得举办一场盛大的公开葬礼，而且女王也得回到伦敦。女王的确返回了伦敦，及时平息了民众对其行为日益高涨的愤怒之情。

　　这一问题既源自阶级差异，也源自代际差异。女王成长于一个咬紧牙关、默默承受痛苦、私下表示哀悼的国度，如今她统治的却是一个期待乃至要求感情外露的国度。将一切情绪都展现出来，也就意味着真诚。多年以来，当发生儿童去世或致命事故等不幸事件时，人们总会在事发地点献上玻璃纸包装的花朵、卡片以及毛绒玩具，以示纪念。在戴安娜葬礼举行前夕，伦敦中部的某些地区更是成了悲痛的海洋。人们献上的花朵已堆积成山；有人举着标语，痛哭流涕，还有人露宿街头；就连素昧平生者也相互拥抱。如果说布莱尔在特里姆登发表的致辞将戴安娜视作一名曾经活生生的圣徒，那么此时近乎宗教式的歇斯底里情绪无疑印证了这一想法。在圣詹姆斯宫排起长队、等候在吊唁簿上签名的人们还声称，戴安娜的形象奇迹般地浮现在了一幅油画上。

　　这场葬礼是空前的，也很可能是绝后的。整个首都都静止了。在受邀进入威斯敏斯特教堂的幸运儿中，身着整套施虐-受虐皮装的同性恋者与脚踏带有叮当作响马刺的长皮靴的皇家骑兵团并肩而立，政治活动家站在伯爵们身旁，艺人与老一辈政客同台演出，摇滚明星与贵族、慈善团体与政界都汇聚一堂。埃尔顿·约翰（Elton John）演唱了匆匆改写的原本用于悼念梦露的《风中之烛》（*Candle in the Wind*）。斯潘塞（Spencer）伯爵用略显隐晦的语言愤怒地抨击了温莎家族对待自己姐姐的方式。这番话传到教堂外后，激发了一阵欢呼声，紧接着在教堂里也响起了"大不敬"的掌声。随后，戴安娜的遗体被运往安息处，一路上都撒满了鲜花。

与梦露的另一点共同之处在于，戴安娜之死也在世界范围内激发了她是遭人暗杀的流言，据说原因要么在于她怀上了多迪的孩子，要么在于她即将与这名穆斯林结婚。关于英国秘密特工插手此事的疯狂猜测开始在网络上流传，随后又在报纸上频频出现。然而，这些报纸显然是更应该被责怪的对象：狗仔队缠着戴安娜不放，而正是这些报纸热切地买下了狗仔拍下的照片。但关于这一点，人们却所言不多。将近10年之后，由伦敦警察厅前厅长领头的一项调查得出结论：戴安娜的死因在于司机醉酒驾驶，并试图甩开追在身后的摄影记者。但阴谋论者认为这只不过是建制掩盖真相的又一次尝试。女王在直播中发表了一次关于她那出格的前儿媳的沉痛讲话，声誉得以恢复。此后，她的威望还将进一步上升，被视为数百年来在位时间最长、最为成功的君主之一。关于上述事件的一部流行影片可以说坐实了这一结论。至于布莱尔，他再也未能像这个夏末一样精准地把握民众的情绪。他在1997年为女王提供的建议与帮助对女王而言也许是至关重要的，但在有些官员眼中却是极为无礼的。

布莱尔从"戴安娜崇拜"乃至更普遍的魅力明星现象中收获了什么呢？自上台以来，他便展现出了把握流行文化的惊人本能。很快，他也将现身于日间电视节目，编织出有关自己身世与兴趣的迷人而欢快的故事，但其细节并不总是经得起推敲。戴安娜去世时，"新纪元心灵运动"正在兴起，这种有着自己的"圣殿"与"咒语"、令人惊讶得瞪大双眼的运动，也受到了卡萝尔·卡普林（Carole Caplin）等布莱尔核心圈子成员的推崇。还不止于此。布莱尔领会到了这一点，而这恰恰是其他政客未能领会到的：光鲜靓丽的明星世界传递出的乐观情绪是极为有力的；此外，人们乐于原谅自己钟爱之人，不只一次，而是一而再再而三。在"明星乐园"里，只要你魅力非凡且愿意道歉，最好再敞开一丝心扉，那么除了谋杀之外，没有什么行径是无法获得原谅的。有意思吧？但与之相比，政坛就要艰难一些了。

## 北爱尔兰和平之路

推动北爱尔兰和平进程的唯一真正力量便是乐观情绪。对于这一事件，人们如今记住的往往都是谈判接近高潮时布莱尔的这段"俏皮话"："现在不是说俏皮话的时候……我感到历史性的重任在肩。"尽管听上去的确很有喜感，但在谈及布莱尔最重大的成就之一时仅仅关注这段话，是极其不公平的。如前所述，梅杰也极力希望让共和派和统一派坐上谈判桌，但苦于爱尔兰共和军的抵触态度和他在议会里的弱势地位，此事陷入了僵局。受到克林顿的鼓励，仍然在野时的布莱尔便决定将和平解决北爱尔兰问题作为执政后的头号要务。北爱尔兰成了他胜选之后访问的首个地区；当感到新机遇来临的爱尔兰共和军再度宣布停火之后，他便立刻将谈判工作列为唐宁街的工作重点。强悍、接地气且极为勇敢的新任北爱尔兰事务大臣莫勒姆不怕对统一党人恶语相向，为了促成协议也乐于向新芬党人示好。除布莱尔之外，莫勒姆是新一届政府中最具魅力明星气质的人物了。

很快，阿尔斯特统一党人就觉得莫勒姆太过火了，并怀疑她其实是个"绿"派分子①。于是她转而专注于对共和派软硬兼施，由布莱尔的首席幕僚负责的另外一个团队则专门应对统一派。布莱尔也试图通过强调自己祖上的统一派传统来赢得对方的信任。和梅杰时代一样，有三组谈判同时进行。首先是北爱尔兰各党派之间的直接谈判，旨在建立一个共同参与、分享权力的北爱尔兰议会。这是最为艰难的一组谈判，其主持人是美国前参议员乔治·米切尔（George Mitchell）。然后是北爱尔兰各党派与英国及爱尔兰共和国政府之间关于边界问题以及北爱尔兰未来宪法地位问题的谈判。最后则是伦敦和都柏林之间就更加广泛的宪法及安全问题展开的直接谈判。

谈判的具体过程十分扣人心弦，但在此无法详述，只能简单地加以总结。这是一个极为漫长、艰苦的过程，多次濒临崩溃，之所以能够进行下去，主要应归功于布莱尔个人的努力。顾问们对于他在北爱尔兰问题上花费了过多时间颇有微词。他施展魅力、耗费精力，一度夜以继日地工作长达数月时间。他还冒着极大的个人政治风险，邀请新芬党的格里·亚当斯和马丁·麦吉尼斯（Martin McGuinness）前往唐宁街——后者同时还是临时派爱尔兰共和军的一名高级指挥官。北爱尔兰事务部和统一党的不少人都认为布莱尔向共和派做出了太多让步，尤其是在释放被关押的恐怖分子一事上。布莱尔的朋友，也曾担任北爱尔兰事务大臣的曼德尔森后来也有类似表态。不过，布莱尔将大多数时间都花在了争取统一派的支持上，这背离了支持爱尔兰岛统一这一工党的传统立场；而且华盛顿方面也认为布莱尔过于偏向统一派。②当谈判再度濒临崩溃时，莫勒姆做出了惊人的决定，亲身造访臭名昭著的朗凯什监狱，

---

① 绿色象征着爱尔兰共和主义。——译者注
② "统一派"和"统一党"的统一指的是北爱尔兰留在英国内部，与联合王国保持统一。——译者注

与在押的共和派及保皇派恐怖分子交谈。这些隐藏在政客背后的强硬分子仍然是发号施令的人物，在当时，他们可是在用真刀真枪发号施令的。

面对 1998 年复活节这一最后期限，经历了最后关头的挫折，各方终于还是达成了协议：只要多数民众有此意愿，北爱尔兰就仍将是英国的一部分；爱尔兰共和国将修改宪法，放弃对北爱尔兰的领土主张；以新设立的、经选举产生的北爱尔兰议会为基础，各党派将共同组成分享权力的行政机构；新建处理爱尔兰岛南北关系的机构，以平淡、务实的方式加强两部分的联系；在独立机构的监督下，准军事组织将交出或销毁各自的武器；囚犯将获释；北爱尔兰的警察行为这一长期以来的痛点将得到改善，变得更加公正。这项协议不无痛苦，对于统一派来说尤其如此。这只不过是实实在在的和平的开端，此后和平进程还将屡屡陷入险境。《贝尔法斯特协议》签署仅仅数月之后，在奥马市中心发生的可怕的爆炸案便是最严重的挫折。一个从爱尔兰共和军中分裂出来的团伙杀害了 29 人，并导致 200 人受伤。但这一次，极端分子并未能阻止谈判进程。当南北双方均通过全民公决批准了这项协议之后，就停止使用武器进行的谈判却演变成了一场无休止的、令人厌倦的虚张声势的游戏。尽管《贝尔法斯特协议》让北爱尔兰两个温和派政党的领导人，即阿尔斯特统一党的戴维·特林布尔（David Trimble）和社会民主工党的约翰·休姆（John Hume）赢得了诺贝尔和平奖，但该协议却使得这两个党被排挤到了边缘。

由于选民的情绪愈发紧张，阿尔斯特统一党和社会民主工党在选举时分别败给了伊恩·佩斯利领导的民主统一党和亚当斯与麦吉尼斯领导的新芬党这两个更加强硬的党派。这样一来，建立能有效运转的分享权力的行政机构及议会的难度便增大了。但令人难以置信的是，被称为统一派中的"否"先生的佩斯利，与其共和派宿敌亚当斯，最终竟然能够坐到一起。那段恐怖岁月中常见的种种暴行与罪行尚未彻底消失，但得益于这项协议，数百名原本可能因冲突而丧生的人过上了安宁的生活。北爱尔兰重新获得了投资，贝尔法斯特成了面貌一新、干净、忙碌且更加自信的城市。尽管存在着两种货币和一条边界，但越来越多的大企业开始开展"全爱尔兰"的业务。相当大一部分功劳属于布莱尔。正如他的一名传记作者所言："通过接手并解决一个由来已久的问题，他也探究清楚了自己的能力。这段经历改变了他的人生。"[1]

## 渐行渐远的苏格兰

如果说《贝尔法斯特协议》改变了联合王国，那么苏格兰和威尔士的权力下放方案就改变了不列颠。在保守党执政年间，对建立苏格兰议会的讨论在边界以北一直热火朝天。撒切尔被视为一名用严酷的经济政策惩罚苏格兰的典型英格兰人，而苏格兰则认为自己本质上就要比英格兰更加平等、民主。当然，苏格兰人并未因此就拒绝购买市政住房（撒切尔上台时，英国公共住房住户所占比重比许多东欧社会主义国家还要高）、退还减免的税款，或是放弃新法案赋予他们的择校权利。但苏格兰的公共文化的确要比英格兰南部更加左倾。再说了，真正发起行动的其实是那些体面的中产阶级。包括苏格兰民族党、工党和自由党成员，牧师，前公务员以及工会成员在内的一群主张权力下放的积极分子发起了"争取苏格兰议会运动"。随后，该运动又召开了"制宪会议"，旨

---

[1] Anthony Seldon, *Blair,* The Free Press, 2004.

在争取民众对其权利主张的更广泛支持。他们指出，如果苏格兰人真要像撒切尔坚持要求的那样自食其力，就得先获得对自己事务的掌控权。

随着保守党苏格兰分部在 1987 年大选中丢掉了尚存议席中的半数，再加上为避免地产税税率升高导致房主叛乱而率先在苏格兰推行了人头税，争取权力下放的势头便变得愈发猛烈了。在接下来的三年间，针对未缴纳人头税的行为，保守党政府在苏格兰共发出了惊人的 250 万份简易执行令。要知道，苏格兰的总人口才不过 500 万。在工党苏格兰分部领导人唐纳德·迪尤尔决定与其他党派进行合作之后，苏格兰制宪会议于 1989 年 3 月正式召开。出席会议的包括绝大多数苏格兰议员，除两个之外的所有区域、地方及岛屿议会，工会，教会，慈善团体等，几乎囊括了除坚持联合王国原初形态的保守党与希望实现完全独立的苏格兰民族党之外的所有人。人们举行了大规模游行，报纸也变得格外激动；此外还出台了关于 1707 年后首个苏格兰议会的详细蓝图，与此后建立的议会十分接近。

苏格兰的保守党人愈发孤立，只能进行徒劳的反抗。他们声称撒切尔主义与苏格兰启蒙运动的许多理念极为相似，就仿佛诞生自同一个家族。难道苏格兰的光辉岁月不是以节俭、勤奋与进取等品质为基础的吗？此外，苏格兰的圣安德鲁斯大学正是撒切尔主义的发源地之一啊。他们还表示，如果苏格兰人认为选票主要来自英格兰地区的保守党政府不具有合法性，那么将来英格兰人也可能认为选票主要来自苏格兰地区的工党政府同样不具有合法性。在 1992 年的大选过程中，梅杰发表了一次动情的演说，恳请大家保留联合王国。在他看来，假如英格兰、苏格兰、威尔士和北爱尔兰从不曾走到一起，那么它们的历史就绝不会像如今这么伟大："我们这一代人，真要放弃这一切吗？"结果，他在苏格兰赢回了一个议席。梅杰在执政期间向苏格兰施予各种小恩小惠，包括以一场盛大的典礼归还"命运之石"。1997 年，曾在苏格兰占据多数议席的保守党已经失去了全部席位。

布莱尔继任党魁时，工党对于苏格兰权力下放的承诺早已根深蒂固。和工党的大多数承诺不同，苏格兰权力下放并非该党在竞选宣言中许下的诺言，而是远离威斯敏斯特，在新工党中枢之外和许多其他机构一道做出的承诺。史密斯对于这一事业尤其热心——后来他的葬礼在苏格兰举行，英国建制成员云集一堂，以示哀悼。此时已成为这一项目负责人的迪尤尔是史密斯的密友。因此，布莱尔不足以放弃这一承诺。他对权力下放既不感兴趣，也不以为然，对威尔士的权力下放尤其如此，而当地的支持声音也要比苏格兰弱许多。布莱尔唯一能做的就是坚持，只有在两地的全民公决通过之后，方可建立苏格兰议会和威尔士国民议会。苏格兰的全民公决还将加入第二个问题：是否赋予苏格兰议会变更所得税税率的权力（幅度为 3%）。对于权力下放事业而言，此举反而起到了巨大的正面作用，因为如此一来，权力下放议会的合法性就更加巩固了。1997 年 9 月，戴安娜去世后不久（竞选活动曾因此而中断），苏格兰民众以 3:1 的比例支持建立苏格兰议会，以 63.5% 对 36.5% 的比例支持赋予苏格兰议会变更所得税税率的权力。威尔士的全民公决结果要接近得多，事实上差距极其微弱。在公共生活的许多方面，如教育、医疗、福利、地方政府、交通、住房，位于爱丁堡的议会都将享有明确的权威；税收、国防、外交及其他次要事务则仍由威斯敏斯特主导。威尔士国民议会的权力较小，也无力变更税率。只有 6 名工党议员表示自己将离开伦敦，回到家乡从政。

经过了近 300 年，苏格兰终于在 1999 年再度拥有了自己的议会，一共产生了 129 名苏格兰议会议员。威尔士也拥有了由 60 名成员组成的国民议会。两个议会都实行比例代议制，这样一来，联合政府就几乎是不可避免的。首位苏格兰首席大臣（First Minister）是来自工党的迪尤尔——"第一大臣"（Prime Minister）①这一头衔被认为太过挑衅，故未被采纳。这位外形有些像鹭的郁郁寡欢的人物，是位瘦高、悲观、深受爱戴的知识分子，他领导着为数不多的几位工党和自由民主党大臣。起初，苏格兰议会坐落在苏格兰教会的总会所里，这是一座位于爱丁堡的令人望而生畏的建筑。此后，苏格兰议会搬至由加泰罗尼亚建筑师恩里克·米拉列斯（Enric Miralles）设计的一座新建筑里——此人后来因心脏病突发英年早逝。位于霍利鲁德宫对面的一家酿酒厂被拆除，这座结构错综复杂、屋顶设计成翻转的渔船模样的新建筑在 2004 年终于投入使用。这座建筑的轻快与开放同威斯敏斯特形成了鲜明对比；然而，其初始预算为 5 500 万英镑，完工后的总花费却高达 4.7 亿英镑，导致民众对这样的浪费愤怒不已。迪尤尔并未能亲眼见证这座建筑的落成：他在 2000 年因脑出血离开了人世。2006 年，由理查德·罗杰斯（Richard Rogers）设计的威尔士国民议会大楼在加的夫湾落成，并未引发太多争议。

关于苏格兰议会的预言很少成真。有人认为，苏格兰议会将立刻导致威斯敏斯特陷入危机，因为在只涉及英格兰的问题上，苏格兰议员也能够投票，这显然是不公平的；此外，当时主宰内阁的也是苏格兰人。这的确是个隐患，但危机并未爆发。有人认为，实现自治将导致苏格兰民族党的灭亡。然而在强悍的亚历克斯·萨蒙德（Alex Salmond）领导下，该党却变得越来越受欢迎，乃至于 2007 年终结了工党在苏格兰的霸权地位。还有人认为，苏格兰议会将深受苏格兰民众欢迎。然而，一连串虽不严重但粗俗不堪的丑闻，加之议会建筑耗费的巨资，使得苏格

---

① "第一大臣"和"首相"是同一个词。——译者注

兰议会反而成了民众嘲讽的对象。然而，当对苏格兰议会通过的法律有所体验后，他们的态度或许会变得不同。苏格兰议会制定的一系列政策包括：为年长者提供更加优厚的待遇；苏格兰的大学生不必缴纳预支性质的补充式学费，不过在苏格兰大学就读的英格兰学生不能豁免；新的物权法允许在高地地区生活的社群买下自己占据的土地；禁止在公共场合吸烟。通过上述政策，苏格兰进一步巩固了自己比英格兰更加左倾的声誉，不过此时尚未向苏格兰人征收额外的税款。

然而最惊人的变化在于，自从议会建立之后，苏格兰的公共生活立刻变得迥异于英国其他地区了。苏格兰向来拥有自己的法律体系、学校、报纸及足球联赛；如今，苏格兰还将拥有自己的政治，制造出自己的争议和政治明星，以及与英格兰愈发不同的新闻议程。战后英国史的这一部分仍在发展过程中。和英格兰一样，在苏格兰经济中，服务业的地位也稳步提升，制造业则日益衰落。经过多年下降之后，苏格兰人口从 2003 年起缓慢上升，从英国其他地区流入的人口数量超出了从苏格兰流出的数量。当大批寻求避难者开始涌入英国后，那些被安置到苏格兰的人却发现，与苏格兰人深具民主精神这一自我形象相反，当地民众的态度远没有那么友好。此外，实现自治也并不有助于平息反英格兰情绪。

威尔士也有着自己的政治，但不会像苏格兰那样令人产生截然不同的感觉。威尔士的不同之处在于侧重点，而非根本方向。苏格兰给人的感觉就像是个异国，伦敦距离爱丁堡的距离似乎远远超过了 400 英里。2006—2007 年的冬天，有些民调显示，已有超过一半的苏格兰人愿意投票支持独立。这或许只是短暂的插曲，只是对极其不受欢迎的一届英国政府做出的反应。关于英国将分裂的警告由来已久，从 60 年代末北海石油刚被发现时，到 90 年代中期梅杰时代行将结束时，人们一直在就这一问题争论不休。与人们担心的激烈的"分手"不同，现实中正在发生的或许是缓慢而柔和的"分居"。苏格兰和英格兰或许不会在宪法意义上被一刀斩为两段，而是像被温柔分开的两块比萨，虽然未被切断，但也只是通过奶酪丝相连。

## 欧元区与"千年穹顶"

撒切尔是个唯我独尊，很少宽容或妥协，但又深知乐观重要性的明星。布莱尔则在向她学习。上台之后不久，布莱尔便邀请撒切尔重返唐宁街，与自己会面；执政第一年，他便表现出了撒切尔的不少坏习惯。撒切尔对公务员系统的疑虑达到了不可理喻的程度，布莱尔也是如此。撒切尔对自己的第一任内阁不以为然，布莱尔的感受也是如此。和撒切尔一样，当自己钟爱的某个想法可能遭到阁员反对时，布莱尔便会绕过内阁。和撒切尔一样，他对待知识分子的态度也是需要时便稍加考虑，不需要时便扔到一旁。撒切尔的知识分子是那些敦促她抛售医院或高速公路的激进新右派，布莱尔的知识分子则是敦促他通过"促进相关利益的获取"或"社群主义"等新颖的方法来重塑或驯服资本主义的更加文雅的人士。对这些知识分子而言，以上方法反映的是最新的政治哲学；但对新工党而言，这些不过是能派上一时用场的古怪点子罢了。布莱尔的知识分子气质丝毫不比撒切尔浓厚。和撒切尔一样，他也具有中产阶级的本能。尽管还有所保留，但撒切尔开始称赞他了。他们两人真的很相似。然而，撒切尔在成为首相之前，已有了丰富的白厅工作经验，而布莱尔则是一片空白。即使撒切尔不赞赏议会中男同事醉醺醺的社交文化，她也尊重这一机构。但布莱尔的一切举止都表明，他十分厌恶这个地方。

不过，两人之间最大的不同在于，布莱尔对新闻界极为着迷。撒切尔也曾尽自己所能地应对媒体，自己恭维上几句，再由新闻秘书英厄姆发动一阵猛烈的攻击。在执政的最初几年，布莱尔却是在全情投入地与媒体打交道。如果说撒切尔是在媒体的海面上掠过，那么布莱尔就是在这片海中遨游。撒切尔知道在媒体界谁是自己的敌人，谁是自己的朋友，并且自始至终一直大致维持着这样的态势。布莱尔则希望让所有人都成为自己的朋友，结果却失去了几乎所有人的支持。坎贝尔在布莱尔圈子里的影响力也要胜过撒切尔圈子里的英厄姆。导致上述区别的依旧是代际差异：撒切尔从政时，报纸相对而言仍表现得较为顺从；冉冉上升的大臣去讨好记者，未免会显得有些自降身价。渐渐地，布莱尔也意识到了与媒体人闲谈是多么危险的一件事。布莱尔与媒体的关系以及对新闻简报的滥用对他和他的声誉造成了沉重打击，这一恶果主要就是在其执政初期种下的。

关于英国是否加入欧元区的争论正是这方面的一个例子。1999年年初，欧洲的单一货币终于成形。尽管从来不是这一问题的狂热支持者，但亲欧洲的本能加之成为欧盟领袖人物的渴望，促使布莱尔宣布英国将加入欧元区，或许不会赶上第一波，但也不会等待太长时间。他公布了这样的决定，英国商界似乎都表示支持。然而，正如前自由民主党党魁帕迪·阿什当在日记里披露的，布莱尔面临着一个麻烦。阿什当写道，罗伊·詹金斯在1997年秋天向布莱尔表示："在这件事上我得开诚布公。你必须在二者之间做出选择：领导欧洲，或是获得默多克的支持。鱼与熊掌，不可兼得。"哎呀，糟了。支持欧元的记者与布莱尔交谈后认为他站在自己一边，但反对欧元的记者同样认为他站在自己一边。布莱尔手下有一名支持欧元的顾问罗杰·利德尔（Roger Liddle），还有一名反对欧元的顾问德里克·斯科特（Derek Scott）。新闻简报和媒体的猜测令人一头雾水。一天晚上，英国石油公司前主席、如今在政府中负责欧元相关事务的西蒙（Simon）男爵在发表讲话时举起一大摞文件，表示这就是助手为自己起草的有关欧元问题的发言稿。随后他又将手放下，坦承自己压根儿不打算读这些文件：这篇讲稿早在一个小时前就完成了，所以现在政策很可能已经改变了。这当然只是个玩笑，但其意图就在于讽刺。

大体而言，布朗也对欧元区持支持态度，但在财政部报告中他通篇都在大谈特谈自己的意见。对他来说，稳定排在第一位。他的结论是，英国不太可能在这届议会任期内就顺利地加入欧元区。他向布莱尔提出了警告，两人发生了争执，最终达成一致，决定回避这一问题。英国在1997年大选产生的议会任期内大概会留在欧元区之外，但大门不会完全关上。毕竟，要让亲欧洲的商界人士、为布莱尔和布朗提供有条件支持的保守党人，以及布莱尔在欧洲大陆的伙伴，都继续站在自己一边；同时，反对欧元的媒体也需要拉拢。按照计划，布朗将在接受《泰晤士报》采访时透露这一微妙的妥协方案。然而，布朗对加入欧元区不像布莱尔那么热心，《泰晤士报》又是一家反对欧元的报纸，结果他的措辞就变得比布莱尔希望的更加明确了。这篇报道表示，在这届议会任期内，英镑都不会被欧元取代。布莱尔发现这一情况后极为惊恐，开始绝望地四处打电话，终于联系上了布朗的新闻官、和蔼可亲的查理·惠兰（Charlie Whelan）。布莱尔很厌恶惠兰，当年早些时候还曾试图解雇他，但并未成功。正待在白厅红狮酒吧里的惠兰兴高采烈地通过手机向首相确认，政府的政策的确是在这届议会任期内都不会加入欧元区。正如惠兰日后所言："他（布莱尔）彻底震惊了。"布莱尔要求惠兰"收回成命"，但惠兰表示为时已晚。

很快，布朗便草草平息了有关如此重大事务的混乱局面。他与顾问埃德·鲍尔斯（Ed Balls）匆匆推出了 5 项英国加入欧元区之前需要通过的经济测试，并要求财政部制订更加详细的方案。这样做的潜台词是：英国和欧洲大陆各国的经济首先得协调一致。随后，布朗向下议院表示，尽管出于经济原因，英国可能要等到下次大选后才能加入欧元区，但在宪法和政治上却完全没有障碍，加入欧元区的准备工作即将展开。这些举动给许多人，尤其是布莱尔，都造成了这样的印象：下次大选之后，一旦英国通过了各项经济测试，就将举行关于是否加入欧元区的全民公决，随后英镑就将退出历史舞台。战鼓于 1999 年正式敲响，布莱尔与新任自由民主党党魁查尔斯·肯尼迪（Charles Kennedy）以及两名保守党前内阁大臣克拉克、赫塞尔廷一道，在伦敦一家电影院为"英国在欧洲"组织举办了盛大的成立仪式。该组织将与反对欧元的"商界支持英镑"运动展开对抗。布莱尔承诺，他们将齐心协力粉碎那些反对欧元的论据。同时，还出现了一旦英国退出欧盟，就将损失 800 万个工作岗位的危言耸听的报道。

然而，这辆昂贵、鲜艳且拥挤的花车却并未取得任何成效。红狮酒吧里那番混乱对话的真正意义在于，英国是否加入欧元区的决定权永远、彻底地从布莱尔转移到了布朗手中，后者领导的财政部将成为守护经济测试的堡垒。布朗将令英国一直留在欧元区之外，此举使得支持保守党的媒体巨头对他赞颂有加。尽管布莱尔对此感到焦躁不已，但在他执政期间都不会举行关于是否加入欧元区的全民公决。据前内阁大臣克莱尔·肖特（Clare Short）表示，在第二届任期内，布莱尔提议要与布朗达成一项令人瞠目结舌的协议：只要布朗"兑现"欧元这一承诺，自己就立刻离开唐宁街 10 号。布朗断然表示拒绝。他向肖特表示，自己不会以这种方式进行决策，而且无论如何也不相信布莱尔会信守承诺。

不过，其他历史性变革却得以推进。权力下放和北爱尔兰和平进程都重塑了这个国家，并且取得了显著的成效。政府还出台了其他宪政动议，例如：将大多数世袭贵族逐出上议院，从而终结保守党在上议院中根深蒂固的多数优势；将《欧洲人权公约》纳入英国法律之中，使得相关案件在本地就能审理。然而，这两项动议均未取得大臣们希望的结果。事与愿违的是，上议院反而变得更加咄咄逼人，为布莱尔制造了更多麻烦；英国法官对寻求避难者及疑似恐怖分子人权的解读令此后历任内政大臣都苦恼不已，"人权文化"则受到了各大报纸的普遍批评。不过至少这些举措都导致权力分布发生了重大变化，促使英国变得更加公正与开放了。

布莱尔执政初期的其他动议则遭遇了灰飞烟灭的命运。其中最令人感兴趣的例子之一便是从保守党处继承来的千禧年庆祝计划的核心建筑"千年穹顶"。起初，布莱尔并不确定是否该继续冒险推进这一耗资高达10亿英镑的项目，但曼德尔森和普雷斯科特说服了他，前者希望成为该项目的总指挥，后者则期待它为伦敦东部这片萎靡不振的地区带来资金。普雷斯科特还表示，如果在这一项目上无法取得成功，那么新工党也就算不上一届出色的政府。布莱尔也同意这样的看法。不过倘若真的将"千年穹顶"的命运交由内阁投票决定，这一项目将无法获得通过。就建筑而言，"千年穹顶"是雅致、动人的，几乎所有乘飞机前往首都的人在空中都能看到这一伦敦的地标。政府为清理一块受到污染的半圆形荒地，以及新修地铁和公路，投入了大笔资金。千禧年当然是值得庆祝的，但大臣及其顾问却未能解答这一问题："千年穹顶"的用途究竟是什么？是为了举办盛大的全民派对，还是应该起到教育作用？是为了美观，还是为了发人深省？又或者，这将成为一个大型游乐园？没有人能够给出确切的答复。随着这项工程手忙脚乱地开工，并在政坛引发一阵阵喧哗，英国人再也无法抑制自己的讽刺本能了。"千年穹顶"是恢弘而独特的，是勇气和尝试精神的体现。布莱尔还表示，这一项目将构成他下一份竞选宣言的首个段落。

负责该项目的管理团队是资金充足且满怀信心的，但无忌的童言却始终挥之不去："好啊，但这究竟是用来干什么的？"当"千年穹顶"在2000年元旦那天终于揭幕时，用来款待女王、首相以及上百名捐赠者、商界人士和明星的那场大杂烩式的表演却令许多人尴尬不已。糟糕的组织工作导致大多数客人在入场庆祝前都得在湿冷的环境里等上很长一段时间。总之，这里绝非世外桃源。这样尴尬的场面使得"千年穹顶"难逃被大多数报纸严厉斥责的命运。在向公众开放后，一系列精彩程度有限的展览也令人深感失望。前来购票参观的人数远远少于预期。到头来，"千年穹顶"成了一座没有主题的主题公园，沦为公众心目中代表新工党失败之处的最早也伤害最大的象征：这个大帐篷固然构思令人惊叹，落成后里面却空空如也！由于这一项目出自那些与首相十分亲近的人士之手，于是布莱尔和这个已经被冠以"托尼的亲信"之名的小圈子也就遭受了格外沉重的打击。看起来，光有勇气和乐观的精神还是不够的。


## 先挤压后放松：新工党经济学

布莱尔曾许诺要改造英国。与这一目标相比，上述种种事件都只是次要的。北爱尔兰危机的确亟待解决；苏格兰和威尔士的权力下放是老一辈传承下的事业，并未耗费布莱尔太多时间和热情；"千年穹顶"同样是继承而来的一个项目，受到乐观情绪和投机心理驱动的此次突击以惨败告终；戴安娜之死属于麦克米伦口中政府最为担心的那类"意外事件"，不过布莱尔的应对十分出色。但这些都还算不上新工党的真正要义。新工党的意图在于打造更有保障的经济，极大地改善公共服务，以及为底层人民带去新的曙光。这些目标的实现大多要取决于布朗，而不是布莱尔。这位严肃、阴沉的财政大臣日后也将成为一名争议人物，但他执掌财政部的最初岁月却是活力四射的。他屡屡推翻公务员的意见，在部门内树立起新风。和布莱尔一样，布朗也没有在政府中任职的经验；和布莱尔一样，在野期间他也建立起了一个紧密的团队，其中的核心人物是他的经济顾问、日后成为议员及财政部低级别大臣的鲍尔斯。布朗团队与财政部公务员之间的关系从一开始便十分糟糕，在很长一段时间内一直非常冷淡，这种情况与初来乍到便开始主宰唐宁街 10 号的那群特别顾问遭到公务员高层领导的憎恨也如出一辙。

布朗将利率掌控权移交给了英格兰银行，早在在野期间，他便秘密策划了这一富有戏剧性的突然一击，并且于新工党胜选之后立即在一片惊讶声中付诸实施。德国和美国等国家早就将货币政策交给了独立于政客的机构负责，但一位中左派的英国财政大臣做出这一举动，仍然令人感到十分意外。结果表明，此举对于工党大臣颇为有利，因为如此一来，长期存在的对于他们看重高就业率胜过低通货膨胀率的猜疑便被彻底打消了。此举还令货币市场确信，布朗不会通过加大货币供应量来降低其价值，因为他已无法做到这一点了。有趣的是，布朗因此在收税和开支方面反而获得了更大的自由。正如布朗的一位传记作者所言："只有在扮演了资本主义制度的超级卫士这一角色之后，他才能表现出自己的社会主义本能。"① 此举成了新工党取得的一大显著成就。值得一提的是，和权力下放一样，这都是在赢得权力之后立刻采取的行动。布朗还剥夺了英格兰银行监管其他银行的古老职责。如果英格兰银行既要监督商业银行的健康状况，又要独力掌控利率，那么这两项职责便可能发生冲突。布朗在处理此事时的雷厉风行惹恼了英格兰银行行长埃迪·乔治（Eddie George），后者险些辞职，布朗财政大臣任期的开局阶段也因此受到了干扰。

当时的工党赢得了在经济事务上值得信赖的好名声，布朗则被视为一位强硬而坚定的财政大臣。当时仍孑然一身的他，唯一的"情人"便是面容清癯、守口如瓶的"谨慎"小姐。所得税税率并无变化，感到放心的中产阶级愿意再一次把票投给工党；2001 年时，他们也的确成群结队地这么做了。即使布朗发现了摇钱树，他也不会随便乱花钱。2000 年正值互联网泡沫最为五彩斑斓之时，在英国突然冒出了一大堆取着丰富多彩、充满童趣名字的公司，承诺会取得魔幻一般的巨额收益。就在所有人都会为了与"数码"二字沾边的一切事物支付无论多高的价格时，布朗将下一代手机的执照卖出了 225 亿英镑，这一价格远远高于其日后的价值。但这笔资金并未用于公共开支，而是被拿来偿还总额高达 370 亿英镑的公共债务。2002 年，政府偿付的利息占收入之比达到了 1914 年以来的最低水平。布朗的家底变得越来越厚实了。

布朗财政大臣任期之初的挤压政策还导致了另一项更具争议的后果。所谓的"隐形税"就如同隐形轰炸机一样，发出了巨大的声响，却并不总能命中目标。征收隐形税的方式包括：冻结所得税起征点——这样一来按最高税率纳税者的数量便增加了 150 万；冻结个人免税额；提

---

① Robert Peston, *Brown's Britain,* Short Books, 2005.

高住房印花税，并大幅提高国民保险缴纳额度，在工党执政年间，这两项措施都带来了额外的巨额税收；将各项费用列为市政税的一部分，导致市政税急剧上升；最著名的方式则要数在 1997 年取消了股息收入的税收减免额度。当时，这些举动被标榜为合理的技术性改革，有助于纠正扭曲，并鼓励公司对自己的核心业务进行再投资。但事实上，这对退休金基金的投资回报造成了灾难性的影响。

根据英国精算学会的一篇论文，截至 2006 年，这一措施导致退休金基金一共损失了惊人的 1 000 亿英镑，这一数字比英国最大的 350 家公司的退休金赤字之和的两倍还要多。面对巨大的退休金缺口，领退休金者和较年长的工人感到出离愤怒。更加严重的是，2007 年发布的财政部文件显示，布朗早就收到了关于这一后果的大量警告。不过，一度曾倍感自豪的退休金行业的衰落经过，要比"责怪布朗吧"这一简单的指控更加复杂。其中的因素还包括精算行业的发展、梅杰时代退休金相关规则的改变、一项关于保障性支付的法庭判决，以及英国人口的迅速老龄化。不过与布朗在财政大臣任上的其他举动相比，退休金基金遭受的打击引发了更猛烈的怒火，而且矛头直指他本人。

长期来看，布朗对英国经济的管理，最惊人之处恐怕在于公共开支方面前后的巨大反差。在上任的头两年，他严格地遵守着延续保守党政府开支水平的承诺。但是在这样的开支水平下，公共开支受到的限制实在过于严重，上一任财政大臣克拉克都表示，倘若自己得以连任，也无法将其维持下去。然而布朗做到了。在 1999—2000 财年，他把公共开支占 GDP 之比从此前的近 41% 降到了 37.4%，达到了 1960 年以来的最低水平，比撒切尔时代还要低得多。他的举动与此前历任工党财政大臣截然相反。那些财政大臣上任后立即开始花钱，随后又不得不住手并增加税收。布朗上任后却表现得像个吝啬鬼，随后却悄悄地变成了慷慨的圣诞老人。突然之间他转变了态度，公共开支开始激增，尤其是医疗领域，其占 GDP 之比又回到了 43%。一言以蔽之：瘦削的岁月过后是肥胖的岁月，饥荒过后是盛宴，挤压过后是放松。

"谨慎"小姐是位十分严厉的情人。她的统治造成的最重大后果便是，1997—2001 年，工党政府在公共服务领域的成就远远少于自己的承诺。2001 年大选期间，在伯明翰的一座医院外，一位名叫莎伦·斯托勒（Sharon Storer）的女邮政局长怒气冲冲地与布莱尔发生了对峙，她身患癌症的伴侣得到的护理十分糟糕。布莱尔徒劳地想把她引到远离麦克风和摄影机的地方，试图阻止这番话传播开来。通常而言，新工党安排起与民众会面的场景来总是十分老到，但这一次，布莱尔却被纠缠住了，只能忍受这位女士滔滔不绝的怒斥，而她已经厌倦了布莱尔的种种借口。普雷斯科特曾承诺要大幅改善公共交通，他在 1997 年向下议院表示："如果在 5 年之内，使用公共交通工具的人数没有上升、开车出行者数量没有下降，那么这就是我的失职。任务很艰巨，但我希望大家督促我。"然而，由于"谨慎"小姐的强势，加上布莱尔不想给人留下反对汽车的印象，普雷斯科特未能获得所需的投资，进而遭遇了彻底失败。"谨慎"小姐还促使布朗削减了单亲家庭的福利，此举惹怒了工党议员，工党苏格兰分部在大会上对此进行了投票表决，称其"在经济上不适当，在道德上令人厌恶，在精神上十分堕落"。

推行改革需要资金。在没有资金的情况下，布莱尔第一届任期内的改革几乎一事无成，只有少数布莱尔或布朗专心致志、全力以赴的领域成了例外。最卓有成效的是旨在提高幼儿读写能力和算术能力的项目，唐宁街 10 号与教育大臣戴维·布伦基特密切合作，取得了实实在在的成功。但在公共服务领域，这样成功的改革案例少之又少。布朗试图通过"先挤压后放松"的方式来打造健康的财政状况，但其重大缺陷在于，就连布朗自己也并未完全遵循这一方针：终归需要增加新的资金，政府也的确这样做了。

从 20 世纪 70 年代穿越到 21 世纪初的时间旅行者可能会对办事处内、路旁、医院里和学校外陌生的制服与标志感到好奇。在财政部值勤的安保人员所穿戴的并不太正式的夹克与帽子，建筑工人外套和头盔上的徽章，呈跳跃状的人体模型上的小图标，鲜艳的花朵，豆状的斑点，以及"卡里利恩""塞尔科""万喜"等新的公司名称，都一目了然地反映出了政府运作方式的巨大变化。导致这些变化的项目有个十分乏味的名字——"私人融资计划"。但这些变化却十分剧烈，连不是特别关注政治的人都为此感到担忧。这一项目背后的理念很简单。早在工党上台的 5 年之前，拉蒙特仍担任财政大臣时，"私人融资计划"便已开始。拉蒙特进行的尝试是将公共工程私有化，允许私人公司主导并保留其收益。由美国银行牵头的一个财团新建并运营着连接斯凯岛与英国本土的一座大桥。许多岛民对于需要向一家私人财团支付通行费感到愤怒，他们的抗议最终促使苏格兰政府买回了这座大桥的运营权。在英国另一端的达特福德，也建起了一座横跨泰晤士河、将肯特郡与埃塞克斯郡连接起来的大桥，这是 50 多年来泰晤士河上新建的第一座大桥。运营该桥的是一家名为"穿行"的公司，他们从驾车者手里收取通行费的行为倒是没有遇到障碍。

起初，工党厌恶这一理念。原因在于，"私人融资计划"包含两部分内容，一是将基建项目私有化，政府需要为此长期支付费用；再就是将垃圾收集、校餐、清洁等服务外包给私人公司，从 20 世纪 80 年代起，那些持社会主义立场的地方议会便被强制要求推行这一与自己意愿相悖的政策。然而上台之后，工党大臣们逐渐意识到"私人融资计划"这 6 个字简直如同政治魔法一般。因为通过这一计划，大臣们可以宣布开建和督察激动人心的新工程，并将功劳揽入自己怀中，而全额账单则将留给 20 年或 50 年之后的纳税人支付。需要为今天用于学校或医院的开支而头痛的那位教育大臣或财政大臣，此时恐怕尚未生子，甚至还在上小学呢。换句话说，"私人融资计划"使得政府可以"赊账"。也许好，也许坏，这一诞生于英国的项目已经传播到了世界各地。当其他开支方式都处于"谨慎"小姐的严密控制之下时，"私人融资计划"就变得更具吸引力了。与此同时，用于新建学校、医院、监狱等设施的大笔资金被认定为投资，而非支出，由此在国民账户中被列入了另外一栏。此举算是聪明，还是自作聪明？"私人融资计划"支持者给出的理由是，私人公司建造和运营起工程来都要比国家机构有效率得多，纳税人由此获得的益处将大大超过支付给这些公司的费用。

毫无疑问，有时候情况的确如此。然而，基于模糊不清的未知因素做出的断言，往往会退化为猜测。由现代公务员体系自己来负责这些工程，究竟能达到怎样的效果？私有化或外包的合约是否足以充分维护纳税人的权益？类似的问题还有很多。下议院委员会当然会认为自己揪出了"私人融资计划"协议中的不合格及无效率之处；被逼到墙角的大臣们则往往会表示，若非"私人融资计划"，20 世纪 90 年代末的英国将无法修建闪亮的学校或医疗中心等急需的设施，因此这一项目毫无疑问是有益的。不过有一点是确定的，这的确是一个大型项目。截至 2006年年底，已签署的此类合约总价值高达 530 亿英镑，还有价值为 280 亿英镑的合约即将签署，涉及范围包括消防站、军营、直升机训练学校、精神疾病科室、监狱、公路、桥梁、政府大楼、电脑程序、移民管理体系，以及上百所学校与医院。最浩大的要数伦敦地铁的现代化工程，其法律费用极为高昂，合约则极为复杂。值得一提的是，"私人融资计划"于 2000 年达到了巅峰，这也正是财政部对于常规公共开支的削减最为严厉的一年。

　　与上述工程相关的远期合约有的远在 50 年之后，其代价究竟有多高尚难预测。但可以确定的是，未来的纳税人要支付超过 1 000 亿英镑的租金。在私人部门，律师、公司经理和会计开始专攻"私人融资计划"，一整套崭新的业务就此诞生。在公共部门，公务员挣扎着试图掌握与陌生的私人部门伙伴谈判时所需的新技能。界定这些项目的真正风险变成了显而易见的难题。假定某家公司受到委托，按照给定的预算新建一所宝贵的医院，但工程却严重滞后，如果纳税人不提供新的资金，该工程就将彻底泡汤：在这种情况下，难道能够对这所建造中的医院弃之不顾吗？在商界，"风险"是个司空见惯的概念；但在政界，这个词却有着不同的意思。如何才能将大臣们的"许诺文化"与建筑业或 IT 业公司的文化融合起来？为了解决这一问题，另外一个白领行业又应运而生了。到了 2005 年左右，从一家公司转卖给另一家公司的"私人融资计划"合约的数量已超过了合约总数的五分之四，由此形成了一个繁荣的分包政府项目的二级市场。如何才能掌控这些经过转卖的"私人融资计划"合约？又一个试图解决这一问题的职业应运而生了。当然，为这一切埋单的依旧是纳税人。

　　然而，与人们或许会期待的不同，"私人融资计划"并未引发太多不满的声音。大多数党派的大多数政客都认为，这一工具迟早有一天也能助自己一臂之力。

# 公共服务改革困境

██████

布朗的政策转向究竟是在何时发生的？由税收支撑的那种一目了然的传统公共开支方式，究竟是在何时回归到了政治议程之中？戈登先生与"谨慎"小姐的伟大爱情究竟为何会终结？这一切恰恰发生在布朗与莎拉·麦考利（Sarah Macaulay）的恋情曝光之时，从事公关行业的她是一位极其聪明的女士。两人于2000年8月完婚，距离布朗与"谨慎"小姐分手刚过去6个月时间。尽管次年发生了莎伦·斯托勒怒斥布莱尔的风波，但促成政治转向的因素无疑还是国民医疗服务体系。新工党在首份竞选宣言中承诺要"捍卫我们一手缔造的国民医疗服务体系的基本原则"，并且抗议称，在保守党治下，护士减少了5万名，管理人员却增加了2万名，而工党上台后将废除这些繁文缛节。尽管对保守党创建的医疗内部市场持批评态度，但布莱尔承诺将保持医疗服务委托人与提供者之间的分立状态。总体而言，工党传递出的讯息就是：多一些资金，少一些手续。

新任卫生大臣弗兰克·多布森（Frank Dobson）是一名坚定的传统主义者，还有着英国政坛最下流的幽默感。在他的领导下，工党正是这样做的。改革力度不大，但新增的资金足以令国民医疗服务体系渡过年复一年的冬季危机。然而就在此时，另外一场截然不同的危机登上了报纸头条。和常常发生的情况一样，多起个体经历迅速汇集起来，揭露出了具有普遍意义的问题。首先是一起极为糟糕的事例：在反复拖延之后，一位老太太的癌症恶化到了无法采取任何治疗手段的程度。随后，工党贵族、深受布莱尔敬仰的生育学专家罗伯特·温斯顿（Robert Winston）对老母亲遭受的待遇进行了愤怒的斥责。温斯顿表示，英国的医疗服务水平是欧洲最差的，并且还在继续恶化；政府并没有如实公布医疗服务的真实情况。这番话令白厅乱作一团，原因不仅仅在于温斯顿几乎算得上是这方面最有发言权的人，更在于他的说法可谓完全正确。工党进行的民意测验显示，民众也意识到了这一点。于是在与布朗进行了艰难的讨价还价之后，2000 年 1 月，布莱尔在戴维·弗罗斯特主持的周日早间电视节目上宣布，国民医疗服务体系急需更多资金，他将在 5 年之内使得英国的医疗开支赶上欧洲平均水平。

这一承诺分量十足，按真实价值计算，医疗开支增幅将达到三分之一，实际情况也大致如此。布朗对此并不开心。他认为布莱尔抢先一步做出了决定，在与弗罗斯特的对话中并未充分提及，在增加开支的同时还需要对医疗服务体系加以改革。根据唐宁街的流言，他声称布莱尔"偷走了我该死的预算"。布朗在当天便做出了弥补，承诺从此时起直到 2004 年，每年的医疗开支增幅都将达到在通胀基础上至少再多 6 个百分点："在国民医疗服务体系的 50 年历史中，这是幅度最大的持续性增长。"此外，"用于家庭医疗护理的资金还将增加一半"。从严格控制开支到大手大脚花钱的转变开始了，此后还将有一系列举动。随着 2001 年大选即将举行，布朗还宣布将由前银行家德里克·万利斯（Derek Wanless）对国民医疗服务体系的现状及未来做出评估。

但大选刚刚结束，关于有必要加税的明显暗示便渐渐消失了。万利斯报告的结论姗姗来迟，进一步确认了在近两年前的冬季危机中已暴露无遗的那些问题。无论英国民众有何一厢情愿的想法，国民医疗服务体系都比不上其他具有可比性的国家的医疗体系，并且急需大笔资金。万利斯还指出，不应剧烈地改变其融资方式，例如转型为以保险为基础或半私有化的医疗服务体系。布朗立刻将这一意见当作只有增加税收才能拯救国民医疗服务体系的客观证据。对此万利斯本人倒是有些不自在：借用某位写手的话，他是被布朗当成人肉盾牌了吗？无论如何，在2002年3月发布的预算中，布朗打破了一项自20世纪80年代以来便被奉为金科玉律的政治惯例：永远不要增加直接税。为了给国民医疗服务体系提供巨额资金，布朗开征了一项税率为1%的国民保险税，也就是相当于把所得税税率提高了一个百分点。

公共开支随之激增，尤其是在医疗领域。在许多方面，这份投入都取得了回报。与1997年相比，2006年国民医疗服务体系的员工数量增加了约30万，其中高级住院医生的数量增加了1万名（约四分之一），护士增加了8.5万名。不过，管理人员的数量也达到了近4万名，这一数字比布莱尔和布朗反对繁文缛节、嘲讽保守党雇用了太多管理人员时多了一倍。一项旨在实现整个国民医疗服务体系电脑化运转的雄心勃勃的项目，沦为一场昂贵的灾难。与此同时，医疗领域的预算从每年370亿英镑猛增至超过920亿英镑。投入的大笔资金取得了成果。在20世纪90年代中期常常导致民怨沸腾的就医等候名单缩减了多达20万人。在2005年，布莱尔可以夸耀等候名单人数已创下1988年以来的最低水平。几乎不再有人需要为了一次不耐烦的治疗等上超过6个月时间。1996—2006年，75岁以下人群的癌症死亡率下降了15.7%，心脏病死亡率下降了近36%。与此同时，在"私人融资计划"的推动下，全国各地都在新建医院。

要是故事的全貌就是这样，那该多好！然而，大大小小的"沙皇"、各种半官方机构、专职机构、委员会、中转团队及规划者令国民医疗服务体系不堪重负，曾承诺要下放权力的白厅此时却又施行了一系列令人眼花缭乱的掌控措施。到了2004年秋天，督察医院的机构数量已经达到了惊人的100多个。布朗的财政部与布莱尔派分子阿兰·米尔本（Alan Milburn）领导的卫生部就应该根据哪些基本原则来管理医院爆发了激烈的冲突。受到布莱尔支持的米尔本希望加强医院的独立性与竞争性。布朗则反问道：对于大多数人而言，当地只有一家大型医院，在这种情况下怎么可能加强竞争性？即使在竞争中失败，这家医院也很难因此倒闭。民意测验显示，民众支持布朗的论点；大多数人都希望提高医院的质量，而不是能拥有更多选择。布莱尔的团队则回应称，只有当拥有更多选择时，医院的质量才可能提高。双方最终达成了妥协，宣布建立少量独立的基金会医院[①]。实际上，英国再度陷入了昔日的争执之中：是试图以指标为棍棒、以非选举产生的半官方机构为军团，由中央管理一切；还是允许医院像私人部门那样兴衰沉浮？

　　2005年大选之时，迈克尔·霍华德领导的保守党抨击工党乱花钱，坐视脏乱差的医院将人民的生命置于险境。就如同曾经的工党一样，此时的保守党也承诺将精简官僚机构，削减医疗领域组织的数量。到了2006年夏天，尽管投入了大笔资金，医疗部门却再度遭遇了财政危机。就占总预算的比例而言，此次危机涉及的金额并不大，但从哈特尔浦到康沃尔再到伦敦，某些最为脆弱的国民医疗服务体系信托基金会已经到了崩溃边缘。在全国各地，医疗部门共失去了7 000个工作岗位，皇家护理学院估计还将有1.3万人丢掉工作。许多能力出色的新医生与专科医生都无法找到工作。在经历了2000—2002年在公共开支问题上的180度转向，为医疗领域投入了历史性的大笔资金后，工资成本、昂贵的新药、糟糕的管理以及不断"改革"催生的庞大官僚机构的开销等因素，似乎导致英国医疗服务的质量仍如往常一样令人怨声载道。医疗领域其他不太热门的问题，如心理健康问题，则遭到了忽视。离开国民医疗服务体系、转投私人医疗保险和私人医疗服务的人数越来越多。1999

---

① 也就是由国民医疗服务体系信托基金会管理的医院。——译者注

年，英国最大的私人医疗保险公司保柏公司的覆盖人数约为 230 万，6 年之后这一数字已经达到了超过 800 万。保柏公司客户增长的部分原因在于人们变得更加富足了，但对于工党向国民医疗服务体系的巨额投入而言，这样的结果绝对算不上是一张信任票。

教育领域的状况也与之相似。传统派社会主义者同样希望建立一套对所有孩子都适用、遍及全国各地、由白厅直接管理的综合性学校体系。当然，如今已实现了权力下放的苏格兰和威尔士除外。保守党创建的中央直接拨款学校尽管数量很少，却是危险的半独立机构，已经遭到废除。政府投入了最大的热情、精力与决心，以改善教育领域的状况。在布伦基特及其继任者的先后领导下，教育部出台了关系到学校方方面面的一系列计划。光是在 2001 年这一年里，教育部就向学校发出了多达 3 840 页指令。某位校长发现，自己的学校需要完成 525 项指标。然而，就如同改造之后的国民医疗服务体系官僚机构未能令医院改头换面一样，这些汗牛充栋的文件也未能令学校改头换面。随后布莱尔转而尝试别的方法，又重新拾起了半独立学校这一主意。在公共部门，拥有一定自主招生权的"特色学校"早已存在，不过新型半独立学校要比之更进一步。企业、宗教团体以及当地的富裕商人将提供部分资金，作为回报，他们得以参与塑造这些学校的"精神气质"。和医疗领域的情况一样，这一构想在工党中也遭遇了强烈抵制：这不是意味着可能回归某种形式的选择性教育吗？另一场激烈的战斗就此打响。在工党议员的压力下，法律明文禁止此类学校按照学习成绩选拔学生，此外还规定这些学校务必继续保持与当地教育当局的联系。

然而在 21 世纪初，英国教育似乎的确在重新走上那条已被逐渐遗忘的老路。基督教福音派团体、计算机公司或会计师事务所开始为学校提供资金。这与古时候由当地显贵、同业公会和宗教团体开办的学校难道有何不同吗？某些此类学校在讲授生命的起源时，甚至将达尔文的学说扔到一边，转而奉《圣经》为圭臬。不向不可信赖的外人开放的穆斯林学校数量也有大幅增长。政府试图促使宗教学校向其他群体稍加开放，但又被迫放弃了这样的努力。在有些人看来，此举是对综合性学校所暗含的"同一个民族"这一理念的背叛，是朝着隔都式教育的倒退。另外一些人则质问道：假如让这类独立学校接受经选举产生的当地地方议员的监督，令其无法过于咄咄逼人地向学生灌输自己的教条，并不是一件坏事吧？民调显示，家长更加担心的并非学校的性质，而是纪律是否太过松弛，考试是否太过马虎。这类学校无疑是与20世纪60年代和70年代的教育方向背道而驰的，反而更加接近撒切尔及其保守党继任者的理念。和医疗领域一样，私立学校也风靡了起来。

布莱尔的第二任政府加大了公共开支的力度，但大笔资金却被用于涨薪、创建新的官僚机构，以及支付外部顾问的费用。各个部门对于能够再度放开手脚花钱感到不太习惯，支出也并不总能收到成效。此外还发生了其他不幸的插曲。为了造成对医院、学校和交通设施的开支比实际支出更多的假象，布朗及其团队对早期的开支增幅进行了双重乃至三重的重复计算。他们也因此遭到了理所应当的严厉抨击。

在前舆论导向师彼得·海曼（Peter Hyman）于2005出版的一本书中，他引人入胜、一针见血地点明了布莱尔政府公共服务改革面临的困境。年轻、严肃的海曼自布莱尔成为党魁起便开始为他效力，一路被提拔为唐宁街10号的战略通信小组主管。他曾为布莱尔撰写演讲稿、为他引导舆论、与他争执，还目睹了级别最高、最刺激的权力游戏。2003年，在为布莱尔的工党大会主题发言倾尽全力后，海曼决定亲身践行"重新开始"这一发言中的热门词语。他辞去了在唐宁街10号的职务，在伊斯灵顿格林这所位于伦敦内城区的条件艰苦的综合学校当起了老师。他在此期间写下的这本揭露惊人内幕的作品堪称有关英国当代政治的最佳文本之一。后来当一名学生问道，为何首相的话并不总是能够兑现时，他的反应是这样的："我盯着这个学生的眼睛说道：'托尼对教育许下的诺言要兑现，就意味着你务必通过考试。他怎么可能保证这一点？你可能压根连考试都不参加呢。'"海曼反思道，自己过去的工作方式是忙着与热度只有 24 小时的媒体打交道，这根本无助于改善学校的状况；我们需要的是一以贯之，而不是冲突与新鲜感，是合作，而不是争斗。"如今，从望远镜的另一端往回看，我才发现政客与人民之间的关系是多么不对等……占据中心地位的那些人热衷于各种理念，但大都对可操作性不感兴趣。提议以更好的方式落实政策的人却常常被斥责为牢骚满腹……政客为什么就不能承认身处一线者可能更了解情况呢？"[1]

这是个好问题。为了制定更好的政策，进行更有效的规划，提供更健康的校餐，建设更美观的市中心，以及实现众多其他愿望，那些总是怀揣着崇高理想，总是在为"人民"说话的政府核心人士软硬兼施、讨价还价、滔滔不绝。发生了又一场灾难之后，铁路系统再度经历了改组。拥有铁道独家运营权、一度能够盈利的铁路线路公司以极具争议的方式宣布破产，白厅则推行了一套事无巨细的控制制度。布莱尔一度自豪地宣称为公共部门定下了 500 项指标，后来他的副手发现，光是地方政府和交通部门面临的指标就达到了这一数字的 5 倍。[2] 教区议会、小企业和慈善团体也收到了大量指示，虽不像学校和医院收到的那么多，但总是会对其真正愿望构成干扰。此类干涉总是有着良好的用意，却堵塞了

---

① 均引自 Peter Hyman, *1 out of Ten,* Vintage, 2005。
② 见 Simon Jenkins, *Thatcher and Sons,* Allen Lane, 2006。

自主决策的通道，令本应积极的公共生活沮丧不已。在就任首相之初，布莱尔说出过一句十分著名的抱怨之词：试图改革公共部门导致他"后背上布满伤痕"。如果少一些不假思索的鞭笞，多一些对话，或许布莱尔和整个国家都能更加快乐一些。

# 猎狐风波与油价抗议

与此同时，作为这场手忙脚乱的运动的终点，英国民众证明了自己还是和以往一样喜怒无常、无法预测。大体而言，道德及文化抗议取代了此前数十年的经济争端。在布莱尔时代的大部分时间里，围绕着猎狐的斗争在议会里日复一日地耗费着大量时间和精力。民意测验显示，民众几乎就和首相本人一样对此事毫不在意，许多人的确持有观点，但立场并不强烈。然而在这场争斗中，一方面动物权益保护人士决心促使这届自称为激进的政府有所作为，另一方面，将渔业、有机食物等也纳入了自己关注范围的"乡村联盟"则认为，英国的某些历史传统遭到了忽视。而且各个阶级都有人不认同新工党的世界观。

自中世纪以来，猎狐便成了一项在乡间进行的消遣活动。大约完成于1370年的诗歌《高文爵士与绿骑士》（*Sir Gawain and the Green Knight*）就曾对此加以刻画，其活动形态与今日并无太大差别。17世纪70年代，其仪式、红色外套、用语及相关文学作品已经成为英国文化的一部分，并在世界各地流传开来。然而，这项活动中有一个环节自始至终都受到谴责：对狐狸的猎杀。在18世纪，那些面色红润、愚不可耐、爱好猎狐的保守党乡绅是城市里的辉格党人进行宣传时经常提及的典型反面形象。猎狐者用于指代狐狸的绰号"查理"便来自伟大的辉格党激进分子查尔斯·詹姆斯·福克斯（Charles James Fox）。到了19世纪末，在激进分子眼中，大喊大叫的猎狐者雄赳赳气昂昂呼啸而过的场景，已成为专横霸道的贵族欺凌民众的象征。用王尔德的话来说就是："不堪入耳之人在全力追逐不可食用之物。"但在反对声之外，事情并未取得太大进展，直到富有战斗精神的保护动物权益运动于20世纪中期兴起。这些人决心利用气味喷剂、号角和人肉屏障来阻挠捕猎。首例破坏行为发生于1958年8月，"反对残酷运动联盟"（该组织早在1927年便已成立）的成员尝试用化学制品扰乱德文郡及萨默塞特郡的猎鹿用猎犬。此后这类策略又被运用到了猎狐者身上，例如1962—1963年同北沃里克郡猎狐者及位于阿默舍姆的老伯克利狩猎俱乐部的对抗。1963年12月，来自德文郡布里克瑟姆镇的一名年轻记者建立了"捕猎破坏者协会"，破坏行为迅速散布开来。

从此以后，捕猎支持者与破坏者之间的对抗就成了乡村生活中经常发生的事件。此类对抗常常是暴力的，促使警方全力出击。捕猎破坏者也将自己比作猎人，凭借急智、勇气和精妙的策略来扰乱猎狗，帮助狐狸或雄鹿逃脱。捕猎支持者指控破坏者犯下了罪行，破坏者则指控支持者态度残暴。在树丛间，许许多多人被打断了鼻子、打折了骨头。此类对抗带有阶级冲突与城乡冲突的意味。渐渐地，形势变得明朗了：破坏者也许拯救了不少狐狸，却无力阻止捕猎行为。于是动物权益保护人士愈发将注意力转向议会，争取使其下达禁令。工党选民及议员大多反对捕猎，1997年大选前，工党还从动物权益保护团体处收取了10万英镑捐款。随着新工党取得大胜，显而易见的是，议会必然将推动针对使用猎犬捕猎行为的禁令。考虑到支持这项禁令的议员数量众多，这还很有可能成为法律。这将直接影响到20万定期捕猎者，再加上捕猎行为的旁观者和支持者，受影响的总人数将达到 50 万。正是在这样的背景下，为了反对禁令，"乡村联盟"这一组织成立了，其首次大型集会在大选结束 6 周之后于海德公园举行，共有 12 万人到场。

从这以后，支持捕猎的抗议活动不断发生，形式各异。在工党大会会场外，在较早之前已单独下达禁令的苏格兰，在议会大楼外，以及在全国各地的许多城镇，捕猎支持者都曾举行过游行。人们从来都在为了某事而游行，但此前的游行者要么是身着粗呢大衣的学生，要么是身穿皮夹克的矿工或左翼人士，这一次参与游行的却是面色红润、身着粗花呢裙子的女性、身着博登牌与巴伯牌鞋子的农场工人，以及身着罗登呢大衣与拷花皮鞋的前公学毕业生。在布莱尔时代，捕猎时的号角声、猎犬兴高采烈的叫声，乃至马蹄撞击地面发出的铿锵声，都成了议会的背景音。于伯恩茅斯举行的一场嘈杂的游行过后，布莱尔也亲自加入了争论，在 1999 年的工党大会上表示要把"保守势力"一扫而空，并将保守党称为"猎狐者、皮诺切特（Augusto Pinochet）支持者和世袭贵族的党派，是不可食用、不堪入耳、不可选举的"。

这一次，布莱尔罕见地借用了左派的语言，并很快便对此感到懊悔。他从来都不关心捕猎问题，只是希望这场风波能够尽快平息。但风波仍在继续。与布莱尔相比，普雷斯科特更算得上是一名阶级斗士，使得 2001 年大选平添了几分生气：在造访威尔士的里尔时，一名身材魁梧的"乡村联盟"抗议者向他投掷鸡蛋，普雷斯科特则用重拳予以回击。大选之后，工党议员继续推进对捕猎行为的禁令；另一方面，在 2002 年那个"不满的夏天"，彻夜不眠的抗议愈演愈烈，不少女性赤裸着上身向白厅递交请愿书，还有 1 000 匹马呼啸着穿越莱斯特。当年 9 月，"乡村联盟"声称有超过 40 万支持者参加了在下议院外举行的规模盛大的"自由与生计"抗议活动。在此期间，警方与头戴粗花呢帽子、身着打了蜡的橄榄绿色夹克的愤怒青年发生了暴力冲突。

2004年11月18日，禁止使用猎犬捕猎的法案终于在议会中获得通过。在经受了法律挑战之后，这项禁令于次年2月正式成为法律，但仍留下了诸多空子，例如允许骑手用猎犬驱赶狐狸，然后将其射杀。这样一来，在英格兰及威尔士各地，捕猎行为实际上仍在继续。禁令生效的第二天，又有上千名捕猎者出动，共计91只狐狸遭到猎杀。和苏格兰的情况一样，在捕猎行为继续的同时，破坏者也携摄影机如影随形，试图记录下违法的证据。不过，有关非法捕猎的起诉少之又少。关于猎狐犬的主人会先射杀自己的猎犬然后自杀的残忍预言并未成真——多年以来，这一幕一直是萦绕在工党舆论导向师心头的梦魇。围绕着猎狐的争斗堪称新工党时代的象征：在威斯敏斯特经历了漫长、嘈杂的对峙之后，产生的实际效果却出人意料地微乎其微。

2000年，全国范围内的卡车司机针对高油价的抗议令整个国家陷入了停滞，这一事件首度表明，新工党时代的抗议并不只限于支持猎狐者吵吵嚷嚷的示威。自动提高燃料税的举措实际上已经被暂时叫停了，但当下的石油税已经很高，再加上世界油价不断上涨，导致英国油价也上涨到了前所未有的水平。一群愤怒的卡车司机（他们是自己所开货车的主人）在威尔士举行了一场抗议集会，决定暂时封锁柴郡的一家巨型炼油厂。他们吸引了诸多媒体前来报道，其他司机的反应也十分热烈。起初，布莱尔及其大臣认为这算不上严峻的挑战，决定继续按原计划行事。针对这起事件，在内阁办公室简报室里成立了一个指挥中心。这间位于唐宁街以南的平淡无奇的会议室正是应对全国性危机的场所。

首相继续环游英格兰中部地区，这次旅程的最后一站将是在赫尔的一家中餐馆庆祝普雷斯科特进入议会30周年。一路上，官员和记者注意到货车排成了V字队形缓慢移动，堵塞了多条高速公路；报告还显示英格兰北部地区的加油站已日益枯竭，被惊慌失措的驾车者团团围住；越来越多的炼油厂遭到封锁。但布莱尔及其团队依旧认为没什么大不了的，行程还将继续，他才不会因为此事而分心呢。但到了那天晚上，普雷斯科特抵达赫尔市政厅之后，被来自乡村的抗议者团团围住，此时布莱尔才意识到事态的严重性。当得知当地工作人员无法保证为他提供一条安然离开那家宏伟中餐馆的通道后，布莱尔向普雷斯科特道了歉，便转头前往谢菲尔德，仍然装作一副若无其事的样子。在整整一夜不断收到简报之后，布莱尔在次日早晨终于让步，折返伦敦掌控大局。

总体而言，布莱尔面对危机时的表现都相当出色。这一次，他又开始试着敦促众人各司其职。然而，石油公司老板却不愿施以援手，命令油罐车司机突破封锁线。这些司机也是自我雇用者，并且也都同情抗议者。盛怒之下的布莱尔先是发出威胁，后又低声乞求。此时英国各地的加油站都已枯竭，任何尚存石油的地方都排起了长队。气氛依旧很友好，但布莱尔对这场危机已渐渐失去控制。食物开始出现短缺，面包、牛奶都已耗尽，能为英国下蛋的母鸡也身处险境：英国仅存的制造业即将被迫停工。然而民调显示，大多数民众仍然站在抗议者而非政府一边。布朗一再拒绝提前发布预算案和承诺下调燃料税，表示不会向两三千名货运司机的讹诈让步。私下里，有人开始提议让军队介入，强制突破对炼油厂的封锁。语气惊慌失措的政府文件遭到了泄露，布莱尔几乎是在乞求抗议者住手："你们知道吧，这样可不好。这样是不对的……"最终，在医疗服务部门的管理人员警告称很快将有人因此去世，连反对布莱尔的媒体也开始劝抗议者适可而止后，封锁终于被解除，生活又回归了常态。布朗在预算中旁敲侧击但足够慷慨地削减了燃料税，大体上重塑了名誉。但英国的确曾一度濒临1978—1979年冬那样的崩溃边缘。

随后英国很快便实现了反弹。2001年大选时并无危险的暗涌，政府早先的谨慎作风加上此后对加大开支力度的承诺令选民甚为满意。接替梅杰出任保守党党魁的是那一代保守党人中的佼佼者，年轻、生气勃勃、机智、秃顶的约克郡人威廉·黑格（William Hague）。痴迷于政治的他自上学时起便成了撒切尔派分子。他竭尽全力试图让自己的领导风格变得更加时尚，与当代英国更加亲近，为此他戴上了棒球帽，还造访了诺丁山狂欢节。但这些举动令黑格遭到了嘲笑，他也从中吸取了教训。黑格具有一定的从政经验，曾与拉蒙特在财政部共事，此后又任职于威尔士事务部。他最大的成就在于让惨败之后不知所措的保守党避免了四分五裂。状态上佳时的黑格是一名妙语连珠的反对党领袖，令布莱尔颇为难堪，并且带头就隐形税、"千年穹顶"和新出现的"假的寻求避难者"等问题向工党发起了攻击。但在竞选过程中过度专注于拯救英镑，向选民承诺"我们将为你们夺回这个国家"，并攻击当时仍很受欢迎的布莱尔为"油滑的骗子"——这些做法导致保守党被新工党描绘为仇外的"肮脏党派"。保守党的攻击彻底失败了，工党以 167 个议席的优势再度胜选，比上次大选仅仅少了 5 席。保守党尽管投入了大量精力、做出了艰苦努力，但只多赢得了一个席位。这次大选至关重要，因为它巩固了新工党于 1997 年取得的成就，并且表明英国正在沿着布莱尔的路线前进。但另外一项不祥的统计数据同样令人难忘：投票率还不足60%。自从英国实行民主制以来，民众还从未像此刻这样对投票不感兴趣。

# 伊拉克战争的预演

伊拉克战争将永远是布莱尔遗产中最重要、最具争议的一部分。但早在热火朝天的克林顿时代便已发生的两起事件，不仅令布莱尔为应对伊拉克战争做好了准备，还能为解释他日后的行为提供部分线索。首先是作为对萨达姆逃避联合国核查的惩罚，英国皇家空军和美国空军轰炸了伊拉克。其次是在科索沃危机期间北约轰炸了塞尔维亚，并威胁要派出地面部队。这两场危机促使布莱尔坚信自己务必亲自介入海外战争。他曾度过自我怀疑的不眠之夜，却也因此变得更加强硬，不为批评所动。这两起事件都暴露了空中打击的局限性，并且令他更加看重媒体的作用。倘若没有发生这两起事件，布莱尔对导致世界政坛剧变的"9·11"事件或许会做出截然不同的反应。

布莱尔上任不久，便收到了关于萨达姆有意获得大规模杀伤性武器的证据。他在演讲以及与其他领导人的私下谈话中都曾提及这一问题。北约和联合国安理会多数成员都对萨达姆驱逐了前往他那宏大宫殿探查生化武器的联合国核查员这一举动愤怒不已，但最初的反应仍是主张采取更多外交措施。伊拉克已经在经受制裁，而且萨达姆最终还是迎回了核查员。但他只不过是在玩捉迷藏游戏。到了1998年10月，英国和美国终于失去了耐心，决定要用导弹和空中轰炸摧毁伊拉克军队。就如同未来事态的预演一样，布莱尔甚至也向议员提交了一份关于萨达姆的大规模杀伤性武器的卷宗。不过在最后关头这位伊拉克领导人再一次退缩了，空袭也随之推迟。但美国很快便得出了结论，认为萨达姆只不过是又在玩弄花招。

到了12月，英国和美国战机终于发动了进攻，在4天之内打击了

250 个目标。这场"沙漠之狐"行动可能只是将萨达姆的武器计划延缓了一年多，却被宣扬为一场巨大的胜利。和日后一样，这一次英国和美国也是在联合国并未通过决议的情况下便采取了行动。两国民众普遍怀疑克林顿之所以下令发动空袭，是为了将公众的视线从令他无比难堪和备受煎熬的莱温斯基事件上转移开来。在轰炸伊拉克期间，美国国会正在就弹劾程序展开辩论，并在空袭的最后一天正式对克林顿发起了弹劾。不过自始至终，布莱尔在议会内外都没有遭遇什么麻烦。

巴尔干半岛那场旷日持久的悲剧曾困扰着时任首相的梅杰，这场悲剧以南斯拉夫的解体告终，并且引发了前文提及的第二起轰炸事件。科索沃是塞尔维亚的一个省，当地的主导民族是说阿尔巴尼亚语的穆斯林，但历史情结浓厚的塞尔维亚人几乎将其视为圣地：在中世纪的一场著名战斗中，他们曾在此抗击奥斯曼土耳其帝国。塞尔维亚的前共产党领导人斯洛博丹·米洛舍维奇（Slobodan Milošević）将自己塑造成了在科索沃占少数地位的塞族人的英雄。1995 年的《代顿协议》一度平息了事态，但新组建的科索沃解放军又引发了残暴的冲突。在 1998—1999 年，塞族展开了愈发凶残的报复。尽管国际社会对局势进行了监控，双方也曾短暂地达成停火，但暴力行为并未走远。在拉察克发生的屠杀45 名平民的事件，促使人们将其与纳粹暴行相提并论。种族清洗与强制迁徙上万人、逼迫他们在寒冷的冬天翻山越岭的行径令世界各地的民众都义愤填膺。布莱尔在芝加哥宣布了"国际社会的一条新准则"，允许发动"基于价值观的……正义战争"。在与南斯拉夫的谈判破裂后，北约立即发动了大规模轰炸。英军与美军喷气机先是打击位于科索沃的目标，随后又将范围扩大至塞尔维亚其他地区：工厂、电视台、桥梁、发电站、铁路、医院和许多政府大楼都遭到了轰炸。

然而，这却是一场彻彻底底的失败。许多无辜平民遇难，塞尔维亚和科索沃大多数地区的日常生活陷入了混乱。美国向一处集市投下的一枚集束炸弹杀死了 60 人；美军的一架隐形轰炸机炸毁了大半个中国驻南斯拉夫大使馆，在国际上引发了轩然大波。与此同时，云层很低加之米洛舍维奇的将军们使用了诱饵，使得南斯拉夫军队的损失得以降低；米洛舍维奇反而加大了种族清洗的力度。行刑队又重新开始执行任务。数十万人流离失所；最终，约有 100 万阿尔巴尼亚族人逃离了科索沃，遇难者人数则为 1 万 ~1.2 万人。布莱尔开始觉得，假如此次行动一事无成的话，自己恐怕难以保住首相的位置。（唐宁街职员在当时是这样说的。如果此言不虚的话，读者会注意到，布莱尔认为自己将被赶下台的次数，要比任何头脑清醒的观察家所可能预测的多得多。）真正的问题在于，只有发出真实可信的将派出地面部队的威胁，才可能迫使米洛舍维奇退缩，光靠空中力量是不够的。布莱尔绝望地试图说服克林顿。他造访了一座难民营，愤怒地说道："这太骇人听闻了。这就是罪行……怎么会有人认为我们不该进行干涉？"

美军应当成为战争的主要力量，因为欧盟远远谈不上具备完善的军事结构，也无力将军队运往其他战场。英国首相摆出一副道德姿态的做法引发了华盛顿方面的担忧；只是在数周的穿梭外交之后，事态才终于取得了进展。布莱尔下令 5 万名士兵做好入侵科索沃的准备，这占到了可供调动部队的大多数，也就意味着将动员大批预备役部队。如果布莱尔是在虚张声势，那么其风险是巨大的，因为欧洲其他国家都无意介入。不管出于什么原因，美国的语气也变得强硬起来。到了最后关头，塞尔维亚议会终于退缩了。在美国和俄罗斯的联合施压之下，米洛舍维奇将军队撤出了科索沃，接受了这一地区在国际托管之下几乎独立的现实。布莱尔宣布这场行动取得了胜利：善战胜了恶，文明战胜了野蛮。8 个月后，米洛舍维奇被推翻，并被海牙前南斯拉夫问题国际刑事法庭指控犯有战争罪行。

先是"沙漠之狐"，后是科索沃危机，这两起事件对于认识布莱尔日后在伊拉克战争中的表现至关重要。他从中意识到，轰炸很难奏效，只有威胁派出强大的地面部队，独裁者才会退缩。他愈发感到自己是一名道德高尚的战时领袖，在同和希特勒一样邪恶的独裁者作战。2000年对塞拉利昂的干涉成功地拯救了许多生命，这进一步巩固了他的信念。在"沙漠之狐"行动中，他与克林顿合作愉快；但就科索沃危机而言，他却担心自己对待克林顿过于急切。他意识到，需要更加委婉地与美国总统打交道；此外，不应太过依赖那些欧洲盟友。不过后来他力主建立一支欧洲"快速反应部队"，以便在未来的战争中分担更多负荷。他还学会了如何对轰炸塞尔维亚期间左翼和右翼震耳欲聋的批评声置若罔闻，如何安之若素地下达会导致大批人员伤亡的命令。自此之后，他便对媒体深怀敌意，尤其是对 BBC，其轰炸塞尔维亚的报道令他大为光火。北爱尔兰和平进程令他对自己促成协议的能力深信不疑；"沙漠之狐"、科索沃和塞拉利昂则令他相信自己还具备领导战争、冒巨大风险并大胜而归的能力。


## "达不雅"①

包括妻子谢丽在内，布莱尔核心圈子的大多数人都希望民主党候选

---

① "达不雅"（Dubya）是小布什的中间名首字母缩写"W"的得州方言发音，由此成了他的绰号之一，带有贬义。——译者注

人阿尔·戈尔（Al Gore）能够在 2000 年美国总统选举中获胜。布莱尔本人在竞选开始前与小布什的初步交往也十分谨慎：派遣外交官前往后者的牧场，还通过其父亲向时任得州州长的他传递了友好的口信。布莱尔与这位新任美国总统的首次电话通话十分友好，但并不自在。这样的感受是合乎情理的：布莱尔与克林顿的关系格外亲密，他与这位重塑了民主党的魅力领袖建立起了心灵相通的情谊，纵使意见分歧以及令人难堪的莱温斯基事件也并未对其造成伤害。小布什的当选意味着这一切都将荡然无存。布莱尔于 2001 年 2 月造访戴维营，首度与小布什会面，但此行值得铭记之处仅仅在于为了摄影而安排的一次不自在的领导人漫步——布莱尔的牛仔裤过于紧身，令人难堪。还有就是小布什拙劣的冷笑话："两人在某些问题上还是能达成一致的，比如都使用高露洁牌牙膏。"

但在摄影镜头之外，却发生了某些更加重要的事情。两人建立起了轻松的私人关系，并逐渐深化到相互信赖的程度。这段关系过于亲密，在全世界都引发了争议。小布什希望建立一套新的导弹防御系统，对此欧洲大多数领导人以及工党内的大多数人都表示反对，但布莱尔却表示支持。为了让这一计划取得成功，布莱尔还将升级英国境内的相关设施。作为回报，小布什勉强同意支持英法提出的建立一支快速反应部队以应对今后的科索沃式危机的倡议。但比这项协议更加重要的，是双方之间的化学反应。布莱尔的幕僚几乎成了小布什团队，尤其是康多莉扎·赖斯（Condoleezza Rice）、唐纳德·拉姆斯菲尔德（Donald Rumsfeld）和科林·鲍威尔（Colin Powell）的追星族。布莱尔发现这位新总统直率、务实、快活、容易合作——事实上，要比健谈又散漫的克林顿容易合作得多。谢丽在乘飞机抵达时还在不满地质问为何非得对"这群人"好言相向，但就连她也尽自己所能地与小布什的妻子劳拉（Laura Bush）愉快相处。

　　不曾与小布什谋面者低估了他与人相处的天赋以及强大的气场。通过科索沃危机，布莱尔已经意识到，如果想要进行"道德"战争，与美国总统保持一致将是至关重要的。克林顿也曾告诉布莱尔，应该让小布什成为"最好的朋友"。布莱尔下定了决心：他喜欢小布什。（不过，难道他还有别的选择吗？）从此以后，任何称这位美国总统愚蠢无知的说法都会遭到他的驳斥。美国总统与英国首相之间的关系永远不可能是对等的，但布莱尔和小布什已经为此打下了基础。这一切在当时看来都显得平淡无奇，但由此造成的后果将令人惊愕不已。

## 反恐战争

　　在"基地"组织向纽约与华盛顿特区发动袭击之时，布莱尔正要在布赖顿的工会大会上发表关于公共部门改革的讲话。看上去这将是一次重要的演说。坎贝尔在发送给记者的简报中表示，布莱尔将与工会那恐龙一般的本能展开较量，这一幕将"精彩绝伦"，极富戏剧性。就在此时，在每位大臣的办公室和任何记者云集之地都必不可少的 24 小时新闻频道开始不断播放一幢建筑燃烧的画面。就在关于发生了某种涉及轻型飞机的可怕意外的传言四起之时，第二座高塔又遭到了撞击。布莱尔对这则新闻的反应与其他所有人一样：无法置信。很快就有顾问向他表示这是一场史无前例的恐怖袭击。不管他分析起这一问题来有多失败，值得肯定的是，当时他立刻便镇定了下来，像戴安娜去世时一样，为这一悲痛的戏剧性场合想好了恰当的措辞。工会大会会场内的场面宛如闹剧一般：记者及其他人士纷纷接起了电话，离开了会议室；大会主席痛斥这些离场者，要求恢复秩序，结果却发现恐惧之情与各种流言已经传播开来。布莱尔抵达会场后表示将取消自己的发言。他简要地描述了事情经过，表达了对美国的深刻同情与支持，然后立刻与顾问一道乘火车返回首都。

回到伦敦后，他发现面对可能迫在眉睫的类似袭击，首都的准备工作并不充分。接下来，伦敦的上空遭到了封闭，皇家空军的喷气机升空巡逻，众人开始转移至唐宁街下方安全的地下室里思索对策。这场危机期间，布莱尔与军方及情报部门顾问的合作要比与大臣们更加紧密。在超过 24 小时的时间里，布莱尔都无法通过电话联系到小布什。在伦敦，许多人都担心这位总统过于惊慌失措，或是"擅自离开了岗位"。当布莱尔在 9 月 12 日的午餐时间终于联系上小布什后，他为对方献上的不仅仅是安慰之词，还包括匆忙收集的与本·拉登相关的情报及想法。两人又恢复了相互仰慕的伙伴关系，在刚刚发生的事件刺激下，情绪显得格外强烈。这一刻，在伦敦各地都飘扬着美国国旗，白金汉宫外的乐队奏起了《星条旗永不落》（*The Star-Spangled Banner*），美国大使馆外摆满了鲜花，逍遥音乐会（The Proms）的最后一夜成了展示与纽约团结之情的舞台。自 1945 年以来，美国在英国还从未如此受欢迎过。

小布什在电话中承诺不会贸然行事，"做无用功"，但他还表示自己不会区别对待恐怖分子及窝藏恐怖分子者。这意味着他先是向阿富汗塔利班发出了最后通牒，接下来则将发动一场战争。布莱尔对此表示赞同，随后又在下议院中明确表示，他认为规则已经改变了，窝藏可能动用生物、化学或核武器的恐怖分子的"流氓国家"务必表明立场，但这绝不意味着伊拉克已被列为打击目标，唐宁街 10 号当然没有这种想法。如今我们已经知道，在"9·11"事件发生 4 天之后，美国国防部长拉姆斯菲尔德在戴维营向小布什表示有机会打击伊拉克，但小布什决定暂时只专注于阿富汗。

袭击过去 9 天之后，在分别向德国、法国、中国和伊朗致电的忙碌外交活动间隙，布莱尔冒着瓢泼大雨前往仍在冒烟的世贸中心遗址，向遇难者致敬，并为遇难的英国人发表了一次庄严的演说。回到华盛顿后，小布什向他表示，以后会考虑伊拉克问题。随后，在向美国国会详述"反恐战争"的演说中，小布什警告称自己将先拿"基地"组织开刀，但这并非终点——他暗指的又是伊拉克。他还对布莱尔与美国保持团结一致盛赞不已，作秀一般转身对着他，说道："谢谢你到场，我的朋友。"国会议员纷纷站起身来，为布莱尔欢呼喝彩。布莱尔动用了自己的全部政治资本以及外交部所积累的大量知识与信息来助美国一臂之力，其投入程度远胜于其他国家，并赢得了小布什由衷的感谢。与此同时，这位美国总统将世界划分成了"朋友"和"敌人"两个阵营。此刻，英国在美国的声望达到了高点，无疑能与里根-撒切尔时代相提并论。布莱尔与小布什彼此的好感是否真的有那么大影响，仍存在争议。不过此时，受到鼓舞的美国人已开始尝试让其他国家也加入对阿富汗的进攻行列。

"9·11"过后不到一个月，对塔利班的攻击便展开了，英国潜艇发射了巡航导弹，美国空军则进行了猛烈的轰炸，向"基地"组织训练营和塔利班武装投下了杀伤力巨大的武器，包括臭名昭著的"摘菊使者"炸弹。进行地面战争的则是"北方联盟"及阿富汗军阀，美国为其提供资金与补给，特种部队提供协助。这场 21 世纪对 19 世纪的战争很快便告结束，仅仅 5 周之后，塔利班便逃离了喀布尔。数千名残存的"基地"组织阿拉伯裔成员及其塔利班"东道主"撤退到了阿富汗与巴基斯坦边界处一个名为"托拉-博拉"的错综复杂的山洞地带，就连美军也拿他们无可奈何。至于本·拉登，在呼吁穆斯林向西方开战之后，他便消失了。在此期间，布莱尔仍在进行外交活动，争取到了巴基斯坦的支持，并且坚决地向众多阿拉伯及穆斯林领导人表示，这场战争针对的绝不是伊斯兰世界。在阿曼、埃及、叙利亚和巴勒斯坦，布莱尔及其幕僚向所有愿意听他们讲话的人保证，除非发现表明"基地"组织与萨达姆之间存在联系的证据，否则就不会向伊拉克发动战争。与此同时，布莱尔还试图说服其他欧洲大国领导人加大对小布什的支持力度，并开启新一轮以色列与周边国家的和平进程，但这些努力收效甚微。

对于布莱尔而言，这几周极为忙碌。他不仅在四处争取对"反恐战争"的支持，还开始落实在10月的工党大会上发表的著名演说。他表示，可以通过"9·11"事件之后的行动，来治疗全球的病症。这是布莱尔发表过的最重要的演说，也是考察这位专注于外交事务的首相功过得失的最佳参照点。尽管部分关键语句出自顾问之手，但演说的主旨却源于布莱尔自己，体现了他在牛津大学就读时形成的基督教道德观，反映了他对自己能够胜任全球领袖一职愈发坚定的信念。与语焉不详的国内政策形成鲜明对比的是，布莱尔还在演说中提出了许多令自己兴奋不已的观点。他向党内同志表示，"9·11"袭击是世界历史的一大转折点。在动情地描述了袭击过后的纽约景象之后，他将作战与援助联系到了一起——这番话肯定不可能出自小布什之口。他传递出的讯息是：先打败恐怖分子，再解决难民问题；与贫穷展开较量，就能逐步铲除恐怖主义。从加沙地带的贫民窟到非洲大陆，在这些"世界良知的伤疤"之上，将诞生一个崭新的世界：

从这一恶魔的阴影之下，将诞生持久的良善，摧毁所有地方的恐怖主义机器；我们将努力用冷静、有序的方式消除分歧，所有国家都会对新曙光满怀希望；各国之间、各种信仰之间将加深了解；最为重要的则是，要为穷人和被剥夺者带去正义与繁荣。

有些人露出了难以置信的笑容，有些人则眼眶湿润、心跳加速。在某些领域，布莱尔提出了更加具体的设想，例如他承诺从现在起，将把中东和平进程作为个人的当务之急。但大体而言，他主要是在畅想未来。忍饥挨饿者、遭受不幸者、被剥夺者、被无视者，都将被拯救。"我们必须把握住这一时机。万花筒在震动，图案在变幻，它们很快又将稳定下来。但在此之前，让我们按照自己的想法重塑世界。"毫无疑问，这番话语是强有力的。布莱尔此刻正沉醉于是非分明的道德观，他还相信自己能够成为全世界的救世主，集格莱斯顿与甘地于一身。但是，这样的想法是否太过分了？尽管在以色列和非洲，布莱尔同样在固执地追逐自己的目标，但伊拉克终将成为砸碎这些希望的那块血迹斑斑的巨石。

## 难保"纯之又纯"

在布莱尔时代，坎贝尔一直都痛斥记者目光狭隘，只在乎鸡毛蒜皮的琐事，而不关注实质。所谓"琐事"，指的是一系列涉及大臣与金钱或是大臣与性的丑闻（后一种情况较为少见）。在布莱尔时代，不时会有大臣从政府中辞职。布莱尔曾说出的对自己伤害最大的一句话恐怕就是："我们站在普通人一边，对抗特权。我们必须纯之又纯。"个人腐败的案例并不多，但要想募集资金，又不愿对工会毕恭毕敬，布莱尔的圈子就难免会与商界及特权者纠缠在一起，双方的利益交换尽在不言中。布莱尔夫妇就经常身处奢华的环境中，与富人为伍。在 1997 年的大胜之后，既然反对党无法造成任何压力，布莱尔的核心圈子很快就变得有些趾高气扬了。从一开始，新工党的最高指挥部便鼻孔朝天、双眼闪着希望之光地踏上了灾难之旅。

1997年的伯尼·埃克莱斯顿（Bernie Ecclestone）事件是"纯之又纯"遭受的第一记耳光。这名身材矮小的F1赛事掌门人在向工党捐款100万英镑后，为自己旗下的这项运动赢得了烟草广告禁令的豁免权。在野时，布莱尔曾在银石赛道[①]上乘车绕场一周，观众则热情地向他挥舞米字旗，彼时他与埃克莱斯顿便已有了交情。[②]在公开场合，布莱尔矢口否认政府对F1赛事网开一面同埃克莱斯顿与他的私交有关。但在私下里，他和顾问对此事会造成何等影响心知肚明。对此，他们感到惊慌不已。最终也没有人能够证明发生了不正当行为，不过在试图掩盖相关细节时，唐宁街10号的确撒播了谎言。在坎贝尔的建议下，布莱尔接受了BBC最咄咄逼人的记者约翰·汉弗莱斯（John Humphrys）的采访。他不痛不痒地表达了些许歉意，并且向观众恳求道："我希望了解我、知道我是哪种人的人能够意识到，我绝不会做任何损害国家或者不正当的事。我想，和我打过交道的大多数人都认为我十分坦诚。"这一次，布莱尔侥幸逃脱了惩罚，却造成了这样一种危险的印象：曾激烈抨击"乌烟瘴气"的保守党、令人耳目一新的这届政府，其实并不像表面看上去那样清白。

如果说布莱尔还有好名声可以利用，那么曼德尔森就绝不可能这么做了。"阴险大臣"（sinister minister）的名号令他颇为得意，洞悉一切、无所不在的他就是新英国的马基雅维利。他时而显得做作，时而

---

① 银石赛道是F1英国站分站赛的举办地。——译者注
② Andrew Rawnsley, *Servants of the People,* Penguin, 2001.

散发出坎普气息，时而盛气凌人，时而魅力四射。在人们的印象中，此类人物应该总是徘徊于黑暗的角落，但他实际上相当喜欢聚光灯下的感觉。据说，当他走进一家饭店，从敌人身旁经过时，餐桌上的热汤都会瞬间结冰；而他只要微微一笑，便可令盟友心潮澎湃。他其实并不像过度紧张的敌人想象的那般能干。作为一名阴暗的操纵者，他也曾有过出洋相的时候。但在新工党时代初期，曼德尔森及其身边人士觉得自己就是宇宙的主宰。他的幕僚之一德里克·德雷珀（Derek Draper）私下里曾向一名乔装打扮的记者吹嘘这一"圈子"的事迹，他点着鼻尖说道："重要的人物只有 17 位。"曼德尔森的圈子或许有点言过其实了；此外，他们还为自己设下了危局。曼德尔森本人对生活品质有着极高的要求。1997 年大选之前，为了购置一处伦敦西区的房产，他从布朗的支持者、性格活泼的工党议员杰弗里·罗宾逊（Geoffrey Robinson）处借了 37.3 万英镑。罗宾逊有一笔财富秘密地存放在海峡群岛的避税港里，其中既包括他在漫长的商界生涯中攒下的积蓄，还包括一位比利时寡妇为他留下的遗产。这位比利时寡妇有个幸福的名字：布尔乔亚（Joska Bourgeois）①。工党胜选后，罗宾逊被任命为财政部主计长。一段时间之后，曼德尔森成了贸易与产业大臣，需要负责一系列调查，调查对象恰恰就包括他的债主罗宾逊。

这其中显然存在着利益冲突。曼德尔森试图回避对于他购房资金来源的质疑。然而，布朗阵营对他恨之入骨，而且还对真相一清二楚。这样一来，纸终究包不住火了。真相败露之后，布莱尔大为光火，尤其是因为他的好朋友彼得及其身边人事先竟然对他毫无提醒。在两名唐宁街新闻官陪同下，在身处后台的布莱尔的注视下，曼德尔森在新闻发布

---

① "Bourgeois"意为资产阶级。——译者注

会上潸然泪下。随后，他接受了不得不辞职的命运。布莱尔尽管坚决希望他离开政府，但还是邀请他及其伴侣前往契克斯别墅做客，并就应如何重建生活和谨慎择友给出了自己的建议。颇为典型的是，曼德尔森悲伤但高尚的辞职信以及布莱尔动人且令人难忘的回复均出自坎贝尔之手。随后，罗宾逊也离开了政府。再往后，布朗的新闻官惠兰也未能幸免——曼德尔森将借款一事被曝光归咎于他。

　　假如这就是故事的全部，已经足够糟糕了。此时这样一套说辞已经确立：尽管并未发生不正当的行为，但这些行为的确显得不正当，因此辞职在所难免。但此后又陆续发生了一系列丑闻，情节各异，加在一起就极具破坏性。布莱尔否认在印度商人拉克希米·米塔尔（Lakshmi Mittal）向工党捐款和他帮助米塔尔收购一家罗马尼亚钢铁公司之间存在关联。在此事上布莱尔被指控说了谎。辞职仅仅 10 个月之后，曼德尔森便回到了政府中，出任北爱尔兰事务大臣。随后，关于曾为"千年穹顶"项目出资的两名印度商人是否试图通过曼德尔森获得英国公民身份的疑问浮出水面。尽管后来澄清并无不正当行为，但曼德尔森还是不得不再度辞职，布莱尔则再度展现了无比强硬的态度。觉得自己遭到严重背叛的曼德尔森最终前往布鲁塞尔，成为一名欧盟委员会委员。大臣与商人的勾连需要以共同的文化为基础：他们"知道规矩"，从来不直截了当地索取或是提供，以此来保护彼此。有意思的是，许多浮出水面的争端都与亚洲商人有关。他们并不知道规矩——他们懂英语，但不懂弦外之音。

　　同一名内阁大臣在一年之内辞职两次，这种事简直闻所未闻。但在布莱尔时代，辞职两次的事件发生了两次。谢菲尔德市议会的前盲眼领导人、言辞犀利的布伦基特曾是布莱尔教育政策的执行者。2004 年，爆发了一起关于他是否曾要求私人秘书加速批准其情人金伯利·奎因

（Kimberly Quinn）保姆的签证申请的争执，随后，时任内政大臣的他不得不辞职。布伦基特此前曾在与一名记者的交谈中对多位内阁大臣大加嘲讽；令他感到难堪、令这些大臣感到愤怒的是，这番话被写进了一本传记里，公之于众。因此，内阁同事们对他鲜有同情。奎因是支持保守党的知名杂志《旁观者》周刊的出版人，再加上她为布伦基特诞下一子的秘密遭到曝光，使得媒体对于"保姆门"事件的兴趣达到了狂热的程度。就连布伦基特本人也将两人的关系称为"社交名流"（socialite）与"社会主义者"（socialist）之恋。随后，在长期默默忍受痛苦的丈夫支持下，奎因与愈发恼怒的布伦基特就孩子的抚养权展开了激烈的争夺。这样的情节仿佛发生于狂野的 18 世纪，还被改编成了歌舞剧和电视剧，令布伦基特极为受伤。2005 年大选后，他又回到了政府中，出任就业及退休金大臣。但他在离开政府期间购买了一家 DNA 检测公司的股份，由此引发的争议迫使他再度辞职。布伦基特的日记录音于2006 年出版，披露了伊拉克战争前夕政府高层的深刻分歧，对高级公务员进行了激烈抨击，还暗示假如布朗在伊拉克战争一事上不全力支持布莱尔，后者就会考虑将其解雇。

布伦基特和曼德尔森的"二重奏"是布莱尔时代最著名的辞职事件，但并非全部。威尔士事务大臣罗恩·戴维斯（Ron Davies）因"疯狂一刻"丢掉了工作：此事发生在克拉珀姆公地，涉及另外一名男性。教育大臣埃丝特尔·莫里斯（Estelle Morris）则因"理智一刻"去职，她认为自己不足以胜任这份工作——此事其实相当值得尊敬。罗宾·库克和克莱尔·肖特先后因伊拉克战争递交了辞呈。在宪政改革方面的意见被布莱尔推翻后，深感受挫的大法官欧文男爵也离他而去。卫生大臣阿兰·米尔本则希望有更多时间陪伴家人。来自英格兰东北部的前极左翼分子斯蒂芬·拜尔斯（Stephen Byers）是最为忠诚也最受布莱尔信赖的大臣之一。他的特别顾问乔·穆尔（Jo Moore）在发给同事的电子邮件中麻木不仁地表示"9·11"是个好日子，因为"人们不会关注其他坏消息了"。对于一起导致数千人遇难的事件而言，这样的言论实在是毫无同情心，拜尔斯也因此遭受了重创。随后，时任交通大臣的拜尔斯强迫铁路线路公司破产，然后将其收归国有，并未向其股东支付应得的补偿金，此举引发了巨大争议。股东们感到自己遭受了欺骗与打劫，工党议员们则有些幸灾乐祸。再加上拜尔斯在提及与可怕的帕丁顿火车事故幸存者的会面中对铁路未来有何表态时向议会撒谎，因而受到了抨击。最终他于 2002 年 5 月辞去了职务。

这股肮脏的浪潮还涌入了唐宁街 10 号。因为在富有友人的款待下兴致勃勃地享受免费假期，布莱尔和谢丽多次受到抨击——这些友人包括罗宾逊、某位意大利王子、克利夫·理查德、比吉斯（Bee Gees）乐队的某名成员，以及丑闻缠身的意大利总理贝卢斯科尼（Silvio Berlusconi）。谢丽因为越来越爱占便宜而饱受批评，作为一名收入很高的律师，她对缺钱的担心几乎到了不可理喻的程度，这或许与其缺乏安全感的童年有关。布莱尔夫妇不如撒切尔夫妇富有，但要胜过梅杰夫妇、威尔逊夫妇和卡拉汉夫妇，然而他们过早地卖掉了位于北伦敦的私宅，未能从房价暴涨中分得一杯羹。但是，布莱尔一家的两处住所均由国家付费，并且有专人照顾他们及其子女的生活；与普通英国人相比，布莱尔的薪酬也算得上丰厚。不富裕只是相对于当时的伦敦上流社会而言的，他们的生活其实相当舒适。辞去首相职务之后，布莱尔立刻意识到通过出书协议、付费演说和前往大公司任职，他可以变得超乎想象地富有。但这些似乎都不足以改变二人对金钱的态度。

健身及美容教练卡萝尔·卡普林在 20 世纪 90 年代便已结识谢丽，工党上台之后她对谢丽的影响力变得越来越大。唐宁街 10 号官员并不喜欢卡普林，认为她善于操纵他人，所宣扬的那套“新纪元”观念更是胡言乱语。但她的确帮助谢丽塑造出了此前不具备的风格与自信。在怀着幼子莱奥（Leo Blair）期间的交往以及此后一次流产的经历，令谢丽与卡普林结下了深厚的姐妹之情。由于布莱尔经常需要专注于“反恐战争”及国内问题，照顾家庭（包括财政状况）的责任就更多地落在了谢丽肩上。通过卡普林，谢丽在布里斯托尔买下了两套公寓，一套供在当地上大学的儿子尤安（Euan Blair）居住，一套作为投资。经办此事的是卡普林的情人、滑稽可笑的澳大利亚骗子彼得·福斯特（Peter Foster）。当此事被披露后，谢丽既未向坎贝尔吐露全部实情，也未把真相告诉自己的发言人、坎贝尔的伴侣、厌恶卡普林的菲奥娜·米勒（Fiona Millar），似乎就连布莱尔也并不完全了解情况。如此一来，当面对《每日邮报》和《周日邮报》（*Mail on Sunday*）的相关报道时，唐宁街 10 号给出了错误的信息，后来不得不为此致歉。当唐宁街方面终于意识到，经由谢丽和卡普林，布莱尔与一名澳大利亚骗子产生了关联之后，激烈的争吵随即爆发。对于布莱尔夫妇而言，这一刻极为黯淡。在坎贝尔的坚持下，谢丽在电视直播中做出了道歉，将这一过失归咎于忙碌的生活和身为人母的压力，但此举只不过使得媒体的怒火稍有缓和。有些人感叹谢丽的生活的确不易，并称赞她表现得很勇敢；但其他人对此并不信服。

英国并未变成一个堕落的国度，但上百万怀有美好希望的人难免感到自己遭到了辜负和背叛，心生疲惫与失望之情。为什么布莱尔及其身边人不能做到“纯之又纯”呢？首先，既然决定要将商界的捐款作为政治资金的来源，那么就免不了要受其影响。作为回击，布莱尔总是表示自己制定了披露政党捐款来源的规则和最严格的大臣行为准则。事实的确如此，但这些规则中似乎总有这样或那样的空子，引发一个又一个问题。在布莱尔执政末期，他的筹款人利维男爵在"花钱买爵位"丑闻的调查中遭到逮捕，布莱尔本人也接受了警方的问讯。

其次，自"金融大爆炸"以来，过去20年间伦敦商界超富阶层的兴起令某些政客有了完全不切实际的攀比对象。许多人并未受此诱惑，布朗就是一例；大多数大臣回到各自选区的家中后，也依然能过上脚踏实地的生活。但这样一种想法终究挥之不去："我在管理这个国家，至少是某个领域，难道我配不上更好的待遇吗？"此时的英国社会似乎已将金钱视作判断成功与否的唯一标准，公众的敬仰变得不再重要了。

最后，政客受到的约束也发生了改变。他们担心的不再是公务员那直截了当的警告，甚至也不是议会同僚那严厉的盘问，而是一个自作主张、活力四射、粗鲁无礼，有时甚至凶狠残暴的"新型反对派"，这个既受到大臣巴结又遭其鄙视的群体就是媒体。在娴熟地利用媒体令保守党名誉扫地之后，该轮到布莱尔及其同事亲身领教这帮人的厉害了。


# 冲入伊拉克战争的熔炉

布莱尔的传记作者安东尼·塞尔登（Anthony Seldon）着重指出，早在小布什决定向伊拉克开战之前，乃至在他当选美国总统之前，布莱尔对于萨达姆及大规模杀伤性武器就已极为担忧。这种说法十分正确。布莱尔不只在私下里对此感到担忧，还曾反复提及此事。他尤其担心伊拉克支持下的恐怖分子会动用添加了核物质的"脏弹"。到此时为止，与萨达姆、米洛舍维奇乃至塔利班的毛拉·奥马尔（Mullah Omar）打交道的经历，加上与他欣赏的小布什及普京等领导人的接触，促使布莱尔认为外交事务的重点就在于个人。他过度全神贯注于作为邪恶化身的萨达姆个人，以及如何降服此人这一道德使命，对于伊拉克这个国家的复杂性却认识不足。

本书不会详述白宫的立场如何变得日趋强硬，并最终做出入侵伊拉克的决定。在 2002 年的国情咨文讲话中，小布什将伊拉克、伊朗和朝鲜称为所谓"邪恶轴心"，令欧洲外交界不寒而栗。美国情报部门试图证明世俗主义者萨达姆与"基地"组织之间存在关联，但未能成功，可这并不妨碍小布什将伊拉克列为下一个打击目标。布莱尔曾向阿拉伯领导人承诺，除非发现表明"基地"组织与萨达姆之间存在关联的证据，否则就不会同伊拉克开战，但这番话在华盛顿毫无分量。布莱尔在工党大会上发表了一次格莱斯顿式演说，小布什身边则围绕着一群新保守主义者，这二者之间有着思想上的联系。许多新保守主义者相信，只要推翻萨达姆，就能为中东带去民主与繁荣，顺道还能解决巴勒斯坦问题。不过小布什的核心圈子在意的并非宏伟的愿景，他们只想推翻萨达姆，而且既不愿等待，更谈不上依赖其他国家，乃至依赖英国——"9·11"之后，这将是一场专属于美国的战争。他们不信任联合国核查员，也不信任巴格达的承诺。尤为重要的是，以迪克·切尼（Dick Cheney）和拉姆斯菲尔德为首的鹰派还将粉碎某些更加睿智的美国官员或是英国外交部为战后伊拉克制订详细重建计划的希望。"政权更替"的意思就是政权更替，而不是许诺由民主传教士为外国人带去洁净的水与食物。

从 2002 年 4 月造访小布什那座位于得州韦科市附近克劳福德镇的尘土飞扬的农场时起，布莱尔便知道他已打算入侵伊拉克。但布莱尔并未就此罢休，而是在当年余下的时间里力促小布什通过联合国采取行动。根据英国对国际法的解读，如果不这样做，入侵将是非法的。此外，联合国将给予萨达姆最后一次以和平方式解除武装的机会；保持国际社会团结一致还有助于日后根据布莱尔工党大会发言的精神重建伊拉克。他还希望说服小布什对中东和平进程投入更多精力。2002年9月7日在戴维营，小布什终于向布莱尔承诺会通过联合国采取行动。布莱尔则向小布什承诺，如果此路不通，英国将与美国在伊拉克并肩作战。小布什称赞布莱尔"有种"。数日之后，在联合国大会上发言时，小布什即兴表示自己愿意争取令联合国通过相关决议。布莱尔对此十分高兴，但他已经被束缚住了手脚。他为小布什耗费了政治资本，并在联合国一事上压倒了华盛顿的鹰派，但他未能说服任何人重视战后问题。不过在当时，这看上去似乎仍是一项不错的协议。

但事实证明，这项协议实在糟糕透顶：令布莱尔懊恼和惊愕的是，英国和美国未能促使联合国通过自己想要的决议。与此同时，诉诸联合国的做法避免了反叛的工党议员数量进一步上升，尽管56人依然不是个小数字。在白厅里，外交部及许多大臣都对布莱尔将领导自己走向何方感到愈发担忧。在白厅外，反战运动已蓄势待发。为了争取民众支持，布莱尔再度祭出了曾于"沙漠之狐"行动前和"9·11"袭击后两度使用的手段：发布一份用事实为战争正名的卷宗。但这份卷宗不同于此前的两份。美国的看法是，萨达姆是个危险的坏家伙，在"反恐战争"的新形势下务必将他铲除。联合国则认为，萨达姆未与核查员充分合作，这令人怀疑他可能依然藏有大规模杀伤性武器，尤其是生物与化学武器。不过老实说，他的确销毁了部分武器。要想让联合国通过决议，关键点就在于大规模杀伤性武器——如前所述，对于此类武器，布莱尔早就忧心忡忡了。因此，这份卷宗务必证明萨达姆的确拥有大规模杀伤性武器；要想赢得英国民众的支持，还得证明此类武器对英国构成了威胁。于是，布莱尔给出的向伊拉克开战的主要依据，便不是推翻暴君这一道德理由，而是对暴君武器库状况并不确凿的判断。

布莱尔团队早已颇为成功地向记者灌输了有关萨达姆可能造成何等巨大破坏的令人毛骨悚然的话语。毫无疑问，情报和国防部门的高层人士都相信萨达姆依然拥有大规模杀伤性武器，只不过被狡猾地隐藏了起来；此外，他还在试图获得核武器。麻烦的是，萨达姆政权的恐怖手段非常有效，在伊拉克境内很难找到消息源。与军情六处有联系的那些人都不可靠，他们都是异见人士，自然强烈地希望战争打响。军情六处处长理查德·迪尔洛夫（Richard Dearlove）向布莱尔提供了来自一名伊拉克线人的情报，这名线人表示自己知道化学药剂的生产地点，但这名线人本身却是"未经检验的"。鲍威尔在联合国使用的卫星情报也太过模糊，无法令人满意。于是，这份卷宗就只能利用来源并不确切的信息，编织出一幅至少乍看上去足以令人信服的图景，以达成政治目的。联合情报委员会利用诸多消息源起草了这份卷宗，并直接向首相汇报。唐宁街官员们对部分内容进行了质疑，并怀疑其说服力是否足够强，如此一来，这份卷宗的措辞便反反复复修改了多次。于2003年2月发布的第二份卷宗同样引发了怀疑。这份关于伊拉克如何隐藏大规模杀伤性武器的文件后来被称为"不实卷宗"，其内容实际上出自网上的一篇博士论文，且并未注明出处。

　　无论真相究竟如何，2002年9月那份卷宗的起草过程中必然发生过某些奇怪的事情。对伊拉克武器状况的猜疑被强化了，论断更尖锐了，疑虑被删掉了，信念被当作了证据。没有人能够确定萨达姆究竟拥有何种武器，正因为此才需要联合国进行核查，但这份卷宗却让人觉得，他掌握了多种大规模杀伤性武器，在45分钟内就能投入使用，受其威胁的目标中包括位于塞浦路斯的英军基地。但事实上，能够在45分钟之内投入使用的是一种在战场上使用的短程化学武器，并不足以威胁到其他国家，卷宗中的地图却故意误导了读者。最终，入侵伊拉克之后掘地三尺的搜寻行动未能发现"大规模杀伤性武器"的蛛丝马迹。多年以来，布莱尔一直激烈地坚称这些武器终将被找到。他因此遭到了俄罗斯总统普京、多名英国议员以及全世界媒体的公开嘲讽，但他还是不断表示这些批评终将被证明是错的。直到今天，证据仍未出现。

经过一番激烈的争斗，在英国外交官的引领下，联合国通过了1441号决议，宣布萨达姆"严重违反"了表明自己是否拥有禁用武器的义务，并给了他最后一次机会：要么服从，要么面对"严重的后果"。然而这位伊拉克领导人还在闪烁其词，他迎回了核查员，但并未将自己的武器全盘托出。在美国人看来，这足以触发战争；但在其他国家，尤其是法国看来，这仅仅意味着安理会需要重新商讨该怎么办。2003年2月，正当英军和美军已经就位，准备从南方发起进攻时，在伦敦爆发了大规模的"停止战争"游行。这是英国首都见证过的规模最大的示威活动，与之相比，就连反对苏伊士战争的游行都相形见绌。外交大臣斯特劳咽下了自己的疑虑，决心坚定地支持自己的上司。他、布莱尔以及英国外交团队绝望地试图令联合国通过第二项决议，为伊拉克战争提供法律支持。布莱尔曾一再对小布什表示，只有这项决议获得通过，自己才能保持工党的团结一致——也就是说，继续掌权。但法国总统希拉克（Jacques Chirac）对华盛顿的鹰派作风十分愤怒，并且对这场战争可能对整个伊斯兰世界造成的影响感到担忧，他表示法国永远不会接受第二项决议。这样一来，布莱尔的努力也就失败了，他未能如愿以偿地获得联合国授权。此刻，布莱尔和斯特劳都陷入了低谷。

对其他人而言，这成了最后一根稻草。前任外交大臣、曾深度介入"沙漠之狐"行动与科索沃危机的罗宾·库克警告内阁，在未获得第二项决议的情况下，自己不会支持在伊拉克打响又一场战争，并立刻辞去了职务。克莱尔·肖特是内阁中另外一位反对伊拉克战争的大臣，曾公开表示布莱尔的行为是"鲁莽的"，不过她暂时选择了留任。曾任下议院领袖的库克在下议院发表了一次现代史上最为冷峻、雄辩的演说。他对布莱尔和斯特劳竭力争取第二项决议表示赞赏，这表明了这项决议是多么重要；不仅只有法国，许多其他国家同样希望在开战之前能进行更为细致的核查："事实是，英国被要求参与一场战争，但英国作为主要成员的任何国际组织都未对这场战争表示许可。先是北约、欧盟，现在又轮到了联合国安理会。"美国是超级大国，可以自行其是，但英国不能这样做。或许伊拉克并没有"通常意义上的"大规模杀伤性武器，其军事实力其实非常弱。"讽刺的是，正是因为伊拉克的军事实力如此之弱，我们才敢于考虑实施入侵。我们不能一方面认定萨达姆很弱，由此来决定采取这样的军事战略，另一方面又认定他是个威胁，来为先发制人的行动正名。"库克继续说道，英国人民是睿智的："在伊拉克问题上，我认为英国人民的普遍立场是正确的。他们毫不怀疑萨达姆是个残暴的独裁者，但并不确信萨达姆对英国构成了明确且迫在眉睫的威胁。"各位议员不顾下议院的神圣传统，在库克结束发言坐下后发出了雷鸣般的掌声，这样的场面几乎是绝无仅有的。

但布莱尔感到自己必须奋勇前进。萨达姆再度证明了自己是个骗子，根本不可信赖。检察长为布莱尔提供了战争的法律依据，但并没有什么说服力，并且受到了政府中其他律师的质疑，其中一名律师还选择了辞职。布莱尔向小布什做出了承诺，后者表示布莱尔可以先退出，等到入侵完成后再以维和者的身份派出部队。布莱尔认为此举太不光彩且有损军队士气，拒绝了这一提议。他将自己的声誉押在了这场战争上，还觉得如果不能赢得本党的支持，自己的领袖生涯将就此告终。私下里，有关辞职的安排已经展开。在激烈的政治与媒体争斗中，更加强调萨达姆的残暴、对人权的侵犯而非大规模杀伤性武器构成威胁的说法，开始令某些心存疑虑的议员转变态度。喜欢不时挑起事端的左翼后座议员安·克卢伊德（Ann Clwyd）发表了一次格外具有影响力的演说，痛斥萨达姆对库尔德人的虐待以及滥用酷刑的行为。最终，经过数日的起伏跌宕，在发表了一次堪称他最精彩的演说之一的议会演说之后，布莱尔终于赢得了多数工党议员的支持，不过反叛者的数量仍高达 139 位。由于保守党的支持，布莱尔根本不必担心在下议院中会遭遇失败，但他差一点就未能达到自己定下的目标：赢得至少半数本党议员的支持。在下议院取得上述结果之后，开战的最后一个障碍也被移除了。

伊拉克战争于 2003 年 3 月 20 日打响，巴格达遭受了震耳欲聋的空袭。华盛顿方面残忍但确切地将其称为"震慑行动"。在战争初期，伊拉克情报部长刺杀萨达姆的举动未能成功。在最初的几个星期，伊拉克官方几乎每晚都会镇定地播报伊军在沙漠中取得大胜的消息，但事实上是沙尘暴延阻了美军前进的步伐。巴格达的某个集市遭到轰炸，共有57 人遇难。英国民众对于这场战争的怒火也日益高涨。虽然不像五角大楼希望的那样不费吹灰之力，但这场入侵的确很快便结束了。4 月 7日，英军占领了被围困已久的巴士拉；两天之后，美军进入巴格达，先后占领了国际机场和萨达姆的宫殿。很快，萨达姆的雕像便被欢呼雀跃的伊拉克民众推翻在地。入侵发生之前，人们曾以为巴格达将奋战到最后一刻，满城都将燃烧起熊熊大火，布满坦克兵团，甚至还会动用化学武器——总之，底格里斯河畔将上演阿拉伯版本的"诸神的黄昏"。相较之下，这次入侵实际上是一场一边倒的胜利。但入侵结束后的战事就绝非如此了。

# 媒体治国

　　在 20 世纪 80 年代和 90 年代初，工党遭受了多数媒体的凶狠攻击，金诺克的处境十分艰难。在布莱尔当选党魁后，曼德尔森和坎贝尔等金诺克核心圈子的成员对那段经历仍记忆犹新。坎贝尔曾为《每日镜报》工作，见识过报界最肮脏、最世故的一面。离开这一行时，他认为多数记者都是无所事事的骗子，而且对工党都怀有偏见。他有着强烈的小团体意识，并且认为其他人也是如此。曼德尔森曾在电视业工作过，他的拿手武器是图像和极具杀伤力的简报。因此，新工党会成为英国历史上对媒体最为痴迷的党派，就一点也不令人感到意外了。我们已经提到过布莱尔在出任党魁后是如何向那些一贯敌视工党的媒体敞开怀抱的，以及他是如何利用保守党的"乌烟瘴气"之风摧毁梅杰的声誉。在夺取权力的过程中，新工党变成了一个永不停歇的新闻采编部，为每天的每个政治头条制订方案，编织了一幅由声明、图表、俏皮话和反驳构成的无穷无尽的网格，不停地向记者、编辑及报纸老板施压，不放过任何一个形容词和感叹号。

　　如今，这样的看法已无可争议：上台之后，新工党依旧保持着这种思维方式，对政府乃至政治的声誉造成了严重伤害。古怪的是，新工党认为，面对在法律与秩序问题上持有不同观点的报纸，只要让布莱尔对他们分别说出各自希望听到的话，他们就都会站到政府这一边了。可是要知道，这些报纸相互间是会通气的。在前文提到的诸多丑闻纷纷曝光后，对记者的恐吓变本加厉，但也遇到了愈发激烈的抵抗。唐宁街 10 号的新闻机器开始遭到普遍质疑，它说出的几乎每一句话都会被冠以"引导舆论"之名。前唐宁街舆论导向师兰斯·普赖斯（Lance Price）

的日记证实了人们的猜疑。关于曼德尔森的首度辞职，他写道："我们（相当虚假地）表示，彼得昨天晚上给布莱尔打了电话，表示自己想要辞职。"关于布莱尔在接受一家周日报纸采访时呼吁确立新的"道德目标"的言论，普赖斯表示："这番话空洞无比，其目的仅仅是在两名12岁少女怀孕的事件曝光后，炮制出一篇正面的报道。这一招奏效了……"①

还有许多其他例子，记者彼得·奥伯恩（Peter Oborne）就搜集了一些，例如：之所以因泄露情报报告一事对保守党前主席、末任港督彭定康大加诋毁，是为了分散公众对库克婚变的注意力；曼德尔森声称"千年穹顶"将推出一项激动人心的名为"冲浪球"的全新运动项目，但此事从未兑现；布莱尔在曼德尔森有意竞选议员等问题上也撒了谎。② 在某些特定情况下，政治领导人的确需要撒谎，例如在透露实情会导致士兵的生命遭受威胁时，或是当货币即将贬值时。但记者却渐渐感到价值正在降低的不是货币，而是真相。唐宁街10号乃至布莱尔本人说出的每一句话都会被逐字逐句地加以仔细推敲。令人忧心的是，结果常常表明，这些话的确经不起推敲。"不加否认的否认"成了报道新工党时必不可少的一句话。与算不上严谨的政治辩论相比，竞选过程中对统计数字的扭曲甚至更加严重。由此形成了恶性循环。记者变得越来越咄咄逼人，不再信任官方的否认声明，将其打发至稿件的最后一段；有些大臣则认为，既然媒体如此敌视自己，那么就有理由使用任何具有误导性的诡计或措辞；还有些大臣感到愤愤不平：每当自己直抒胸臆时，这些话总会被媒体扭曲，再用来攻击自己——既然你不仁，就休怪我不义。想

---

①  Lance Price, *The Spin Doctor's Diary,* Hodder & Stoughton, 2005.
②  Peter Oborne, *The Rise of Political Lying,* The Free Press, 2005.

当年这届政府刚刚上任时受到了几乎所有全国性报纸的支持，如今却在日复一日地遭受它们的集体攻击。与此同时，报纸的销量也下降了。毕竟，世故之风是会惹人厌的。

然而，新工党与媒体之间最为声名狼藉的对抗针对的并非报纸，而是一家广播公司。伊拉克战争在英国国内造成的后果之一，便是政府与 BBC 之间的关系急剧恶化，跌至苏伊士危机以来的最低点。核心问题在于唐宁街 10 号官员是否曾对有关伊拉克大规模杀伤性武器状况的卷宗"添油加醋"。如前所述，这份卷宗混合了情报收集与引导舆论这两种不同的文化：一方面，为政府内部人士服务的情报收集工作具有谨慎、隐秘、细致等特征；另一方面，舆论导向师则要塑造民意，也就是争取更多民众支持这场即将打响的战争。但两种文化未能水乳交融，而是板结了起来。2003 年 5 月底某天早上 6：07，BBC 第四电台的《今日》（Today）节目播出了主持人约翰·汉弗莱斯对国防事务记者，不修边幅、擅挖猛料的安德鲁·吉利根（Andrew Gilligan）的采访。吉利根声称唐宁街对上述卷宗的"添油加醋"过分到令情报部门都觉得太不合理，关于大规模杀伤性武器在 45 分钟内即可准备就绪的说法尤其如此。坎贝尔立刻断然否认了吉利根的这番话，并要求对方道歉。但吉利根反而更进一步，在为报纸撰写的一篇文章中直接将"45 分钟"的说法归咎于坎贝尔。在伊拉克硝烟四起的同时，唐宁街 10 号和 BBC 也开战了。

通常来说，记者和政客之间的战斗不会真的导致流血，只会引发愤恨之情，或许还会有人因此辞职；但当硝烟散去，所有人都会站起身来，重新投入工作之中。当坎贝尔将对 BBC 的批评升级，抨击它刻意反战时，并不知道这会导致什么样的后果。坎贝尔当时的心态无疑有些鲁莽，他在日记中坦承，自己想要"狠狠地干吉利根"并"大胜"BBC。另一方面，事实证明吉利根也有些口无遮拦、信口开河，从而给了坎贝尔可乘之机。此外，吉利根对自己的同事也不够坦诚。媒体经常指责 BBC 总裁格雷格·戴克是布莱尔的亲信，但他却在激烈地捍卫 BBC、对抗坎贝尔，还获得了 BBC 主席加文·戴维斯（Gavyn Davies）的大力支持。戴维斯的妻子是布朗的高级助理，因此他也决心要证明自己的独立性。

双方都不肯让步，直到人们发现吉利根的消息源有可能是有着很高声誉的武器核查员、为政府工作的科学家戴维·凯利（David Kelly）。唐宁街并没有直接点出他的名字，而是任由记者向自己提出一个又一个人选，直到凯利的名字出现为止。这可真是一场怪诞的游戏。由于凯利并未直接参与联合情报委员会的工作，因此在政府看来，公开凯利的"内奸"身份就将使 BBC 的相关报道名誉扫地。突然之间陷入舆论旋涡的凯利在面对下议院委员会咄咄逼人的质问时却表现得躲躲闪闪。他显得十分紧张，矢口否认自己是吉利根的线人，但事实上线人正是他。这名一丝不苟、严肃认真的男子曾支持推翻萨达姆，身为武器核查员的工作也为国家增添了光彩，但重压之下他似乎崩溃了。在 2003 年 7 月一个安静的早晨，他离开位于牛津郡的家，步行至 5 英里外一片森林的边缘地带，吞下止痛药，用一把削铅笔刀结束了自己的生命。记者与政客之间的这场战斗导致了最为可怕的流血事件。布莱尔不久之前才在上下两院就萨达姆的垮台发表了得意扬扬的讲话，此时刚抵达东京的他便遭到了质问："首相先生，您的手上沾有血迹吗？"他露出了极为不快的表情。

回国之后，他下令由法官赫顿（Hutton）男爵对凯利之死展开调查。在 2003 年秋天，此次调查吸引了整个政坛的密切关注。布莱尔那随意、草率、党同伐异的统治风格，以及其政治幕僚对于伊拉克卷宗起草过程的介入，都充分暴露出来了。但由于联合情报委员会及其他官员坚持表示自己并未被要求得出违心的结论，再加上布莱尔在公开场合的表现格外有力，赫顿男爵最终做出了这样的评判：吉利根表示政府知道卷宗中关于"45分钟"的说法不能成立，但这一论断并无根据；情报委员会也许被"下意识地"说服了，强化了自己的语气，因为他们明白首相希望这份卷宗达到什么样的效果，但卷宗内容仍然是与当时的情报相一致的。赫顿男爵认为，凯利之所以自杀，可能是由于自尊心和声誉受到了伤害，但其他人不应受到责怪。有些医生和记者强烈认为凯利遭到了谋杀，但迄今为止也并未出现一丝有说服力的证据。赫顿还抨击了BBC的编辑尺度。默多克旗下的《太阳报》提前一天便获得了此次调查的结论，并且积极地营造出了这样的政治氛围：布莱尔大胜，BBC受辱。布莱尔在下议院中倨傲地表示自己已被证明彻底清白，戴克和戴维斯则当即辞职。当两人离开时，心烦意乱的BBC员工纷纷走出办公间，为其喝彩。这是BBC遭受的最沉重打击。但实际上对于双方而言，这场战斗均关系重大：假如赫顿男爵的调查结论对首相不利，那就该轮到眼含热泪的布莱尔团队鼓掌欢送他步入退休生活了。

随后，感到自己讨回了清白，并且一如既往敌视新闻界的坎贝尔也离开了唐宁街。布莱尔感到"引导舆论"的效果其实是弊大于利，尽管对坎贝尔有所亏欠，但是时候重新开始了。一名曾为罗伊·哈特斯利工作的传统派新闻官、广受信任的戴维·希尔（David Hill）成了坎贝尔的继任者。BBC和唐宁街10号开始缓慢而痛苦地继续前进，不过前方仍有许多麻烦。在首相生涯的后期，布莱尔意识到早年间忙乱地追逐报纸头条和反驳各种批评的做法只不过助长了媒体的世故之风。删减真相、微妙撒谎、闪烁其词等习惯曾显得无比聪明，也曾帮助自己在与报纸的争斗中取得短暂的胜利，最终却造成了更加严重的伤害。伊拉克战争之后，布莱尔最常受到的嘲讽便是"布骗子"（Bliar）。这位执政初期能够表示大多数人都认为自己"十分坦诚"的首相，竟堕落到这种程度，实在令人吃惊。

## 战胜贫困

在新工党时代，通货膨胀率始终很低，经济稳步增长，多数民众都变得更加富有了。自1997年起，每年的经济增长率达到2.8%，超过了战后平均水平。英国的人均GDP高于法国和德国，失业率则排在欧盟国家的倒数第二位，工作人口的数量增加了240万。按真实价值计算，收入增长了约五分之一。退休金依然面临麻烦，但房价飙升，房主的房产价值翻了一番还多，令他们心生富裕之感。一项研究显示，英国以美元计价的百万富翁比例高居世界第一。对于家庭预算状况是很难做出一般性描述的，但根据分析人士的估算，2006年英国每户家庭的可支配财富平均为4万英镑。根据KDP会计师事务所的定义，这指的是"人们在需要时真正可以动用的财富"。财富的地理分布并不均衡，英格兰东南部的平均值高达6.8万英镑，英格兰东北部及威尔士仅为3万多英镑。但即使在传统上较贫穷的地区，房价也在飙升，以至于政府不得不放弃拆除北方地区排屋的计划——这些原本没什么价值的住宅开始变得相当金贵了。尽管总体税负有所增长，但廉价按揭、宽松信贷和高涨的房价使得上百万人都觉得自己富裕了许多。最初由弗雷迪·莱克（Freddie Laker）于20世纪70年代引入英国的廉价空中旅行使得英国人能够轻松地前往阳光灿烂的传统度假地，或是欧洲大陆的每一个角落。英国侨民渐渐推高了法国乡间和西班牙南部的住房价格。有些人还开始平时在伦敦或曼彻斯特上班，周末则返回地中海沿岸的别墅。小型地区性机场也渐渐涌现，并繁荣起来。

精巧且总在进化的电子消费品以及来自远东地区的廉价服饰使得各家商店总是人满为患。互联网从大学校园和极客世界走出，先是进入了那些喜欢炫耀的上层中产阶级家庭，后来又迈进了千家万户子女的卧室，并且为人们提供了全新的购物途径。网上购物最初于 90 年代中期开始吸引人们的注意：英国的首家网上咖啡店和首份网络杂志（内容是介绍当时的上百个网站）均诞生于 1994 年；次年，随着亿贝公司和亚马逊公司的成立，网上购物开始成为一项主要的消遣手段，当然一开始用户数量很少。在这段时期人们的情绪十分乐观，不过也有人警告称，由于"千年虫"，整个数码世界很快就将崩塌——据说只能用最后两位数字标记年份的电脑将无法处理"2000"这一年份。当时人们对"千年虫"问题极为当真。

事实上和历次泡沫一样，互联网泡沫也在过度扩张之后破裂了。在无数梦想破碎之后，经过稍加休整，"新经济"又变得热火朝天起来。根据英国国家统计局的数据，2000 年，上过网的英国人比例为 40%。网络热潮迅速席卷全国，也占领了商界。三年之后，近半数英国家庭联上了互联网。到了 2004 年，宽带的普及使得音乐下载与在线视频成为新的大众市场。2006 年，已有四分之三的英国儿童在家就能上网。与此同时，一大笔财富涌入了英国。来自美国、欧洲和俄罗斯的富人开始在伦敦以及其他有吸引力的地方，包括爱丁堡、苏格兰高地、约克郡和康沃尔囤积房产。尽管存在许多问题和令人失望之处，再加上资金来源这一大隐患，新的学校和公共建筑还是纷纷拔地而起了。如今这些新的博物馆、画廊、巨大的购物中心和公司总部都有着生物般的形态，而不是规规矩矩的外观，还拥有敞亮且通风的天井，并覆盖着薄薄一层玻璃与钢铁外墙。这些趾高气扬、并不总显得庄重的建筑反映的是趾高气扬的物质主义文化，但与混凝土时代那些乏味的建筑相比，它们至少更加好看，更具想象力。

另一种建筑则更加单调。带有鹅卵石车道、砖制外墙和天窗的"行政性住房"正在农场里和河岸边兴起，丝毫不顾及洪泛平原面临的危险。英格兰西南部和约克郡等远离伦敦的地区也分得了一杯羹，房价被推高至闻所未闻的程度。从利斯到盖茨黑德，从贝尔法斯特到加的夫湾，曾经荒凉的岸头区域都变了样。超市正在行使强大的市场力量，为几乎每个人提供廉价肉类和工厂生产的食物。带有冷藏设施的货车在废除了内部壁垒的欧洲无拘无束地行驶，和新兴的全球航空货运市场一道，为各地的超市提供过季蔬果、来自太平洋的鱼类，以及各种异域食物。几乎没有任何人身处乐购、莫里森、森宝利及艾斯达等超市的营业范围之外。到了 2005 年左右，这四大超市巨头共拥有超过 1 500 家门店。这些超市的商业影响力激发了新一轮政治争论，但也促使某些原本奢侈的商品得以被更多人享用。在撒切尔治下，上百万人开始饮用葡萄酒；在布莱尔治下，他们开始只喝醇美的葡萄酒了。这些人的子女要完成学业就得申请助学贷款，但无论是进入大学就读者，还是在"间隔年"周游世界者，比例都上升了。在过去，"间隔年"通常都意味着打工，很少会在国外度过；而如今却可能意味着乘飞机穿越南美，或是前往泰国的海滩。对多数人而言，这段时期堪称物质上的黄金时代。或许正是因此，退休金危机和隐形税引发的愤怒之情才没有在此后的历次大选中兑现为对工党不利的投票结果。

当然，并非所有人都有所收获。新工党的主张大体上是面向境况良好的中间阶层的，但从一开始，布朗便十分重视反贫困的议程。工党尤其强调儿童贫困问题，因为自慈善团体"儿童贫困行动组织"成立以来，这一问题便格外能调动起人们的感情。在 1997—2004 年，工党的政策帮助 100 万儿童摆脱了相对贫困，不过后来贫困儿童的数量再度上升了。布朗同样重视"在职贫困"问题以及工作的益处。他的多项政策创新便包括确立了全国最低工资，颁布面向青年失业者的"新政"，为工薪家庭提供税收减免，以及推行与儿童相关的税收减免；拮据的领退休金者还可以享受到最低收入保障以及退休金补助。

最低工资起初被定为每小时 3.6 英镑，此后逐年上升，2006 年达到了每小时 5.35 英镑。由于数目并不大，最低工资并未像保守党及其他反对者声称的那样，毁掉 200 万个工作岗位，或是推高通货膨胀。相反，就业率上升了，通胀率则保持在低位。这一政策似乎还简化了繁文缛节，因为新设立的税务局最低工资监察机构对企业的核查不像此前的工资委员会那样频密。到了 2005 年左右，最低工资制度已经覆盖了 200 万人，其中多数是女性。而且由于最低工资的上调速度比通货膨胀略快，穷人的工资水平也就能够更快地提高。局势可能还会发生变化，尤其是当失业率上升时，但这仍算得上是一项彻彻底底的成功，以至于曾激烈反对该政策的保守党在 2005 年大选之前也对此表示欢迎，此时他们的党魁是霍华德。

"新政"的资金来自向私有化了的公共事业公司征收的暴利税。布莱尔在 2000 年表示，"新政"帮助了 25 万年轻人重新就业；直到 2005 年，这项政策仍被认为是失业率得以降低的一大重要因素。但显然它的作用不及国家机构规模的扩张：在布莱尔时代，国有部门雇员人数增长了 70 万，用于这方面的税收金额也创下了纪录。通过激励、劝诱和教育等方式帮助人们找到工作，所付出的成本也是高昂的。国家审计署在回顾工党首届任期内该政策的效果时估算称，在"新政"帮助下重新就业的 25 岁以下青年可能仅有 2.5 万人，人均成本则高达 8 000 英镑。为了帮助人们找到工作而创造出来的那些工作岗位，也是要付出代价的。第二项动议针对的则是最年幼的人群，即最贫穷家庭的婴幼儿。这项名为"确保开端"的项目目的在于把母亲们汇聚在全国各地的家庭中心里，帮助他们更好地教育子女。按照计划，到项目启动 10 周年的 2010 年，将建立 3 500 个家庭中心。美国的一项类似项目取得了巨大成功。和"新政"一样，"确保开端"项目也获得了保守党人的支持，不过随着最贫穷家庭对该项目的参与率不尽如人意，布莱尔本人倒是似乎有所动摇。除了胡萝卜，他同样信赖大棒。

在国外，政府的反贫困议程专注于非洲。2004 年，布莱尔启动了"非洲委员会"这一倡议，旨在说服富国通过免除债务的方式推动非洲的经济、政治和社会改革。据估计，当时非洲每天有超过 5 万人死于饥荒或不洁净的饮水，猖獗的艾滋病疫情更是使得这块大陆损失了整整一代人。2005 年，布朗正在竭力试图说服美国支持自己提出的建设国际融资机构的计划——这相当于全球性的"储蓄罐"。他同意将英国的援助金额占 GDP 之比提高至 0.7%，华盛顿方面却拒绝同样这样做。"让贫穷成为历史"运动是布莱尔时代最强有力的两大街头政治运动之一，该运动为反贫困努力注入了巨大活力。此类议会外的政治行动表明人们仍愿意以非正式的形式参与政治，心中仍怀有残存的理想主义。英国人有着为国外的饥荒而呐喊与行动的传统，乐施会（Oxfam）于 1942 年成立时的名字便叫作"牛津饥荒救济委员会"（Oxford Committee for Famine Relief），旨在说服战时政府解除对德国占领下的希腊的封锁。当时纳粹将食物全都调给驻北非的军队，任由希腊人民挨饿。丘吉尔则认为希腊人民挨饿是占领国的错，因此不应该解除封锁。这一论据与梅杰及布莱尔时代那些支持制裁伊拉克的说法惊人相似。后续运动之所以会变得不同，要归功于音乐界和电视界明星共同募集了大笔善款。

这方面的先行者是爱尔兰摇滚明星鲍勃·格尔多夫（Bob Geldof）和超声波乐队（Ultravox）的米奇·尤尔（Midge Ure）。BBC 记者迈克尔·伯克（Michael Buerk）对 1984 年埃塞俄比亚饥荒的报道令他们深感震动，随后格尔多夫与尤尔牵头组建了一个由 30 多人组成的"超级乐团"，录制了一首旨在募集善款的圣诞节单曲《他们知道圣诞节到了吗》（Do They Know It's Christmas?）。这首歌共筹到了 6 500 万英镑。格尔多夫还说服撒切尔向饥荒受害者免收增值税。随后在 1985 年，两人又在伦敦和费城举办了"拯救生命"演唱会，其收视人数创下了截至当时的最高纪录，据估计达 15 亿人，遍及 160 个国家。格尔多夫继续为非洲呐喊，又加入了"非洲委员会"。他曾发誓绝不会再度举办"拯救生命"演唱会，但他在 2005 年与包括 U2 和短暂复合的平克·弗洛伊德在内的众多摇滚明星重新登上了这一舞台，并又一次打破了全球收视纪录。这次演唱会的目的则在于游说正在苏格兰格伦伊格尔斯召开八国集团峰会的那些富国。

2005 年 7 月 2 日，约 22.5 万人在爱丁堡举行游行，呼吁免除非洲最贫穷国家的债务。一周之后，八国集团的确决定提供 288 亿英镑援助，免除 18 个国家的债务，并保证为抗艾滋病病毒的药物提供研发资金。但由于有些富国依然不愿向非洲开放贸易，而要想帮助非洲复苏，这一点又是必不可少的，因此不少运动人士仍颇感失望。此外，那些年间同样声势浩大的反全球化运动也以愤世嫉俗的态度看待八国集团的上述声明。然而在格尔多夫看来，"此前从未有哪项政策变革是在如此多人的推动之下被列入全球议程的"；他的同伴、U2 主唱博诺（Bono）则表示，这笔援助将拯救 60 万非洲人的生命，其中大多数是儿童。这场演唱会以及"非洲委员会"究竟留下了哪些遗产，在此后多年间一直是个有争议的话题，但通过这些运动，公民团体、教会、摇滚明星、演员、作家以及政客结成了独特的联盟。布莱尔和布朗都有意识地试图利用数十万游行者的声势和摇滚明星的魅力来促使其他国家领导人赞同援助协议，至少他们取得了部分成功。这一事例表明，当这些人精诚合作时，能够取得什么样的成就。

贫穷很难定义，却易于觉察。在英国这样的国家，贫穷大多只是相对的。尽管也有数千人生活艰辛，乃至朝不保夕，还有更多领退休金者要为支付取暖费发愁，但"穷人"更多是指被物质条件的大幅改善落在后头的那些人。按照收入与平均水平之比来衡量，1997年，有三四百万儿童生活在相对贫穷的家庭中，这一数字达到了1979年的三倍。这并不意味着他们的物质条件要比1979年的儿童更糟，因为英国民众普遍变得更加富有了。但我们的幸福程度取决于与周围人比较之下的相对地位，因此"相对贫穷"这种现象无疑是存在的。在新任党魁卡梅伦领导下，保守党宣称自己也认同中左翼政治评论员波莉·汤因比（Polly Toynbee）加以描述的"相对贫穷"这一概念。此外，在私宅中以及其他灰色地带，还有许多工作岗位处于最低工资制度覆盖范围之外，从事仆人等工作的外国移民遭受着剥削。约有33.6万个工作岗位仍在支付所谓"贫穷薪资"。[①]

尽管如此，瑞银集团仍相信英国的财富再分配力度要强于其他工业化大国——由于害怕吓跑中产阶级选民，新工党并不情愿使用"财富再分配"这个词。在布莱尔时代，尽管超级富豪日益膨胀，但总体平等状况还是有所改善，原因之一在于政府重新开始基于收入调查结果发放福利，对于领退休金者尤其如此，针对工薪家庭的税收减免也产生了同样的效果，2003年该措施则被拆分为针对儿童的税收减免和针对工作者

---

① National Statistics website, 2006.

的税收减免。在此事上，布朗的态度发生了180度转向：在野时他曾反对根据收入调查结果发放福利；就任财政大臣后，他意识到如果要把有限的资金分发给真正需要的人，除了进行收入调查之外别无选择。越来越多领退休金者接受了收入调查，最终这一比例达到了66%，进而引发了全国性的抗议；政府不得不有所让步，并承诺最终将重新把国家发放的退休金水平与平均收入水平挂钩。收入调查的另外一项缺陷在于需要由一个庞大的官僚机构追踪人们的收入状况，并且建立一套有关多少收入对应多少福利金的标准。结果就是，过度发放的福利金高达数十亿英镑。那些享受税收减免而非老式福利的人，倘若收入有所提高，就会面临将自己已经花掉的钱再交还回去的要求。政府匆匆派出数千名公务员，以应对来势汹汹的投诉大潮，管理整个系统的成本也变得极其高昂。此外，欺诈现象也极为常见：不法之徒冒用他人的身份，利用"过度发放福利金的文化"谋利，光是牵涉其中的公务员就多达1.3万人。

　　与梅杰时代一样，新工党时代滥用委婉用语的浪潮也愈涨愈高，所到之处无不留下那油渍斑斑的语言学污垢。"乘客"变成了"顾客"——事实上，所有人都变成了"顾客"；"清洁工"变成了"垃圾处理员"；"精神残疾者"变成了"能力不同者"；"穷人"变成了"被社会排斥者"。发生了更多强迫残疾人士重新投入工作的争议事件，其中有些人的确是逃避工作者。另外，还出现了一系列旨在令"被社会排斥者"显得更像中产阶级的动议。理论上，工党对人们的行为应持有不横加指责或是自由派的立场；但实际上，面对那些最贫困地区的阴暗现状，工党却表现出了近乎维多利亚时代道德主义的态度。在开展了普及艾滋病知识与反对毒品的运动后，政府又在膳食、减重和饮酒等方面给出了建议；教父母如何养育子女的课堂曾被大加宣扬；针对那些让邻居不得安生、搅得街头天翻地覆的未成年人，工党引入了一个如同".com"和"发短信"

一样随处可见的词语，堪称对这一时代语言的特别馈赠：ASBO。

反社会行为令（Anti-Social Behaviour Order，ASBO）出台于1998年，是针对所谓"小流氓"的禁止令的升级版。警方或地方议会需要提出申请，经法官同意后，方可下达这些行为令。违反宵禁或是限制（这些限制可能极为具体），将构成刑事罪。其他违规行为还包括：辱骂他人、骚扰路人、毁坏公物、制造巨大噪声、胡写乱画、咆哮怒吼、张贴传单、吸食胶水或其他挥发物、开快车、卖淫或召妓、打人、在特定公共场合饮酒……总之，几乎一切惹人生气或令人惊恐的行为都包括在内。更加荒诞的事例包括：向海边小镇斯凯格内斯的整个区域下达反社会行为令，以便将惹是生非者一网打尽；一名13岁的女孩被禁止说出"告密"这个词，这样一来，她连"草地"也不能说了；① 甚至还有一名87岁的老人遭到了处罚，被禁止对邻居及其客人"语带讥讽"；一名屡次尝试自杀的女子也收到了一份禁令，目的则是防止她跳进河里。

尽管报纸报道的几乎每一起与反社会行为令相关的荒诞故事其实都事出有因，但寻找反社会行为令案例还是成了全国人民喜闻乐见的一项消遣。有人甚至担心，那些更加捣蛋的孩子会视其为荣誉勋章。早年间，自由民主党和保守党议员常常对此加以嘲讽，表示这些禁令没什么作用，地方当局也很少动用这一手段，公民自由的支持者更是对此加以严厉批评。由于违反禁令可能会导致入狱，这也就意味着此前没有入狱之虞的那些过失如今也可能导致牢狱之灾了。但民意测验却显示，民众强烈支持反社会行为令，而且经过改进和强化后，这些禁令渐渐也被运用得越来越频繁了，几乎成了家常便饭。和最低工资、赋予英格兰银行独立性以及反贫困动议一样，反社会行为令也成了新工党为英国留下的

① "grass"一词有这两种意思。——译者注

一笔将长久存在的遗产。截至 2007 年，在英格兰和威尔士地区共下达了 7 500 多份反社会行为令，苏格兰于 2004 年也推出了相关禁令。这也是正在改变这个国度的大规模威权及监控计划的一部分吗？

## 向隐私开战

一项颇具专业性的推测认为，英国民众如今正受到多达 420 万个闭路电视摄像头的监视与记录。做出推测的是谢菲尔德大学教授克莱夫·诺里斯（Clive Norris），他指出："英国摄像头的数量可能比其他任何国家都多。平均每 14 人就有一个摄像头。"当这些摄像头于 20 世纪 90 年代初首次出现在少数戒备森严的建筑物上，极具穿透力地向下张望时，人们还觉得它们挺新鲜。如今，几乎每座大型商场都装有摄像头，注视着多数大街的关键路段；此外，铁路、地铁站、公交、住宅，乃至私宅的正面，也都装有摄像头。据说，伦敦人平均每天会被摄像头捕捉多达 300 次。为收取交通拥堵费而装备的摄像头则会记录汽车的行踪。内政部将用于预防犯罪的预算的四分之三都花在了闭路电视摄像头、人脸识别设备及相应的智能技术上。如今，手机的数量已经与英国的人口数相当，在全球卫星定位系统的帮助下，这些手机能够指明其主人身在何处。汽车上配备的全球卫星定位系统当然也具有这项功能（到了 2007 年，英国人已经丧失了认地图的能力）。此外，在英国的公路上还分布着 6 000 多个超速监控摄像头。

信息专员理查德·托马斯（Richard Thomas）警告称，英国正在沦为"监控社会"。他认为未来的进展还将包括通过植入微型芯片来辨识并追踪目标人群，在路灯柱上装备人脸识别摄像头，甚至还可能派出无人驾驶的侦察机在城镇上空盘旋。托马斯表示这些做法可能导致歧视与骚扰："随着越来越多的信息被采集、分享和使用，我们的私人空间也遭到了侵犯，并且还会引发那些对人们的生活产生直接影响的决定。"的确，假如说受到监视真能令我们感到舒适和安全，那么今天的英国人就是世界历史上最舒适、最安全的一群人。

谁在盯着这些闭路电视画面看呢？诉讼案件常常表明，影像要么未能保存下来，要么必须耗费大量人力与时间才能辨识出某张面孔。尽管这项工作能够逐步实现电子化，但其他监视手段还是得靠人来执行。英格兰的市政税监察员被赋予了进入任何住宅、对包括卧室和浴室在内的任何房间拍照的权力，拒绝或阻挠者将被处以 1 000 英镑罚款。这样做的目的在于评估包括天井、暖房和双层玻璃在内的房屋改善状况，为政府对房产进行重新估价的计划做好准备。政府还计划向生活在宜居地带和住宅外自带停车空间的那些人征收额外费用。有报道称，2006 年年初，政府还曾与负责监控项目的公务员讨论过能否将收集到的信息出售给保险公司或按揭公司。负责税务稽查现代化的主管保罗·桑德森（Paul Sanderson）表示，他认为隐私是个"过时的概念"，并主张将包括照片在内的一切细节都在网上公布。

比家中的情况更加私密的，只能是 DNA：遗传状况、易染上何种疾病以及诸多其他信息都包含在这种物质里。2003 年，法律经过了修订，使得警察可以采集并存储任何因可处以徒刑的罪名遭到逮捕的人的 DNA，即使他们此后并未被定罪。而在此前，如果嫌疑人被证明是无辜的，或是案子被撤诉，警方必须销毁其 DNA 样本。三年之后，警方持有的 DNA 样本数量已达到 360 万份。布莱尔则表示 DNA 数据库应进一步扩大，将所有人都包含在内："数据库的数量应该达到能达到的最大值。"他还认为，公众对于提供自己的 DNA 信息以便更好地打击犯罪"不会有什么意见"。

当时公众已经意识到，为了制作将从 2008 年起推出、在人们申请新护照时发放的强制性身份证，政府可能会要求自己提供生物统计数据，例如用于人眼识别的虹膜信息，乃至 DNA。布伦基特力主推行强制性身份证，但前任内政大臣斯特劳和财政大臣布朗都表示激烈反对，首相本人起初也心存疑虑。但布伦基特还是在这场争执中取得了胜利，根本原因在于他让布莱尔相信这项技术是安全的，而且身份证会受到大多数选民的欢迎。身份证将载有一系列个人信息，由此，另一个数据库又应运而生，也就是全国身份资料数据库。在 2005 年大选之前和之后，这一问题在议会中都引发了叛变，但随着 2006 年 2 月的下议院投票中支持派以 31 票的优势取胜，争议似乎终于得以平息。每张身份证至少要花费 93 英镑，不过起初并未强制规定人们必须随时携带身份证。那么身份证有什么作用呢？——打击欺诈与犯罪，让政府的工作更加轻松，减少个人因"身份欺诈"而损失钱财的风险。然而，若非恐怖主义威胁的降临，这项措施恐怕难以在议会中获得通过。

## 要安全还是要自由

2005 年 7 月 7 日早高峰时段，来自西约克郡和白金汉郡的 4 名穆斯林青年男子哈西卜·侯赛因（Hasib Hussein）、穆罕默德·西迪克·汗（Mohammed Sidique Khan）、杰曼·林赛（Germaine Lindsay）和谢赫扎德·坦维尔（Shehzad Tanweer）分别在地铁和公交上引爆了自己身上的炸弹，导致 52 人死亡，770 人受伤。后来，关于这起英国遭受的最严重恐怖袭击的报告得出了这样的结论：尽管其中两人曾造访过巴基斯坦的极端分子营地，但袭击者并不隶属于"基地"组织；装在他们背包里的炸弹只花费了数百英镑。尽管政府坚称伊拉克战争并未导致英国遭受恐怖袭击的可能性上升（下文将对此加以讨论），但内政部的调查却表明，这 4 名恐怖分子之所以发动袭击，部分原因恰恰在于英国的外交政策。

他们从网上搜集了袭击所需的相关信息。这场袭击极为可怕，伦敦地铁隧道里的血腥场景令人惊恐万分。这一幕令英国人猛然意识到，自己的国家就如同美国和西班牙一样，也是恐怖分子的主要袭击目标。英国与巴基斯坦之间的亲密关系和频密的交通往来更是令人担心英国会更容易遇袭。就在伦敦赢得 2012 年夏季奥运会主办权后不久，布莱尔得知了这一消息，这一时机可谓再痛苦不过。当时八国集团正在苏格兰格伦伊格尔斯举行的峰会上讨论一项雄心勃勃的非洲援助计划，以及美国与其他国家在全球变暖问题上的分歧。布莱尔匆匆从会场赶回了伦敦。

无论是安装更多闭路电视摄像头，还是推出身份证，又或是"追寻钱踪"的反恐法律条文，都难以阻止这场爆炸案发生。摄像头已经够多了，4 名恐怖分子都是英国公民，所涉及的钱数也很少。或许只有提高情报工作的质量才能有所帮助。英国安全局和秘密情报局（更广为人知的名字是"军情五处"和"军情六处"）获得的预算已大幅增加，正在费力地追踪其他犯罪团伙。2001 年，来自布罗姆利的"鞋子炸弹客"理查德·里德（Richard Reid）曾试图炸毁一架从巴黎飞往迈阿密的航班，他就是一名英国本土出产的激进分子，曾造访从布里克斯顿到约克郡的各座"激进"清真寺。那些年间被挫败的袭击阴谋还有很多，但并非每一名嫌犯都被送上了法庭。2005 年 8 月，警方分别在伯明翰、海威科姆、沃尔瑟姆斯托和伦敦东部逮捕了嫌犯，认为这些人在谋划炸毁飞越大西洋的多达 10 架航班。威胁过于紧迫与普遍，实在难以控制。

过去多年间，英国一直允许来自中东的异议神职人员和活动家在伦敦避难，如此一来，十分危险、具有煽动性的极端分子数量也就大大增加了。这些人仰慕"基地"组织，主张发动暴力圣战。"9·11"事件令政治气氛发生了变化，新通过的法律允许不经审判就拘押被怀疑支持或煽动恐怖主义的外国人，但不得将其驱逐出境，因为关于人权的法律禁止将任何人遣返至其可能遭遇虐待的国家。戒备森严的贝尔马什监狱便关押着 17 名此类嫌疑人。但在 2004 年 12 月，上议院宣布此类拘押行为具有歧视性且不得当，因而是非法的。5 周之后，内政大臣查尔斯·克拉克展开了反击，向那些自己既无法起诉也无法驱逐的人下达了"控制令"，以限制其流动。这些控制令还将被用在英国本土出产的恐怖主义嫌犯身上。一个月之后的 2005 年 2 月，60 名工党议员奋起反对这项权力，政府在议会投票中仅仅以微弱优势险胜，10 名此前被关押在贝尔马什监狱的嫌疑人遂被置于此类约束之下。但争斗还远未结束。2006 年 4 月，一名法官宣布此类控制令是"对正义的侮辱"，因为它赋予了内政大臣这名政客过大的权力；两个月后，他又表示对 6 名伊拉克人施加的每天 18 小时的宵禁令是"对自由的剥夺"，同样是非法的。新任内政大臣约翰·里德（John Reid）的上诉未能成功，只得不甘心地取消了这些命令。与此同时，另外两名受控制令限制的男子消失不见了。

新工党治下的英国陷入了新与旧的争斗：一边是昔日的法律与自由，另一边则是当下无国界、充满危险的新世界。如前所述，20 世纪 40 年代的英国刚刚经历了一场关乎生死存亡的战斗，当时政府的窥探与管制无处不在；从 50 年代到 80 年代末，冷战孕育出了一个躲在阴影中的国家安全机器，BBC 员工须接受审查，军情五处对政治激进分子实施监控，还修建了许多秘密掩体与隧道，英国对于美军占据的那些小块区域的司法管辖权也遭到了悬置。但人身保护令、言论自由、无罪推定、避难权、本国公民不必提供身份信息便可在全国各地自由流动、守法居民的家庭不可侵犯等神圣的原则从未受到严重挑战。然而到了"反恐战争"期间，上述原则突然陷入了险境。

大臣们认为，这种并不直截了当的全新威胁将持续 30 年时间。在政府看来，要想应对这样的威胁，新的窃听方式、强制措施以及政治权力只不过是最起码的手段。他们相信多数英国人都同意这一点，表示抗议的那些法官、记者、运动人士和经选举上台的政客只不过是一群焦虑不安、过于一丝不苟的自由派和少数群体。布莱尔、约翰·里德和斯特劳都格外强调这一点。就这群人的数量而言，他们可能还真说对了。觊觎首相宝座的布朗语气同样严厉。与近来的历史传统背道而驰的是，这一次，轮到保守党（以及自由民主党）来筑起捍卫公民自由的堡垒了。

# 内外交困

2007 年本书写作之时，全球变暖这一问题在政坛投下了阴影，英国人正被敦促对环境表现得更加友好。本书作者也想对此做出贡献，于是就不对布莱尔与布朗之间长达 10 年的争吵与不和加以详述了，由此省下的纸张或许可以拯救一片北欧的森林或是一片美丽的小树丛吧。两人的关系至少也需要用与本书相当的体量才能讲述完毕，但对此又不能完全置之不理，因为这份敌意影响到了英国。两人间的宿怨从新工党掌权的第一天一直延续到了布莱尔摇摇欲坠的最后几个月。这片沙漠中偶尔也会浮现几处为期数月的平静、愉悦的绿洲，但有关愤怒地摔门、互骂"三字经"、和解与调停、公然冷落对方、将事关英国未来的重大政策如缺胳膊少腿的毛绒玩具般推来搡去的故事，却是几乎每周都在白厅私人办公室里、酒吧中和报纸专栏上流传着。有时候，布莱尔似乎走到了解雇布朗的边缘。唐宁街 10 号对于这位财政大臣有过多种描述：心理存在缺陷，控制狂，经常造成破坏，是个"哗众取宠的"传统派，只要首相遇到大麻烦就变得不忠诚。布朗派分子则反击称布莱尔是个虚荣的二流人物，沉迷于金钱和外在魅力，背弃了当年与布朗达成的协议。

在第一段任期内，布朗极力守卫着财政大臣巨大的势力范围，布莱尔则只得接受这一残酷现实，被排除在如此大一块政策领域之外，对即将公布的预算案几乎一无所知，无力推动英国加入欧元区。布朗认为，2001 年的大选胜利绝大部分应归功于自己治下经济的强劲表现。在随后的第二段任期内，他开始催促布莱尔确定离任的时间。转向"反恐战争"和伊拉克问题的布莱尔则对国内政策不够关注，然而即便如此，他却愈发下定决心，在完成自己所希望的改革前绝不让贤。布莱尔热衷于对医疗和教育实施市场导向的改革，布朗则希望改善在职穷人的生活，二者之间的嫌隙变得愈发明显。如前所述，布朗也希望为公共服务引入私人资本，但他和布莱尔的侧重点并不相同。布莱尔的说法是："我们最无畏时表现最佳。"布朗则反驳称："我们表现得像工党时，才表现最佳。"布莱尔觉得，在伊拉克、基金会医院和补充式学费等问题上，布朗都令自己陷入了任由反叛的后座议员摆布的致命险境；在他最需要帮助时，布朗却一头躲进了杜鹃花丛里。布朗终归还是支持了布莱尔，动员自己的人马将布莱尔从他亲手挖掘的各种大坑中拉了上来，然而这名手持救生梯的苏格兰人往往总是姗姗来迟。

执政 6 年之后，布朗感到布莱尔玩弄的各种噱头和对于小布什过于热心的支持正在葬送工党的声誉，还认为布莱尔在何时让位一事上欺骗了自己。普雷斯科特担心两人间的敌意可能导致政府垮台，便于2003年11月首度出手干预。在一顿享用肉馅洋芋饼的晚餐上，这名脾气火爆的人物虽未将两人的脑袋按在一起，却迫使两人达成了一致，告诉他们再这样下去工党将遭遇灭顶之灾。在短暂和解之后，布朗与布莱尔的关系在2004年再度迅速恶化。工党在地方选举中遭受了沉重打击，伊拉克战争引发的不满正在发酵，工党议员开始担心这会对下次大选造成不利影响。个人的沮丧之情加之政治上的挫败感，令布莱尔再度陷入了低潮。接下来的数年间，他和布朗只是通过由中间人在中立场地会面来与对方保持联系。这些定期的远程接触就如同首相与反对党领袖之间的关系一样冷漠。除此之外，布莱尔和布朗也偶有更加热烈的私下会面，但总体而言此时两人已很少说话，布莱尔对自己的政治遗产及私人麻烦都感到极其忧虑。

2004年7月，4名内阁大臣十分担心布莱尔会请辞，便一同请求他留任。到了秋天，普雷斯科特也加入了关于是否能够实现权力"和平交接"的对话。有一次他和布朗约在苏格兰法恩湾的一家生蚝酒吧见面，但这家餐馆没位子了，于是两人就在武装警卫的环绕之下，在停靠在停车场的一辆黑色政府轿车里谈了一个半小时，就仿佛两名西西里商人在商量如何划分地盘一样。普雷斯科特日后提到了这次如同"板块漂移"般的剧变，并承认大臣们也倾向于迎接布莱尔时代的终结。布朗则在为即将到来的首相任期做准备，了解外交情况，与财政部常规职责范围之外的群体接触，过渡团队也已建立。终于，就连这出肥皂剧也到了剧终的时刻吗？

并非如此。布莱尔调动起了令人望而生畏的内部资源，暗下决心，绝不让位。在布赖顿召开的工党大会结束之后，布莱尔立刻返回唐宁街，宣布了三则消息。他承认自己在康诺特广场买了一套（昂贵、丑陋、难以出租的）房子，他和谢丽退休后会到此生活。经历了此前一年的心脏问题，他将住院接受治疗，用一根细铁丝纠正心律不齐——对于这一症状布莱尔极力淡化，只有他的少数密友才知道。和买房的消息一样，这则消息也会令人对他的政治生命能否延续下去产生怀疑。接下来则是宛如平地惊雷的第三则消息：他将要领导即将到来的大选；倘若当选，将做完整个任期。但正如他向本书作者表示的："我不想寻求第 4 段任期——我不认为英国人民希望首相任职这么长时间。但我觉得应该在此时阐明我的意图。"此番表态可谓史无前例，令正前往华盛顿参加会议的布朗猝不及防。短期之内，关于布莱尔即将辞职的流言烟消云散了。就这一点而言，这则声明是明智的。它或许对于工党赢得 2005 年大选也有所帮助，因为布莱尔向批评者做出了承诺：自己不会像撒切尔那样试图"一直继续干下去"。

对布朗而言，这无疑是当头一棒。就在一天之前，两人在布赖顿还有过一番关于未来的激烈长谈。布莱尔警告布朗，称其支持者正令政府变得不稳定，并敦促他与自己合作。当被布朗问及有报纸称布莱尔有意做完完整的第三段任期时，布莱尔否认了此事。他也未提及自己的心脏问题。据报道称，当得知布莱尔真的计划做完完整的第三段任期后，布朗顿时暴跳如雷。在即将到来的大选中，布朗还被降了职，无法像以前那样主导竞选活动。他随即拒绝了在竞选期间主持新闻发布会的邀请。据说他还向布莱尔表示："现在无论你对我说什么，我都不会相信了。"①但生活总是充满了惊奇。布莱尔发现，尽管距离这一天的到来为时尚早，提前宣布自己的政治生命将会终结严重削弱了自己的地位。这是他担任

---

① Robert Peston, *Brown's Britain,* Short Books, 2005.

首相期间策略上最糟糕的失误。由此引发了更多问题：知道你要走了，但究竟是何时呢？完整的任期究竟是多久？在下一次大选之前，你的继任者将获得多长的执政时间？既然你到时候就将引退，那么你对于国家的长期规划又能有什么效力？最切题的疑问则是，你还希望由布朗接任吗？这些喧闹的问题纠缠着布莱尔，令他恼怒和分心。他的威信被削弱了，刚开始不易察觉，随后变得明显且剧烈。

然而总还有些闪烁着希望的时刻。小布什于 2003 年 5 月 1 日宣布伊拉克战争结束之后，便开始寻找亲西方的伊拉克势力，向其移交部分权力。躲藏在地洞里的萨达姆最终还是被发现了，并被关进了监狱。约80 个国家承诺将为伊拉克重建投入 180 亿英镑，美国和英国公司则在奋力修复当地的基础设施。在英军控制的伊拉克南部，军人们迅速脱掉了头盔，开始戴着贝雷帽巡逻，并试图和当地人建立良好的关系，起初进展良好。用塑料薄膜包裹的一箱箱美元被运往伊拉克各地，由仓促上任的西方"总督"分发给当地人。次年，和蔼可亲的什叶派穆斯林伊亚德·阿拉维（Ayad Allawi）被任命为伊拉克临时政府总理。当年 6 月，美国正式将伊拉克的主权移交给阿拉维政府。几天之后，一所法院开始审判萨达姆，并最终做出了死刑判决。伊拉克国民大会宣告成立，大选日期也已确定。2005 年 1 月，伊拉克举行了 50 年来第一次有多个党派参加的大选，并产生了一个过渡政府。随后库尔德人贾拉勒·塔拉巴尼（Jalal Talabani）宣誓就任伊拉克临时政府总统。10 月，伊拉克民众投票通过了一部新宪法，建立了一个伊斯兰共和国。2005 年年末，数百万人参加了正式大选。选举结果于 2006 年 1 月出炉，一个由什叶派穆斯林占主导地位的党派取胜，但并未获得绝对多数。正如布莱尔和小布什希望的那样，民主制与复苏的鼓点已经敲响。

但他们没有预料到的是，战后的伊拉克显现出了惊人阴暗的一面，彻底令重建工作和民主机构的创建黯然失色。先是漫长、令人麻木的暴动，接下来则是宗教冲突、屠杀、汽车炸弹及自杀式袭击，军方在粗暴的回应中杀害平民，西方人质遭到斩首，美军在臭名昭著的阿布格莱布监狱的虐囚丑闻曝光，叛军占领的费卢杰遭遇全面进攻，多达 1 000 人在一次惊慌失措的踩踏事件中丧生……每天都会发生更多谋杀与争斗，希望却日渐渺茫。与 1990 年相比，2004 年伊拉克的儿童死亡率翻了一番；医生和教师数量不足；据世界银行表示，全国失学儿童的比例达到了近四分之一；大学则被穆斯林民兵侵入，教授纷纷出逃，未戴头巾的女学生受到了迫害。据联合国表示，自从战争爆发以来，大约有 75 万人逃离了家乡，再加上萨达姆时代便已存在的 80 万难民，据估算共有160 万伊拉克人跨越了国界。到了 2006 年，电力供应已低于战前水平，只有半数伊拉克家庭的供水有所保障。巴格达处于全面战争的边缘，这里的医院污秽不堪、危险丛生，街头则到处都是民兵。人们开始公开谈论伊拉克四分五裂的可能性。到了 2007 年春天，国际红十字会称伊拉克平民的苦难是"无法忍受和无法接受的"。民意测验显示，无论会导致何种混乱，大多数英国选民都希望将驻军撤回国内。

美国的民意也是如此。当年他们曾被告知伊拉克战争是"9·11"事件的自然延续，如今多数选民却认为这场战争是个错误，小布什也不再表示要"坚持到底"。国防部下属的一所智库在报告中将伊拉克比作世界各地伊斯兰极端主义的招募官。这也正是一家位于华盛顿、囊括了19 所情报机构的组织持有的观点。该组织坚定地认为，伊拉克战争导致全球范围内恐怖主义的风险增加了。2006 年 12 月，美国的"伊拉克问题研究小组"向小布什提交了一份对于混乱状况的悲观评估，以及一系列令人不快的政策选项，旨在慢慢地将美军撤离，并通过与宿敌展开谈判，尽量令伊拉克的局势能有所稳定。

距离这场战争已经过去了三年时间，无论根据何种标准，这都是一场灾难。伊拉克陷入了内战；与糟糕透顶的萨达姆时代相比，民众的生命甚至面临着更大的危险，生活更加艰辛。恐怖主义非但没有被挫败，反而愈演愈烈。叙利亚和伊朗等被伦敦和华盛顿方面视为地区威胁的国家不但未被削弱，反而变得愈发强大和自信。120 名英国士兵在伊拉克死去。大多数人都将这场战争视为近些年来英国政府最糟糕的错误。有些人还相信，假如布莱尔不表示支持，那么这场战争压根儿不会发生；不过考虑到"9·11"之后白宫内部的气氛，这种说法很难成立。即便如此，既然使得英国投入了这场战争，布莱尔就与其后果摆脱不了干系。诚如他所言：万花筒在震动，图案在变幻。

# 世界向英国走来

伊拉克战争导致了漫长而痛苦的煎熬，其后果之一便是，许多来自伊拉克的寻求避难者来到了英国，包括库尔德人、什叶派穆斯林和逊尼派穆斯林。此事引发的关注不多，因为在布莱尔时代抵达并改变了英国的大批移民中，他们只是为数很少的一部分。布莱尔时代的移民潮是多语言、多宗教的，包括波兰人、津巴布韦人、索马里人、尼日利亚人、俄罗斯人、阿富汗人、澳大利亚人、南非及美国白人，以及大批法国人和德国人。根据英国国家统计局的数据，2005 年，每天有 1 500 名移民抵达英国；自从布莱尔上台以来，来到英国的移民总数达到了 130 万。到了 2005 年左右，英语已不再是伦敦半数小学生的第一语言，在首都分布着多达 350 种语言。

较贫穷的移民团体在政界几乎完全没有自己的代表，但他们极大地改变了英国都市的景象、声音与气息。从苏格兰到肯特郡，甚至在许多市镇的街头，戴着面纱的穆斯林女性，或者说更加传统的阿拉伯风情，都成了常见的景象。波兰店主和工人带来了出售波兰食物及报刊的商店，乃至波兰语路标。19名中国村民在莫克姆湾捡拾蛤蜊时被大浪卷走，不幸身亡。还有更多移民在糟糕的环境下为农村的"首领"工作，用时任内政大臣布伦基特的话来说："如同奴隶一样。"在伦敦地铁里，俄罗斯口音开始变得和爱尔兰口音一样常见。在历史上的大部分时间里，英国对世界都格外开放，在大多数时候都是主动将自己强加于世界各地；如今，英国却以另一种方式成了"世界性的岛屿"。

　　在整个20世纪，英国外交政策的目标就在于掌控住外部势力对这几个忙碌、拥挤的岛屿的影响。为实现这一目标，英国在20世纪上半叶试图保住自己的帝国属地，并制服德国这一宿敌；到了20世纪下半叶，英国又与美国合作对抗苏联，以维持民主制及自由市场体系，试图避免核毁灭的悲剧，并决心阻止欧洲实现联邦主义。英国并非一个成功的制造业国度，却成了金融业青睐之地。与类似的国家相比，英国不同寻常地好战，用于国防和战争的开支也要高得多。在过去，从来都是英国走向世界；如今，世界正逐步向英国走来：穷人和移民，富人和大公司，来自东欧的人以及来自中国的商品。和维多利亚时代一样，英国也是新事物最先出现之地，引领着全球的变革；而如今，变革就发生在眼前。

　　移民向来是英国人日常生活中的常态，但新颖之处在于其规模和多样性。如前所述，早年间的移民曾激发了种族主义反弹和骚乱，导致国民阵线兴起，并催生了一系列新法律。后期的移民所引发的争议则体现在不同方面。来自加勒比海和印度次大陆的早期移民有着不同的外观，但说着同一种语言，在许多时候接受的教育也与本土英国人类似。后期的许多移民有着与英国白人相近的外观，但说着不同的语言，也不具有同属一个帝国的历史。此外还存在其他差异。受过教育的波兰及捷克年轻人前往英国是为了挣钱，此后还会回到正快速发展的祖国，买房、结婚、生子。充满活力与才干的年轻人大量涌入，助推了 21 世纪头几年英国经济的增长，却往往导致了这些国家的人才流失。和此前的东非亚裔一样，他们往往也能够迅速取得成功。

但此类变革总还有着另外一面。就如同 30 年前来自牙买加的罪犯一样，新涌现的阿尔巴尼亚、科索沃和土耳其犯罪团伙也十分危险。新移民所需的社会福利开支对地方当局来说是一笔沉重的负担。斯劳镇等城镇因住房、教育及其他服务的额外成本向中央政府提出了抗议。最为重要的是，新移民的规模如此巨大，政府根本不知道该如何进行管理。内政部移民和国籍司无力阻止非法移民进入英国，无力甄别出滥用避难制度以求留在英国的那些人，也无力拘押和驱逐相关人员。非法且有时还会致命的"人口走私"生意进一步加大了政府工作的难度。即使通过了新的法规，令航空公司为其所载乘客负责，仍不断有满载着耗尽毕生积蓄只求进入英国者的大型铰接式货车轰隆隆地驶过英法海底隧道。

英国指责法国红十字会在隧道法方入口处的桑加特小镇设立的难民营导致非法移民问题变本加厉。2002 年年末，布伦基特终于与法国达成了关闭该营地的协议；据估计，截至那时共有 6.7 万人经由桑加特进入了英国。许多非洲、亚洲和巴尔干移民认为英国的移民及福利制度比欧盟其他国家更加宽松，便横跨欧洲大陆来到这里，耐心地等待进入英国。针对这一问题，政府采取了各种措施：动用热成像设备，在边境地区投入更多执法人员，还设立了不近人情的避难中心。因口渴、窒息或寒冷而去世者不计其数，还有些人在途中遭到了谋杀。历任内政大臣——斯特劳、布伦基特、查尔斯·克拉克和约翰·里德，都试图杜绝"人口走私"现象，但他们提出的法案遭到了公民自由团体的抨击，还遇到了法院的挑战。这些大臣的举动几乎无人喝彩，约翰·里德更是坦承移民和国籍司"不符合这一目标的要求"。他把该司剥离为一个独立的机构，承诺将在5年内处理完仍滞留在国内的28万申请避难失败者这一积压已久的任务，建立一支穿制服的边境安保队伍，并拆分历史悠久的内政部。

但与此同时，许多绝对非法的移民却彻彻底底地绕开了避难制度。2005年7月，内政部对4年前英国的非法人口数量进行了估算，给出的数值为31万~57万，也就是占总人口的0.5%~1%。一年之后，非官方估算给出的数值更高，达到了80万。事实上，鉴于一盒盒文件尚未开封，全国性的记录系统又不存在，因此没有人能够知道确切的数字。就连英格兰银行都牢骚满腹地质问道，在不知道英国的工作人口究竟有多少的情况下，自己该如何设定利率？官方数据显示，申请避难者的人数正在减少，原因或许在于前南斯拉夫地区的局势渐渐趋于稳定。还有上千人被遣返回伊拉克，此举引发了争议。不过，在中东或是饱受战火摧残、为饥饿所困的非洲，总会有新的群体陷入绝望之中。对于全球变暖后果的预估表明，这样的局面将在所难免。

10个国家于2004年新加入欧盟，来自这些地方的工人数量与前述移民大致相当，却构成了另一个问题。当欧盟扩张时，英国并未像法国或德国那样暂缓向来自新入盟国家的移民工人敞开大门。大臣们认为，在头两年可能会有2.6万人来到英国，但这一估计实在错得离谱。2006年，内政部的一位低级别大臣托尼·麦克纳尔蒂（Tony McNulty）宣布，自2004年欧盟扩张以来，共有42.7万来自波兰及其他7个欧盟新成员国的移民申请在英国工作。他补充道，如果将自我雇用者也包括在内，那么实际数字将接近60万。至少还有3.6万名配偶和子女一同前来，并提出了 2.7 万份儿童福利申请。这些数目的确十分巨大，1971 年的乌干达亚裔移民仅有 2.8 万人，便引发了一场轩然大波。丝毫不令人意外的是，英国如今已面临严重的住房短缺问题，政府官员开始在英格兰南部四处搜寻合适的地点，向当地地方议会下令，让开发商着手新建住房。

根据政府 2006 年公布的数据，此前一年净流入的移民数量达到了 18.5 万，此前 7 年间的平均值则为 16.6 万。相较之下，伊诺克·鲍威尔在 1968 年那份臭名昭著的演说中曾抨击移民规模是"疯狂的，彻彻底底疯狂的"，但当时净流入的移民数量其实仅为 5 万人。基于不同假设做出的估算认为，到 2031 年，英国人口将增加超过 700 万，其中 80% 源自移民。由一名前外交官创建的"英国移民观察"组织主张减少移民，该组织表示，要想容纳这么多人口，需要每年新建两个剑桥大小的城镇，或是在 25 年内新建 5 个伯明翰大小的城市。然而，这种态度难道不是毫无必要的歇斯底里吗？正如人们所指出的，如同来自澳大利亚、法国或美国的移民一样，许多东欧移民最终都很可能返回故乡。每年还有约 6 万名英国人移居他乡，主要是前往澳大利亚、美国、法国和西班牙，这在一定程度上抵消了流入英国的移民。在 2006—2007 年的冬天，英国公共政策研究院估算称，共有 550 万英国人定居在海外，这几乎占到了英国总人口的十分之一，或者说，比苏格兰的人口还要多；另外还有 50 万英国人每年会在海外生活一段时间。除了上述显而易见的目的地外，中东和亚洲也渐渐成了英国侨民愈发钟爱的地区。是哪些人在移居海外？令人忧心的是，相当一部分是大学毕业生：英国大学生的外流比例很可能高达六分之一。另外还有许多退休人士和富裕人士，他们希望在阳光灿烂之处过上惬意的生活。相较之下，许多前往英国的移民则是雄心勃勃、渴望工作的年轻人。大臣们往往乐于强调移民对于经济的良性作用；批评人士则会环顾四周，质问道：过剩的那些人将去往何处？他们又能在哪里找到闲置的道路、医院床位和学校？

## 布莱尔时代的尾声

从工党 1997 年上台，直到 2005 年大选，保守党从未让布莱尔及其大臣们真正担心过。2001 年的惨败之后，黑格立刻辞去了党魁一职。保守党随后拒绝了看似理所当然的继任人选迈克尔·波蒂略。他是西班牙共和派难民之子，孩提时还曾为利宾纳牌果汁拍过广告；从 20 世纪 80 年代中期起，身为撒切尔"钦定接班人"的他，便为屡屡被标榜为未来党魁的命运所累。波蒂略与黑格长期不和，更为重要的是，他的世界观正变得愈发具有大都会特征：他承认年轻时曾有过同性恋恋情，并且不愿屈尊隐藏自己在社会问题上的自由派观点，还在伦敦一家极其时髦的饭店里开启了自己的党魁竞选活动。于是，在首次完全民主的党魁选举中，保守党便转而选择了伊恩·邓肯·史密斯（Iain Duncan Smith）。传统派保守党人认为，这名前士兵、商人、疑欧派反叛者、来自曾属于特比特的青福德选区的议员，能够真正代表保守党的核心价值观。的确如此。但保守党人低估了邓肯·史密斯扶助弱势群体之心，并且不幸地高估了他的政治技巧。他是个十分正派的人物，但作为发言人在电视上的表现实在令人不敢恭维。保守党陷入了恐慌。最终，面对日益高涨的反叛之声，史密斯于 2003 年 12 月辞去了党魁一职。

士气低落的保守党采取了不寻常的行动，并未像往常那样经过凶狠的内斗，便敲定了继任的党魁人选：前内阁大臣迈克尔·霍华德回到了舞台中央。担任内政大臣时，霍华德曾不无争议，但他是保守党内"剑桥黑帮"的一员，并且争取到了党内自由派对手的支持。他在上任之初的表现十分出色，包扎了伤口，重振了士气。他是首位真正令布莱尔和布朗感到担心的保守党党魁，被其视作危险的对手。和黑格一样，他在下议院中的表现也很出色，要求布莱尔因伊拉克战争辞职，并充分利用了内政部的一系列丑闻和失败。2005年大选中，他专注于改善公共服务及移民问题。保守党的竞选海报提出了这样一个问题："你们在想我们所想吗？"尽管他们收获了大量选票和议席，在英格兰更是占据了上风，但就全英国总体而言，对这一问题的答案依旧是："不，并非如此。"霍华德随即辞职，接替他的是年轻、富有活力的伊顿公学毕业生戴维·卡梅伦。通过为保守党注入环保及自由派的元素，他获得了相当高的民调支持率，看起来将成为自近30年前的撒切尔以来最有可能掀翻在任工党政府的保守党党魁。

自由民主党或许希望，极其不得人心的伊拉克战争以及布莱尔政府愈发严重、事无巨细、与自由派观点背道而驰的中央集权作风会有助于自己实现突破。在阿什当领导下，自由民主党曾在很长一段时间里与工党"眉来眼去"，但鉴于布莱尔手握巨大优势，这段关系最终仍一无所获。随后，苏格兰议会选举的结果促使布莱尔转而反对选举制度改革，而这正是自由民主党的核心诉求之一。布莱尔昔日的导师罗伊·詹金斯冷笑着不再对他推动宪政改革抱任何希望，两党之间的关系也冷却了。阿什当的继任者是查尔斯·肯尼迪，当他以社会民主党人的身份拿下西部群岛选区议席、首次进入议会时，他是当时下议院中最年轻的议员。他很受党内同僚以及媒体的欢迎，使得自由民主党与新工党保持着距离，并且在受到鼓励后开始反对伊拉克战争。在肯尼迪领导下，对新工党心怀不满的左翼人士纷纷转投自由民主党；与刚愎自用、好战的布莱尔和热衷于关押寻求避难者的内政大臣布伦基特相比，这里简直就是平静的避风港。自由民主党在 2001 年和 2005 年的大选中分别赢得了 52 个和 62 个议席，后者创下了历史新高。但与 20 世纪 80 年代初信心满满的乐观情绪相比，如今他们似乎又回到了"着眼未来"的老路上。肯尼迪有着严重的酗酒问题，有时会导致他说话不清晰、没有说服力。尽管多年来幕僚一直隐瞒此事，但肯尼迪最终还是因此辞去了党魁职务，取而代之的则是苏格兰律师、前奥运会田径比赛参赛者孟席斯·坎贝尔。他是一个更年长，但也更稳妥的人选。

2005 年大选以工党的优势从 167 席缩水至 67 席而告终。对于大多数首相而言，这样的优势已经算得上是巨大的成功了，希思、威尔逊、卡拉汉或梅杰为此将不惜付出一切代价；这比撒切尔那充满纷争、动荡不安的首段任期也还要多出 24 席。但与新工党过往的战绩相比，这就相当于重大失败了。这表明选民觉察到了某些迹象，但究竟是哪些呢？布莱尔认为，选民觉察到了工党议员老是表现得不忠；许多议员则认为，选民觉察到了布莱尔的不可靠。工党后座议席上坐着许多心怀不满的前大臣和左翼异议人士，这显然意味着布莱尔更加难以为所欲为了。他已为剩下的这段任期施加了时间限制，再加上个人威信逐渐丧失，使得布莱尔的处境愈发艰难。竞选过程中，布朗并未像以前那样被委以重任，但他的实际参与程度要比布莱尔所希望的高得多。两人肩并着肩，但并未手牵着手，适时地伪装出亲切的笑容，还因对保守党削减公共开支的计划危言耸听而招致广泛批评，但依旧赢得了第三段任期。一旦大选尘埃落定，布莱尔便决心守上比布朗所希望的更长的时间。

布莱尔首相任期的最后时光笼罩在血腥的伊拉克战争余殃和重启的阿富汗战事阴影之下。在 2006 年又经历了一系列糟糕的地方议会选举之后，他解雇了公然表示抗议的内政大臣查尔斯·克拉克。他还降了外交大臣斯特劳的职，并剥夺了遭遇丑闻的普雷斯科特的部门职责。令人难堪的是，警方对是否有商人通过向工党捐款换取爵位的调查愈发逼近唐宁街：就在2006年圣诞节前夕，布莱尔成为首位因刑事调查接受警方问讯的在任首相。他在唐宁街被总督察格雷姆·麦克纳尔蒂（Graeme McNulty）及一名同事问讯了两个小时。有关戴安娜之死的官方调查报告以及有关农村邮政系统的争议决定也于同一天公布。唐宁街否认后两项举动旨在转移公众的注意力，但在外人看来，这正是新工党的那项陋习。

布莱尔会因此提前告别吗？在步履维艰的2006年夏天之后，多位低级别大臣集体请辞，并出现了要求布莱尔离任的呼声。唐宁街10号和大多数媒体都认为是布朗的支持者策划了这些行动。尽管将一封要求自己辞职的公开信斥责为"不忠诚、不礼貌和错误"，布莱尔还是于9月7日承诺，即将召开的工党大会将是自己以党魁身份参加的最后一次。压力之下，他打破了做完整个任期的诺言。这次工党大会罕见地选在曼彻斯特举行，布莱尔在会上发表了他最为雄辩的演说之一，以轻蔑的态度向这个已不再欢迎自己的党告别，并收获了虚伪的赞誉。对于双方而言，分手都算不上甜蜜。据说，谢丽在提及布朗早些时候在工党大会上的发言时只说了一个词：骗子。很快，布莱尔派分子便尝试说服年轻的内阁大臣戴维·米利班德在党魁竞选中向布朗发起挑战。戴维·米利班德拒绝了，但这足以表明此时工党已面临着多大的麻烦。民调显示，布朗的支持率落后于保守党新任党魁卡梅伦。这绝不是欢快、自信的全新开端。

# 后布莱尔时代的英国

本书讲述的内容是消费如何挫败了政治。艾德礼以及浪漫、怀旧的丘吉尔的政治远见，被 20 世纪 50 年代的消费浪潮排挤到了一边。人们大多渴望色彩、花样和新鲜味道，而不是朴素、平等的社会主义，或新伊丽莎白时代澎湃的爱国主义——尽管这两种"主义"均吸引了人数并不算少的部分拥趸。在威尔逊和希思时代，政客承诺将通过科学规划打造一个全新的未来，由所有"力挺英国"的人满怀爱国热情地在白厅绘制出各种蓝图。但他们理想中的英国也崩塌了，撒切尔革命将其残骸一扫而空。抛售国有企业，打击工会，放弃政客对货币的掌控权——撒切尔的这一系列举措引发了新一轮经济繁荣。旧式国家机构退缩了，消费社会则步步进逼。撒切尔远未像自己希望的那样为英国重新注入简朴、节约、整洁、自制等维多利亚价值观，反而允许和鼓励我们如同摄政时期那样寻欢作乐。和 50 年代及 60 年代一样，消费浪潮又一次席卷了全国；而在 90 年代及其后，这股浪潮还将再度来袭。

在英国，新近崛起的强大势力是那些战前鲜为人知的组织。1924 年，来自伦敦东区的街头小贩杰克·科恩（Jack Cohen）用自己姓氏的一部分（CO），外加某个茶叶供应商的首字母缩写（TES），拼出了自己的茶叶品牌"乐购"（TESCO）。5 年之后，他的首家商店开张，这也是英国第一家综合性食品店。1956 年，布莱尔年仅三岁时，科恩又开设了首家自选商店。乐购在大踏步前进。80 年代，科恩的女儿雪莉·波特（Shirley Porter）成为威斯敏斯特市议会的领导人，又在极具争议的"住房换选票"丑闻曝光后离开了英国。到布莱尔离任时，乐购已成为英国最大的零售商，共拥有 1 780 家分店，销售额超过 370 亿英镑，利润超过 20 亿英镑。英国人在食品店花掉的钱有三分之一都流入了乐购手中，还有人表示英国正在被乐购垄断。

由约克郡农夫于 1965 年创办、如今归美国超市巨头和当时世界上规模最大的公司沃尔玛拥有的艾斯达，排在乐购之后，位居次席，每周都有超过 1 300 万人光顾其门店。森宝利源自维多利亚时代的一家乳品店，于 1950 年推出了首家自选超市；如今其销售额为 170 亿英镑，拥有超过 750 家分店。这些公司主宰着农民及其他供货商，在开店计划引发的争端中能够施加巨大的影响力，并且引发了越来越多的争议。与此同时，为了尽情享受这一消费型经济，英国民众借的钱越来越多：平均每位成年人的信用卡消费额、金融交易额和无担保个人贷款额总计超过了 4 500 英镑。

除了宽松的开店计划相关法律之外，要想掀起消费浪潮，还需要打造出撒切尔所赞美的"伟大的汽车经济"。如今，汽车经济面临的限制就只剩下了上涨的油价和拥堵的交通。伦敦已开始征收拥堵费，关于是否应该征收道路费的争论也已在全国范围内展开。汽车数量达到了史无前例的水平。20 世纪 60 年代初超市方兴未艾之时，道路上共行驶着 900 万辆车；到了 2005 年左右，这一数字已经达到了 3 000 万。当然，开车不只是为了购物。开车上下班已司空见惯；10 年间，开车上下学的学生数量也翻了一番。与 20 世纪 40 年代和 50 年代相比，英国人如今的生活变得格外个人化了，许多人都回避公共交通，也很少与邻居一同去知道店主名字的小店里买东西。随着数字或模拟信号电视的普及以及电脑走进千家万户，人们的主要娱乐场所变成了家里。英国享受着廉价的进口商品、宽松信贷和来自国外的或熟练或不熟练的劳动力。在布莱尔时代，房价几乎上涨了两倍。政客仍在大力征税，仍在费力地试图提供受欢迎、有效率的公共服务，但上述诸多变化从未被归功于他们。

作为一种活动，作为地位的来源，作为一种受到尊敬与信任的组织生活的方式，政治枯萎了。撒切尔及其后继者梅杰与布莱尔都未能找到令公共服务有效运转的方式。公共生活中至关重要的中层人士，那些思维独立、真正享有行事自由的学校、医院及城镇管理人员，那些能够掀起波澜的自信的地方政客，都消失不见了。从大多数角度来衡量，与20世纪90年代末相比，总体犯罪率下降了，但监狱却变得人满为患。尽管如此，暴力犯罪仍然令人感到胆战心惊，在大城市的街头也依旧屡见不鲜。所有这些都对人们的希望及恐惧产生了直接影响。一名来自保守派智库的评论员对每天都有 1 000 名英国人离乡的现象做出了解释："人们之所以移民，是因为觉得看不到希望……教育、医疗、犯罪等重大问题毫无进展。人们越来越感到，政客永远不会应对这些问题。"①这只是一种声音，其他人还有不同的观点，但这足以令我们意识到，为何此前曾被长篇累牍加以讨论的那些政策问题对于民众对未来的信心如此至关重要。

不过就在此时，人们似乎又重新需要真正的政治了。在任期即将结束时，布莱尔公布了一份出自经济学家尼古拉斯·斯特恩（Nicholas Stern）之手的报告，他表示这是新工党时期最重要的一份政府报告，也就是说，比关于伊拉克、退休金、北爱尔兰和平进程或是英国医疗保障制度的未来的讨论都更加重要。很少有人质疑这一大胆的论断。这一报告的主题是气候变化。我们已经提到过，一波波新移民极大地改变了英国的面貌，但与"新气候"可能导致的变化相比，这就算不上什么了。占据压倒性多数的科学家都认为，气候不仅仅正在无可置疑地发生变化，而且这种变化是人为的，并可能引发灾难。极地的冰正在融化，全

---

① Robert Whelan of Civitas, interviewed *Daily Mail*, 3 November 2006.

球天气都变得反常，许多物种正在消失。布莱尔试图说服一同打响伊拉克战争的搭档小布什改变对限制碳排放的敌视态度，但并未取得成功：与促成援助非洲的协议相比，布莱尔在遏制气候变化方面的努力是失败的。

美国将私心凌驾于正派及公平之上。文化上，伊斯兰激进主义则对英国人的分寸感和公正感构成了最严重的挑战。在"9·11"事件和伦敦爆炸案之后，许多愤怒、狭隘的穆斯林青年在行为上或思想上变得杀气腾腾。他们的观点，以及阿拉伯女性戴头巾的传统，促使英格兰政客质问这些群体是否真的希望彻底融入英国社会。英国的穆斯林人口比例并不像法国那样高，但英格兰中部和南部的许多地区都有着历史久远、囊括三代人、人数达数十万的穆斯林城中村落。穆斯林感到他人看待自己的目光改变了，他们或许的确有理由感到不太自在。在奔宁山脉周围的传统工业城镇，以及希思罗机场附近的伦敦西部地带，移民的聚居程度之高，使得大臣和公务员用"隔都"一词来形容这些地区。长期以来，白人工人阶级一直在默默地迁往其他地方：埃塞克斯、赫特福德郡、萨塞克斯的沿海城镇，乃至西班牙。

只有四分之一的英国人表示自己更愿意生活在只有白人的地区。如果民意测验可靠的话，那么持这种观点的人只占少数。然而，意义比"各自生活，互不干扰"更加丰富的"多元文化主义"还是遭到了质疑。这些"新英国人"的融入程度应该有多深？哪些习俗的保留应被视为他们的人权？布莱尔于2006年12月表示，强制婚姻、实行伊斯兰教法，以及禁止女性进入某些清真寺，都是不可接受的。在这份演说中，布莱尔的语气变得更为强硬了："伦敦爆炸案之后，在一代人的时间里，首度出现了针对这一点的不安、焦虑乃至愤恨的情绪：我们的开放态度，我们对于差异的欢迎，我们对接纳诸多文化的自豪感，竟被用来对付我们自己。"

接下来，他试图对融入英国社会这一义务做出定义："英国之所以为英国，部分原因就在于宽容。因此，请遵守这一点，不然的话就不要前来这里。我们不欢迎那些煽动仇恨的人……如果你们合法地来到了这里，我们会表示欢迎；如果你们获准长期留在这里，就成了我们社群中平等的一分子，成了我们中的一员。"尽管布莱尔将安全问题作为此番表态的理由，但许多人都认为这一问题不仅仅与打击恐怖主义有关。尽管制造业基础薄弱，但英国经济仍得以强势增长，部分原因正在于好客这一悠久的传统。但问题是，如今英格兰的人口密度为西方世界之最，英国是否已人满为患，以至于宽容的心态正在受到侵蚀？要想维持事态的平稳运转，政客的睿智和白厅的干练都是必不可少的。

对于气候变化这一更严重的威胁而言，情况同样如此。这一令人不安的剧变是物理学意义上的，而不是人口学意义上的；其动力来自海水的浪潮，而不是移民的浪潮。无论是从外太空观看，还是在地图上绘制，我们所熟悉的英国的形状都将因此发生变化。对于一个国家的自我感知而言，没有什么因素比其形状更加重要了，对于岛国更是如此。海平面上升将导致英国的四面八方都变得不同：在利用荷兰式排水系统将湿地改造成耕地的数世纪之后，东盎格利亚这一平滑的突起可能会遭到吞噬，伦敦那些覆盖着混凝土、遍布着排屋的沼泽地可能会被淹没，田园诗般的苏格兰诸岛可能会没入水中，在乔治时代和维多利亚时代兴起的那些沿海城镇可能会遭到废弃。野生动物将灭绝，并被新的物种取代。在近海已经出现了陌生的鱼类，花园中也出现了新品种的鸟类和昆虫。仅凭英国自己的努力，不足以避免这场灾难，因为英国的碳排放量只占全球总量的 2%。即使英国民众真的被说服，放弃了大型汽车、海外假日以及各种小装置，又能起到多大作用呢？

除非我们与经选举产生的政客展开坦诚、冷静的对话，再由这些政客在世界舞台上促成必要的协议，否则遏制气候变化的行动怎么可能有实现的希望？此类行动几乎肯定会损害新近获得的某些自由，例如廉价、方便的旅行。随着外观令人不悦的风力发电厂落成，乡村的景象也将随之改变。同样将发生变化的，还包括我们照明、供暖以及纳税的方式。这些变化都极具政治性，20世纪40年代的英国人对此会感到熟悉。不管你喜不喜欢，政治又回来了，重新成了我们生活中重要的一股势力。

在此需要的是推心置腹，而不是引导舆论；是专注于政策这一成熟的态度，而不是只对丑闻感兴趣。如果不能坦诚相待，如果不能信任彼此，又怎么可能合理地解决穆斯林与基督徒、移民与本地人之间的问题？如果不能重建强有力的地方组织，又怎么可能改善学校、地方议会或医院的质量？如果不能头脑清醒地参与政治，又如何能够就联合王国（如果它还继续存在的话）未来的样子展开商讨？在本书记录的这段历史中，多数政治领导人起初都充满了乐观与热情，随后则会陷入这样或那样的麻烦，最终满怀失望地离开。政治生活的本质就是如此。当然了，或许可以说生活的本质也是如此。但我们仍然需要这些乐观的政客，他们会成为下一代领导人，会成为我们嘲笑、辱骂的对象。如今，我们比任何时候都更需要他们。

英国面临的威胁十分严重。但自1945年以来，相继躲过了核毁灭、暴政和经济崩溃的英国人，没有理由感到绝望或是选择出逃。毕竟就全球范围而言，生为英国人仍是一件美妙且幸运的事情。

第六部分

# 脱 欧 风 云

# 2007—2016

从北京到莫斯科，从华盛顿到柏林，英国民众的投票结果震惊了全世界。英国开始了一场政治冒险，数百万英国人、众多聪明人以及报酬丰厚的专家都认为这段旅程异常危险。不过不管怎样，英国人正快活地沿着这条小路，走向未知。

# 公投结果引发轩然大波

**━━━**

*本国人民已经受够了专家。*

*——迈克尔·戈夫（Michael Gove）*

*2016 年 6 月 2 日，天空新闻台关于退出欧盟的辩论*

即使对痴迷于天气和体育的人来说，2016 年的夏天也够奇怪的。频繁来袭的风暴，再加上反季节的寒潮，使得这一年的 6 月成了有史以来最糟糕的 6 月之一，尤其是在南部。至于体育，英格兰在欧洲足球锦标赛中惨败出局，而威尔士则创下了有史以来的最佳战绩。但这一次，全民热议的话题不是足球、网球、赛马，乃至天气，因为以 1 700 万票对 1 600 万票的结果，英国选择了退出欧盟。

民意调查员、伦敦金融城以及威斯敏斯特阶层的大多数人都没预料到"英国脱欧"（Brexit）的结果。直到最后一刻，就连某些最为知名的脱欧派政客也不相信自己能赢。本书作者与伦敦前市长、曾任外交大臣的鲍里斯·约翰逊（Boris Johnson）及前大法官、前教育大臣戈夫这两大脱欧派领袖都有过对话。当我提到英国可能选择脱欧时，两人都怀疑地摇了摇头。当政客和记者在 6 月 23 日晚上就寝时，普遍的预期是留欧派将以微弱优势获胜，因为所有主流党派的党魁以及大多数大企业都支持亲欧盟的论据。当投票结束时，英国独立党党魁奈杰尔·法拉奇（Nigel Farage）也暗示本方阵营将功亏一篑。

首相卡梅伦当晚熬了夜，从英格兰北部传回的早期计票结果令他愈发感到担忧。随着他政治生涯中这场最大的赌局变成了 50 多年来保守党政客最为严重的自戕之举，卡梅伦开始起草将于当天早晨含着眼泪在唐宁街发表的辞职演说。

一夜之间，威尔士及中产英格兰向有钱有势的精英，也就是现代英国的塑造者发动了起义。自 20 世纪 70 年代中期以来，英国的欧盟成员国身份就一直是官方外交及经济政策的核心要素，是"严肃人物"不会质疑的金科玉律。梅杰和卡梅伦等首相轻蔑地称反欧盟政客为"近乎神志不清者"。然而在英国的各大地区中，只有北爱尔兰、苏格兰和伦敦更倾向于留在欧盟之内。

在凋敝且相对受人忽视的英格兰北部及中部腹地、苦苦挣扎的沿海城镇，以及前矿业及工业地区，脱欧派的拉票活动格外成功。较年长的人士更倾向于离开欧盟，有些年轻人愤怒地控诉老人"偷走了我们的未来"。绝大多数经济学家、知名银行家、大型工业部门的领导、工会领袖以及政客都向民众表示，一旦脱欧，大家就会变得更加贫穷，更可能失业。尽管如此，最终取胜的依然是脱欧派。专家的言论，就到此为止吧。

在随后几天，几乎整个英国政治阶层都陷入了具有传染性的精神崩溃状态。曾承诺一旦公投失败就将辞职的卡梅伦的确以光速辞职了。接下来，保守党展开了一场惨烈且不体面的党魁争夺战。保守党中最知名的脱欧派领袖约翰逊将争夺这一最高职位，但就在正式表态参与党魁竞选前的几个小时，他的朋友兼战友戈夫公然捅了他一刀：曾多次承诺不会竞选党魁的戈夫食言了。极具影响力的默多克力挺戈夫，但公然背叛的行径使他无法赢得足够多保守党议员的支持，随后也只得退出竞争。内政大臣特雷莎·梅（Theresa May）在公投期间只是不冷不热地支持留欧，此时则成了显而易见的党魁候选人，并很快赢得了几乎半数保守党议员的支持。

威斯敏斯特迅速发展的事态不断对民众造成冲击，与此同时，留欧派在伦敦发起了一场声势浩大的跨党派游行，寻找通过法律手段令议会挫败公投结果的方式，谈论着要成立一系列新的亲欧派压力团体，乃至组建新的政党，以发泄愤怒之情。从卡拉汉时代一直延续到2016年的那套价值观和潜在假设似乎都被颠覆了。拉票期间和结果出炉之后，种族主义和仇外的辱骂和袭击似乎急剧增多，不过关于具体事实尚存在不少争议，而且这有可能是对这方面的关注与报道加强的结果。剑桥郡的波兰人收到了写有"滚回家，波兰垃圾"字样的卡片，还贴心地译成了波兰语。迄今为止最恶劣的事件要数来自巴特利和斯彭选区的工党议员、两个孩子的母亲、41岁的乔·考克斯（Jo Cox）于6月16日在西约克郡自己的选区内遭到一名当地男子刺杀和枪击，据说该男子患有精神疾病。考克斯是反脱欧、支持难民的知名活动家。就在公投前的一个星期，她的死短暂地令英国的整个政治体系陷入了停滞与震惊。尽管很少有人明确地这么说，但人们普遍认为这起悲剧将令留欧派获益——当然，这种想法被证明是错的。

杀害考克斯的凶手是53岁的托马斯·梅尔（Thomas Mair），他因谋杀罪于2016年11月被判处终身监禁。法庭证词显示，他在杀害考克斯时曾高喊"英国优先"和"这是为了英国"。法官表示梅尔是一名纳粹同情者和白人至上论者。考克斯的丈夫布伦丹（Brendan Cox）表示，他认为这是一次政治刺杀。不过，即使梅尔长期持有的极端主义观点被公投引发的紧张气氛触发这种说法属实，二者之间相互影响的程度也已无从衡量。

投票结束后，英国又恢复了冷静，似乎并无太多证据表明种族主义及仇外情绪已蔓延开来。英国依然是那个自由派的英国。尽管在国内股市和外汇市场上英镑均暴跌，但大企业并未迅速逃离。即将卸任的财政大臣乔治·奥斯本曾警告称，需要针对脱欧制订一份惩罚性的紧急预算，以无疑具有惩罚意味的方式提高税收、削减公共开支；他还坚持认为脱欧会导致英国变得贫穷。但他也不得不承认此时英国将平稳地度过这场风暴。

然而，凯旋的脱欧派对于下一步似乎并没有明确的计划。欧盟似乎也是如此。英国应该争取留在单一市场之内，并接受来自欧盟成员国的移民吗？应在何时触发《里斯本条约》第50条，从而开启为期两年的硬性时间表？又该由谁来触发？几乎刚刚上任、出人意料残忍的内阁改组仍在进行之中，新任首相特雷莎·梅便赶往苏格兰，与苏格兰首席大臣妮古拉·斯特金（Nicola Sturgeon）会面。此举早早地表明，联合王国的未来正是公投结果引发的诸多疑问之一。特雷莎·梅任命三位知名脱欧派负责与布鲁塞尔方面的谈判：在遭遇政治刺杀之后，约翰逊又"重获新生"，被任命为外交大臣；曾与卡梅伦争夺党魁一职的戴维·戴维斯（David Davis）被从议会后座拯救出来，担任脱欧大臣，并且还拥有了自己的公务员队伍；另一名保守党内的老牌右翼分子和反欧盟人士利亚姆·福克斯（Liam Fox）则负责与其他地方缔结新的贸易协定。特雷莎·梅作此任命的意思其实是："你们不是一直说这事儿很简单吗？好的，那就向我们展示一下应该怎么做吧。"考虑到这三名脱欧派并不是亲密的朋友，新任首相的这一安排或许也是在玩弄政治手段。而在上了一堂短暂、刺激的"忠诚课"之后，戈夫被赶出了内阁。

在正常环境下，人们会期待反对党将更具威信，令 2015 年大选之后优势十分微弱的保守党处境无比艰难——把在议会中没有投票权的下议院议长、副议长，以及不参加英国议会的爱尔兰共和派都排除在外后，保守党的有效多数只有 18 席左右。

然而，工党同样打响了内战。对前一年在党内的"人民起义"中被推举上台的左翼党魁杰里米·科尔宾（Jeremy Corbyn）的不屑与厌恶之情，在工党议员中愈演愈烈。得益于前任党魁埃德·米利班德（Ed Miliband）引入的缴纳三英镑即可加入工党的新规则，工党党员数量大幅增加。尽管科尔宾深受这些忠实党员的欢迎，但议员们一直不相信他能在大选中获胜。

科尔宾在议会中的表现并不太自信，也不够油滑，他的地位也并不稳固。但在政敌们看来，他最大的罪过在于，对英国欧盟成员国身份的立场含糊不清。科尔宾一辈子都在反对被自己的英雄榜样托尼·本称为"布鲁塞尔银行家阴谋"的这一机构，但在拉票期间他又发表了亲欧盟的演说，可是又表示自己对欧盟的热情恐怕只有满分 10 分中的"7 分或 7.5 分"。许多英国人也许会觉得这已经足够热情了，但考虑到关于欧盟成员国身份的争斗十分胶着，多数亲欧盟的工党议员对这番表态都十分反感。

此时，他们展开了密谋。2016 年 6 月底，某个周日的凌晨 2 点，影子外交大臣希拉里·本（Hilary Benn）致电科尔宾，表示对自己的领导能力没有信心，并随即被解除了职务——这倒是相当合理的。截至当天晚上，影子内阁的十几位成员也以支持希拉里·本为由选择了辞职。接下来的数日和数周，又有更多人辞职，使得影子内阁人手严重不足，在任者只得身兼数职，科尔宾及其支持者则绝望地四处寻找忠实分子。被召入影子内阁的人中包括 81 岁的后座议员、经常反叛本党的保罗·弗林（Paul Flynn），他被任命为影子下议院领袖和影子威尔士事务大臣。对此，他和所有人一样，惊讶不已。

头发灰白、和蔼可亲、从未忠于历任工党党魁的科尔宾冷静地拒绝被对手打败。事实上，工党议会党团陷入了群龙无首的状态。经过7年的调查，在这个极其不利的时间点上，关于英国对伊拉克战争参与情况的《奇尔科特报告》公布了。该报告的结论是：布莱尔参战时，和平选项依旧存在，萨达姆也并未构成迫在眉睫的威胁；参战决定是基于"有缺陷的情报"做出的；对于伊拉克独裁者倒台后局势的规划是"完全不当的"。对于许多工党温和派来说，这份报告都是沉重的一击。对工党前党魁的控告或者说羞辱，随即在下议院中展开。一向反对伊拉克战争的科尔宾代表工党道歉，表示这是个灾难性的决定，玷污了工党和英国。另一方面，顺应民众认命的心态，志得意满的英国独立党党魁法拉奇也宣布自己将辞职，去"享受生活"。①

讽刺杂志《私家侦探》刊登的一幅漫画似乎把握住了全国民众的情绪：一个大眼外星人费力地从太空飞船上爬下来，向路过的一位公民请求道："带我去见你们最接近于'领袖'的东西吧。"20世纪80年代曾在撒切尔内阁中担任贸易大臣的扬（Young）男爵在《泰晤士报》上反思："在我的一生中，我记得只有一段时间建制像当下一样信心全无。那是70年代末：罢工导致我们陷入了瘫痪，我们在工会的主宰下走到了破产的边缘；在大都会的'闲话阶级'看来，这个国家已无法治理。"

在炎炎夏日的短短几天之内，政治精英突然全都丧失了自信，这段时期将会如同1957年的苏伊士危机及1978—1979年"不满的冬天"

---

① 此处有双关，"resignation"一词有"认命"和"辞职"两个意思。——译者注

一样载入史册。和此前这些全国性的崩溃一样，问题的根源同样十分深刻，值得加以探讨。

在倾听了英格兰银行、财政部以及诸多商界资深人士的意见之后，英国民众依旧决定离开欧盟，大概并不是因为他们愿意变得更穷。某些脱欧派承诺，退出欧盟将为国民医疗服务体系省下大笔资金；凭借着贸易，英国经济也将再度实现繁荣。毫无疑问，的确有些人受到了误导。这些人其实没算清数：事实上，在布鲁塞尔得存在非常多薪酬过高的官僚，才会对英国的福利和医疗体系产生重大影响。但把公投结果都归咎于民众的无知，那就相当于认为 1 700 万受过良好教育的英国人都是蠢货了，而事实绝非如此。问题其实在于，英国人不再相信精英了。为什么会这样呢？本书剩下的部分将给出详细答案。此外，他们之所以选择脱欧，是因为在他们看来有一件事比金钱更加重要。这件事又是什么呢？

## 移民的利与弊

这件事并非主权，而是移民——基本上只有精英才在意"主权"问题。卡梅伦在 2015 年的竞选宣言中许下了举行公投的诺言，截至 2016 年公投时，约有 300 万其他欧盟成员国的公民生活在英国。由于对移民的统计主要基于对乘飞机抵达者进行的调查，而且对离开英国者数量的核查十分粗略，因此很难确定具体的移民数量。尽管如此，一般认为单是 2015 年这一年，就有约 27 万其他欧盟成员国的公民前往英国生活和工作；当年还有 8.5 万名英国人前往其他欧盟成员国工作。因此，来自欧盟其他成员国的移民净流入数量就是约 18.5 万人；而在此前数年，这一数字大约是 10 万人。这也就意味着生活在英国的法国人、德国人、荷兰人、西班牙人和比利时人越来越多了。与此同时，来自全世界其他地方的移民也在大量涌入，包括巴基斯坦、印度和加勒比海地区。

真正的变化始于 2004 年。那一年，欧盟又吸收了波兰、捷克和匈牙利等 8 个生活水平低得多的中欧和东欧成员国。

当时执政的工党政府全盘接受了这一切。2013 年，前工党内阁大臣和欧盟委员曼德尔森在一场集会上表示："在 2004 年，我们工党政府不仅仅欢迎人们前来本国工作，还派出了搜寻队去鼓励人们前来本国工作。"当时经济增长十分强劲，工党大臣们便感到熟练劳动力出现了短缺，然而这是严重的误判。在 1997—2010 年，英国的移民净流入总数超过了伯明翰人口数的两倍。在工党治下，每年的移民净流入数量翻了两番，从 1997 年的 4.8 万人增加到了 2009 年的 19.8 万人。当然，到了这时候，2008 年银行业危机引发的经济衰退已经彻底改变了民众的心态。

如此数量级的移民真的会造成重大影响吗？需要指出的是，进入英国的非欧盟成员国移民同样为数众多，这就是另外一个问题了。经济学家认为，总体而言，只要经济保持增长，欧盟成员国移民就是利大于弊的。新增加的工作岗位约半数都被移民所占据，但这也意味着还有半数工作岗位归了英国本地人。此外，移民缴纳的税收也会令本地人获益。然而，对于那些眼瞅着工作岗位被愿意拿更低的薪水、工作更长时间的更加辛勤的拉脱维亚人或匈牙利人夺走的英国水暖工、电工和咖啡店服务员而言，这些说法是于事无补的。

新来者导致本地人工资水平下降，这种现象的术语叫作"工资压缩"

（wage compression）。这种现象发生时，往往会令人感到极为不快。2008年，上议院经济事务委员会总结称："移民对英国工资水平最低的工人有一些负面影响，对工资水平较高的工作者有一些正面影响。工资水平受到移民不利影响的居住于本地的工人中往往包括许多曾经的移民及少数族裔。"

在这些谨慎的话语背后，我们能够发现有关2016年公投的不少真相。上议院爵爷们口中的"一些负面影响"，对于苦苦挣扎的体力工作者、清洁工、饭店服务员等人而言就意味着实实在在的艰难困苦。此外正如爵爷们承认的，另一方面，工资水平较高的工作者则经历着一段好时光，享受着热切而勤奋的新来者的服务和娇惯。对这种状况感到出离愤怒的人中的确包括许多曾经的移民，这些英国黑人及亚裔感到自己被新来的欧洲人排挤到了边缘。

英国财政研究所在公投之后约一个月发布的一份报告中同样指出，旨在帮助更多人就业的税收减免政策实施多年之后，其目的实现了，但如今受苦的不只有通常的那些穷人："在许多重要方面，养育着子女的中等收入家庭都比过去更接近于贫困家庭了……如今，他们中的半数是租户，而非房主。此外，随着就业率的提升，较贫困家庭对福利的依赖减弱了，但对于养育着子女的中等收入家庭而言，福利和税收减免占收入的比重却从20年前的22%上升到了30%。"

英国政治阶层几乎完全忽视了民众对此的愤恨之情，部分原因在于大多数记者、公务员和政客都在英国最富有的那些地方生活和工作，尤其是伦敦市中心。此外，与过山车一般的政治八卦相比，纯粹的经济学往往显得太过枯燥了。总之，在政治阶层看来，移民几乎是一件绝对的好事。人们可能认为左派会更加在意经济不平等问题，但执着于国际主义和多元文化价值观的他们也不愿过多关注最贫穷的白人社群的真实状况。在过去，工会领袖会迫使工党政客关注这一问题；但到了21世纪初，工会已变得十分虚弱，工党则变得右倾，因此这种情况根本不可能发生。那些对大量移民的涌入表示反对的人主要是英国独立党和各种小型极右翼团体，他们被视为纯粹受种族主义驱使的政界"贱民"。

随后，英国政治建制做出了惊人的自我伤害之举，为那些贫穷、受到忽视、被居高临下对待的民众奉上了一件便利的武器：摆脱欧盟的独立公投。中产英格兰将其一把夺过，并将卡梅伦政府击得粉碎。

## 人口自由流动与恐怖主义的蔓延

这件事在多大程度上应归咎于卡梅伦呢？很难想象还有比这更加严重的政治失败了：一名本质上亲欧盟的首相原本试图凭借此举击败右翼政敌，却由于自己的失误将英国赶出了欧盟，还令宿敌法拉奇享受到了一生中最重大的胜利。但历史对于卡梅伦的评价或许会比这更加友善一些。如前所述，自希思时代以来，欧洲问题便导致保守党陷入了严重的分裂。

从某种意义上来说，这一分裂倒算得上高尚：一方认为欧盟带来了和平与繁荣，而且认为这一事实是最重要的；另一方则完全无法容忍欧盟那缺乏民主、爱多管闲事却又笨手笨脚的官僚机构，以及其愈发自命不凡的做派。这个共同市场先后创造了自己的旗帜、盟歌、外交政策、主席和议会，还渴望建立起自己的军队。撒切尔和梅杰的政府被关于欧盟的争论弄得筋疲力尽，有时甚至会脱离正轨。卡梅伦则将这一争论真正摆上了台面。

2016年脱欧公投源自卡梅伦于三年多以前的2013年1月在彭博传媒集团伦敦总部发表的一次演说。在之前的一年里，保守党反叛者要求举行脱欧公投或是为伦敦夺回重大权力的呼声越来越高涨。2012年6月，100名保守党后座议员签署了一封写给唐宁街的公开信，要求在下届议会任期内就英国在欧盟的未来举行公投。人们大多承认在联合政府任期内卡梅伦无力促成公投，因为自由民主党会坚决表示反对，而缺少了该党的支持，卡梅伦将无法获得多数席位。此外，当时卡梅伦的密友、财政大臣奥斯本也坚决反对脱欧。

但在"彭博演说"中，卡梅伦从历史角度看待这一问题，并许下了诺言："我从来不希望收起吊桥，退出世界舞台。我不是一名孤立主义者。我不只希望争取到对英国更有利的协议，还希望达成对欧洲同样更有利的协议。"随后他便宣布将推动公投，这使得他短暂地成了保守党议员心目中的英雄。

重要的是，此时卡梅伦认为自己已经"搞定了"他在欧洲大陆新结交的好友：德国总理默克尔（Angela Merkel）。然而这位昵称为"母亲"的领导人根本没被"搞定"，她并不想在欧盟境内人口自由流动这一原则上做出让步。如果卡梅伦当时能够充分意识到这一点，他对于脱欧公投的承诺就不会感到那么乐观了。

人口自由流动是欧盟的根本原则之一，这一原则刚刚被提出之时几乎没有引发任何争议。这要追溯到1957年，当时人们认识到，要想建立共同市场，就需要实现劳动力和资本的跨国自由流动。在《马斯特里赫特条约》于1992年签订之后，随着"欧洲公民"这一概念（这是"超级国家属性"的一部分）的提出，这项原则的内容更加扩大了。此时，欧洲公民都获得了自由流动的权利，而不仅限于劳动力。根据1995年生效的《申根协议》，法国、德国、比利时、荷兰和卢森堡废除了彼此之间的边境管制措施及哨所。英国并未加入《申根协议》，但这一计划迅速扩张至欧洲其他地区，直到形成由26个国家组成的"无边界欧洲"。对于雇主、不断壮大的企业，以及希望迁居至更加富裕、温暖或是美丽国度的上百万欧洲人来说，这显然是有利的。

但与此同时，西方在阿富汗、伊拉克、利比亚和叙利亚发动的战争又导致大量难民出逃，他们一旦从希腊或意大利等地入境欧洲，便可以前往自己向往的任何地方。一年之内，德国便接纳了超过100万绝望的难民。那些在20世纪曾深受战争与种族主义创伤的国家产生了崇高的使命感。然而，如何才能对那些和平的、无可指责的新来者与那些暴躁的、危险的人物加以区分？如前所述，恐怖主义首次对人们的心灵产生冲击在于"9·11"袭击，随后不久伦敦也遭受了恐怖袭击——许多来自中东的激进神职人员和阴谋家都在这座被蔑称为"伦敦斯坦"的城市避难。对阿富汗和伊拉克的报复导致极端行为变本加厉，尽管后者与"基地"组织并无直接关联。最终，在美国总统奥巴马"激增"驻伊拉克兵力的成果被葬送之后，于势力真空中诞生了一个自称为"伊斯兰国"的团体，并迅速加入了叙利亚内战。发生在法国和比利时的恐怖袭击背后均有该组织的身影。恐怖疑犯将自己隐藏在难民之中，并充分利用了"无边界欧洲"赋予难民的行动自由。伦敦恐袭之后是巴黎，巴黎恐袭之后是布鲁塞尔，布鲁塞尔恐袭之后又是尼斯。

当卡梅伦2010年出任首相时，并非由他开启的战争和在他上台之前很久便已确立的欧盟政治结构，共同促成了极其危险的局面：大批移民正涌入英国，规模史无前例；与之相伴的还有实实在在的安全威胁，而这一切似乎都与英国的欧盟成员国身份有关。

更加糟糕的是，如今的欧元区表现得十分残忍，而不是像过去那样象征着远见卓识。英国从未加入欧元区，这是布朗的标志性成就之一。

从欧元中获利的主要是德法两国的精英，但为了保护这一苦苦挣扎的货币，希腊在重压之下陷入了赤贫的境地，这一幕自然也无助于增加欧盟的吸引力。疑欧心态就如同野火一般在保守党内蔓延开来。在 20 世纪 80 年代，只有博学之人或执迷不悔的怪人才会对这项小众事业感兴趣，如今它却已经成了保守党内首当其冲的主流问题。21 世纪初的任何保守党党魁，事实上是任何领导人，都不得不应对这一问题。

## 伦敦奥运会大获成功

　　威斯敏斯特精英失败了，民众对移民和多元文化主义感到愤恨——这两大因素就是 21 世纪初英国的全貌吗？显然并非如此。王位继承人威廉王子（Prince William）和并非传统贵族出身的凯特·米德尔顿（Kate Middleton）于 2011 年举行的皇家婚礼表明，英国人对于君主制仍然满怀爱国热情。这场盛大的婚礼意在向全世界投射英国的传统价值观，温莎家族也借此承诺未来将为民众奉上更为随意和开放的君主制。正如作家凯瑟琳·迈耶（Catherine Mayer）在《时代周刊》上所写的："这不仅仅是一场婚礼，更是关于温莎家族在后伊丽莎白时代将如何自我定位的最清晰信号。"年少时的嬉戏过后，威廉和哈里两位王子（主要是后者）的发言之开放与无拘无束是自己的父亲年轻时不可想象的。英国媒体还是和往常一样肉麻地恭维威廉与凯特这对王室新人诞下的王室婴儿，但在白金汉宫已经出现了明显的"换班"迹象。

　　但对于整个国家而言更加重大的一刻却要追溯至布莱尔时代，这也是他取得的最后几项成就之一：为伦敦赢得 2012 年夏季奥运会的主办权。当申奥成功 7 年之后、奥运会真正开幕之时，当初那种伦敦爆炸案阴霾笼罩之下的欢庆之情，已被弥漫于全国的紧张不安的悲观心态取代。许多人都对伦敦可能遭遇恐怖分子袭击担心不已。2008 年经济衰退的后果（下文将加以详述）之一便是，政府实行了经济紧缩政策，缓慢且持续地削减公共开支，以减少巨额赤字，避免发生金融危机，这看上去就如同去除了理想主义元素的艾德礼政府一样。在这样的背景下，英国真的负担得起一场华而不实的盛宴吗？此外，在这个被很多人认为将由中国主宰的世纪里，英国怎么可能与壮丽恢宏、如军事行动一般精确、建造起了非凡的场馆、举行了一场盛大开幕式的 2008 年北京奥运会相匹敌呢？BBC 一档很受欢迎的节目《2012》便对组委会为按时举办一场没有交通问题、不至于令英国难堪的奥运会而进行的笨手笨脚、痴心妄想的努力进行了讽刺。

尽管不被看好，但 2012 年伦敦奥运会却取得了巨大成功，令民众深感振奋，并向全世界极佳地宣传了英国的形象。由电影导演丹尼·博伊尔（Danny Boyle）执导的开幕式具有自由左派精神，并满溢着怀旧之情：舞台上出现了小说《柳林风声》（*The Wind in the Willows*）中的场景，紧接着又唱响了性手枪乐队和冲撞乐队的歌曲；接下来的一刻，英国人不再谈论战争，而是与翩翩起舞的护士及病童一道，庆祝国民医疗服务体系的建立，显然这已成为受到全民敬仰的"宗教"；迅速升起的烟囱代表着英国的工业遗产；随即鱼贯而入的则是贾罗镇的示威者和妇女参政论者；舞者佩戴着核裁军运动的徽章；漫画形象的资本家脱下礼帽向观众致意；被选作英国音乐界代表的是艾米·怀恩豪斯（Amy Winehouse）而非沃恩·威廉斯，是大卫·鲍伊而非亨利·珀塞尔（Henry Purcell）。女王以喜剧的方式隆重登场，与扮演邦德的丹尼尔·克雷格（Daniel Craig）开起了玩笑，86 岁高龄的她乍看上去似乎是从直升机上背着降落伞驾临舞台的。最后，来自世界各地的活动家和倡议人士携五环旗步入了会场，其中包括被杀害的黑人少年斯蒂芬·劳伦斯（Stephen Lawrence）之母、为种族主义犯罪受害者鼓与呼的多琳·劳伦斯（Doreen Lawrence），足迹到达波黑和科索沃的慈善组织"天使行动"的主管萨莉·贝克尔（Sally Becker），"自由"人权组织的主管沙米·查克拉巴蒂（Shami Chakrabarti），联合国秘书长潘基文（Ban Ki-moon），以及来自利比里亚的和平倡导者雷玛·博维（Leymah Gbowee）。

据估计，全世界共有超过 10 亿人收看了这场耗资 2 700 万英镑的盛大演出。组织者打造出了怎样的英国形象呢？回过头来看，这就如同是布莱尔的新工党现代化议程那姗姗来迟的最高峰。这场演出颂扬的是"新英国"——一个多元文化并存、在性的问题上十分开放、自由化且善良的国度；与此同时，抗议人士和激进分子被加以浪漫的刻画，大英帝国和无情的工业化这两段历史则受到了粉饰。这是一个以格拉斯顿伯里音乐节为标志的国度：绘成粉色与青柠绿、橙色与黑色的变种米字旗在同性恋骄傲游行的队伍中高高飘扬；尖刻、自嘲的英式幽默成了最为成功的出口品；"老兄沉住气，再来杯啤酒"则成了本国的秘密格言。理查德·威廉斯（Richard Williams）在 2012 年 7 月 28 日出版的《卫报》上对开幕式做出了这样的总结："极度兴奋，令人愉快；偶尔让人眼花缭乱；极富人文精神，面面俱到，几乎每段文化记忆都被唤醒了。"与此形成鲜明对比的是，托比·扬（Toby Young）在 2015 年 4 月某日出版的《每日邮报》上发表了一篇文章，抱怨涌现了过多关于矿工罢工和去工业化的左翼电影，他在提及伦敦奥运会开幕式时指责它压根没有提及英国"战后最伟大的首相"撒切尔："为我们奉上的还是那套熟悉的左翼版本的英国史：戴礼帽的保守党工业家决心用恶魔一般阴暗的工厂破坏这个国家，但遭到了妇女参政论者、工会成员、同性恋者、双性恋者与跨性别者的制止。"博伊尔的合作者弗兰克·科特雷尔·博伊斯（Frank Cottrell Boyce）则谴责撒切尔"不够格当英国人"，并表示："尽管她周身包裹着米字旗，但她从未理解这个国家。"

引人注目的是，从伦敦奥组委主席科（Coe）男爵，到新任伦敦市长约翰逊，诸多保守党人都对开幕式传递出的左翼讯息表示了热烈赞许。他们接受了伦敦奥运会幕后负责人、前工党内阁大臣特莎·乔韦尔（Tessa Jowell）所谓的这封"我们写给英国的情书"，这一事实足以表明布莱尔时代的文化影响力是多么根深蒂固。

当然，还有许多保守党人和年长者格外厌恶这一开幕式；人们也有理由认为，博伊尔呈现出的这一大都会版本的"新英国"及其文化恰恰是 4 年之后的脱欧起义所针对的目标。不过就当时而言，任何不满的牢骚声都被英国运动员的优异表现平息了。英国以 29 金的成绩在金牌榜上高居第三，仅次于美国和中国，在自行车、赛艇和田径等项目中的表现尤其出色。英格兰体育理事会表示，截至当年年末，每周都会进行体育锻炼的人数又增加了 75 万。对于这个正在从"园丁之国"转型为"电视痴汉之国"的国度而言，这真可谓了不起的成就。英国运动员在赛场上的成功似乎进一步确认了开幕式传递出的多元文化讯息：出生于索马里、在孩提时来到英国的莫·法拉赫（Mo Farah）和牙买加油漆匠之女、成长于谢菲尔德的杰茜卡·恩尼斯（Jessica Ennis）成了最耀眼的明星。当新工党对移民的益处大加赞扬时，他们所憧憬的正是此类成功的案例。在许多方面，于布莱尔时代结束很久之后举办的 2012 年伦敦奥运会都是"托尼先生"理想主义的典型例证。倘若这就是事情的全貌，那就好了。

# 金融风暴席卷全球

本书的初版（即第一至第五部分）止于 2007 年夏天布莱尔最后一任政府的终结和他本人的辞职。正如他那事无巨细、信息翔实的回忆录充分表明的，直到最后一刻，他仍希望说服布朗继续推进以市场方式改革公共部门、让家长参与创建学校以及厚待富人的新工党议程。他向布朗表示，要么继续自己的政策，要么彻底与之决裂。

但审慎的前财政大臣并不愿意二选一。在布莱尔离任之时，尽管美国开始投入更多兵力，试图加强控制，但布朗已经意识到，伊拉克战争是个错误。就国内而言，有关工党用上议院议席换取政党经费的传言令他备受攻击。布朗对自己的诚实品性深以为傲，他还觉得自己几乎成就了经济奇迹，但布莱尔主义的失败却令其有些失色，因此，此类攻击令他格外愤怒。最终，针对"用钱买爵位"丑闻并未提出任何指控。布莱尔坚称在任的最后几天自己处于"最佳状态"，但在外界看来，他却显得筋疲力尽、苦不堪言。

布莱尔的忠诚下属戴维·米利班德曾考虑向布朗发起挑战。但布朗已经争取到了默多克传媒帝国以及同样极具影响力的《每日邮报》主编保罗·戴克（*Paul Dacre*）的支持（这两人后来都将支持戈夫）。在 2007 年，如此重量级的支持，加上在议会中强有力的行动，使得布朗已是势不可当。

在《一段旅程》（*A Journey*）这本书中，布莱尔列举了他在 1997—2007 年取得的成就："英国经历了 10 年不间断的经济增长……与保守党执政年间相比，最贫穷的 20% 人口的生活水平大幅改善。每个冬天，再不会有领退休金者因暖气不足而死去。国民医疗服务体系不再因为危机频发而屡屡见诸报端，等候名单和等候时间都有所缩短，有些地方可谓突飞猛进。1997 年，在伦敦有近 100 所学校中，5 门科目的中等教育普通证书成绩达到优秀者占学生总数比例不足四分之一；到了 2007 年，这样的学校数量已减少至两所。'学院'项目正在大力推进之中。这还是战后唯一一届任期内犯罪率不升反降的政府……"他的成就清单还在继续，提到了维护同性恋者权利的立法、针对儿童的"确保开端"项目、北爱尔兰和平进程，以及对内城区的改造。

考虑到布莱尔的声誉已严重败坏，在此有必要对上述成就加以逐一审视。正如当时他所害怕的那样（他对小布什有此表态），尤其是在《奇尔科特报告》于 2016 年 7 月公布后，关于伊拉克战争的决策成了他的墓志铭。对布莱尔的看法总是分裂的。他曾是一名杰出的人物，像他这样在政坛一线担任过的唯一工作就是首相的人少之又少。他那各种不知疲倦的行动突破了工党的界限，并在接下来的数年里搅动了整个英国，许多勇敢的国内政策改革也将被追随者效仿。

但布朗并非追随者中的一位。在布莱尔离任前，新工党的教育事务大臣安德鲁·阿多尼斯（Andrew Adonis）为他留下了一张直言不讳的便条。阿多尼斯预测称，布朗将向左转，并输掉下一次大选："看上去他将成为你和卡梅伦之间的一段弱势插曲，不过时间倒是比较长。"然而一开始，布朗倒显得像是一丝未被布莱尔时代标志性的各种丑闻、房产交易和攀龙附凤之风污染的新鲜空气。上任之初的他充满活力，承诺要制定约束大臣行为的新规则，要推动宪政改革，赋予下议院对战争与和平相关问题的决定权，还要对伊拉克战争展开调查。"不需飞侠，只需戈登"①——工党在为 2007 年大选准备的海报上这样说道。人们普遍

---

① "飞侠戈登"是一个著名的漫画形象。——译者注

预测布朗将于 2007 年提前举行大选，但在某个周日的电视直播节目中，布朗否认了这一计划。布朗还承诺将兴建大批生态城镇，以解决住房危机。怪异的是，他的其他政策竟然成了卡梅伦时代的预演。当布朗表示要"为英国劳动者创造出英国的工作岗位"时，当时的反对党领袖指出，这违背了欧盟关于人口自由流动的立法；当布朗试图促使国民医疗服务体系"每周 7 天、每天 24 小时"提供服务时，他很快便不得不软化自己的立场，为医疗工作者加薪。在卡梅伦治下，这一幕将重演：卫生大臣杰里米·亨特（Jeremy Hunt）与实习医生展开了漫长且残酷的争斗。

倘若布朗果真提前举行大选，他倒的确有可能获胜，但犹豫不决的危害很快便显现出来。在很短的时间内，两次意料之外的沉重打击便摧毁了他的政府。

首个也是最严重的打击是 2007—2008 年爆发的金融危机。这场危机始于美国的腹地，自以为聪明、实则愚蠢的银行家，将包括许多发放给低收入者及失业者的实际毫无价值的"次级抵押贷款"在内的贷款拆分后重新出售。作为一种债务担保证券，这些被包装一新的金融垃圾流入了不稳定的全球金融市场。在一片繁荣的氛围中，在"只有天空才是极限"般的野心和巨额红利的驱使下，各家金融公司未能储备足够多的压舱资本，作为贷款和投机行为的保障。就如同大海上装备过多的船只一样，它们开始上下颠簸、左右摇摆，船底也渐渐露了出来。一旦用来勉强支撑局面的那些金融工具价格开始下跌，这些金融公司便立刻陷入了极其危险的境地。位于纽卡斯尔的北岩银行就是一个好例子（这里的"好"不是真的好）。北岩银行的策略是，在国际市场上借款，用这笔资金提供抵押贷款，再将这笔贷款拆分或是"债券化"，将其倒卖到国际市场上去。

然而，随着债务担保证券的价格暴跌，金融"旋转木马"在 2007

年突然卡壳了。大潮退去，人们猛然发现北岩银行原来光着身子，并没有足以偿付投资者的充足资金。英国150年以来的首次银行挤兑随即发生，忧心忡忡的储户在各地的分行门前都排起了长队，绝望地试图取回自己的存款。政府出手救助了北岩银行。到了当年秋天，对银行的信心又恢复了，而此时为银行埋单的变成了纳税人。最终，北岩银行于2012年被亏本出售给了维珍财富公司。

但北岩银行只是这场席卷全球的疫情中出现较早、程度较轻的一个症状。在2008年3月的第二周，发生了为期整整7天的金融大屠杀。最为亢奋、规模最大、最爱冒险的债务杠杆玩家黑石集团宣布收益下滑了90%，整个华尔街随即乱作一团。为了维系银行系统，美联储注入了相当于1 500亿英镑的资金。危机的浪潮越涨越高。一家过度借贷问题极其严重的私募基金公司卡莱尔资本被掀了个底朝天。一天之后，华尔街的巨头之一贝尔斯登公司只是在获得救助后才避免了翻船的命运，经过一次并购，它的残骸终于被打捞上来。

在英国，新任财政大臣阿利斯泰尔·达林在首份预算案中谨慎地下调了经济增长预期，并警告称英国将面临一段艰难的时光，政府将提高税收。然而人们很快便意识到，英国也无法逃脱这场正吞噬华尔街的风暴。2008年9月，美国第四大投资银行雷曼兄弟公司宣布破产，这是美国商业史上规模最大的破产案。全球金融体系开始摇摇欲坠。雷曼兄弟伦敦分公司的约5 000名雇员被告知丢掉了工作，他们端着装有个人物品的办公硬纸盒，用下巴夹着黑莓手机，黯然离开了位于金丝雀码头的公司总部。这幅悲惨的景象登上了电视新闻。

此时，英国那些大银行的命运又如何呢？由苏格兰银行和著名的哈利法克斯房屋互助协会合并而成的HBOS公司享有审慎与老到的美名。然而这些老派、面色苍白、戴着角质边框眼镜、身着沉甸甸的蓝色哔叽西装的人也大事不妙了：他们也在像酒吧里的赌徒一样借款和放贷。在面色苍白和着装方面可以超越任何人的布朗，证明了自己是一名能干的麻烦解决者。经过他的安排，劳埃德银行对 HBOS 进行了救助，并且通过收购规则里的一项弃权条款获取了好处。

但恐慌仍在继续。10 月，英国股市暴跌，商业活动慢慢停了下来。仿佛没有哪家金融公司足够悠久、足够恢宏、足够强势，足以保证自己绝对地、100% 地安全。布朗和达林推出了一项金额达 500 亿英镑的银行救助计划，英格兰银行则将利率下调至仅仅 2%，开启了漫长且史无前例的低借贷成本时代。

这场危机过于严重，政府的常规手段都不足以对其加以遏制。在这场风暴席卷全球的 2007 年，自鸣得意、手腕高超的苏格兰皇家银行总裁弗雷德·古德温（Fred Goodwin）为主宰全世界又迈出了一步，以过高的价格收购了荷兰银行。但到了 2008 年 4 月，苏格兰皇家银行的账面状况已经无比糟糕，古德温不得不请求投资者为其注入 120 亿英镑资本。当年 8 月，苏格兰皇家银行的亏损已达 6.9 亿英镑，在英国银行业历史上排到了第二位。读者一定会认为，这样的数字已经很惊人了，但与 2009 年 2 月宣布的 290 亿英镑亏损相比，实在是九牛一毛——后者轻而易举地创下了历史最高纪录。此时，已名声扫地的古德温（他的年薪高达 130 万英镑）辞去了职务，并且为保住自己丰厚的退休金展开了有失体面的争夺。到了 2008 年 11 月，英国纳税人不得不再次挺身而出，花费 150 亿英镑买下了苏格兰皇家银行 58% 的股份，使得这家银行免于因自己的贪婪和愚行接受惩罚。

当然，这些问题的主要责任并不能归咎于布朗和达林。达林是个谨慎、细致、清醒的人，总体而言，他和布朗的行动既迅捷又老练，顶着批评者的嘲笑采取了财政刺激措施，私下里也不惜用较强硬的手段平息异议。2009 年 4 月于伦敦举行的 20 国集团领导人峰会遭遇了反资本主义抗议。在警方对示威者的"围堵"过程中,一位名叫伊恩·汤姆林森(Ian Tomlinson)的报贩被打倒在地,随后不幸去世。也正是在此次峰会上,布朗试图避免全球金融体系崩溃的绝望努力达到了最高峰。

在匆匆出访各国之后,布朗说服法国和德国领导人采取一项金额达 1.1 万亿美元的全球性财政刺激措施,此举极大地安抚了市场情绪。和长期以来对英国加入欧元区的反对一样,这一战略上的成功也并未令布朗收获应有的赞誉。在前一年的夏天,对局势向来有些悲观的达林曾对《卫报》表示,他担心英国经济将陷入 60 年来最艰难的境地。布朗对这番坦率的言论大为光火,从此以后再也没有彻底原谅他。不过,考虑到当时许多保守党人还在主张进一步放松而非加强对市场的监管,指责工党低估了问题的严重性是站不住脚的。

尽管如此,公众的怒火仍难以平息。当然,这一点也不令人意外。在布莱尔时代,失业率很少成为问题,但此时失业率却在飞速上升。2008 年秋天,失业人数已经增加到接近 190 万。在失业问题最严重的西米德兰兹地区和英格兰东北部地区,工党将在接下来的 10 年间挣扎不已。衰退又延续了一年多时间,是"二战"以来最为严重的一次。到了 2008 年年末,制造业产出减少了 7%。但单单数据还不足以反映全貌。

如今,得益于社交媒体以及变得更加无孔不入的报纸和电视,丢掉工作、失去自己的生意,乃至只不过是收入有所损失的英国民众对于超级富豪骄奢淫逸的生活更加了解了,这些超级富豪中当然也包括许多引发这场危机的银行家和对冲基金经理。古德温位于爱丁堡的住宅遭到了围攻,还有人要求剥夺他的骑士头衔——2012 年此事终于成真了。抗议者冲入了那些未缴纳税款的商店与公司。在伦敦西区,讽刺银行家漫不经心、傲慢自大行径的剧目大受欢迎。《华尔街之狼》(*The Wolf* of Wall Street）、《商海通牒》(*Margin Call*) 等同一题材的影片在各地也是观者如潮。如果说何时曾兴起一股与"嫉妒"相关的政治风潮，那么一定是在 21 世纪初的这段时间。

政客要为此负多大责任呢？正是在布朗担任财政大臣期间，极为复杂、令人眼花缭乱的证券、垃圾债券等金融产品开始被不受严格监管地大肆买卖。与此同时，在工党和颜悦色的注视下，大公司的贪婪开始不受限制地愈演愈烈。年度分红激发了银行家的疯狂欲望，随之而来的便是一轮轮你争我夺的花钱狂潮：高级跑车、配备有新挖掘的地下室以打造家庭影院和健身房的城镇豪宅、科茨沃尔德地区带有宏大狩猎场的庄园、地中海上人手齐备的超级游艇。在野的保守党后来利用布朗的这一过失摧毁了他的声誉，但如前所述，保守党当时主张的却是进一步放松管制。

事实上，各个阵营的政客都被这些自负满满、言辞凶悍、富可敌国的金融国王弄得不知所措。这些人为政党提供资金，举办最好的派对，就如同带有浪漫色彩的枭雄一样，受到那些外省大学讲师或是在慈善组织与工会中从事卑微工作出身的政客的仰视，乃至遵从。马修·弗罗伊德( Matthew Freud )在科茨沃尔德举办的派对十分有名，在他这样的"斯文加利式人物"的推动下，大型公关公司在同一时期也得以发展壮大。这些公司使得商界与政界的关系愈发紧密。这种现象同样是布莱尔政府的遗产。追随着奈杰尔·劳森的"金融大爆炸"政策，布莱尔并未从结构或道德方面对金融巨头发起挑战。或许和绝大多数政客一样，他也并不清楚金融界到底发生了些什么。此外可以确定的是，和其他工党政客一样，他也十分享受经济增长带来的丰硕且美味的成果：在漫长的经济繁荣期，大笔税款涌入国库，使得执政时的工党能够无所顾忌地尽情开销。但事实表明，这实际上是一枚巨大而危险的糖衣炮弹，还包裹着一张印有讽刺笑脸的包装纸。

这些问题被留给了布朗；当然，曾担任财政大臣的他对于监管不足的确难辞其咎。在采访中他一再受到责难，但总是否认这一切应归咎于自己（这种说法倒是的确有些道理），还指出正是自己的当机立断才使得局势稳定下来。他从未给予自己的朋友达林足够的赞誉——然而，政治就是这样。

## 英国式腐败

对于数百万英国人在 2016 年拒绝听从政治领袖的意见、选择退出欧盟的原因，我们即将得出答案。在布莱尔曾引以为傲的漫长经济繁荣期之后，一场巨大的经济灾难终结了工党的统治。在许多人看来，这应归咎于经济领域最富有、最傲慢的那群人。在资本主义国家，政治的职责就在于开发经济能量，令最严重的不公变得和缓，对过分的举动加以节制，从而避免灾难的发生——简而言之，站在一旁，照管好底层人士。无论是梅杰的保守党，还是布莱尔的工党，都未能对有了进一步发展的资本主义加以监管。布朗在剩下的首相任期内还做出了与儿童贫困作战和强制雇主支付全国最低工资等义举。和其他首相一样，他也需要应对恐怖袭击（这一次发生在格拉斯哥机场）和糟糕决策（废除 10% 的所得税最低税率；还有试图不经审判便将恐怖主义嫌犯关押 42 天——此举遭到了上议院的挫败）的后果。语气上，他竭力想与布莱尔保持距离。此外，前任首相离开政坛后便开始扩张自己在私人部门的业务帝国，然而没有人能够指责布朗从政是为了赚取金钱。可悲的是，许多名气较小的议员就没有这样的觉悟了。

议员报销丑闻的真正根源在于布莱尔2000年通过的《信息自由法》，该法案使得记者及公众能够索要大多数公共机构的信息。布莱尔日后承认："我未能意识到的是，我们（工党）也有见不得人的秘密；即使有些不同，这些行为也仍是令人厌恶的。"后来，布莱尔又在回忆录中罕见地对自己为记者提供的便利大吐苦水："'信息自由'，四个无害的字。我写下这四个字，看着它们，使劲地摇起了头，恨不得把它摇掉。你这个笨蛋，你这个天真、愚蠢、不负责任的傻瓜！真的没有任何言语能够恰当地形容你有多蠢！我对自己的蠢行感到震动不已。"《信息自由法》毕竟是一项意在让公众享有对统治者更多知情权的措施，此番描述未免显得过分。但实际情况是，记者利用这一法案对政府部门及白厅狂轰滥炸，提出了一大堆具体要求，令人尴尬不已：某某在某件事上花了多少钱？官员之间的电子邮件或信件内容为何？如此等等。这项任务执行起来极其昂贵，也无疑为政府工作增加了不少麻烦。

2005年1月，《星期日电讯报》（*Sunday Telegraph*）政治版副主编本·利普曼（Ben Leapman）根据《信息自由法》提出了查看6名议员报销情况的要求。一场复杂的议会斗争随即展开。议员们向法院提出请求，希望保持相关信息的私密性，但信息法庭却站在利普曼一边。最终双方达成了妥协，决定于2009年公布大部分信息，某些"敏感信息"则将有所删改。然而，载有完整报销记录及相关文件的磁盘却被泄露给了《每日电讯报》。该报于2009年5月8日开始公布2004—2008年这几名议员报销情况的所有细节，多达200万份事无巨细的收据、便条和信件都被公之于众，将某些议员的贪得无厌暴露无遗。有些行为违反了法律，三人因伪造账目进了监狱。多名高级别大臣被迫辞职，其中包括内政大臣雅姬·史密斯（Jacqui Smith）、社区大臣黑兹尔·布利尔斯（Hazel Blears）、交通大臣杰夫·胡恩（Geoff Hoon）以及就业事务大臣托尼·麦克纳尔蒂。直到卡梅伦领导的联合政府上台后，还不断有人因这起丑闻落马：财政部首席秘书戴维·劳斯（David Laws）以第二居所为名报销了一笔费用，[①] 但事实上，那段时期他是住在自己伴侣家中的。此事遭到披露后他不得不辞去了职务。

频繁地将本选区或位于伦敦的住宅交替变更为"第二居所"，以此来提高报销额度，减少资本所得税，这种做法也被称为"低买高卖"。这只是遭到披露的诸多不诚实行为中的一种。那些带有喜感却肮脏不堪、实在是厚颜无耻的细节引发了众怒：许多议员为新厨房、新浴室、电视及影像设备报销了上万英镑费用；保守党议员彼得·瓦伊格斯（Peter Viggers）为一座供他的宠物鸭居住的浮动木屋报销了 1 643 英镑；出身名门的保守党议员道格拉斯·霍格（Douglas Hogg）为清理围绕其乡间宅邸的沟渠报销了 2 115 英镑，他还要求为一名鼹鼠驱赶员和一名钢琴调音师支付费用；工党议员埃利奥特·莫利（Elliot Morley）为一笔实际已经还清的按揭贷款报销了数千英镑。有着类似行为的人还有很多。老牌工党议员杰拉尔德·考夫曼（Gerald Kaufman）为在纽约购买的一块地毯报销了 1 851 英镑；旅游事务大臣、百万富翁芭芭拉·福利特（Barbara Follett）为伦敦住所的安保措施报销了 2.5 万英镑，就因为她感到不太安全；移民事务大臣菲尔·伍拉斯（Phil Woollas）成功地为童裤、尿布和指甲油报销了费用。此类丑闻一再曝光，周复一周地占据着报纸头版和电视新闻报道的空间。受此影响的议员们在街头被人怒斥，在与选区居民会面时遭到对方辱骂，在电视直播节目时被愤怒地

---

① 按照规定，选区位于伦敦之外的议员因为需要一处额外的居所，因此可以获得一笔补贴；他可以将任意一处住宅指定为"第二居所"，从而获取相应的税收优惠并报销部分费用。——译者注

打断。此类丑闻还葬送了下议院议长迈克尔·马丁（Michael Martin）的政治生涯，他报销了使用公车观看足球比赛的费用。由于所有主流党派都牵连其中，遂有大批独立候选人承诺要"清理"政坛。

几乎所有人都在可怜巴巴地为几乎所有类型的报销丑闻道歉。随后出台了新的防护措施和行为准则，但整个政坛依然散发着一股难闻的气味，久久挥之不去。如果我们要探寻2016年英国民众起义反抗政治阶层的根源，那么报销丑闻、2008年爆发的金融危机，以及伊拉克战争的后果，无疑构成了至关重要的背景，其当事人分别是：贪婪的政客、贪婪且无能的银行家，以及一位在战争问题上误导了民众的首相。既然诚实热心的建制内人士明明警告了民众，退出欧盟会导致他们更加贫困，他们为何仍义无反顾？好吧，部分原因正在于此。

## 苏格兰独立公投和左右翼的崛起

除此之外，还有最后一项元素。该元素在21世纪的第二个10年变得愈发明显，而且与此前所讲述的历史完美契合。通常而言，英国人是困倦、世故、习惯于议会政治的，但此时他们重新习得了抗议这门艺术。街头示威向来是英国政治生活的一部分，在示威者和维护法律与秩序的势力之间偶尔还会爆发暴力冲突。从彼得卢惨案到宪章运动，从争取女性选举权的运动到20世纪70年代工会与政府的对抗，再到规模宏大但毫无效果的反伊拉克战争游行，英国人常常以极其愤怒的方式表达自己的异议。

2011年8月的骚乱始于北伦敦的托特纳姆，后扩散至包括布里斯托尔、伯明翰、曼彻斯特和利物浦在内的英格兰其他城市。约翰·麦克唐奈（John McDonnell）等左翼政客将这些骚乱视为金融危机之后实行了多年的紧缩政策所引发的几乎带有政治性质的反击。骚乱的直接原因在于北伦敦地区一名叫作马克·达根（Mark Duggan）的男子遭到警察射杀，此人过去有过暴力行为。随后示威民众在街头与警方发生了冲突，烧毁了商店和办公楼，还发生了严重的劫掠事件。时任伦敦市长的约翰逊谴责这是毫无头脑的流氓行径，还拿起了一把扫帚，帮助收拾残局。主流政客大多赞同约翰逊的观点，认为此事与社保或住房预算的缩减无甚关系，只不过是炎热夜晚以找乐子为目的的情绪宣泄所致。然而很快，议会外的政治活动便对国家机构构成了更加严重的威胁，因为接下来的这些活动是完完全全和平的，而且深受民众支持。

2013 年，卡梅伦同意苏格兰举行独立公投。他的选择空间很有限。十多年来，苏格兰民族党一直势头强劲。在亚历克斯·萨蒙德领导下，该党在 2011 年的苏格兰议会选举中取得了多数优势，赢下了总共 129 个议席中的 69 个。值得一提的是，苏格兰议会选举实行的比例代议制，目的正是避免某个党获得多数席位。经过此次选举，工党苏格兰分部向着崩溃又迈进了一步。在竞选过程中，萨蒙德清晰地表明，苏格兰民族党将推动独立公投，承诺自己将承载所有"能够想象自己生活在一个更美好国度"的苏格兰人民的希望。鉴于保守党苏格兰分部几乎已被彻底摧毁，在 2005 年大选中仅仅赢得了一个议席，卡梅伦就不得不对此表示同意了。在经过与执政联盟中的自由民主党人的一番讨价还价之后，他决定尽快举行一场直截了当的"走或留"公投，并在 2012 年 1 月接受本书作者采访时确认了这一点："我们欠苏格兰人民某个公正、合法、具有决定性的东西。"据卡梅伦的传记作者安东尼·塞尔登表示，当时卡梅伦相信这会"吓住"萨蒙德，因为后者希望的不过是就加大权力下放力度进行公投，而不是彻底实现独立。随后数月发生的只是零星的谈判，直到 2012 年 10 月，爱丁堡和伦敦终于就这一历史性公投的基本问题达成了一致。公投的问题将是直截了当的"是或否"；苏格兰的 16 岁和 17 岁青年也将获得投票权；公投将于 2014 年秋天举行。

伦敦内阁一定认为这场公投毫无危险可言。多年以来，苏格兰独立的支持率都只有约 30%；而在整个 2013 年，"是"阵营<sup>①</sup>的支持率平均要比"否"阵营低 17 个百分点。许多媒体都猜测，萨蒙德及其副手斯特金希望在联合王国内部实现自治甚于彻底独立。可是在接下来的拉票过程中，并无迹象表明萨蒙德和斯特金在独立问题上"口是心非"。而且很少有人意识到，通过将支持苏格兰独立渲染为积极向上地说"是"，将留在 300 岁高龄的联合王国内渲染为了无生气地摇头说"否"，萨蒙德其实已经占据了上风。

接下来的拉票活动在政坛可谓前所未闻。相互敌对的党派集结起来，就如同古代的大军那样，在敌对的旗帜之下汇集着截然不同的单元和军团："是"阵营包括苏格兰民族党、绿党和苏格兰社会党，其组织者则是前电视记者布莱尔·詹金斯（Blair Jenkins）。"否"阵营更喜欢"在一起更好"这个名字，该阵营包括保守党、工党和自由民主党，其领导人是前财政大臣达林。"否"阵营很快便募集到了大笔资金，资金来源包括商界，作家 C.J. 桑瑟姆（C. J. Sansom）和 J.K. 罗琳（J. K. Rowling）等有钱人，以及前阿伯丁及曼联足球俱乐部主帅亚历克斯·弗格森（Alex Ferguson）等体坛大腕。不过，推特和脸书等新兴的低成本社交媒体平台才是真正的战场。早在投票日之前许久，"是"阵营便实现了自己定下的目标，争取到了 100 万人对于苏格兰独立的明确支持。

---

① 即支持独立的阵营。——译者注

根据立场的不同，有人认为这场战斗是热情洋溢的，有人则认为是苦涩的。但有一点毫无疑问：自现代以来，苏格兰从未有过这样的经历。在各地的酒吧、咖啡厅和饭店里，思路明确、谈吐清晰的苏格兰人相互辩论；上万人涌上街头游行或是集会，常常具有狂欢节的氛围。苏格兰民族党创建了一系列辅助性的拉票组织，例如"女性支持独立""绿党支持独立"，甚至还有"在苏格兰的英格兰人支持独立"。这些组织极大地扩张了其影响范围。不知疲倦的工党议员吉姆·墨菲（Jim Murphy）等反独立人士周游了苏格兰各地，站在临时演讲台上向大批听众发表演说，收获的却是辱骂和扔来的鸡蛋。在格拉斯哥、阿伯丁、邓迪和爱丁堡，无数家庭都在窗前张贴出了苏格兰旗帜和写有蓝色"是"字样的海报，街上几乎有一半人都穿着印有相关图案的 T 恤，或是佩戴着徽章，或是二者兼而有之。网络上的氛围相当污浊，两个阵营每天都在将"卖国贼""叛徒"等字眼甩向对方。但另一方面，"美丽的喀里多尼亚"等支持苏格兰独立的组织也发起了不少极具理想主义色彩、十分精美的在线拉票活动。

　　人们的热情越来越高涨。与大选不同，此次公投的结果在短期之内将无法逆转。这次投票或许将永久性地解决苏格兰的"身份"问题。有些"否"阵营的知名人士在街头遭到了严重辱骂，以至于再也不敢外出饮食。当然，两个阵营都有恶劣的行为，但远远不仅限于苏格兰民族党的"是"阵营在全苏格兰范围内营造出了无畏、昂扬的支持独立情绪，相较之下，"否"阵营的人士就显得像是对苏格兰毫不热爱的唱反调者了。在这样的氛围下，家庭分裂了，邻居相互争执，父母与子女也产生了嫌隙。

　　"在一起更好"不断地对苏格兰独立后的前景做出负面展望，这使得他们的处境更加糟糕。据说，独立之后苏格兰将过于渺小和贫穷——

当然，油价已经开始暴跌了。苏格兰将难以拥有可行的货币，因为财政大臣已明确表示不允许苏格兰继续使用英镑，而且很少有苏格兰人希望加入欧元区。尽管萨蒙德对于欧盟一向充满热情，但布鲁塞尔方面的主要人物已明确表示，苏格兰独立后必须重新申请加入欧盟，并耐心地排起长队（原因主要在于西班牙害怕分离主义浪潮蔓延至本国的加泰罗尼亚和巴斯克地区）。据说，包括苏格兰皇家银行、标准人寿和克莱兹戴尔银行在内的大公司正在考虑将总部南迁。英国政府表示，如果离开联合王国，苏格兰人在公共开支方面将失去人均 1 400 英镑的"联盟红利"。前首相布朗则表示退休金也可能遭遇危险。这一系列警告对最终结果固然可能产生了影响，但听上去却像是大都会精英对众多苏格兰人的恐吓之词，用萨蒙德和斯特金传神的话语来总结就是"恐惧计划"。如前所述，2014 年独立公投期间在苏格兰发生的事情，在许多方面都和 18 个月后的脱欧公投期间在英国各地发生的事情十分相似。

而且，卡梅伦一度看起来甚至会输掉第一场公投。投票前数周的民调显示，支持独立的阵营正在稳步前进，支持联盟的阵营则开始摇摇晃晃。2014 年 9 月 7 日，《星期日泰晤士报》发布的一份舆观调查公司民调结果显示，"是"阵营已经以 51% 对 49% 的优势占据了领先地位。

当一名顾问告知萨蒙德 51 和 49 这两个数字时，他正在阿伯丁市外打高尔夫球，他立刻认定这意味着本方依然处于微弱劣势。回到会所之后，萨蒙德才得知原来支持率为 51% 的是己方，而不是"否"阵营，他的心情顿时阴沉下来。他认为此刻为时尚早，这样的结果反而为"在一起更好"在最后关头动员惊慌失措的选民提供了绝佳机会。与此同时，卡梅伦正在巴尔莫勒尔宫拜会女王。政府各个部门纷纷就苏格兰独立的宪政影响展开了紧急讨论。一周之后，女王在离开教堂的途中向兴奋的选民提出了十分谨慎的警告："我希望人们能慎重地考虑未来。"理所当然的是，此时的卡梅伦深感不安。私下里他讨论过自己是否能够保住首相职位；而在公共场合，他在投票之前三天于阿伯丁说出的这番话听上去就像是焦虑不安的警告："本周五，人们就可能生活在一个截然不同的国度，在世界中占据截然不同的地位，并面临截然不同的未来。这一决定可能会分裂我们这个大家庭，令苏格兰与联合王国的其他部分相分离……一旦做出决定，就将无法回头。一切将无法重来。这将是永久性的决定。"

此前布朗一直与达林领导的反对独立运动保持着距离，但就在此时，他挺身而出了。他说服了卡梅伦、时任工党党魁埃德·米利班德，以及自由民主党党魁尼克·克莱格，签署了一份"誓言"，这份发表在位于格拉斯哥的《每日纪事报》（*Daily Record*）头版上的宣言承诺，只要民众投票反对独立，那么苏格兰议会将是永久性的，并将获得更大的权力，还能继续从中央政府处获得丰厚的资金。布朗还发表了一次极具个人感情、十分强有力的演说，这是他最为出色的演说之一。

"誓言"令苏格兰选民认为，如果留在联盟内，就能获得优厚的待遇；但在赢得公投之后的当天早晨，卡梅伦便突然转变了语调，这令许多苏格兰选民深感震惊与残酷。投票当晚，重压之下的卡梅伦根本无法入睡。但最早出炉的投票结果表明，尽管长时间以来苏格兰街头支持独立者一直热情高涨，但苏格兰独立运动还是功亏一篑了，或者说，恰恰是这样的前因导致了如今的后果。位于苏格兰腹地、属于苏格兰民族党核心地带的克拉克曼南郡很早便公布了结果：否。除了邓迪、格拉斯哥以及临近的北拉纳克郡和西邓巴顿郡等地区之外，其他地方都选择留在联合王国之内。"否"阵营共赢得了200多万张选票，占总票数的55%；占总票数45%的160万选民选择了独立。考虑到拉票开始时的民调数字，对于苏格兰民族党及其盟友而言，这样的结果可谓了不起的成就；但对于萨蒙德来说，这同样是沉重且苦涩的打击。他立刻辞去了党魁职务，让位于斯特金。卡梅伦于公投结果揭晓后的当天早晨 7 点径直走出唐宁街，将议程重新转向英格兰："'英格兰人投票决定英格兰法律'这一问题……需要果断的答案。正如苏格兰会在自己的议会中就税收、开支和福利问题进行投票一样，英格兰、威尔士和北爱尔兰也应该有权这么做……就此，我们将立刻组建一个内阁委员会。"这番表态就如同当头一棒：既然你们已经发过言了，那就滚回来吧，你们这些苏格兰佬。私下里，达林和布朗对此都惊骇不已。

2014 年的苏格兰民众大起义就这样结束了，但它改变了英国，这种改变或许是永久性的。苏格兰民族党支持者人数激增，在当时这种现象是史无前例的；在 2015 年大选中，该党几乎赢下了苏格兰的所有议席。尽管失去了绝对多数地位，但他们依旧掌控着苏格兰议会，并且开始为未来的独立公投做准备。在 2014 年漫长、阳光灿烂、争辩不休的夏天和秋天，认为苏格兰没有能力自治的想法寿终正寝了。

但这并不意味着苏格兰独立将是不可避免的。英国的脱欧决定可能会使得这一目标更难实现。新任苏格兰首席大臣、极其受欢迎的斯特金正在竭力试图说服布鲁塞尔，在联合王国其他地区离开欧盟的同时，允许独立后的苏格兰留在欧盟内。脱欧公投之后她便立刻赶往布鲁塞尔，争取到了不少重要的盟友，但依然面对着西班牙和法国的敌意，这两个国家不愿为本国的分离主义运动进一步敞开大门。双方或许能达成某些协议。有的宪政专家认为，苏格兰可以被视为联合王国"残留且仍在延续的一部分"，从而保留欧盟成员国身份，并且像过去的英国一样待在申根区和欧元区之外；另外一些强有力的声音则认为这纯属胡言乱语。照后一种观点，苏格兰民族党将面临这一令人不快的前景：与自己的意愿相背，苏格兰将不得不与联合王国其他地区一道退出欧盟；然后再举行一次独立公投；胜出的话，再加入申请入欧的漫长队伍。

　　艰难的问题如下：苏格兰能够绕开有关财政赤字水平的严苛规定，并被允许加入欧盟吗？英国脱欧之后，英国和爱尔兰都不愿两国之间重新出现"硬边界"，这是否意味着苏格兰独立后切维厄特丘陵这一英苏边界也不必设立哨所？假设苏格兰取得了独立，并申请加入欧盟，那么加入欧元区的进程是否能够推迟相当长一段时间？

　　这些问题听上去相当复杂和令人费解，但它们本不应该如此。这是事关英国未来的重大问题。最简单的说法是：如果苏格兰有机会在留在欧盟内和与联合王国其他地区一道退出之间做出选择，那么苏格兰就很可能会对布鲁塞尔说"是"，对伦敦说"否"。自苏格兰议会建立之初，英苏之间在政治立场上便存在差异，如今差异已越拉越大。苏格兰人认为，与许多英格兰选民相比，自己对待欧洲大陆的态度要更加开放和亲切；这样的想法令他们引以为傲。这种态度可以追溯至 16 世纪苏格兰与法国的"古老联盟"；而且，尽管听上去有些不可思议，但它对于现实政治的确产生了影响。然而另一方面，假如苏格兰不得不重新申请加入欧盟，并且必须将欧元作为自己的货币，且加入申根自由流动区，那么斯特金就不得不告诉同胞们，独立之后苏格兰将采用一种不受欢迎的新货币，并且与仍为自己主要市场的英格兰建立起有警备守卫的"硬边界"。对于许多苏格兰人而言，这样的前景是难以接受的。如此一来，将来的独立公投便很有可能以坚决的"否"告终，令苏格兰民族党遭受重大挫折。截至本书写作之时，做出任何判断都为时尚早。在 2016 年夏天，人们讨论过各种各样古怪的宪政妥协方案。新任首相特雷莎·梅的首次正式访问便是前往苏格兰会见斯特金，这是因为她明白局势的严重性和紧急程度。与此同时，支持苏格兰独立的人士也加大了在各大城市的游行力度。

对于现代英国而言，建制在苏格兰首度表明了自己对于事态及其运作方式的看法，却遭到了大批民众的反击：多达 45% 的民众对于建制的看法不屑一顾。这些被动员起来的民众经历了转变，立场变得激进，这一点不太可能再被逆转。

在苏格兰独立公投一年之后，又发生了一场规模小得多的起义，上述结论对其或许同样适用。《伊斯灵顿论坛报》（*Islington Tribune*）很少登上全国舞台，但在 2015 年 6 月 3 日，一位 60 多岁、衣服皱巴巴、长年叛逆的社会主义者通过该报宣布自己将参加工党党魁竞选。科尔宾是当地议员，他的政策主张也反映了这一北伦敦内城区多元而激进的立场。科尔宾生于威尔特郡，其父母分别是教师和电气工程师，也都是热情洋溢的和平倡导者。早年间，他曾担任过工会的研究员，为托尼·本竞选工党副党魁出过力，后来又成为伦敦的一名市议员。自 1983 年以来，科尔宾一直是一名议员，他为之努力的事业包括：爱尔兰的统一，支援苦难的巴勒斯坦人民，以及反对西方对其他地区的干涉。他是"反战联盟"和核裁军运动的领袖人物，其中"反战联盟"在伊拉克问题上给布莱尔政府制造了巨大麻烦。留着胡子、穿着随意的他登上报纸头版的原因往往是被警察从示威现场带走。在批评者看来，他自始至终都把参加游行及慈善音乐会与对权力的真正运用混为一谈：抗议固然重要，但成功的议会领导人必须具备的是截然不同的能力：达成妥协、谨慎周旋。

因此，当他出于捍卫"反紧缩政纲"的目的，向后布莱尔-布朗时代的一大批工党主流政客发起挑战时，没有人对此特别当真。事实上，争取 35 名议员提名的过程就已经挣扎不已了，直到最后关头才有十来名议员出于让工党党员拥有更多选择的目的，向科尔宾"借出"了自己的支持——反正此举也不会造成实质影响。

然而，这些议员很快就要后悔了。在 2015 年夏天，一场左翼起义将科尔宾的诸位对手——伊薇特·库珀（Yvette Cooper）、安迪·伯纳姆（Andy Burnham）以及莉兹·肯德尔（Liz Kendall）的政治生涯掀了个底朝天。以年轻人为主的上万名满腔热忱的理想主义者在全国各地的集会上表达着对科尔宾的热爱。对此，科尔宾似乎感到既满意又有些困惑：轻声细语、彬彬有礼的他更愿意"展开对话"，而不是激发群众的情绪。前任党魁埃德·米利班德令加入工党变得更加便宜和容易了，因此许多选民都是最近才加入工党的新党员。在总共超过50万的选民中，科尔宾赢得了59.9%的选票，取得了压倒性的胜利。来自已经名声扫地的布莱尔-布朗阵营的其他候选人张口结舌，手足无措，丝毫无法振奋人心，也没有说出多少新鲜的言论。

科尔宾旗帜鲜明地反对保守党的紧缩政策以及核武器政策，相较之下，这些对手完全无法赢得工党普通党员的注意。许多普通党员对伊拉克战争和布莱尔的遗产，例如国民医疗服务体系的部分私有化以及反工会的法律感到极为愤怒，他们渴望迎来一位立场坚定的左翼领袖。尽管与苏格兰民众对独立的支持，或是此后大批民众对英国脱欧的支持相比重要性稍逊，但工党党员对科尔宾的支持同样也是对政界建制精英的当头一棒。

在科尔宾胜选后的数周之内，早年间也为托尼·本出过力的工党积极分子乔恩·兰斯曼（Jon Lansman）创建了一个名为"势头"（Momentum）的组织，旨在保持这股左翼势头。"势头"成了工党内一个重要的活跃分子集团，为新任党魁争取支持，并尽一切可能抨击其敌人。许多工党议员感到自己又像20世纪80年代那样遭到了左翼的打击；他们将"势头"视为工党的一扇后门，大批极左翼分子借机蜂拥进党内，这些共产主义者、托洛茨基派分子以及无政府主义者相信，"真正的社会主义者"首次当选为工党党魁，意味着工党将成为革命分子的聚集地。和支持苏格兰独立的运动人士一样，"势头"成员也利用脸书和推特等社交媒体以及面对面的集会，来争取支持、募集资金；和苏格兰的情况一样，其支持者也被指控为对反对者无理抨击的"喷子"；和苏格兰的情况一样，在"势头"的激励下，许多此前对乏味的议会政治"敬而远之"的老一代运动人士和年轻一代选民也再度投身于主流政治活动。当科尔宾因非正统且极其不受同僚欢迎的领导风格面临一场决战时，"势头"的成员数已达 5 万人；一旦他们心目中的英雄有难，便能够向全国各地选区的集会派出大批科尔宾的支持者。

工党面对着几乎无法解决的民主困境。一边是 50 多万有权决定党魁人选的工党党员，另一边则是希望科尔宾下台的八成工党议员，他们在大选中总计获得了约 900 万张选票。二者之中，哪个更加重要？2016 年夏天的短短几天之内，多达 63 名工党前座议员辞职，表示对科尔宾感到不信任。在这场惊人的议会政变之后，来自庞特普里斯选区的工党议员欧文·史密斯（Owen Smith）向科尔宾的党魁地位发起了挑战。在这些对手看来，科尔宾在脱欧公投中并未发挥反对脱欧势力的作用，在议会中的表现也只是不温不火。不过，最终决定权还是掌握在上万名极为活跃和热情的积极分子手中。科尔宾于 2016 年 9 月以更大的优势再度当选为工党党魁，得票率上升至 61.8%。建党一个多世纪之后的这场风波有可能葬送工党，导致其四分五裂，不再是英国政坛一支有分量的政治势力。但正如"势头"所引以为傲的，这毫无疑问算得上是"一种新型政治"。

类似的情况在政治光谱的另一端已经发生了。研究哈布斯堡王室的专家阿兰·斯基德（Alan Sked）对欧盟愈发感到愤怒，认为这一机构是腐化、不民主的。他于 1991 年创立了反联邦主义联盟；在 20 世纪 90 年代初，他还曾参加补选，并把该党的名字改成了"英国独立党"。

创建之初，英国独立党被视为一个陈腐过时的笑话，成员全是一些衣领上满是头皮屑、执迷于欧盟问题的老头。在 2006 年的一次广播采访中，卡梅伦语出惊人地将其斥责为"一群疯子、蠢人和隐秘的种族主义者"。正是在同一年，前伦敦金属交易所大宗商品经纪人奈杰尔·法拉奇获得了苦苦挣扎的该党的掌控权。斯基德厌恶法拉奇，称他是极右翼江湖骗子。但法拉奇重塑了英国独立党，将其打造成了真正能够替代保守党的政党，不再只专注于"反对欧盟"这个单一问题，在文法学校、公共开支、国防及其他诸多问题上都持有强烈的撒切尔派观点。到了 2013 年，英国独立党在地区选举中的出色表现，被描述为一场成功的"民众起义"，这开始令保守党感到担忧。

法拉奇看上去像是出身伦敦周边各郡、嗜啤酒如命的喜剧演员，但他其实是一名工作极为辛勤、控制欲极强、极为专注的政客。此时，他已成了全国知名人物。2014 年，英国独立党在欧洲议会选举中取得了突破，将在（自己大力反对的）欧洲议会中的议席数量增加到了 24 个。英国独立党的问题层出不穷：知名政客常常因为不当言行被迫退出公共生活；种族主义情绪泛滥，甚至令人怀疑其持有更加普遍的种族主义立场；还频频发生残酷、生动、抢占报纸头条的内部争斗。

但这些问题似乎都不太要紧，因为在 2015 年大选中，英国独立党赢得了 400 万张选票，而且在全国的分布相对均衡。由于英国实行的是"票数最多者当选"的制度，该党实际上仅仅赢得了一个议席。法拉奇未能赢下南萨尼特选区（保守党也将其视为目标，并在此展开了残酷无情的行动），随后一度辞去了党魁职务，但很快又重新出山，在次年的脱欧公投中发挥了至关重要乃至不可或缺的作用。传统上，保守党的巨大成功，加之变化无常的选举制度，使得法国国民阵线、比利时佛兰芒集团和德国另类选择党那样的右翼政党在英国难以存在，英国国家党等法西斯政党和"英格兰优先"等极端团体也未曾掀起多大波澜。然而到了今天，对金融及政治精英的鄙夷，加之全新的线上组织方式，在造就"势头"这类左翼组织的同时，也为英国打造出了在欧洲其他地方早已存在的极右翼政治团体。至少可以说，脱欧反而使得英国以这种出人意料的方式，变得与欧洲趋同了。

历经暗杀威胁、肢体暴力、危险的醉酒意外、近乎致命的空难等重重考验，法拉奇进入了欧洲议会，最后一次发表了长篇大论，随后再度辞职，并表示自己曾一直渴望夺回自己的祖国，"如今则该夺回自己的生活了"。他的金主和长期支持者阿伦·班克斯（Arron Banks）考虑再度更改该党的名称和前进方向：在特雷莎·梅就任首相之后，他计划同时向保守党和科尔宾的工党发起进攻，将在威斯敏斯特实现突破作为终极目标。

苏格兰独立公投、科尔宾现象及"势头"组织，以及右翼的起义这些政治事件表明，在 21 世纪初的十来年，英国的形势真的在发生变化：令人感到安心、秉持中间路线的议会政治曾令宪政历史学家引以为傲，曾被许多其他政治制度视为目标，但如今却开始分崩离析。假如果真如此，考虑到当下相对富足和安全的环境，这样的局面就只能归咎于已是四面楚歌的政治精英自己了。

通过苏格兰独立公投、科尔宾现象以及欧洲问题引发的争论，年轻一代选民开始重新投身于政治，尽管常常表现出愤怒和怀疑的情绪。在布莱尔时代出生或长大的这代人有太多不满的理由。2016 年 7 月，某个跨代际的委员会受决议基金会这一智库委托，发表了一份报告。该报告显示，年龄在 15~35 岁的一代人平均收入要低于上一代人；这一代人在 20~29 岁时的收入要比前一代人少 8 000 英镑，这正是大趋势的反映。中年人开始意识到某件不同寻常且令人不快的事情：他们子女的生活将比自己更加艰辛。2008 年的经济衰退以及此后缓慢的复苏导致年轻人的收入遭到挤压。决议基金会主席、前保守党议员戴维·威利茨（David Willetts）评论称："公共政策忽视代际公平已经太久了。"

就连这一代人的流行文化似乎都反映出了同一趋势。《哈利·波特》系列丛书的第一部出版于 1997 年 6 月，恰好在布莱尔上台之前；最后一部《哈利·波特与死亡圣器》出版于 2007 年 7 月，恰好在布莱尔下台之后。受到该系列极其受欢迎的小说和电影熏陶，"布莱尔一代"的孩子将世界理解为善与恶的斗争，而邪恶的一方往往更接近于胜利。罗琳本人也对当下英国的形势发表了明确的见解。她于 2012 年出版了自己的首部成年人小说《偶发空缺》（The Casual Vacancy）。这则阴暗的故事围绕着中产英格兰某个教区议会的争斗与分歧展开，讲述了白手起家、自私自利的粗人与受困于毒品、卖淫和经济不安因而苦苦求生的下层中产阶级家庭之间的冲突。小说中大多数关键角色的结局都不如意。人们只能希望，罗琳的预见力不像她讲故事的能力那么出色。

## 从卡梅伦到特雷莎·梅

与对手们相比，卡梅伦拥有一大优势。在这个怀旧、社会氛围相当保守的国度，他看上去和听上去都像是人们理想中的首相人选。他身材壮实、面色红润、着装雅致、谈吐得体，运用起权力来仿佛如鱼得水，做决策时也毫不费力，幸福美满的家庭生活更是为他提供了抵御政坛各种伤害的庇护所。不会有谁像卡梅伦这样，与忧心忡忡、自我折磨、愤愤不平的布朗形成极其鲜明的反差了。但首相任上的这份轻松自在还证明，卡梅伦无疑是上流社会的一员。卡梅伦的父亲是一名成功的股票经纪人，母亲是准男爵的女儿，他成长于伯克郡，与安德鲁王子（Prince Andrew）和爱德华王子（Prince Edward）就读于同一所预科学校，随后先后进入伊顿公学和牛津大学。光鲜得体、彬彬有礼、天生自信，这样的英格兰男子可谓少有，即使穿戴着白色的领带和燕尾服，他也不会令人感到不适。对于个人财富状况的质问令他极为恼怒。他的妻子萨曼莎（Samantha Cameron）的出身甚至更加显赫：她是查理二世的后裔，继父来自阿斯特家族，她家则在约克郡和北林肯郡都拥有庄园。

　　尽管辨识出卡梅伦的真正信念从来都不容易，但还是有理由认为，他就像是一名从麦克米伦时代穿越到现在的兴高采烈的乐观主义者，也就是那种认为应当以正派的方式对待小人物的保守党人。经过了布莱尔和布朗的漫长统治，"正派"一词还被赋予了在社会问题上持自由派立场的意思，例如支持同性恋婚姻、诚挚地相信气候变化的危险、倡导环保，以及反对惩戒性的法律。就非经济的"软性"问题而言，他表现得就像是布莱尔的顺从接班人。撒切尔派保守党人觉察到了这一点，并对此发出了怒吼。有些人还发自肺腑地憎恨他那上流社会的做派和天生的优越感。在2010—2015年的联合政府期间，卡梅伦发现自己可以将自由民主党这个次要搭档当作人肉盾牌，抵御保守党右翼的攻击。自由民主党人不希望就英国的欧盟成员国身份举行公投，他们阻止卡梅伦更加强硬、迅速地削减福利预算，还试图阻止对医疗和教育部门进行激进改革。在2015年大选的竞选过程中，卡梅伦却对自由民主党展开了无情的抨击，并出人意料地成为此次大选的赢家。然而，他同时也发现自己失去了掩护，彻底暴露在党内右翼势力面前。鉴于在议会中仅握有微弱多数，欧洲问题引发的反叛又来势汹汹，卡梅伦已是别无选择。

　　于是，他便做出了于2016年举行脱欧公投这一灾难性的错误决定。

当然在许多人看来，这根本不是一场灾难，而是一场庆祝民族解放的美妙狂欢。卡梅伦虽有些犹豫，但他亲布鲁塞尔的立场倒是一贯和真诚的。他本希望通过这次公投来让自己的政敌闭嘴，让法拉奇落难。他并不了解大规模移民究竟对沿海城镇及英国中部的保守党选民造成了什么样的伤害。他错误地以为，通过公投之前手忙脚乱的协商，能够说服自己的朋友默克尔对人口自由流动的原则做出调整。就这样，尽管相信退出欧盟将导致经济灾难——用他自己的话来说，"给英国经济埋下一颗炸弹"，他依旧小心翼翼地组装好了这枚炸弹，为它布好线，并按下了引爆器。当震耳欲聋的爆炸声在全英国的董事会议室、大学和科技公司里回荡时，他立刻怀着似乎是幸灾乐祸的愤恨之情辞去了首相一职。之所以还能幸灾乐祸，是因为卡梅伦发现自己在保守党内的两大死敌约翰逊和戈夫已"同归于尽"，无法成为自己的继任者。正如本章已经分析过的，民众起义加之建制失败，使得英国经济陷入了险境，而多数始作俑者都赶紧离开了事故现场，将乱局留给他人处理。所有这些人集体地丧失了责任感，他们的政治权威也都崩塌了。

多年以来，特雷莎·梅在内政大臣任上一向表现得强硬和令人捉摸不透，英国的欧盟成员国身份使得她无法控制移民，但她在脱欧公投中依旧选择了支持留欧。公投之后，她几乎自动成了首相。她的任务是将过去40年间形成的把英国与欧盟联系起来的无数协议与关联一一解除，保持此前陷入内斗的保守党的团结，并在这段极其艰难的岁月里维持英国的繁荣。支持者将她视作爱穿高跟鞋的撒切尔第二，但持有与2016年的英国相适应的更加自由化的立场。与1979年的撒切尔相比，这位不太为人熟知的新任首相面临的任务同样紧迫，甚至更加复杂和重要。对未来而言，关键问题在于，过去在英国长期存在的那种从事政治活动的方式是否已经走到了尽头。

在整个西方，当代金融资本主义并未给广大中产阶级带去实惠。上文已经提到，20多岁的这一代人发现自己无法过上自己的父母在相同年纪时享有的生活；即使有些地方经济仍在增长，其动力也往往是越积越多的债务以及新技术的运用，而这些新技术实际上是在远东地区发明和组装的。世界范围内史无前例的大规模移民压低了实际工资率，来自较贫穷国家的工人比此前享受着保障的西方国家工人工资更低、工作起来更加卖命。在美国，这导致了特朗普在政坛崛起这一民粹主义现象；在从波兰到西班牙的欧洲，这推动了对欧盟同样不屑一顾的极左翼和极右翼政党的兴起；在苏格兰，这激发了激进的民族主义情绪；而在英格兰，这催生了英国脱欧和科尔宾现象。推特、脸书等社交媒体所提供的深夜即时数码演讲台对不满的情绪或许起到了推波助澜的作用，但并非其根源。一言以蔽之，我们已变得更加愤怒。

这还引发了最后一个问题：英国的政治妥协精神以及起到稳定作用的两党议会制，曾深受民众支持，保证了联合王国的统一，使其得以幸免于20世纪那些惨烈的震荡；然而在新世纪里，它们还能长时间幸存吗？在正在到来的动荡年代，这一经过长期演化、似乎具有无穷无尽灵活性的"英式方法"，是否还能继续？本书的前5个部分完成时，作者的心态是相对乐观的，但如今我却产生了不祥的预感。

那么，接下来会发生什么？2017年1月中旬，特雷莎·梅终于确认英国不会寻求留在单一市场之内，并且暗示英国还将退出关税同盟。这些决定不会令密切关注局势的人感到吃惊，却终结了苏格兰民族党、保守党左翼和自由民主党等留欧派对于英国以折中、温和、"软性"的方式退出欧盟的最后一丝希望。与此同时，在接受戈夫采访时，即将就任美国总统的特朗普表示自己希望尽快与英国签署自由贸易协定。大体来说，最坚决的脱欧者的主张，以及他们对于一个在前贸易时代保持独立、与美国关系紧密的英国的想象，似乎都在变成现实。

不过，还有很长的一段路要走。卡梅伦、奥斯本和留欧派阵营关于脱欧后会立即发生经济灾难的悲观预测并未成真。尽管英镑汇率暴跌，导致领着以英镑计价的退休金在国外生活者的日子变得艰辛，但脱欧公投之后英国经济反而实现了强势增长。随着英镑走低，通胀率不出所料地略有上升，从2016年6月的0.5%增至11月的1.2%。

经济增长的基础是强劲的国内需求。经济合作与发展组织和英格兰银行都上调了对英国经济增长的预测。曾格外忧虑的英格兰银行此时公开表示道歉，并上调了对2017年经济增长的预测，尽管1.8%的预估值仍不算高。该银行还坦承，自己经历了"迈克尔·菲什（Michael Fish）时刻"，这指的是1987年一次声名狼藉的天气预报：主持人菲什告诉观众不必担心天气，但就在当晚，300年来最剧烈的暴风雨袭击了英格兰。与此同时，戈夫则解释称，本书第六部分开头引用的他那番言论抨击的并非所有专家，只是犯过太多错、错得太离谱的经济学家和民意调查员。在2017年年初做出此番表态，倒也有几分道理。

对于脱欧前景依旧惶恐不已的经济学家和反对党议员指出，英国实际上尚未脱离欧盟。他们认为，倘若谈判未能取得成功，那么英国企业仍可能被置于十分不利的境地，导致英国经济遭遇重大动荡。此外，英国对与美国等国达成协定的依赖程度越严重，在相关谈判中的地位也就越弱势。尽管特雷莎·梅将夺回对移民问题的掌控权列为当务之急，但多数观察家都预期她会为欧盟国家的工人提供相对较为宽松的签证安排，因此，涌入英国的移民数量不大可能急剧减少。有太多英国企业太过依赖相对廉价、工作热情高、受过良好教育的海外劳动力了。不过，种种迹象都表明，英国将决绝地退出欧盟，与20世纪70年代以来的经济及政治政策一刀两断。英国议会将重拾那些许多人认为已永久丧失的权力，这一点几乎已无可置疑。

然而，从未以党魁身份领导过大选的新任首相依然面临着艰巨的挑战。[1] 在议会中，一群反对脱欧的议员会对她构成威胁，尤其是当商界对未来格外焦虑之时。此外，至少有两起诉讼试图延迟《里斯本条约》第 50 条的触发过程，或是将局面复杂化——触发第 50 条后，为期两年的脱欧进程将正式开始。在 2020 年之前，她会提前举行大选吗？看上去极有可能。考虑到科尔宾治下的工党在全国范围内相对而言并不太受欢迎，保守党没有理由避免提前大选。

最重要的是，那场令人震惊的公投已经过去了 6 个多月，但没有迹象表明英国公众改变了主意。根据报道，种族主义和排外事件有所增加，但总体而言，民众情绪仍是平稳的，经济也并未撞上南墙。需要记住的是，实际上，脱欧决定是在这个政治关联愈发紧密的世界上重新对国家主权提出主张，而此举是完完全全具有历史意义的。从北京到莫斯科，从华盛顿到柏林，英国民众的投票结果震惊了全世界。英国开始了一场政治冒险，数百万英国人、众多聪明人以及报酬丰厚的专家都认为这段旅程异常危险。很少有关于现代史的书籍是以这样扣人心弦的悬念作为结尾的。不过不管怎样，英国人正快活地沿着这条小路，走向未知。

---

[1] 本书第六部分写作于 2017 年 6 月的英国大选之前。——译者注

# A History of
# Modern Britain

## 致 谢

————

我特别要感谢三个人，他们令我很早便爱上了历史和写作，并持续至今：我的母亲瓦莱丽·玛尔（Valerie Marr），以及洛雷托学校的两位老师戴维·斯托克（David Stock）和彼得·拉平（Peter Lapping）。

如果不是如今的 BBC 电视新闻主管彼得·霍罗克斯（Peter Horrocks）在三年前（2004 年）督促我书写并在电视上呈现战后英国的历史，本书就不会问世。这是他的主意，对此我十分感激。

尽管曾被肌腱断裂的事故打断，但拍摄纪录片的过程仍是令人愉悦的，这归功于克莱夫·爱德华兹（Clive Edwards）和制片人克里斯·格兰隆德（Chris Granlund）领导的杰出团队。纪录片各集的制片人分别是汤姆·贾尔斯（Tom Giles）、法蒂玛·索拉里亚（Fatima Solaria）、弗朗西斯·惠特利（Francis Whately）和罗宾·达什伍德（Robin Dashwood）；负责摄影和录音工作的是尼尔·哈维（Neil Harvey）、克里斯·哈特利（Chris Hartley）和蒂姆·沃茨（Tim Watts）；研究人员则包括夏洛特·萨克（Charlotte Sacher）、乔·韦德（Jo Wade）、乔·达顿（Jo Dutton）、杰伊·穆科罗（Jay Mukoro）和斯图尔特·罗伯逊（Stuart Robertson）。我要感谢他们以及办公室工作人员蕾切尔·培根（Rachel Bacon）和莉比·汉德（Libby Hand）。

本书的研究工作是另外完成的，我所犯下的所有错误都由我自己承担所有责任。此外还有两人对研究工作发挥了至关重要的作用：菲莉帕·哈里森

（Philippa Harrison）进行了删改，确定了结构，并重新整合；彼得·亨尼西则纯粹出于好心，校对了大部分内容，纠正了不少糟糕的错误。

和往常一样，我也十分依赖经纪人埃德·维克托（Ed Victor），写作过程中，他为我提供了八卦、建议、消遣以及美食。

和此前出版的几本书一样，本书也要大力感谢伦敦图书馆。

领导麦克米伦出版社团队的则是我的编辑、极其耐心和宽容的安德鲁·基德（Andrew Kidd），以及凯特·哈维（Kate Harvey）；负责图书节和营销工作的是十分出色的雅姬·格雷厄姆（Jacqui Graham）；挑选图片的则是乔辛·梅杰（Josine Meijer）。

和往常一样，最为宽容的依旧是我那坚忍的家人，尤其是我的妻子杰姬·阿什利（Jackie Ashley）。

安德鲁·玛尔
2007 年 3 月 18 日于伦敦